中国人民银行西安分行

中国人民银行西安分行胡怀邦行长

2001年，人民银行西安分行以邓小平理论和“三个代表”重要思想为指导，认真贯彻全国银行、证券、保险工作座谈会精神，以发展为主题，以监管为重点，更新观念，开拓进取，完成了各项工作任务，在支持陕西经济金融稳健发展中，做出了新的贡献。

一是中央银行对金融机构的支持和引导作用明显增强，加强了“窗口指导”，引导金融机构加大对经济的支持力度。

二是管好用好中央银行货币政策工具，利用再贷款、再贴现等政策工具，弥补了金融机构头寸不足，增强了中小金融机构和农村信用社的防范和化解风险能力。

三是金融监管得到加强。加大了现场检查和非现场监管的力度，有针对性地制定了防范化解金融风险规划，建立健全了各项监管工作制度，落实了监管工作责任。按照“管监分离、集中监管”的原则，对内部监管机构设置和职责分工进行了调整，充实了监管力量，提高了监管的专业化、系统化水平，取得了明显的成效。

2001年12月31日，中国人民银行西安分行胡怀邦行长陪同陕西省政府程安东省长到人民银行西安分行清募中心慰问年终加班的同志。

四是金融机构体系不断健全和完善，各类银行机构的盈利能力明显提高；国有独资商业银行的不良贷款余额和占比有了明显下降，年末，陕西省金融机构不良贷款比例比上年末下降3.88个百分点，其中国有商业银行下降3.16个百分点，人民银行重点检查和重点监管的16家国有商业银行中有14家实现了不良贷款占比和余额双下降。

五是金融违规违法行为和金融“三乱”现象受到有效遏制和打击，全省金融秩序明显好转。

六是认真履行了外汇监管职责，管理水平进一步提高。完善了经常项目的外汇管理，加强了对非贸易外汇的监管力度。改进了资本项目管理。严厉打击走私、逃骗汇等违法活动。外汇收入在出口比较困难的条件下仍保持增长，国际收支状况良好，结售汇总额较上年有所增长；严格了银行结售汇市场准入，全面提高了国际收支申报率，加强了外汇统计分析工作，维护了外汇市场的稳定，为促进经济发展和对外开放创造了良好的金融环境。

2001年2月27日，中国人民银行西安分行召开货币信贷与统计工作会议。

陕 西 省 电

陕西省电力公司党组书记、总经理　赵杰臣

陕西省电力公司是国家电力公司的全资子公司，是陕西省电力建设、生产、输送、销售的独立法人，是其全资或控股、参股公司中的相应的国有资本的出资者。公司辖有直属单位45个，控股企业9个，职工46344人（截至2001年底），资产总额324.46亿元。

截至2001年底，陕西省全口径装机容量为775.31万千瓦，其中火电630.24万千瓦，占81.29%；水电145.07万千瓦，占18.71%。330kV变电站20座，变电容量744万千伏安，线路长度3033.564公里。

公司独立运作以来，积极开展政企分开、省为实体、网厂分开、竞价上网工作，实施了两个层面的十三项改革并取是丰硕成果。2001年完成发电量265.97亿千瓦时，售电量248.59亿千瓦时，实现销售收入130亿元。

新建成的西安市东郊330变电站

力 公 司

面向二十一世纪，公司明确了企业发展战略构想，提出了“用十年左右时间，坚持可持续发展、开放带动、科教兴电三大战略，建立电力为主导、多产业发展、多元化经营格局，把公司建设成为生产经营型、控股参股型、现代化、集团化，适应市场经济要求的与国际接轨的一流省电力公司。”面对西部大开发带来的历史机遇，公司制定了以“西电东送”为主线，开发建设陕北1000万千瓦火电基地，进行黄河北干流水电开发，汉江梯级滚动开发，实现变输煤为输电，通过北线通道向华北送电的宏伟战略。

随着公司改革的深入，随着陕西电力对外开放的扩大，随着公司发展战略构想和“西电东送”战略的实施推进，陕西省电力公司一定会取得更大的进步，一定会为国家电力事业和陕西省经济建设的发展做出更大的贡献。

2002年3月27日，中共中央总书记江泽民等国家领导人在陕北能源基地视察。图为听取陕西省电力公司党组书记、总经理赵杰臣同志对开发利用、节约能源工作的汇报。

地址：西安市尚德路57号
电话：(029)7215061
电报挂号：7193
传真：029-7402738
邮编：710004
网址：http://www.snepc.com

西安市南二环110千伏高压供电线路

国家重点工程——蒲城电厂二期工程开工

西安高新区

2002 年 3 月 30 日，江泽民总书记第二次视察西安高新区

2002 年 5 月西安市委常委、西安高新区管委会主任张龙虎（右二）接待英特尔公司总裁贝瑞特夫妇一行（左三，左二）

高新区唐延路产业区扫描

西安高新区是国务院1991年3月批准建立的国家级科技产业园区，也是我国首批对亚太经济合作组织（APEC）成员特别开放的科技工业园区。

西安高新区在产业实力、经济规模、体制创新、成果转化及园区建设和对外形象等多方面走在全国53个国家级高新区前列，多次被国家科技部评为全国先进高新区，并被列为我国政府“十五”期间重点发展的六个国家级高新区之一和国家科技部“西部火炬”行动中处于首位的高新区；2001年西安高新区被西安市民评为二十世纪西安十大历史事件之一。

西安高新区位于西安南郊科技教育文化区，规划面积34平方公里。经过11年的开发建设，已经初步建成了基础设施配套完善、技术创新成果显著、管理运行基本符合市场经济要求的新兴科技城区，走出了一条内陆地区依靠制度创新和技术创新，激活本地科技资源，吸纳外部要素，发展自主知识产权高科技产业的道路。

西安高新区已成为中国西部地区投资环境好、市场化程度高、经济发展最为活跃的一个区域，成为陕西西安新的最强劲的经济增长点和对外开放的窗口，成为我国发展高新技术产业的重要基地。

2001年，西安高新区全年完成技工贸总收入358亿元，工业总产值251.6亿元，出口创汇1.66亿美元，实现国内生产总值(GDP)104.57亿元，拉动西安市经济增长4.53个百分点；实现利税35.91亿元，目前，西安高新区初步形成了电子信息、光机电一体化、生物医药三个主导产业，产生了一批在地区经济中较有影响的高科技企业以及多种较有市场竞争力的高科技产品与技术。

高新区街心花园商务及产业区一角

高新区科技路一角

高新区科技路产业及商务区

陕西省通信管理局

加强通信市场监管　鼓励公平公正竞争　在探索中大步前进

省委省政府领导十分关心陕西通信建设及发展。2000 年 4 月，省委书记李建国（右）、省长程安东（中）在张克中局长（左）的陪同下，视查我省战备应急通信情况。

2001 年 3 月，陕西省通信管理局正式挂牌，副省长巩德顺参加了揭牌仪式。

2001 年是省通信管理局在新体制下运行的第一年，在信息产业部和省委、省政府的领导下，该局以江泽民“三个代表”的重要思想和十一届六中全会精神为指导，依据《电信条例》等政策法规，对全省电信业和通信市场进行监督管理，坚持公平、公正的原则，维护市场秩序，促进有序竞争，较好地完成了部下达的监管任务，推动了陕西电信业持续快速发展。

刚刚过去的 2001 年，是新世纪的第一年，也是全国电信业深化改革力度最大的一年。改革为电信提供了广阔的发展空间，竞争促使各电信运营企业千方百计拓展市场，谋求最佳效益，从而有力促进了陕西通信业的发展。

本年度全省完成通信业务收入 68 亿元，较上年同期增长 18%（其中陕西电信完成 36.5 亿元，较上年增长 13.1%；陕西联通完成 6.63 亿元，较上年增长 42.7%；陕西移动完成 24.12 亿元，较上年增长 22.3%；陕西吉通完成 0.059 亿元；陕西网通完成 0.08 亿元；陕西铁通完成 0.24 亿元）。各公司累计所占总收入的比例为：陕西电信 53.97%，陕西移动 35.66%，陕西联通 9.81%，陕西铁通 0.35%，陕西网通 0.12%，陕西吉通 0.09%。去年全省新增固定电话用户 77.67 万户，固定电话用户总数达到 425.8 万户，同期增长 22.2%；新增 GSM 移动电话用户 142 万户（其中陕西移动新增 73.9 万户，陕西联通新增 68 万户），移动用户总数达到 291.39 万户；无线寻呼用户减少 55 万户，全省寻呼户数为 96.7 万户。去年全省互联网及 IP 电话业务有了长足发展。全年新增数据业务用户 15.38 万户（其中陕西电信新增 5.6 万户，陕西联通新增 8.9 万户，吉通新增 0.78 万户），全省数据用户达到 35.49 万户；全省互联网拨号用户（注册）达到 34.3 万户，全年新增 15.2 万户（陕西电信新增 5.5 万户，陕西联通新增 8.9 万户，陕西吉通新增 0.74 万户）。全省互联网拨号时长达到 12 亿分钟。全省 IP 电话通话时长达到 5 亿分钟。

2001 年全省通信能力进一步增强。完成固定资产总投资 61 亿元，全省新增长话业务电路 6.1 万路，总数达到 16.73 万路；新增局用交换机 46 万门，总数达到 456 万门；新增 GSM 移动交换机 368 万户，总数达到 608 万户，同期比增长 153%；新增 GSM 蜂窝移动基站 1694 个，较上年同期增长 386%；IP 路由器端口达到 4221 个；去年全年新增光缆线路 7788 公里，光缆线路总长度达到 4.6 万公里。全省电话普及率达到每百人 19.62 部，主线普及率达到每百人 11.67 部，移动电话普及率达到每百人 7.95 部，分别比上年增长 5 个、2 个和 5.3 个百分点。

该局十分重视行业精神文明建设，根据国务院“管行业就要管行风”的要求，按照信息产业部和省委、省政府的要求，组织全省 6 大电信运营企业认真开展“创佳评差”活动，大力整顿和规范通信市场，严格执行资费政策，在互联互通“网吧”的清理整顿、网络信息安全、战略应急通信等方面卓有成效的开展工作，从而提高了管理水平，全行业的服务水平和服务质量不断提高，人民群众关心的诸如缴费难、话费争议等热点、难点问题基本得以解决，赢得了广大电信消费者的理解和支持，也受到省委、省政府的表彰。省通信管理局被评为“最佳厅局”；陕西省电信公司、陕西省移动公司西安营业部、铁通公司西安通信段、联通汉中分公司经行业联评推荐，被省委、省政府授予“2001 年度陕西省创佳评差竞赛活动最佳单位”称号；宝鸡市电信分公司被省委、省政府授予“创建文明行业活动示范点”。

为了表彰先进，促进全省通信行业服务质量和行风建设工作再上新台阶，省通信管理局决定陕西省电信公司西安市分公司，陕西省电信公司榆林市分公司、陕西省移动通信公司延安市分公司、联通延安分公司、兴平市电信局等五个单位为“陕西省通信行业 2001 年度创佳评差竞赛活动最佳单位”。

2001 年 3 月陕西铁通公司成立。它的诞生，标志着电信体制改革进一步深入。张克中局长（右一）、巩德顺副省长（左二）等出席陕西铁通的成立仪式。

陕西省通信管理局领导班子合影，张克中局长（中），高彩玲副局长（右），徐立学（左，局党组成员、办公室主任）。

陕西通信管理局狠抓全行业通信服务质量的提高。该局 2001 年被省委省政府评为“最佳厅局”。图为张克中局长（左）与省移动公司副总经理贺宾（右）在 2001 年“创评”竞赛活动任务书签字仪式上签字。

2001 年 5 月 17 日，刚刚成立的陕西省通信管理局迎来了第 33 届世界电信日，局领导与全省 6 大电信运营商及新闻媒体共庆电信日。

西安航空发

董事长、总经理　马福安

西安航空发动机集团是以西安航空发动机(集团)有限公司为母公司,以资产为纽带,母子公司体制的企业集团。

西航集团公司的前身是西安航空发动机公司,是国家"一五"重点建设项目之一,地处西安市北郊距市中心约八公里,有公路和铁路运输线连接。经过大规模的技术改造,公司目前拥有国内外先进的冷、热加工设备和计量测试设备9000余台(套),在加工制造和计量检验等方面达到世界先进水平,是中国大型航空发动机研制生产基地。集团公司凭借得天独厚的人才、管理、科研、技术和装备优势,形成以航空产品为主导,军品科研、航空零部件转包生产与多元化民品共同发展的格局。2001年西航集团产品出口额4363万美元,其中,集团公司出口2706万美元;剑杆织机、高速线材精轧机以科技含量高、产品质量好享有良好的市场声誉。

西航集团公司先后与英国罗尔斯·罗伊斯公司合资建立"西安西罗航空部件有限公司";同美国普惠公司和以色列BTI公司合资建立"西安安泰叶片技术有限公司";同德国NORDEX公司合资建立"西安维德风力发电设备有限公司"。西安航空发动机集团愿与国内外各界朋友精诚合作,共创辉煌。

高速线材精轧机

GA731挠性剑杆织机在多家纺织厂大面积使用

动机集团

江泽民总书记视察西航公司

地址：中国·西安·北郊徐家湾
通讯：西安市十三号信箱
网址：HTTP://WWW.XAEC.COM
E-MAIL：XAETJK@263.NET

涡扇9型飞机发动机

西安市长安区林业局

发展森林旅游 服务城市发展

长安区位于西安城区南郊，南傍巍巍秦岭，北处渭河平源，境内山川各半，物产富饶，历来是古都西安的后花园。新中国成立以来，尤其改革开放后，长安林业人以建设城郊型林业为目标，充分发挥得天独厚的森林旅游资源，积极发展森林旅游产业，探索出了一条森林保护、利用开发和谐发展之路。

长安林区位于区境南部、秦岭中段，面积113万亩，占全区总面积的47%，为古终南山中心位置。由于林区奇特的地质地貌、茂密的森林植被、丰富的人文景观、独特的地理位置，是长安林区具有难得的发展森林旅游的条件和成为西安市民休憩休闲的理想场所。把长安林区建设成为西安这座现代化大都市的南部生态屏障、西安的水源涵养地、城市的巨大"氧吧"和"肺叶"、都市的后花园是长安林业人在新时期对长安林业的定位和目标。二十世纪九十年代初，长安林业依托三个国有林场成立了三个森林公园，即终南山国家森林公园、西安沣峪森林公园和西安太兴山森林公园，拉开了长安林业森林旅游的序幕。公园建成后，各森林公园积极开展旅游基础设施建设，加大对外宣传工作，扩大招商引资力度，经过十年的努力，目前长安森林旅游基本形成布局合理、服务设施齐全、森林开发与保护协调发展的格局，一批资金雄厚、管理水平高的客商纷纷投资长安林区，进行旅游开发，建成了如大坝山庄、沣峪庄园、广新园、西安"三园"、天池山庄、圣保泉山庄等龙头服务企业，形成浅山区从东至西的森林旅游产业开发带，成为长安区一带九园经济发展布局的重要组成部分。2001年全县旅游业产值6000万元，其中森林旅游产值占据半壁河山，达3000万元，取得良好的生态社会和经济效益。

在新世纪之初，长安林业人将紧紧抓住西部大开发生态环境建设的历史机遇，充分挖掘长安林业的潜力，以服务城市、富裕行业为目标，继续加大森林旅游开发力度，更新观念，盘活林区景点资产，扩大招商引资力度，以全新的经营理念和更加灵活的经营手段，将长安森林旅游事业推向一个更高的阶段，为西安人民创造一个美好的休憩场所。

南五台独松阁雪景（刘澜涛公馆）

杜公祠（杜甫写诗栖居之地）

建于隋代的圣寿寺古塔保存完好

律宗祖庭净业寺远景

建于秦岭深处的省广播电视发射塔

翠华山山崩奇观雪景

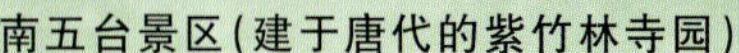
南五台景区（建于唐代的紫竹林寺园）

沣峪沟玉皇苑飞瀑

陕西龙门钢铁

董事长兼总经理、高级工程师 张丹力

“龙门”——一个神奇的名字，“鲤鱼跳龙门”的神话传说赋予了她更加神奇的意义。位于龙门古渡、汉太史司马迁的故里、中国历史文化名城韩城市的陕西龙门钢铁有限责任公司，东临黄河与晋南煤田隔河相望，交通便捷，水电充足，煤炭、铁矿石、石灰石等资源丰富，发展钢铁工业具有得天独厚的优势。经过几十年艰苦创业和滚动发展，公司已具有了雄厚的竞争实力，是陕西省重点发展的优势企业之一。

公司现有员工5200余人，占地面积2500亩，拥有总资产14亿元，公司现已初步形成了年产20万吨精矿、45万吨洗精煤、40万吨焦炭，100万吨生铁、100万吨连铸坯、80万吨小型材的综合生产能力。主要产品有小型材、钢坯、生铁、焦炭等，其中生铁、焦炭均为省优产品，“禹龙” 牌炼钢生铁为陕西省首批名牌产品，“禹龙”牌钢材畅销陕西省及周边省区。1999年经中国新时代质量认证中心严格审核，企业通过ISO90002国际认证。

公司先后被评为省级“重合同、守信用”企业、全国500家最佳经济效益工业企业、全国思想政治工作优秀企业、建设银行AAA资信企业、陕西省十大利税工业企业、陕西经济明星企业、省级文明单位、陕西省质量效益型先进企业、陕西省产学研先进单位、陕西省先进集体、渭南市模范纳税户等。

面对西部大开发的历史机遇，龙钢公司全体员工决心按照省上提出的“重整治金，打造支柱”的战略部署，以饱满的热情和昂扬的斗志，走“资本股份化，融资多元化、产业规模化”之路，谋求更大发展，3到5年内发展到年产300万吨钢、年销售收入到60亿元的大型钢铁企业，为建设西部经济强省做出应有的贡献。

地址：陕西省韩城市龙门镇
电话：(0913)5182222
传真：(0913)5182345
邮编：715405
E-mail:LMGTZC@163.net
LMGT@lm-steel.com
http://www.lm-steel.com

有限责任公司

畅销陕西及周边省区的“禹龙”牌钢材

绿树丛中的炼铁厂

火红的钢坯正一支支从连铸机中拉出

炼铁高炉群雄姿

焦化工人正在出焦

陕西省经济贸易委员会

省长助理、省经贸委主任　张海南

“九五”期间，在省委、省政府的领导下，陕西抓住西部大开发的历史机遇，进一步加大结构调整力度，各项工作取得了显著成绩。

一、工业增长速度高于全国平均水平，特色经济发展势头良好。

二、国有企业改革进一步深化，“三年两大目标”如期实现。

三、科技兴企和可持续发展战略顺利实施，技术创新和科技成果产业化初见成效。

四、利用外资和进出口总额跃上新台阶，基本形成了全方位、多层次、宽领域对外开放格局。

五、基础设施建设和第三产业取得长足发展，奠定新世纪腾飞的基石。

进入新世纪的5—10年，是实行经济结构战略性调整的重要时期。也是陕西在西部大开发进程中走向全面振兴的转折时期。陕西将以江总书记“三个代表”重要思想为指导，采取新思路、新机制，新方法，构筑工业经济新结构，实现超常规，跨跃式发展。

一、结构调整的指导思想：

制定陕西“十五”工业结构调整规划，在指导思想上可简略概括为五句话：突出一个中心（加快发展，提高效益）；依托两个动力（科技进步和改革开放）；加快四个调整（所有制结构，企业组织结构、产业产品结构、区域经济结构的调整）；培育六大支柱（能源化工、电子信息、装备工业、有色金属、果品加工、生物医药）；实现强省目标（把陕西建设成西部工业强省）。

二、结构调整的原则、目标和主要方向：

全面深刻领会“三个代表”重要思想的科学内涵和党的十五届五中全会、中央经济工作会议精神，在全球经济一体化、我国加入世贸组织后和进一步实施西部大开发战略背景下，重新审视全省经济优势和劣势，搞好工业调整规划，形成共识，明确结构调整的原则，目标和主要方向。

三、结构调整的战略措施：

深化企业改革，加快国有经济战略性调整改组；加快技术进步、技术创新步伐；进一步扩大对外开放，发展开放型经济；加强科技开发队伍建设；建立高素质的有开拓创新能力的企业家队伍；凝聚社会各方力量，形成推进工业快速发展的整体合力。

在上海商品交易会上，张海南向兄弟省市领导和商户介绍陕西产品

陕西省高级人民法院

实践"三个代表"思想　实现"公正效率"主题

王发荣院长(右一)和最高人民法院院长肖杨(左二)省委书记李建国(左三)省长程安东(左四)省政协主席安启元(左一)在一起

陕西省高级人民法院院长、党组书记　王发荣

在新世纪的开局之年,省高级人民法院坚持以邓小平理论为指导,努力实践"三个代表"重要思想,忠实履行宪法和法律赋予的职责,全面加强各项审判工作,狠抓法官队伍建设。去年共审结各类一审、二审、审判监督等案件2400件。深入开展"严打"斗争和整顿规范市场经济秩序工作,审结重大刑事案件792件,判处人犯1345人,其中无期徒刑以上759人;审结贪污、贿赂、挪用公款等经济犯罪案件和严重破坏市场经济秩序的犯罪案件45件。依法严厉打击了严重危害社会治安和破坏社会主义市场经济秩序的犯罪活动。全面加强民事、行政审判和执行工作,共审结民事(含经济、知识产权)一审、二审、审判监督390件,保护了当事人的合法权益,维护了司法权威。坚持以"三个代表"重要思想为指导,对广大法官不断进行忠于法律,廉洁自律、公正高效、文明执法的职业道德教育,努力建设高素质的法官队伍。

面对西部大开发和我省改革开放、经济社会发展的新形势,省高级人民法院将继续坚持以"公正与效率"为主题,以入世为契机,以加强和改进审判作风建设为主线,努力树立人民法院公正、中立、高效、廉洁、文明、民主、亲切、可信的执法形象,用创新的精神推动法院工作不断向前发展,为实现省委提出的建设西部经济强省的宏伟目标而努力奋斗。

陕西省高级人民法院党组一班人正在研究工作

巴基斯坦最高法院首席大法官艾尔沙德·哈桑·汗(中左)率领最高法院代表团一行10人,在西安进行访问,受到陕西省高级人民法院院长王发荣(中右)的热烈欢迎。

陕西省文化厅

李岚清副总理视察陕西省图书馆(图为在电子阅览室观看计算机管理系统)

全省文化艺术工作在省委、省政府的领导下,以邓小平理论和江泽民总书记“三个代表”重要思想为指导,紧紧围绕全省工作大局,坚持“二为”方向和“双百”方针,以繁荣文化为中心,以理论创新、体制改革和机制创新为要求,全面推进文化艺术事业健康、协调发展,各项工作都取得了可喜成绩。2001年在全国重大文化艺术活动中共获各类奖项206项。其中歌剧《司马迁》、眉户剧《五味十字》、歌曲《西部扬帆》获全国“五个一工程”奖;两名演员荣获全国“梅花奖”。全省群众文化活动内容丰富,形式多样,2001年全国第十一届“群星奖”评选中,我省荣获3个金奖,5个银奖,2个铜奖,9个优秀奖;全国第二届“蒲公英”大奖赛活动中,我省获2个金奖,7个银奖,15个铜奖。我省创作演出的报告剧《郭秀明》和郭秀明先进事迹展览,在省内和北京展演,10万多观众观看演出和展览,在省内外反响强烈。全省文化市场坚持“一手抓管理,一手抓繁荣”,以打击黄、赌、毒和非法音像制品为重点,以规范文化市场,依法有序经营、健康发展为目标,开展了一系列的集中治理整顿活动,共收缴、销毁非法音像制品32万张,游戏机224台,电路板2517个,电脑软件8678张。取缔非法经营场所1915个,有力地打击了非法经营行为,促进了文化市场的健康发展。对外文化交流进一步扩大,接待了26个国家和地区的57批551人次文化艺术代表团组,来陕进行文化艺术交流,组派了61批570人次的文化艺术代表团赴24个国家和地区开展文化交流,增进了与世界各国人民的友谊,宣传了陕西。文化基础设施建设取得了新的进展,全省维修、改造文化馆27个,图书馆18个、文化站21个、影剧院35个。具有全国先进水平和一流设施、设备的新建陕西省图书馆正式于2001年9月30日开馆接待读者。

陕西省图书馆新馆外貌

中文图书外借室

新书展示室

陕西省信息产业厅

陕西信息产品制造业是在新中国成立以后从第一个五年计划开始逐步发展起来的新兴产业。经过五十年的建设和发展,已初具规模,现已成为陕西省第一支柱产业,也是我国信息产业重要的科研、教学、生产基地之一。目前共有企事业单位166个,职工9.7万,其中上市公司8个。拥有固定资产原值108亿元,净值64亿元,各类工程技术人员2.2万人,占职工总数的22.7%。近年来,民营电子软件企业迅猛发展,到2001年末,全省民营电子企业400多个,软件企业360多个,从业人员近3万人。

陕西信息产品制造业布局合理,产品门类较齐全,工业基础雄厚,科技力量强,企业大都集中在西安、咸阳、宝鸡三城市,沿西宝高速公路和陇海铁路形成了一条信息产业密集带。改革开放以来,陕西信息产业不断调整发展思路,努力进行产品结构和企业结构调整,抓好重大科技成果的转化和技改项目的实施,加大企业改革力度,从而使全行业稳定健康发展。多年来工业总产值以年均20%的速度增长,在全国电子行业中排名第11位。

2001年,信息产品制造业完成工业总产值311.4亿元,连续9年在全省工业部门中位居第一,占到全省的五分之一强。实现销售收入200.1亿元;实现利税17.5亿元,其中实现利润总额10.02亿元;出口创汇1亿美元2001年,全省信息产业共实现增加值110.44亿元,其中:电子信息产品制造业64.6亿元、电信业40.8亿元、邮政业5.04亿元。信息产业对全省GDP贡献率达15.4%,拉动全省GDP增长1.4个百分点。其中:电子信息产品制造业增加值占全省增加值的14.2%,对全省工业的贡献率达40.8%,拉动全省工业增长4个百分点。目前陕西全省电话用户总数达到720万户,其中固定电话用户达到430万户,移动电话用户290万户,上网人数约50万人。信息产业已成为全省经济发展的主要力量。

厅长:武积有

“十五”期间,陕西信息产品制造业要充分发挥自身的优势和特长,搞好新型电子元器件、家用电器、通讯、计算机及外围设备、军工电子产品生产 ,突出抓好软件业。到“十五”末,信息产品制造业总产值达到650亿元。大力推进国民经济和社会信息化,重点发展具有自身优势的特色软件产品,到“十五”末,软件业实现销售收入200亿元,成为信息产业发展新的经济增长点。电信业在通讯能力、网络技术层次,市场拓展以及服务水平上都要跨上新的台阶。全省电话用户总数达到1500万户,其中,固定电话用户达到600万户,移动电话用户达到900 万户;上网用户总数达到200万户。

陕西省劳动和社会保障厅

厅长:宁长珊

2001年是新世纪第一年,也是“十五”计划开局之年,全省劳动保障系统深入学习和实践江总书记“三个代表”重要思想,认真贯彻落实党中央、国务院和省委、省政府有关劳动保障工作的一系列重要指示,紧紧围绕改革发展稳定的大局,团结一致,扎实苦干,全面巩固两个确保,积极推进社会保险体系建设,圆满完成了年初确实的目标任务,劳动保障各项工作得到全面发展。

2001年,全省把两个确保作为落实“三个代表”重要思想和十五届六中全会精神的重要内容,按照中央关于工作目标政策措施和工作要求“三不变”的方针,加大工作力度,转变工作作风,两个确保得到进一步巩固。

到年底,全省经过重新认定纳入下岗失业人员基本生活保障新办法范围的下岗失业人员22.5万人,涉及企业3395户。其中省属企业7.97万人,市县属企业14.55万人。全省共筹集下岗失业人员基本生活保障资金6.02亿元,其中用于发放基本生活费4亿元,缴纳养老保险费1.22亿元、失业保险费0.15亿元、医疗保险费0.65亿元。中央驻陕企业的7.3万名下岗职工基本生活费也做到了按时足额发放。面对养老保险费收支缺口巨大的严峻形势,省劳动保障厅通过扩大覆盖面,强化基金征缴,清理企业欠费和积极争取中央财政支持等措施,千方百计筹集资金,确保了企业离退休人员基本养老金的按时足额发放。年底,全省参加基本养老保险在职职工262万人,离退休人员81.8万人。实际征收基本养老保险费39.65亿元,发放基本养老金50.5亿元,社会化发放率始终保持100%。2001年元旦、春节期间,全省还安排了1000万元帮困资金,对军工、纺织、煤炭、森工等行业的200多户中省属困难企业特困职工进行了救济。

概括起来,2001年,省劳动保障厅,在两个确保、基本养老保险、失业保险、基本医疗保险、工作保险和生育保险、就业和再就业,职业培训和技能鉴定、工资分配、劳动关系、基金监督、劳动保障法制建设和宣传工作等方面,都做出了一定的努力,取得了较好的成绩。

陕西省林业厅

厅长：权志长

陕西省林业厅及全省林业系统1999年以来，在省委、省政府的领导下，组织动员全省人民认真贯彻江总书记重要批示和朱总理"十六字"政策措施，坚持六个结合，重点开展了大规模的退耕还林工程建设，取得了显著的成绩。

1999年全省退耕还林涉及104个县（市、区）；2000年，国家正式启动退耕还林试点工作，我省34个县（市、区）列入试点范围。2001年，在34个试点县的基础上，试点范围进一步扩大到43个县（市、区），其中延安市13个县（区）全部纳入试点计划，成为全国唯一的退耕还林试点市。2002年退耕还林工程全面启动，我省96个县（市、区）进入工程县之列。1999——2002年国家累计确认和下达我省退耕还林（草）1376.8万亩，退耕还林（草）816.1万亩，宜林荒山造林种草560.7万亩。

陕西省退耕还林工程覆盖全省五大地貌类型，涉及10个地市、1个农业高新技术示范区，104个县（市、区）。规划目标是：从1999年到2010年完成退耕还林2876万亩，荒山造林2670万亩，新增森林面积4395万亩，使全省森林面积达到1.33亿亩，森林覆盖率增加到43%；新增灌木585万亩，林灌覆盖率提高到50.7%。通过大面积增加森林植被，有效地遏制水土流失，使我省生态环境得到明显改善。总体思路是："以三个代表"重要思想为指导，认真贯彻落实江泽民总书记"再造一个山川秀美的西北地区"的重要批示和朱镕基总理指出的"退耕还林（草），封山绿化，个体承包，以粮代赈"政策措施，突出一个目标，做到两个兼顾，狠抓三个落实，强化四项措施，实现五个确保。即：突出生态主导目标，始终把改善生态环境放在退耕还林工作的首位；兼顾农民增收和区域经济发展；抓好政策落实、责任落实和制度落实；强化规划设计，强化科学支撑，强化组织实施，强化监督管理；确保退得下、还得上、稳得住、能致富、不反弹。

退耕还林工程是恢复森林植被，从根源上治理水土流失的林业重点工程，也是一个与环境整治、农业发展和农民增收直接相关的庞大、复杂的系统工程。实施退耕还林对于促进西部地区经济社会的发展具有重大的战略意义。

我们相信，通过全省人民的共同努力，认真实施、加强管理、落实政策，我省退耕还林工程一定会取得更加显著的成效，为我省经济社会的可持续发展奠定坚实的基础。

陕西省水利厅

2001年，全省水利战线在省委、省政府的重视领导和有关部门的大力支持下，坚持以邓小平理论为指导，按照"三个代表"的要求，抓改地、促发展、保稳定，顺利实现了"十五"计划开好局、起好步的预期目标。重点水利工程建设取得了重大进展。三原西郊水库、宝鸡峡加坝加闸、西安黑河金盆水利枢纽三大重点项目大坝主体工程基本建成，分别受到省政府通令嘉奖。洋县卡房水库大坝累计完成工程总量过半，安康黄石滩水库年底实现了大坝截流。榆林瑶镇水库和定边供水续建工程开工建设。关中九大灌区利用世行贷款改造项目进展顺利，渭洛河下游治理一期工程基本建成，重点水保生态项目建设的速度、质量和效益有了显著提高。面上的群众性农田基建、节水灌溉、"甘露工程"，城镇供水，水保生态、水产养殖、农业综合开发水利项目、电气化县等建设都取得了新的进展。全年完成水利投资35.12亿元，其中争取国家投资14.47亿元，新增有效灌溉面积45万亩，发展节水灌溉面积160万亩，新修"四田"71万亩，解决了75万人饮水困难，治理水土流失面积7071平方公里，新修堤防100公里，整修加固堤防1200公里，新增小水电装机2.6万千瓦，水产品产量达到6.5万吨，水利经济总收入27.5亿元，实现利润1.2亿元，均完成和超额完成了年度计划任务。

2001年12月4日水利厅厅长彭谦视察宝鸡峡渠首加坝加闸工程

即将建成的黑河金盆水利枢纽工程

建设中的宝鸡峡渠首加坝加闸工程

集灌溉供水为一体的桃曲坡水库

陕西省盐务管理局

赵德全副省长在2001年全省盐业工作会议上讲话

梁和平副秘书长参加2002年全省盐业工作会议并讲话

陕西省盐务管理局是省政府直属事业单位，受省政府委托，承担全省盐务行政管理职能。陕西省盐务管理局现设办公室、盐政处、计财处三个处室。

近年来，陕西省盐务管理局在省委、省政府的正确领导下，以邓小平理论和江泽民"三个代表"重要思想为指导，深化行业改革，强化食盐专营，积极采取一系列得力措施，不断加强盐业政策，盐业法规宣传教育，坚持依法治盐，努力净化市场，严格行业管理，全面提高素质，加强党风党纪教育，认真落实廉政建设责任制，各项工作都取得了较大的进展。

进入新世纪在以赵瑞云为局长的现任班子领导下，全体干部职工抓住机遇，解放思想，更新观念，紧紧围绕食盐专营这一中心工作，开拓进取，为加强全省盐业市场管理，保证全省人民合格碘盐的供应，持续消除碘缺乏危害做出了应有的贡献。

陕西省国家税务局

局长：杨文利

陕西省国税系统以“三个代表”重要思想为指导，认真贯彻落实国务院关于“加强征管、堵塞漏洞、惩治腐败、清缴欠税”的税收工作方针，坚持依法治税，从严治队，积极推进人事、机构、征管等各项改革工作，较好地完成了各项工作任务。

全省国税系统始终坚持以改革总揽全局，强化税收征管，不断提高税收管理水平，税收收入持续快速增长，“九五”期间全省国税收入累计完成450多亿元，年均增收10.1亿元，年均增长12.1%。2001年，全省国税系统完成计划考核口径税收收入134.87亿元，同比增长20.5%，增收22.91亿元，进度再创历史最好水平。税收的宏观调控作用得到有效发挥，为实施西部大开发战略、为全省各项改革和建设事业提供了强大的财力保障。

同时加快建立科学、严密、高效的税收征管体系，全省国税系统全面推行“一厅式”办公，普遍建立自行申报纳税制度；稳步推进税收电子化建设，建成省、市、县三级广域网系统，实现了集中征收和信息共享；推行文明办税和服务承诺，税收服务体系初步形成；全面实施“金税工程”，不断提高征管现代化水平。

治税先治队，治队保治税。坚持以人为本带队伍，保证国税事业的顺利进行。

全省国税系统深入开展党风廉政建设和反腐败斗争，立足思想教育，全面落实党风廉政建设责任制。坚持两权监督，树立国税部门的良好形象。

坚持依法治税，大力整顿和规范税收秩序。全面推行部门执法责任制，规范执法行为，确保各项税收政策的全面落实。连续三年被国家税务总局评为“全面税收执法检查先进单位”。

全省国税系统始终坚持“两手抓，两手都要硬”的方针，在保证完成以组织收入为中心的各项税收任务的同时，以文明创建活动为载体，大力加强精神文明建设，全系统共创建国家级青年文明号单位6个，全国税务系统先进集体10个，省级文明单位62个，56个单位被团省委命名为“省级青年文明号”，1个地市局被中央文明委命名为“全国文明行业先进单位”，35人获省部级以上先进工作者、劳模、标兵能手称号，6人被国家税务总局评为优秀税务工作者。目前，全省国税系统有七个市地局实现了文明单位“满堂红”，省局机关自成立以来连续七年被评为“创佳评差最佳厅局”。

局长杨文利在检查基层税收工作

西安市地方税务局

国家税务总局局长金人庆来陕时与班子成员合影

市委常委、副市长陈宝根来我局检查工作

西安市地方税务局于 1994 年 9 月 10 日正式挂牌成立。八年来，西安市地方税务局组织的税收收入由 1994 年的 8.72 亿元攀升到 2001 年的 31.53 亿元，增长了近 4 倍；累计征收税款 150 亿元，比计划超收 10.3 亿多元；年均递增幅度为 19%，比全国平均增长水平高出 4 个百分点，比全省高出 3.5 个百分点。目前，地税收入已占到西安市财政总收入的 57%，占到陕西省地税总收入的 41%。特别是 2001 年，西安市地税局共组织入库各项收入的 41%。特别是 2001 年，西安市地税局共组织入库各项收入 46.84 亿元，比上年增收 12.67 亿元，增长 37.09%，年度税收收入数额首次突破 30 亿元，连续第八年超额完成任务，是建局以来增收税款最多、增长幅度最高的一年。同时，西安市地方税务局还在队伍建设、征管方法、基础管理和精神文明建设方面取得了一系列显著的成绩。征管基础工作不断加强，建成了覆盖系统的计算机广域网，与西安市商业银行合作，建成了西北最大的税银一体化工程；干部队伍素质明显提高，目前，全系统有硕士研究生 6 人，本科生 284 人，专科生 1114 人，中专生 450 人，大、中专以上学历的干部占到全系统总人数的 90%以上，形成了一支素质精良、作风优秀、纪律严明、敢打硬仗、能打胜仗的地税干部队伍；加强了党风廉政建设工作，行业风气明显好转；精神文明建设硕果累累，全系统已创建各级文明单位 172 个，占基层单位总数的 82.8%；连续三年荣获全省地税系统创佳评差"最佳地市局"和西安市"公仆杯"竞赛活动先进单位。

面临新世纪的种种机遇和挑战，西安市地方税务局将按照我市"十五"发展规划的各项任务要求，继续与社会各方精诚合作，坚持依法治税，从严治队，以良好的精神风貌和一流的"窗口"服务，抢抓西部大开发机遇，为西安的经济发展和社会繁荣做出更大的贡献。

开展"行风万人评"活动，改善投资环境

隆重表彰"诚信纳税"先进单位

干部业务考试考场

2002 年 3 月 31 日，江泽民总书记在省委书记李建国、省长程安东、副省长陈宗兴的陪同下视察杨凌示范区。图为杨凌示范区党工委书记、管委会常务副主任张光强同志介绍示范区发展成就。

前进中的杨凌示范区

杨凌示范区是经国务院批准，于 1997 年 7 月 29 日成立的我国唯一的国家级农业高新技术产业示范区，由国家科技部等 18 个部委（局）和陕西省人民政府联合共建。示范区总面积 94 平方公里，总人口 14.06 万，下辖县级杨凌区。

杨凌是中华民族农耕文明的重要发祥地。早在 4000 多年前，农耕始祖后稷就在这里“教民稼穑，树艺五谷”，开创了中国农耕文明的先河。1934 年，于右任、杨虎城发起创办的“国立西北农林专科学校”在此诞生。经过几十年的发展，这里聚集了农、林、水、牧等 79 个学科、4000 多名农业科教人才，建国以来有 7 万余名涉农人才从这里走向全国，取得科研成果 5000 多项，创造的直接经济效益超过 2000 亿元。

国务院决定成立杨凌示范区，主要是为解决中国干旱半干旱地区农业的可持续发展问题，提供技术支撑和产业示范，推动我国农业实现现代化，也是国家实施西部大开发战略的重要部署。杨凌示范区肩负着在农业高新技术产业化、培养人才与吸引人才、农科教产学研相结合、科教体制改革、干旱农业研究与开发和对外交流与合作等九个方面进行示范的重要使命。

在党中央、国务院和国家有关部委以及省委、省政府的亲切关怀和大力支持下，经过近五年的开发建设，杨凌示范区各项事业取得了长足发展，成为我国十个向亚太经合组织开放的科技园区之一、全国六个海峡两岸合作试验区之一、国家“十五”期间重点支持的五个高新区之一。

示范区所取得的成就得到了党中央、国务院的充分肯定，2001 年 12 月 7 日，李岚清副总经理第五次视察杨凌后指出：“杨凌示范区开发建设近年来取得了巨大的成就。现在做的工作同我们当初确定的目标和要求是一致的，突出了农业高新技术的产业化。”

在我国加入 WTO、实施西部大开发战略的新形势下，党中央、国务院和省委省政府对杨凌寄予厚望。示范区将认真贯彻中省有关决定，以省十次党代会精神为指导，进一步解放思想，抢抓机遇，全面加快示范区建设步伐，率先实现跨越式发展，为早日实现建设经济强省的目标贡献力量。

陕西省石化行业管理办公室

石化办主任:潘友民

2001年,全省石化战线广大干部职工,以江泽民同志"三个代表"重要思想为指导,乘西部大开发的强劲东风,在省委、省政府的强力支持和省经贸委的直接领导下,深化改革,顽强拼搏,取得了历史上最好的成绩,为"十五"规划的顺利实施开了个好头。

全省石油化工全年累计完成工业总产值97.3亿元,同比增长17.03%,比全省工业平均增长高出二点七一个百分点。其中石油工业完成56.3亿元,同比增长20.71%,化学工业完成41.1亿元,同比增长12.36%。在去年完成工业总产值中石油工业占57.8%,化学工业占42.2%,石油工业已真正成为行业的顶梁柱。在石化行办统计的30户重点企业中,累计完成工业总产值超过亿元的企业有12户。其中:延长油矿完成14.9亿元,同比增长23%,延炼实业集团完成11.3亿元,同比增长10.25%;长庆采油一厂完成10.2亿元,同比增长33.2%;咸阳石油助剂厂完成6.91亿元,同比增长13.54%;渭化完成5.29亿元,同比下降了4.1%;华山完成4.73亿元,同比增长10.47%;宝石机完成4.7亿元,同比增长22.15%;宝钢管完成4.5亿元,同比增长30.75%:西安石油仪器总厂完成2.85亿元,同比增长23.2%;西石化完成2.5亿元,同比增长18.7%;兴化完成2.08亿元,同比增长43.645;秦岭化肥总厂完成1.96亿元,同比增长12.17%。在10个地市中完成工业总产值超过亿元的有5个。其中:西安市5.27亿元,增长3.1%;榆林市4.4亿元,增长15.1%;汉中市3.73亿元,增长8.6%;咸阳市1.94亿元,增长25.7%;宝鸡1.66亿元,增长26.5%。

(中)石化行业办主任潘友民(左)石化行业办副主任殷曰勤(右)石化行业办副主任胡海峰

全省石油化工累计完成现价产值253.1亿元,同比增长19.12%。现价产值实际完成数和增长速度在全省十五个主要工业行业中名列第一位。其中石油工业完成194.5亿元,同比增长19.65%,化学工业完成58.6亿元,同比增长11.74%。在累计完成现价产值中石油工业占76.7%,化学工业占23.2%。在省石化行办统计的30户企业中,现价产值完成超过2亿元的企业有12户。其中:延长油矿完成66.6亿元;延炼实业集团完成45.1亿元;长庆采油一厂完成41.1亿元,咸阳石油助剂厂完成28亿元;西石化完成9.95亿元;渭化完成5.22亿元;宝石机完成4.89亿元;宝钢管完成4.86亿元;华山集团完成4.64亿元;兴化集团完成2.81亿元;秦岭化肥总厂完成2.18亿元。现价产值完成超过亿元的地市有5户。其中:榆林完成12.55亿元;西安市完成6.1亿元;汉中市完成4亿元;宝鸡市完成1.54亿元;咸阳市完成1.13亿元。

另外,全省主要产品产量增幅超过往年,销售产值创历史新高,固定资产投资完成突破50亿大关。

今后,石化行业经济运行的指导思想是"以邓小平理论为指导,按照'三个代表'的要求,以发展为主题,以结构调整为主线,以企业为中心,全面推进体制创新,技术创新和管理创新,深化改革,加快产业结构,产品结构,企业结构调整步伐,全面提高经济增长质量和效益,以优异成绩迎接党的十六大的胜利召开。

陕西省人民政府口岸办公室

主任 丁盈川

陕西省人民政府口岸办公室是省政府的口岸综合管理机构，设在省经贸委，副厅级编制，负责归口管理全省的口岸工作，统一组织和协调在口岸的海关、边防、检验检疫、机场、航空公司以及铁路、公路、航运等相关单位，认真贯彻国务院关于口岸工作的政策法规和省上的有关决策；组织实施口岸管理办法和规章制度，督促检查口岸查验单位按各自的职责和规定对出入境人员、货物和交通运输工具进行监督管理以及检查、检验、检疫等工作；负责解决口岸工作中的重大矛盾和问题。协调处理口岸各有关方面的争议，并具有仲裁职能；加强精神文明建设，树立良好的口岸形象，会同有关部门对口岸重大涉外问题和严重违反纪律的情况进行检查，提出处理意见；以建立良好的口岸通关环境，充分发挥口岸的综合效能，保障口岸的安全、畅通、文明、高效。

目前，陕西省已开放国家一类口岸1个，即西安咸阳国际机场航空口岸，2000年出入境旅客已达28万人次，货运量4000余吨，对外通航日本、韩国以及香港、澳门等10余条国际（地区）航线，每周达100架次左右，初步形成了连接境内外的航空运输网络，成为陕西省对外开放和国际交流的重要通道，有力地促进了全省外经贸及旅游事业的发展。同时，陕西省还开放有两个二类口岸，即西安大兴路铁路货运口岸和宝鸡铁路货运口岸，并通过“铁海联运”，开行了西部“一票出海”经由上海、青岛、天津等港口出入境的国际货运业务，把沿海的港口口岸“搬”到了家门口，使陕西省的进出口贸易运输更加快捷、通畅、便利。

1995年7月设立西安航空口岸的西安咸阳国际机场新国际厅的启用仪式

党中央实施西部大开发的战略，对陕西省的口岸工作提出了更高的要求，也是难得的机遇，为此，陕西省“十五”期间的口岸发展规划是：以扩建西安咸阳国际机场航空口岸为龙头，扩大口岸开放1个，即将西安二类货运口岸扩大开放为国家一类铁路货运口岸；新开二类铁路口岸2个，即在陕南新开汉中二类铁路货运口岸，在陕北新开榆林二类铁路货运口岸；利用高等级公路网络，力争设立西安公路货运口岸。从而形成以西安为中心、辐射全省的“十”字型口岸布局，把陕西口岸建成符合国家规范的独立完整的口岸体系。届时，扩建后的西安咸阳国际机场航空口岸检查厅将由现有的4800平方米增扩至1.2万平方米，并进一步完善口岸设施，增开新国际航线，使口岸的通过能力达到每年60万人次；与此同时，加强现有的和新开的陆路口岸建设，在全省各货运口岸实行陆海联运，将沿海口岸延伸到陕西省各地，使陕西省的进出口货物就地办理直接出境手续，缩短货物出入境时间，降低内转费用，改善陕西投资环境，促进陕西省经济发展。

每月一次的口岸现场例会，及时互通情况并现场协调解决工作中的问题

机场边防检查。西安边防局2000年12月被评为公安边防部队基层建设标兵单位

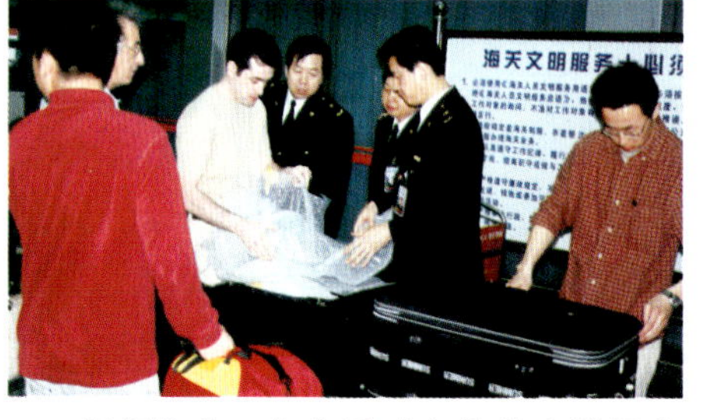

机场海关工作人员对出境旅客进行查验。西安机场海关党支部2001年7月被评为全国海关系统先进基层党组织。

航空口岸检验检疫人员在进行动植物疫情检疫。陕西出入境检验检疫局驻机场办旅检科2001年4月被团中央命名为“青年文明号”

陕西省散装水泥办公室

陕西省散装水泥综合配套能力初具规模

水泥从袋装发展到散装，是科技发展和社会进步的具体体现，是生产资料在流通方式上的深刻变革。更是一项降低消耗、节约资源，减少污染保护环境、维护劳动者身心健康，提高作业自动化水平的重要举措。也是水泥从生产、流通到使用领域由粗放型经营向集约型经营转变的重要途径。

我省散装水泥工作经历了“七五”稳起步，“八五”打基础，“九五”大发展的三个阶段。1985年，全省散装水泥量仅为25.69万吨，散装率只达4.6%，到1990年，散装量突破100万吨，1999年散装量突破200万吨大关，2000年完成散装水泥量230.84万吨，散装量平均每年以14.3%的速度增长，散装率在“九五”末达到23.33%，名列全国第7位，年平均增长1.25个百分点。各项指标均超额完成“九五”计划，基本实现了一年一个台阶，五年一飞跃的发展格局。15年共完成散装水泥1631.59万吨，创社会经济综合效益4.08亿元。

十五年的发展，使我省散装水泥设施设备技术初具规模。全省建有散装水泥中转库7处，遍布陕北、陕南及关中，成“十”字形分布，基本满足十地市对高标号散装水泥的需求，形成年中转散装水泥54万吨的能力。西安、咸阳、宝鸡、汉中、榆林共建商品混凝土搅拌站23座，设计生产能力300多万方，用散能力达到90万吨，为提高建筑质量和推广使用散装水泥奠定了基础。截止2000年，全省拥有散装水泥专用汽车1014辆，散装水泥专用火车97节，散装水泥流动罐（仓）3288台，形成散装水泥综合配套供应能力280万吨。基本上能够保证城市、农村的散装水泥需求供应。

新世纪大发展是全省散装水泥工作的一个新要求。按照省政府提出“十五”规划奋斗目标，我省将加快散装水泥设施建设步伐，加大散装水泥设备投入，加紧10万吨以上水泥生产企业的散装水泥设施技术改造，制订相关政策，鼓励和扶持民营、个体发展散装水泥，加快引进和开发散装水泥新技术、新设备，力争使我省散装水泥在“十五”末达到320万吨的供应能力。

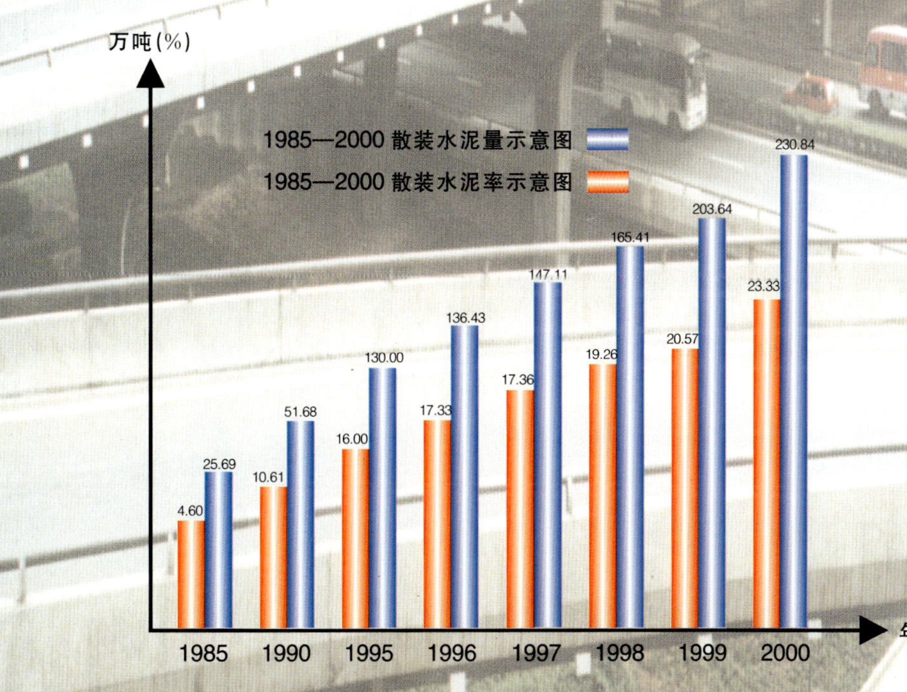

电话：3232829 3235104 传真：3238774
地址：西安市金花北路7号 邮编：710032

国家教育部人文社科重点研究基地

西北大学中国西部经济发展研究中心

学术带头人、中心学术委员会主任何炼成教授

西北大学中国西部经济发展中心主任、教授、经济学博士：韦苇

西北大学中国西部经济发展研究中心是获准建立的教育部第三批国家人文社会科学重点研究基地之一，也是全国 103 所基地中唯一一所以研究西部经济发展为宗旨的基地。其前身为始建于 1986 年的西北大学经济研究所，著名经济学家何炼成教授为首任所长，著名学者魏杰、张维迎、张曙光、刘世锦、邹东涛等担任过该所所长或兼职研究员。十多年来，该所在马克思主义经济理论、现代经济理论、经济发展理论及西部经济开发与发展等领域取得了一批有一定影响的科研成果，凝聚了一批科研力量，成为在西北地区有较高知名度的学术研究中心和科研机构之一，亦成为西北大学申报国家教育部人文社科重点研究基地的申报基础。为进一步适应西部大开发和高校体制改革，2000 年 1 月，学校对研究所进行了重组和改制，后根据教育部考查意见，定名为西北大学中国西部经济发展研究中心。该中心凝聚了西北大学经济管理学院、城市资源与环境科学系、应用社会科学系、公共管理学院、文博学院等院系的科研力量，形成多学科交叉与协作的优势，运用“机构开放、人员流动、内外联合、竞争创新”的机制，组建了五个研究室：经济发展理论研究室、西部大开发体制与战略研究室、西部社会人文与经济发展研究室，西部资源环境可持续发展研究室、西部企业发展研究室，涵盖和辐射到经济学，管理学、环境科学、地理学、社会学、史学等多种学科。形成经济发展理论与市场经济理论、西部大开发理论与实践、西部资源环境与可持续发展三个主要研究方向及五个相关子研究方向。并形成以何炼成教授为第一代学术带头人和以韦苇、姚慧琴、赵荣、白永秀、赵增耀、刘秉扬、赵守国、曹明明、岳珑教授等中青年学者为骨干的学术队伍。现有专职研究员 15 人，兼职研究员 14 人。

该中心以研究西部经济发展、为西部大开发服务为使命，实行“机构开放、人员流动、内外联合、竞争创新”的管理体制与运行机制，面向省内外高校进行课题招标，凝聚和优化科研力量，争取在三至五年内，把基地真正建成为全国西部经济问题研究的学术重镇，在科研水平、人才培养、资料信息建设、决策咨询服务方面取得长足进展，成为站在西部经济发展研究前沿的学术中心。

大唐電信

电信科学技术第四研究所

电信科学技术第四研究所创建于1964年，位于古城西安风景秀丽的大雁塔下，是中国最早从事微波通信技术应用与开发的专业研究所，主要从事无线通信、微波通信、移动通信、光纤通信等领域里的研究与开发。是大唐电信科技产业集团成员单位。

建所三十七年来，四所在完成国家“七五”、“八五”、“九五”重点科技攻关项目的同时，还为我国通信建设解决了许多关键性的技术难题，开发出许多新的通信产品，有些产品达到了同期国际先进水平，填补了国内空白。建所以来，先后取得科研成果300余项，其中荣获全国科学大会奖15项、国家科技进步奖8项、部优秀成果奖76项，为发展我国通信事业做出卓有成效的贡献。现正致力于移动通信系统和宽带无线接入系统的研制、开发和生产。

电信科学技术第四研究所是我国微波通信和无线通信的行业技术中心，数字无绳电话系统国家工程研究中心、信息产业部无线通信产品质量监督检验中心、信息产业部西安通信计量站、西安电总微波维护支援中心也设在这里。

电信科学技术第四研究所在国内外享有一定的声誉和影响，是国际电联第五组、第九组、国际电工委员会IEC、SC12E国内组长单位，是中国通信学会微波通信委员会的挂靠单位，四所和中国通信学会微波通信委员会编辑出版的学术刊物《无线通信技术》被国家科委批准为向国内外公开发行的一级学术刊物。四所还是国务院授权批准的硕士研究生培养单位。

在深化体制改革中，四所积极参与了大唐科技股份公司的组建，进行了资产重组，利用自己的优质资产剥离组建大唐无线通信分公司；与日本NEC公司合资组建了西安NEC公司；引进国外进口的先进机械加工生产线和CAD设计软件工作站，组建陕西博大电讯设备机械制造有限公司；改组了西安翠华通信技术有限公司，成立所物业管理中心，盘活了所的资产，进行了第二次创业。

在新的世纪里，四所按照集团“建光荣的国家队，做自豪的大唐人”的企业理念，将努力跟踪世界先进水平，坚持“继续发展微波技术，重点开发无线接入产品”的技术路线，为振兴民族产业，为发展中国通信事业做出更大的贡献。

中国科学院地球环境研究所

中国科学院地球环境研究所是在黄土与第四纪地质国家重点实验室的基础上，经中国科学院批准，于1998年年底成立，2001年5月28日正式挂牌，1999年5月研究所整体进入中国科学院知识创新试点工程。2001年在编人员33人，其中科技人员31人，研究员12人，副研究员6人，中级科技人员5人。现有博士点1个，硕士点3个，博士后流动站1个，在学研究生34人，进站博士后1人。

座落在西安高新区新峻工的研究所大楼外貌

地球环境研究所以当今人类生存与发展中最为迫切的重大科学问题——“地球环境”为中心，从地球整体环境系统（大气、大陆、海洋和冰雪子系统等）和圈层（岩石圈、水圈、生物圈和大气圈）各因子相互作用和耦合过程的角度，在全球和区域层次上开展东亚大陆环境系统大尺度时空变迁规律和机制的研究。该所以黄土与第四纪国家重点实验室为中心，设立有环境演变、近代环境过程、粉尘与环境、生物地球化学和古气候数值模拟五大研究室。研究所自成立后，一直严格按照院创新工程的要求运行。在管理模式上，坚持“开放、流动、竞争、联合”的原则，实行所长负责制和首席研究员制度，简化一般行政管理，加强学术与科研项目管理。同时，为配合国家西部大开发的号召，利用自身资源优势，积极进行国家西部环境现状和发展趋势的研究工作，并给江总书记提交了一份题为“自然过程和人类活动对我国西北地区生态环境的影响”的咨询报告。

大楼周边优美的地理环境

2001年研究所在科研活动方面，本年度顺利通过了国家攀登计划（95-预-04）和院95重大（KZ951-A1-402）项目的总结验收工作，两项项目均以优秀的成果结题，其研究成果受到国内外专家的肯定。在年底，又入选国家自然基金委的“优秀青年科学家群体”。本年度共发表科技论文113篇，其中45篇为SCI检索论文。其中《晚中新世以来亚洲季风与喜马拉雅——青藏高原的阶段性隆升》一文已在英国《自然》杂志上发表，在青藏高原与亚洲季风研究中取得重大突破。另外在千年尺度气候变化机制的研究中取得重要进展。该研究成果在美国《科学》杂志上发表。

2001年研究所在国内外合作方面，主办国际学术研讨会1次、国内学术会议5次。同时，参加了约30人次的国内外学术交流活动。全年外事接待50余人次，派出学者四批13人次，分别与美国、澳大利亚、日本和荷兰等16个国家建立了良好的合作关系。加强了该所在国际上的著名度，保证了研究人员对国际前沿领域的了解。

2001年在124届匈牙利地理学会年会上，安芷生院士因“在地理学方面杰出成就和为加强中匈两国地理学届联系贡献”而被授予Lajos Lóczy奖章。

在中国科学院地球环境研究所成立典礼大会上，中国科学院院长路甬祥作祝词，到会的有省、市领导及刘东生院士等

铁通陕西分公司

铁道通信信息有限责任公司陕西分公司成立于 2001 年 4 月 12 日，拥有一支技术力量雄厚，维修体系完备、高度统一指挥的电信运营网络和管理队伍，现有员工 3287 名。作为中国铁通网络的重要枢纽，铁通陕西分公司的通信网络以西安为核心，向晋、豫、鄂、渝、川、甘、宁、蒙八省辐射，覆盖陕西省内沿陇海、宝成、宝天、宝中、西康、西延、阳安、襄渝、候西、咸铜、梅七、西合、西户、神延十四条干线全部沿线站点和主要城市。全部实现了光纤数字化传输。

铁通陕西分公司自筹备成立以来，承蒙社会各界的广泛关注和热心支持，公司的基础建设飞速发展，仅交换机一、二期扩容工程就新增 22 万线，建成开通的铁通西北、西南两大高速光环采用 DW-PM 技术，传输带宽可达 80G。铁通陕西分公司将秉承铁军光荣传统，“立足铁路、服务运输、面向社会、市场经营”，借西部开发东风，致力于陕西电信业的发展，为广大电信用户提供优质长久的服务。

中国联通陕西分公司

中国联通总部党组书记、董事长杨贤足视察陕西分公司，听取李俊义总经理工作汇报。

中国联合通信有限公司陕西分公司总经理　李俊义

中国联通陕西分公司，是陕西省目前唯一一家经营包括移动通信、无线寻呼、长途电话、数据和互联网服务在内的综合电信业务运营的国有特大型企业。从2001年下半年开始，陕西联通从整体上步入了发展的快车道。一是经营业务高速增长，移动电话用户超过百万，市场占有率稳步提高；二是通信建设能力显著增强，已建成GSM、CDMA两个移动通信网，建成覆盖全省的光缆传输网、ATM骨干网、数据长途网、165互联网。

为了保持公司的快速、持续、健康发展，陕西联通制定了发展的近期目标和远期目标。近期目标就是要在2002年建立和形成创新机制、竞争机制和激励机制，实现“1218”目标。远期目标是要按照总部创建国际一流电信企业的发展战略，具体分解为实施五大工程，即企业发展工程、通信建设工程、企业管理工程、企业人才工程和企业文化工程。通过五大工程的实施，把陕西联通建设成为一个经营有方、管理有序、文化主导的现代化的国际一流电信运营企业。

在2001中国西部通信展上，副省长潘连生（左二）听取李俊义总经理（中）关于企业发展的规划。

年富力强，团结奋进的公司领导班子。左起常务副总经理李伟中、总经理李俊义、党委书记兼副总经理刘伟、副总经理袁平。

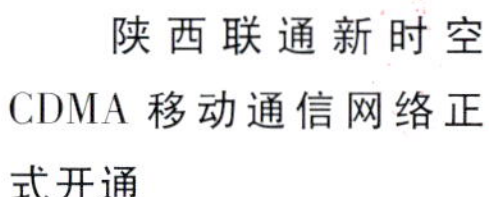

陕西联通新时空CDMA移动通信网络正式开通

编 者 说 明

一、《陕西统计年鉴－2002》是一部全面系统反映陕西省经济、社会、科技发展状况的资料性年刊。书中资料根据全省各专业统计年报加工而成，并收录了各地、市、县及省级有关部门的统计数据。

二、全书内容分为22部分：1.行政区划和自然资源；2.综合；3.国民经济核算；4.人口；5.从业人员和职工工资；6.固定资产投资；7.能源生产和消费；8.财政；9.物价指数；10.人民生活；11.城市概况；12.农业；13.工业；14.建筑业；15.运输和邮电；16.国内贸易；17.对外经济贸易和旅游；18.金融和保险；19.教育、科技和文化；20.体育、卫生、社会福利和其他；21.企业调查资料；22.全国各省、市、自治区主要指标。附录为二OO一年陕西省统计大事记。为便于使用，各篇前面列示主要统计指标提要和统计图，后面附主要统计指标解释。

三、本年鉴数据以2001年为主，每部分主要指标列示建国以来重点年份及改革开放以来的资料。

四、本年鉴全国及各省、市、自治区主要指标资料来源于《中国统计摘要－2002》，数据多为初步统计数，正式数据以《中国统计年鉴－2002》为准。

五、编辑本年鉴时，对过去发表的统计资料进行了核实，对有的数字作了调整，使用历史资料时，凡与本年鉴有出入的，均以本年鉴为准。

六、本年鉴表中的符号使用说明："..."表示数据不足本表最小单位；"空格"表示该项统计指标数据不详或无该项数据；"#"表示其中项。

PREFACE

1 《Statistical Yearbook of Shaanxi Province – 2002》is an annual statistics publication, Which reflects various aspects of province's economic, Social science and technology develepment.

The major data source of the publication are statistical annual report of different sectors. Also some other statistical data of City, county, and relevant departments are filled.

2 The yearbook is organized into 22 parts.

(1) Administrative Divison and Natural Resource.

(2) General Statistics.

(3) Balance of National Economy.

(4) Population Census.

(5) Employment and Pay.

(6) Investment in Fixed Assets.

(7) Production and Consumption of Energy.

(8) Public Finance.

(9) Price Indices.

(10) Peoples's Livehood.

(11) General Survey of City.

(12) Agriculture.

(13) Industry.

(14) Construction.

(15) Transportation, Postal, and Telecommunication Service.

(16) Domestic Trade.

(17) External Trade and International tourism.

(18) Banking and Insurance.

(19) Education, Science and culture.

(20) Physical Culture, Public Health, Social Welfare and Miscellaneous.

(21) Census of Enterprise Survey.

(22) Comparison Between Provinces.

An appendix Statistic Events of Shaanxi Province in 2001

3 As a matter of conveniece for readers, We make abstract of major indicators and statistical charts in front of each themes and explanatory note of indicators at the end.

The series are based on report of 2001. Each part includes statistical materials for historically important years, especially from 1978. Since than we have been implementing the reform and openning policy.

4 We made a correct and readjustment of some selected data stated in the past years. Please based on this year book when you use, If there are some differences between this year book with others. But the data of the nation and other provinces are initially calculated and come out of 《China Statistic Abstract – 2001》 that is opened earlier. So the wrong data among them will be corrected later by 《China Statistic Yearbook – 2001》.

5 In administration organization system, All prefectures were replaced by cities in 2001. Now there are a great Xi'an city and other 9 cities such as Ankang, Baoji, Hanzhong, Shangluo, Tongchuan, Weinan, Xianyang, Yan'an, Yulin. And Yangling Prototype Zone (It is not changed into city).

6 Explanatory symbol for notations used in this book:

"..." means "not large enough to be rounded into the least unit",

" " (blank) means "data not available",

" # " means "this data is included in above major items".

目　录

六、固定资产投资

七、能源生产和消费

八、财　　政

九、物价指数

十、人民生活

十一、城市概况

十二、农业

十三、工　业

十四、建筑业

十五、运输和邮电

十六、国内贸易

十七、对外经济贸易和旅游

十八、金融和保险

十九、教育、科技和文化

二十、体育、卫生、社会福利和其他

二十一、企业调查资料

二十二、全国各省、市、自治区主要指标

CONTENTS

1 Administrative Division and Natural Resources

2 General Statistics

3 Balance of National Economy

4 Population Census

5 Employment and Pay

6 Investment in Fixed Assets

7 Production and Consumption of Energy

8 Public Finance

9 Price Indices

10 People's Livehood

11 General Survey of Cities

12 Agriculture

13 Industry

14 Construction

15 Transportation, Post and Telecommunication Service

16 Domestic Trade

17 External Trade and International Tourism

18 Banking and Insurance

19 Education, Science, Technology and Culture

20 Sport, Public Health, Social Welf are and Miscellanenous

21 Census of Enterprise

22 Comparison Between Provinces

1 行政区划和自然资源

XINGZHENGQUHUAHEZIRANZIYUAN

资料整理　艾　军

****

1. 行政区划和自然资源

****

陕西位于东经１０５°２９′－１１１°１５′和北纬３１°４２′－３９°３５′之间，东隔黄河与山西相望，西连甘肃、宁夏，北临内蒙古，南连四川、重庆，东南与河南、湖北接壤。２００１年全省设西安、铜川、宝鸡、咸阳、渭南、延安、汉中、榆林、安康、商洛１０个省辖市和杨凌农业高新技术产业示范区，有３个县级市，８３个县和２１个市辖区，１７４７个乡镇（含街道办事处）。

全省面积为２０．５８万平方公里。地势南北高、中间低，西部高、东部低，地形复杂多样，北部为陕北黄土高原，中部为号称“八百里秦川”的关中平原，南部为陕南秦巴山地。

全省以秦岭为界南北河流分属长江水系和黄河水系。主要有渭河、泾河、洛河、无定河和汉江、丹江、嘉陵江等。陕西属大陆性季风气候，年平均气温９．７－１５．９摄氏度，年降水量４００－６６１毫米，南北差异明显。

全省自然资源丰富，矿产多，储量大，探明矿产居全国前十位的矿种近６０种，探明矿产保有储量潜在价值为４２万亿元，居全国第一位。

****

主要城市年降水量

（2001年）

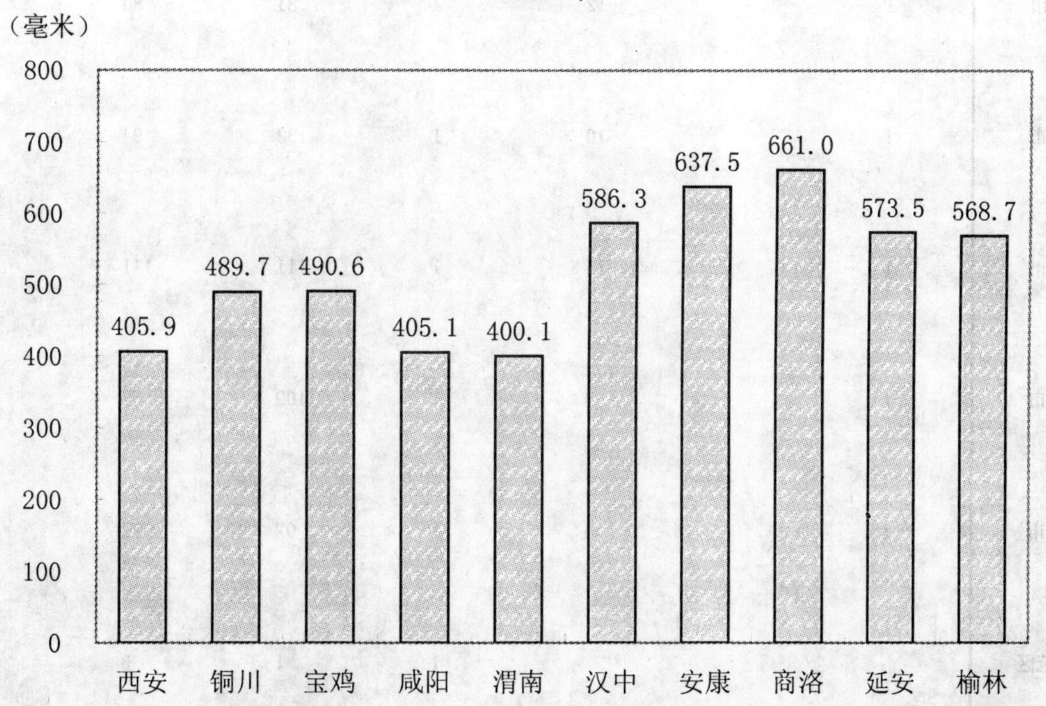

1-1 陕西省行政区划

（2001年）

单位：个

地区	地级市	县级市	县	市辖区	镇	乡	街道办事处
全省	**10**	**3**	**83**	**21**	**930**	**689**	**128**
西安市	1		5	8	64	52	60
铜川市	1		2	2	24	12	6
宝鸡市	1		10	2	101	37	12
咸阳市	1	1	10	2	108	63	12
渭南市	1	2	8	1	107	77	11
延安市	1		12	1	81	80	7
汉中市	1		10	1	132	94	8
榆林市	1		11	1	111	111	4
安康市	1		9	1	109	88	3
商洛市	1		6	1	92	72	4
杨凌示范区				1	1	3	1

1-2 陕西省行政区划一览

(2001年)

单位：个

地 区	镇	乡	街道办事处	村民委员会	居民委员会
全 省	**930**	**689**	**128**	**31197**	**1989**
西安市	**64**	**52**	**60**	**3164**	**556**
新城区			9	13	90
碑林区			8	15	103
莲湖区			9	35	112
灞桥区	4		5	229	30
未央区			10	212	40
雁塔区			8	120	81
阎良区	2		5	80	37
临潼区	10	7	6	285	7
长安县	14	11		672	12
蓝田县	10	12		519	6
周至县	9	13		379	8
户 县	11	5		518	29
高陵县	4	4		87	1
铜川市	**24**	**12**	**6**	**543**	**130**
王益区	1	2	4	39	76
印台区	7	2	2	107	44
耀 县	11	3		219	8
宜君县	5	5		178	2
宝鸡市	**101**	**37**	**12**	**2113**	**318**
渭滨区	4		5	79	57
金台区	1		7	25	145
宝鸡县	19	5		492	76
凤翔县	12	5		250	5
岐山县	11	3		188	14
扶风县	9	3		205	3
眉 县	9	1		155	6
陇 县	10	5		240	3
千阳县	6	5		129	2
麟游县	5	5		110	
凤 县	10	2		151	4
太白县	5	3		89	3
咸阳市	**108**	**63**	**12**	**3775**	**167**
秦都区	6		6	149	48
渭城区	7	1	3	149	30
三原县	10	4		338	11
泾阳县	12	4		265	11

1-2 续表1 (2001年) 单位：个

地　区	镇	乡	街道办事处	村民委员会	居民委员会
乾　县	12	8		414	4
礼泉县	11	4		444	4
永寿县	7	6		254	1
彬　县	8	8		325	4
长武县	5	6		233	1
旬邑县	10	4		280	2
淳化县	5	10		370	3
武功县	8	4		306	4
兴平市	7	4	3	248	44
渭南市	**107**	**77**	**11**	**3219**	**211**
临渭区	15	8	6	495	50
华　县	10	4		242	35
潼关县	4	4		83	20
大荔县	13	13		415	10
合阳县	12	4		353	4
澄城县	8	6		266	15
蒲城县	14	10		373	11
白水县	5	9		194	4
富平县	15	9		337	9
韩城市	7	7	2	275	39
华阴市	4	3	3	186	14
延安市	**81**	**80**	**7**	**3424**	**149**
宝塔区	11	9	3	633	60
延长县	6	6	1	288	11
延川县	8	6		346	6
子长县	8	5		355	15
安塞县	7	5		204	6
志丹县	6	5	1	192	5
吴旗县	4	8		164	6
甘泉县	3	3		116	5
富　县	8	5		249	8
洛川县	6	10	1	362	3
宜川县	5	7		214	6
黄龙县	3	7		110	5
黄陵县	6	4	1	191	13
汉中市	**132**	**94**	**8**	**3360**	**156**
汉台区	7	2	8	214	71
南郑县	18	18		501	17
城固县	20	4		392	9
洋　县	17	12		386	5

1-2 续表2 (2001年) 单位：个

地　区	镇	乡	街道办事处	村民委员会	居民委员会
西乡县	14	9		351	9
勉　县	17	7		373	8
宁强县	11	13		366	8
略阳县	11	9		260	20
镇巴县	10	10		358	7
留坝县	5	3		100	1
佛坪县	2	7		59	1
榆林市	**111**	**111**	**4**	**5850**	**137**
榆阳区	12	12	4	488	43
神木县	14	5		978	13
府谷县	7	13		364	6
横山县	10	8		358	
靖边县	9	13		208	8
定边县	11	14		334	7
绥德县	11	9		661	38
米脂县	7	6		396	6
佳　县	8	12		653	
吴堡县	4	4		221	5
清涧县	8	7		639	
子洲县	10	8		550	11
安康市	**109**	**88**	**3**	**2897**	**105**
汉滨区	20	23	3	800	42
汉阴县	12	6		210	9
石泉县	8	7		268	12
宁陕县	10	4		144	1
紫阳县	15	10		261	21
岚皋县	8	9		198	6
平利县	9	3		289	3
镇坪县	4	6		83	1
旬阳县	14	14		473	5
白河县	9	6		171	5
商洛市	**92**	**72**	**4**	**2781**	**57**
商州区	16	10	4	626	31
洛南县	15	15		542	7
丹凤县	11	10		317	5
商南县	11	5		204	4
山阳县	15	15		472	6
镇安县	14	11		415	2
柞水县	10	6		205	2
杨凌示范区	**1**	**3**	**1**	**71**	**3**

1-3 自然状况及资源

项　　目	单　位	2001年
一、自然状况		
1.土地		
土地总面积	万平方公里	20.58
2.气候		
全省年平均降水量	毫米	591.3
全省年平均气温	摄氏度	13.3
全省年平均日照时数	小时	1967.2
全省年平均风速	米/秒	1.6
全省年平均无霜期	天	214
气候带面积比例(土地面积=100)		
湿润地区(干燥度<1.0)	%	39.2
半湿润地区(干燥度=1.0—1.5)	%	26.7
半干旱地区(干燥度=1.5—2.0)	%	34.1
二、自然资源		
1.土地资源		
耕地面积	万公顷	468.5
园地面积	万公顷	60.9
林地面积	万公顷	969.3
草地面积	万公顷	320.3
居民点及工矿用地	万公顷	68.7
交通用地	万公顷	14.7
水域面积	万公顷	40.2
未利用土地面积	万公顷	115.2
2.林木资源		
森林面积	万公顷	592.03
森林覆盖率	%	28.74
林木蓄积量	亿立方米	3.34
3.水利资源		
全年自产河川年径流总量	亿立方米	212.64
黄河流域	亿立方米	56.20
长江流域	亿立方米	156.44
平原区地下水资源总量	亿立方米	63.98
# 可开采的	亿立方米	42.14
水力资源理论蕴藏量	万千瓦	1438.46
黄河流域	万千瓦	580.37
长江流域	万千瓦	858.09
水力资源的可开发量	万千瓦	666.66
黄河流域	万千瓦	234.06
长江流域	万千瓦	432.60
4.矿产资源		
保有储量潜在价值	亿　元	420000

1-4 土地状况

(2001年)

项目	面积（万公顷）	占总面积%
总面积	2058.0	100.0
1.按地形分		
山地	741.0	36.0
高原	926.0	45.0
平原	391.0	19.0
2.按特征分		
耕地	468.5	22.8
水田	20.4	1.0
旱地	357.8	17.4
水浇地	88.6	4.3
林地	969.3	47.1
#灌木林地	234.9	11.4
疏林地	32.6	1.6
未造成林林地	38.7	1.9
草地	320.3	15.6
#人工改良草地	18.4	0.9
园地	60.9	3.0
水域	40.2	2.0
#养殖水面	1.7	0.1
其他	198.6	9.7

1-5 主要山脉

(2001年)

名称	海拔高度（米）
太白山	3767
化龙山	2917
首阳山	2719
终南山	2604
华山	2160
白于山	1823
巴山	1500～2000
子午岭	1400～1600

1-6 主要河流

(2001年)

名称	流域面积（平方公里）	河长（公里）
无定河	30261	491.2
延河	7687	284.3
泾河	45421	455.1
渭河	62440	818.0
北洛河	26905	680.3
嘉陵江	9930	244.0
汉江	61959	652.0
丹江	7551	244.0

1-7 主要矿产保有储量及潜在价值

(2001年)

矿 种	储量单位	保有储量	潜在价值（亿元）
钠盐	亿 吨	8857	332154
煤	亿 吨	1676	85519
石油	亿 吨	1.17	316
天然气	亿立方米	1783	267
金	金属吨	225	67
钼	金属万吨	115	218
铅	金属万吨	185	8
锌	金属万吨	278	19
汞	金属吨	15465	2
锑	金属万吨	9	1
水泥用石灰岩	矿石亿吨	50.6	1012
玻璃用石英岩	矿石亿吨	1.86	93
磷	矿石万吨	68034	327
铁	矿石万吨	57581	226

1-8 陕西矿产保有储量居全国前十位的矿种

位 次	矿 种	矿 种 数
1	盐矿、制碱用灰岩、透辉石、水泥用灰岩、水泥配料用黄土、饰面用板岩、片麻岩	7
2	天然气、汞矿、锶、铼矿、硫铁矿(伴 生)、毒重石、电石用灰岩、透闪石、高岭土、陶粒用粘土	10
3	煤、钼矿、金矿、石榴子石、海泡石、石棉、蓝石棉、长石、蛭石、玻璃用石英岩	10
4	碲矿、矽线石、化肥用蛇纹岩、镁盐、隐晶质石墨、饰面用大理岩、冶金用脉石英	7
5	铌矿、重晶石	2
6	油页岩、镍矿、冶金用白云岩、晶质石墨	4
7	石油、石煤、锑矿、磷矿、冶金用石英岩、红柱石	6
8	锰矿、铅矿、硒矿、玻璃用白云岩	4
9	钒矿、稀土、饰面用辉长岩	3
10	钛矿、锌矿	2

1-9 陕西重要矿产保有储量在全国及西部的位次

矿 种	位 次		矿 种	位 次	
	全国	西部		全国	西部
煤	3	2	铝土矿	11	6
石 油	7	2	金 矿	3	1
天然气	2	2	硫铁矿	21	8
铁 矿	17	6	磷 矿	7	4
铜 矿	18	8	盐 矿	1	1
铅 矿	8	5	水泥用石灰岩	1	1
锌 矿	10	6			

1-10 主要城市气候基本情况

（2001年）

城市	平均气温（摄氏度）	日照时数（小时）	平均风速（米/秒）	相对湿度（%）	无霜期（天）	气压（百帕）	降水量（毫米）
西安	15.0	1378.7	0.9	64	246	970.0	405.9
铜川	11.1	2413.4	2.0	64	207	905.6	489.7
宝鸡	13.9	1653.8	1.2	64	224	946.0	490.6
咸阳	13.5	1747.3	1.9	69	207	961.9	405.1
渭南	14.3	1876.8	1.0	70	221	975.6	400.1
汉中	15.0	1480.0	1.5	77	216	957.1	586.3
安康	15.9	1858.2	1.6	75	250	899.5	637.5
商洛	13.0	2115.5	2.1	66	207	931.5	661.0
延安	11.1	2633.1	1.2	58	202	908.1	573.5
榆林	9.7	2515.5	2.1	52	160	896.9	568.7

1-11 主要城市平均气温

（2001年）

单位:摄氏度

月份	西安	铜川	宝鸡	咸阳	渭南	汉中	安康	商洛	延安	榆林
一月	1.1	-2.5	0.5	-0.6	0.6	3.3	3.9	0.7	-3.1	-6.3
二月	5.0	1.5	4.3	3.6	4.6	6.5	7.4	4.2	0.8	-2.1
三月	12.1	7.6	11.0	9.7	11.2	12.3	12.8	10.0	6.2	3.6
四月	14.6	11.1	13.5	13.0	14.1	14.6	15.5	12.8	11.9	10.7
五月	22.2	18.2	21.0	20.3	21.6	20.5	20.8	18.5	19.0	18.9
六月	26.3	21.7	25.0	25.0	25.9	23.8	24.1	22.3	23.3	23.4
七月	29.1	24.2	27.1	28.1	28.2	27.4	28.6	25.5	25.7	25.6
八月	25.4	21.5	24.2	24.5	24.6	24.4	25.2	22.2	21.8	21.9
九月	20.0	16.2	18.1	19.0	19.6	19.0	21.4	17.8	16.6	15.8
十月	15.0	11.8	14.1	14.0	14.6	16.0	17.0	13.7	11.5	10.5
十一月	7.9	4.6	7.7	6.0	7.0	9.6	10.7	7.4	3.5	1.5
十二月	0.7	-2.8	0.5	-0.6	-0.2	2.9	3.8	0.6	-3.6	-7.4
极端最高	40.0	35.4	37.8	38.7	39.2	36.3	38.7	36.2	38.5	37.0
极端最低	-5.7	-12.5	-6.9	-9.6	-8.1	-4.5	-4.3	-8.4	-14.5	-22.2
年平均	15.0	11.1	13.9	13.5	14.3	15.0	15.9	13.0	11.1	9.7

1-12 主要城市降水量

（2001年） 单位:毫米

月 份	西 安	铜 川	宝 鸡	咸 阳	渭 南	汉 中	安 康	商 洛	延 安	榆 林
一 月	13.6	18.3	13.7	12.2	12.0	13.5	8.8	16.3	10.6	6.4
二 月	5.3	13.3	8.0	9.6	5.7	5.9	9.1	13.3	7.0	8.0
三 月	0.0	0.2	0.9	0.2	0.0	0.4	11.1	2.6	11.1	3.6
四 月	42.5	22.9	27.4	34.5	36.3	26.3	54.7	52.0	36.3	58.7
五 月	10.1	8.9	22.7	7.8	12.9	58.8	78.3	84.8	17.2	3.3
六 月	50.2	56.7	60.6	41.9	40.1	62.4	147.1	90.7	31.5	27.6
七 月	96.6	120.5	102.3	103.3	78.1	49.2	105.1	112.5	146.4	80.2
八 月	28.2	54.9	40.1	33.5	31.5	147.8	80.7	134.0	127.4	276.4
九 月	74.4	144.8	171.5	89.7	97.5	141.4	36.5	50.3	128.6	76.4
十 月	64.0	35.0	24.8	55.3	69.6	57.8	82.7	81.1	51.3	19.6
十一月	2.4	5.2	4.3	2.6	1.3	4.0	6.6	2.8	5.2	5.3
十二月	18.6	9.0	14.3	14.5	15.1	18.8	16.8	20.6	0.9	3.2
全 年	405.9	489.7	490.6	405.1	400.1	586.3	637.5	661.0	573.5	568.7

1-13 主要城市日照时数

（2001年） 单位:小时

月 份	西 安	铜 川	宝 鸡	咸 阳	渭 南	汉 中	安 康	商 洛	延 安	榆 林
一 月	49.5	163.8	79.4	117.8	95.7	49.4	88.0	152.6	191.8	138.6
二 月	40.7	166.5	93.5	117.0	116.5	74.3	122.9	142.6	177.3	149.1
三 月	118.7	263.9	183.8	213.1	205.7	168.2	221.7	238.3	264.5	227.9
四 月	90.1	187.8	111.2	122.5	147.5	122.6	163.5	173.2	212.7	180.3
五 月	195.2	272.6	217.6	185.4	226.9	194.7	203.8	241.7	312.2	311.4
六 月	167.0	248.1	200.7	171.2	204.0	173.0	194.7	212.6	272.8	287.4
七 月	211.4	296.7	234.8	238.8	291.6	235.2	297.1	277.1	290.2	263.0
八 月	137.7	220.3	166.5	174.5	193.1	166.9	189.4	196.7	227.6	265.8
九 月	85.8	119.9	57.8	63.9	67.7	45.2	89.7	93.7	111.7	162.3
十 月	99.1	144.0	101.4	90.0	74.5	84.9	93.7	127.2	161.3	187.4
十一月	114.2	190.9	125.4	150.5	139.1	95.9	116.1	142.7	226.5	203.4
十二月	69.3	138.9	81.7	102.6	114.5	69.7	77.6	117.1	184.5	138.9
全 年	1378.7	2413.4	1653.8	1747.3	1876.8	1480.0	1858.2	2115.5	2633.1	2515.5

1-14 历届陕西省人民代表大会代表人数

单位：人

届次	代表人数	# 女代表		# 少数民族代表	
		人数	占代表总数%	人数	占代表总数%
第一届(1954年)	386	51	13.2	9	2.3
第二届(1958年)	400	67	16.8	12	3.0
第三届(1963年)	520	84	16.0	15	2.9
第四届(1968年)					
第五届(1977年)	1186	234	19.7	26	2.2
第六届(1983年)	727	168	23.1	29	4.0
第七届(1988年)	600	117	19.3	19	3.2
第八届(1993年)	602	118	19.6	22	3.7
第九届(1998年)	566	129	22.8	19	3.4

1-15 历届陕西省政治协商会议委员人数

单位：人

届次	委员人数	中国共产党党员代表		民主党派和无党派爱国人士代表	
		人数	占总数%	人数	占总数%
第一届(1955年)	165	42	25.5	123	74.5
第二届(1958年)	262	85	32.4	177	67.6
第三届(1963年)	275	91	33.1	184	66.9
第四届(1977年)	420	205	48.8	215	51.2
第五届(1983年)	428	162	37.9	266	62.1
第六届(1988年)	502	191	38.0	311	62.0
第七届(1993年)	506	244	48.2	262	51.8
第八届(1998年)	539	216	40.1	323	59.9

主要统计指标解释

行政区划 指国家对行政区域的划分。根据宪法规定,我国的行政区域划分如下:⑴全国分为省、自治区、直辖市;⑵省、自治区分为自治州、县、自治县、市;⑶自治州分为县、自治县、市;⑷县、自治县分为乡、民族乡、镇;⑸直辖市和较大的市分为区、县;⑹国家在必要时设立的特别行政区。

气候 指地球与大气之间长期能量交换与质量交换所形成的一种自然环境状态,它是多种因素综合作用的结果。气候既是人类生活和生产的环境要素之一,又是供给人类生活和生产的重要资源。气温、降水、湿度等气象要素的多年平均值是用来描述一个地区气候状况的主要参数,而各种气象要素某年、某月的平均值(或总量)则可以反映出该时期天气气候状况的重要特征。

自然资源 指人类可以直接从自然界获得,并用于生产和生活的物质资源。自然资源一般可以分成可再生资源和非再生资源两大类。可再生资源指在较短时间内可以再生、可以循环利用的资源,包括土地资源、水资源、气候资源、生物资源和海洋资源等。非再生资源指在使用后不能再生的资源,包括矿产资源和地热能源。

土地资源 土地指陆地的表层部分,它主要由岩石、岩石的风化物和土壤构成。土地资源按利用类型可以分为农用地、建筑用地和未利用地。农用地包括耕地、园地、林地、牧草地和水面。建筑用地包括居民点及工矿用地、交通用地和水利设施用地。未利用地指农用地和建筑用地以外的土地,包括滩涂、荒漠、戈壁、冰川和石山等。

森林资源 指森林、林木、林地以及依托森林、林木、林地生存的野生动物、植物和微生物。林木指树木和竹子。森林指以乔木为主体的植物群落,是集生的乔木及与共同作用的植物、动物、微生物和土壤、气候等的总体。

森林面积 指由乔木树种构成,郁闭度 0.2 以上(含 0.2)的林地或冠幅宽度 10 米以上的林带的面积,即有林地面积。森林面积包括天然起源和人工起源的针叶林面积、阔叶林面积、针阔混交林面积和竹林面积,不包括灌木林地面积和疏林地面积。

森林蓄积量 指一定森林面积上存在着的林木树干部分的总材积。它是反映一个国家或地区森林资源总规模和水平的基本指标之一,也是反映森林资源的丰富程度、衡量森林生态环境优劣的重要依据。

森林覆盖率 指一个国家或地区森林面积占土地总面积的百分比。森林覆盖率是反映森林资源的丰富程度和生态平衡状况的重要指标。在计算森林覆盖率时,森林面积包括郁闭度 0.2 以上的乔木林地面积和竹林地面积,国家特别规定的灌木林地面积、农田林网以及四旁(村旁、路旁、水旁、宅旁)林木的覆盖面积。计算公式为:

森林覆盖率(%)=森林面积/土地总面积×100%

径流 指陆地上接受降水后扣除损耗外,从地表和地下向流域出口断面汇集的水流。径流可分为地表径流、地下径流和壤中流。地表径流指沿地表向河流、湖泊、沼泽、海洋等汇集的水流;地下径流指沿潜水层或隔水层间的含水层,向河流、湖泊、沼泽、海洋等汇集的地下水水流。

径流量 指在一定时段内通过河流某一过水断面的水量,用以反映一个国家或地区水资源的丰歉程度。计算公式为:

径流量=降水量-蒸发量

矿产资源 矿产指由地质作用形成,富集于地壳中或出露于地表达到工农业利用要求的有用矿物。矿产是一种重要的自然资源,是社会发展的重要物质基础。

矿产保有储量 指探明的矿产储量(包括工业储量和远景储量),扣除已开采部分和地下损失量后的年末实有储量。

2 综　合

ZONGHE

资料整理　　张　蕾　薛小艳

****

2. 综　合

****

从2001年统计数据看改革开放以来陕西经济发展

国内生产总值	1844.27	亿元	比1978年增长	6.8倍
# 第三产业	740.69	亿元	比1978年增长	12.9倍
工业总产值	1827.52	亿元	比1978年增长	10.6倍
农林牧渔业总产值	478.84	亿元	比1978年增长	2.3倍
全社会固定资产投资	850.66	亿元	比1978年增长	40.8倍
财政收入	225.98	亿元	比1978年增长	10.4倍
社会消费品零售总额	665.12	亿元	比1978年增长	18.9倍
外贸商品出口总额	11.10	亿美元	比1978年增长	92.3倍
城镇居民人均可支配收入	5484	元	比1978年增长	2.7倍
农民人均纯收入	1520	元	比1978年增长	1.6倍

****

国内生产总值构成

2-1 各部门机构数

部门	单位	2001年	部门	单位	2001年
农村基层单位			卫生		
基层组织			卫生机构	个	5563
乡政府	个	689	#医院	个	2780
镇政府	个	930	疗养院、所	个	12
村民委员会	个	31197	门诊部、所	个	150
乡村户数	万户	693	卫生防疫站	个	138
乡镇企业	万个	90.29	妇幼保健站、所	个	82
国营农场	个	5	社会福利单位	个	1949
			#社会福利事业单位	个	801
工业企业	个	114855	社会福利企业单位	个	909
#规模以上工业企业	个	2440			
内资企业	个	2310	教育事业		
国有企业	个	1144	普通高等学校	所	47
集体企业	个	394	中等学校	所	3215
其他企业	个	772	#普通中学	所	2680
港、澳、台商投资企业	个	63	小学	所	29359
外商投资企业	个	67	幼儿园	所	2219
#国有及国有控股企业	个	1439			
			文化事业		
建筑施工企业	个	890	群众艺术馆	个	1977
#内资企业	个	886	图书馆	个	110
国有企业	个	161	博物馆	个	75
集体企业	个	460	艺术表演团体	个	116
其他企业	个	265	艺术表演场所	个	108
			广播电台	座	76
运输邮电业			电视台	座	11
铁路	个	3			
公路	个	1	体育事业		
民航	个	2	少年儿童业余体校	所	101
邮电局所	个	3753	重点体校	所	5
批发零售贸易业、餐饮业	个	544908	科学研究与开发机构	个	929
批发贸易业	个	43507	#科研院所	个	166
零售贸易业	个	359205	高等院校	个	118
餐饮业	个	142196	大中型工业企业	个	236

2-2 陕 西 一 日

指 标	单 位	1978年	1990年	1995年	2000年	2001年
一、每天创造的财富						
国内生产总值	万 元	2221	11077	27398	45505	50528
第一产业	万 元	677	2892	6226	7647	7870
第二产业	万 元	1154	4305	11110	20052	22365
第三产业	万 元	390	3879	10062	17805	20293
财政收入	万 元	541	1128	2608	5123	6191
粮 食	万 吨	2.19	2.93	2.50	2.98	2.68
棉 花	吨	289	213	109	75	136
油 料	吨	155	915	1045	1062	1028
肉 类	吨	389	1282	2172	2524	2639
布	万 米	159.16	199.78	216.16	196.79	188.77
原 煤	万 吨	4.56	9.12	11.64	9.57	12.42
发 电 量	万千瓦小时	1811	4102	6487	7460	8314
原 油	吨	165	1921	4575	20450	25094
钢	吨	666	1344	1470	1470	1902
二、每天消费量						
居民总消费	万 元	1322	6038	13788	20358	21626
农村居民	万 元	848	3440	7242	9142	9950
城镇居民	万 元	473	2598	6545	11216	11676
能源消费量	万吨标煤	3.19	6.13	7.86	7.17	8.31
社会消费品零售额	万 元	914	4375	10122	16647	18222
三、每天其他经济活动						
货 运 量	万 吨	19.62	59.21	80.09	80.02	85.97
客 运 量	万人次	15.42	55.35	66.48	78.65	84.06
邮电业务总量	万 元	13.77	46.40	398.38	2329.84	2591.00
进出口总额	万美元		158.16	474.86	586.33	565.60
# 出口总额	万美元	3.26	126.19	351.40	358.91	304.23
国际旅游人数	万人	…	0.07	0.12	0.20	0.21
居民储蓄额	万 元	213.55	5604.75	2.01	4.17	4.85
四、每天人口变动和婚姻						
出 生	人	1306	2115	1527		1049
死 亡	人	524	587	630		633
结 婚	对	373	720	662	557	557
离 婚	对	20	22	29	34	38

注：1.邮电业务总量1990年以前按1980年不变价计算，1990-2000年按1990年不变价计算，2001年按2000年不变价计算，其余指标均按现价计算。

2.财政收入为老口径.

3.工业产品产量2000年、2001年为规模以上企业数。

2-3 陕西省主要社会经济指标占全国比重

指 标	单 位	2000年			2001年		
		陕 西	全 国	陕西占全国%	陕 西	全 国	陕西占全国%
一、年底总人口	万 人	3644	126743	2.9	3659	127627	2.9
二、从业人员	万 人	1813	72085	2.5	1785	73025	2.4
#职工人数	万 人	328	11259	2.9	324	10792	3.0
三、国内生产总值	亿 元	1660.92	89404	1.9	1844.27	95933	1.9
第一产业	亿 元	279.12	14212	2.0	287.24	14610	2.0
第二产业	亿 元	731.90	45488	1.6	816.34	49069	1.7
#工 业	亿 元	549.58	39570	1.4	606.12	42607	1.4
第三产业	亿 元	649.90	29704	2.2	740.69	32254	2.3
四、全社会固定资产投资总额	亿 元	745.85	32918	2.3	850.66	36898	2.3
五、地方财政收入	亿 元	114.97	6406	1.8	135.81	7803	1.7
六、主要产品产量							
粮 食	万 吨	1089	46218	2.4	977	45264	2.2
棉 花	万 吨	2.74	442	0.6	4.98	532	0.9
油 料	万 吨	38.76	2955	1.3	37.54	2865	1.3
水 果	万 吨	493.79	6225	7.9	493.73	6658	7.4
原 煤	万 吨	3493	99800	3.5	4532	110700	4.1
原 油	万 吨	746.00	16300	4.6	915.94	16500	5.6
钢	万 吨	53.65	12850	0.4	69.44	15266	0.5
水 泥	万 吨	989	59700	1.7	1110	64000	1.7
化 肥	万 吨	93.90	3186	2.9	97.33	3397	2.9
纱	万 吨	15.68	657	2.4	15.66	670	2.3
布	亿 米	7.18	277	2.6	6.89	291	2.4
彩色电视机	万 台	80.31	3936	2.0	50.62	3967	1.3
家用洗衣机	万 台	3.94	1443	0.3	4.39	1334	0.3
家用电冰箱	万 台	37.56	1279	2.9	29.84	1349	2.2
七、货物周转量	亿吨公里	574.63	44452	1.3	677.97	47590	1.4
八、邮电业务总量	亿 元	85.04	4793	1.8	94.59	4556	2.1
九、社会消费品零售总额	亿 元	607.61	34153	1.8	665.12	37595	1.8
十、进出口总额	亿美元	21.40	4743	0.5	20.64	5098	0.4
#出口额	亿美元	13.10	2492	0.5	11.10	2662	0.4
十一、国际旅游人数	万 人	71.28	8344	0.9	75.92	8901	0.9
十二、大学生在校学生数	万 人	24.17	556.1	4.3	31.74	719.1	4.4
十三、图书出版量	亿 册	1.60	62.7	2.6	1.46	63.4	2.3
杂志出版量	亿 册	0.49	29.4	1.7	0.52	29.0	1.8
报纸出版量	亿 份	7.04	329.3	2.1	6.69		

注：1、国内生产总值按当年价格计算。

2、地方财政收入按新口径计算。

2-4 国民经济和社会发展总量指标

指 标	单 位	1978年	1990年	1995年	2000年	2001年
人口与就业						
人 口						
年底总人口	万人	2780	3316	3513	3644	3659
市镇人口	万人	455	1501	1738	2631	2914
乡村人口	万人	2325	1815	1775	1013	745
男性人口	万人	1444	1727	1836	1896	1882
女性人口	万人	1336	1589	1677	1748	1777
就 业						
从业人员	万人	1078	1576	1748	1813	1785
#职工人数	万人	257	379	395	328	324
城镇失业人数	万人		11.2	8.6	11.4	14.0
宏观经济						
国民核算						
国内生产总值	亿元	81.07	404.30	1000.03	1660.92	1844.27
第一产业	亿元	24.70	105.56	227.25	279.12	287.24
第二产业	亿元	42.13	157.14	405.53	731.90	816.34
第三产业	亿元	14.24	141.60	367.25	649.90	740.69
支出法国内生产总值	亿元	81.07	404.30	1000.03	1660.92	1844.27
#最终消费	亿元	52.74	300.64	673.42	956.45	1004.50
居民消费	亿元	48.24	220.39	503.25	743.07	789.34
政府消费	亿元	4.50	80.25	170.17	213.38	215.16
资本形成总额	亿元	30.45	169.37	480.48	851.69	972.51
固定资本形成总额	亿元	23.18	120.84	358.75	796.21	887.24
存货增加	亿元	7.27	48.53	121.73	55.48	85.27
固定资产投资						
全社会固定资产投资总额	亿元	20.35	103.72	324.33	745.85	850.66
#国有单位	亿元	17.20	73.85	226.61	473.53	523.92
集体单位	亿元	1.91	6.96	21.53	41.66	46.41
个体经济	亿元	1.24	22.90	55.54	93.54	111.19
财 政						
地方财政收入	亿元	19.76	41.19	95.19	187.00	225.98
地方财政支出	亿元	18.30	53.91	102.69	271.76	350.05
物价指数(上年=100)						
商品零售价格总指数	%	100.5	101.6	117.0	98.3	99.1
居民消费价格总指数	%	100.6	101.3	119.0	99.5	101.0

2-4 续表1

指 标	单 位	1978年	1990年	1995年	2000年	2001年
利用外资						
签订利用客商直接投资协议额	万美元		1133	41521	49931	73009
实际利用客商直接投资额	万美元		4191	32407	30042	35174
能源生产与消费(标准煤)						
能源生产总量	万 吨	1223	2505	3311	3805	4931
能源消费总量	万 吨	1165	2239	2869	2617	3034
产 业						
农 业						
耕地面积	千公顷	3854	3533	3393	3114	2966
农林牧渔业从业人员	万 人	780	1001	1049	1002	986
农林牧渔业总产值	亿 元	36.27	169.96	381.65	464.89	478.84
主要农产品产量						
粮 食	万 吨	800	1071	913	1089	977
棉 花	万 吨	10.54	7.78	3.99	2.74	4.98
油 料	万 吨	5.56	33.39	38.15	38.76	37.54
烤 烟	万 吨	1.38	12.32	6.34	7.36	6.29
茶 叶	吨	1408	4548	5252	6126	6273
水 果	万 吨	33.41	62.03	283.96	493.79	493.73
肉 类	万 吨	14.20	46.78	79.26	92.12	96.32
工 业						
工业总产值	亿 元	96.48	442.58	1068.71	1630.33	1827.52
主要工业产品产量						
纱	万 吨	13.85	15.46	14.02	15.68	15.66
布	亿 米	5.81	7.29	7.89	7.18	6.89
彩色电视机	万 部	0.01	58.78	28.62	80.31	50.62
家用洗衣机	万 台		21.95	13.58	3.94	4.39
家用电冰箱	万 台		22.60	63.92	37.56	29.84
原 煤	万 吨	1666	3328	4248	3493	4532
原 油	万 吨	6.03	70.11	167.00	746.44	915.94
发 电 量	亿千瓦小时	66.10	149.74	236.77	272.28	303.47
钢	万 吨	24.29	49.05	53.67	53.65	69.44
钢 材	万 吨	17.38	31.36	58.78	57.70	64.18
水 泥	万 吨	210.66	530.25	851.50	989.44	1110.20
化 肥	万 吨	13.69	47.85	68.46	93.90	97.33

2-4 续表2

指 标	单 位	1978年	1990年	1995年	2000年	2001年
国有经济独立核算工业企业						
年底固定资产原价	亿 元	116.50	316.70	843.50	987.66	1007.17
固定资产净值年平均余额	亿 元	84.19	214.83	468.72	646.97	613.94
利润和税金总额	亿 元	16.52	34.71	37.24	54.60	55.88
交通运输						
货物运输量	万 吨	7160	21613	29234	29209	31378
#铁 路	万 吨	2400	3476	3629	3933	4327
公 路	万 吨	4733	18112	25560	25200	26964
货物周转量	亿吨公里	176.11	411.87	505.82	574.63	677.97
#铁 路	亿吨公里	165.58	339.36	400.68	429.54	516.61
公 路	亿吨公里	10.39	72.06	104.23	143.64	160.16
旅客运输量	万 人	5628	20204	24267	28709	30682
#铁 路	万 人	2009	2298	2773	2661	2651
公 路	万 人	3605	17777	21252	25600	27500
旅客周转量	亿人公里	60.73	191.43	273.19	376.99	406.40
#铁 路	亿人公里	47.56	104.59	145.02	178.89	191.73
公 路	亿人公里	12.95	72.34	97.76	151.04	165.61
邮电通信业						
邮电业务总量	万 元	5025	30243	145408	850392	945861
函 件	万 件	9188	15955	24277	17444	18518
报刊期发数	万 份	319	506	1017	454	386
交换机容量	万 门	12.40	22.58	129.88	386.02	594.35
电话机	万 部	12.26	32.37	93.73	345.39	436.65
移动电话	万户			3.60	151.67	291.71
无线寻呼	万户			20.85	147.73	120.49
数字数据用户	万户				1.02	1.14
国际互联网用户	万户				29.43	68.16
国内商业						
社会消费品零售总额	亿 元	33.37	159.67	369.46	607.61	665.12
对外经济贸易和旅游						
进出口总额	万美元		57728	173323	214009	206444
进口额	万美元		11669	45062	83006	95400
出口额	万美元	1190	46059	128261	131003	111044
国际旅游						
旅游人数	万 人	1.37	25.88	44.23	71.28	75.92
旅游外汇收入	万美元	177	4134	14090	28025	30871

2-4 续表3

指 标	单 位	1978年	1990年	1995年	2000年	2001年
金融保险						
国家银行各项存款	亿 元	35.33	278.44	814.93	1753.09	2225.17
国家银行各项贷款	亿 元	51.74	385.21	943.56	1655.30	1830.46
农村信用社各项存款	亿 元	4.72	56.13	170.75	352.90	401.39
农村信用社各项贷款	亿 元	1.67	35.65	117.92	261.53	308.48
国内保险承保额	亿 元		701.03	1665.11	3451.30	2921.13
涉外保险承保额	亿 元		36.80	311.45	…	
教育 · 科技 · 文化						
教 育						
专任教师数	万 人	27.87	31.26	32.44	34.70	35.90
普通高等学校	万 人	1.07	1.96	2.02	2.07	2.36
中等学校	万 人	9.50	11.62	12.10	14.40	15.19
小 学	万 人	17.30	17.68	18.32	18.23	18.35
在校学生数	万 人	650.19	513.92	636.49	771.99	782.49
普通高等学校	万 人	3.44	9.54	12.83	24.17	31.74
中等学校	万 人	196.24	150.63	172.08	266.89	289.18
小 学	万 人	450.51	353.75	451.58	480.93	461.57
科 技						
地方国有企事业单位专业技术人员	万 人			53.71	63.76	64.48
全省从事科技活动人员数	万 人		9.90	16.49	15.51	14.11
#科学家和工程师	万 人		5.40	8.82	8.58	8.53
研究与发展经费支出	亿 元			13.47	57.14	54.50
文 化						
出版数量						
图 书	万 册	7661	14962	17005	15958	14601
杂 志	万 册	1423	2202	4280	4944	5245
报 纸	万 份		33173	46508	70389	66896
电视节目制作时间	小 时		1151	8152	11444	64946
家庭 · 生活 · 环境						
家 庭						
家庭总户数	万 户	560.82	802.00	878.08	948.06	960.84
城镇居民平均每户家庭人口	人		3.39	3.17	3.08	3.09
农村居民平均每户家庭人口	人		4.85	4.65	4.43	4.40

2-4 续表4

指　　标	单 位	1978年	1990年	1995年	2000年	2001年
婚　姻						
结婚数	对	136230	262919	241605	203173	203358
离婚数	对	3732	7858	10598	12568	13891
居　住						
城镇居民人均居住面积	平方米		9.32	10.66	13.35	13.64
农村居民人均住房面积	平方米		14.62	18.42	22.87	23.76
生　活						
城镇居民人均可支配收入	元	310	1369	3310	5124	5484
农村居民人均纯收入	元	134	530	963	1470	1520
城乡居民储蓄存款余额	亿 元	7.79	204.57	734.04	1522.53	1768.47
工　资						
工资总额	亿 元	16.44	76.10	172.26	257.28	296.35
职工平均工资	元	654	2042	4396	7804	9120
职工保险福利费	亿 元	1.85	21.99	47.81	71.29	75.44
卫　生						
医院数	个	3064	2521	3313	2779	2780
医生数	万 人	3.43	5.91	6.28	6.43	6.60
医院床位数	万 张	4.99	7.80	9.05	9.26	9.43
市政建设						
自来水供应量	万 吨	21119	65538	70949	67062	67205
下水道长度	公 里	431	1179	1858	1856	1914
城市煤气供应量	万立方米		9594	11395	4447	9822
公共汽(电)车总数	辆	638	1536	2130	4305	4626
铺装道路长度	公 里	639	1626	2027	2537	2577
绿地面积	公 顷	488	6042	10164	9079	10092
环境、灾害						
污染治理项目本年完成投资额	万 元		7729	16855	44053	26651
环境污染事故数	次		37	69	79	29
环境污染事故罚款金额	万 元		19	17	41	12
火灾发生数	起		895	737	3818	3413
火灾损失	万 元		720	1862	2613	1268
交通事故发生数	件	3979	8352	9554	11846	13729
交通事故损失	万 元	165	959	3395	3978	4065

注：1.本表价值量指标均按当价格计算。

2.1998年以后从业人员、职工人数、工资总额、职工平均工资中，不含离开单位仍保留劳动关系的人员。

3.财政收入为老口径数字，按新口径计算的财政收入请参阅8-1表。

4.农林牧渔业总产值、肉类产量1996年及以后各年为农业普查修正数。

5.1998年以后工业产品产量、财务指标为规模以上企业数字。

6.邮电业务总量1990年以前按1980年不变价格计算，1990年及以后各年按1990年不变价格计算，2001年及以后各年按2000年不变价格计算。

2-5 国民经济和社会发展速度指标

指 标	2001年为下列年份%				1979-2001年平均增长%
	1978年	1990年	1995年	2000年	
人 口					
年底总人口	131.6	110.3	104.2	100.4	1.2
市镇人口	640.4	194.1	167.7	110.8	8.4
乡村人口	32.0	41.0	42.0	73.5	-4.8
男性人口	130.3	109.0	102.5	99.3	1.2
女性人口	133.0	111.8	106.0	101.7	1.2
宏观经济					
国民核算					
国内生产总值	777.8	260.1	167.7	109.1	9.3
第一产业	316.2	154.0	125.2	102.5	5.1
第二产业	959.4	341.4	185.0	109.9	10.3
第三产业	1389.1	247.8	169.8	111.0	12.1
支出法国内生产总值	778.2	260.0	167.7	109.1	9.3
# 最终消费	456.3	158.4	137.3	103.7	6.8
居民消费	372.1	160.8	140.0	104.2	5.9
政府消费	1330.8	146.9	126.1	101.8	11.9
资本形成总额	957.6	227.7	163.0	111.5	10.3
固定资本形成总额	835.0	279.5	189.5	108.6	9.7
存货增加	1947.2	120.6	99.6	153.2	13.8
固定资产投资					
全社会固定资产投资总额	4180.1	820.2	262.3	114.1	17.4
# 国有单位	3046.0	709.4	231.2	110.6	15.9
集体单位	2429.8	666.8	215.6	111.4	14.4
个体经济	8966.9	485.5	200.2	118.9	23.4
财 政					
地方财政收入	1143.6	548.6	237.4	120.8	11.2
地方财政支出	1912.8	649.3	340.9	128.8	13.7
物价指数					
商品零售价格总指数	390.8	191.4	100.3	99.1	6.1
居民消费价格总指数	451.2	218.0	111.2	101.0	6.8
利用外资					
签订利用客商直接投资协议额		6443.9	175.8	146.2	
实际利用客商直接投资额		839.3	108.5	117.1	

2-5 续表1

指　　标	2001年为下列年份%				1979-2001年平均增长%
	1978年	1990年	1995年	2000年	
能源生产与消费(标准煤)					
能源生产总量	403.2	196.8	148.9	129.6	6.2
能源消费总量	260.4	135.5	105.8	115.9	4.2
产　　业					
农　业					
耕地面积	77.0	84.0	87.4	95.2	-1.1
农林牧渔业从业人员	126.4	98.5	94.0	98.4	1.0
农林牧渔业总产值	328.4	171.2	130.9	102.5	5.3
主要农产品产量					
粮　食	122.1	91.2	107.0	89.7	0.9
棉　花	47.2	64.0	124.8	181.8	-3.2
油　料	675.2	112.4	98.4	96.9	8.7
烤　烟	455.8	51.1	99.2	85.5	6.8
茶　叶	445.5	137.9	119.4	102.4	6.7
水　果	1477.8	796.0	173.9	100.0	12.4
肉　类	678.3	205.9	121.5	104.6	8.7
工　业					
工业总产值	1162.9	354.7	170.7	110.9	11.3
交通运输					
货物运输量	438.2	145.2	107.3	107.4	6.6
# 铁　路	180.3	124.5	119.2	110.0	2.6
公　路	569.7	148.9	105.5	107.0	7.9
货物周转量	385.0	164.6	134.0	118.0	6.0
# 铁　路	312.0	152.2	128.9	120.3	5.1
公　路	1541.5	222.3	153.7	111.5	12.6
旅客运输量	545.2	151.9	126.4	106.9	7.7
# 铁　路	132.0	115.4	95.6	99.6	1.2
公　路	762.8	154.7	129.4	107.4	9.2
旅客周转量	669.2	212.3	148.8	107.8	8.6
# 铁　路	403.1	183.3	132.2	107.2	6.2
公　路	1278.8	228.9	169.4	109.6	11.7
邮电通信业					
邮电业务总量	13530.5	4015.3	835.1	142.8	23.8
函　件	201.5	116.1	76.3	106.2	3.1
报刊期发数	121.0	76.3	38.0	85.0	0.8
交换机容量	4793.1	2632.2	457.6	154.0	18.3
电 话 机	3561.6	1348.9	465.9	126.4	16.8
国内商业					
社会消费品零售总额	1993.2	416.6	180.0	109.5	13.9

2-5 续表2

指 标	2001年为下列年份%				1979-2001年平均增长%
	1978年	1990年	1995年	2000年	
对外经济贸易和旅游					
进出口总额		357.6	119.1	96.5	
进口额		817.6	211.7	114.9	
出口额	9331.4	241.1	86.6	84.8	21.8
国际旅游					
旅游人数	5541.6	293.4	171.6	106.5	19.1
旅游外汇收入	17441.2	746.8	219.1	110.2	25.2
金 融					
国家银行各项存款	6298.2	799.2	273.1	126.9	19.7
国家银行各项贷款	3537.8	475.2	194.0	110.6	16.8
农村信用社各项存款	8504.0	715.1	235.1	113.7	21.3
农村信用社各项贷款	18471.9	865.3	261.6	118.0	25.5
教育 · 科技 · 文化					
教 育					
专任教师数	128.8	114.8	110.7	103.5	1.1
普通高等学校	220.6	120.4	116.8	114.0	3.5
中等学校	159.9	130.7	125.5	105.5	2.1
小 学	106.1	103.8	100.2	100.7	0.3
在校学生数	120.3	152.3	122.9	101.4	0.8
普通高等学校	922.7	332.7	247.4	131.3	10.1
中等学校	147.4	192.0	168.0	108.4	1.7
小 学	102.5	130.5	102.2	96.0	0.1
科 技					
地方国有企事业单位专业技术人员			120.1	101.1	
全省从事科技活动人员数		142.5	85.6	91.0	
#科学家和工程师		158.0	96.7	99.4	
研究与发展经费支出			404.6	95.4	
文 化					
出版数量					
图 书	190.6	97.6	85.9	91.5	2.8
杂 志	368.6	238.2	122.5	106.1	5.8
报 纸		201.7	143.8	95.0	
电视节目制作时间		5642.6	796.7	567.5	
家庭 · 生活 · 环境					
家 庭					
家庭总户数	171.3	119.8	109.4	101.3	2.4
城镇居民平均每户家庭人口		91.2	97.5	100.3	
农村居民平均每户家庭人口		90.7	94.6	99.3	

2-5 续表3

指 标	2001年为下列年份%				1979-2001年平均增长%
	1978年	1990年	1995年	2000年	
婚 姻					
结婚数	149.3	77.3	84.2	100.1	1.8
离婚数	372.2	176.8	131.1	110.5	5.9
居 住					
城镇居民人均居住面积		146.4	128.0	102.2	
农村居民人均住房面积		162.5	129.0	103.9	
生 活					
城镇居民人均可支配收入	365.0	176.1	149.8	106.9	5.8
农村居民人均纯收入	261.7	137.8	142.1	101.3	4.3
城乡居民储蓄存款余额	22701.8	864.5	240.9	116.2	26.6
工资和福利					
工资总额	1802.6	389.4	172.0	115.2	13.4
职工平均工资	290.5	198.4	187.4	117.9	4.7
卫 生					
医 院	90.7	110.3	83.9	100.0	-0.4
医 生	192.4	111.7	105.1	102.6	2.9
医院床位数	189.0	120.9	104.2	101.8	2.8
市政建设					
自来水供应量	318.2	102.5	94.7	100.2	5.2
下水道长度	444.1	162.3	103.0	103.1	6.7
城市煤气供应量		102.4	86.2	220.9	
公共汽(电)车总数	725.1	301.2	217.2	107.5	9.0
铺装道路长度	403.3	158.5	127.1	101.6	6.3
绿地面积	2068.0	167.0	99.3	111.2	14.1
环境、灾害					
治理污染资金使用额		344.8	158.1	60.5	
环境污染事故数		78.4	42.0	36.7	
环境污染事故罚款金额		63.2	70.6	29.3	
火灾发生数		381.3	463.1	89.4	
火灾损失		176.1	68.1	48.5	
交通事故发生数	345.0	164.4	143.7	115.9	5.5
交通事故损失	2463.6	423.9	119.7	102.2	14.9

注：本表国民核算指标、物价指数、农林牧渔业总产值、工业总产值、邮电业务总量、城乡居民收入、平均工资指标的发展速度均按可比价格计算。

2-6 国民经济主要结构指标

单位：%

指　　标	1978年	1990年	1995年	2000年	2001年
人口与就业					
人　口					
城乡结构					
城　镇	16.4	45.3	49.5	72.2	79.6
乡　村	83.6	54.7	50.5	27.8	20.4
性别结构					
男	52.0	52.1	52.3	52.0	51.4
女	48.0	47.9	47.7	48.0	48.6
就　业					
产业结构					
第一产业	71.1	64.1	60.4	55.7	55.7
第二产业	17.9	19.2	19.5	16.5	16.6
第三产业	11.0	16.7	20.1	27.8	27.7
宏观经济					
国民核算					
国内生产总值产业结构					
第一产业	30.5	26.1	22.7	16.8	15.6
第二产业	52.0	38.9	40.6	44.1	44.3
第三产业	17.5	35.0	36.7	39.1	40.1
投　资					
固定资产投资结构					
基本建设	78.2	41.2	45.0	50.4	51.9
更新改造	6.3	22.4	20.7	18.3	16.3
房地产开发		0.0	8.7	10.6	11.7
其他投资	15.5	36.4	25.6	20.7	20.1
固定资产投资经济类型结构					
国有经济	84.5	71.2	69.9	63.5	61.6
集体经济	9.4	6.7	6.6	5.6	5.4
其他经济			6.4	18.4	19.9
个　　体	6.1	22.1	17.1	12.5	13.1
能源生产与消费					
能源生产总量结构					
原　煤	97.3	94.0	91.6	70.9	70.9
原　油	0.7	4.0	7.2	21.2	19.9
天然气	0.1	…	0.1	6.7	8.5
水　电	1.9	2.0	0.9	1.2	0.7
能源消费总量结构					
煤　炭	90.8	85.5	86.5	71.3	69.7
石　油	8.8	8.7	12.0	23.3	24.3
天然气	…	…	0.2	3.1	4.3
电　力	0.4	5.8	1.2	2.3	1.7
产　　业					
农　业					
农林牧渔业产值结构					
农　　业	85.2	73.2	67.6	70.5	70.5
林　　业	3.2	5.3	4.4	5.8	4.9
牧　　业	11.5	21.0	27.4	22.9	23.8
渔　　业	…	0.5	0.6	0.8	0.8
工　业					
轻重工业产值结构					
轻 工 业	44.6	42.5	37.3	35.4	35.1
重 工 业	55.4	57.5	62.7	64.6	64.9

2-6 续表

单位：%

指 标	1978年	1990年	1995年	2000年	2001年
交通运输业					
货运量结构					
铁 路	33.5	16.1	12.4	13.5	13.8
公 路	66.1	83.8	87.4	86.2	85.9
水 运	0.4	0.1	0.1	0.3	0.3
航 运	…	…	…	…	…
国内商业					
社会消费品零售总额构成					
市	35.8	57.1	62.2	65.9	66.7
县	29.3	21.5	19.1	17.0	16.6
县以下	34.9	21.4	18.7	17.1	16.7
国际旅游					
国际旅游人数结构					
外国人	83.9	59.5	89.8	82.0	84.0
华 侨		1.6	0.4		
港澳台同胞	16.1	38.9	9.8	18.0	16.0
教育 · 科技 · 文化					
教 育					
在校学生结构					
大学生	0.5	1.9	2.0	3.1	4.1
中学生	30.2	29.3	27.0	34.6	36.9
小学生	69.3	68.8	71.0	62.3	59.0
专任教师结构					
大学生	3.8	6.3	6.2	6.0	6.6
中学生	34.1	37.2	37.3	41.5	42.3
小学生	62.1	56.6	56.5	52.5	51.1
生活 · 环境					
生 活					
城镇居民消费结构					
食品类		51.9	47.2	35.8	34.3
衣着类		15.2	13.6	9.4	9.6
用品及其他		29.0	33.1	43.8	46.3
居 住		3.9	6.1	11.0	9.8
农村居民消费结构					
食品类	59.0	58.5	59.3	43.5	41.9
衣着类	13.3	8.0	6.8	6.6	6.2
用品及其他	12.4	16.1	18.9	33.9	34.3
居 住	15.3	17.4	15.0	16.0	17.6
福 利					
离退休退职人员结构					
离休人员		9.3	8.0	5.3	4.7
退休人员		84.2	87.5	92.2	92.9
退职人员		6.5	4.5	2.5	2.4
离退休退职人员保险福利费结构					
离休金		10.8	12.8	5.7	5.7
退休金		51.7	60.5	80.0	81.3
退职生活费		1.8	1.2	0.6	0.8
医疗卫生费		15.3	13.9	9.5	8.2
其 他		20.4	11.6	4.2	4.0
环 境					
治理污染资金使用结构					
治理废水		41.4	39.6	60.8	36.6
治理废气		43.5	39.6	31.2	46.4
治理固体废物		4.8	17.7	3.7	2.2
治理噪音		6.6	1.4	0.3	0.1
其 他		3.7	1.7	4.0	14.7

注：本表指标均按当年价格计算。

2-7 国民经济和社会发展比例与效益指标

指标	单位	1978年	1990年	1995年	2000年	2001年
人口						
出生率	‰	17.24	23.48	15.93		10.50
死亡率	‰	6.92	6.52	6.57		6.34
自然增长率	‰	10.32	16.96	9.36		4.16
就业						
就业者负担人口	人	1.58	1.10	1.01	1.01	1.05
城镇失业率	%		3.0	3.2	2.7	3.2
国民核算						
一、二、三产业增加值比例（第一产业=100）						
第一产业	%	100.0	100.0	100.0	100.0	100.0
第二产业	%	170.6	148.9	178.5	262.2	284.2
第三产业	%	57.7	134.1	161.6	232.8	257.9
人均国内生产总值	元	291	1241	2843	4549	5024
固定资产投资						
全社会固定资产投资相当于国内生产总值比例	%	25.1	25.7	32.4	44.9	46.1
全社会房屋建筑面积竣工率	%	46.4	77.2	70.1	75.5	68.6
基本建设固定资产交付使用率	%	171.8	86.7	69.5	84.4	82.9
基本建设项目建成投产率	%	27.1	46.1	49.7	52.6	52.7
财政						
地方财政收入相当于国内生产总值比例	%	24.4	10.2	9.5	11.3	12.3
地方财政支出相当于国内生产总值比例	%	22.6	13.3	10.3	16.4	19.0
物价指数						
工农商品综合比例	%	100.0	72.0	60.6	76.5	
能源生产与消费						
能源生产增长系数	%	0.98	2.10	1.62	0.89	3.25
能源消费弹性系数	%	0.24	1.06	1.15	0.14	1.75
每万元国内生产总值消耗的能源	吨标煤	14.32	5.53	2.86	1.58	1.65
农业						
人均耕地面积	公顷	0.14	0.11	0.10	0.09	0.08
农业从业者人均耕地面积	公顷	0.49	0.35	0.32	0.31	0.30
每公顷耕地农业机械总动力	千瓦	1.01	2.02	2.30	3.36	3.71
每公顷耕地用电量	千瓦小时	287	849	1134	1878	1977

2-7 续表1

指 标	单 位	1978年	1990年	1995年	2000年	2001年
每公顷耕地化肥施用量	公 斤	62	192	330	421	442
每公顷耕地生产的农业产值	元	941	4811	11247	14929	16145
农业从业者人均农产品产量						
粮 食	公 斤	1026	1070	871	1065	983
棉 花	公 斤	14	8	4	3	5
油 料	公 斤	7	33	36	38	38
肉 类	公 斤	18	48	76	90	97
水 产 品	公 斤	0.3	2.1	3.6	5.9	6.4
每公顷播种面积农产品产量						
粮 食	公 斤	1785	2595	2399	2850	2776
棉 花	公 斤	420	690	548	911	989
油 料	公 斤	435	1245	1263	1277	1290
工 业						
独立核算企业效益						
固定资产利税率	%		11.09	5.51	8.99	7.87
资金利税率	%		9.60	4.31	7.12	6.60
产值利税率	%		10.86	6.49	13.13	12.11
国有独立核算企业效益						
固定资产利税率	%	14.18	10.96	4.41	5.53	5.55
资金利税率	%	13.44	9.70	3.70	4.41	4.71
产值利税率	%	20.54	11.70	6.20	9.80	9.72
建 筑 业						
技术装备率	元/人			4375	6108	8090
产值利润率	%			0.3	0.6	0.9
全员劳动生产率	元/人			35466	59672	62016
运输邮电通信业						
铁路网密度	公里/平方公里	0.009	0.009	0.010	0.011	0.011
公路网密度	公里/平方公里	0.187	0.185	0.193	0.214	0.221
铁路货运密度	万吨公里/公里		1600.0	1764.3	1532.4	2196.4
电话普及率	部/百人		0.98	2.67	9.48	12.16
城市电话普及率	部/百人		3.45	8.93	23.67	36.73
国内商业						
人均消费品零售额	元	121	490	1057	1673	1821
金 融						
银行存款相当于						
国内生产总值比例	%	43.6	68.9	81.5	105.5	120.7

2-7 续表2

指 标	单 位	1978年	1990年	1995年	2000年	2001年
银行贷款相当于						
国内生产总值比例	%	63.8	95.3	94.4	99.7	99.3
银行现金支出相当于收入比例	%	102.7	100.4	97.4	100.0	99.1
教 育						
学龄儿童入学率	%	95.7	98.1	99.0	99.4	98.4
小学升学率	%	95.6	86.4	90.1	91.9	92.8
初中升学率	%	51.7	28.0	34.4	39.1	41.2
学校教师负担系数						
高等学校	人	3.2	4.9	6.4	11.7	13.4
中等学校	人	20.7	13.0	14.2	18.5	19.0
小 学	人	26.0	20.0	24.7	26.4	25.2
科 技						
研究与发展经费支出相当于						
国内生产总值比例	%			1.3	3.4	3.0
文 化						
每万人有电影放映单位	个	1.43	1.42			
每万人有艺术表演团体	个	0.05	0.04	0.03	0.03	0.03
每万人有公共图书馆	个	0.02	0.03	0.03	0.03	0.03
每万人有博物馆	个	0.01	0.02	0.02	0.02	0.02
生活、福利						
城镇与农村居民收入增长率比例 (1978=100)	%		1.19	1.71	1.52	1.50
职工保险福利费相当于						
工资总额比例	%	11.3	28.9	27.8	27.7	25.5
离退休退职相当于在职人数比例	%		14.5	19.5	29.3	31.2
卫 生						
每万人医院数	个	1.1	0.8	0.9	0.8	0.8
每万人医生数	人	12	18	18	18	18
每万人医院病床数	张	18	24	26	25	26
市政建设						
城市自来水普及率	%		92.3	96.0	96.5	68.3
城市用气普及率	%		23.5	52.4	74.5	53.7
每万人绿地面积	公顷	0.18	1.82	2.89	4.22	2.91
环境、灾害						
平均每起环境污染事故罚金	元		5135	2464	5190	4138
平均每起火灾损失	元		8045	25265	7028	3715
平均每起交通事故损失	元	415	1148	3553	3358	2961

注：1.本表价值量指标均按当年价格计算。

2.1998年以后工业指标为规模以上企业数。

3.2001年市政建设指标按新口径计算，与以前年份不可比。

2-8 社会经济主要指标平均每人水平

单位：元

年 份	国内生产总值	工农业总产值	工业总产值	农林牧渔业总产值	社会消费品零售总额	职工平均工资	城镇居民人均可支配收入
1952	85	104	33	71	41		
1957	144	163	64	100	65		
1962	135	189	91	97	70		
1965	169	251	140	112	66		
1970	196	326	216	110	86		
1975	243	409	282	127	101		
1978	291	480	349	131	121	654	310
1980	334	539	390	149	154	785	407
1985	604	910	644	267	268	1122	650
1990	1241	1881	1359	522	490	2042	1369
1991	1410	2079	1524	555	529	2198	1498
1992	1591	2379	1772	607	616	2434	1705
1993	1926	3050	2318	732	717	2890	2102
1994	2344	3790	2917	873	884	3803	2684
1995	2843	4147	3056	1091	1057	4396	3310
1996	3314	4583	3312	1271	1225	4882	3810
1997	3634	4849	3568	1281	1379	5184	4001
1998	3834	4968	3630	1338	1451	6029	4220
1999	4101	5264	4009	1254	1544	6931	4654
2000	4549	5770	4490	1280	1673	7804	5124
2001	5024	6316	5005	1311	1821	9120	5484

年 份	城镇居民家庭生活消费支出	农民家庭人均纯收入	农民家庭生活消费支出	城乡居民年末储蓄存款	每万人有大学生（人）	每万人有医院床位（张）	每万人有医生数（人）
1952				2	3	2	3
1957		76	77	7	14	5	9
1962		109	105	7	18	8	10
1965		106	87	10	15	9	10
1970		110	111	13	…	12	9
1975		117	118	20	9	16	11
1978	268	134	134	28	12	18	12
1980	371	142	139	48	19	19	13
1985	585	295	233	149	27	22	17
1990	1117	530	477	617	29	24	18
1991	1276	534	487	783	28	24	17
1992	1405	559	498	967	30	25	18
1993	1714	653	560	1173	34	26	17
1994	2246	805	737	1572	36	26	18
1995	2838	963	914	2089	37	26	18
1996	3211	1165	1097	2659	38	26	18
1997	3462	1285	1215	3054	39	25	17
1998	3539	1406	1181	3453	42	25	17
1999	3953	1456	1162	3792	50	26	18
2000	4277	1444	1251	4178	66	25	18
2001	4638	1520	1331	4833	87	26	18

注：本表按当年价格计算。

2-9 人均工农业主要产品产量

单位：公斤

年 份	粮 食	棉 花	油 料	糖 料	水 果	肉 类	禽 蛋	水产品
1952	263.9	4.9	4.6	0.6	6.7	1.5	0.7	…
1957	249.5	6.5	3.6	0.3	8.1	2.2	0.7	…
1962	201.2	2.3	1.0	0.2	4.7	0.5	0.5	…
1965	286.3	5.4	2.6	0.3	7.5	2.9	0.6	…
1970	251.0	3.8	2.0	0.3	6.6	2.1	0.6	…
1975	303.1	3.2	2.8	0.8	6.7	4.2	0.7	0.1
1978	289.3	3.8	2.0	0.7	12.1	5.1	0.9	0.1
1980	268.5	2.9	3.9	1.1	9.9	8.2	1.1	0.1
1985	319.0	1.4	10.0	2.6	11.2	10.1	3.8	0.2
1990	328.7	2.4	10.3	1.8	19.0	14.4	5.7	0.6
1991	313.5	2.7	10.6	2.8	24.0	16.1	7.6	0.7
1992	304.8	1.6	10.5	2.2	33.9	17.6	8.6	0.8
1993	355.0	1.5	11.9	2.0	49.1	19.2	10.1	0.9
1994	272.8	1.2	9.9	1.5	63.5	21.2	11.7	1.0
1995	261.2	1.1	10.9	0.3	81.2	22.7	11.5	1.1
1996	345.0	0.9	10.6	0.8	102.7	19.3	10.2	1.2
1997	293.7	0.6	10.3	1.0	91.8	20.8	11.2	1.3
1998	363.7	0.6	9.9	1.4	120.2	23.8	11.1	1.4
1999	300.0	0.5	8.8	0.5	136.8	23.8	11.1	1.6
2000	299.9	0.8	10.7	0.5	136.0	25.4	11.7	1.7
2001	267.5	1.4	10.3	0.5	135.2	26.4	11.6	1.7

年 份	纱	布（米）	机制纸及纸板	原 煤	原 油	发电量（千瓦小时）	钢	水 泥
1952	1.2	5.4	…	68.6	0.1	4.0		
1957	3.3	17.0	0.1	101.2	0.4	15.6	…	
1962	2.0	8.6	0.6	211.1	0.5	45.2	0.4	9.0
1965	4.3	20.5	0.6	185.8	0.6	68.2	0.6	25.9
1970	5.3	21.0	0.9	282.2	0.7	112.6	1.9	31.2
1975	4.9	19.9	1.7	426.2	1.7	164.1	5.7	60.5
1978	5.0	21.0	2.4	602.4	2.2	239.1	8.8	76.2
1980	5.3	23.4	3.2	635.6	3.0	280.7	8.7	81.4
1985	5.3	21.5	6.3	902.5	7.4	364.5	11.6	128.6
1990	4.6	22.4	12.9	1021.5	21.5	459.7	15.0	162.7
1991	4.8	20.9	13.5	985.2	25.5	492.0	15.3	177.3
1992	5.0	21.4	15.1	1011.5	30.1	558.8	17.1	199.2
1993	4.7	22.9	13.4	934.6	33.0	630.8	19.6	206.8
1994	4.6	20.8	18.2	1072.8	39.0	642.5	17.9	265.7
1995	4.0	22.6	24.6	1214.8	47.8	677.1	15.4	243.6
1996	3.6	20.8	24.2	1307.8	62.6	761.6	15.3	259.6
1997	3.9	22.2	25.5	1391.5	80.4	758.6	13.5	327.8
1998	3.8	18.4	6.0	631.6	161.0	690.4	14.7	240.2
1999	4.0	19.1	6.5	674.2	178.3	707.1	14.1	274.4
2000	4.3	19.8	6.6	962.0	205.6	749.9	14.8	272.5
2001	4.3	18.9	7.8	1241.1	250.8	831.1	19.0	304.0

注：1998年以后工业产品产量为规模以上企业数。

2-10 工农业总产值

单位：亿元

年 份	工农业总产值	农林牧渔业总产值	工业总产值	轻工业总产值	重工业总产值
1952	15.70	10.75	4.95	3.77	1.18
1957	29.06	17.72	11.34	8.33	3.01
1962	37.50	19.36	18.14	9.90	8.24
1965	53.31	23.66	29.65	14.82	14.83
1970	77.77	26.16	51.61	19.82	31.79
1975	109.31	33.95	75.36	31.95	43.41
1978	132.75	36.27	96.48	43.06	53.42
1980	151.84	41.88	109.96	55.10	54.86
1985	271.66	79.58	192.08	80.11	111.97
1990	612.54	169.96	442.58	188.03	254.55
1991	694.18	185.37	508.81	214.41	294.40
1992	804.88	205.34	599.54	239.85	359.69
1993	1044.27	250.49	793.78	281.03	512.75
1994	1312.14	302.38	1009.76	370.68	639.08
1995	1450.36	381.65	1068.71	398.13	670.58
1996	1617.00	448.46	1168.54	426.52	742.02
1997	1724.44	455.59	1268.85	484.57	784.28
1998	1779.97	479.34	1300.63	501.71	798.92
1999	1898.65	452.47	1446.18	563.40	882.78
2000	2095.22	464.89	1630.33	577.56	1052.77
2001	2306.36	478.84	1827.52	642.10	1185.42

注：本表按当年价格计算。

2-11 工农业总产值指数

（1952年=100）

年 份	工农业总产值	农林牧渔业总产值	工业总产值	轻工业总产值	重工业总产值
1952	100.0	100.0	100.0	100.0	100.0
1957	165.0	141.2	239.3	226.4	280.7
1962	180.5	115.0	350.8	246.5	704.7
1965	320.0	183.8	666.9	429.0	1476.4
1970	543.6	186.1	1420.3	702.9	3868.1
1975	764.8	212.4	2152.2	978.6	6106.8
1978	925.0	215.6	2811.3	1283.2	7954.1
1980	991.0	209.2	3059.4	1592.3	7758.0
1985	1628.7	319.7	5198.5	2391.2	14765.5
1990	2679.8	413.6	9216.3	4026.6	27206.2
1991	2952.4	431.7	10352.0	4287.4	31783.2
1992	3329.3	457.7	11915.2	4986.2	36328.2
1993	3941.9	522.3	14268.4	5104.2	48011.4
1994	4446.5	520.2	16651.2	6548.7	52956.6
1995	5011.2	541.0	19148.9	7504.8	61059.0
1996	5437.2	597.9	20680.8	8247.8	65211.0
1997	5779.7	607.7	22231.9	9105.5	68928.0
1998	6276.7	661.6	24121.6	9988.7	74235.5
1999	6803.9	660.3	26654.4	11097.4	81659.1
2000	7450.3	690.7	29479.8	11852.0	92438.1
2001	8158.1	708.0	32693.1	13096.5	102791.2

注：本表按可比价格计算。

2-12 工农业总产值指数

（上年=100）

年 份	工农业总产值	农林牧渔业总产值	工业总产值	轻工业总产值	重工业总产值
1978	113.3	102.7	118.8	114.0	122.7
1980	99.6	85.9	102.9	115.4	93.3
1985	116.1	102.8	121.8	117.5	125.5
1986	110.3	104.8	112.3	112.1	112.5
1987	111.2	102.7	114.1	111.5	116.2
1988	115.3	106.9	117.9	115.3	119.9
1989	108.8	105.9	109.7	107.9	110.9
1990	106.8	106.1	107.0	108.3	106.0
1991	110.2	104.4	112.3	106.5	116.8
1992	112.8	106.0	115.1	116.3	114.3
1993	118.4	114.1	119.7	102.4	132.2
1994	112.8	99.6	116.7	128.3	110.3
1995	112.7	104.0	115.0	114.6	115.3
1996	108.5	110.5	108.0	109.9	106.8
1997	106.3	101.6	107.5	110.4	105.7
1998	108.6	108.9	108.5	109.7	107.7
1999	108.4	99.8	110.5	111.1	110.0
2000	109.5	104.6	110.6	106.8	113.2
2001	109.5	102.5	110.9	110.5	111.2

注：本表按可比价格计算。

2-13 各市国民经济主要指标

（2001年）

指 标	单 位	关 中	西安市	铜川市	宝鸡市	咸阳市	渭南市	杨 凌 示范区
一、年底总人口	万人	2164.35	694.84	83.52	364.46	477.32	530.79	13.42
二、在岗职工人数	万人	224.27	106.62	11.72	31.43	38.99	33.80	1.71
三、国内生产总值	亿元	1341.06	701.39	37.08	194.31	231.91	170.19	6.18
四、全社会固定资产投资总额	亿元	532.37	312.34	15.96	74.60	68.05	54.44	6.98
# 国有单位固定资产投资	亿元	304.94	189.27	11.00	34.02	37.19	30.34	3.12
集体单位固定资产投资	亿元	35.36	15.00	0.66	11.00	3.67	4.69	0.34
五、地方财政收入	亿元	82.30	51.45	1.59	8.88	10.95	8.95	0.48
地方财政支出	亿元	112.16	54.21	4.42	15.17	19.61	17.17	1.58
六、在岗职工工资总额	亿元	205.00	114.07	8.53	26.90	30.28	23.56	1.66
在岗职工平均货币工资	元		10590	7162	8500	7766	6964	9915
七、农林牧渔业总产值	亿元	287.37	76.75	6.95	44.51	86.68	71.13	1.35
粮食产量	万吨	680.38	197.09	19.25	130.39	175.72	154.21	3.72
棉花产量	吨	45452	1742	8	161	706	42835	
油料产量	吨	168965	12346	8394	22358	51075	74667	125
八、工业总产值	亿元	932.95	485.41	30.11	150.90	160.11	103.14	3.28
轻 工 业	亿元	328.30	171.99	3.18	60.90	67.32	22.78	2.13
重 工 业	亿元	604.65	313.42	26.93	90.00	92.79	80.36	1.15
九、邮电业务总量	亿元	71.21	42.11	2.06	8.63	9.28	9.13	
函 件	万件	13190	8884	248	1301	1532	1226	
报刊累计数	万份	28201	12869	1012	3976	4987	5357	
十、社会消费品零售总额	亿元	540.15	365.93	14.64	60.25	54.95	43.23	1.15
十一、卫生机构数	个	3085	1420	155	569	510	431	
# 医 院	个	1392	430	73	306	266	317	
医院床位数	万张	6.26	2.87	0.33	1.02	1.10	0.94	
卫生技术人员	万人	9.13	4.17	0.46	1.47	1.69	1.34	

2-13 续表 （2001年）

指 标	单 位	陕 南	汉中市	安康市	商洛市	陕 北	延安市	榆林市
一、年底总人口	万人	899.03	369.47	293.10	236.46	526.13	198.15	327.98
二、在岗职工人数	万人	47.23	24.35	12.78	10.10	35.61	17.40	18.21
三、国内生产总值	亿元	269.25	129.32	81.04	58.89	198.89	106.26	92.63
四、全社会固定资产投资总额	亿元	98.63	45.70	30.55	22.38	106.67	56.87	49.80
# 国有单位固定资产投资	亿元	62.75	30.03	18.58	14.14	84.69	50.19	34.50
集体单位固定资产投资	亿元	5.88	2.38	1.65	1.85	5.15	2.97	2.18
五、地方财政收入	亿元	12.24	5.50	3.72	3.02	20.38	12.50	7.88
地方财政支出	亿元	36.74	15.06	11.92	9.76	38.82	20.97	17.85
六、在岗职工工资总额	亿元	36.61	18.37	10.38	7.86	30.83	15.69	15.14
在岗职工平均货币工资	元		7508	8156	7800		8979	8373
七、农林牧渔业总产值	亿元	128.25	55.24	41.77	31.24	59.44	36.14	23.30
粮食产量	万吨	286.40	109.76	99.84	76.80	111.46	56.44	55.02
棉花产量	吨	180	96	51	33	111	109	2
油料产量	吨	153719	100811	40437	12471	51082	24567	26515
八、工业总产值	亿元	102.52	72.36	19.04	11.12	175.95	121.96	53.99
轻 工 业	亿元	31.55	20.03	9.07	2.45	8.46	5.38	3.08
重 工 业	亿元	70.97	52.33	9.97	8.67	167.49	116.58	50.91
九、邮电业务总量	亿元	12.69	6.48	3.76	2.45	10.68	5.12	5.56
函 件	万件	3921	2155	1226	540	1408	625	783
报刊累计数	万份	7959	3230	2565	2164	5938	2970	2968
十、社会消费品零售总额	亿元	84.30	42.87	24.18	17.25	43.12	21.17	21.95
十一、卫生机构数	个	1421	587	469	365	1057	376	681
# 医 院	个	864	356	288	220	524	228	296
医院床位数	万张	2.02	1.14	0.48	0.40	1.15	0.51	0.64
卫生技术人员	万人	2.80	1.40	0.80	0.60	1.61	0.76	0.85

注：1. 年底总人口为公安年报数。

2. 本表价值量指标中，除邮电业务总量按2000年不变价计算外，其余均按当年价格计算。

3. 地方财政收入为新口径。

4. 工业总产值、轻工业总产值、重工业总产值为规模以上企业数。

主要统计指标解释

可比价格 指计算各种总量指标所采用的扣除了价格变动因素的价格,可进行不同时期总量指标的对比。按可比价格计算总量指标有两种方法:一种是直接用产品产量乘某一年的不变价格计算;另一种是用价格指数进行缩减。

不变价格 指以同类产品某年的平均价格作为固定价格,用于计算各年的产品价值。按不变价格计算的产品价值消除了价格变动因素,不同时期对比可以反映生产的发展速度。新中国成立后,随着工农业产品价格水平的变化,国家统计局先后五次制定了全国统一的工业产品不变价格和农业产品不变价格。从1952年到1957年使用1952年工(农)业产品不变价格,从1957年到1970年使用1957年不变价格,从1971年到1980年使用1970年不变价格,从1981年到1990年使用1980年不变价格,从1991年开始使用1990年不变价格。

指数 是一种表明社会经济现象动态的相对数。运用指数可以测定不能直接相加和直接对比的社会经济现象的总动态,可以分析社会经济现象总变动中各因素变动的影响程度,可以研究总平均指标变动中各组标志水平和总体结构变动的作用。它是在把各个年份的产值换算成可比价格的基础上,根据定基数等于相应各个环比指数的连乘积这个换算关系计算出来的。

平均增长速度 我国计算平均增长速度有两种方法:一种是习惯上经常使用的"水平法",又称几何平均法,是以间隔期最后一年的水平同基期水平对比来计算平均每年增长(或下降)速度;另一种是"累计法",又称代数平均法或方程法,是以间隔期内各年水平的总和同基期水平对比来计算平均每年增长(或下降)速度。在一般正常情况下,两种方法计算的平均每年增长速度比较接近;但在经济发展不平衡、出现大起大落时,两种方法计算的结果差别较大。

本《年鉴》内所列的平均增长速度,除固定资产投资用"累计法"计算外,其余均用"水平法"计算。从某年到某年平均增长速度的年份,均不包括基期年在内。如建国五十二年以来的平均增长速度是以1949年为基期计算的,则写为1950–2001年平均增长速度,其余类推。

企业(单位)登记注册类型 是以在工商行政管理机关登记注册的各类企业为划分对象,以工商行政管理部门对企业登记注册的类型为依据,将企业登记注册类型分为内资企业、港澳台商投资企业和外商投资企业三大类。内资企业包括国有企业、集体企业、股份合作企业、联营企业、有限责任公司、股份有限公司、私营公司和其他企业;港澳台商投资企业和外商投资企业分别包括合资经营企业、合作经营企业、独资经营企业和股份有限公司。对不在工商行政管理部门进行登记注册的行政机关、事业单位和社会团体,主要按其经费来源和管理方式进行划分。

国有企业 指企业全部资产归国家所有,并按《中华人民共和国企业法人登记管理条例》规定登记注册的非公司制的经济组织。不包括有限责任公司中的国有独资公司。

集体企业 指企业资产归集体所有,并按《中华人民共和国企业法人登记管理条例》规定登记注册的经济组织。

股份合作企业 指以合作制为基础,由企业职工共同出资入股,吸收一定比例的社会资产投资组建,实行自主经营,自负盈亏,共同劳动,民主管理,按劳分配与按股分红相结合的一种集体经济组织。

联营企业 指两个及两个以上相同或不同所有制性质的企业法人或事业单位法人,按自愿、平等、互利的原则,共同投资组成的经济组织。联营企业包括国有联营企业、集体联营企业、国有与集体联营企业和其他联营企业。

有限责任公司 指根据《中华人民共和国公司登记管理条例》规定登记注册,由两个以上、五十个以下的股东共同出资,每个股东以其所认缴的出资额对公司承担有限责任,公司以其全部资产对其债务承担责任的经济组织。有限责任公司包括国有独资公司以及其他有限责任公司。

股份有限公司 指根据《中华人民共和国公司登记管理条例》规定登记注册,其全部注册资本由等额股份构成并通过发行股票筹集资本,股东以其认购的股份对公司承担有限责任,公司以其全部资产对其债务承担责任的经济组织。

私营企业 指由自然人投资设立或由自然人控股,以雇佣劳动为基础的营利性经济组织。包括按照《公司法》、《合伙企业法》、《私营企业暂行条例》规定登记注册的私营有限责任公司、私营股份有限公司、私营合伙企业和私营独资企业。

其他企业 指上述企业之外的其他内资经济组织。

与港澳台商合资经营企业 指港澳台地区投资者与内地企业依照《中华人民共和国中外合资经营企业法》及有关法律的规定,按合同规定的比例投资设立、分享利润和分担风险的企业。

与港澳台商合作经营企业 指港澳台地区投资者与内地企业依照《中华人民共和国中外合作经营企业法》及有关法律的规定,依照合作合同的约定进行投资或提供条件设立、分配利润和分担风险的企业。

港澳台商独资经营企业 指依照《中华人民共和国外资企业法》及有关法律的规定,在内地由港澳台地区投资者全额投资设立的企业。

港澳台商投资股份有限公司 指根据国家有关规定,经外经贸部依法批准设立,其中港、澳、台商的股本占公司注册资本的比例达25%以上的股份有限公司。凡其中港、澳、台商的股本占公司注册资本的比例小于25%的,属于内资企业中的股份有限公司。

中外合资经营企业 指外国企业或外国人与中国内地企业依照《中华人民共和国中外合资经营企业法》及有关法律的规定,

按合同规定的比例投资设立、分享利润和分担风险的企业。

中外合作经营企业　指外国企业或外国人与中国内地企业依照《中华人民共和国中外合作经营企业法》及有关法律的规定，依照合作合同的约定进行投资或提供条件设立、分配利润和分担风险的企业。

外资企业　指依照《中华人民共和国外资企业法》及有关法律的规定，在中国内地由外国投资者全额投资设立的企业。

外商投资股份有限公司　指根据国家有关规定，经外经贸部依法批准设立，其中外资的股本占公司注册资本的比例达25%以上的股份有限公司。凡其中外资股本占公司注册资本的比例小于25%的，属于内资企业中的股份有限公司。

行政机关、事业单位和社会团体　参照企业登记注册类型，主要按其经费来源和管理方式划分。具体规定如下：

⑴行政机关：包括国家机关和政党机关，原则上均列为"国有"。但有特殊规定的，如供销社等，则列为"集体"。

⑵事业单位：包括经国家机构编制部门和有关业务主管部门批准成立的各类事业单位，不包括实行企业化管理的事业单位。事业单位的划分办法如下：

①由国家财政预算拨款或列入财政预算外资金管理以及经费主要来源于国有主管部门或国有上级单位的事业单位，列为"国有"。

②经费主要来源于集体单位的事业单位，列为"集体"。

③公民个人（或个人合伙）开办的事业单位，列为"私营"。

④上述以外的其他事业单位，如果其经费来源不明确，按管理方式进行归类。

⑶社会团体：包括经民政部门批准成立以及未纳入社会团体管理条例范围的工会、妇联等各类社会团体。社会团体的划分办法如下：

①未纳入民政部社会团体管理条例范围的工会、妇联、共青团、青联、工商联、科协、侨联等社会团体，国家拨款设立的基金会或基金管理组织以及经费主要来源于国有业务主管部门或国有上级单位的社会团体，列为"国有"。

②经费主要来源于集体单位的社会团体，列为"集体"。

③公民个人（或个人合伙）开办的社会团体，划为"私营"。

④上述以外的其他社会团体，如果其经费来源不明确，改按管理方式进行归类。

3 国民经济核算

GUOMINJINGJIHESUAN

资料整理　　李　艳　张西莉　张红霞
杨遐龄　萨　慧

****

3. 国民经济核算

****

2001 年全省

国内生产总值	1844.27 亿元	比上年增长 9.1%
第一产业	287.24 亿元	比上年增长 2.5%
第二产业	816.34 亿元	比上年增长 9.9%
第三产业	740.69 亿元	比上年增长 11.0%
人均国内生产总值	5024 元	比上年增长 10.4%

****

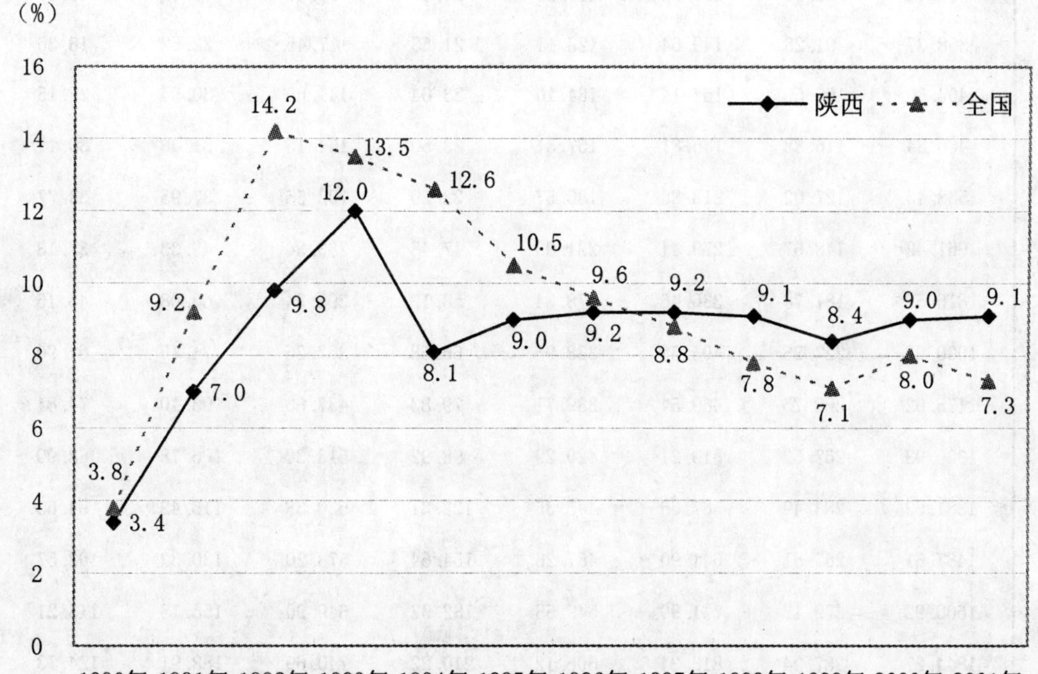

3-1 国内生产总值

年份	国内生产总值（亿元）	第一产业	第二产业			第三产业			人均国内生产总值（元）
				工业	建筑业		#交通运输仓储邮电通信业	#批发零售贸易餐饮业	
1952	12.85	8.40	1.92	1.70	0.22	2.53	0.18	1.54	85
1957	25.58	13.17	6.06	4.44	1.62	6.35	0.96	3.00	144
1962	26.85	13.35	7.30	6.27	1.03	6.20	0.70	2.79	135
1965	35.93	17.51	11.78	10.01	1.77	6.64	1.07	2.19	169
1970	46.84	18.89	20.42	16.62	3.80	7.53	1.11	3.15	196
1975	64.92	23.76	29.87	25.18	4.69	11.29	1.94	4.00	243
1978	81.07	24.70	42.13	36.52	5.61	14.24	3.15	4.47	291
1979	94.52	32.52	44.67	39.38	5.29	17.33	3.83	5.44	336
1980	94.91	28.47	47.74	42.22	5.52	18.70	3.91	4.24	334
1981	102.09	35.40	46.25	40.08	6.17	20.44	3.65	4.84	356
1982	111.95	37.02	50.36	43.31	7.05	24.57	4.69	4.69	385
1983	123.39	40.00	55.15	47.48	7.67	28.24	5.48	4.79	420
1984	149.35	51.05	63.12	53.82	9.30	35.18	7.79	6.13	504
1985	180.87	53.39	80.89	67.81	13.08	46.59	7.95	8.68	604
1986	208.31	58.00	91.13	76.61	14.52	59.18	10.09	11.49	688
1987	244.96	67.84	104.58	87.08	17.50	72.54	13.10	12.78	794
1988	314.48	82.69	133.32	112.85	20.47	98.47	19.43	19.11	1004
1989	358.37	91.28	149.64	128.11	21.53	117.45	22.52	18.36	1124
1990	404.30	105.56	157.14	134.10	23.04	141.60	30.54	22.15	1241
1991	466.84	116.88	185.81	157.31	28.50	164.15	31.48	30.17	1410
1992	538.43	127.02	218.86	186.57	32.29	192.55	37.95	33.77	1591
1993	661.42	148.67	279.41	231.93	47.48	233.34	48.33	37.18	1926
1994	816.58	181.78	336.46	278.34	58.12	298.34	60.08	43.15	2344
1995	1000.03	227.25	405.53	338.95	66.58	367.25	74.10	61.90	2843
1996	1175.92	268.75	469.54	389.71	79.83	437.63	93.10	74.81	3314
1997	1300.03	267.52	519.21	420.29	98.92	513.30	106.78	88.90	3634
1998	1381.53	283.49	567.66	445.35	122.31	530.38	115.42	94.63	3834
1999	1487.61	267.51	641.90	487.26	154.64	578.20	130.32	102.57	4101
2000	1660.92	279.12	731.90	549.58	182.32	649.90	156.18	113.21	4549
2001	1844.27	287.24	816.34	606.12	210.22	740.69	188.91	124.73	5024

注：本表按当年价格计算。

3-2 国内生产总值指数

（上年=100）

年 份	国内生产总 值	第一产业	第二产业	工 业	建筑业	第三产业	#交通运输仓储邮电通信业	#批发零售贸易餐饮业	人均国内生产总值
1978	111.0	98.4	114.7	114.7	114.7	122.2	122.2	122.2	115.5
1979	107.5	109.1	102.7	102.7	102.7	123.7	121.6	121.7	110.0
1980	107.3	109.0	106.4	106.4	106.4	107.9	102.1	77.9	98.0
1981	104.5	113.7	96.3	96.2	96.3	108.1	92.3	113.0	103.5
1982	109.1	106.5	108.5	108.5	108.4	115.3	123.3	92.9	107.6
1983	107.3	101.5	109.5	109.5	109.6	112.7	114.6	100.2	106.3
1984	117.8	112.5	120.0	120.0	119.9	121.9	139.0	125.1	116.9
1985	116.5	99.3	121.9	121.9	122.0	131.0	101.0	140.1	115.1
1986	108.7	104.6	105.9	105.9	105.0	118.2	138.1	119.3	107.7
1987	110.0	101.8	110.8	110.8	110.2	116.6	128.8	103.6	107.8
1988	121.0	105.3	125.0	125.0	121.0	127.9	132.3	138.1	119.2
1989	103.3	106.5	102.8	104.0	95.4	101.6	102.9	68.2	101.4
1990	103.4	105.3	101.8	102.2	96.1	104.5	112.2	116.9	101.3
1991	107.0	106.8	112.6	112.5	113.4	100.8	99.5	128.1	105.4
1992	109.8	103.1	109.0	111.2	101.7	116.1	106.7	106.1	108.0
1993	112.0	109.6	114.5	114.5	114.6	110.9	120.5	101.3	112.2
1994	108.1	97.5	115.2	116.5	107.2	106.9	118.0	96.6	109.2
1995	109.0	104.5	114.0	114.8	108.6	105.2	111.3	106.1	107.9
1996	109.2	110.1	110.2	110.6	106.9	107.2	110.5	104.8	108.2
1997	109.2	100.2	111.3	110.9	114.0	112.0	114.0	114.6	108.3
1998	109.1	107.9	112.4	111.7	118.0	105.1	113.5	110.0	108.3
1999	108.4	98.2	111.3	109.7	122.4	109.9	113.2	109.9	107.6
2000	109.0	104.5	109.7	109.4	111.8	110.3	114.9	111.7	108.3
2001	109.1	102.5	109.9	109.5	111.1	111.0	115.3	111.2	110.4

注：本表按可比价格计算。

3-3 国内生产总值指数

（1952年=100）

年 份	国内生产总 值	第一产业	第二产业	工 业	建筑业	第三产业	# 交通运输仓储邮电通信业	# 批发零售贸易餐饮业	人均国内生产总值
1952	100.0	100.0	100.0	100.0	100.0	100.0	100.0	100.0	100.0
1957	174.7	134.7	327.8	271.2	476.2	243.7	517.9	188.8	182.2
1962	150.0	102.4	365.3	353.6	280.0	207.7	329.4	153.1	139.4
1965	242.4	173.1	673.6	645.0	549.5	237.7	538.8	128.9	211.5
1970	335.2	173.2	1404.2	1286.1	1418.3	283.5	586.7	194.5	259.1
1975	454.9	193.7	2133.1	2024.1	1820.2	405.1	981.2	235.5	306.4
1978	553.4	193.5	2811.1	2694.2	2262.6	530.0	444.7	290.9	378.7
1979	595.0	211.2	2887.0	2766.9	2323.8	655.6	540.7	353.9	416.6
1980	638.4	230.2	3071.8	2944.0	2472.5	707.4	552.1	276.0	408.3
1981	667.1	261.7	2958.2	2832.2	2381.0	764.7	509.6	311.7	423.0
1982	727.8	278.7	3210.0	3072.9	2581.0	881.7	628.3	289.6	455.1
1983	781.0	282.9	3515.0	3364.8	2828.8	993.7	720.0	290.3	483.8
1984	920.0	318.3	4218.0	4037.8	3391.7	1211.3	1000.9	363.0	565.6
1985	1071.8	316.0	5141.7	4922.1	4137.9	1586.8	1010.9	509.1	651.0
1986	1165.0	330.6	5445.1	5212.5	4344.8	1875.6	1396.0	607.1	701.1
1987	1281.5	336.5	6033.2	5775.4	4787.9	2186.9	1798.1	629.2	755.8
1988	1550.6	354.3	7541.5	7219.3	5793.4	2797.0	2378.8	868.8	900.9
1989	1601.8	377.4	7752.7	7508.1	5526.9	2841.8	2447.8	592.2	913.5
1990	1656.2	397.4	7892.2	7673.2	5311.4	2969.7	2746.5	692.2	925.4
1991	1772.2	424.4	8886.6	8632.4	6023.1	2993.5	2732.7	886.8	975.4
1992	1945.9	437.6	9686.4	9599.2	6125.5	3475.5	2915.8	940.9	1053.4
1993	2179.4	479.6	11090.9	10991.1	7019.8	3854.3	3513.6	953.2	1181.9
1994	2355.9	467.6	12776.7	12804.6	7525.2	4120.2	4146.0	920.7	1290.6
1995	2567.9	488.6	14565.4	14699.7	8172.4	4334.5	4614.5	976.9	1392.6
1996	2804.1	537.9	16051.1	16257.9	9959.4	4646.6	5099.0	1023.8	1506.8
1997	3062.1	539.0	17864.9	18030.0	11353.7	5204.2	5812.9	1173.3	1631.9
1998	3340.8	581.6	20080.1	20139.5	13397.4	5469.6	6597.6	1290.6	1767.3
1999	3621.4	571.1	22349.1	22093.0	16398.4	6011.1	7468.5	1418.4	1901.6
2000	3947.3	596.8	24517.0	24169.7	18333.4	6630.2	8581.3	1584.4	2059.4
2001	4306.5	611.7	26944.2	26465.8	20368.4	7359.5	9894.2	1761.9	2273.6
1953-2001年平均发展速度	108.0	103.8	112.1	112.1	111.5	109.2	109.8	106.0	106.6

注：本表按可比价格计算。

3-4 国内生产总值指数

（1978年=100）

年 份	国内生产总值	第一产业	第二产业	工 业	建筑业	第三产业	#交通运输仓储邮电通信业	#批发零售贸易餐饮业	人均国内生产总值
1978	100.0	100.0	100.0	100.0	100.0	100.0	100.0	100.0	100.0
1979	107.5	109.1	102.7	102.7	102.7	123.7	121.6	121.7	110.0
1980	115.3	118.9	109.3	109.3	109.3	133.5	124.2	94.8	107.8
1981	120.5	135.2	105.3	105.1	105.3	144.3	114.6	107.1	111.7
1982	131.5	144.0	114.3	114.0	114.1	166.4	141.3	99.5	120.2
1983	141.1	146.2	125.2	124.8	125.1	187.5	161.9	99.7	127.8
1984	166.2	164.4	150.2	149.8	150.0	228.6	225.0	124.7	149.4
1985	193.6	163.3	183.1	182.6	183.0	299.5	227.3	174.7	171.9
1986	210.4	170.8	193.9	193.4	192.2	354.0	313.9	208.4	185.1
1987	231.4	173.9	214.8	214.3	211.8	412.8	404.3	215.9	199.6
1988	280.0	183.1	268.5	267.9	256.3	528.0	534.9	298.2	237.9
1989	289.2	195.0	276.0	278.6	244.5	536.4	550.4	203.4	241.2
1990	299.0	205.3	281.0	284.7	235.0	560.5	617.5	237.8	244.4
1991	319.9	219.3	316.4	320.3	266.5	565.0	614.4	304.6	257.6
1992	351.3	226.1	344.9	356.2	271.0	656.0	655.6	323.2	278.2
1993	393.5	247.8	394.9	407.8	310.6	727.5	790.0	327.4	312.1
1994	425.4	241.6	454.9	475.1	333.0	777.7	932.2	316.3	340.8
1995	463.7	252.5	518.6	545.4	361.6	818.1	1037.5	335.6	367.7
1996	506.4	278.0	571.5	603.2	386.6	877.0	1146.4	351.7	397.9
1997	553.0	278.6	636.1	668.9	440.7	982.2	1306.9	403.0	430.9
1998	603.3	300.6	715.0	747.2	520.0	1032.3	1483.3	443.3	466.6
1999	654.0	295.2	795.8	819.7	636.5	1134.5	1679.1	487.2	502.1
2000	712.9	308.5	873.0	896.8	711.6	1251.4	1929.3	544.2	543.8
2001	777.8	316.2	959.4	982.0	790.6	1389.1	2224.5	605.2	600.4
1979-2001年平均发展速度	109.3	105.1	110.3	110.4	109.4	112.1	114.4	108.1	108.1

注：本表按可比价格计算。

3-5 分行业国内生产总值

单位：亿元

指　　标	1990年	1995年	1999年	2000年	2001年
国内生产总值	**404.30**	**1000.03**	**1487.61**	**1660.92**	**1844.27**
第一产业(农业)	105.56	227.25	267.51	279.12	287.24
第二产业	157.14	405.53	641.90	731.90	816.34
工　业	134.10	338.95	487.26	549.58	606.12
建筑业	23.04	66.58	154.64	182.32	210.22
第三产业	141.60	367.25	578.20	649.90	740.69
农林牧渔服务业		4.16	5.68	6.32	6.93
地质勘探业、水利管理业		6.52	10.77	11.86	12.90
交通运输、仓储、邮电通讯业	30.54	74.10	130.32	156.18	188.91
批发零售贸易、餐饮业	22.15	61.90	102.57	113.21	124.73
金融保险业	32.29	71.75	38.56	29.51	31.15
房地产业	5.40	9.93	28.51	35.85	41.48
社会服务业	7.50	20.34	56.04	65.61	71.06
卫生、体育、社会福利事业	4.95	12.50	23.34	24.55	27.42
教育、文艺、广播电影电视业	13.51	32.12	63.49	71.68	83.92
科学研究和综合技术服务业	5.31	11.29	14.76	15.39	17.88
国家政党机关和社会团体	12.90	35.94	59.18	66.36	80.45
其　他	7.05	26.70	44.98	53.38	53.86

注：本表按当年价格计算。

3-6 分行业国内生产总值构成

单位：%

指　　标	1990年	1995年	1999年	2000年	2001年
国内生产总值	**100.0**	**100.0**	**100.0**	**100.0**	**100.0**
第一产业(农业)	26.1	22.7	18.0	16.8	15.6
第二产业	38.9	40.6	43.1	44.1	44.3
工　业	33.2	33.9	32.7	33.1	32.9
建筑业	5.7	6.7	10.4	11.0	11.4
第三产业	35.0	36.7	38.9	39.1	40.1
农林牧渔服务业		0.4	0.4	0.4	0.4
地质勘探业、水利管理业		0.7	0.7	0.7	0.7
交通运输、仓储、邮电通讯业	7.6	7.4	8.8	9.4	10.2
批发零售贸易、餐饮业	5.5	6.2	6.9	6.8	6.8
金融保险业	8.0	7.2	2.6	1.8	1.7
房地产业	1.3	1.0	1.9	2.2	2.2
社会服务业	1.9	2.0	3.8	3.9	3.8
卫生、体育、社会福利事业	1.2	1.2	1.6	1.5	1.5
教育、文艺、广播电影电视业	3.3	3.2	4.3	4.3	4.6
科学研究和综合技术服务业	1.3	1.1	1.0	0.9	1.0
国家政党机关和社会团体	3.2	3.6	3.9	4.0	4.3
其　他	1.7	2.7	3.0	3.2	2.9

注：本表按当年价格计算。

3-7 分行业国内生产总值指数

(上年=100)

指　　标	1990年	1995年	1999年	2000年	2001年
国内生产总值	103.4	109.0	108.4	109.0	109.1
第一产业(农业)	105.3	104.5	98.2	104.5	102.5
第二产业	101.8	114.0	111.3	109.7	109.9
工　业	102.2	114.8	109.7	109.4	109.5
建筑业	96.1	108.6	122.4	111.8	111.1
第三产业	104.5	105.2	109.9	110.3	111.0
农林牧渔服务业		98.1	106.1	112.0	108.5
地质勘探业、水利管理业		99.1	111.4	110.6	107.7
交通运输、仓储、邮电通讯业	112.2	111.3	113.2	114.9	115.3
批发零售贸易、餐饮业	116.9	106.1	109.9	111.7	111.2
金融保险业	109.1	94.9	74.4	85.1	103.8
房地产业	53.3	103.0	114.9	119.2	115.0
社会服务业	113.5	120.6	114.4	105.6	107.2
卫生、体育、社会福利事业	94.7	104.4	108.4	107.1	112.0
教育、文艺、广播电影电视业	101.2	101.6	114.3	114.8	104.0
科学研究和综合技术服务业	101.5	104.3	108.0	106.1	115.0
国家政党机关和社会团体	111.1	102.3	124.8	114.1	120.0
其　他	79.0	115.0	117.1	102.0	101.8

注:本表按可比价格计算.

3-8 国内生产总值构成项目

(2001年)

单位：亿元

指　　标	国内生产总值	劳动者报酬	生产税净额	固定资产折旧	营业盈余
国内生产总值	1844.27	1123.67	266.27	332.74	121.59
第一产业(农业)	287.24	231.50	14.25	18.21	23.28
第二产业	816.34	407.65	165.42	168.18	75.09
工　业	606.12	268.89	129.36	144.69	63.18
建筑业	210.22	138.76	36.06	23.49	11.91
第三产业	740.69	484.52	86.60	146.35	23.22
农林牧渔服务业	6.93	5.68	0.18	0.58	0.49
地质勘探业、水利管理业	12.90	11.00	0.47	0.95	0.48
交通运输、仓储、邮电通讯业	188.91	62.22	39.38	67.28	20.03
批发零售贸易、餐饮业	124.73	53.95	20.90	12.77	37.11
金融保险业	31.15	33.18	14.25	15.77	-32.05
房地产业	41.48	3.47	3.84	29.38	4.79
社会服务业	71.06	63.46	6.26	8.97	-7.63
卫生、体育、社会福利事业	27.42	26.21	0.21	1.09	-0.09
教育、文艺、广播电影电视业	83.92	78.73	0.49	5.21	-0.51
科学研究和综合技术服务业	17.88	15.51	0.54	1.23	0.60
国家政党机关和社会团体	80.45	77.25	0.08	3.12	
其　他	53.86	53.86			

注:本表按当年价格计算.

3-9 按支出法计算的国内生产总值

单位：亿元

指 标	1990年	1995年	1999年	2000年	2001年
国内生产总值	**404.30**	**1000.03**	**1487.61**	**1660.92**	**1844.27**
最终消费	300.64	673.42	903.79	956.45	1004.50
居民消费	220.39	503.25	683.46	743.07	789.34
政府消费	80.25	170.17	220.33	213.38	215.16
资本形成总额	169.37	480.48	678.65	851.69	972.51
固定资本形成总额	120.84	358.75	646.33	796.21	887.24
存货增加	48.53	121.73	32.32	55.48	85.27
货物和服务净出口	-65.71	-153.87	-94.83	-147.22	-132.74

注：1.本表按当年价格计算，"-"表示净流入。
2.按支出法计算的国内生产总值=最终消费+资本形成总额+货物和服务净出口
3.最终消费与资本形成总额之和为国内生产总值使用额。

3-10 最 终 消 费

单位：亿元

指 标	1990年	1995年	1999年	2000年	2001年
最终消费	**300.64**	**673.42**	**903.79**	**956.45**	**1004.50**
一、居民消费	220.39	503.25	683.46	743.07	789.34
1.农村居民	125.55	264.35	337.67	333.69	363.18
自给性消费	45.98	108.64	97.22	68.56	71.15
商品性消费	68.06	128.96	154.62	167.93	169.43
文化生活服务性消费	6.15	16.92	63.52	69.92	90.90
住房及水电消费	5.36	9.83	22.31	27.28	31.70
#住房消费	4.46	7.02	16.40	21.32	24.49
2.城镇居民	94.84	238.90	345.79	409.38	426.16
商品性消费	76.54	192.15	240.48	286.57	293.73
文化生活服务性消费	13.78	37.08	83.46	97.01	106.01
住房及水电消费	4.52	9.67	21.85	25.80	26.42
#住房消费	4.43	6.11	12.03	13.80	14.16
二、政府消费	80.25	170.17	220.33	213.38	215.16

注：本表按当年价格计算.

3-11 资本形成总额

单位：亿元

指标	1997年	1998年	1999年	2000年	2001年
固定资本形成总额	**464.80**	**573.49**	**646.33**	**796.21**	**887.24**
第一产业	37.56	40.28	45.61	54.49	61.79
1. 农林牧渔业	37.56	40.28	45.61	54.49	61.79
第二产业	184.33	186.93	210.57	268.43	264.82
2. 采掘业	73.54	50.53	53.44	77.53	78.33
3. 制造业	55.74	62.63	57.59	82.65	98.78
4. 电力、煤气及水的生产和供应业	49.80	61.37	72.36	84.20	64.67
5. 建筑业	5.25	12.40	27.18	24.05	23.04
第三产业	242.91	346.28	390.15	473.29	560.63
6. 交通运输、仓储及邮电通信业	67.92	136.07	125.61	176.35	215.48
7. 批发和零售贸易、餐饮业	9.58	13.25	13.45	19.66	21.30
8. 金融保险业	3.37	4.12	3.35	3.21	2.90
9. 房地产业	88.92	94.82	89.01	108.83	127.23
10. 其它行业	73.12	98.02	158.73	165.24	193.72
存货增加	**81.38**	**68.27**	**32.32**	**55.48**	**85.27**
第一产业	12.21	9.05	-5.88	9.64	8.40
1. 农林牧渔业	12.21	9.05	-5.88	9.64	8.40
第二产业	29.62	23.80	25.71	33.12	55.97
2. 工业	29.19	23.92	23.13	29.51	52.12
3. 建筑业	0.43	-0.12	2.58	3.61	3.85
第三产业	39.55	35.42	12.49	12.72	20.90
4. 交通运输、仓储及邮电通信业	8.48	2.60	-0.36	1.63	1.22
5. 批发和零售贸易、餐饮业	2.06	1.93	4.78	2.73	11.53
6. 其它行业	29.01	30.89	8.07	8.36	8.15

注：本表按当年价格计算。

3-12 各市国内生产总值

（2001年）

地区	国内生产总值（亿元）	第一产业	第二产业	第三产业	人均国内生产总值（元）
全省	**1844.27**	**287.24**	**816.34**	**740.69**	**5024**
西安市	701.39	44.98	299.23	357.18	10150
铜川市	37.08	3.85	16.42	16.81	4448
宝鸡市	194.31	25.59	91.91	76.81	5339
咸阳市	231.91	53.62	96.25	82.04	4873
渭南市	170.19	41.97	62.32	65.90	3212
延安市	106.26	20.93	56.98	28.35	5383
汉中市	129.32	31.55	42.28	55.49	3503
榆林市	92.63	13.03	46.09	33.51	2833
安康市	81.04	23.75	19.72	37.57	2768
商洛市	58.89	18.00	18.23	22.66	2489
杨凌示范区	6.18	0.89	2.73	2.56	4626

注：本表按当年价格计算。

3-13 各市国内生产总值指数

（2001年，上年=100）

地区	国内生产总值	第一产业	第二产业	第三产业
全省	**109.1**	**102.5**	**109.9**	**111.0**
西安市	111.5	102.8	112.4	112.0
铜川市	107.2	98.5	105.8	110.9
宝鸡市	109.1	101.9	110.1	110.5
咸阳市	107.5	104.3	104.3	113.9
渭南市	107.0	104.4	106.7	109.1
延安市	109.1	101.0	112.6	109.0
汉中市	106.6	101.6	108.4	108.5
榆林市	110.8	92.4	115.1	113.6
安康市	106.6	104.7	102.6	110.2
商洛市	108.5	102.8	113.2	109.9
杨凌示范区	119.7	105.9	122.9	121.8

注：本表按可比价格计算。

3-14 全社会资产负债表

单位：亿元

指 标	1995年		1999年		2000年	
	使 用	来 源	使 用	来 源	使 用	来 源
一、非金融资产	2807.80		4980.79		5110.66	
(一)固定资产	1869.90		3817.32		4236.04	
1.固定资产净值	1748.77		3237.63		4030.17	
固定资产原值	2470.78		4601.34		5502.62	
减：累计折旧	722.01		1363.71		1472.45	
2.在建工程	111.10		572.28		204.89	
3.固定资产清理	5.96		2.27		0.93	
4.待处理固定资产净损失	4.07		5.14		0.05	
(二)存货	851.48		951.93		634.81	
(三)其他非金融资产	86.42		211.54		239.81	
二、金融资产与负债	2865.61	2865.61	6223.68	6223.68	6449.01	6449.01
(一)国内金融资产与负债	2820.76	2820.76	6054.70	6054.70	6255.19	6255.19
1.通货	147.44	147.44	263.38	263.38	310.96	310.96
2.存款	1097.24	1097.24	2286.06	2286.06	2663.00	2663.00
3.贷款	1141.53	1141.53	2105.84	2105.84	2193.12	2193.12
4.股票及其他股权	17.95	17.95	294.45	294.45	318.81	318.81
5.证券	238.96	238.96	348.76	348.76	339.94	339.94
6.保险准备金	11.98	11.98	35.45	35.45	46.63	46.63
7.其他	165.66	165.66	720.76	720.76	382.73	382.73
(二)国外金融资产与负债	44.85	44.85	168.98	168.98	193.82	193.82
1.短期资本						
2.长期资本	44.85	44.85	168.98	168.98	193.82	193.82
三、资产负债差额		2807.80		4980.79		5110.66

3-15 金融机构部门资产负债表

（2000年）

单位：亿元

指 标	合 计		银行机构		保险机构		其它金融机构	
	使 用	来 源	使 用	来 源	使 用	来 源	使 用	来 源
一、非金融资产	304.65		268.59		11.38		24.68	
（一）固定资产	103.19		72.18		9.27		21.74	
1.固定资产净值	85.05		62.82		6.44		15.79	
固定资产原值	112.72		81.82		8.92		21.98	
减：累计折旧	27.67		19.00		2.48		6.19	
2.在建工程	18.11		9.34		2.83		5.94	
3.固定资产清理	0.02		0.01				0.01	
4.待处理固定资产净损失	0.01		0.01					
（二）存货								
（三）其他非金融资产	201.46		196.41		2.11		2.94	
二、国内金融资产与负债	2510.19	2805.93	2093.60	2117.41	0.90	49.02	415.69	639.50
1.通货	9.83		1.10				8.73	
2.存款		2663.00		2028.47				634.53
3.贷款	2193.12		1831.14				361.98	
4.股票及其他股权	12.30	15.25					12.30	15.25
5.证券(不含股票)	55.31	0.04	29.86	0.02			25.45	0.02
6.保险准备金		46.63				46.63		
7.其他	239.63	96.26	231.50	88.92	0.90	2.39	7.23	4.95
三、资产负债差额		8.91		244.78		-36.74		-199.13

3-16 非金融企业部门资产负债表

（2000年） 单位：亿元

指标	合计		按国民经济行业分					
			#农业企业		#工业企业		#建筑企业	
	使用	来源	使用	来源	使用	来源	使用	来源
一、非金融资产	**3201.43**		**120.74**		**1782.53**		**155.66**	
（一）固定资产	2711.02		114.05		1418.95		136.76	
1.固定资产净值	2577.73		111.66		1410.53		75.67	
固定资产原值	3517.87		120.48		2110.57		115.38	
减：累计折旧	940.14		8.82		700.04		39.71	
2.在建工程	132.34		2.35		8.06		61.09	
3.固定资产清理	0.91				0.36			
4.待处理固定资产净损失	0.04		0.04					
（二）存货	452.06		4.24		359.71		15.98	
（三）其他非金融资产	38.35		2.45		3.87		2.92	
二、金融资产与负债	**1326.75**	**3032.07**	**75.00**	**165.04**	**942.33**	**1888.94**	**116.46**	**72.33**
（一）国内金融资产与负债	1326.75	2838.25	75.00	164.78	942.33	1770.47	116.46	69.29
1.通货	58.58		0.58		26.22		1.73	
2.存款	1038.09		61.84		765.61		114.48	
3.贷款		2189.34		164.78		1295.69		69.29
4.股票及其他股权	49.19	303.56			39.35	184.44		
5.证券(不含股票)	32.45	81.89			32.45	81.89		
6.保险准备金	5.34		0.21		3.01		0.20	
7.其他	143.10	263.46	12.37		75.69	208.45	0.05	
（二）国外金融资产与负债		193.82		0.26		118.47		3.04
1.短期资本								
2.长期资本		193.82		0.26		118.47		3.04
三、资产负债差额		**1496.11**		**30.70**		**835.92**		**199.79**

指标	按经济类型分							
	#国有企业		#集体企业		#私营企业		#外商及港澳台投资企业	
	使用	来源	使用	来源	使用	来源	使用	来源
一、非金融资产	**1506.01**		**198.32**		**24.53**		**106.21**	
（一）固定资产	1242.28		178.30		15.30		84.63	
1.固定资产净值	1136.02		168.95		14.82		84.25	
固定资产原值	1732.01		197.89		19.31		101.03	
减：累计折旧	595.99		28.94		4.49		16.78	
2.在建工程	105.70		9.30		0.48		0.38	
3.固定资产清理	0.54		0.05					
4.待处理固定资产净损失	0.02							
（二）存货	241.69		17.15		8.79		21.45	
（三）其他非金融资产	22.04		2.87		0.44		0.13	
二、金融资产与负债	**811.23**	**1959.50**	**227.23**	**279.71**	**6.77**	**2.52**	**67.21**	**210.26**
（一）国内金融资产与负债	811.23	1959.50	227.23	279.71	6.77	2.52	67.21	16.44
1.通货	25.47		18.70					
2.存款	642.27		163.42		6.74		33.68	
3.贷款		1650.08		243.78		2.52		16.44
4.股票及其他股权	49.19							
5.证券(不含股票)	32.45	81.89						
6.保险准备金	2.92		0.56		0.03		0.18	
7.其他	58.93	227.53	44.55	35.93			33.35	
（二）国外金融资产与负债								193.82
1.短期资本								
2.长期资本								193.82
三、资产负债差额		**357.74**		**145.84**		**28.78**		**-36.84**

3-17 政府部门资产负债表

（2000年）　　　　单位：亿元

指　　标	合计		事业单位		行政单位	
	使用	来源	使用	来源	使用	来源
一、非金融资产	**334.83**		**236.81**		**98.02**	
（一）固定资产	323.06		225.38		97.68	
1. 固定资产净值	268.62		186.50		82.12	
固定资产原值	394.63		283.27		111.36	
减：累计折旧	126.01		96.77		29.24	
2. 在建工程	54.44		38.88		15.56	
（二）存货	11.77		11.43		0.34	
（三）其他非金融资产						
二、国内金融资产与负债	**165.09**		**57.36**		**107.73**	
1. 通货	15.46		4.80		10.66	
2. 存款	92.27		52.56		39.71	
3. 贷款						
4. 股票及其他股权	57.36				57.36	
5. 证券(不含股票)						
6. 保险准备金						
7. 其他						
三、资产负债差额		**499.92**		**294.17**		**205.75**

3-18 住户部门资产负债表

（2000年）　　　　单位：亿元

指　　标	合计		# 个体工商户		农业住户		非农业住户	
	使用	来源	使用	来源	使用	来源	使用	来源
一、非金融资产	**1269.75**		**270.52**		**1077.10**		**192.65**	
（一）固定资产	1098.77		270.52		906.12		192.65	
固定资产净值	1098.77		270.52		906.12		192.65	
固定资产原值	1477.40		373.75		1232.76		244.64	
减：累计折旧	378.63		103.23		326.64		51.99	
（二）存货	170.98				170.98			
（三）其他非金融资产								
二、国内金融资产与负债	**2062.86**	**3.78**	**93.46**	**3.78**	**489.97**		**1572.89**	**3.78**
1. 通货	227.09		72.92		104.56		122.53	
2. 存款	1532.64		10.10		294.47		1238.17	
3. 贷款		3.78		3.78				3.78
4. 股票及其他股权	9.66						9.66	
5. 证券(不含股票)	252.18				88.87		163.31	
6. 保险准备金	41.29		10.44		2.07		39.22	
7. 其他								
三、资产负债差额		**3328.83**		**360.20**		**1567.07**		**1761.76**

主要统计指标解释

三次产业 是根据社会生产活动历史发展的顺序对产业结构的划分,产品直接取自自然界的部门称为第一产业,对初级产品进行再加工的部门称为第二产业,为生产和消费提供各种服务的部门称为第三产业。它是世界上较为通用的产业结构分类,但各国的划分不尽一致。

我国的三次产业划分是:

第一产业:农业(包括种植业、林业、牧业和渔业)。

第二产业:工业(包括采掘业,制造业,电力、煤气及水的生产和供应业)和建筑业。

第三产业:除第一、第二产业以外的其他各业。由于第三产业包括的行业多、范围广,根据我国的实际情况,第三产业可分为两大部分;一是流通部门,二是服务部门。具体又可分为四个层次:

第一层次:流通部门,包括交通运输、仓储及邮电通信业,批发和零售贸易、餐饮业。

第二层次:为生产和生活服务的部门,包括金融、保险业,地质勘查业、水利管理业,房地产业,社会服务业,农、林、牧、渔服务业,交通运输辅助业,综合技术服务业等。

第三层次:为提高科学文化水平和居民素质服务的部门,包括教育、文化艺术及广播电影电视业,卫生、体育和社会福利业,科学研究业等。

第四层次:为社会公共需要服务的部门,包括国家机关、政党机关和社会团体以及军队、警察等。

国民生产总值(GNP) 指一个国家(或地区)所有常住单位在一定时期内收入初次分配的最终结果。一国常住单位从事生产活动所创造的增加值在初次分配中主要分配给该国的常住单位,但也有一部分以生产税及进口税(扣除生产和进口补贴)、劳动者报酬和财产收入等形式分配给非常住单位;同时,国外生产所创造的增加值也有一部分以生产税及进口税(扣除生产和进口补贴)、劳动者报酬和财产收入等形式分配给该国的常住单位,从而产生了国民生产总值的概念。它等于国内生产总值加上来自国外的净要素收入。与国内生产总值不同,国民生产总值是个收入概念,而国内生产总值是个生产概念。

国内生产总值(GDP) 指一个国家(或地区)所有常住单位在一定时期内生产活动的最终成果。国内生产总值有三种表现形态,即价值形态、收入形态和产品形态。从价值形态看,它是所有常住单位在一定时期内生产的全部货物和服务价值超过同期中间投入的全部非固定资产货物和服务价值的差额,即所有常住单位的增加值之和;从收入形态看,它是所有常住单位在一定时期内创造并分配给常住单位和非常住单位的初次收入分配之和;从产品形态看,它是所有常住单位在一定时期内最终使用的货物和服务价值与货物和服务净出口价值之和。在实际核算中,国内生产总值有三种计算方法,即生产法、收入法和支出法。三种方法分别从不同的方面反映国内生产总值及其构成。

生产法 生产法是从生产过程中生产的货物和服务总产品价值入手,剔除生产过程中投入的中间产品的价值,得到增加价值的一种方法。计算公式为:

增加值=总产出-中间投入

将国民经济各行业的增加值相加,得到国内生产总值。

收入法 收入法也称为分配法。按收入法计算国内生产总值是从生产过程创造收入的角度,对常住单位的生产活动成果进行核算。按照这种计算方法,增加值由劳动者报酬、生产税净额、固定资产折旧和营业盈余四个部分组成。计算公式为:

增加值=劳动者报酬+生产税净额+固定资产折旧+营业盈余

支出法 支出法是从最终使用的角度反映国内生产总值最终使用去向的一种方法。最终使用包括货物和服务的最终消费支出、资本形成总额、货物和服务净出口三部分,计算公式为:

国内生产总值=最终消费支出+资本形成总额+货物和服务净出口

总产出 是指一定时期内一个国家(或地区)常住单位生产的所有货物和服务的价值,既包括新增价值,也包括转移价值。它反映常住单位生产活动的总规模。总产出按生产者价格计算。

中间投入 是指常住单位在生产或提供货物与服务过程中,消耗和使用的所有非固定资产货物和服务的价值,中间投入也称为中间消耗。一般按购买者价格计算。

增加值 是指常住单位生产过程创造的新增价值和固定资产的转移价值。它可以按生产法计算,也可以按收入法计算,按生产法计算,它等于总产出减去中间投入;按收入法计算,它等于劳动者报酬、生产税净额、固定资产折旧和营业盈余之和。

劳动者报酬 指劳动者因从事生产活动所获得的全部报酬。包括劳动者获得的各种形式的工资、奖金和津贴,既包括货币形式的,也包括实物形式的;还包括劳动者所享受的公费医疗和医药卫生费、上下班交通补贴和单位支付的社会保险费等。对于个体经济来说,其所有者所获得的劳动报酬和经营利润不易区分,这两部分统一作为劳动者报酬处理。

生产税净额 指生产税减生产补贴后的余额。生产税指政府对生产单位生产、销售和从事经营活动以及因从事生产活动使用某些生产要素(如固定资产、土地、劳动力)所征收的各种税、附加费和规费。生产补贴与生产税相反,指政府对生产单位的单方面收入转移,因此视为负生产税,包括政策亏损补贴、粮食系统价格补贴、外贸企业出口退税收入等。

固定资产折旧 指一定时期内为弥补固定资产损耗按照核定的固定资产折旧率提取的固定资产折旧,或按国民经济核算统一规定的折旧率虚拟计算的固定资产折旧。它反映了固定资产在当期生产中的转移价值。各类企业和企业化管理的事业单位的固定资产折旧是指实际计提并计入成本费中的折旧费;不计提折旧的政府机关、非企业化管理的事业单位和居民住房的固定资产折旧是按照统一规定的折旧率和固定资产原值计算的虚拟折旧。原则上,固定资产折旧应按固定资产的重置价值计算,但是目前我国尚不具备对全社会固定资产进行重估价的基础,所以暂时只能采用上述办法。

营业盈余 指常住单位创造的增加值扣除劳动者报酬、生产税净额和固定资产折旧后的余额。它相当于企业的营业利润加上生产补贴,但要扣除从利润中开支的工资和福利等。

最终消费 指常住单位在一定时期内对于货物和服务的全部最终消费支出,也就是常住单位为满足物质、文化和精神生活的需要,从本国经济领土和国外购买的货物和服务的支出;不包括非常住单位在本国经济领土内的消费支出。最终消费分为居民消费和政府消费。

居民消费 指常住住户对货物和服务的全部最终消费支出。居民消费按市场价格计算,即按居民支付的购买者价格计算。购买者价格是购买者取得货物所支付的价格,包括购买者支付的运输和商业费用。居民消费除了直接以货币形式购买货物和服务的消费之外,还包括以其他方式获得的货物和服务的消费支出,即所谓的虚拟消费支出。居民虚拟消费支出包括以下几种类型:单位以实物报酬及实物转移的形式提供给劳动者的货物和服务;住户生产并由本住户消费了的货物和服务,其中的服务仅指住户的自有住房服务;金融机构提供的金融媒介服务;保险公司提供的保险服务。

政府消费 指政府部门为全社会提供公共服务的消费支出和免费或以较低价格向住户提供的货物和服务的净支出。前者等于政府服务的产出价值减去政府单位所获得的经营收入的价值,政府服务的产出价值等于它的经常性业务支出加上固定资产折旧;后者等于政府部门免费或以较低价格向住户提供的货物和服务的市场价值减去向住户收取的价值。

资本形成总额 指常住单位在一定时期内获得的减去处置的固定资产加存货的变动,包括固定资本形成总额和存货增加。

固定资本形成总额 指常住单位购置、转入和自产自用的固定资产,扣除固定资产的销售和转出后的价值,分有形固定资产形成总额和无形固定资产形成总额。有形固定资产形成总额包括一定时期内完成的建筑工程、安装工程和设备工器具购置(减处置)价值,以及土地改良、新增役、种、奶、毛、娱乐用牲畜和新增经济林木价值。无形固定资产形成总额包括矿藏的勘探、计算机软件、娱乐和文学艺术品原件等获得减处置。

存货增加 指常住单位存货实物量变动的市场价值,即期末价值减期初价值的差额。存货增加可以是正值,也可以是负值;正值表示存货上升,负值表示存货下降。它包括生产单位购进的原材料、燃料和储备物资等存货,以及生产单位生产的产成品、在制品等存货等。

货物和服务净出口 指货物和服务出口减货物和服务进口的差额。出口包括常住单位向非常住单位出售或无偿转让的各种货物和服务的价值;进口包括常住单位从非常住单位购买或无偿得到的各种货物和服务的价值。由于服务活动的提供与使用同时发生,因此服务的进出口业务并不发生出入境现象,一般把常住单位从国外得到的服务作为进口,非常住单位从本国得到的服务作为出口。货物的出口和进口都按离岸价格计算。

机构单位 指能以自己的名义拥有资产、发生负债、从事经济活动并与其他实体进行交易的经济实体。将相同性质的机构单位归并在一起,就形成机构部门。

金融资产 是机构单位单独或共同对其执行所有权或处置权,并通过在核算期内持有或使用它们可从中获得经济利益的非金融资产以外的各种债权债务。通常金融资产的含义包括负债。

非金融资产 是机构单位单独或共同对其执行所有权或处置权,并通过在核算期内持有或使用它们可从中获得经济利益的,除金融资产以外的有形资产和无形资产。目前将非金融资产划分为固定资产、存货和其它非金融资产。

金融资产与非金融资产的不同之处在于:前者在表现为一个机构单位的资产的同时还表现为另一个机构单位的负债。后者只表现为一个机构单位的资产。金融资产包括国内金融资产(通货、存款、贷款、股票及其它股权、有价证券、保险准备金、其它金融资产)、国外金融资产(长期资本、短期资本)。

4 人口

RENKOU

资料整理　　方　志　何永生　邵晓绒

****

4. 人　口

****

2001 年全省

年底总人口	3659	万人	比上年增长 0.4%
# 市镇人口	2914	万人	比上年增长 10.8%
# 非农业人口	852	万人	比上年增长 2.4%
人口密度	178	人/平方公里	

****

人口年龄构成

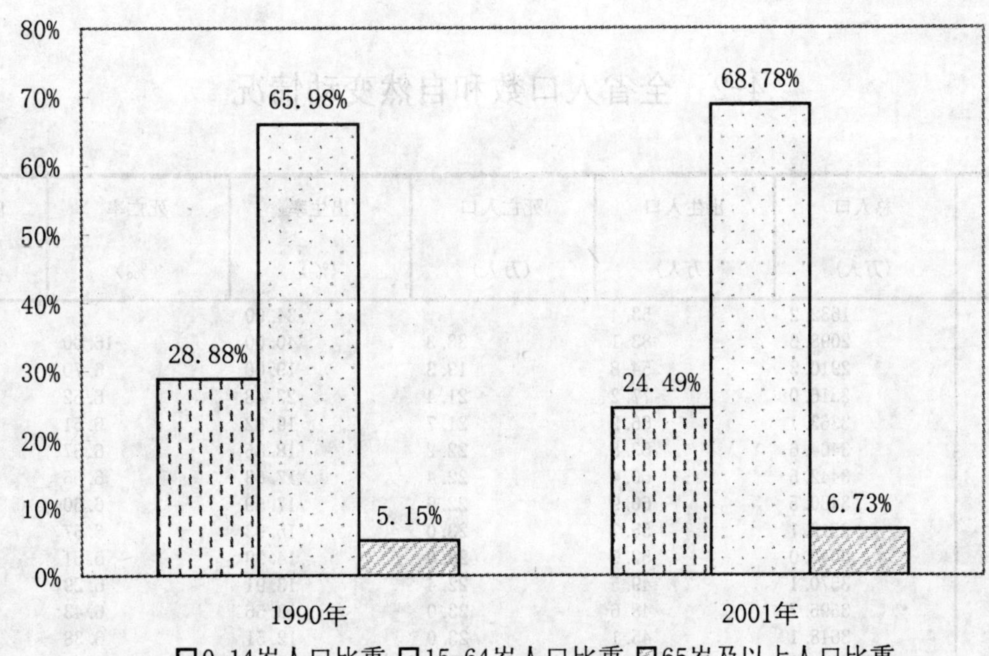

4-1 人口数和构成

单位：万人

年份	年底总人口	按性别分		按城乡分		按农业、非农业分	
		男	女	市镇人口	乡村人口	农业人口	非农业人口
1978	2780	1444	1335	454	2325	2371	408
1979	2807	1456	1351	469	2339	2381	426
1980	2831	1468	1363	522	2309	2390	441
1981	2865	1486	1379	535	2329	2405	459
1982	2904	1507	1397	548	2356	2433	471
1983	2931	1525	1406	577	2354	2446	484
1984	2966	1545	1420	1111	1865	2457	509
1985	3002	1566	1436	1167	1834	2462	540
1986	3042	1588	1454	1203	1839	2501	541
1987	3088	1613	1476	1244	1844	2530	558
1988	3140	1640	1500	1405	1735	2565	574
1989	3198	1671	1527	1438	1759	2604	594
1990	3316	1727	1589	1501	1815	2699	617
1991	3363	1754	1609	1539	1824	2730	633
1992	3405	1777	1628	1576	1829	2748	657
1993	3443	1799	1644	1654	1789	2769	674
1994	3481	1819	1662	1668	1813	2784	697
1995	3513	1836	1677	1738	1775	2791	722
1996	3543	1842	1701	1939	1604	2799	744
1997	3570	1866	1704	2279	1291	2803	767
1998	3596	1879	1717	2547	1049	2812	784
1999	3618	1892	1726	2593	1025	2816	802
2000	3644	1896	1748	2631	1013	2812	832
2001	3659	1882	1777	2914	745	2807	852

注：1.1990年以前各年的人口数为公安年报数，1990年及以后为人口普查及人口变动情况抽样调查推算数，市镇人口和非农业人口以公安年报数为基础推算。
2.城乡人口按行政区划统计。

4-2 全省人口数和自然变动情况

年份	总人口（万人）	出生人口（万人）	死亡人口（万人）	出生率（‰）	死亡率（‰）	自然增长率（‰）
1953	1632.2	53.4		34.00		
1964	2098.6	83.1	33.3	40.00	16.00	24.00
1982	2910.3	54.8	19.3	19.00	6.70	12.30
1990	3316.0	77.2	21.4	23.48	6.52	16.96
1991	3363.1	66.2	21.7	19.82	6.51	13.31
1992	3404.6	63.8	22.2	18.85	6.57	12.28
1993	3442.5	60.4	22.4	17.63	6.55	11.08
1994	3480.5	60.9	22.9	17.59	6.60	10.99
1995	3513.1	55.7	23.0	15.93	6.57	9.36
1996	3543.0	52.9	23.0	14.99	6.51	8.48
1997	3570.1	49.5	22.4	13.91	6.29	7.62
1998	3595.7	48.6	23.0	13.56	6.43	7.13
1999	3618.1	45.1	23.0	12.51	6.38	6.13
2000	3644.0					
2001	3658.6	38.3	23.1	10.50	6.34	4.16

注：本表为人口普查、人口变动情况抽样调查数。

4-3 人口年龄构成变化

单位:%

年 份	0-14岁人口比重	15-64岁人口比重	65岁及以上人口比重	负担少儿系数	负担老年系数
1953	36.71	59.25	4.04	61.96	6.82
1964	41.26	55.23	3.51	74.71	6.35
1982	33.06	62.40	4.57	52.98	7.32
1990	28.88	65.98	5.15	43.77	7.80
1991	30.21	64.07	5.72	47.15	8.93
1992	30.15	64.19	5.66	46.96	8.82
1993	29.30	65.09	5.61	45.02	8.62
1994	28.31	66.43	5.26	42.62	7.91
1995	28.88	65.40	5.72	44.16	8.74
1996	28.90	65.11	6.00	44.38	9.21
1997	27.63	66.52	5.85	41.54	8.79
1998	27.15	66.15	6.70	41.04	10.12
1999	26.28	66.58	7.14	39.48	10.73
2000	25.02	69.04	5.94	36.24	8.60
2001	24.49	68.78	6.73	35.61	9.78

注：本表为人口普查、人口变动情况抽样调查数。负担少儿系数、负担老年系数指0-14岁、65岁以上人口占15-64岁人口的比重。

4-4 各市计划生育情况

(2001年)

地 区	已婚育龄妇女人数(人)	早婚率(%)	晚婚率(%)	领取独生子女证人数(人)	节育率(%)	绝育率(%)	上环率(%)
全 省	6729588	0.10	59.18	846537	90.63	53.49	29.49
西安市	1242379	0.04	72.03	294793	90.98	45.61	38.46
铜川市	158638		56.81	40742	90.71	41.44	40.27
宝鸡市	687860	0.01	59.94	95266	89.36	55.01	24.97
咸阳市	876642	0.02	74.33	74456	89.10	59.88	20.43
渭南市	1062685	0.02	60.34	104538	89.82	53.97	27.65
延安市	354507	0.20	48.87	24838	90.55	62.42	25.73
汉中市	746017		62.41	126309	92.33	38.99	45.11
榆林市	610676	0.67	32.07	36788	90.68	62.11	21.75
安康市	534693	0.06	58.44	35298	90.91	58.33	25.74
商洛市	437209	0.18	33.84	11583	93.46	62.94	21.85
杨凌示范区	18282		93.60	1926	90.00	63.51	24.48

注：本表为计生年报数据。

4-5 各市县总户数和总人口数

(2001年)

单位:人

地 区	总户数(户)	总人口			总人口中	
		合 计	男	女	非农业人口	市镇人口
全 省	**9608385**	**35895055**	**18705324**	**17189731**	**8356860**	**28583362**
西安市	**1889849**	**6948369**	**3587984**	**3360385**	**2926240**	**5388966**
市辖区	1126111	4000827	2061116	1939711	2588987	4000827
新城区	148484	471760	242745	229015	460033	471760
碑林区	176795	634707	337434	297273	623414	634707
莲湖区	182374	575020	295366	279654	540285	575020
灞桥区	121944	433623	219359	214264	160074	433623
未央区	116614	385731	194387	191344	179080	385731
雁塔区	147275	588102	308177	279925	438993	588102
阎良区	61222	238231	121365	116866	76769	238231
临潼区	171403	673653	342283	331370	110339	673653
长安县	240815	897956	456923	441033	106491	361383
蓝田县	160985	628881	327601	301280	66096	232940
周至县	153685	624563	330823	293740	48215	377082
户 县	150546	563248	293597	269651	92175	336555
高陵县	57707	232894	117924	114970	24276	80179
铜川市	**216600**	**835154**	**440800**	**394354**	**386906**	**734877**
市辖区	115013	446172	236473	209699	309318	446172
王益区	56341	214595	111624	102971	174363	214595
印台区	58672	231577	124849	106728	134955	231577
耀 县	78620	295998	154635	141363	65694	232365
宜君县	22967	92984	49692	43292	11894	56340
宝鸡市	**977206**	**3644625**	**1896733**	**1747892**	**856557**	**3190833**
市辖区	188024	595022	301295	293727	487414	595022
渭滨区	99894	326867	165257	161610	251464	326867
金台区	88130	268155	136038	132117	235950	268155
宝鸡县	177716	722836	377969	344867	95562	646513
凤翔县	126668	500033	259632	240401	45092	405265
岐山县	127652	457447	235597	221850	77215	408727
扶风县	112494	454291	237127	217164	35707	374575
眉 县	80425	298952	156936	142016	31033	279969
陇 县	63247	250761	133233	117528	25135	202533
千阳县	33790	126851	67864	58987	14828	87412
麟游县	23453	87472	46667	40805	11299	54471
凤 县	28287	99042	52754	46288	21501	90558
太白县	15450	51918	27659	24259	11771	45788
咸阳市	**1261918**	**4907418**	**2545132**	**2362286**	**975608**	**4013261**
市辖区	250521	933115	478765	454350	513578	933115
秦都区	115280	420469	215161	205308	236577	420469
杨陵区	31114	134222	71308	62914	47659	134222
渭城区	104127	378424	192296	186128	229342	378424

注：本表为公安年报统计数。

4-5 续表1 (2001年) 单位:人

地 区	总户数	总人口			总人口中	
	(户)	合 计	男	女	非农业人口	市镇人口
三原县	113376	395782	205233	190549	71084	328018
泾阳县	122246	492805	250908	241897	47559	410583
乾 县	134426	545741	282960	262781	40985	384405
礼泉县	122100	453657	234480	219177	50777	355395
永寿县	47325	183344	95476	87868	16837	135612
彬 县	79600	316655	167555	149100	28095	219080
长武县	44232	171524	90254	81270	14678	85861
旬邑县	66662	267605	143451	124154	18811	215317
淳化县	49827	188434	96911	91523	20002	93214
武功县	86747	404187	210493	193694	40119	298092
兴平市	144856	554569	288646	265923	113083	554569
渭南市	**1386926**	**5307854**	**2718914**	**2588940**	**928074**	**4147519**
市辖区	239875	889923	452464	437459	226631	889923
临渭区	239875	889923	452464	437459	226631	889923
华 县	91802	343152	176433	166719	70207	264749
潼关县	36893	146400	74828	71572	33529	97732
大荔县	169783	691853	351375	340478	63907	419503
合阳县	114215	433296	220626	212670	39753	371640
澄城县	104321	385853	200234	185619	74875	269361
蒲城县	192239	740570	376591	363979	98206	486232
白水县	72429	279220	144841	134379	45968	144778
富平县	193388	756695	388964	367731	81406	562709
韩城市	102911	384250	200770	183480	117880	384250
华阴市	69070	256642	131788	124854	75712	256642
延安市	**518189**	**1981536**	**1033127**	**948409**	**425179**	**1451947**
市辖区	98496	348468	180147	168321	145770	348468
宝塔区	98496	348468	180147	168321	145770	348468
延长县	38722	140993	72950	68043	22640	98144
延川县	47631	181412	93239	88173	27992	126884
子长县	55300	230543	120668	109875	36726	177650
安塞县	39520	151873	79570	72303	15148	110007
志丹县	29465	119715	62625	57090	16347	82570
吴旗县	28967	121036	63977	57059	14330	60287
甘泉县	19645	74089	38759	35330	18530	43353
富 县	38483	142805	74559	68246	27008	108506
洛川县	45191	191161	100844	90317	29901	110775
宜川县	29851	112072	58268	53804	16061	67986
黄龙县	14156	46451	25455	20996	12582	24774
黄陵县	32762	120918	62066	58852	42144	92543
汉中市	**1080717**	**3694676**	**1945466**	**1749210**	**687063**	**3038028**
市辖区	164709	510594	261976	248618	229405	510594
汉台区	164709	510594	261976	248618	229405	510594
南郑县	162034	538146	281082	257064	71053	431620

4-5 续表2 (2001年) 单位:人

地 区	总户数(户)	总人口			总人口中	
		合 计	男	女	非农业人口	市镇人口
城固县	145397	500837	261166	239671	73916	421893
洋 县	131017	440943	236374	204569	65069	365085
西乡县	116309	397518	212718	184800	48908	344438
勉 县	120238	419166	217076	202090	73788	359369
宁强县	89163	332137	175822	156315	32720	243305
略阳县	54076	201960	108488	93472	54049	147856
镇巴县	73882	273975	147714	126261	23713	167353
留坝县	13525	45545	24613	20932	7750	32308
佛坪县	10367	33855	18437	15418	6692	14207
榆林市	**850016**	**3279834**	**1710696**	**1569138**	**470650**	**2271302**
市辖区	124831	419272	217818	201454	121554	419272
榆阳区	124831	419272	217818	201454	121554	419272
神木县	100863	365954	192767	173187	84539	300628
府谷县	53091	213726	113659	100067	35209	111210
横山县	70613	322615	167832	154783	26226	220898
靖边县	65372	273490	142522	130968	30036	167353
定边县	66444	292630	153780	138850	33435	173908
绥德县	95203	343483	177778	165705	44917	210671
米脂县	51233	208519	107821	100698	23001	138856
佳 县	66639	245560	128089	117471	18698	129826
吴堡县	22731	76803	39030	37773	10732	49966
清涧县	59233	210315	110164	100151	19285	138460
子洲县	73763	307467	159436	148031	23018	210254
安康市	**799438**	**2931008**	**1574860**	**1356148**	**397438**	**2421400**
市辖区	249747	935233	494571	440662	187694	935233
汉滨区	249747	935233	494571	440662	187694	935233
汉阴县	81671	289118	156766	132352	27278	247226
石泉县	54191	182585	97442	85143	29414	133155
宁陕县	21764	74045	39549	34496	13074	63048
紫阳县	86486	340725	185631	155094	32418	258684
岚皋县	47175	166994	91943	75051	19189	100875
平利县	65196	228343	123915	104428	27109	197569
镇坪县	16468	57514	31070	26444	6831	32527
旬阳县	123758	449702	242693	207009	36809	299912
白河县	52982	206749	111280	95469	17622	153171
商洛市	**627526**	**2364581**	**1251612**	**1112969**	**303145**	**1925229**
商州区	138954	542020	286157	255863	142023	542020
洛南县	128683	450209	232328	217881	43983	352907
丹凤县	77703	292276	153753	138523	22136	221944
商南县	60009	227502	119982	107520	21609	183483
山阳县	108011	418170	223357	194813	32538	285661
镇安县	72110	279541	152381	127160	22693	214181
柞水县	42056	154863	83654	71209	18163	125033

4-6 五次人口普查全省人口基本情况

指 标	1953年	1964年	1982年	1990年	2000年
总人口(万人)	1588.13	2076.69	2890.44	3288.24	3604.77
男	843.14	1089.67	1496.87	1770.14	1875.21
女	744.99	987.02	1393.57	1581.10	1729.56
性别比	113.17	110.34	107.41	107.97	108.42
家庭户规模(人/户)	4.59	4.90	4.48	4.06	3.57
各年龄组人口(%)					
0-14岁	36.71	41.26	33.06	28.88	25.01
15-64岁	59.25	55.21	62.37	65.98	69.06
65岁及以上	4.04	3.53	4.57	5.14	5.93
民族人口(万人、%)					
汉 族	1584.95	2067.28	2877.14	3272.68	3587.00
占总人口比重	99.80	99.54	99.54	99.53	99.50
少数民族	3.18	9.41	13.30	15.56	18.00
占总人口比重	0.20	0.46	0.46	0.47	0.50
每十万人拥有的各种受教育程度人口(人)					
大专及以上		526	866	1672	4138
高中和中专		1618	7858	9281	12246
初 中		5152	19365	24370	33203
小 学		25463	32670	31168	34475
文盲人口及文盲率(万人、%)					
文盲人口		737.63	714.44	579.49	262.95
文盲率		35.52	24.72	17.62	7.29
城乡人口(万人、%)					
城镇人口	181.72	319.21	550.31	706.77	1162.88
占总人口比重	11.44	15.37	19.04	21.49	32.26
乡村人口	1406.41	1757.48	2340.13	2581.47	2441.89
占总人口比重	88.56	84.63	80.96	78.51	67.74

注：2000年数据为第五次人口普查手工汇总的11月1日零时数。城乡人口的划分是按照国家统计局1999年发布的《关于统计上划分城乡的规定（试行）》计算的。

4-7 总人口增长情况

单位：万人

地 区	2000年普查	1990年普查	2000年比1990年		
	总 人 口	总 人 口	增加人数	增 长 %	年均增长%
全 省	**3604.77**	**3288.24**	**316.52**	**9.60**	**0.89**
西 安 市	741.14	617.96	123.18	19.93	1.77
铜 川 市	80.81	78.23	2.58	3.29	0.32
宝 鸡 市	366.47	332.26	34.21	10.30	0.95
咸 阳 市	483.88	422.65	61.23	14.48	1.32
渭 南 市	539.48	479.82	59.67	12.44	1.14
延 安 市	205.59	182.88	22.71	12.42	1.14
汉 中 市	347.86	359.02	-11.16	-3.11	-0.31
榆 林 市	319.90	291.23	28.66	9.84	0.91
安 康 市	266.57	282.60	-16.03	-5.67	-0.56
商洛地区	239.01	231.20	7.81	3.38	0.32
杨凌示范区	14.06	10.39	3.67	35.32	3.85

注：2000年人口普查数为2000年11月1日零时时点数。按可比口径推算，2000年底人口数为3644万人。

4-8 人口年龄结构

（2000年，人口普查数）

地 区	总 人 口（万人）	年 龄 别 人 口（万人）			占总人口比重（%）		
		0-14岁	15-64岁	65岁及以上	0-14岁	15-64岁	65岁及以上
全 省	**3604.77**	**901.46**	**2489.54**	**213.77**	**25.01**	**69.06**	**5.93**
西 安 市	741.14	153.37	540.97	46.80	20.70	72.99	6.31
铜 川 市	80.81	19.57	56.66	4.57	24.22	70.12	5.66
宝 鸡 市	366.47	91.61	255.30	19.55	25.01	69.66	5.33
咸 阳 市	483.88	127.16	332.10	24.61	26.28	68.63	5.09
渭 南 市	539.48	139.68	367.85	31.95	25.89	68.19	5.92
延 安 市	205.59	59.30	136.71	9.58	28.84	66.50	4.66
汉 中 市	347.86	76.21	245.67	25.98	21.91	70.62	7.47
榆 林 市	319.90	93.86	208.77	17.27	29.34	65.26	5.40
安 康 市	266.57	71.65	176.03	18.89	26.87	66.04	7.09
商洛地区	239.01	65.94	159.23	13.84	27.59	66.62	5.79
杨凌示范区	14.06	3.09	10.25	0.72	21.98	72.90	5.12

4-9 各种受教育程度人口

（2000年，人口普查数）

单位：万人

地 区	六岁及以上人口数	大专及以上		高中和中专		初 中		小 学	
		人 数	占六岁及以上人口比重(%)	人 数	占六岁及以上人口比重(%)	人 数	占六岁及以上人口比重(%)	人 数	占六岁及以上人口比重(%)
全 省	**3367.16**	**149.17**	**4.43**	**441.45**	**13.11**	**1196.90**	**35.55**	**1242.74**	**36.91**
西安市	696.14	81.02	11.64	141.11	20.27	264.60	38.01	174.78	25.11
铜川市	75.65	2.70	3.57	13.02	17.21	28.39	37.53	24.64	32.57
宝鸡市	340.13	10.90	3.21	48.61	14.29	127.07	37.36	123.12	36.20
咸阳市	451.39	13.85	3.07	59.04	13.08	183.03	40.55	157.43	34.88
渭南市	504.14	10.42	2.07	59.14	11.73	215.15	42.68	184.29	36.56
延安市	192.36	5.50	2.86	21.80	11.34	56.33	29.28	79.31	41.23
汉中市	322.96	8.11	2.51	34.74	10.76	109.75	33.98	133.98	41.49
榆林市	300.39	6.12	2.04	25.62	8.53	82.93	27.61	136.82	45.55
安康市	247.34	4.56	1.85	18.68	7.55	57.40	23.21	119.52	48.32
商洛地区	223.36	3.53	1.58	17.42	7.80	67.74	30.33	105.60	47.28
杨凌示范区	13.30	2.45	18.42	2.27	17.07	4.50	33.83	3.25	24.44

4-10 每十万人拥有的各种受教育程度人口

（人口普查数）

单位：人

地 区	大专及以上		高中和中专		初 中		小 学	
	2000年	1990年	2000年	1990年	2000年	1990年	2000年	1990年
全 省	**4138**	**1670**	**12246**	**9260**	**33203**	**24360**	**34475**	**31130**
西安市	10931	5240	19039	15790	35702	29760	23583	26660
铜川市	3341	1240	16116	14180	35132	28310	30490	28030
宝鸡市	2975	1200	13264	9870	34674	25510	33597	30570
咸阳市	2862	1110	12201	9100	37827	26660	32534	31320
渭南市	1932	690	10962	8170	39882	30370	34161	33110
延安市	2677	790	10606	7480	27397	19120	38574	29000
汉中市	2333	920	9988	7360	31550	22820	38516	34270
榆林市	1912	480	8008	5490	25923	16200	42770	30730
安康市	1712	500	7006	5040	21535	14120	44835	34450
商洛地区	1476	540	7289	5890	28343	19510	44183	33910
杨凌示范区	17449	7760	16166	11900	31998	26160	23132	26770

4-11 文盲人口

（人口普查数）

地 区	文盲人口（万人）		文 盲 率 （%）		
	2000年	1990年	2000年	1990年	2000年比1990年降低
全 省	**262.95**	**579.49**	**7.29**	**17.62**	**10.33**
西安市	26.31	57.82	3.55	9.36	5.81
铜川市	5.40	11.60	6.68	14.83	8.15
宝鸡市	22.54	57.10	6.15	17.18	11.03
咸阳市	30.53	63.84	6.31	15.10	8.79
渭南市	27.25	56.62	5.05	11.80	6.75
延安市	25.50	41.13	12.40	22.49	10.09
汉中市	23.93	81.34	6.88	22.66	15.78
榆林市	40.32	75.26	12.60	25.84	13.24
安康市	37.05	81.95	13.90	29.00	15.10
商洛地区	23.39	51.67	9.79	22.35	12.56
杨凌示范区	0.73	1.16	5.19	11.17	5.98

4-12 城镇人口

（2000年，人口普查数）

地 区	总人口（万人）	城镇人口（万人）	城镇人口占总人口比重（%）
全 省	**3604.77**	**1162.88**	**32.26**
西安市	741.14	416.05	56.14
铜川市	80.81	41.38	51.21
宝鸡市	366.47	108.45	29.59
咸阳市	483.88	152.36	31.49
渭南市	539.48	116.08	21.52
延安市	205.59	59.64	29.01
汉中市	347.86	95.04	27.32
榆林市	319.90	70.79	22.13
安康市	266.57	50.37	18.90
商洛地区	239.01	39.55	16.55
杨凌示范区	14.06	13.17	93.67

注：城乡人口的划分是按照国家统计局1999年发布的《关于统计上划分城乡的规定（试行）》计算的。

4-13 各地市县总人口和性别比

（2000年，人口普查数）

地 区	总人口（万人）			占总人口比重（%）		性别比
	合 计	男	女	男	女	（女性人口=100）
全 省	**3607.77**	**1875.21**	**1729.56**	52.02	47.98	108.42
西安市	**741.14**	**385.69**	**355.45**	52.04	47.96	108.51
新城区	53.64	27.96	25.68	52.13	47.87	108.88
碑林区	71.16	38.06	33.10	53.49	46.51	114.98
莲湖区	64.32	33.27	31.05	51.73	48.27	107.15
灞桥区	50.38	26.10	24.28	51.81	48.19	107.50
未央区	46.91	24.65	22.26	52.55	47.45	110.74
雁塔区	81.00	43.72	37.28	53.98	46.02	117.27
闫良区	24.01	12.32	11.69	51.31	48.69	105.39
临潼区	65.14	32.80	32.34	50.35	49.65	101.42
长安县	87.99	44.99	43.00	51.13	48.87	104.63
蓝田县	57.07	29.18	27.89	51.13	48.87	104.63
周至县	60.87	32.07	28.80	52.69	47.31	111.35
户 县	56.00	29.10	26.90	51.96	48.04	108.18
高陵县	22.65	11.47	11.18	50.64	49.36	102.59
铜川市	**80.81**	**42.51**	**38.30**	52.60	47.40	110.97
王益区	19.43	9.96	9.47	51.28	48.72	105.25
印台区	21.78	11.58	10.20	53.16	46.84	113.49
耀 县	30.10	15.75	14.35	52.32	47.68	109.73
宜君县	9.50	5.22	4.28	54.94	45.06	121.92
宝鸡市	**366.47**	**189.79**	**176.68**	51.79	48.21	107.43
渭滨区	33.44	17.14	16.30	51.27	48.73	105.20
金台区	27.73	14.31	13.42	51.62	48.38	106.69
宝鸡县	74.29	38.65	35.64	52.03	47.97	108.45
凤翔县	49.41	25.25	24.16	51.10	48.90	104.51
岐山县	45.55	23.38	22.17	51.33	48.67	105.46
扶风县	44.71	23.24	21.47	51.99	48.01	108.28
眉 县	29.61	15.43	14.18	52.09	47.91	108.72
陇 县	24.67	12.79	11.88	51.85	48.15	107.68
千阳县	12.40	6.47	5.93	52.19	47.81	109.15
麟游县	8.75	4.55	4.20	51.94	48.06	108.09
凤 县	10.67	5.72	4.95	53.60	46.40	115.53
太白县	5.24	2.86	2.38	54.63	45.36	120.42
咸阳市	**483.88**	**249.98**	**233.89**	51.66	48.34	106.87
秦都区	45.87	23.76	22.11	51.80	48.20	107.46
渭城区	37.33	19.12	18.21	51.22	48.78	105.00
三原县	39.63	20.02	19.61	50.52	49.48	102.09
泾阳县	49.51	25.18	24.33	50.86	49.14	103.49
乾 县	55.47	28.82	26.65	51.96	48.04	108.14

4-13 续表1

（2000年，人口普查数）

地　区	总人口（万人）			占总人口比重（%）		性别比
	合 计	男	女	男	女	（女性人口=100）
礼泉县	46.40	23.87	22.53	51.44	48.56	105.95
永寿县	19.10	9.86	9.24	51.62	48.38	106.71
彬　县	31.94	16.92	15.02	52.97	47.03	112.65
长武县	17.05	9.04	8.01	53.02	46.98	112.86
旬邑县	26.68	14.07	12.61	52.74	47.26	111.58
淳化县	19.04	9.79	9.25	51.42	48.58	105.85
武功县	39.70	20.51	19.19	51.66	48.34	106.88
兴平市	56.15	29.02	27.13	51.68	48.32	106.97
渭南市	**539.48**	**275.57**	**263.91**	**51.08**	**48.92**	**104.42**
临渭区	87.25	44.24	43.01	50.71	49.29	102.89
韩城市	39.45	20.56	18.89	52.12	47.88	108.84
华阴市	24.72	12.76	11.96	51.60	48.40	106.63
华　县	35.70	18.15	17.55	50.85	49.15	103.46
潼关县	15.07	7.62	7.45	50.55	49.45	102.22
大荔县	72.07	36.48	35.59	50.61	49.39	102.48
蒲城县	75.30	38.42	36.88	51.02	48.98	104.19
澄城县	37.94	19.43	18.51	51.21	48.79	104.96
白水县	28.31	14.68	13.63	51.85	48.15	107.70
合阳县	44.06	22.35	21.71	50.72	49.28	102.91
富平县	76.25	39.16	37.09	51.36	48.64	105.58
开发区	3.36	1.72	1.64	51.13	48.87	104.62
延安市	**205.59**	**107.73**	**97.86**	**52.40**	**47.60**	**110.09**
宝塔区	41.19	21.34	19.85	51.81	48.19	107.53
延长县	13.10	6.83	6.27	52.13	47.87	108.88
延川县	16.80	8.77	8.03	52.20	47.80	109.21
子长县	21.20	10.91	10.29	51.48	48.52	106.11
安塞县	16.39	8.68	7.71	52.94	47.06	112.51
志丹县	12.69	6.73	5.96	53.06	46.94	113.02
吴旗县	11.47	5.99	5.48	52.19	47.81	109.14
甘泉县	7.82	4.15	3.67	53.08	46.92	113.14
富　县	14.45	7.72	6.73	53.39	46.61	114.55
洛川县	20.45	10.66	9.79	52.15	47.85	108.99
宜川县	11.38	5.88	5.50	51.64	48.36	106.80
黄龙县	5.00	2.68	2.32	53.65	46.35	115.77
黄陵县	13.65	7.39	6.26	54.14	45.86	118.05
汉中市	**347.86**	**181.11**	**166.75**	**52.06**	**47.94**	**108.61**
汉台区	51.39	26.30	25.08	51.18	48.82	104.86
南郑县	48.83	24.95	23.88	51.10	48.90	104.48
城固县	46.45	23.93	22.52	51.52	48.48	106.26
洋　县	39.19	20.71	18.48	52.85	47.15	112.07

4-13 续表2

（2000年，人口普查数）

地 区	总人口（万人） 合计	男	女	占总人口比重（%） 男	女	性别比（女性人口=100）
西乡县	35.20	18.46	16.74	52.44	47.56	110.27
勉 县	40.50	20.86	19.64	51.51	48.49	106.21
宁强县	31.96	16.56	15.40	51.81	48.19	107.53
略阳县	20.55	11.02	9.53	53.63	46.37	115.63
镇巴县	25.65	13.78	11.87	53.72	46.28	116.09
留坝县	4.72	2.63	2.09	55.72	44.28	125.84
佛坪县	3.44	1.91	1.53	55.52	44.48	124.84
榆林市	**319.90**	**166.78**	**153.12**	**52.14**	**47.86**	**108.92**
榆阳区	46.02	23.71	22.31	51.52	48.48	106.26
神木县	36.78	19.67	17.11	53.49	46.51	115.01
府谷县	22.93	12.38	10.55	53.99	46.01	117.35
横山县	30.04	15.62	14.42	51.99	48.01	108.29
靖边县	27.81	14.55	13.26	52.32	47.68	109.71
定边县	29.10	15.14	13.96	52.05	47.95	108.53
绥德县	31.69	16.22	15.47	51.18	48.82	104.83
米脂县	20.46	10.53	9.93	51.45	48.55	105.99
佳 县	24.31	12.65	11.66	52.05	47.95	108.54
吴堡县	7.42	3.84	3.58	51.78	48.22	107.36
清涧县	18.01	9.41	8.60	52.25	47.75	109.43
子洲县	25.34	13.06	12.28	51.54	48.46	106.37
安康市	**266.57**	**142.06**	**124.51**	**53.29**	**46.71**	**114.09**
汉滨区	86.01	45.18	40.83	52.53	47.47	110.65
汉阴县	24.51	13.10	11.41	53.47	46.53	114.91
石泉县	16.27	8.82	7.45	54.19	45.81	118.31
宁陕县	7.73	4.27	3.46	55.27	44.73	123.58
紫阳县	29.07	15.59	13.48	53.62	46.38	115.63
岚皋县	15.12	8.27	6.85	54.69	45.31	120.72
平利县	20.54	10.96	9.58	53.36	46.64	114.39
镇坪县	5.48	2.94	2.54	53.60	46.40	115.49
旬阳县	43.46	23.16	20.30	53.29	46.71	114.10
白河县	18.38	9.77	8.61	53.15	46.85	113.47
商洛地区	**239.01**	**126.54**	**112.47**	**52.94**	**47.06**	**112.51**
商州市	54.09	28.44	25.65	52.58	47.42	110.88
洛南县	46.41	23.93	22.48	51.56	48.44	106.45
丹凤县	30.12	16.01	14.11	53.15	46.85	113.47
商南县	23.20	12.26	10.94	52.84	47.16	112.07
山阳县	40.85	21.90	18.95	53.61	46.39	115.57
镇安县	28.19	15.28	12.91	54.20	45.80	118.36
柞水县	16.15	8.72	7.43	53.99	46.01	117.36
杨凌示范区	14.06	7.47	6.59	53.15	46.85	113.46

4-14 各地市县各种受教育程度人口

（2000年，人口普查数） 单位：万人

地 区	六岁及以上	大专及以上		高中和中专		初 中		小 学	
	人口数	人 数	占六岁及以上人口比重（%）	人 数	占六岁及以上人口比重（%）	人 数	占六岁及以上人口比重（%）	人 数	占六岁及以上人口比重（%）
全 省	**3367.16**	**149.17**	**4.43**	**441.45**	**13.11**	**1196.90**	**35.55**	**1242.74**	**36.91**
西安市	**696.14**	**81.02**	**11.64**	**141.11**	**20.27**	**264.60**	**38.01**	**174.78**	**25.11**
新城区	51.92	7.26	13.98	16.88	32.51	17.40	33.53	8.24	15.87
碑林区	65.17	22.43	34.42	19.56	30.01	13.96	21.42	7.28	11.48
莲湖区	60.64	9.54	15.73	21.16	34.89	18.55	30.59	9.37	15.45
灞桥区	47.77	4.46	9.34	9.73	20.37	21.56	45.13	10.14	21.23
未央区	45.26	4.21	9.30	10.95	24.19	20.29	44.83	8.39	18.54
雁塔区	79.94	24.15	30.21	20.65	25.83	23.72	29.67	9.84	12.31
阎良区	22.34	1.76	7.88	4.21	18.85	8.20	36.71	7.05	31.56
临潼区	59.72	1.38	2.31	7.40	12.39	26.10	43.70	21.42	35.87
长安县	82.24	3.17	3.85	8.81	10.71	40.06	48.71	25.91	31.51
蓝田县	51.75	0.56	1.08	4.66	9.00	21.42	41.39	21.13	40.83
周至县	56.22	0.65	1.16	6.59	11.72	20.13	35.81	22.63	40.25
户县县	52.13	1.11	2.13	7.94	15.23	23.05	44.22	16.28	31.23
高陵县	21.05	0.34	1.62	2.57	12.21	10.16	48.27	6.90	32.78
铜川市	**75.65**	**2.70**	**3.57**	**13.02**	**17.21**	**28.39**	**37.53**	**24.64**	**32.57**
王益区	18.31	1.26	6.88	5.03	27.47	6.31	34.46	4.20	22.93
印台区	20.36	0.58	2.84	3.62	17.77	7.43	36.49	6.58	32.31
耀 县	28.05	0.67	2.38	3.44	12.26	11.55	41.17	10.21	36.39
宜君县	8.93	0.19	2.12	1.01	11.31	3.00	33.59	3.67	41.09
宝鸡市	**340.13**	**10.90**	**3.21**	**48.61**	**14.29**	**127.07**	**37.36**	**123.12**	**36.20**
渭滨区	31.52	3.94	12.48	9.90	31.41	10.19	32.31	6.09	19.31
金台区	26.21	2.37	9.03	9.51	36.27	8.75	33.39	4.39	16.75
宝鸡县	68.94	11.12	1.62	7.29	10.58	25.74	37.34	28.78	41.74
凤翔县	45.34	0.66	1.45	4.68	10.32	17.67	38.98	18.63	41.09
岐山县	42.31	0.82	1.95	5.28	12.48	17.95	42.43	14.53	34.35
扶风县	41.40	0.50	1.32	3.69	8.92	18.62	44.97	14.74	35.59
眉 县	27.54	0.45	1.64	3.02	10.96	11.54	41.91	9.45	34.32
陇 县	22.57	0.28	1.27	1.73	7.64	5.72	25.32	11.21	49.70
千阳县	11.39	0.21	1.85	1.00	8.77	3.52	30.89	5.73	50.29
麟游县	8.01	0.14	1.70	0.79	9.87	2.11	26.37	3.88	48.44
凤 县	10.03	0.21	2.16	1.15	11.52	3.70	36.83	3.67	36.62
太白县	4.87	0.15	3.16	0.57	11.78	1.56	32.08	2.02	41.51
咸阳市	**451.39**	**13.85**	**3.07**	**59.04**	**13.08**	**183.03**	**40.55**	**157.43**	**34.88**
秦都区	43.38	4.49	10.35	11.40	26.28	17.03	39.26	9.01	20.77
渭城区	35.34	3.37	9.54	8.63	24.42	13.68	38.71	8.17	23.10
三原县	37.31	0.89	2.39	4.72	12.65	18.26	48.94	11.67	31.29
泾阳县	46.58	0.64	1.37	4.75	10.20	23.23	49.87	15.71	33.72
乾 县	51.54	0.48	0.93	5.27	10.23	19.51	37.85	20.99	40.73

4-14 续表1 （2000年，人口普查数） 单位：万人

地区	六岁及以上人口数	大专及以上		高中和中专		初中		小学	
		人数	占六岁及以上人口比重（%）	人数	占六岁及以上人口比重（%）	人数	占六岁及以上人口比重（%）	人数	占六岁及以上人口比重（%）
礼泉县	43.22	0.67	1.55	5.44	12.59	18.06	41.79	15.69	36.31
永寿县	17.60	0.29	1.65	1.67	9.49	6.02	34.20	7.50	42.59
彬县	29.63	0.33	1.11	2.05	6.92	8.87	29.94	13.65	46.05
长武县	15.69	0.19	1.21	1.25	7.97	6.03	38.43	6.18	39.41
旬邑县	24.66	0.32	1.30	1.86	7.54	8.15	33.05	10.32	41.83
淳化县	17.59	0.26	1.48	1.45	8.24	6.62	37.64	7.47	42.44
武功县	36.78	0.50	1.36	3.82	10.39	15.29	41.57	13.67	37.16
兴平市	52.05	1.42	2.73	6.72	12.91	22.27	42.79	1.74	3.35
渭南市	**504.14**	**10.42**	**2.07**	**59.14**	**11.73**	**215.15**	**42.68**	**184.29**	**36.56**
临渭区	81.34	2.98	3.66	11.99	14.74	35.73	43.93	25.84	31.77
韩城市	36.94	1.10	2.98	5.74	15.54	16.21	43.88	11.41	30.88
华阴市	23.18	0.76	3.28	3.61	15.57	9.33	40.25	7.72	33.29
华县	33.66	0.74	2.20	4.45	13.22	15.04	44.68	11.47	34.06
潼关县	13.95	0.30	2.15	1.61	11.54	5.62	40.29	5.55	39.77
大荔县	67.90	0.82	1.21	6.50	9.57	27.89	41.08	26.24	38.64
蒲城县	70.51	1.03	1.46	7.36	10.44	30.25	42.90	25.93	36.78
澄城县	35.35	0.65	1.84	3.88	10.98	14.64	41.41	12.92	36.55
白水县	26.23	0.44	1.68	3.17	12.09	11.02	42.01	9.17	34.95
合阳县	40.84	0.49	1.20	3.74	9.16	16.41	40.18	16.74	41.00
富平县	71.16	0.89	1.25	6.49	9.12	31.75	44.62	26.95	37.87
开发区	3.08	0.22	7.19	0.60	19.45	1.26	41.12	0.86	27.94
延安市	**192.36**	**5.50**	**2.86**	**21.80**	**11.34**	**56.33**	**29.28**	**79.31**	**41.23**
宝塔区	38.70	2.34	6.06	5.62	14.52	12.09	31.24	13.87	35.83
延长县	12.42	0.25	2.02	1.11	8.98	3.54	28.51	5.48	44.16
延川县	15.84	0.28	1.78	1.64	10.34	4.59	28.99	7.04	44.45
子长县	19.51	0.27	1.40	1.55	7.97	5.20	26.64	8.78	45.00
安塞县	15.33	0.27	1.75	1.20	7.82	3.21	20.90	6.67	43.48
志丹县	11.91	0.19	1.57	0.88	7.39	2.23	18.76	5.59	46.97
吴旗县	10.80	0.20	1.82	0.96	8.90	2.34	21.62	5.00	46.32
甘泉县	7.34	0.17	2.33	0.74	10.15	1.89	25.72	3.12	42.53
富县	13.57	0.28	2.06	1.57	11.55	4.61	34.01	5.58	41.10
洛川县	18.95	0.49	2.60	2.76	14.55	6.76	35.68	7.09	37.43
宜川县	10.73	0.16	1.50	1.06	9.89	3.71	34.59	5.03	46.91
黄龙县	4.66	0.13	2.70	0.60	12.90	1.34	28.69	1.94	41.57
黄陵县	12.60	0.47	3.76	2.11	16.72	4.82	38.24	4.11	32.63
汉中市	**322.96**	**8.11**	**2.51**	**34.74**	**10.76**	**109.75**	**33.98**	**133.98**	**41.49**
汉台区	48.20	3.31	6.87	9.83	20.39	19.51	40.48	12.25	25.41
南郑县	44.91	0.78	1.74	3.85	8.57	15.72	35.00	19.68	43.38
城固县	43.00	0.93	2.16	4.63	10.77	16.93	39.37	16.05	37.32
洋县	36.15	0.59	1.63	3.82	10.57	14.25	39.42	13.27	36.71

4-14 续表2　（2000年，人口普查数）　单位：万人

地区	六岁及以上人口数	大专及以上		高中和中专		初中		小学	
		人数	占六岁及以上人口比重(%)	人数	占六岁及以上人口比重(%)	人数	占六岁及以上人口比重(%)	人数	占六岁及以上人口比重(%)
西乡县	32.81	0.35	1.07	2.36	7.19	10.31	31.42	16.26	49.56
勉县	37.80	1.04	2.75	4.15	10.98	14.09	37.28	14.60	38.61
宁强县	29.55	0.27	0.91	1.76	5.96	6.69	22.64	15.43	52.23
略阳县	19.27	0.45	2.34	2.35	12.20	4.65	24.13	8.43	43.72
镇巴县	23.63	0.23	0.97	1.16	4.91	5.61	23.74	14.61	61.83
留坝县	4.42	0.09	2.04	0.49	11.09	1.14	25.79	1.97	44.61
佛坪县	3.23	0.09	2.79	0.34	10.53	0.85	26.32	1.43	44.41
榆林市	**300.39**	**6.12**	**2.04**	**25.62**	**8.53**	**82.93**	**27.61**	**136.82**	**45.55**
榆阳区	43.40	1.90	4.37	5.20	11.98	12.47	28.73	17.90	41.24
神木县	34.25	0.92	2.69	3.42	9.99	9.59	28.00	13.70	40.00
府谷县	21.42	0.57	2.66	2.02	9.43	5.96	27.82	8.32	38.84
横山县	28.24	0.29	1.03	1.87	6.62	6.49	22.98	14.24	50.42
靖边县	26.29	0.45	1.71	1.67	6.35	6.80	25.87	13.10	49.83
定边县	27.13	0.33	1.22	1.74	6.41	6.48	23.88	14.70	54.18
绥德县	29.86	0.45	1.51	2.57	8.61	9.28	31.08	13.27	44.44
米脂县	19.26	0.27	1.40	1.47	7.63	6.20	32.19	9.63	50.00
佳县	22.74	0.28	1.23	1.87	8.22	6.05	26.61	10.63	46.75
吴堡县	6.94	0.15	2.16	0.66	9.51	2.43	35.01	3.03	43.66
清涧县	17.14	0.24	1.40	1.56	9.10	4.44	25.90	7.68	44.81
子洲县	23.72	0.25	1.05	1.58	6.66	6.74	28.41	10.62	44.77
安康市	**247.34**	**4.56**	**1.85**	**18.68**	**7.55**	**57.40**	**23.21**	**119.52**	**48.32**
汉滨区	79.29	2.40	3.03	8.09	10.20	22.52	28.40	34.20	43.13
汉阴县	22.64	0.24	1.07	1.36	5.98	4.90	21.62	10.66	47.10
石泉县	15.30	0.25	1.65	1.29	8.42	3.73	24.40	6.81	44.48
宁陕县	7.28	0.13	1.82	0.64	8.75	1.80	24.76	3.43	47.09
紫阳县	26.89	0.30	1.10	1.23	4.57	4.68	17.40	14.43	53.67
岚皋县	14.21	0.23	1.62	0.98	6.90	2.82	19.84	7.24	50.92
平利县	19.23	0.24	1.26	1.31	6.83	3.80	19.74	9.17	47.67
镇坪县	5.11	0.10	2.06	0.41	8.05	1.05	20.60	2.70	52.76
旬阳县	40.33	0.49	1.21	2.45	6.08	9.12	22.63	21.13	52.39
白河县	17.06	0.18	1.03	0.92	5.40	2.99	17.50	9.76	57.24
商洛地区	**223.36**	**3.53**	**1.58**	**17.42**	**7.80**	**67.74**	**30.33**	**105.60**	**47.28**
商州市	50.49	1.44	2.85	4.88	9.67	17.58	34.82	20.71	41.02
洛南县	43.06	0.54	1.25	3.17	7.36	13.94	32.37	20.50	47.61
丹凤县	28.14	0.29	1.03	2.06	7.32	9.89	35.15	13.31	47.30
商南县	21.94	0.37	1.69	1.92	8.75	7.32	33.36	9.75	44.44
山阳县	38.31	0.31	0.81	2.34	6.11	9.66	25.22	21.12	55.13
镇安县	26.38	0.34	1.29	1.77	6.71	5.75	21.76	13.18	49.96
柞水县	15.04	0.24	1.60	1.29	8.58	3.62	24.07	7.03	46.74
杨凌示范区	**13.30**	**2.45**	**18.42**	**2.27**	**17.07**	**4.50**	**33.83**	**3.25**	**24.45**

主要统计指标解释

人口数　指一定时点、一定地区范围内的有生命的个人的总和。年度统计的年末人口数指每年12月31日24时的人口数。年度统计的全国人口总数内未包括台湾省和港澳同胞以及海外华侨人数。

城镇人口和乡村人口　本年鉴有两种口径:

第一种口径(按行政建制)

城镇人口是指市辖区内和县辖镇的全部人口;

乡村人口是指县辖乡人口。

第二种口径(按常住人口划分)

城乡人口的划分是按照国家统计局1999年发布的《关于统计上划分城乡的规定(试行)》计算的。本规定具体为:

城市:是指经国务院批准设市建制的城市市区。包括设区市的市区和不设区市的市区。

设区市的市区是指:(一)市辖区人口密度在1500人/平方公里及以上的,市区为区辖全部行政区域;(二)市辖区人口密度不足1500人/平方公里的,市区为市辖区人民政府驻地和区辖其他街道办事处地域;(三)前款市辖区人民政府驻地的城区建设已延伸到周边建制镇(乡)的部分区域,其市区还应包括该建制镇(乡)的全部行政区域。

不设区市的市区是指:(一)市人民政府驻地和市辖其他街道办事处地域;(二)市人民政府驻地的城区建设已延伸到周边建制镇(乡)的部分区域,其市区还应包括该建制镇(乡)的全部行政区域。

镇:是指经批准设立的建制镇的镇区。包括:县及县以上(不含市)人民政府、行政公署所在的建制镇的镇区和其他建制镇的镇区。镇区是指:(一)镇人民政府驻地和镇辖其他居委会地域;(二)镇人民政府驻地城区建设已延伸到周边村民委员会的驻地,其镇区还应包括该村民委员会的全部区域。

乡村:是指本规定划定的城镇地区以外的其他地区。

出生率(又称粗出生率)　指在一定时期内(通常为一年)一定地区的出生人数与同期内平均人数(或期中人数)之比。一般用千分率表示。本数据中的出生率指年出生率,其计算公式为:

出生率=年出生人数/年平均人数×1000‰

式中:出生人数指活产婴儿,即胎儿脱离母体时(不管怀孕月数),有过呼吸或其它生命现象。年平均人数指年初、年底人口数的平均数,也可用年中人口数代替。

死亡率(又称粗死亡率)　指在一定时期内(通常为一年)一定地区的死亡人数与同期内平均人数(或期中人数)之比,一般用千分率表示。本数据中的死亡率指年死亡率,其计算公式为:

死亡率=年死亡人数/年平均人数×1000‰

人口自然增长率　指在一定时期内(通常为一年)人口自然增加数(出生人数减死亡人数)与该时期内平均人数(或期中人数)之比,一般用千分率表示。计算公式为:

人口自然增长率=(本年出生人数-本年死亡人数)/年平均人数×1000‰=人口出生率-人口死亡率

负担老年系数　指老年人口(65岁以上人口)与15-64岁人口的比例。计算公式为:

负担老年系数=老年人口/15-64岁人口×100%

负担少年系数　指少年儿童与15-64岁人口的比例。计算公式为:

负担少年系数=少年儿童人口/15-64岁人口×100%

5 从业人员和职工工资

CONGYERENYUANHEZHIGONGGONGZI

资料整理　杨晓霞

****

5. 从业人员和职工工资

****

2001 年全省			
年底从业人员	1785	万人	
# 在岗职工人数	324	万人	
在岗职工工资总额	296.35	亿元	
在岗职工平均工资	9120	元	比上年增长 17.9%
离休、退休、退职人员数	101.13	万人	比上年增长 5.2%

****

职 工 平 均 工 资

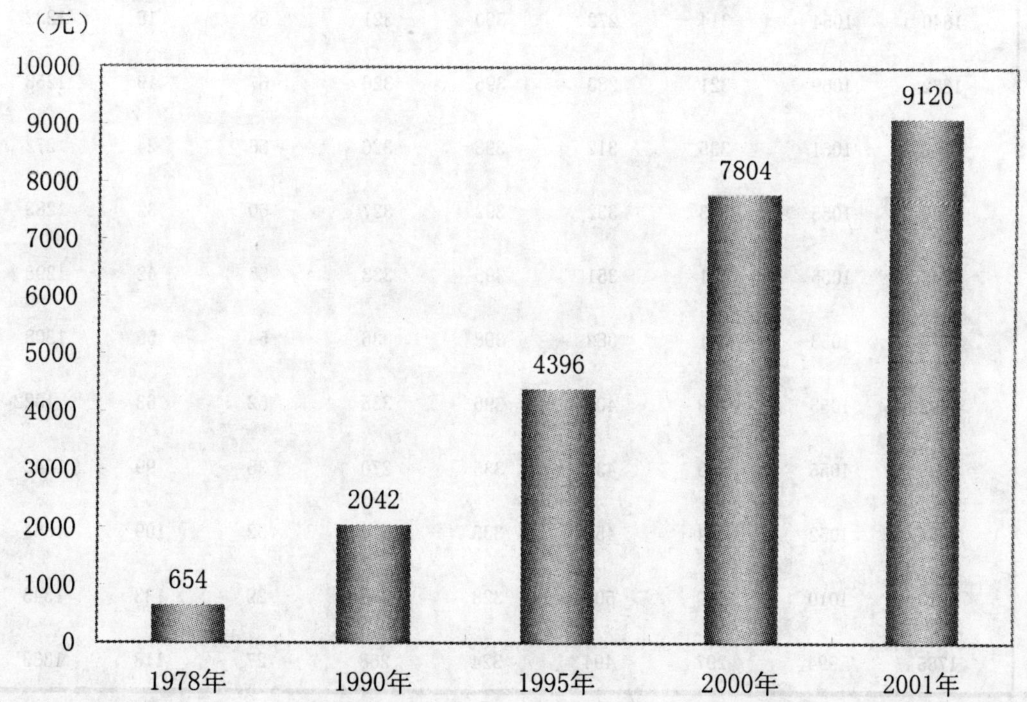

5-1 从业人员人数

单位：万人

年 份	从业人员人数	第一产业	第二产业	第三产业	年末职工人数	#国有单位	#城镇集体单位	城镇私营及个体从业人员	乡村从业人员	其他从业人员
1978	1078	766	193	119	257	222	35	…	821	
1979	1105	794	191	120	264	225	40		840	
1980	1158	831	199	128	282	239	43	1	875	
1981	1202	874	188	140	297	250	47	2	903	
1982	1250	904	198	148	309	258	50	3	939	
1983	1285	925	199	161	312	261	51	4	969	
1984	1337	936	217	184	324	260	63	7	1007	
1985	1375	888	287	200	337	271	65	9	1029	
1986	1409	874	303	232	350	282	67	10	1049	
1987	1449	905	311	233	358	289	68	14	1077	
1988	1494	950	299	245	366	298	68	15	1112	
1989	1529	973	298	258	374	304	68	17	1138	
1990	1576	1010	302	264	379	311	67	17	1180	
1991	1640	1054	314	272	390	321	68	18	1232	
1992	1672	1069	321	283	395	326	67	19	1258	
1993	1708	1061	335	312	398	326	66	24	1272	14
1994	1720	1055	333	332	392	327	60	32	1283	13
1995	1748	1056	341	351	395	333	56	42	1298	13
1996	1776	1053	341	382	398	336	54	59	1308	11
1997	1792	1053	339	400	396	335	52	63	1322	11
1998	1788	1055	300	433	335	270	36	99	1342	12
1999	1808	1052	304	452	335	271	32	109	1353	11
2000	1813	1010	299	504	328	265	29	133	1343	9
2001	1785	994	297	494	324	258	27	118	1333	9

注：本表职工人数1998年以后为在岗职工数。

5-2 企业、事业、机关人数和工资

(2001年)

指标	合计	企业	事业	机关
一、城镇单位从业人员年末人数(人)	3331240	2022802	951605	356833
# 女性	1199279	723749	395338	80192
# 在岗职工人数	3237943	1966351	917354	354238
1.国有单位	2651190	1366833	928716	355641
2.城镇集体单位	279781	256641	21948	1192
3.其他单位	400269	399328	941	
二、城镇单位从业人员劳动报酬(万元)	3017206	1808294	881144	327768
# 在岗职工工资总额	2963545	1765843	871129	326573
三、城镇单位从业人员平均劳动报酬(元)	9012	8825	9343	9216
四、在岗职工平均工资(元)	9120	8878	9601	9254
1.国有单位	9440	9324	9690	9258
2.城镇集体单位	5293	5215	6025	8201
3.其他单位	9625	9631	7088	

5-3 分行业从业人员人数

(2001年)

单位:万人

行业	合计	国有单位从业人员	城镇集体从业人员	其他单位从业人员	城镇私营企业从业人员	城镇个体从业人员	乡村从业人员
总计	1784.8	265.2	28.0	40.0	56.5	61.9	1333.2
第一产业	994.0	6.3	0.3	0.1	0.9	0.5	985.9
农、林、牧、渔业	994.0	6.3	0.3	0.1	0.9	0.5	985.9
第二产业	297.3	91.4	15.3	32.3			
采掘业	19.1	16.2	0.3	1.5	1.0	0.1	
制造业	168.2	54.5	9.3	28.7	7.3	6.4	62.0
电力、煤气及水生产和供应业	8.1	7.0	0.0	1.1			
建筑业	101.9	13.7	5.7	1.0	4.0	0.4	77.1
第三产业	493.5	167.5	12.4	7.6			
地质勘查业、水利管理业	6.5	6.4	0.1	0.0			
交通运输、仓储及邮电通信业	63.7	20.3	0.5	0.7	0.9	4.2	37.1
批发和零售贸易、餐饮业	140.2	13.6	6.2	3.5	30.3	39.1	47.5
金融、保险业	13.8	7.0	1.8	0.9			4.1
房地产业	1.4	1.0	0.1	0.3			
社会服务业	27.4	7.3	1.2	1.9	7.2	9.8	
卫生、体育和社会福利业	13.5	12.2	1.3	0.0			
教育、文化艺术和广播电影电视业	52.4	51.9	0.4	0.1			
科学研究和综合技术服务业	8.7	8.5	0.0	0.2			
国家机关、政党机关和社会团体	38.4	38.3	0.1	0.0			
其他行业	127.5	1.0	0.7	0.0	4.9	1.4	119.5

5-4 分行业在岗职工年末人数

(2001年) 单位：万人

行业	年末人数	国有单位	城镇集体单位	其他单位
总计	323.8	257.9	26.5	39.4
农、林、牧、渔业	6.7	6.3	0.3	0.1
采掘业	17.8	16.0	0.3	1.5
制造业	91.2	53.9	8.8	28.5
电力、煤气及水生产和供应业	7.9	6.8		1.1
建筑业	19.5	13.3	5.2	1.0
地质勘查业、水利管理业	6.5	6.4	0.1	
交通运输、仓储及邮电通信业	21.0	19.8	0.5	0.7
批发和零售贸易、餐饮业	22.9	13.4	6.0	3.5
金融、保险业	8.2	5.9	1.7	0.6
房地产业	1.4	1.0	0.1	0.3
社会服务业	10.2	7.2	1.1	1.9
卫生、体育和社会福利业	13.3	12.0	1.3	
教育、文化艺术和广播电影电视业	49.0	48.6	0.3	0.1
科学研究和综合技术服务业	8.6	8.4		0.2
国家机关、政党机关和社会团体	38.1	38.0	0.1	
其他行业	1.6	1.0	0.6	

5-5 在岗职工中分行业专业技术人员数

(2001年) 单位：人

行业	总计	#女性	国有单位	城镇集体单位	其他单位
总计	991566	406964	862362	48724	80480
农、林、牧、渔业	23558	7030	22194	1197	167
采掘业	23698	6507	21187	369	2142
制造业	184918	65014	116412	9333	59173
电力、煤气及水生产和供应业	19165	5776	17619	1	1545
建筑业	45230	12191	34808	7932	2490
地质勘查业、水利管理业	18726	5139	18671	55	
交通运输、仓储及邮电通信业	40014	15134	37829	836	1349
批发和零售贸易、餐饮业	34573	14622	23589	5657	5327
金融、保险业	45331	18942	34402	9338	1591
房地产业	3167	1157	2285	134	748
社会服务业	13973	5635	8912	1046	4015
卫生、体育和社会福利业	97383	56621	87132	10162	89
教育、文化艺术和广播电影电视业	359259	164730	357649	1237	373
科学研究和综合技术服务业	52040	17730	50643	77	1320
国家机关、政党机关和社会团体	26943	9351	26771	172	
其他行业	3588	1385	2259	1178	151

5-6 各市在岗职工年末人数

(2001年)　　单位:人

地区	总计	国有单位	城镇集体单位	其他单位	#港澳台投资	#外商投资
总计	3237943	2579048	264927	393968	14618	22434
西安市	1066203	753210	113554	199439	9143	16730
铜川市	117189	93030	11178	12981	38	
宝鸡市	314333	236369	34677	43287	3422	80
咸阳市	389867	311521	21245	57101	317	4224
渭南市	337998	289393	20522	28083	836	571
延安市	173960	162216	9607	2137		
汉中市	243473	200093	27335	16045	421	9
榆林市	182083	160638	10275	11170	389	82
安康市	127787	108811	10462	8514		738
商洛市	101026	83104	5876	12046	52	
杨凌示范区	17080	13719	196	3165		
其他单位	166944	166944				

5-7 从业人员分行业劳动报酬

(2001年)　　单位: 万元

行业	总计	国有单位	城镇集体单位	其他单位
总计	3017205.6	2479978.7	147942.1	389284.8
农、林、牧、渔业	45791.9	44152.8	1238.3	400.8
采掘业	168002.6	150543.0	1400.4	16059.2
制造业	768087.2	449905.9	44102.6	274078.7
电力、煤气及水生产和供应业	102731.3	88784.3	9.9	13937.1
建筑业	164429.5	123319.8	34273.9	6835.8
地质勘查业、水利管理业	62890.6	62609.9	280.7	
交通运输、仓储及邮电通信业	271523.7	263165.2	2525.2	5833.3
批发和零售贸易、餐饮业	134466.6	81425.7	26646.5	26394.4
金融、保险业	111644.0	78824.8	15488.5	17330.7
房地产业	11709.3	8470.4	506.2	2732.7
社会服务业	88424.6	61328.4	6802.8	20293.4
卫生、体育和社会福利业	128092.2	119802.0	7919.6	370.6
教育、文化艺术和广播电影电视业	481079.5	477820.7	1940.3	1318.5
科学研究和综合技术服务业	117210.9	113702.0	152.2	3356.7
国家机关、政党机关和社会团体	348358.1	347314.1	1044.0	
其他行业	12763.6	8809.7	3611.0	342.9

5-8 从业人员分行业平均劳动报酬

(2001年)

单位：元

行业	总计	国有单位	城镇集体单位	其他单位
总计	**9012**	**9310**	**5210**	**9728**
农、林、牧、渔业	6869	6976	4571	5964
采掘业	9314	9241	5388	10797
制造业	8199	8079	4734	9557
电力、煤气及水生产和供应业	12690	12757	3808	12301
建筑业	7620	8526	5604	6845
地质勘查业、水利管理业	9749	9783	5482	
交通运输、仓储及邮电通信业	12535	12879	4992	8074
批发和零售贸易、餐饮业	5735	5907	4344	7484
金融、保险业	11609	11388	8392	20384
房地产业	9039	8797	6181	10905
社会服务业	8477	8545	5093	10580
卫生、体育和社会福利业	9515	9904	6018	7427
教育、文化艺术和广播电影电视业	9293	9305	5618	19136
科学研究和综合技术服务业	13307	13299	6675	14254
国家机关、政党机关和社会团体	9151	9156	7733	
其他行业	7399	8522	5483	10486

5-9 在岗职工人数、工资总额和平均工资

指标	在岗职工人数（人）		工资总额(万元)		平均工资(元)	
	2000年	2001年	2000年	2001年	2001年	2001年
总计	**3276037**	**3237943**	**2572755.2**	**2963544.8**	**7804**	**9120**
国有单位	2645710	2579048	2143235.0	2442269.1	8043	9440
城镇集体单位	289898	264927	144175.4	141923.1	4920	5293
其他单位	340429	393968	285344.8	379352.6	8417	9625
(一)内资	312509	356916	256134.5	336788.0	8210	9384
1.股份合作制	32587	31484	16376.2	17642.3	5011	5582
2.联　营	3495	3155	2610.1	2578.5	7417	8015
3.有限责任公司	172431	217898	142933.0	207373.7	8246	9450
4.股份有限公司	103874	103590	94141.4	108806.8	9201	10479
5.其　它	122	789	75.5	386.7	6049	4920
(二)港、澳、台投资	12635	14618	10408.2	13377.1	8642	9788
(三)外商投资	15285	22434	20688.0	29187.5	12501	13524

5-10 全部职工平均工资和指数

单位:元

年份	全部职工平均工资	指数(1978=100) 货币工资	指数(1978=100) 实际工资	国有单位	指数(1978=100) 货币工资	指数(1978=100) 实际工资	城镇集体单位	指数(1978=100) 货币工资	指数(1978=100) 实际工资
1978	654	100.0	100.0	669	100.0	100.0	558	100.0	100.0
1979	705	107.8	106.3	728	108.8	107.3	570	102.2	100.8
1980	785	120.0	112.3	811	121.2	113.4	636	114.0	106.6
1981	780	119.3	107.8	812	121.4	109.7	609	109.1	98.6
1982	797	121.9	109.7	831	124.2	111.7	619	110.9	99.7
1983	824	126.0	111.0	857	128.1	112.8	652	116.8	102.8
1984	973	148.8	126.7	1024	153.1	130.3	757	135.7	115.5
1985	1122	171.6	135.8	1182	176.7	139.8	869	155.7	123.2
1986	1291	197.4	146.7	1363	203.7	151.2	987	176.9	131.3
1987	1409	215.4	146.5	1493	223.2	151.7	1054	188.9	128.4
1988	1680	256.9	145.5	1788	267.3	151.3	1206	216.2	122.3
1989	1856	283.8	136.7	1975	295.2	142.1	1319	236.4	113.8
1990	2042	312.2	146.4	2174	325.0	152.4	1425	255.4	119.8
1991	2198	336.1	147.1	2332	348.6	152.5	1554	278.5	121.9
1992	2434	372.2	146.5	2594	387.7	152.6	1634	292.8	115.2
1993	2890	441.9	152.4	3077	459.9	158.6	1918	343.7	118.5
1994	3803	581.5	158.2	4050	605.4	164.8	2299	412.0	112.1
1995	4396	672.2	155.0	4639	693.4	159.9	2795	500.9	115.5
1996	4882	746.5	154.4	5142	768.6	159.0	3082	552.3	114.3
1997	5184	792.7	155.9	5452	814.9	160.3	3177	569.4	112.0
1998	6029	921.9	185.5	6257	935.3	188.2	3823	685.1	137.9
1999	6931	1059.8	219.4	7162	1070.6	221.6	4318	773.8	160.2
2000	7804	1193.3	246.3	8043	1202.2	248.2	4920	881.7	182.0
2001	9120	1394.5	290.5	9440	1411.1	293.9	5293	948.6	197.6

注：本表1998年以后数据为在岗职工平均工资，指数据此推算。

5-11 在岗职工分行业工资总额

(2001年) 单位：万元

行业	工资总额	国有单位	城镇集体单位	其他单位
总计	**2963544.8**	**2442269.1**	**141923.1**	**379352.6**
农、林、牧、渔业	45571.0	43942.0	1232.7	396.3
采掘业	167124.9	149810.9	1396.8	15917.2
制造业	761864.3	447727.6	42620.9	271515.8
电力、煤气及水生产和供应业	101918.8	87989.9	9.5	13919.4
建筑业	157008.1	118774.4	31540.2	6693.5
地质勘查业、水利管理业	62871.2	62590.5	280.7	
交通运输、仓储及邮电通信业	264265.8	255961.8	2511.8	5792.2
批发和零售贸易、餐饮业	132761.1	80500.4	26023.1	26237.6
金融、保险业	98237.9	70699.0	14957.0	12581.9
房地产业	11580.0	8395.2	489.9	2694.9
社会服务业	85988.1	60959.0	6440.0	18589.1
卫生、体育和社会福利业	127043.5	118889.4	7793.6	360.5
教育、文化艺术和广播电影电视业	471712.6	468566.9	1926.2	1219.5
科学研究和综合技术服务业	116063.2	112820.7	142.2	3100.3
国家机关、政党机关和社会团体	346933.0	345889.5	1043.5	
其他行业	12601.3	8751.9	3515.0	334.4

5-12 在岗职工分行业平均工资

(2001年) 单位：元

行业	平均工资	国有单位	城镇集体单位	其他单位
总计	**9120**	**9440**	**5293**	**9625**
农、林、牧、渔业	6883	6992	4571	6023
采掘业	9384	9316	5383	10844
制造业	8242	8129	4786	9541
电力、煤气及水生产和供应业	12871	12969	3800	12304
建筑业	7714	8511	5792	7033
地质勘查业、水利管理业	9756	9790	5515	
交通运输、仓储及邮电通信业	12664	13028	5011	8062
批发和零售贸易、餐饮业	5787	5956	4395	7489
金融、保险业	11942	11994	8726	20359
房地产业	9058	8821	6131	10919
社会服务业	8392	8594	5109	9820
卫生、体育和社会福利业	9573	9958	6061	7854
教育、文化艺术和广播电影电视业	9744	9760	5752	18174
科学研究和综合技术服务业	13367	13358	6523	14420
国家机关、政党机关和社会团体	9190	9196	7741	
其他行业	7511	8562	5629	10787

5-13　各市城镇单位从业人员报酬及在岗职工工资总额

(2001年)

单位:万元

地　区	从业人员劳动报酬	在岗职工工资总额	国有单位	城镇集体单位	其他单位	#港澳台投资	#外商投资
总　计	**3017205.6**	**2963544.8**	**2442269.1**	**141923.1**	**379352.6**	**13377.1**	**29187.5**
西安市	1165198.4	1140728.1	863081.0	63542.0	214105.1	9675.3	23799.6
铜川市	85580.7	85250.9	71140.3	4970.3	9140.3	14.0	
宝鸡市	273603.0	269030.4	212008.8	20579.9	36441.7	2300.8	89.6
咸阳市	306077.1	302755.3	233703.3	9664.0	59388.0	192.5	4499.1
渭南市	239421.2	235583.5	206056.4	9663.3	19863.8	332.8	274.9
延安市	158356.6	156867.8	151744.8	4201.6	921.4		
汉中市	185646.6	183663.7	158736.7	13237.9	11689.1	227.7	4.4
榆林市	155968.2	151394.4	130714.6	6703.8	13976.0	600.0	37.9
安康市	104626.4	103779.2	92737.5	5898.2	5143.5		482.0
商洛市	79826.5	78589.8	68350.5	3341.3	6898.0	34.0	
杨凌示范区	16693.3	16589.4	14682.9	120.8	1785.7		
其他单位	246207.6	239312.3	239312.3				

5-14　各市城镇单位从业人员平均报酬及在岗职工平均工资

(2001年)

单位:元

地　区	从业人员平均报酬	在岗职工平均工资	国有单位	城镇集体单位	其他单位	#港澳台投资	#外商投资
总　计	**9012**	**9120**	**9440**	**5293**	**9625**	**9788**	**13524**
西安市	10526	10590	11333	5431	10781	11851	15004
铜川市	7112	7162	7508	4583	6802	3684	
宝鸡市	8412	8500	8896	6062	8239	6549	11636
咸阳市	7690	7766	7497	4530	10463	6092	10500
渭南市	6845	6964	7115	4716	7051	3874	4900
延安市	8782	8979	9334	4224	4234		
汉中市	7422	7508	7894	4862	7165	6697	4889
榆林市	7999	8373	8226	6283	12426	15424	4622
安康市	8043	8156	8568	5633	6030		6827
商洛市	7623	7800	8261	5573	5738	7083	
杨凌示范区	9858	9915	10587	5980	6713		
其他单位	14446	14622	14622				

5-15 离休、退休、退职人员数

单位:人

指　　标	1990年	1995年	1999年	2000年	2001年
总　计	551221	771835	926916	961209	1011260
1.离休职工	51057	62111	52129	50828	48060
2.退休职工	464259	675242	847775	885940	939070
3.领取定期生活费退职职工	35905	34482	27012	24441	24130

5-16 就业人员来源和安置去向

单位:万人

指　　标	1990年	1995年	1999年	2000年	2001年
总　计	19.53	26.60	25.43	42.90	33.34
1、按来源分					
城镇劳动力	3.48	13.08	12.27	30.99	19.30
农村劳动力	8.18	3.70	2.16	2.02	1.99
大学、中专、技校毕业生	1.78	5.88	5.49	5.40	5.61
复员转业军人	5.33	1.40	1.31	1.35	1.18
其　他	0.76	2.54	4.20	3.14	5.26
2、按安置去向分					
国有单位	14.03	13.11	11.79	14.96	20.56
城镇集体单位	3.90	2.62	0.97	1.71	3.46
其他单位	0.22	0.77	2.79	2.53	2.85
城镇私营及个体劳动者	1.38	10.10	9.88	23.70	6.47

5-17 城镇失业人数及失业率

单位:人

年　份	城镇失业人员总数	年末实有失业人数	失业率 (%)
1980	373083	216209	7.1
1985	201841	67044	1.9
1990	280553	112345	3.0
1991	279301	100790	3.0
1992	283228	90844	3.0
1993	285993	108306	3.0
1994	275100	99800	3.3
1995	231800	85700	3.2
1996	273800	125700	3.3
1997	303700	151600	3.4
1998	217900	122100	3.1
1999	117000	107000	2.6
2000	127448	113861	2.7
2001	239720	140082	3.2

5-18 国有单位离退休退职人员保险福利费

单位:万元

项目	1990年	1995年	1999年	2000年	2001年
总计	88482	268083	340765	411526	394176
离休金	9580	34195	19576	23422	22274
退休金	45719	162147	271793	329264	320532
退职生活费	1558	3200	2304	2613	3114
医疗卫生费	13584	37386	31359	39245	32524
其他	18041	31155	15733	16982	15732

5-19 参加基本养老保险的职工及离退休人员

(2001年)

单位:人

指标	职工人数	离退休职工
总计	2620085	833737
一、企业	2457176	833018
(一)内资企业	2431669	832440
1.国有企业	2064748	732524
2.集体企业	212649	93954
3.其他	154272	5962
(二)港澳台及外资企业	25507	578
二、其他	162909	719

5-20 养老基金缴拨情况

(2001年)

单位:万元

指标	缴纳	单位	再就业服务中心	个人	补缴	拨付
总计	422692	324096	10044	88552		501181
一、企业						
(一)内资企业	419204	321011	10044	88149		500867
1.国有企业	395931	304530	10044	81357		478033
2.集体企业	20779	15983		4796		22483
3.其他	2494	498		1996		351
(二)港澳台及外资企业	3488	3085		403		314
二、其他						

5-21 职业介绍工作情况

(2001年)

指标	数量	指标	数量
一、职业介绍机构(个)	1639	失业人员	14.5
1.劳动保障部门办	757	获得职业资格人员	9.8
2.其他组织办	548	四、本年介绍成功人数(万人)	39.2
3.公民个人办	334	#女性	16.3
二、本年登记招聘人数(万人)	44.6	#下岗职工	4.7
三、本年登记求职人数(万人)	69.9	失业人员	7.9
#下岗职工	11.6	获得职业资格人员	5.8

5-22 各市县城镇单位从业人员、职工人数及工资

(2001年)

地区	城镇单位从业人员(人)	#在岗职工	在岗职工工资总额(万元)	在岗职工平均工资(元)
全 省	**3331240**	**3237943**	**2963544.8**	**9120**
西安市	**1098114**	**1066203**	**1140728.1**	**10590**
市区中省市属单位	870980	846951	957645.9	11155
市区属单位	122901	119362	110464.9	9274
新城区	18864	18379	15245.9	8247
碑林区	20622	20203	20334.2	9977
莲湖区	18087	17835	14661.3	8259
灞桥区	8797	8742	8850.4	10150
未央区	8957	8830	9562.0	10862
雁塔区	12004	10388	11969.8	11613
阎良区	7367	6819	6675.8	10015
临潼区	28203	28166	23165.5	8274
长安县	23825	22659	15383.7	6777
蓝田县	16125	15155	11856.6	7824
周至县	24612	23267	18022.1	8007
户 县	26174	25992	18708.2	7084
高陵县	13497	12817	8646.7	6771
铜川市	**118290**	**117189**	**85250.9**	**7162**
中省市属单位	82345	81883	59602.4	7063
市辖区	9475	9253	5855.5	6733
王益区	4384	4374	2487.7	6516
印台区	5091	4879	3367.8	6903
耀 县	20215	19846	15554.8	7869
宜君县	6255	6207	4238.2	6847
宝鸡市	**322633**	**314333**	**269030.4**	**8500**
中省市属单位	184895	180934	170920.1	9244
市辖区	19820	19574	15960.5	8194
渭滨区	7242	7163	6940.1	9857
金台区	12578	12411	9020.4	7253
宝鸡县	21132	19209	15227.2	7922
凤翔县	15336	14477	9825.3	6827
岐山县	16821	16748	11633.7	7141
扶风县	15151	15146	10461.7	7178
眉 县	14528	14452	10676.2	7564
陇 县	10471	10355	7599.4	7301
千阳县	5909	5506	4131.2	7561
麟游县	4238	4231	3064.3	7057
凤 县	8203	7598	5409.8	7244
太白县	6129	6103	4121.0	7047
咸阳市	**398036**	**389867**	**302755.3**	**7766**
中省市属单位	192816	190132	170456.9	8930
市辖区	20731	20204	15499.7	7682
秦都区	11156	10883	8431.6	7752
渭城区	9575	9321	7068.1	7601
三原县	21166	20881	13876.4	6757

5-22 续表1 (2001年)

地　区	城镇单位从业人员（人）	#在岗职工	在岗职工工资总额（万元）	在岗职工平均工资（元）
泾阳县	18576	18050	11295.6	6303
乾　县	16852	15550	8747.4	5610
礼泉县	20235	20082	10397.5	5185
永寿县	9168	9145	5651.9	6198
彬　县	16403	15773	10681.2	6865
长武县	7546	7444	5171.8	7023
旬邑县	12012	11687	6805.9	5835
淳化县	9363	8936	5748.4	6427
武功县	20726	20327	14724.3	7232
兴平市	32442	31656	23698.3	7482
渭南市	**349580**	**337998**	**235583.5**	**6964**
开发区农垦单位	12807	12505	6910.1	5573
市辖区	65066	64912	47359.8	7257
临渭区	65066	64912	47359.8	7257
华　县	29197	28521	22938.8	7920
潼关县	14031	13755	8734.1	6378
大荔县	25994	22059	14210.6	6483
合阳县	20690	19639	12104.6	6260
澄城县	28557	28425	17185.7	6046
蒲城县	38369	37894	25390.9	6661
白水县	15141	13263	8366.4	6315
富平县	31092	30527	21022.1	6962
韩城市	43838	43421	31757.9	7269
华阴市	24798	23077	19602.5	8484
延安市	**179164**	**173960**	**156867.8**	**8979**
市辖区	48783	48240	40091.9	8086
宝塔区	48783	48240	40091.9	8086
延长县	7396	6929	6288.6	9086
延川县	21349	20011	31007.3	19720
子长县	12308	11999	9895.3	8434
安塞县	9840	9499	6937.9	7376
志丹县	9416	9404	6087.2	6698
吴旗县	9727	9724	8198.6	8606
甘泉县	6975	6952	5418.9	7841
富　县	9287	8848	7129.3	8090
洛川县	14887	14310	14127.0	9496
宜川县	6965	6936	5141.0	7337
黄龙县	5331	5234	3977.9	7594
黄陵县	16900	15874	12566.9	7914
汉中市	**248725**	**243473**	**183663.7**	**7508**
市辖区	74233	73031	58902.7	8003
汉台区	74233	73031	58902.7	8003
南郑县	29918	29562	21542.7	7284
城固县	29275	28701	21464.5	7493

5-22 续表2 (2001年)

地 区	城镇单位从业人员（人）	# 在岗职工	在岗职工工资总额（万元）	在岗职工平均工资（元）
洋 县	25733	25400	17871.2	7055
西乡县	14784	13966	10844.8	7761
勉 县	23361	23105	15229.6	6583
宁强县	11936	11850	8498.8	7086
略阳县	21003	20436	16683.9	7934
镇巴县	11978	10986	7668.8	7039
留坝县	3722	3714	2744.3	7385
佛坪县	2782	2722	2212.4	8074
榆林市	**193890**	**182083**	**151394.4**	**8373**
市辖区	48497	48123	38156.0	7747
榆阳区	48497	48123	38156.0	7747
神木县	23005	22435	26025.0	12165
府谷县	15330	14411	12097.1	8441
横山县	14698	12865	10502.1	8271
靖边县	17091	15816	14246.0	9187
定边县	14144	12546	11554.0	9455
绥德县	16803	14405	9528.0	6669
米脂县	8793	8364	5647.0	6838
佳 县	9537	9371	6959.1	7496
吴堡县	5468	5022	3799.1	7661
清涧县	10493	10268	6652.0	6592
子洲县	10031	8457	6229.0	7380
安康市	**130261**	**127787**	**103779.2**	**8156**
市辖区	56224	55243	44920.6	8195
汉滨区	56224	55243	44920.6	8195
汉阴县	8694	8669	6988.0	7963
石泉县	8048	8036	6712.0	8313
宁陕县	4126	4020	3584.9	8941
紫阳县	11654	10847	8868.8	8219
岚皋县	8402	8127	5425.2	6677
平利县	8492	8462	6367.3	7540
镇坪县	3702	3620	2909.8	8041
旬阳县	14462	14435	12522.8	8768
白河县	6457	6328	5479.8	8677
商洛市	**104777**	**101026**	**78589.8**	**7800**
商州区	29413	29069	23245.4	8043
洛南县	19213	18501	14729.4	7868
丹凤县	8817	8643	6612.6	7658
商南县	10153	9249	7186.1	7832
山阳县	13764	13217	9419.6	7143
镇安县	14126	13072	10206.3	7761
柞水县	9291	9275	7190.4	8002
杨凌示范区	**17237**	**17080**	**16589.4**	**9915**
其他单位	170533	166944	239312.3	14622

主要统计指标解释

从业人员　指从事一定社会劳动并取得劳动报酬或经营收入的人员，包括全部职工、再就业的离退休人员、私营业主、个体户主、私营和个体从业人员、乡镇企业从业人员、农村从业人员、其他从业人员(包括民办教师、宗教职业者、现役军人等)。这一指标反映了一定时期内全部劳动力资源的实际利用情况，是研究我国基本国情国力的重要指标。

单位从业人员　指在各级国家机关、政党机关、社会团体及企业、事业单位中工作，取得工资或其他形式的劳动报酬的全部人员。包括在岗职工、再就业的离退休人员、民办教师以及在各单位中工作的外方人员和港澳台方人员、兼职人员、借用的外单位人员和第二职业者。不包括离开本单位仍保留劳动关系的职工。各单位的从业人员反映了各单位实际参加生产或工作的全部劳动力。

城镇私营和个体从业人员　城镇私营从业人员指在工商管理部门注册登记，其经营地址设在县城关镇(含城关镇)以上的私营企业从业人员；包括私营企业投资者和雇工。城镇个体从业人员指在工商管理部门注册登记，并持有城镇户口或在城镇长期居住，经批准从事个体工商经营的从业人员；包括个体经营者和在个体工商户劳动的家庭帮工和雇工。

职工　指在国有经济、城镇集体经济、联营经济、股份制经济、外商和港、澳、台投资经济、其他经济单位及其附属机构工作，并由其支付工资的各类人员，不包括返聘的离退休人员、民办教师、在国有经济单位工作的外方人员和港、澳、台人员(1998 年以后的数据均为在岗职工数据，其他相关指标如职工工资总额，职工平均工资等指标也从 1998 年按此口径进行了相应调整)。

国有单位职工　指在国有经济单位及其附属机构工作，并由其支付工资的各类人员。

城镇集体单位职工　指在城镇集体经济单位及其管理部门工作，并由其支付工资的各类人员。

其他单位职工　指在联营经济、股份制经济、外商投资经济、港、澳、台投资经济单位工作，并由其支付工资的各类人员。

在岗职工　指在本单位工作并由单位支付工资的人员，以及有工作岗位，但由于学习、病伤产假等原因暂未工作，仍由单位支付工资的人员。

专业技术人员　指从事专业技术工作的人员以及从事专业技术管理工作且已在 1983 年以前评定了专业技术职称或在 1984 年以后聘任了专业技术职务的人员。

专业技术人员具体指工程技术人员、农业技术人员、科研人员(自然科学研究、社会科学研究及实验技术人员)、卫生技术人员、教学人员(含高等院校、中等专业学校、技工学校、中学、小学)、民用航空飞行技术人员、船舶技术人员、经济人员、会计人员、统计人员、翻译人员、图书资料、档案、文博人员、新闻、出版人员、律师、公证人员、广播电视播音人员、工艺美术人员、体育人员、艺术人员及政工人员。

专业技术管理人员具体指企业、事业单位的领导；企业、事业单位下设的职能机构、企业的生产车间和辅助车间(或附属辅助生产单位)中从事生产、技术、经济管理和政治工作人员。按照公务员管理或参照公务员管理的人员不统计为专业技术人员。

职工工资总额　指各单位在一定时期内直接支付给本单位全部职工的劳动报酬总额。工资总额的计算原则应以直接支付给职工的全部劳动报酬为根据。各单位支付给职工的劳动报酬以及其他根据有关规定支付的工资，不论是计入成本的还是不计入成本的，不论是按国家规定列入计征奖金税项目的，还是未列入计征奖金税项目的，不论是以货币形式支付的还是以实物形式支付的，均包括在工资总额内。

职工平均工资　指企业、事业、机关单位的职工在一定时期内平均每人所得的货币工资额。它表明一定时期职工工资收入的高低程度，是反映职工工资水平的主要指标。计算公式为:

职工平均工资=报告期实际支付的全部职工工资总额/报告期全部职工平均人数

职工平均工资指数　指报告期职工平均工资与基期职工平均工资的比率，是反映不同时期职工货币工资水平变动情况的相对数。计算公式为:

职工平均工资指数=报告期职工平均工资/基期职工平均工资×100%

职工平均实际工资指数　职工平均实际工资指扣除物价变动因素后的职工平均工资。职工平均实际工资指数是反映实际工资变动情况的相对数，表明职工实际工资水平提高或降低的程度。计算公式为:

职工平均实际工资指数=报告期职工平均工资指数/报告期城镇居民消费价格指数×100%

离休、退休、退职人员　指正式办理了离休、退休、退职手续，并享受相应的离休、退休、退职待遇的人员。

保险福利费用　指企业、事业、机关单位在工资以外实际支付给职工和离休、退休、退职人员个人以及用于集体的劳动保险和福利费用。

(1)职工保险福利费用包括:

①医疗卫生费：指实行公费医疗企业的职工及其供养的直系亲属的医疗费、医务经费、职工因工负伤就医路费以及住院伙食补助费等；卫生部门开支的事业及机关单位职工的公费医疗经费；未参加公费医疗的企业、事业和机关单位职工的医药费。

②文体宣传费：指企业、事业和机关单位实际支付的文体宣传费，不包括学习费。

③集体福利事业补贴费：指对职工浴室、理发室、洗衣房、哺乳室、托儿所等集体福利设施各项支出与收入相抵后的差额补

助费。

④集体福利设施费：指按照国家规定开支的集体福利设施费用，如职工食堂炊事用具的购置费、修理费、职工宿舍的修缮费用。不包括由企业、事业、机关单位自筹经费开支的职工福利设施的基本建设费用。

⑤其他：指上述费用以外，单位支付给职工的保险福利费。

(2)离休、退休、退职人员保险福利费用包括：

①离休金：指发给离休人员的工资和按1982年国务院发布的"关于老干部离职休养制度的几项规定"，发给符合规定的离休干部相当于1–2个月标准工资的生活补贴及1988年增发的生活补贴费。

②退休金：指按照国家有关规定发给退休人员的退休费及1988年增发的生活补贴费。

③退职生活费：指按照1978年国务院《关于工人退休、退职的暂行办法》规定，定期发给退职人员的生活费及1988年增发的生活补贴费。

④其他：指上述费用以外，单位支付给离休、退休、退职人员的保险福利费。

城镇登记失业人员　指有非农业户口，在一定的劳动年龄内，有劳动能力，无业而要求就业，并在当地就业服务机构进行求职登记的人员。

城镇登记失业率　指城镇登记失业人数同城镇从业人数与城镇登记失业人数之和的比。计算公式为：

城镇登记失业率=城镇登记失业人数/(城镇从业人数+城镇登记失业人数)×100%

6 固定资产投资

GUDINGZICHANTOUZI

资料整理　王冬羽　刘吉庆　齐　娟
　　　　　陈晓峰　赵　翔　寇亚萍

****

6. 固定资产投资

****

2001 年全省

全社会固定资产投资	850.66	亿元	比上年增长 14.1%
# 国有经济单位	523.92	亿元	比上年增长 10.6%
集体经济单位	46.41	亿元	比上年增长 11.4%
# 基本建设	444.64	亿元	比上年增长 18.2%
更新改造	138.98	亿元	比上年增长 1.9%
房地产开发	99.78	亿元	比上年增长 26.5%
全社会新增固定资产	683.46	亿元	比上年增长 12.5%
全社会竣工住宅建筑面积	4990.18	万平方米	比上年增长 0.9%

****

全社会固定资产投资

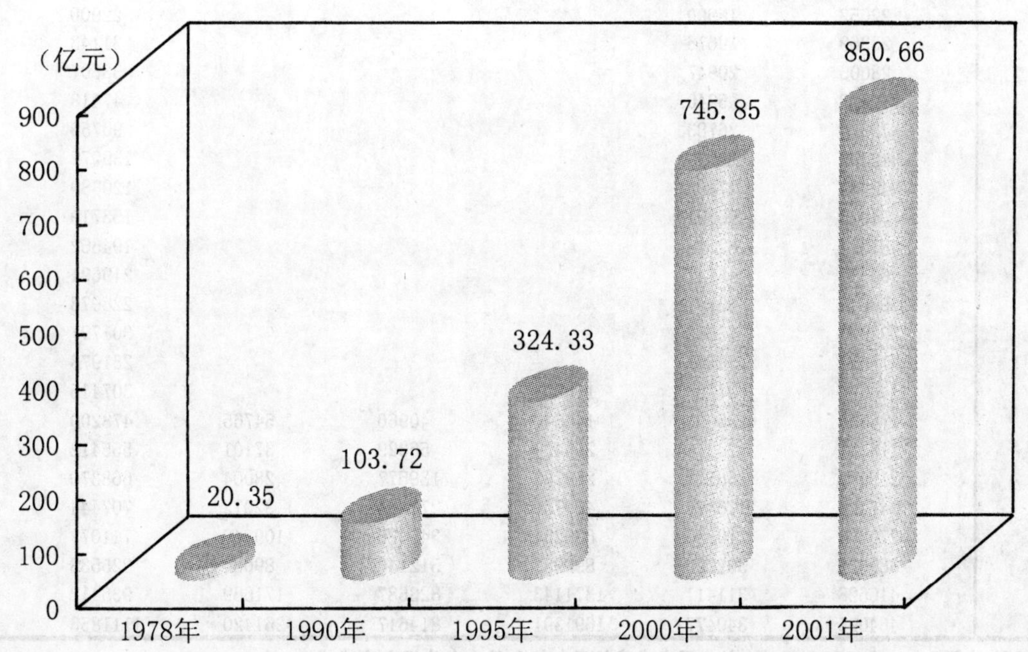

6-1 全社会固定资产投资

单位:万元

年 份	合 计	国有经济单位	基本建设	更新改造	其他固定资产投资	房地产开发
1978	203548	172004	159104	12900		
1979	211622	174656	156916	17740		
1980	278020	232468	205241	27227		
1981	229244	174732	133373	41359	…	
1982	294805	233192	166718	66474	…	
1983	308266	249870	165200	77665	7005	
1984	403864	280735	186105	77192	17438	
1985	579881	398109	252243	124141	21725	
1986	635300	472526	290702	163638	18186	
1987	808912	581118	343640	207063	30415	
1988	947210	670827	393011	241020	36796	
1989	951793	671345	401423	222124	47798	
1990	1037154	738541	427635	231948	78958	
1991	1249323	853623	506297	242730	104596	
1992	1424653	1087073	647390	335921	103762	
1993	2282062	1718582	998278	550215	71983	98106
1994	2832912	2029222	1256693	522544	123896	126089
1995	3243250	2266117	1402705	634948	81812	146652
1996	3719955	2564807	1506426	759975	128785	169621
1997	4240987	2876361	1853788	674034	182805	165734
1998	5448916	3828888	2435733	745904	324694	322557
1999	6192743	4077637	2556405	814439	308100	398693
2000	7458497	4735314	2936598	1191810	140378	466528
2001	8506562	5239223	3602016	1124026	123445	389736

年 份	集体经济单位	#农 村	其他经济单位	#基 本 建 设	#更 新 改 造	城乡个人	#农 村
1978	19144	17500				12400	12300
1979	20166	18200				16800	16600
1980	22652	18900				22900	22500
1981	23369	19676				31143	30497
1982	28006	20947				33607	32174
1983	10978	5940				47418	45337
1984	32370	26783				90759	87621
1985	42700	29629				139072	133478
1986	42385	27495				120389	111942
1987	74075	56291				153719	143355
1988	81821	62618				194562	181510
1989	60757	45545				219691	204099
1990	69640	53797				228973	215107
1991	93903	72682				301797	288933
1992	75607	50593				261973	240887
1993	140072	97226	115993			307415	269274
1994	178850	135000	146640	40960	54765	478200	432000
1995	215301	126318	206420	56329	37101	555412	513176
1996	219995	156178	266783	139577	28004	668370	618875
1997	247426	176874	409756	277294	32072	707444	673989
1998	270700	210133	638251	349426	109748	711077	556967
1999	389635	302229	899933	512146	89087	825538	637437
2000	416628	311411	1371143	823687	171669	935412	703183
2001	464095	340477	1691391	814617	261420	1111853	765412

注：按照国家统计制度规定，自1999年起，全社会固定资产投资包括私营、个体固定资产投资 。

6-2 全社会新增固定资产

单位:万元

年 份	合 计	国有经济单位	基本建设	更新改造	其他固定资产投资	房地产开发
1978	306592	279677	273277	6400		
1979	166626	134528	125763	8765		
1980	183920	143679	124740	18939		
1981	186900	137735	108760	28975		
1982	278208	223060	176985	46075		
1983	265055	207231	147240	52986	7005	
1984	340505	217725	137584	66850	13291	
1985	413505	236663	144227	76652	15784	
1986	483223	325006	198149	116107	10750	
1987	627094	402508	234783	145351	22374	
1988	720909	448912	263583	169651	15678	
1989	709572	432089	247026	146033	39030	
1990	971952	674200	370526	227366	76308	
1991	1024825	638164	353506	197166	87492	
1992	1290871	965763	630747	260585	74431	
1993	1446400	988503	523698	368949	59444	36412
1994	2018204	1344305	685447	450919	114088	93851
1995	2479568	1617723	966578	503846	53461	93838
1996	2782014	1892545	1105938	619224	71310	96073
1997	2889199	1894881	1165480	469326	114403	145672
1998	3749762	2559559	1478363	762641	159283	159272
1999	5208689	3492085	2034141	706903	357064	393977
2000	6072715	4039635	2775213	760068	118431	385923
2001	6834613	4299989	3040046	817146	77156	365641

年 份	集体经济单位	#农村	其他经济单位	#基本建设	#更新改造	城乡个人	#农村
1978	14515	13300				12400	12300
1979	15298	13800				16800	16600
1980	17341	14400				22900	22500
1981	18022	14953				31143	30497
1982	21541	15710				33607	32174
1983	10406	5940				47418	45337
1984	32021	26783				90759	87621
1985	37770	29629				139072	133478
1986	37828	27495				120389	111942
1987	70867	56291				153719	143355
1988	77435	62618				194562	181510
1989	57792	45545				219691	204099
1990	68779	53797				228973	215107
1991	84864	72468				301797	288933
1992	63135	46148				261973	240887
1993	118049	89645	32433			307415	269274
1994	112986	77452	82713	22016	24976	478200	432000
1995	167873	112359	138560	47513	51648	555412	513176
1996	172863	127928	74737	11303	24065	641869	592374
1997	214206	160570	72668	8680	22947	707444	673989
1998	231641	177029	304602	108846	82654	653960	499850
1999	374059	303465	583920	303700	73680	758625	570524
2000	379607	284822	792180	399756	140561	861293	629064
2001	400108	281634	1161873	614142	169344	972643	683464

6-3 全社会竣工住宅建筑面积

单位:万平方米

年 份	合 计	国有经济单位	基本建设	更新改造	其他固定资产投资	房地产开发
1978	706.09	135.61	127.33	8.28		
1979	951.05	187.73	176.39	11.34		
1980	1277.11	249.08	228.62	20.46		
1981	1627.18	250.48	218.54	31.94		
1982	1598.73	289.49	227.82	61.67		
1983	2400.03	304.84	221.80	83.04		
1984	1930.28	290.78	229.78	59.35	1.65	
1985	2622.98	339.80	284.22	43.00	12.58	
1986	2336.38	350.84	270.73	74.40	5.71	
1987	2295.25	305.51	223.77	63.26	18.48	
1988	2943.49	263.75	196.45	57.70	9.60	
1989	1630.46	224.30	166.57	49.82	7.91	
1990	2257.86	250.12	155.19	44.83	50.10	
1991	2583.58	267.14	179.09	36.86	51.19	
1992	1943.91	309.04	206.43	45.16	57.45	
1993	2072.95	372.39	259.74	42.26	6.06	64.33
1994	2613.12	434.00	290.99	40.00	3.68	99.33
1995	3111.15	485.16	339.36	35.79	0.03	109.98
1996	2814.39	462.62	320.64	26.25	2.30	113.43
1997	2581.69	529.29	348.04	45.43	0.33	135.49
1998	2645.52	549.82	358.81	44.01		147.00
1999	3133.31	961.31	513.56	35.27	0.53	411.95
2000	4947.36	942.36	532.16	33.89	0.14	376.17
2001	4990.18	813.17	541.03	2.04	0.40	269.70

年 份	集体经济单位	#农 村	其他经济单位	#基本建设	城乡个人	#农 村
1978	32.61	30.33			537.87	535.55
1979	35.90	31.47			727.42	722.78
1980	39.08	32.84			988.95	979.67
1981	39.13	34.10			1337.57	1322.56
1982	32.65	21.77			1276.59	1242.54
1983	17.81	9.31			2077.38	2032.45
1984	70.40	63.07			1569.10	1521.75
1985	84.86	77.06			2198.32	2136.94
1986	110.02	97.91			1875.52	1801.08
1987	110.66	103.67			1879.08	1796.30
1988	65.49	56.85			2614.25	2534.19
1989	48.26	37.48			1357.90	1290.77
1990	94.12	85.82			1913.62	1850.44
1991	60.15	54.00			2256.29	2202.00
1992	5.32				1629.55	1566.80
1993	25.93	10.90	2.97		1671.66	1561.00
1994	29.61	11.35	14.09	0.62	2135.42	2009.83
1995	45.28	10.56	29.86	2.70	2550.85	2470.00
1996	51.86	15.44	29.97	1.65	2269.94	2198.42
1997	39.67	9.29	40.19	3.95	1972.54	1899.26
1998	52.54	20.90	71.73	10.60	1971.43	1641.62
1999	79.30	42.00	120.57	13.69	1972.13	1531.00
2000	88.87	44.85	157.30	17.67	3758.83	3246.86
2001	75.31	18.45	233.44	18.30	3868.26	3311.05

6-4 全社会固定资产投资主要指标及构成

(2001年)

单位:万元

指标	合计	内资	国有	集体	其他	港澳台商投资	外商投资
一、投资总额	8506562	8345667	5239223	464095	2642349	96500	64395
1.按隶属关系分							
中央	2100048	2097501	1676780	1350	419371	2547	
地方	6406514	6248166	3562443	462745	2222978	93953	64395
2.按构成分							
建筑工程	5523647	5432135	3269624	297521	1864990	52328	39184
安装工程	495781	483081	322055	14347	146679	7904	4796
设备工器具购置	1501232	1474650	1037733	96406	340511	16425	10157
其他费用	985902	955801	609811	55821	290169	19843	10258
# 土地购置费	334475	310599	180436	5548	124615	15587	8289
3.按建设性质分							
# 新建	2402523	2337713	1848957	30989	457767	42125	22685
扩建	1886398	1880146	1318043	12454	549649	2432	3820
改建	1365654	1359858	1224970	8066	126822	1524	4272
4.按产业构成分							
第一产业	271436	271256	128392	25461	117403		180
第二产业	2701746	2656450	1493323	152125	1011002	19924	25372
第三产业	5533380	5417961	3617508	286509	1513944	76576	38843
二、本年新增固定资产	6834613	6709625	4299989	400108	2009528	71145	53843
三、房屋建筑面积及竣工价值							
本年施工房屋面积(万平方米)	8748.74	8616.30	2578.42	453.50	5584.38	78.97	53.45
# 住宅	6503.47	6436.33	1577.75	137.36	4721.22	31.51	35.62
本年竣工房屋面积(万平方米)	6001.89	5967.43	1185.22	352.70	4429.52	20.28	14.18
# 住宅	4990.18	4971.20	813.17	75.31	4082.73	8.78	10.19
本年竣工房屋价值	2469924	2419504	1016166	175515	1227823	33169	17251
# 住宅	1649887	1628329	625106	55272	947951	8724	12834

6-5 地方全社会固定资产投资主要指标及构成

(2001年)

单位:万元

指标	合计	内资				港澳台商投资	外商投资
			国有	集体	其他		
一、投资总额	**6406514**	**6248166**	**3562443**	**462745**	**2222978**	**93953**	**64395**
1.按构成分							
建筑工程	4473753	4382991	2476696	296676	1609619	51578	39184
安装工程	308705	296555	204753	14347	77455	7354	4796
设备工器具购置	826563	800981	428507	96406	276068	15425	10157
其他费用	797493	767639	452487	55316	259836	19596	10258
# 土地购置费	290355	266479	137004	5548	123927	15587	8289
2.按建设性质分							
# 新建	1869736	1807473	1338055	30033	439385	39578	22685
扩建	1069708	1063456	846968	12208	204280	2432	3820
改建	748476	742680	642228	8066	92386	1524	4272
3.按产业构成分							
第一产业	271436	271256	128392	25461	117403		180
第二产业	1616302	1573553	822186	152125	599242	17377	25372
第三产业	4518776	4403357	2611865	285159	1506333	76576	38843
二、本年新增固定资产	**4754994**	**4631756**	**2587200**	**399135**	**1645421**	**69395**	**53843**
三、房屋建筑面积及竣工价值							
本年施工房屋面积(万平方米)	8223.67	8091.25	2082.14	451.87	5557.23	78.97	53.45
# 住宅	6234.17	6167.04	1315.55	136.39	4715.10	31.51	35.62
本年竣工房屋面积(万平方米)	5814.32	5779.86	1009.36	351.21	4419.29	20.28	14.18
# 住宅	4880.18	4861.20	707.07	74.34	4079.79	8.79	10.19
本年竣工房屋价值	2278760	2228340	844008	174542	1209790	33169	17251
# 住宅	1561245	1539687	539178	54697	945812	8724	12834

6-6 各市全社会固定资产投资

(2001年)

单位:万元

地　区	总　计	国有经济	#地　方	集体经济	#农　村	其他经济	个体经济	#农　村
全　省	8506562	5239223	3562443	464095	340477	1691391	1111853	765412
关　中	5323669	3049391	2161755	353651	258763	1089149	831478	598006
西安市	3123402	1892747	1337777	150029	98739	690586	390039	285231
铜川市	159552	109959	98584	6638	3405	23464	19491	7578
宝鸡市	745945	340235	256352	109981	91929	160478	135252	100293
咸阳市	680502	371894	249693	36649	23833	117505	154454	103496
渭南市	544435	303356	204300	46908	37452	63923	130247	99413
杨凌示范区	69833	31200	15049	3445	3405	33193	1995	1995
陕　南	986276	627455	486077	58862	37452	139062	160897	97081
汉中市	456981	300330	259075	23794	13619	82222	50635	25237
安康市	305490	185761	140198	16537	13619	36620	66571	48509
商洛市	223806	141364	86804	18531	10214	20220	43691	23335
陕　北	1066735	846851	826417	51582	44262	48824	119478	70325
延安市	568757	501872	489539	29743	27238	12846	24296	7975
榆林市	497977	344979	336878	21839	17024	35978	95182	62350
不分地区	1129882	715526	88194			414356		

6-7 全省固定资产投资财务拨款资金来源

(2001年)

单位:万元

指　　标	合　计	基本建设	更新改造	其他投资	房地产开发	农村非农户
一、本年资金来源合计	8189138	4753965	1482498	327485	1284713	340477
1.上年末结余资金	565584	273977	96668	6724	188215	
2.本年资金来源小计	7623554	4479988	1385830	320761	1096498	340477
(1)国家预算内资金	923284	747131	97511	11179	3020	64443
(2)国内贷款	2156329	1438402	291529	67223	312056	47119
(3)债券	66234	66234				
(4)利用外资	185378	139719	16113	2986	8327	18233
#外商直接投资	24211	11518	1380	2986	8327	
对外借款	58531	43798	14733			
#统借统还	2008	810	1198			
(5)自筹资金	3207474	1558450	940852	192872	330391	184909
中央各部门自筹	129471	82030	46095	1346		
省自筹	141349	127759	5190	8400		
地(市)自筹	210177	151267	42979	15931		
县自筹	183892	149387	13356	21149		
企事业单位自有资金	2335812	1048007	833232	146046	123618	184909
#发行股票	40799	18052	22707	40		
(6)其他资金来源	1084855	530052	39825	46501	442704	25773
#集资	448872	320040	16271	21458	91103	
二、本年各项应付款合计	1012996	494889	123896	32035	362176	
#工程款	746798	388775	66931	24900	266192	
设备、器材款	100343	25732	49080	2661	22870	

6-8 国有经济单位投资资金来源

(2001年)

单位:万元

指　　标	合　计	基本建设	更新改造	其他投资	房地产开发
一、本年资金来源合计	5697578	3860826	1173327	119573	543852
1.上年末结余资金	401636	259890	67603		74143
2.本年资金来源小计	5295942	3600936	1105724	119573	469709
(1)国家预算内资金	813199	714721	90297	7456	725
(2)国内贷款	1467236	1052457	237849	33324	143606
(3)债券	66234	66234			
(4)利用外资	77022	73322	3700		
# 外商直接投资	1391	991	400		
对外借款	6288	2988	3300		
# 统借统还	810	810			
(5)自筹资金	2146058	1204763	753160	74929	113206
中央各部门自筹	128046	81830	46095	121	
省自筹	140679	127249	5030	8400	
地(市)自筹	206160	147603	42979	15578	
县自筹	154268	131756	12469	10043	
企事业单位自有资金	1418522	716325	646587	40787	14823
# 发行股票	970	970			
(6)其他资金来源	726193	489439	20718	3864	212172
# 集资	397085	299597	14615	2974	79899
二、本年各项应付款合计	678251	405871	89626	11528	171226
# 工程款	521636	323601	55856	9312	132867
设备、器材款	50908	16887	30060	350	3611

6-9 各市国有经济单位投资资金来源

(2001年)

单位:万元

地区	一、本年资金来源合计	# 本年资金来源小计	(1)国家预算内资金	(2)国内贷款	(3)债券	(4)利用外资	# 外商直接投资	# 对外借款
全　　省	**5697578**	**5295942**	**813199**	**1467236**	**66234**	**77022**	**1391**	**6288**
关　　中	3347407	3030147	446621	767507	8120	29352	1256	5478
西 安 市	2151321	1913088	275879	481459	7000	21223		3300
铜 川 市	106563	97596	10396	12479	120	963		
宝 鸡 市	322015	308427	53841	71587		3232		
咸 阳 市	368293	345856	29610	67647		3314	636	2178
渭 南 市	349541	327489	53300	134170	1000	620	620	
杨凌示范区	49674	37691	23595	165				
陕　　南	621374	578330	92588	168509	1189	3526	135	50
汉 中 市	306988	282483	57781	106216		3341		
安 康 市	175587	158207	18299	41228	920	185	135	50
商 洛 市	138799	137640	16508	21065	269			
陕　　北	826906	791367	53392	140647	3925	760		760
延 安 市	484187	479742	26974	91688	1000	646		646
榆 林 市	342719	311625	26418	48959	2925	114		114
不分地区	901891	896098	220598	390573	53000	43384		

地区	(5)自筹资金	# 企事业单位自有资金	# 发行股票	(6)其他资金来源	# 集资	二、本年各项应付款合计	# 工程款	# 设备、器材款
全　　省	**2146058**	**1418522**	**970**	**726193**	**397085**	**678251**	**521636**	**50908**
关　　中	1273688	829046	820	504859	285317	442913	323894	33447
西 安 市	839597	526055		287930	142054	298720	223647	24362
铜 川 市	35704	17816	400	37934	6503	16083	13581	404
宝 鸡 市	125750	76155		54017	40161	77673	62829	6254
咸 阳 市	174757	136294		70528	58046	36562	12704	1123
渭 南 市	88079	64884	420	50320	38141	9688	6946	1304
杨凌示范区	9801	7842		4130	412	4187	4187	
陕　　南	219046	78510		93472	41678	105741	79462	13603
汉 中 市	81031	49503		34114	15685	59363	44959	6935
安 康 市	64002	17426		33573	16537	23054	20560	412
商 洛 市	74013	11581		25785	9456	23324	13943	6256
陕　　北	481013	367660	150	111630	55884	93162	81845	3858
延 安 市	302693	266502		56741	21732	46542	43028	3281
榆 林 市	178320	101158	150	54889	34152	46620	38817	577
不分地区	172311	143306		16232	14206	36435	36435	

6-10 全省按国民经济行业及构成分的基本建设投资

(2001年)

单位:万元

行业	投资额	建筑工程	安装工程	设备工器具购置	其他费用
合计	4446384	3144974	275920	512027	513463
(一)农、林、牧、渔业	135085	72877	4366	5355	52487
农业	26027	20330	1208	1099	3390
林业	54507	14219	1660	556	38072
畜牧业	10067	3297	1077	2727	2966
渔业	515	427		67	21
农、林、牧、渔服务业	43969	34604	421	906	8038
(二)采掘业	559401	380416	82392	63996	32597
煤炭采选业	57769	17649	2360	23829	13931
石油和天然气开采业	484984	350295	79870	39726	15093
黑色金属矿采选业	550	350	100	80	20
有色金属矿采选业	15291	11516	62	160	3553
非金属矿采选业	562	361		201	
其他矿采选业	60	60			
木材及竹材采运业	185	185			
(三)制造业	420785	243618	25106	98699	53362
食品加工业	9754	5688	1206	2173	687
食品制造业	17319	12328	570	3650	771
饮料制造业	19327	14587		4260	480
烟草加工业	1379	1379			
纺织业	19968	17902	997	340	729
服装及其他纤维制品制造业	438	418	20		
木材加工及竹、藤、棕、草制品业	61	61			
家具制造业	34	34			
造纸及纸制品业	8093	3125		3385	1583
印刷业	21045	7950	770	11021	1304
石油加工及炼焦业	12145	4579	1863	4630	1073
化学原料及化学制品制造业	24165	15350	2003	4340	2472
医药制造业	32362	14772	2211	6073	9306
橡胶制品业	1038	873	75		90
塑料制品业	1540	1335	60	40	105
非金属矿物制品业	20182	7032	3240	7110	2800
黑色金属冶炼及压延加工业	8424	4324	155	3900	45
有色金属冶炼及压延加工业	31910	12995	4955	11280	2680
金属制品业	7743	5823	1063	383	474
普通机械制造业	17418	13146	193	2077	2002
专用设备制造业	18389	11655	726	2823	3185
交通运输设备制造业	69776	41517	1914	11185	15160
电气机械及器材制造业	25488	14454	265	8182	2587
电子及通信设备制造业	25719	18914	878	2344	3583
仪器仪表及文化、办公用机械制造业	3153	2805			348
其他制造业	23915	10572	1942	9503	1898
(四)电力、煤气及水的生产和供应业	425346	157149	80729	133096	54372
电力、蒸汽、热水的生产和供应业	336561	100946	57892	129561	48162
煤气生产和供应业	36747	17742	16866	1126	1013
自来水的生产和供应业	52038	38461	5971	2409	5197

6-10 续表　　(2001年)　　单位:万元

行　　业	投资额	建筑工程	安装工程	设备工器具购　置	其他费用
（五）建筑业	33186	27504	671	1671	3340
土木工程建筑业	30369	24687	671	1671	3340
线路、管道和设备安装业	2817	2817			
（六）地质勘查业、水利管理业	110329	83726	6469	3627	16507
地质勘查业	5622	5205	100	100	217
水利管理业	104707	78521	6369	3527	16290
（七）交通运输、仓储及邮电通信业	1589096	1265813	38957	133087	151239
铁路运输业	480232	418503	2437	14393	44899
公路运输业	104903	95653	800	272	8178
管道运输业	5664	3016	483	1503	662
航空运输业	54800	54478	196	105	21
交通运输辅助业	652930	567466	190	662	84612
仓储业	15310	11327	1000	2471	512
邮电通信业	275257	115370	33851	113681	12355
（八）批发和零售贸易、餐饮业	167555	123435	11306	20655	12159
食品、饮料、烟草和家庭用品批发业	59986	45737	2787	6331	5131
能源、材料和机械电子设备批发业	16157	12907	737	1023	1490
其他批发业	9454	4941	1991	2467	55
零售业	75610	55343	5206	10534	4527
商业经纪与代理业	68	35			33
餐饮业	6280	4472	585	300	923
（九）金融、保险业	24940	20825	847	592	2676
金融业	23587	19735	647	592	2613
保险业	1353	1090	200		63
（十）房地产业	16768	12686	469	4	3609
房地产开发与经营业	9250	6011	63	4	3172
房地产管理业	7518	6675	406		437
（十一）社会服务业	253639	184565	6653	6746	55675
公共设施服务业	204096	150711	4584	3041	45760
居民服务业	2476	2426		35	15
旅馆业	12460	7948	1635	2238	639
租赁服务业	200	200			
旅游业	7149	4139	148	1162	1700
信息、咨询服务业	10279	9509	170	180	420
计算机应用服务业	13849	7388		46	6415
其他社会服务业	3130	2244	116	44	726
（十二）卫生、体育和社会福利业	49812	34444	2404	9202	3762
卫　生	38377	24099	2188	9123	2967
体　育	6454	6200	161	45	48
社会福利保障业	4981	4145	55	34	747
（十三）教育、文化艺术及广播影视业	280275	209049	5227	21271	44728
教　育	244402	186303	2761	11724	43614
文化艺术业	14136	9985	71	3580	500
广播电影电视业	21737	12761	2395	5967	614
（十四）科学研究和综合技术服务业	45112	30423	880	10122	3687
科学研究业	27400	15160	270	9045	2925
综合技术服务业	17712	15263	610	1077	762
（十五）国家机关、政党机关和社会团体	201518	171092	8269	2579	19578
国家机关	195802	166451	8269	2569	18513
政党机关	4039	3040			999
社会团体	1677	1601		10	66
（十六）其他行业	133537	127352	1175	1325	3685

6-11 地方按国民经济行业及构成分的基本建设投资

(2001年)

单位:万元

行 业	投资额	建筑工程	安装工程	设备工器具购置	其他费用
合 计	3056178	2194534	159632	319056	382956
(一)农、林、牧、渔业	135085	72877	4366	5355	52487
农 业	26027	20330	1208	1099	3390
林 业	54507	14219	1660	556	38072
畜牧业	10067	3297	1077	2727	2966
渔 业	515	427		67	21
农、林、牧、渔服务业	43969	34604	421	906	8038
(二)采掘业	200883	134069	27245	24905	14664
煤炭采选业	11469	9454	248	1352	415
石油和天然气开采业	172766	112143	26835	23112	10676
黑色金属矿采选业	550	350	100	80	20
有色金属矿采选业	15291	11516	62	160	3553
非金属矿采选业	562	361		201	
其他矿采选业	60	60			
木材及竹材采运业	185	185			
(三)制造业	305418	176762	21105	71421	36130
食品加工业	9754	5688	1206	2173	687
食品制造业	17319	12328	570	3650	771
饮料制造业	19327	14587		4260	480
纺织业	15635	13593	997	340	705
服装及其他纤维制品制造业	438	418	20		
木材加工及竹、藤、棕、草制品业	61	61			
家具制造业	34	34			
造纸及纸制品业	8093	3125		3385	1583
印刷业	20960	7865	770	11021	1304
石油加工及炼焦业	12145	4579	1863	4630	1073
化学原料及化学制品制造业	19589	12882	1443	3105	2159
医药制造业	32362	14772	2211	6073	9306
橡胶制品业	1038	873	75		90
塑料制品业	1540	1335	60	40	105
非金属矿物制品业	20182	7032	3240	7110	2800
黑色金属冶炼及压延加工业	8424	4324	155	3900	45
有色金属冶炼及压延加工业	31910	12995	4955	11280	2680
金属制品业	5913	4993	463	383	74
普通机械制造业	14834	11663	145	1068	1958
专用设备制造业	9189	7828	376	50	935
交通运输设备制造业	9310	2960	1263	2221	2866
电气机械及器材制造业	14608	8815	100	3988	1705
电子及通信设备制造业	25719	18914	878	2344	3583
仪器仪表及文化、办公用机械制造业	2933	2585			348
其他制造业	4101	2513	315	400	873
(四)电力、煤气及水的生产和供应业	216418	102428	43104	52416	18470
电力、蒸汽、热水的生产和供应业	127633	46225	20267	48881	12260
煤气生产和供应业	36747	17742	16866	1126	1013
自来水的生产和供应业	52038	38461	5971	2409	5197

6-11 续表　　(2001年)　　单位:万元

行　　业	投资额	建筑工程	安装工程	设备工器具购　置	其他费用
(五)建筑业	**20166**	**17405**	**671**	**1016**	**1074**
土木工程建筑业	19081	16320	671	1016	1074
线路、管道和设备安装业	1085	1085			
(六)地质勘查业、水利管理业	**109996**	**83547**	**6469**	**3627**	**16353**
地质勘查业	5289	5026	100	100	63
水利管理业	104707	78521	6369	3527	16290
(七)交通运输、仓储及邮电通信业	**1040870**	**791578**	**22291**	**113016**	**113985**
铁路运输业	89696	61517	2420	13983	11776
公路运输业	104903	95653	800	272	8178
管道运输业	5664	3016	483	1503	662
交通运输辅助业	652930	567466	190	662	84612
仓储业	8227	4716	1000	2088	423
邮电通信业	179450	59210	17398	94508	8334
(八)批发和零售贸易、餐饮业	**156053**	**120109**	**10725**	**14478**	**10741**
食品、饮料、烟草和家庭用品批发业	48931	42601	2422	195	3713
能源、材料和机械电子设备批发业	15754	12757	525	982	1490
其他批发业	9454	4941	1991	2467	55
零售业	75566	55303	5202	10534	4527
商业经纪与代理业	68	35			33
餐饮业	6280	4472	585	300	923
(九)金融、保险业	**7288**	**5079**	**353**	**161**	**1695**
金融业	7288	5079	353	161	1695
(十)房地产业	**16511**	**12516**	**406**	**4**	**3585**
房地产开发与经营业	8993	5841		4	3148
房地产管理业	7518	6675	406		437
(十一)社会服务业	**252959**	**183965**	**6617**	**6702**	**55675**
公共设施服务业	204096	150711	4584	3041	45760
居民服务业	2476	2426		35	15
旅馆业	12330	7818	1635	2238	639
租赁服务业	200	200			
旅游业	7149	4139	148	1162	1700
信息、咨询服务业	10279	9509	170	180	420
计算机应用服务业	13849	7388		46	6415
其他社会服务业	2580	1774	80		726
(十二)卫生、体育和社会福利业	**49212**	**33844**	**2404**	**9202**	**3762**
卫　生	37777	23499	2188	9123	2967
体　育	6454	6200	161	45	48
社会福利保障业	4981	4145	55	34	747
(十三)教育、文化艺术及广播影视业	**213996**	**164596**	**5227**	**12800**	**31373**
教　育	178123	141850	2761	3253	30259
文化艺术业	14136	9985	71	3580	500
广播电影电视业	21737	12761	2395	5967	614
(十四)科学研究和综合技术服务业	**2759**	**2486**	**170**	**64**	**39**
科学研究业	939	699	170	50	20
综合技术服务业	1820	1787		14	19
(十五)国家机关、政党机关和社会团体	**195501**	**166295**	**7379**	**2579**	**19248**
国家机关	189785	161654	7379	2569	18183
政党机关	4039	3040			999
社会团体	1677	1601		10	66
(十六)其他行业	**133063**	**126978**	**1100**	**1310**	**3675**

6-12 基本建设项目财务拨款资金来源

(2001年) 单位:万元

指标	总计	按经济类型分		按隶属关系分	
		国有经济单位	其他经济单位	中央单位	地方单位
一、本年资金来源合计	4753965	3860826	893139	1699412	3054553
1.上年末结余资金	273977	259890	14087	78408	195569
2.本年资金来源小计	4479988	3600936	879052	1621004	2858984
(1)国家预算内资金	747131	714721	32410	323718	423413
(2)国内贷款	1438402	1052457	385945	758828	679574
(3)债券	66234	66234		53000	13234
(4)利用外资	139719	73322	66397	55123	84596
# 外商直接投资	11518	991	10527	445	11073
对外借款	43798	2988	40810		43798
# 统借统还	810	810			810
(5)自筹资金	1558450	1204763	353687	348799	1209651
中央各部门自筹	82030	81830	200	64879	17151
省自筹	127759	127249	510	33089	94670
地(市)自筹	151267	147603	3664	13070	138197
县自筹	149387	131756	17631	4996	144391
企事业单位自有资金	1048007	716325	331682	232765	815242
# 发行股票	18052	970	17082		18052
(6)其他资金来源	530052	489439	40613	81536	448516
# 集资	320040	299597	20443	69189	250851
二、本年各项应付款合计	494889	405871	89018	85962	408927
# 工程款	388775	323601	65174	70583	318192
设备、器材款	25732	16887	8845	10556	15176

6-13 能源工业及交通运输、邮电通信业基本建设投资

单位:万元

行业	1990年	1995年	1999年	2000年	2001年
投资总额	184245	694838	1523639	2198750	2501992
能源工业投资合计	141701	496418	808594	1030549	928206
煤炭采选业	43906	134184	102816	161022	57769
石油和天然气开采加工业	4026	123731	237382	360317	496066
电力蒸汽热水的生产和供应业	93598	231033	440538	481948	336561
# 火力发电业	47544	160989	139999	147439	121848
水力发电业	27259	31113	55535	59261	29043
炼焦及煤气生产和供应业	171	7470	27858	27262	37810
交通运输、邮电通信业合计	42544	198420	715045	1168201	1573786
# 铁路运输业	16259	62625	192580	538910	480232
公路运输业	9415	97519	234055	99628	104903
航空运输业	10746	4092	15505	26031	54800
邮电通信业	6124	27356	109257	106140	275257

6-14 全省国民经济各行业基本建设施工、投产项目个数及新增固定资产

(2001年)

行业	施工项目(个)	全部建成投产项目(个)	施工项目计划总投资(万元)	本年完成投资额(万元)	本年新增固定资产(万元)
合计	**3150**	**1661**	**18473967**	**4446384**	**3684251**
(一)农、林、牧、渔业	**262**	**164**	**397296**	**135085**	**124511**
农业	40	18	67207	26027	20548
林业	126	78	207544	54507	32508
畜牧业	17	7	21325	10067	7480
渔业	2	2	515	515	515
农、林、牧、渔服务业	77	59	100705	43969	63460
(二)采掘业	**38**	**20**	**1488239**	**559401**	**465687**
煤炭采选业	8	1	926054	57769	45093
石油和天然气开采业	14	6	534188	484984	413833
黑色金属矿采选业	3	2	550	550	550
有色金属矿采选业	6	4	26555	15291	5319
非金属矿采选业	4	4	562	562	562
其他矿采选业	1	1	60	60	60
木材及竹材采运业	2	2	270	185	270
(三)制造业	**307**	**137**	**1319741**	**420785**	**300744**
食品加工业	20	13	16781	9754	8772
食品制造业	18	13	39555	17319	24640
饮料制造业	8	3	48666	19327	25255
烟草加工业	3	2	3762	1379	2434
纺织业	20	11	29695	19968	19750
服装及其他纤维制品制造业	2	2	2120	438	2820
木材加工及竹、藤、棕、草制品业	1		61	61	61
家具制造业	1		150	34	
造纸及纸制品业	4	2	10780	8093	3170
印刷业	13	6	29847	21045	22175
石油加工及炼焦业	4	1	26912	12145	1012
化学原料及化学制品制造业	28	14	111238	24165	16680
医药制造业	25	5	254445	32362	10987
橡胶制品业	2		1318	1038	500
塑料制品业	4	1	12470	1540	3100
非金属矿物制品业	16	6	91880	20182	25434
黑色金属冶炼及压延加工业	4	2	13400	8424	4624
有色金属冶炼及压延加工业	6	2	55770	31910	3844
金属制品业	9	5	18732	7743	5352
普通机械制造业	22	14	34086	17418	18503
专用设备制造业	22	12	34346	18389	13163
交通运输设备制造业	29	7	238334	69776	26160
电气机械及器材制造业	8	3	82529	25488	23340
电子及通信设备制造业	23	12	77754	25719	14187
仪器仪表及文化、办公用机械制造业	5		9620	3153	1515
其他制造业	10	1	75490	23915	23266
(四)电力、煤气及水的生产和供应业	**164**	**56**	**3873904**	**425346**	**293588**
电力、蒸汽、热水的生产和供应业	104	38	3205615	336561	256673
煤气生产和供应业	17	4	303232	36747	7773
自来水的生产和供应业	43	14	365057	52038	29142

6-14 续表

(2001年)

行业	施工项目(个)	全部建成投产项目(个)	施工项目计划总投资(万元)	本年完成投资额(万元)	本年新增固定资产(万元)
(五)建筑业	64	40	84796	33186	35407
土木工程建筑业	58	36	81444	30369	33300
线路、管道和设备安装业	6	4	3352	2817	2107
(六)地质勘查业、水利管理业	184	111	266601	110329	76717
地质勘查业	18	1	23854	5622	6679
水利管理业	166	110	242747	104707	70038
(七)交通运输、仓储及邮电通信业	388	206	6839438	1589096	1547021
铁路运输业	6	1	3050515	480232	903798
公路运输业	94	55	251965	104903	131052
管道运输业	7		7580	5664	
航空运输业	3		142369	54800	
交通运输辅助业	117	64	2858166	652930	402263
仓储业	16	10	35482	15310	13757
邮电通信业	145	76	493361	275257	96151
(八)批发和零售贸易、餐饮业	245	135	368560	167555	173149
食品、饮料、烟草和家庭用品批发业	98	44	159203	59986	38250
能源、材料和机械电子设备批发业	30	18	27945	16157	18895
其他批发业	19	14	17791	9454	11523
零售业	82	47	155035	75610	98218
商业经纪与代理业	1	1	215	68	228
餐饮业	15	11	8371	6280	6035
(九)金融、保险业	68	40	56879	24940	16617
金融业	65	39	55205	23587	16097
保险业	3	1	1674	1353	520
(十)房地产业	24	12	42337	16768	6592
房地产开发与经营业	8	2	29112	9250	793
房地产管理业	16	10	13225	7518	5799
(十一)社会服务业	220	105	972154	253639	133494
公共设施服务业	156	76	699660	204096	106422
居民服务业	6	3	3847	2476	646
旅馆业	25	14	70419	12460	21871
租赁服务业	1		200	200	200
旅游业	15	5	48825	7149	2311
信息、咨询服务业	3		64700	10279	180
计算机应用服务业	3		65567	13849	
其他社会服务业	11	7	18936	3130	1864
(十二)卫生、体育和社会福利业	117	51	265305	49812	16183
卫生	90	39	106678	38377	11953
体育	11	4	144262	6454	488
社会福利保障业	16	8	14365	4981	3742
(十三)教育、文化艺术及广播影视业	445	239	889283	280275	210546
教育	368	206	662861	244402	165632
文化艺术业	34	13	103260	14136	23126
广播电影电视业	43	20	123162	21737	21788
(十四)科学研究和综合技术服务业	39	14	375281	45112	30073
科学研究业	20	4	332120	27400	14827
综合技术服务业	19	10	43161	17712	15246
(十五)国家机关、政党机关和社会团体	567	323	541431	201518	163605
国家机关	539	306	531779	195802	159712
政党机关	14	9	6839	4039	2553
社会团体	14	8	2813	1677	1340
(十六)其他行业	18	8	692722	133537	90317

6-15 地方国民经济各行业基本建设施工、投产项目个数及新增固定资产

(2001年)

行业	施工项目(个)	全部建成投产项目(个)	施工项目计划总投资(万元)	本年完成投资额(万元)	本年新增固定资产(万元)
合计	**2825**	**1520**	**11221419**	**3056178**	**2051813**
(一)农、林、牧、渔业	**262**	**164**	**397296**	**135085**	**124511**
农业	40	18	67207	26027	20548
林业	126	78	207544	54507	32508
畜牧业	17	7	21325	10067	7480
渔业	2	2	515	515	515
农、林、牧、渔服务业	77	59	100705	43969	63460
(二)采掘业	**34**	**20**	**528886**	**200883**	**173623**
煤炭采选业	7	1	289495	11469	1464
石油和天然气开采业	11	6	211394	172766	165398
黑色金属矿采选业	3	2	550	550	550
有色金属矿采选业	6	4	26555	15291	5319
非金属矿采选业	4	4	562	562	562
其他矿采选业	1	1	60	60	60
木材及竹材采运业	2	2	270	185	270
(三)制造业	**254**	**122**	**961333**	**305418**	**226838**
食品加工业	20	13	16781	9754	8772
食品制造业	18	13	39555	17319	24640
饮料制造业	8	3	48666	19327	25255
纺织业	17	9	23620	15635	14525
服装及其他纤维制品制造业	2	2	2120	438	2820
木材加工及竹、藤、棕、草制品业	1		61	61	61
家具制造业	1		150	34	
造纸及纸制品业	4	2	10780	8093	3170
印刷业	12	6	28879	20960	22175
石油加工及炼焦业	4	1	26912	12145	1012
化学原料及化学制品制造业	25	13	99663	19589	14930
医药制造业	25	5	254445	32362	10987
橡胶制品业	2		1318	1038	500
塑料制品业	4	1	12470	1540	3100
非金属矿物制品业	16	6	91880	20182	25434
黑色金属冶炼及压延加工业	4	2	13400	8424	4624
有色金属冶炼及压延加工业	6	2	55770	31910	3844
金属制品业	7	3	16852	5913	3272
普通机械制造业	18	12	28249	14834	15767
专用设备制造业	18	9	24748	9189	4338
交通运输设备制造业	5	4	32343	9310	13998
电气机械及器材制造业	6	3	21094	14608	8644
电子及通信设备制造业	23	12	77754	25719	14187
仪器仪表及文化、办公用机械制造业	4		6290	2933	700
其他制造业	4	1	27533	4101	83
(四)电力、煤气及水的生产和供应业	**133**	**46**	**1418138**	**216418**	**94841**
电力、蒸汽、热水的生产和供应业	73	28	749849	127633	57926
煤气生产和供应业	17	4	303232	36747	7773
自来水的生产和供应业	43	14	365057	52038	29142

6-15 续表 (2001年)

行 业	施工项目 (个)	全部建成投产项目 (个)	施工项目计划总投资 (万元)	本年完成投资额 (万元)	本年新增固定资产 (万元)
（五）建筑业	47	35	32667	20166	29412
土木工程建筑业	44	33	31182	19081	29027
线路、管道和设备安装业	3	2	1485	1085	385
（六）地质勘查业、水利管理业	181	111	260164	109996	76528
地质勘查业	15	1	17417	5289	6490
水利管理业	166	110	242747	104707	70038
（七）交通运输、仓储及邮电通信业	295	157	4076048	1040870	578552
铁路运输业	1		647430	89696	
公路运输业	94	55	251965	104903	131052
管道运输业	7		7580	5664	
交通运输辅助业	117	64	2858166	652930	402263
仓储业	10	9	12704	8227	12384
邮电通信业	66	29	298203	179450	32853
（八）批发和零售贸易、餐饮业	234	127	353456	156053	160345
食品、饮料、烟草和家庭用品批发业	90	38	144546	48931	25849
能源、材料和机械电子设备批发业	28	16	27574	15754	18492
其他批发业	19	14	17791	9454	11523
零售业	81	47	154959	75566	98218
商业经纪与代理业	1	1	215	68	228
餐饮业	15	11	8371	6280	6035
（九）金融、保险业	13	4	23217	7288	2021
金融业	13	4	23217	7288	2021
（十）房地产业	23	12	42037	16511	6592
房地产开发与经营业	7	2	28812	8993	793
房地产管理业	16	10	13225	7518	5799
（十一）社会服务业	217	103	971284	252959	132684
公共设施服务业	156	76	699660	204096	106422
居民服务业	6	3	3847	2476	646
旅馆业	23	13	70149	12330	21611
租赁服务业	1		200	200	200
旅游业	15	5	48825	7149	2311
信息、咨询服务业	3		64700	10279	180
计算机应用服务业	3		65567	13849	
其他社会服务业	10	6	18336	2580	1314
（十二）卫生、体育和社会福利业	116	51	261105	49212	16183
卫 生	89	39	102478	37777	11953
体 育	11	4	144262	6454	488
社会福利保障业	16	8	14365	4981	3742
（十三）教育、文化艺术及广播影视业	436	237	668957	213996	172955
教 育	359	204	442535	178123	128041
文化艺术业	34	13	103260	14136	23126
广播电影电视业	43	20	123162	21737	21788
（十四）科学研究和综合技术服务业	14	9	9903	2759	6198
科学研究业	4	2	1838	939	688
综合技术服务业	10	7	8065	1820	5510
（十五）国家机关、政党机关和社会团体	549	314	524866	195501	160213
国家机关	521	297	515214	189785	156320
政党机关	14	9	6839	4039	2553
社会团体	14	8	2813	1677	1340
（十六）其他行业	17	8	692062	133063	90317

6-16 基本建设大中型项目一览表

(2001年) 单位:万元

建设项目名称	开工时间	全投时间	计划总投资	累计完成投资	累计新增固定资产	本年计划投资	本年完成投资
西安-户县高速公路	2000.12		81557	50200		40000	40200
西安-阎良高速公路	1998.04	2001.09	86406	80447	80447	41054	34292
西安交通大学扩建	1996.01		63360	26709	4133	15914	17953
西安秦川公司奥拓微型轿车	1993.06		19958	36517	545	2394	3071
西安绕城高速公路南段	2000.09		290741	160062		145719	138781
西安绕城高速公路北段	1998.10	2001.12	182450	170720	170720	24121	27131
西安高架快速干道一期工程			65575	3810		12505	3810
西安黑河水利枢纽工程	1987.12		225700	251353	4173	38000	25852
西安电力机械制造公司	1990.11		56435	45213	19924	11177	10130
西安自来水公司南郊水厂	1998.05	2001.12	24264	24365	24365	8732	6551
西安西郊集中供热工程	1998.10		71264	44977	49	33660	21246
西安市天然气城市气化二期工程	2001.01		77600	7358		4100	3500
西安市天然气城市气化一期工程	1994.12		82818	85960	12000	4000	2000
民航西北管理局咸阳机场扩建工程	1999.12		134169	91399	4200	58900	53443
陕西省广播电视传输覆盖网	1996.10		43255	35009	20725	21936	3686
铜川矿务局玉华矿井	1991.03		150000	123713	67106	400	160
铜川市铝厂自备电厂	1998.04		36657	28663		20000	20737
陕西秦岭水泥股份公司粉尘治理工程	2000.06	2001.12	22000	19320	19320	8000	6320
宝鸡峡渠首加坝加闸工程	1997.12		40470	30800		18400	11526
宝鸡第二发电有限公司热力系统	1996.10		624717	523394	514966	58877	16974
华山化工集团公司合成氨工程	1995.12		59824	59824	7307		907
蒲城电厂二期工程	1998.12		257775	141630	108	81000	59916
韩城矿区	1970.02		102321	131103	72549	17196	1988
韩城第二发电厂			759000	27734	1573	32668	4284
延安至安塞公路	2000.11		116850	52247		42217	42217
勉县至宁强高速公路	2000.03		240466	72280		63400	72280
榆林至靖边公路	2000.07		176372	54000		60000	54000
榆林至陕蒙交界公路	2000.09		41620	18963		22000	17283
神木县招商局浮法玻璃生产线	2001.06		18570	4736			4736
西安至南京铁路西安至合肥段(陕西段)	2000.07		1060000	468125		242464	267747
神东煤炭公司大柳塔矿区建设	1990.04		636559	703682	512046	68389	46300
宝鸡至兰州铁路增建第二线(陕西段)	1999.12		326600	120187		80000	80187
郑铁局西安工程指挥部襄渝线扩能工程	1999.12		37708	31680		17160	17160
西安至咸阳机场高速公路	2001.05		130000	20939		20000	20939
西安禹门口--阎良高速公路	2001.08		591950	23986		55000	22986
西安至安康公路秦岭终南山隧道	2001.05		245404	7072		8000	7072
西安-安康电气化铁路	1996.12		978335	938556	903356	25000	25000
铜川-黄陵高速公路	1997.12	2001.04	193420	207038	207038	11829	25447
包西铁路神木北至延安北段	1998.05		647430	592489		144637	89696
长庆油田公司陕西地区基本建设	2001.02		293401	293294	238233	293401	293294
陕西电力公司阳安铁路扩能工程	2000.02	2001.10	15598	15598	15598	4598	4438
陕西电力公司330千伏榆神输变电工程	2000.01		27474	27474	27474	2374	4255
陕西电力公司330千伏泾河送变电工程	2000.12		309500	22386		26294	18779
宝鸡第二发电厂送出工程	1997.10		70838	57593	55123	6000	1670

6-16 续表 (2001年)

建设项目名称	本年新增固定资产(万元)	建设规模和新增生产能力(或效益)				
		名称	单位	建设规模	累计新增生产能力	#本年新增
西安-户县高速公路		新建高速公路	公里	33		
西安-阎良高速公路	80447	新建高速公路	公里	39.24	39.24	39.24
西安交通大学扩建	4133	高等院校:学生席位	个	10800		
		建筑面积	平方米	276017	1747	1747
西安秦川公司奥拓微型轿车		轿车制造	辆/年	50000		
西安绕城高速公路南段		新建高速公路	公里	45		
西安绕城高速公路北段	27131	新建高速公路	公里	33	33	33
西安高架快速干道工程一期						
西安黑河水利枢纽工程	26	城市自来水供水能力	万吨/日	110	110	60
		城市自来水管道长度	公里	121	48	
西安电力机械制造公司	14696					
西安自来水公司南郊水厂	24295	城市自来水供水能力	万吨/日	50	50	50
西安西郊集中供热工程		火力发电	万千瓦	10		
		城市供热能力:蒸汽	吨/小时	660		
西安市天然气城市气化二期工程		天然气管输	公里	544	70	70
			亿立方米/年	3.17	0.41	0.41
西安市天然气城市气化一期工程	496	天然气管输	公里	393	390	30
		城市天然气储气能力	万立方米/日	4	4	4
民航西北管理局咸阳机场扩建工程		候机楼	座	1		
			平方米	51840		
陕西省广播电视传输覆盖网	1985					
铜川矿务局玉华矿井		原煤开采	万吨/年	1087	937	
铜川市铝厂自备电厂		火力发电	万千瓦	5		
陕西秦岭水泥股份公司粉尘治理工程	19320	水　泥	万吨/年	70	70	70
宝鸡峡渠首加坝加闸工程		水库容量(总库容)	亿立方米	0.8		
		有效灌溉面积	万亩	100		
宝鸡第二发电有限公司热力系统	76974	火力发电	万千瓦	120	120	30
华山化工集团公司合成氨工程		合成氨	吨/年	80000		
蒲城电厂二期工程		火力发电	万千瓦	66		
韩城矿区	200	原煤开采	万吨/年	120		
韩城第二发电厂	335					
延安至安塞公路		新建高速公路	公里	31.2		
勉县至宁强高速公路		新建高速公路	公里	54		
榆林至靖边公路		新建高速公路	公里	115.9		
榆林至陕蒙交界公路		新建高速公路	公里	76.7		
神木县招商局浮法玻璃生产线		平板玻璃	万重量箱/年	186		
西安至南京铁路西安至合肥段(陕西段)		电气化铁路主线正线交付运营里程	公里	255		
神东煤炭公司大柳塔矿区建设	43629	原煤开采	万吨/年	2300	2000	800
宝鸡至兰州铁路增建第二线(陕西段)		增建铁路第二线交付运营里程	公里	110		
郑铁局西安工程指挥部襄渝线扩能工程						
西安至咸阳机场高速公路		新建高速公路	公里	18		
西安禹门口--阎良高速公路		新建高速公路	公里	177		
西安至安康公路秦岭终南山隧道		新建高速公路	公里	18		
西安-安康电气化铁路	903356	新建铁路主线正线交付运营里程	公里	267.5	267.5	267.5
铜川-黄陵高速公路	207038	新建高速公路	公里	76	76	76
包西铁路神木北至延安北段		新建铁路主线正线交付运营里程	公里	386		
长庆油田公司陕西地区基本建设	238233	天然原油开采	万吨/年	109		
		天然气开采	亿立方米/年	2		
陕西电力公司阳安铁路扩能工程	15598	输电线路长度(11万伏及以上)	公里	140.5	140.5	140.5
		变电设备能力(11万伏及以上)	万千伏安	9.15	9.15	9.15
陕西电力公司330千伏榆神输变电工程	18343	输电线路长度(11万伏及以上)	公里	101	101	
		变电设备能力(11万伏及以上)	万千伏安	30	30	
陕西电力公司330千伏泾河送变电工程		输电线路长度(11万伏及以上)	公里	1042		
		变电设备能力(11万伏及以上)	万千伏安	222		
宝鸡第二发电厂送出工程		输电线路长度(11万伏及以上)	公里	269	269	
		变电设备能力(11万伏及以上)	万千伏安	78	54	

6-17 基本建设新增生产能力或效益

(2001年)

名　称	单　位	能力或效益	名　称	单　位	能力或效益
原煤开采	万吨/年	800	新(扩)建客、货运站	个	4
焦　炭	万吨/年	7.50		平方米	29438
天然原油	万吨/年	60.23	长途电缆线路长度	公里	275
天然气管输	公里	154	耕地面积	万亩	9.79
	亿立方米/年	4.54	造林面积	万亩	197.02
冷加工钢材	万吨/年	3	有效灌溉面积	万亩	34.06
水力发电	万千瓦	4.05	粮食仓库	万公斤	11225
火力发电	万千瓦	30		平方米	23280
输电线路长度(11万伏及以上)	公里	317	高等院校：学生席位	个	15349
变电设备能力(11万伏及以上)	万千伏安	100.30	建筑面积	平方米	365252
水　泥	万吨/年	70	中等学校：学生席位	个	81163
电　石	吨/年	63000	建筑面积	平方米	694423
注射液	万支/年	100	小学校：学生席位	个	75378
中成药	吨/年	500	建筑面积	平方米	197022
电力电缆	公里	292.48	其他院校：学生席位	个	1200
光纤通讯电缆	芯公里	522.78	建筑面积	平方米	28221
医疗器械制造	台/年	4000	公共图书馆：藏书量	万册（件）	9
食用植物油	日处理原料:吨	150	阅览室座席	个	468
	日精炼油:吨	40	建筑面积	平方米	3190
饼　干	吨/年	40	影剧院：座席	个	1000
啤　酒	万吨/年	3.50		平方米	4000
软饮料	吨/年	10000	文化馆	平方米	550
移动电话机（手持机）	部/年	3007	医院病床	张	656
移动通信基站设备	个/年	96	宾馆、旅馆、招待所客房数	间	846
电话单机	万部/年	1.08		平方米	27736
新建铁路主线正线交付运营里程	公里	267.50	城市自来水供水能力	万吨/日	116
新建公路	公里	576.06	城市自来水管道长度	公里	45
#高速公路	公里	115.24	城市天然气储气能力	万立方米/日	21
二级公路	公里	56	城市供热能力:蒸　汽	吨/小时	105.13
改建公路	公里	1584	热　水	兆瓦/小时	20
#高速公路	公里	18	城市道路扩建长度	公里	40.74
二级公路	公里	200	城市道路扩建面积	万平方米	75.68
新建独立公路桥梁	延长米	1750	城市排水管道铺设长度	公里	22.59
	座	18	城市永久性桥梁	座	2
			城市防洪堤长度	公里	40.38

6-18 各市按隶属关系和建设性质分的基本建设投资

(2001年)

单位:万元

地区	总计	#地方	#省属	#新建	#扩建	#改建
全省	4446384	3056178	1046455	2241412	1231280	538675
关中	2249170	1790862	660857	1057159	575883	252126
西安市	1297145	1035266	534410	654711	324709	93944
铜川市	69282	67767	12056	45602	7257	14835
宝鸡市	302128	229322	47452	106043	72513	54634
咸阳市	273534	252110	28238	117242	67514	45070
渭南市	257813	174348	22206	88025	102671	43241
杨凌示范区	49268	32049	16495	45536	1219	402
陕南	511923	412244	174257	273565	127728	68339
汉中市	246008	217893	142125	149770	51228	22209
安康市	134363	113097	24853	70385	28595	31113
商洛市	131552	81254	7279	53410	47905	15017
陕北	694944	675182	123147	338456	234375	93389
延安市	340118	330224	23284	35545	210679	79671
榆林市	354826	344958	99863	302911	23696	13718
不分地区	990347	177890	88194	572232	293294	124821

6-19 各市按构成分的基本建设投资

(2001年)

单位:万元

地区	建筑工程	安装工程	设备工具器具购置	其他费用	#土地购置费
全省	3144974	275920	512027	513463	142908
关中	1557945	118115	258624	314486	100332
西安市	951215	30404	127992	187534	80278
铜川市	36927	12074	14600	5681	855
宝鸡市	193840	37287	34831	36170	3695
咸阳市	189354	12353	17391	54436	11506
渭南市	157685	23257	49676	27195	3378
杨凌示范区	28924	2740	14134	3470	620
陕南	327818	35822	92811	55472	9285
汉中市	148755	18058	56781	22414	1926
安康市	95494	4010	14598	20261	4139
商洛市	83569	13754	21432	12797	3220
陕北	495294	52861	93484	53305	4578
延安市	252556	29384	29022	29156	1404
榆林市	242738	23477	64462	24149	3174
不分地区	763917	69122	67108	90200	28713

6-20 各市按国民经济行业分的基本建设投资

(2001年)

单位:万元

地区	总计	农、林、牧、渔业	采掘业	制造业	电力煤气及水的生产和供应业	建筑业	地质勘查业、水利管理业	交通运输仓储及邮电通信业
全省	**4446384**	**135085**	**559401**	**420785**	**425346**	**33186**	**110329**	**1589096**
关中	2249170	82876	19788	365547	261938	25788	79333	475141
西安市	1297145	7217	8465	214471	99390	10796	24960	332774
铜川市	69282	4618	724	29848	6717	720	1190	3400
宝鸡市	302128	16077	1421	60711	41597	9710	25457	59045
咸阳市	273534	24825	1540	37435	11044	2865	15584	42684
渭南市	257813	27864	7638	18199	88642	997	11813	35055
杨凌示范区	49268	2275		4883	14548	700	329	2183
陕南	511923	24784	3303	31795	93515	2253	21576	228375
汉中市	246008	12022	941	23421	33093	84	8033	127900
安康市	134363	8454	690	1130	34163		12482	57375
商洛市	131552	4308	1672	7244	26259	2169	1061	43100
陕北	694944	27425	179092	23443	32193	5145	9420	290151
延安市	340118	15998	160844	1835	22550	823	4969	75680
榆林市	354826	11427	18248	21608	9643	4322	4451	214471
不分地区	990347		357218		37700			595429

地区	批发和零售贸易餐饮业	金融保险业	房地产业	社会服务业	卫生体育和社会福利业	教育文化艺术及广播电影电视业	科学研究和综合技术服务业	国家机关政党机关和社会团体	其他行业
全省	**167555**	**24940**	**16768**	**253639**	**49812**	**280275**	**45112**	**201518**	**133537**
关中	141822	17786	15829	201326	38602	226537	43750	123581	129526
西安市	74408	9241	1903	95685	26315	155700	42550	74741	118529
铜川市	2617	455		12008	1020	2017	150	3798	
宝鸡市	19279	4632	5226	14601	4643	17859	24	20468	1378
咸阳市	36658	880	8700	57366	1857	15940	730	6953	8473
渭南市	5333	2578		17626	3774	20457	296	17541	
杨凌示范区	3527			4040	993	14564		80	1146
陕南	14617	2917	625	19269	7321	26628	158	30776	4011
汉中市	1488	619		11811	3655	12234	20	7041	3646
安康市	1247	556		5456	2532	5682		4596	
商洛市	11882	1742	625	2002	1134	8712	138	19139	365
陕北	11116	4237	314	33044	3889	27110	1204	47161	
延安市	4299	1518	314	16131	1553	12603	174	20827	
榆林市	6817	2719		16913	2336	14507	1030	26334	
不分地区									

6-21 各市基本建设施工、投产项目个数及新增固定资产

(2001年)

地区	施工项目(个)	全部建成投产项目(个)	施工项目计划总投资(万元)	本年完成投资额(万元)	本年新增固定资产(万元)	固定资产交付使用率(%)
全省	**3150**	**1661**	**18473967**	**4446384**	**3684251**	**82.86**
关中	1797	895	9511072	2249170	1494954	66.47
西安市	540	200	5071022	1297145	780199	60.15
铜川市	105	37	365859	69282	40045	57.80
宝鸡市	437	263	1336312	302128	289046	95.67
咸阳市	398	229	936861	273534	222587	81.37
渭南市	281	154	1646217	257813	148635	57.65
杨凌示范区	36	12	154801	49268	14442	29.31
陕南	742	400	1477377	511923	300030	58.61
汉中市	214	82	794311	246008	73664	29.94
安康市	244	129	390720	134363	102261	76.11
商洛市	284	189	292346	131552	124105	94.34
陕北	587	361	1655722	694944	406647	58.52
延安市	254	168	586906	340118	272157	80.02
榆林市	333	193	1068816	354826	134490	37.90
不分地区	24	5	5829796	990347	1482620	149.71

6-22 各市基本建设房屋建筑面积及造价

(2001年)

地区	本年施工房屋面积(万平方米)	#住宅	本年竣工房屋面积(万平方米)	#住宅	本年竣工房屋价值(万元)	竣工房屋造价(元/平方米)
全省	**2225.19**	**1103.10**	**963.78**	**562.37**	**826512**	**857.57**
关中	1672.74	830.87	654.73	407.18	598893	914.72
西安市	1036.70	525.85	342.66	223.96	341959	997.95
铜川市	36.60	10.71	14.50	7.80	10391	716.62
宝鸡市	215.20	125.22	126.71	83.37	102542	809.27
咸阳市	213.69	103.59	91.37	50.58	81375	890.61
渭南市	140.00	61.38	73.38	37.36	56854	774.79
杨凌示范区	30.55	4.12	6.09	4.12	5772	947.78
陕南	241.63	118.39	142.12	64.95	90487	636.69
汉中市	122.90	61.69	60.04	33.75	34084	567.69
安康市	33.90	8.28	17.81	6.78	14014	786.86
商洛市	84.83	48.42	64.27	24.42	42389	659.55
陕北	236.09	136.61	126.20	76.72	104532	828.30
延安市	97.56	54.67	62.91	43.20	57973	921.52
榆林市	138.52	81.95	63.29	33.52	46559	735.65
不分地区	74.73	17.23	40.73	13.52	32600	800.39

6-23 各市基本建设项目资金来源

(2001年)

单位：万元

地区	一、本年资金来源合计	#本年资金来源小计	(1)国家预算内资金	(2)国内贷款	(3)债券	(4)利用外资	#外商直接投资	#对外借款
全省	4753965	4479988	747131	1438402	66234	139719	11518	43798
关中	2403047	2202822	370921	551444	8120	45973	4953	3608
西安市	1368445	1234919	206097	287681	7000	34905	2188	
铜川市	70465	61625	9836	4038	120	2493	100	1430
宝鸡市	321281	305872	47364	81102		3232		
咸阳市	272509	265883	29356	43474		3964	1286	2178
渭南市	300437	278866	53531	123695	1000	1379	1379	
杨凌示范区	69910	55657	24737	11454				
陕南	491286	457778	79736	124508	1189	7644	3987	50
汉中市	237624	219260	45613	74022		6957	3616	
安康市	126204	111883	16206	34453	920	185	135	50
商洛市	127458	126635	17917	16033	269	502	236	
陕北	691536	657085	54876	123115	3925	3338	2578	760
延安市	336660	333403	24722	70712	1000	646		646
榆林市	354876	323682	30154	52403	2925	2692	2578	114
不分地区	1168096	1162303	241598	639335	53000	82764		39380

地区	(5)自筹资金	#企事业单位自有资金	#发行股票	(6)其他资金来源	#集资	二、本年各项应付款合计	#工程款	#设备、器材款
全省	1558450	1048007	18052	530052	320040	494889	388775	25732
关中	878203	612362	17902	348161	220773	266970	195836	15489
西安市	545446	378269	1964	153790	79039	142527	113553	8203
铜川市	17834	11170	5720	27304	6318	10645	9611	1034
宝鸡市	118477	76589	5210	55697	44621	57517	47257	2904
咸阳市	119328	88155	1250	69761	62714	38153	10726	1544
渭南市	59381	40537	420	39880	27669	10215	6776	1804
杨凌示范区	17737	17642	3338	1729	412	7913	7913	
陕南	171664	65468		73037	32927	86436	68175	8070
汉中市	66408	47891		26260	16373	44008	36942	2007
安康市	41514	10510		18605	6111	20470	18385	78
商洛市	63742	7067		28172	10443	21958	12848	5985
陕北	379209	269808	150	92622	52134	58895	50656	1922
延安市	197310	165068		39013	19512	13668	12319	1148
榆林市	181899	104740	150	53609	32622	45227	38337	774
不分地区	129374	100369		16232	14206	82588	74108	251

6-24 全省按国民经济行业及构成分的更新改造投资

(2001年)

单位:万元

行业	投资额	建筑工程	安装工程	设备工器具购置	其他费用
合计	1389795	343757	144137	779747	122154
(一)农、林、牧、渔业	1191	261	100	150	680
林业	640				640
畜牧业	360	70	100	150	40
农、林、牧、渔服务业	191	191			
(二)采掘业	173073	62729	26511	61517	22316
煤炭采选业	28526	9387	1592	16304	1243
石油和天然气开采业	122371	40039	23582	37687	21063
黑色金属矿采选业	3870	2166	165	1539	
有色金属矿采选业	17945	10776	1172	5987	10
非金属矿采选业	361	361			
(三)制造业	413207	92830	25402	256229	38746
食品加工业	3898	1118	315	2165	300
食品制造业	9380	3487	352	5344	197
饮料制造业	9120	1468	572	6594	486
烟草加工业	4207	370		3837	
纺织业	10205	315	512	8102	1276
皮革、毛皮、羽绒及其制品业	408	180		228	
造纸及纸制品业	5554	1046	627	3739	142
印刷业	2984	449		2411	124
石油加工及炼焦业	10192	1881	2295	5107	909
化学原料及化学制品制造业	14425	2120	2522	7286	2497
医药制造业	35740	17772	1874	10974	5120
橡胶制品业	560			385	175
塑料制品业	7251	700	1075	4432	1044
非金属矿物制品业	31299	8739	3165	16952	2443
黑色金属冶炼及压延加工业	16696	4230	2506	9206	754
有色金属冶炼及压延加工业	48281	17506	4553	22912	3310
金属制品业	5573	807	137	3645	984
普通机械制造业	19533	2004	580	10952	5997
专用设备制造业	12937	3453	386	7716	1382
交通运输设备制造业	55935	8800	1180	42704	3251
电气机械及器材制造业	7496	808	1115	4488	1085
电子及通信设备制造业	96055	14944	1462	73353	6296
仪器仪表及文化、办公用机械制造业	100			100	
其他制造业	5378	633	174	3597	974

6-24 续表 (2001年) 单位:万元

行业	投资额	建筑工程	安装工程	设备工器具购置	其他费用
（四）电力、煤气及水的生产和供应业	**220963**	**43551**	**62383**	**97460**	**17569**
电力、蒸汽、热水的生产和供应业	213436	36914	61893	97060	17569
煤气生产和供应业	350		350		
自来水的生产和供应业	7177	6637	140	400	
（五）建筑业	**34410**			**34410**	
土木工程建筑业	18677			18677	
线路、管道和设备安装业	15733			15733	
（六）地质勘查业、水利管理业	**3314**	**2862**		**337**	**115**
地质勘查业	311			311	
水利管理业	3003	2862		26	115
（七）交通运输、仓储及邮电通信业	**422167**	**58177**	**28510**	**297617**	**37863**
铁路运输业	44729	18181	1231	25157	160
公路运输业	9141	7167		1434	540
交通运输辅助业	15162	12166		340	2656
邮电通信业	353135	20663	27279	270686	34507
（八）批发和零售贸易、餐饮业	**1415**	**755**	**180**	**450**	**30**
食品、饮料、烟草和家庭用品批发业	400	100		300	
零售业	1015	655	180	150	30
（十一）社会服务业	**87775**	**70747**	**917**	**12226**	**3885**
公共设施服务业	87325	70667	687	12086	3885
旅馆业	450	80	230	140	
（十二）卫生、体育和社会福利业	**50**	**5**	**5**	**40**	
卫 生	50	5	5	40	
（十三）教育、文化艺术及广播影视业	**68**		**68**		
广播电影电视业	68		68		
（十四）科学研究和综合技术服务业	**25790**	**5988**	**51**	**18851**	**900**
科学研究业	25579	5886	20	18773	900
综合技术服务业	211	102	31	78	
（十五）国家机关、政党机关和社会团体	**6372**	**5852**	**10**	**460**	**50**
国家机关	6372	5852	10	460	50

6-25 地方按国民经济行业及构成分的更新改造投资

(2001年)

单位:万元

行业	投资额	建筑工程	安装工程	设备工器具购置	其他费用
合计	686398	248245	73516	298503	66134
(一)农、林、牧、渔业	1191	261	100	150	680
林业	640				640
畜牧业	360	70	100	150	40
农、林、牧、渔服务业	191	191			
(二)采掘业	109402	43712	18901	37112	9677
煤炭采选业	28526	9387	1592	16304	1243
石油和天然气开采业	72469	29388	16994	17663	8424
黑色金属矿采选业	3870	2166	165	1539	
有色金属矿采选业	4176	2410	150	1606	10
非金属矿采选业	361	361			
(三)制造业	278019	73884	23962	147373	32800
食品加工业	3898	1118	315	2165	300
食品制造业	9380	3487	352	5344	197
饮料制造业	9120	1468	572	6594	486
纺织业	8511	299	324	6612	1276
皮革、毛皮、羽绒及其制品业	408	180		228	
造纸及纸制品业	5554	1046	627	3739	142
石油加工及炼焦业	10192	1881	2295	5107	909
化学原料及化学制品制造业	14425	2120	2522	7286	2497
医药制造业	35740	17772	1874	10974	5120
橡胶制品业	560			385	175
塑料制品业	7251	700	1075	4432	1044
非金属矿物制品业	31299	8739	3165	16952	2443
黑色金属冶炼及压延加工业	14949	4041	2416	7943	549
有色金属冶炼及压延加工业	48049	17506	4331	22912	3300
金属制品业	5206	807	137	3353	909
普通机械制造业	17259	1739	342	9668	5510
专用设备制造业	8527	2688	352	5366	121
交通运输设备制造业	3797	855	586	2165	191
电气机械及器材制造业	7496	808	1115	4488	1085
电子及通信设备制造业	35141	6430	1462	20953	6296
仪器仪表及文化、办公用机械制造业	100			100	
其他制造业	1157	200	100	607	250

6-25续表　　(2001年)　　单位:万元

行　　业	投资额	建筑工程	安装工程	设备工器具购置	其他费用
(四)电力、煤气及水的生产和供应业	**62693**	**13948**	**20804**	**25613**	**2328**
电力、蒸汽、热水的生产和供应业	55166	7311	20314	25213	2328
煤气生产和供应业	350		350		
自来水的生产和供应业	7177	6637	140	400	
(五)建筑业	**1928**			**1928**	
土木工程建筑业	1928			1928	
(六)地质勘查业、水利管理业	**3314**	**2862**		**337**	**115**
地质勘查业	311			311	
水利管理业	3003	2862		26	115
(七)交通运输、仓储及邮电通信业	**134171**	**36219**	**8569**	**72814**	**16569**
铁路运输业	403	374		29	
公路运输业	9141	7167		1434	540
交通运输辅助业	15162	12166		340	2656
邮电通信业	109465	16512	8569	71011	13373
(八)批发和零售贸易、餐饮业	**1415**	**755**	**180**	**450**	**30**
食品、饮料、烟草和家庭用品批发业	400	100		300	
零售业	1015	655	180	150	30
(十一)社会服务业	**87775**	**70747**	**917**	**12226**	**3885**
公共设施服务业	87325	70667	687	12086	3885
旅馆业	450	80	230	140	
(十二)卫生、体育和社会福利业	**50**	**5**	**5**	**40**	
卫　生	50	5	5	40	
(十三)教育、文化艺术及广播影视业	**68**		**68**		
广播电影电视业	68		68		
(十五)国家机关、政党机关和社会团体	6372	5852	10	460	50
国家机关	6372	5852	10	460	50

6-26 更新改造项目财务拨款资金来源

(2001年)

单位:万元

指标	总计	按经济类型分		按隶属关系分	
		国有经济单位	其他经济单位	中央单位	地方单位
一、本年资金来源合计	1482498	1173327	309171	776833	705665
1.上年末结余资金	96668	67603	29065	44772	51896
2.本年资金来源小计	1385830	1105724	280106	732061	653769
(1)国家预算内资金	97511	90297	7214	71299	26212
(2)国内贷款	291529	237849	53680	157752	133777
(3)债券					
(4)利用外资	16113	3700	12413	10235	5878
# 外商直接投资	1380	400	980		1380
对外借款	14733	3300	11433	10235	4498
# 统借统还	1198		1198		1198
(5)自筹资金	940852	753160	187692	485510	455342
中央各部门自筹	46095	46095		46095	
省自筹	5190	5030	160	690	4500
地(市)自筹	42979	42979		1373	41606
县自筹	13356	12469	887	691	12665
企事业单位自有资金	833232	646587	186645	436661	396571
# 发行股票	22707		22707	1100	21607
(6)其他资金来源	39825	20718	19107	7265	32560
# 集资	16271	14615	1656	7265	9006
二、本年各项应付款合计	123896	89626	34270	9578	114318
# 工程款	66931	55856	11075	1801	65130
设备、器材款	49080	30060	19020	5644	43436

6-27 能源工业及交通运输、邮电通信业更新改造投资

行业	1990年	1995年	1999年	2000年	2001年
投资总额	**48383**	**275541**	**577307**	**849010**	**797042**
能源工业投资合计	28989	84168	331198	455056	374875
煤炭采选业	14449	22939	25566	20610	28526
石油和天然气开采加工业	2110	27174	118172	174367	129943
电力蒸汽热水的生产和供应业	10165	25419	186750	255937	213436
# 火力发电业	2958	7203	11307	23321	35027
水力发电业	113	532	21715	25337	1920
炼焦及煤气生产和供应业	2265	8636	710	4142	2970
交通运输、邮电通信业合计	19394	191373	246109	393954	422167
# 铁路运输业	7233	13998	42997	50621	44729
公路运输业	1177	1635	2340	5427	9141
航空运输业	8591	3009	5020	2025	
邮电通信业	2393	170695	192750	325032	353135

6-28 全省国民经济各行业更新改造施工、投产项目个数及新增固定资产

(2001年)

行业	施工项目（个）	全部建成投产项目（个）	施工项目计划总投资（万元）	本年完成投资额（万元）	本年新增固定资产（万元）
合计	**1351**	**851**	**3488491**	**1389795**	**988689**
（一）农、林、牧、渔业	**5**	**5**	**1345**	**1191**	**1233**
林业	2	2	640	640	548
畜牧业	1	1	380	360	360
农、林、牧、渔服务业	2	2	325	191	325
（二）采掘业	**88**	**38**	**314772**	**173073**	**139424**
煤炭采选业	34	5	127593	28526	25193
石油和天然气开采业	20	16	141092	122371	107577
黑色金属矿采选业	5	1	7200	3870	2720
有色金属矿采选业	26	15	38467	17945	3754
非金属矿采选业	3	1	420	361	180
（三）制造业	**440**	**208**	**1174188**	**413207**	**353675**
食品加工业	7	1	6470	3898	1530
食品制造业	26	23	15326	9380	14714
饮料制造业	16	5	14389	9120	6104
烟草加工业	4		23128	4207	5437
纺织业	31	27	17487	10205	7707
皮革、毛皮、羽绒及其制品业	1		1616	408	408
造纸及纸制品业	11	7	9464	5554	7711
印刷业	4		29326	2984	2411
石油加工及炼焦业	8	4	30499	10192	3130
化学原料及化学制品制造业	29	14	47334	14425	17362
医药制造业	28	12	99762	35740	12689
橡胶制品业	1		1300	560	
塑料制品业	6	5	13165	7251	13499
非金属矿物制品业	65	39	65975	31299	16785
黑色金属冶炼及压延加工业	17	13	22652	16696	15989
有色金属冶炼及压延加工业	17	6	108560	48281	13605
金属制品业	13	12	6439	5573	2895
普通机械制造业	14	10	53949	19533	9701
专用设备制造业	16	6	47408	12937	13320
交通运输设备制造业	83	4	255874	55935	27869
电气机械及器材制造业	7	2	24078	7496	7740
电子及通信设备制造业	28	14	250705	96055	151874
仪器仪表及文化、办公用机械制造业	1		350	100	
其他制造业	7	4	28932	5378	1195

6-28 续表

(2001年)

行业	施工项目(个)	全部建成投产项目(个)	施工项目计划总投资(万元)	本年完成投资额(万元)	本年新增固定资产(万元)
(四)电力、煤气及水的生产和供应业	**505**	**401**	**686018**	**220963**	**160465**
电力、蒸汽、热水的生产和供应业	500	400	647518	213436	160295
煤气生产和供应业	1		873	350	
自来水的生产和供应业	4	1	37627	7177	170
(五)建筑业			**31383**	**34410**	**34410**
土木工程建筑业			20301	18677	18677
线路、管道和设备安装业			11082	15733	15733
(六)地质勘查业、水利管理业	**5**	**3**	**5976**	**3314**	**876**
地质勘查业			311	311	311
水利管理业	5	3	5665	3003	565
(七)交通运输、仓储及邮电通信业	**222**	**135**	**1052922**	**422167**	**211778**
铁路运输业	66	38	55658	44729	16754
公路运输业	9	5	24218	9141	15292
交通运输辅助业	8	5	30881	15162	6551
邮电通信业	139	87	942165	353135	173181
(八)批发和零售贸易、餐饮业	**5**	**4**	**2805**	**1415**	**1665**
食品、饮料、烟草和家庭用品批发业	1	1	400	400	400
零售业	4	3	2405	1015	1265
(十一)社会服务业	**54**	**39**	**159258**	**87775**	**71718**
公共设施服务业	53	38	158669	87325	71268
旅馆业	1	1	589	450	450
(十二)卫生、体育和社会福利业	**1**	**1**	**50**	**50**	**50**
卫生	1	1	50	50	50
(十三)教育、文化艺术及广播影视业	**1**		**68**	**68**	
广播电影电视业	1		68	68	
(十四)科学研究和综合技术服务业	**5**	**2**	**51440**	**25790**	**8679**
科学研究业	4	2	50840	25579	8679
综合技术服务业	1		600	211	
(十五)国家机关、政党机关和社会团体	**20**	**15**	**8266**	**6372**	**4716**
国家机关	20	15	8266	6372	4716

6-29 地方国民经济各行业更新改造施工、投产项目个数及新增固定资产

(2001年)

行业	施工项目(个)	全部建成投产项目(个)	施工项目计划总投资(万元)	本年完成投资额(万元)	本年新增固定资产(万元)
合计	**918**	**641**	**1457428**	**686398**	**546421**
(一)农、林、牧、渔业	**5**	**5**	**1345**	**1191**	**1233**
林业	2	2	640	640	548
畜牧业	1	1	380	360	360
农、林、牧、渔服务业	2	2	325	191	325
(二)采掘业	**70**	**24**	**233005**	**109402**	**108065**
煤炭采选业	34	5	127593	28526	25193
石油和天然气开采业	12	9	91188	72469	77140
黑色金属矿采选业	5	1	7200	3870	2720
有色金属矿采选业	16	8	6604	4176	2832
非金属矿采选业	3	1	420	361	180
(三)制造业	**335**	**187**	**664136**	**278019**	**175245**
食品加工业	7	1	6470	3898	1530
食品制造业	26	23	15326	9380	14714
饮料制造业	16	5	14389	9120	6104
纺织业	29	25	15793	8511	6013
皮革、毛皮、羽绒及其制品业	1		1616	408	408
造纸及纸制品业	11	7	9464	5554	7711
石油加工及炼焦业	8	4	30499	10192	3130
化学原料及化学制品制造业	29	14	47334	14425	17362
医药制造业	28	12	99762	35740	12689
橡胶制品业	1		1300	560	
塑料制品业	6	5	13165	7251	13499
非金属矿物制品业	65	39	65975	31299	16785
黑色金属冶炼及压延加工业	15	11	20663	14949	14322
有色金属冶炼及压延加工业	16	5	95933	48049	2880
金属制品业	7	6	6072	5206	2528
普通机械制造业	12	8	50464	17259	6272
专用设备制造业	13	4	34575	8527	7540
交通运输设备制造业	9	3	10630	3797	1995
电气机械及器材制造业	7	2	24078	7496	7740
电子及通信设备制造业	26	12	84921	35141	31866
仪器仪表及文化、办公用机械制造业	1		350	100	
其他制造业	2	1	15357	1157	157

6-29 续表 (2001年)

行业	施工项目(个)	全部建成投产项目(个)	施工项目计划总投资(万元)	本年完成投资额(万元)	本年新增固定资产(万元)
(四)电力、煤气及水的生产和供应业	**391**	**341**	**207052**	**62693**	**66141**
电力、蒸汽、热水的生产和供应业	386	340	168552	55166	65971
煤气生产和供应业	1		873	350	
自来水的生产和供应业	4	1	37627	7177	170
(五)建筑业			**2051**	**1928**	**1928**
土木工程建筑业			2051	1928	1928
(六)地质勘查业、水利管理业	**5**	**3**	**5976**	**3314**	**876**
地质勘查业			311	311	311
水利管理业	5	3	5665	3003	565
(七)交通运输、仓储及邮电通信业	**31**	**22**	**173416**	**134171**	**114784**
铁路运输业	1	1	403	403	403
公路运输业	9	5	24218	9141	15292
交通运输辅助业	8	5	30881	15162	6551
邮电通信业	13	11	117914	109465	92538
(八)批发和零售贸易、餐饮业	**5**	**4**	**2805**	**1415**	**1665**
食品、饮料、烟草和家庭用品批发业	1	1	400	400	400
零售业	4	3	2405	1015	1265
(十一)社会服务业	**54**	**39**	**159258**	**87775**	**71718**
公共设施服务业	53	38	158669	87325	71268
旅馆业	1	1	589	450	450
(十二)卫生、体育和社会福利业	**1**	**1**	**50**	**50**	**50**
卫　生	1	1	50	50	50
(十三)教育、文化艺术及广播影视业	**1**		**68**	**68**	
广播电影电视业	1		68	68	
(十五)国家机关、政党机关和社会团体	**20**	**15**	**8266**	**6372**	**4716**
国家机关	20	15	8266	6372	4716

6-30 限额以上更新改造项目一览表

(2001年)

单位:万元

建设项目名称	开工时间	全投时间	计划总投资	累计完成投资	累计新增固定资产	本年计划投资	本年完成投资
西安化工厂离子膜烧碱配套技改	2000.03		4976	2782	2720	2065	873
西安南风日化有限公司洗涤剂产品升级换代项目	2001.01		10000	1166		1500	1166
西安筑路机械有限公司重大技术装配国产化项目	2000.01	2001.12	4500	4563	4563	1607	1670
西安筑路机械有限公司重点技术改造项目	2001.01		7502	3303	667	6002	1803
陕西建设机械(集团)有限公司双高一优项目	2001.01		4600	1458		3010	1458
彩虹显示器件股份有限公司偏转线圈生产线项目	2000.03	2001.10	13000	13004	13004	4000	4470
西安高科远东制冷有限公司无氟压缩机技改	2000.04		23519	11836		16000	10880
陕西东盛科技股份有限公司扩建科技产业园项目	2001.01		19987	7000		15000	7000
陕西赫尔药业股份有限公司厂房改造	2001.02		11600	4890		11600	4890
金花企业(集团)股份有限公司药业基地扩建项目	1998.11		32000	24641	18096	10837	4080
西安高科塑业有限公司ＰＶＣ－Ｕ项目	1999.03	2001.06	11833	16587	16587		5919
西安开米股份有限公司环保多功能洗涤液项目	1999.08		10880	10968	6263		4554
西安翠宝实业集团公司温度传感器项目	1998.01		15000	13400	2500	1000	800
陕西鼓风机集团公司能量回收机组项目	2000.10		7850	2000	870	7550	1700
西安无线电二厂压敏电阻生产线技改项目	2000.07		10650	1920	598	4982	1229
西安高压电瓷厂九五超高压输变电项目	2000.04		6178	6058	1932	2529	2587
西安电力电容器厂超高压输变电设备项目	2000.01		4700	3305	690	3409	2014
西安变压器厂九五超高压输变设备项目	1999.12	2001.10	6000	6164	6164	1386	1550
西安市自来水公司城市配水管网改造	1998.03		31757	21023	2035	9800	6007
西安市市容环境卫生管理局江村沟垃圾场项目	1991.03		6840	4577	4577	920	614
西安市市政工程管理局北石桥污水处理回水工程	2001.09		3500	1572		3300	1572
西安市市政工程管理局邓家村污水处理厂改造	1999.12		10919	9161		5700	7313
西安灞桥热电有限公司以小代大更新改造项目	1996.06		70414	43995		29143	22820
西安印钞厂引进印刷机项目	1998.01		26134	12424	12424	6000	2002
宝鸡有色金属加工厂钛合金项目	2001.03		12942	6180	334	3000	6083
宝鸡石油钢管厂大螺旋焊管生产线技改	2000.07	2001.08	7985	7510	7510	6798	6323
宝鸡有色金属加工厂高性能优质钛合金棒项目	1999.11		9965	1072	603	6000	805
彬县火石咀煤矿斜井改造工程	2001.04		5000	5106	5106	5000	5106
陕西金堆城钼业公司钼酸铵项目	2000.04		8500	3746		7300	3420
陕西黄河工程机械集团公司更新改造项目	2001.01		12516	835		12516	835
延长油矿管理局青平川钻采公司原油开采项目	2001.03	2001.12	9200	9200	9200	9200	9200
子长县煤建公司打油井项目	2001.04	2001.12	8700	8625	8625	8700	8625
吴旗县钻采公司石油开采项目	2001.03	2001.12	13000	13000	13000	13000	13000
延长油矿管理局下寺湾钻采公司原油开采项目	2001.03	2001.12	24940	24940	18628	24940	24940
延练实业集团公司重整改造项目	2000.10		22189	7986		6410	6942
汉川机床有限责任公司技改项目	2001.02		4600	740	700	740	740
汉江工具有限责任公司刀具技改项目	2000.07		4000	3086	176	2854	2854
汉江建材股份有限公司技改项目	1999.12		19823	17200		7500	7500
陕西城化股份有限公司20万吨尿基复合肥项目	1999.05		5864	2390	2139	281	283
岚皋县花坝水电站技改项目	1997.04	2001.10	9000	9500	9500	700	700

6-30 续表 (2001年)

建设项目名称	本年新增固定资产（万元）	建设规模和新增生产能力(或效益)				
		名称	单位	建设规模	累计新增生产能力	#本年新增
西安化工厂离子膜烧碱配套技改	2720	塑料树脂及共聚物	万吨/年	2	2	2
西安南风日化有限公司洗涤剂产品升级换代项目		合成洗涤剂	万吨/年	8		
西安筑路机械有限公司重大技术装配国产化项目	4348					
西安筑路机械有限公司重点技术改造项目	495					
陕西建设机械(集团)有限公司双高一优项目						
彩虹显示器件股份有限公司偏转线圈生产线项目	13004					
西安高科远东制冷有限公司无氟压缩机技改						
陕西东盛科技股份有限公司扩建科技产业园项目		片剂	亿片/年	12		
		胶囊剂	亿粒/年	10		
陕西赫尔药业股份有限公司厂房改造		中成药	吨/年	90		
金花企业(集团)股份有限公司药业基地扩建项目		片剂	亿片/年	5	3	
		胶囊剂	亿粒/年	1	1	0.5
西安高科塑业有限公司ＰＶＣ－Ｕ项目	12466					
西安开米股份有限公司环保多功能洗涤液项目	6263	合成洗涤剂	万吨/年	5		
西安翠宝实业集团公司温度传感器项目						
陕西鼓风机集团公司能量回收机组项目	600					
西安无线电二厂压敏电阻生产线技改项目	86					
西安高压电瓷厂九五超高压输变电项目	790					
西安电力电容器厂超高压输变电设备项目	672					
西安变压器厂九五超高压输变设备项目	4878					
西安市自来水公司城市配水管网改造		城市自来水管道长度	公里	131.10	101.00	48.65
西安市市容环境卫生管理局江村沟垃圾场项目	614					
西安市市政工程管理局北石桥污水处理回水工程						
西安市市政工程管理局邓家村污水处理厂改造		城市污水处理能力	万吨/日	16		
西安灞桥热电有限公司以小代大更新改造项目		火力发电	万千瓦	10		
西安印钞厂引进印刷机项目	2002					
宝鸡有色金属加工厂钛合金项目	237					
宝鸡石油钢管厂大螺旋焊管生产线技改	7510	热轧钢材	万吨/年	14	14	14
		焊接钢管	万吨/年	14	14	14
宝鸡有色金属加工厂高性能优质钛合金棒项目	363					
彬县火石咀煤矿斜井改造工程	4839	原煤开采	万吨/年	45		
陕西金堆城钼业公司钼酸铵项目						
陕西黄河工程机械集团公司更新改造项目						
延长油矿管理局青平川钻采公司原油开采项目	9200	天然原油	万吨/年	6.6	6.6	6.6
子长县煤建公司打油井项目	8625	天然原油	万吨/年	10	10	10
吴旗县钻采公司石油开采项目	13000	天然原油	万吨/年	5	5	5
延长油矿管理局下寺湾钻采公司原油开采项目	18628	天然原油	万吨/年	15	15	15
延练实业集团公司重整改造项目		催化重整设备能力	万吨/年	40		
		加氢精制设备能力	处理万吨/年	30		
汉川机床有限责任公司技改项目	700					
汉江工具有限责任公司刀具技改项目	176					
汉江建材股份有限公司技改项目		水泥	万吨/年	62		
陕西城化股份有限公司20万吨尿基复合肥项目	135	合成氨	万吨/年	2		
岚皋县花坝水电站技改项目	9500	水力发电	万千瓦	0.9	0.9	0.9

6-31 更新改造新增生产能力或效益

(2001年)

名　　称	单　位	能力或效益	名　　称	单　位	能力或效益
原煤开采	万吨/年	9	柴油机制造	台/年	300
洗　煤	万吨/年	2		万千瓦/年	12
焦　炭	万吨/年	53	金属切削机床制造	台/年	40
天然原油	万吨/年	40.6	冶金设备制造	吨/年	500
成品油(气)管输	公里	1	显像管	万只/年	150
	万吨/年	1	# 彩色显像管	万只/年	150
油罐容量	万立方米	0.2	棉布织机	台	89
人造富铁矿	万吨/年	32	肉加工品	吨/年	600
# 烧结铁矿	万吨/年	32	机制糖	年生产糖:吨	10000
生　铁	万吨/年	10		日处理原料:吨	330
连　铸	万吨/年	48	奶　粉	吨/年	6000
热轧钢材	万吨/年	14	其他乳制品	吨/年	27200
焊接钢管	万吨/年	14	啤　酒	万吨/年	9
钢丝绳	万吨/年	0.3	软饮料	吨/年	13000
电解铝	吨/年	5000	卷　烟	箱/年	40963
工业锅炉	蒸吨	1300	机制纸	万吨/年	2
金采矿(原矿)	万吨/年	11.7	机制纸板	万吨/年	2
黄　金	公斤/年	150	合成洗涤剂	万吨/年	2
水力发电	万千瓦	6	牙　膏	万支/年	6000
输电线路长度(11万伏及以上)	公里	299.16	日用玻璃制品	万吨/年	1.2
变电设备能力(11万伏及以上)	万千伏安	37.99	缝纫机	架/年	30000
水　泥	万吨/年	125.64	移动通信基站设备	个/年	857
平板玻璃	万重量箱/年	30	程控交换机	万线/年	29
墙地砖	万平方米	0.7	电话单机	万部/年	6.59
胶合板	万立方米/年	10	铁路机车购置	台	10
硫　酸	吨/年	20000	改建公路	公里	112
氮　肥	吨/年	50000	# 二级公路	公里	16
磷　肥	吨/年	10000	长途电缆线路长度	公里	851
油　漆	吨/年	10	造林面积	万亩	11
塑料树脂及共聚物	吨/年	21500	小学校：学生席位	个	2160
化学药制剂:片　剂	万片/年	1800	建筑面积	平方米	7975
输　液	万瓶/年	1003	医院病床	张	9
胶囊剂	万粒/年	23100	城市自来水管道长度	公里	62
医药中间体	吨/年	60	城市公共交通车辆购置	辆	262
中成药	吨/年	10401	城市道路扩建长度	公里	22
光纤通讯电缆	芯公里	120	城市道路扩建面积	万平方米	64.48
全塑市话电缆	万对公里	600	城市排水管道铺设长度	公里	25.17

6-32 各市按隶属关系和建设性质分的更新改造投资

(2001年)

单位:万元

地 区	总 计	#地 方	#省 属	#新 建	#扩 建	#改 建
全 省	**1389795**	**686398**	**133556**	**16664**	**549434**	**757771**
关 中	1033773	513284	108708	6107	359693	614164
西安市	626086	279014	15374	1500	251898	360583
铜川市	29740	19880	12939		3994	24404
宝鸡市	121598	86322	25966	2887	58135	59084
咸阳市	162704	50851	14726	1720	16004	113585
渭南市	91583	75155	39703		29662	54446
杨凌示范区	2062	2062				2062
陕 南	108566	67229	17516	7758	48103	47125
汉中市	40178	27038	11988		15843	21605
安康市	36344	12047	5078	3427	11066	21601
商洛市	32044	28144	450	4331	21194	3919
陕 北	107921	105482	7332	2799	55803	46580
延安市	95658	93219	7332	1573	54182	37164
榆林市	12263	12263		1226	1621	9416
不分地区	139535	403			85835	49902

6-33 各市按构成分的更新改造投资

(2001年)

单位:万元

地 区	建筑工程	安装工程	设备工具器具购置	其他费用	#土地购置费
全 省	**343757**	**144137**	**779747**	**122154**	**11103**
关 中	248355	99481	605024	80913	10276
西安市	150572	47885	376254	51375	7803
铜川市	4217	5160	17307	3056	
宝鸡市	45253	16828	47340	12177	2300
咸阳市	20724	11744	118961	11275	30
渭南市	27113	17864	43576	3030	143
杨凌示范区	476		1586		
陕 南	40748	8113	53619	6086	737
汉中市	4979	4057	27639	3503	404
安康市	14425	2353	17398	2168	318
商洛市	21344	1703	8582	415	15
陕 北	43629	20287	31219	12786	90
延安市	39556	18841	24956	12305	
榆林市	4073	1446	6263	481	90
不分地区	11025	16256	89885	22369	

6-34 各市按国民经济行业分的更新改造投资

(2001年)

单位:万元

地区	总计	农、林、牧、渔业	采掘业	制造业	电力煤气及水的生产和供应业	建筑业	地质勘查业、水利管理业	交通运输仓储及邮电通信业
全省	1389795	1191	173073	413207	220963	34410	3314	422167
关中	1033773	1191	42898	350505	194641	34410	2247	291731
西安市	626086			141900	103874	5995	378	275350
铜川市	29740		10555	5840	9622	962	285	1840
宝鸡市	121598	640		62067	29097	218	1584	12286
咸阳市	162704	360	5106	98888	31309	27041		
渭南市	91583	191	27237	39748	20739	194		2255
杨凌示范区	2062			2062				
陕南	108566		7321	44528	22912		1067	27946
汉中市	40178		400	26685	6820		1067	5206
安康市	36344		289	5210	13051			17152
商洛市	32044		6632	12633	3041			5588
陕北	107921		72952	18174	3410			12857
延安市	95658		68679	11354	3190			12435
榆林市	12263		4273	6820	220			422
不分地区	139535		49902					89633

地区	批发和零售贸易餐饮业	金融保险业	房地产业	社会服务业	卫生体育和社会福利业	教育文化艺术及广播电影电视业	科学研究和综合技术服务业	国家机关政党机关和社会团体	其他行业
全省	1415			87775	50	68	25790	6372	
关中	1015			87233	50		25790	2062	
西安市	750			71599			25790	450	
铜川市	120			50				466	
宝鸡市				14560				1146	
咸阳市									
渭南市	145			1024	50				
杨凌示范区									
陕南				542				4250	
汉中市									
安康市				542				100	
商洛市								4150	
陕北	400					68		60	
延安市									
榆林市	400					68		60	
不分地区									

6-35 各市更新改造施工、投产项目个数及新增固定资产

(2001年)

地 区	施工项目(个)	全部建成投产项目(个)	施工项目计划总投资(万元)	本年完成投资额(万元)	本年新增固定资产(万元)	固定资产交付使用率(%)
全 省	1351	851	3488491	1389795	988689	71.14
关 中	1024	657	2567244	1033773	716029	69.26
西安市	302	131	1548701	626086	332456	53.10
铜川市	59	30	92444	29740	20576	69.19
宝鸡市	111	62	252031	121598	86222	70.91
咸阳市	130	86	370569	162704	203082	124.82
渭南市	421	348	297867	91583	70579	77.07
杨凌示范区	1		5632	2062	3114	151.02
陕 南	239	149	280809	108566	95382	87.86
汉中市	56	27	130680	40178	21583	53.72
安康市	112	86	84633	36344	45632	125.56
商洛市	71	36	65496	32044	28167	87.90
陕 北	47	26	167086	107921	92595	85.80
延安市	20	10	149767	95658	83039	86.81
榆林市	27	16	17319	12263	9556	77.93
不分地区	41	19	473352	139535	84683	60.69

6-36 各市更新改造房屋建筑面积及造价

(2001年)

地 区	本年施工房屋面积(万平方米)	#住宅	本年竣工房屋面积(万平方米)	#住宅	本年竣工房屋价值(万元)	竣工房屋造价(元/平方米)
全 省	116.31	24.25	40.16	3.17	52460	1306.27
关 中	100.34	23.81	32.85	3.04	47132	1434.76
西安市	46.79	2.70	16.78	1.52	28774	1714.78
铜川市	1.37		1.06		618	583.02
宝鸡市	14.74		2.04		3266	1600.98
咸阳市	9.33		7.94		10061	1267.13
渭南市	27.26	20.93	4.71	1.35	4135	877.92
杨凌示范区	0.85	0.18	0.32	0.17	278	868.75
陕 南	10.69	0.45	5.07	0.13	3050	601.58
汉中市	2.45	0.11	0.62	0.11	304	490.32
安康市	7.06		4.17		2656	636.93
商洛市	1.18	0.34	0.28	0.02	90	333.33
陕 北	1.81		1.08		1060	981.48
延安市	0.08		0.06		100	1666.67
榆林市	1.73		1.02		960	941.18
不分地区	3.47		1.16		1218	1050.00

6-37 各市更新改造项目资金来源

(2001年)

单位:万元

地区	一、本年资金来源合计	#本年资金来源小计	(1)国家预算内资金	(2)国内贷款	(3)债券	(4)利用外资	#外商直接投资	#对外借款
全省	**1482498**	**1385830**	**97511**	**291529**		**16113**	**1380**	**14733**
关中	1112157	1029212	81929	233456		15783	1050	14733
西安市	716834	654369	73682	141643		13535		13535
铜川市	26939	26939	10	9553				
宝鸡市	107338	102769	7505	32685		580	580	
咸阳市	163935	149537	182	32858				
渭南市	94443	94147	190	16717		1668	470	1198
杨凌示范区	2668	1451	360					
陕南	140016	126293	13091	45726				
汉中市	71305	61803	9987	32824				
安康市	36007	33149	1950	5802				
商洛市	32704	31341	1154	7100				
陕北	90790	90790	2491	12347		330	330	
延安市	79917	79917	2192	11486				
榆林市	10873	10873	299	861		330	330	
不分地区	139535	139535						

地区	(5)自筹资金	#企事业单位自有资金	#发行股票	(6)其他资金来源	#集资	二、本年各项应付款合计	#工程款	#设备、器材款
全省	**940852**	**833232**	**22707**	**39825**	**16271**	**123896**	**66931**	**49080**
关中	665504	588669	22707	32540	13156	96392	48846	39776
西安市	416918	351225	22037	8591	2035	48573	21478	22852
铜川市	16909	15179		467	422	2912	576	238
宝鸡市	57906	53250	50	4093	1061	32267	22409	9377
咸阳市	116221	115326	620	276	146	10121	2984	6374
渭南市	56459	52598		19113	9492	2499	1399	915
杨凌示范区	1091	1091				20		20
陕南	63671	34298		3805	905	10150	2421	7696
汉中市	18044	11528		948	530	9525	2263	7229
安康市	23492	8669		1905	255	480	88	392
商洛市	22135	14101		952	120	145	70	75
陕北	72142	70730		3480	2210	17354	15664	1608
延安市	66179	64930		60		15964	14458	1506
榆林市	5963	5800		3420	2210	1390	1206	102
不分地区	139535	139535						

6-38 其他投资主要指标及构成

(2001年)

单位:万元

指标	合计	#地方	国有经济单位投资	其他经济单位投资	城镇集体单位投资
一、投资总额	334815	332577	123445	164590	46780
1.按隶属关系分					
中央	2238		780	108	1350
地方	332577	332577	122665	164482	45430
2.按构成分					
建筑工程	237551	236377	97551	107511	32489
安装工程	20033	20033	4282	12108	3643
设备工器具购置	38097	37671	5160	25564	7373
其他费用	39134	38496	16452	19407	3275
#土地购置费	10662	10662	105	9941	616
3.按建设性质分					
#新建	144447	142603	12293	110965	21189
扩建	105684	105438	52330	42402	10952
改建	69208	69208	56264	7929	5015
4.按产业构成分					
第一产业	12031	12031	799	10562	670
第二产业	146995	146995	49693	76752	20550
第三产业	175789	173551	72953	77276	25560
二、本年新增固定资产	234836	232975	77156	115473	42207
三、房屋建筑面积及竣工价值					
本年施工房屋面积(平方米)	1467748	1444051	35921	813051	618776
#住宅	615122	605353	22775	271242	321105
本年竣工房屋面积(平方米)	786194	763877	10460	399933	375801
#住宅	285464	275695	4040	112192	169232
本年竣工房屋价值	62037	60743	570	35659	25808
#住宅	17591	17016	239	7372	9980

6-39 各市其他投资主要指标

(2001年)

单位:万元

地　区	合　计	#地　方	国有经济单位投资	其他经济单位投资	城镇集体单位投资
全　省	**334815**	**332577**	**123445**	**164590**	**46780**
关　中	198982	198628	50975	118724	29283
西安市	109014	109014	15765	85071	8178
铜川市	17197	17197	16537	585	75
宝鸡市	29125	28879	7895	13946	7284
咸阳市	33951	33843	9369	14116	10466
渭南市	9655	9655	1409	5006	3240
杨凌示范区	40	40			40
陕　南	57767	56809	26691	20899	10177
汉中市	37946	37838	25684	8299	3963
安康市	15203	14353	1007	11730	2466
商洛市	4618	4618		870	3748
陕　北	78066	77140	45779	24967	7320
延安市	54803	54697	44904	7394	2505
榆林市	23263	22443	875	17573	4815

6-40 各市按构成分的其他投资

(2001年)

单位:万元

地　区	建筑工程	安装工程	设备工具器具购置	#土地购置费	其他费用
全　省	**237551**	**20033**	**38097**	**10662**	**39134**
关　中	131147	13442	27649	5521	26744
西安市	78560	8622	9982	3357	11850
铜川市	15414	239	1422		122
宝鸡市	17606	2812	4957	675	3750
咸阳市	14473	1479	7866	1334	10133
渭南市	5054	290	3422	155	889
杨凌示范区	40				
陕　南	40659	1929	5756	3948	9423
汉中市	28223	1399	3184	1182	5140
安康市	8303	285	2332	2766	4283
商洛市	4133	245	240		
陕　北	65745	4662	4692	1193	2967
延安市	48241	4015	2470	75	77
榆林市	17504	647	2222	1118	2890

6-41 房地产开发投资主要指标及构成

(2001年)

单位:万元

指 标	房地产开发	#地 方	#省 属	按登记注册类型分 内 资	#国 有
一、企业(单位)个数(个)	466	459	50	431	126
二、本年完成投资	997844	993637	118925	915014	389736
#商品房建设投资额	760964	758953	96927	711303	327572
土地开发投资额	146277	145704	13911	128883	48463
1.按隶属关系分					
中 央	4207			4207	4207
地 方	993637	993637	118925	910807	385529
#省 属	118925	118925	118925	112982	44573
地（市）属	432793	432793		409998	269963
县 属	120302	120302		113259	67004
2.按构成分					
建筑工程	680699	677931	83462	632862	293245
安装工程	48402	48235	10613	42737	16102
设备工器具购置	19048	19020	1764	15842	3410
其他费用	249695	248451	23086	223573	76979
#旧建筑物购置费	4009	3624		4009	814
土地购置费	169802	169095	6295	146867	58947
3.按工程用途分					
住 宅	655647	653726	69563	606615	305559
#别墅、高档公寓	103130	103130	21564	95868	51935
经济适用房	260293	258872	7097	257041	178445
办公楼	64275	64226	7865	53782	11247
商业营业用房	88932	87907	27111	82839	16920
其 他	188990	187778	14386	171778	56010
三、本年新增固定资产	729904	726852	64281	701919	365641
四、房屋建筑面积及竣工价值					
施工面积(万平方米)	1326.74	1317.82	118.53	1232.61	545.59
#住 宅	1099.09	1092.19	90.56	1037.86	499.55
竣工面积(万平方米)	580.99	578.64	38.62	561.40	293.68
#住 宅	514.97	513.28	35.29	497.19	269.70
竣工价值	565983	563827	39409	543789	280079
#住 宅	460577	459389	34416	440585	236259
五、职工人数及工资总额					
年平均从业人员数(人)	17448	17281	1875	16397	5082
年末从业人员数(人)	17679	17512	2695	16719	5121
全年从业人员劳动报酬	16650	16505	2233	15461	4872

6-41 续表　　(2001年)　　单位:万元

指标	按登记注册类型分			
	集体	其它	港澳台投资	外商投资
一、企业(单位)个数(个)	49	256	21	14
二、本年完成投资	59080	466198	49726	33104
#商品房建设投资额	38331	345400	28969	20692
土地开发投资额	8575	71845	8560	8834
1.按隶属关系分				
中　央				
地　方	59080	466198	49726	33104
#省　属	1070	67339	457	5486
地(市)属	11698	128337	12395	10400
县　属	16397	29858	5343	1700
2.按构成分				
建筑工程	42367	297250	28013	19824
安装工程	3471	23164	3286	2379
设备工器具购置	548	11884	1386	1820
其他费用	12694	133900	17041	9081
#旧建筑物购置费	44	3151		
土地购置费	4932	82988	14701	8234
3.按工程用途分				
住　宅	35641	265415	26481	22551
#别墅、高档公寓		43933	580	6682
经济适用房	11569	67027	3156	96
办公楼	2741	39794	9975	518
商业营业用房	6434	59485	5185	908
其　他	14264	101504	8085	9127
三、本年新增固定资产	55921	280357	13761	14224
四、房屋建筑面积及竣工价值				
施工面积(万平方米)	93.10	593.92	55.27	38.86
#住　宅	79.28	459.02	27.56	33.68
竣工面积(万平方米)	44.91	222.80	10.04	9.55
#住　宅	36.86	190.63	8.33	9.45
竣工价值	47179	216531	10382	11812
#住　宅	34505	169821	8300	11692
五、职工人数及工资总额				
年平均从业人员数(人)	1344	9971	699	352
年末从业人员数(人)	1395	10203	591	369
全年从业人员劳动报酬	1174	9415	807	382

6-42 各市房地产开发投资和新增固定资产

(2001年)

单位:万元

地区	计划总投资	自开始建设至本年底累计完成投资	自开始建设至本年底累计新增固定资产	本年计划投资	本年完成投资	#商品房建设	#土地开发	本年新增固定资产
全省	**4092754**	**2518707**	**1604171**	**1161883**	**997844**	**760964**	**146277**	**729904**
关中	3737563	2302318	1477372	967304	844348	635828	129702	618006
西安市	3187987	1961509	1269299	784972	674211	501776	106203	507658
铜川市	134039	73353	51465	27671	25337	24083	904	12873
宝鸡市	203411	131990	75425	77330	69932	52632	12656	47886
咸阳市	116609	79203	46668	45822	43537	29568	8406	25239
渭南市	55779	43200	34515	18609	18268	14706	1533	24350
杨凌示范区	39738	13063		12900	13063	13063		
陕南	297291	172216	97927	158625	120734	98643	16043	83876
汉中市	198763	107913	58821	106478	73976	55922	13112	46508
安康市	93528	61098	37234	48147	44771	40734	2931	36105
商洛市	5000	3205	1872	4000	1987	1987		1263
陕北	57900	44173	28872	35954	32762	26493	532	28022
延安市	47632	37215	24682	29646	26644	23792		23832
榆林市	10268	6958	4190	6308	6118	2701	532	4190

6-43 各市按构成和工程用途分的房地产开发投资

(2001年)

单位:万元

地区	按构成分：建筑安装工程	按构成分：设备工器具购置	按构成分：其他费用	#土地购置费	按工程用途分：住宅	#别墅高档公寓	#经济适用房	办公楼	商业营业用房	其他
全省	**729101**	**19048**	**249695**	**169802**	**655647**	**103130**	**260293**	**64275**	**88932**	**188990**
关中	612624	17065	214659	147423	542576	101746	191396	60354	72902	168516
西安市	484093	14200	175918	121220	419145	99711	136009	54146	64413	136507
铜川市	22445		2892	889	20387	13	20107	1875	1451	1624
宝鸡市	53334	2233	14365	6547	50317	2022	8020	3743	2361	13511
咸阳市	29706	60	13771	12975	25991		12600	227	3059	14260
渭南市	14972	151	3145	1803	13723		6860	363	1568	2614
杨凌示范区	8074	421	4568	3989	13013		7800		50	
陕南	90049	1223	29462	21714	90792	250	49547	1714	8960	19268
汉中市	53468	1178	19330	15859	53518		23079	567	7505	12386
安康市	34639		10132	5855	35361	250	25760	1098	1430	6882
商洛市	1942	45			1913		708	49	25	
陕北	26428	760	5574	665	22279	1134	19350	2207	7070	1206
延安市	21190	627	4827		17789	1134	16572	1947	6457	451
榆林市	5238	133	747	665	4490		2778	260	613	755

6-44 房地产开发投资财务拨款资金来源

(2001年)

单位:万元

指标	按登记注册类型分							按隶属关系分	
	总计	内资				港澳台投资	外商投资	中央单位	地方单位
			国有	集体	其他				
一、本年资金来源合计	1284713	1174345	543852	72835	557658	51339	59029	5841	1278872
1.上年末结余资金	188215	158019	74143	7810	76066	4606	25590	976	187239
2.本年资金来源小计	1096498	1016326	469709	65025	481592	46733	33439	4865	1091633
(1)国家预算内资金	3020	3020	725	47	2248				3020
(2)国内贷款	312056	280737	143606	12676	124455	19274	12045	1300	310756
(3)债券									
(4)利用外资	8327	2539			2539	4570	1218		8327
# 外商直接投资	8327	2539			2539	4570	1218		8327
对外借款									
(5)自筹资金	330391	314072	113206	28624	172242	12838	3481	2158	328233
# 自有资金	123618	115891	14823	15079	85989	6690	1037	482	123136
(6)其他资金来源	442704	415958	212172	23678	180108	10051	16695	1407	441297
# 集资	91103	90918	79899	3906	7113	185			91103
定金及预收款	300785	279444	116821	11377	151246	5644	15697	1407	299378
二、本年各项应付款合计	362176	326148	171226	17618	137304	30031	5997	2295	359881
# 工程款	266192	240666	132867	12959	94840	22681	2845	1244	264948
设备、器材款	22870	17762	3611	1024	13127	3525	1583	28	22842

6-45 房地产开发面积及造价

(2001年)

地区	施工房屋面积(平方米)	# 住宅	竣工房屋面积(平方米)	# 住宅	竣工房屋价值(万元)	# 住宅	竣工房屋造价(元/平方米)	# 住宅
全省	**13267415**	**10990946**	**5809906**	**5149726**	**565983**	**460577**	**974**	**894**
关中	10462782	8460575	4350475	3794080	464526	368769	1068	972
西安市	7437846	5804332	3162449	2696055	372040	286154	1176	1061
铜川市	428695	356698	161751	141957	12131	10365	750	730
宝鸡市	1359640	1216190	569216	525355	44285	38951	778	741
咸阳市	714927	616770	275687	262123	23440	21932	850	837
渭南市	333474	279885	181372	168590	12630	11367	696	674
杨凌示范区	188200	186700						
陕南	2354849	2160492	1152440	1082594	75720	69162	657	639
汉中市	1353644	1214303	601950	557131	42102	37346	699	670
安康市	954505	913089	535490	510463	32413	30611	605	600
商洛市	46700	33100	15000	15000	1205	1205	803	803
陕北	449784	369879	306991	273052	25737	22646	838	829
延安市	340816	276212	259923	240405	21885	19787	842	823
榆林市	108968	93667	47068	32647	3852	2859	818	876

6-46 房地产开发经营情况

(2001年)

单位:万元

地区	经营收入合计	土地转让收入	商品房屋销售收入	#销售给个人	#住宅销售	#个人	房屋出租收入	房地产其它经营收入
全省	**581034**	**5067**	**527745**	**385632**	**418283**	**333413**	**7488**	**40734**
关中	496461	4466	447789	310561	346437	264505	6949	37257
西安市	386419	2798	356983	240652	261973	203674	6492	20146
铜川市	11369	104	11054	3136	10878	3027	6	205
宝鸡市	58118	220	43289	34166	39771	26406	337	14272
咸阳市	27263	1339	25745	22799	23608	22101		179
渭南市	10863	5	10718	9808	10207	9297	114	26
杨凌示范区	2429							2429
陕南	66886	581	63118	60476	57637	55699	242	2945
汉中市	41452	282	40241	39281	35358	34558	242	687
安康市	22759	240	20299	19617	19701	19563		2220
商洛市	2675	59	2578	1578	2578	1578		38
陕北	17687	20	16838	14595	14209	13209	297	532
延安市	13643		13404	11721	12466	11466		239
榆林市	4044	20	3434	2874	1743	1743	297	293

6-47 房地产开发企业基本情况

(2001年)

地区	开发公司个数(个)	实收国家资本金总计(万元)	资产总计(万元)	本年折旧(万元)	负债总计(万元)	所有者权益合计(万元)	从业人数(人) 年平均数	从业人数(人) 年末	全年人员劳动报酬(万元)
全省	**466**	**59439**	**2778499**	**5052**	**2154276**	**624223**	**17448**	**17679**	**16650**
关中	346	57476	2554776	4222	2010102	544674	12870	13310	13212
西安市	204	43989	2037575	3020	1584786	452789	8489	9085	9916
铜川市	16	1741	266566	91	258149	8417	392	409	261
宝鸡市	61	8511	129522	334	83557	45965	2235	2109	1735
咸阳市	40	2752	84160	729	56965	27195	1246	1193	952
渭南市	22	483	28132	41	19870	8262	447	446	304
杨凌示范区	3		8821	7	6775	2046	61	68	44
陕南	102	1950	181222	692	122169	59053	3087	3147	2313
汉中市	65	1387	119654	317	77196	42458	1835	1858	1331
安康市	35	328	53760	354	38480	15280	1195	1232	947
商洛市	2	235	7808	21	6493	1315	57	57	35
陕北	18	13	42501	138	22005	20496	1491	1222	1125
延安市	10	13	22934	61	16757	6177	872	844	701
榆林市	8		19567	77	5248	14319	619	378	424

6-48 商品房屋销售情况

(2001年)

单位:平方米

地　　区	实际销售面积合计	# 销售给个人	住　宅	# 别墅、公寓	# 经济适用房	# 个　人
全　　省	**4162859**	**3324074**	**3711907**	**152756**	**1794068**	**3144332**
关　　中	3097157	2294532	2717054	142636	1327800	2160201
西 安 市	2253468	1658692	1921961	138636	1007935	1591717
铜 川 市	144585	40387	133152		121804	37927
宝 鸡 市	329276	262351	308715		72047	206004
咸 阳 市	220766	197240	209744		71382	194271
渭 南 市	149062	135862	143482	4000	54632	130282
杨凌示范区						
陕　　南	815938	794209	768077	10120	271900	759355
汉 中 市	499338	490520	469325	7320	124328	462325
安 康 市	298700	285789	280852	2800	144672	279130
商 洛 市	17900	17900	17900		2900	17900
陕　　北	249764	235333	226776		194368	224776
延 安 市	198044	187355	187205		179097	185205
榆 林 市	51720	47978	39571		15271	39571

地　　区	办公楼	商业营业用房	其　它	预售面积	# 住　宅	实际销售额(万元)	# 销售给个人
全　　省	**178600**	**181089**	**91263**	**1089881**	**1050129**	**653434**	**472220**
关　　中	163633	126893	89577	995099	960883	561191	384417
西 安 市	148978	99661	82868	674407	651990	472204	317402
铜 川 市	9273	2160		22858	22175	12018	2958
宝 鸡 市	3382	13699	3480	178713	169474	40090	31043
咸 阳 市	2000	5793	3229	109851	108850	25730	22775
渭 南 市		5580		9270	8394	11149	10239
杨凌示范区							
陕　　南	4900	41275	1686	92302	86766	69583	67523
汉 中 市		28327	1686	91634	86098	40988	40028
安 康 市	4900	12948		668	668	27017	25917
商 洛 市						1578	1578
陕　　北	10067	12921		2480	2480	22660	20280
延 安 市	7234	3605		2480	2480	18761	17117
榆 林 市	2833	9316				3899	3163

6-49 房地产开发公司一、二级企业一览表

(2001年)

企业名称	隶属关系	资质等级	施工项目计划总投资(万元)	本年完成投资(万元)	#商品房建设投资	本年新增固定资产(万元)	房屋施工面积(平方米)	房屋竣工面积(平方米)	竣工房屋价值(万元)
西安市宏府房地产开发(集团)公司	其他	二级	87500	11601	11601		93740		
西安荣华集团有限公司	其他	二级	35860	20645	10194	2285	82200	6500	845
西安市汇鑫置业有限责任公司	其他	二级	18834	6724	6724		62000		
西安市政建设开发公司	地区	二级	10733	663			11500		
宝鸡聚丰房地产开发公司	其他	二级	21000	6185	2185		76200		
咸阳市房地产开发公司	地区	一级	6100	3917	817	630	8400	8400	630
陕西省城乡建设综合开发公司汉中公司	省	二级	1800	1580	1280	1690	46000	26000	1690
汉中市城乡建设综合开发公司	县	二级							
陕西省建筑房地产开发公司	省	二级	10340	1075	1047	780	18351	8588	601
陕西省鸿业房地产开发公司	省	二级	50000	10000	10000	7693	32000	32000	2880
陕西昌龙房地产有限责任公司	其他	二级	9000	1500		13160	34224	34224	5989
陕西金裕房地产开发集团有限责任公司	省	二级	10000	6000	5000	9000	31239	31239	3748
陕西功德置业发展有限责任公司	省	二级	4712	2767	1487	4612	42900	42900	3488
陕西建功房地产事务有限责任公司	省	二级	23800	9300	7800	9530	199000	95000	9530
西安市房地产开发总公司	地区	一级	73700	10858	4163	11800	82000	46000	9350
西安市城市建设开发总公司	地区	一级	76555	4897	4897	1054	80100	4183	1054
西安市房地产开发第二公司	地区	二级	17000	1824	1824	15308	143071	143071	15308
西安黄河房地产开发公司	省	二级							
西安高新技术产业开发区建设开发公司	地区	一级	123191	54764	31592	29916	473566	85578	10139
西安东新物业开发建设公司	地区	二级	51771	4561	4561	11132	54535	44171	9693
西安市灞桥区城镇建设开发公司	县	一级	24250	1772	1772	1305	33597	22502	1305
西安市雁塔区城乡建设开发公司	其他	二级	32000	4300	3784	2105	74961	10631	2105
户县房地产开发公司	县	二级	5000	1379	1379	1000	36100	15808	1000
铜川市房地产综合开发公司	地区	二级	5212	4333	4333	309	50700	5200	309
宝鸡市房地产综合开发公司	地区	二级	7560	892	892	882	110000	11200	882
中铁第二十工程局第六工程总公司	中央	二级	3600	713	713	1188	22645	16966	1188
陕西省建筑房地产开发公司汉中经理部	省	二级	2051	1020	944	1020	15800	15800	915
汉中市东城房地产开发有限责任公司	乡	二级	7700	1271	671		14000		
安康长兴房建有限责任公司	地区	二级	16900	4290	3970	4217	103000	74485	4097
陕西安康兴华建筑工程有限公司	地区	二级	17200	4439	4439	2754	55200	42500	2674
陕西正信房地产开发有限责任公司	其他	二级	8500	450	250		37882		
陕西大都房地产有限公司	其他	二级	29650	3577			17250		
西安高科房地产分公司	地区	二级	60000	12100	5000	3400	220000	25000	3400
西安通惠房地产开发公司	县	二级	3800	1000	700	3500	3215	3215	219
汉中市鑫源房地产开发有限责任公司	其他	二级	10880	1201					
汉中市中山房地产开发有限责任公司	其他	二级	5100	4800	3380	1835	51860	18860	1660
汉中广厦房地产开发有限责任公司	地区	二级	15000	12800	12000	9200	140000	90000	9000
铜川市建设综合开发公司	地区	二级	53640	7560	7560	2580	101800	30000	2580
宝鸡市房屋经营开发公司	地区	二级	500	451	451	680	11000	11000	680
西安市碑林科技产业园	县	二级	51771	4561	4561	11132	54535	44171	10278
陕西塞安尔物业发展有限公司	其他	二级	36784	3720	3000	3720	37500	37500	3000
陕西广成房地产开发有限责任公司	省	一级	1600	130	130				
西安东光房地产综合开发有限公司	县	二级	23709	1333	1333		77801		
立丰(西安)房地产开发有限公司	地区	二级	30000	8500	6430	5400	57800	44800	4905
西安万国房地产开发有限公司	其他	二级	13700	3002	2769		40700		
西安嘉翔房地产开发公司	其他	二级	2000	1410	140		5000		
西安丹尼尔房地产开发有限公司	县	二级	12254	4010	4010		158000		
西安华奥房地产开发有限公司	其他	二级	8000	6344	96	2	47547		
祥发(西安)房地产开发有限公司	其他	二级	17620	30					
西安万业房地产开发有限公司	省	二级	10000	2186	2186		14800		
汉中市锦园房地产开发有限责任公司	县	二级	1800	832	832	2100	39800	39800	2100
榆林市金域房地产开发公司	县	二级	840	680	450		15600		
西安雅荷房地产开发有限公司	其他	二级	90000	20080	19280	22750	150000	94700	22630
西安铁峰房地产开发有限责任公司	其他	二级	44000	8800	6500	8744	100200	74800	5220
西安市海荣房地产开发有限公司	地区	二级	10750	5135	5135		68448		
西安恒达房地产开发有限公司	其他	二级	15000	4292					
陕西天际房地产开发有限公司	其他	二级	3000	1615		35			
宝鸡市中房房地产开发有限公司	其他	二级	4008	688	293	220	22250	3645	206
西安高科(集团)新西部实业发展公司	地区	二级	67488	33710	24610	48560	194714	194714	48560

6-49 续表　　(2001年)　　单位:万元

企业名称	资产总计	负债总计	所有者权益合计	经营收入总计	#商品房销售收入	经营成本	销售费用	利润总额	年平均从业人数(人)
西安市宏府房地产开发(集团)公司	27150	21969	5181	6300	6300	3840	380	600	75
西安荣华集团有限公司	18455	13339	5116	4759	4759	3740	183	33	101
西安市汇鑫置业有限责任公司	19053	15140	3913	3052	3052	1961	286	181	58
西安市政建设开发公司	164173	160161	4012	548	548	351		40	169
宝鸡聚丰房地产开发公司	17348	12837	4511	2492		1129		506	55
咸阳市房地产开发公司	15970	14812	1158	2945	2945	2315	19	107	75
陕西省城乡建设综合开发公司汉中公司	7327	6043	1284	1415	1295	1091	16	17	46
汉中市城乡建设综合开发公司	5644	5347	297	284	284	559	10	-445	59
陕西省建筑房地产开发公司	2922	877	2045	3111	751	2867		17	19
陕西省鸿业房地产开发公司	27617	25617	2000	4419	4419	3281		873	56
陕西昌龙房地产有限责任公司	15092	14589	503					-125	30
陕西金裕房地产开发集团有限责任公司	18381	13367	5014	4607	4607	4035	148	-277	90
陕西功德置业发展有限责任公司	4522	1562	2960	61	61	44		1	30
陕西建功房地产事务有限责任公司	6158	1664	4494	14000	13850	11000	790	650	500
西安市房地产开发总公司	35674	30075	5599	6820	208	5699	102	4	131
西安市城市建设开发总公司	26458	19448	7010	5482	5482	3998	33	447	153
西安市房地产开发第二公司	11613	10557	1056	9318	5000	8265		370	15
西安黄河房地产开发公司	6377	5494	883	2234	2234	2124	1	-55	33
西安高新技术产业开发区建设开发公司	169165	130211	38954	38006	38006	29177	1700	5000	239
西安东新物业开发建设公司	31081	27154	3927	7205	7013	6129	147	3	101
西安市灞桥区城镇建设开发公司	3039	1647	1392	1042	1042	706		196	39
西安市雁塔区城乡建设开发公司	17432	15113	2319	8174	8174	5647	261	855	46
户县房地产开发公司	1480	1180	300	1320	1320	1000	70	30	54
铜川市房地产综合开发公司	4548	5039	-491	21	15	12	1	-117	60
宝鸡市房地产综合开发公司	2683	530	2153	1489	1489	1364		5	43
中铁第二十工程局第六工程总公司	1124	354	770	1800	1800	1003	1	770	13
陕西省建筑房地产开发公司汉中经理部	2106	1286	820	1412	1412	1285	4	24	12
汉中市东城房地产开发有限责任公司	3829	1797	2032	720	720	533	30	3	30
安康长兴房建有限责任公司	11000	6452	4548	3122	3122	2431	1	386	455
陕西安康兴华建筑工程有限公司	10560	7385	3175	4503	2600	2983	39	476	86
陕西正信房地产开发有限责任公司	6901	2840	4061	1088	1088	642	40	172	40
陕西大都房地产有限公司	6752	4638	2114					-104	40
西安高科房地产分公司	52246	36205	16041	9500	9500	6682	500	1235	215
西安通惠房地产开发公司	4900	2784	2116	740	740	548		32	37
汉中市鑫源房地产开发有限责任公司	2953	952	2001	198	198	178		-78	58
汉中市中山房地产开发有限责任公司	6204	4004	2200	1350	1350	902	12	230	61
汉中广厦房地产开发有限责任公司	10069	6000	4069	6200	6180	5129	42	89	86
铜川市建设综合开发公司	232962	232837	125	5349	5349	4909	10	2	48
宝鸡市房屋经营开发公司	5089	490	4599	745	695	649	55	2	69
西安市碑林科技产业园	31081	27154	3927	7205	7013	6129	147	3	101
陕西塞安尔物业发展有限公司	4417	3136	1281	398	240	332		-32	10
陕西广成房地产开发有限责任公司	2640	2129	511					-55	18
西安东光房地产综合开发有限公司	23542	26806	-3264	8		1		-85	59
立丰(西安)房地产开发有限公司	25338	11390	13948	3168	3168	2075	57	270	150
西安万国房地产开发有限公司	12569	10360	2209	7764	7764	5398	341	752	27
西安嘉翔房地产开发公司	8733	4650	4083	600	600	265	6	28	38
西安丹尼尔房地产开发有限公司	72883	56460	16423	3780	3780	1762	304	39	81
西安华奥房地产开发有限公司	22132	23286	-1154	134	134	134		-300	25
祥发(西安)房地产开发有限公司	3964	8219	-4255					-154	4
西安万业房地产开发有限公司	26258	24223	2035					-197	68
汉中市锦园房地产开发有限责任公司	4471	2622	1849	2858	2772	2486	23	7	55
榆林市金域房地产开发公司	8640	3600	5040	1070	840	620	5	325	120
西安雅荷房地产开发有限公司	32500	24475	8025	10920	10920	8238	430	1212	47
西安铁峰房地产开发有限责任公司	17000	14820	2180	11311	11311	9827	291	180	940
西安市海荣房地产开发有限公司	9709	6387	3322	1836	1836	1470	17	83	15
西安恒达房地产开发有限公司	4309	1463	2846					-54	19
陕西天际房地产开发有限公司	4050	1990	2060					-53	8
宝鸡市中房房地产开发有限公司	5170	3167	2003	542	195	251	1	-7	160
西安高科(集团)新西部实业发展公司	27747	20962	6785	32741	26817	18399	2443	10260	200

主要统计指标解释

全社会固定资产投资 固定资产投资是社会固定资产再生产的主要手段。通过建造和购置固定资产的活动，国民经济不断采用先进技术装备，建立新兴部门，进一步调整经济结构和生产力的地区分布，增强经济实力，为改善人民物质文化生活创造物质条件。这对我国的社会主义现代化建设具有重要意义。

固定资产投资额是以货币表现的建造和购置固定资产活动的工作量，它是反映固定资产投资规模、速度、比例关系和使用方向的综合性指标。全社会固定资产投资按登记注册类型可分为国有、集体、个体、联营、股份制、外商、港澳台商、其他等。按照管理渠道，全社会固定资产投资总额分为基本建设、更新改造、房地产开发投资和其他固定资产投资四个部分。

基本建设投资 基本建设指企业、事业、行政单位以扩大生产能力或工程效益为主要目的的新建、扩建工程及有关工作。其综合范围为总投资50万元以上(含50万元，下同)的基本建设项目。具体包括：(1)列入中央和各级地方本年基本建设计划的建设项目，以及虽未列入本年基本建设计划，但使用以前年度基建计划内结转投资(包括利用基建库存设备材料)在本年继续施工的建设项目；(2)本年基本建设计划内投资与更新改造计划内投资结合安排的新建项目和新增生产能力(或工程效益)达到大中型项目标准的扩建项目，以及为改变生产力布局而进行的全厂性迁建项目；(3)国有单位既未列入基建计划，也未列入更新改造计划的总投资在50万元以上的新建、扩建、恢复项目和为改变生产力布局而进行的全厂性迁建项目，以及行政、事业单位增建业务用房和行政单位增建生活福利设施的项目。

更新改造投资 更新改造指企业、事业单位对原有设施进行固定资产更新和技术改造，以及相应配套的工程和有关工作(不包括大修理和维护工程)。其综合范围为总投资50万元以上的更新改造项目。具体包括：(1)列入中央和各级地方本年更新改造计划的投资单位(项目)和虽未列入本年更新改造计划，但使用上年更新改造计划内结转的投资在本年继续施工的项目；(2)本年更新改造计划内投资与基本建设计划内投资结合安排的对企、事业单位原有设施进行技术改造或更新的项目和增建主要生产车间、分厂等其新增生产能力(或工程效益)未达到大中型项目标准的项目，以及由于城市环境保护和安全生产的需要而进行的迁建工程；(3)国有企、事业单位既未列入基建计划也未列入更新改造计划，总投资在50万元以上的属于改建或更新改造性质的项目，以及由于城市环境保护和安全生产的需要而进行的迁建工程。

房地产开发投资 指房地产开发公司、商品房建设公司及其他房地产开发法人单位和附属于其他法人单位实际从事房地产开发或经营的活动单位统一开发的包括统代建、拆迁还建的住宅、厂房、仓库、饭店、宾馆、度假村、写字楼、办公楼等房屋建筑物和配套的服务设施，土地开发工程(如道路、给水、排水、供电、供热、通讯、平整场地等基础设施工程)的投资；不包括单纯的土地交易活动。

其他固定资产投资 指全社会固定资产投资中未列入基本建设、更新改造和房地产开发投资的建造和购置固定资产的活动。具体包括：

⑴国有单位按规定不纳入基本建设计划和更新改造计划管理，计划总投资(或实际需要总投资)在50万元以上的以下工程：①用油田维护费和石油开发基金进行的油田维护和开发工程；②煤炭、铁矿、森工等采掘采伐业用维简费进行的开拓延伸工程；③交通部门用公路养路费对原有公路、桥梁进行改建的工程；④商业部门用简易建筑费建造的仓库工程。

⑵城镇集体固定资产投资：指所有隶属城市、县城(城关镇)领导的集体单位(乡镇企业局管理的除外)建造和购置固定资产计划总投资(或实际需要总投资)在50万元以上的项目。

⑶除上述以外的其他各种企、事业单位、个体建造和购置固定资产总投资在50万元以上的、未列入基本建设计划和更新改造计划的项目。

固定资产投资的资金来源 根据固定资产投资的资金来源不同，分为国家预算内资金、国内贷款、利用外资、自筹资金和其他资金来源。

⑴国家预算内资金：指中央财政和地方财政中由国家统筹安排的基本建设拨款和更新改造拨款，以及中央财政安排的专项拨款中用于基本建设的资金和基本建设拨款改贷款的资金等。

⑵国内贷款：指报告期内企、事业单位向银行及非银行金融机构借入的用于固定资产投资的各种国内借款。包括银行利用自有资金及吸收的存款发放的贷款、上级主管部门拨入的国内贷款、国家专项贷款(包括煤代油贷款、劳改煤矿专项贷款等)、地方财政专项资金安排的贷款、国内储备贷款、周转贷款等。

⑶利用外资：指报告期内收到的用于固定资产投资的国外资金，包括统借统还、自借自还的国外贷款，中外合资项目中的外资，以及对外发行债券和股票等。国家统借统还的外资指由我国政府出面同外国政府、团体或金融组织签订贷款协议、并负责偿还本息的国外贷款。

⑷自筹资金：指建设单位报告期内收到的，用于进行固定资产投资的上级主管部门、地方和企、事业单位自筹资金。

⑸其他资金来源：指报告期内收到的除以上各种拨款、借款、自筹资金以外其他用于固定资产投资的资金。

固定资产投资按国民经济行业分 建设项目归哪个行业，按其建成投产后的主要产品或主要用途及社会经济活动性质来确定。基本建设按建设项目划分国民经济行业，更新改造、国有单位其他固定资产投资及城镇集体投资根据整个企业、事业单位所属的行业来划分。一般情况下,一个建设项目或一个企业、事业单位只能属于一种国民经济行业。为了更准确地反映国民经济各行业之间的比例关系,联合企业(总厂)所属分厂属于不同行业的,原则上按分厂划分行业。

固定资产投资按建设性质分 建设项目的性质一般分为新建、扩建、改建、迁建、恢复。基本建设按建设项目划分建设性质,更新改造、国有单位其他固定资产投资及城镇集体投资等按整个企业、事业单位的建设情况确定建设性质,房地产开发单位、农村投资、城镇工矿区私人建房等投资不划分建设性质。

⑴新建: 一般是指从无到有、"平地起家"新开始建设的单位。有的单位原有的基础很小,经过建设后其新增加的固定资产价值超过原有固定资产价值(原值)三倍以上的也算新建。

⑵扩建: 一般是指为扩大原有产品的生产能力,在厂内或其他地点增建主要生产车间(或主要工程)、独立的生产线或分厂的企业; 事业单位和行政单位在原单位增建业务用房(如学校增建教学用房、医院增建门诊部或病床用房、行政机关增建办公楼等)也作为扩建。

⑶改建: 一般是指现有企业、事业单位为了技术进步,提高产品质量,增加花色品种,促进产品升级换代,降低消耗和成本,加强资源综合利用和三废治理、劳保安全等,采用新技术、新工艺、新设备、新材料等对现有设施、工艺条件进行技术改造或更新(包括相应配套的辅助性生产、生活福利设施)。有的企业为充分发挥现有生产能力,进行填平补齐而增建不增加本单位主要产品生产能力的车间等,也属于改建。

固定资产投资按构成分 固定资产投资活动按其工作内容和实现方式分为建筑安装工程,设备、工具、器具购置,其他费用三个部分。

⑴建筑安装工程(建筑安装工作量): 指各种房屋、建筑物的建造工程和各种设备、装置的安装工程。包括各种房屋建造工程,各种用途设备基础和各种工业窑炉的砌筑工程; 为施工而进行的各种准备工作和临时工程以及完工后的清理工作等; 铁路、道路的铺设,矿井的开凿及石油管道的架设等; 水利工程; 防空地下建筑等特殊工程; 以及各种机械设备的安装工程; 为测定安装工程质量,对设备进行的试运工作。在安装工程中,不包括被安装设备本身的价值。

⑵设备、工具、器具购置: 指购置或自制达到固定资产标准的设备、工具、器具的价值,固定资产的标准按财务部门规定。新建单位、扩建单位的新建车间按照设计和计划要求购置或自制的全部设备、工具、器具,不论是否达到固定资产标准均计入"设备、工具、器具购置"中。

⑶其他费用: 指在固定资产建造和购置过程中发生的,除建筑安装工程和设备、工具、器具购置以外的各种应摊入固定资产的费用。

基本建设项目按大中小型划分 基本建设划分大中小型项目原则上应按照上级批准的设计任务书或初步设计所确定的总规模或总投资划分,没有正式批准设计任务书或初步设计的,按国家或省、自治区、直辖市年度基本建设投资计划中所列的总规模或总投资划分。上述两条均不具备的,按本年计划施工工程的建设总规模或总投资划分。生产单一产品的工业项目,按产品的设计能力划分; 生产多种产品的工业项目,按其主要产品的设计能力划分。品种繁多,难以按生产能力划分的,按全部计划投资额划分。划分标准以国家颁发的《大中小型建设项目划分标准》为依据。国家曾在 1953 年、1962 年、1972 年、1977 年和 1979 年先后五次修订《大中小型建设项目划分标准》,因此各历史时期的大中型项目数不完全可比。

施工项目 指报告期内曾进行建筑或安装工程施工活动的建设项目,包括报告期内新开工项目、报告期以前开工跨入报告期继续施工的项目以及报告期施过工并在报告期内全部建成投产或停缓建的项目。

全部建成投产项目 工业项目是指设计文件规定形成生产能力的主体工程及其相应配套的辅助设施全部建成,经负荷试运转,证明具备生产设计规定合格产品的条件,并经过验收鉴定合格或达到竣工验收标准,与生产性工程配套的生活福利设施可以满足近期正常生产的需要,正式移交生产的建设项目。非工业项目是指设计文件规定的主体工程和相应的配套工程全部建成,能够发挥设计规定的全部效益,经验收鉴定合格或达到竣工验收标准,正式移交使用的建设项目。

新增生产能力 指通过固定资产投资活动而增加的设计能力或工程效益,它是用实物形态表示的固定资产投资的成果。新增生产能力的计算,是以能独立发挥生产能力或工程效益的单项工程(或项目)为对象。当单项工程(或项目)建成,经有关部门鉴定合格,正式移交投入生产,即可计算新增生产能力。

新增生产能力或工程效益有以下几种表现形式:

⑴以建设项目或单项工程建成后的年产能力表示,如煤炭开采、石油开采等。

⑵以建设项目或单项工程建成后处理原料的能力表示,如选矿工程的年处理矿石能力、洗煤厂年洗原煤能力等。

⑶以新增的主要设备数量或容量表示,如棉纺锭锭数、发电机组容量等。

⑷以建筑物容积、容量、面积或长度表示,如水库容量、铁路公路里程等。

新增生产能力的数量一般按设计能力计算。设计能力是指设计文件中规定的在正常情况下能够达到的生产能力,而不论投产后的实际产量如何。以设备数量、建筑物容积、面积、长度等表示的新增生产能力或工程效益,则按建成的实际数量计算。

房屋建筑面积 指从房屋外墙线算起的各层平面面积的总和,包括可供使用的有效面积和房屋结构(如柱、墙)占用的面积。多层建筑按各层(包括地下室)面积总和计算。

住宅建筑面积 指施工和竣工房屋建筑面积中供居住用的施工和竣工房屋建筑面积。

施工面积 指报告期内施工的全部房屋建筑面积。包括本期新开工的面积、上期跨入本期继续施工的房屋面积、上期停缓建在本期恢复施工的房屋面积、本期竣工的房屋面积及本期施工后又停缓建的房屋面积。

竣工面积 指在报告期内房屋建筑按照设计要求已全部完工,达到住人和使用条件,经验收鉴定合格,正式移交使用单位的建筑面积。

房屋建筑面积竣工率 指一定时期内房屋竣工面积占同期房屋施工面积的比率。它是从房屋建筑施工速度的角度反映投资效果和建筑业经济效益的指标。

新增固定资产 指通过投资活动所形成的新的固定资产价值,包括已经建成投入生产或交付使用的工程价值和达到固定资产标准的设备、工具、器具的价值及有关应摊入的费用。它是以价值形式表示的固定资产投资成果的综合性指标,可以综合反映不同时期、不同部门、不同地区的固定资产投资成果。

建设项目投产率 指一定时期内全部建成投入生产项目个数与同期正式施工项目个数的比率。它是从项目建设速度的角度反映投资效果的指标。

固定资产交付使用率 指一定时期新增固定资产与同期完成投资额的比率。它是反映各个时期固定资产动用速度,衡量建设过程中投资效果的一个综合性指标。

7 能源生产和消费

NENGYUANSHENGCHANHEXIAOFEI

资料整理　张　虹

****

7. 能源生产和消费

****

2001 年全省

能源生产总量	4930.63 万吨标准煤	比上年增长	29.6%
能源消费总量	3034.34 万吨标准煤	比上年增长	15.9%
平均每天消费能源	8.31 万吨标准煤		
# 原　煤	8.34 万　吨		
天然气	296.99 万立方米		
电　力	8809.32 万千瓦小时		

****

能源生产及消费总量

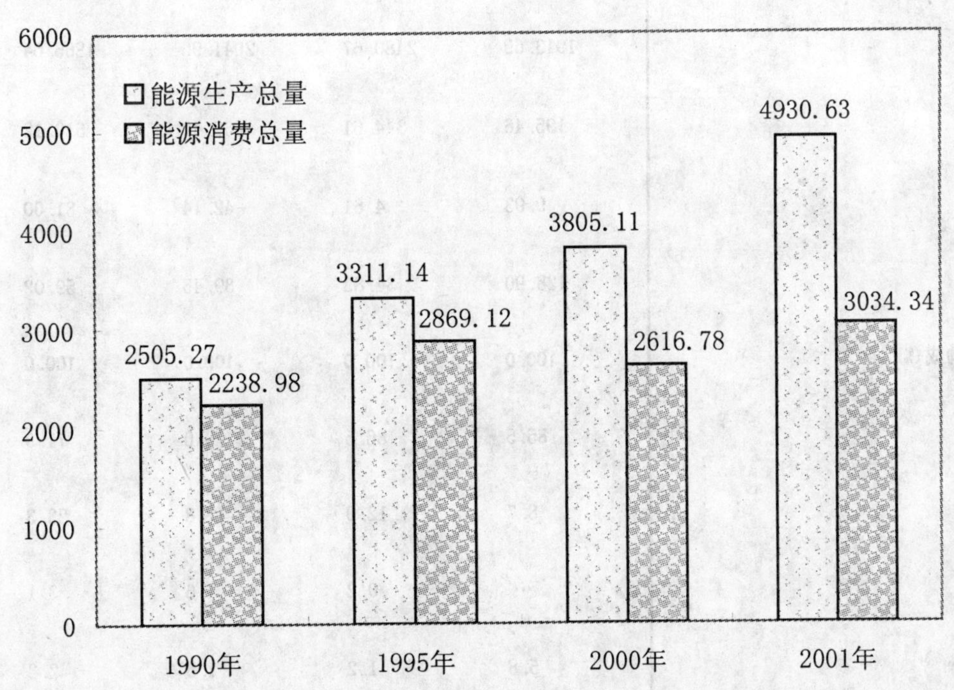

7-1 能源生产、消费总量及构成

指 标	1990年	1995年	1999年	2000年	2001年
能源生产总量(万吨标准煤)	**2505.27**	**3311.14**	**3523.72**	**3805.11**	**4930.63**
原 煤	2355.17	3034.24	2635.73	2696.35	3494.16
原 油	100.16	238.50	709.66	808.30	983.81
天然气	0.93	2.67	150.33	256.22	417.72
水 电	49.01	31.25	27.76	44.24	34.94
能源生产构成(%)	**100.0**	**100.0**	**100.0**	**100.0**	**100.0**
原 煤	94.0	91.6	74.8	70.9	70.9
原 油	4.0	7.2	20.1	21.2	20.0
天然气	…	0.1	4.3	6.7	8.5
水 电	2.0	0.9	0.8	1.2	0.7
能源消费总量(万吨标准煤)	**2238.98**	**2869.12**	**2584.19**	**2616.78**	**3034.34**
煤 炭	1913.69	2480.67	2041.96	1866.64	2115.80
石 油	195.46	344.61	460.40	610.12	736.25
天然气	0.93	4.61	42.14	81.00	131.63
电 力	128.90	34.83	39.45	59.02	50.66
能源消费构成(%)	**100.0**	**100.0**	**100.0**	**100.0**	**100.0**
煤 炭	85.5	86.5	79.0	71.3	69.7
石 油	8.7	12.0	17.8	23.3	24.3
天然气	…	0.2	1.6	3.1	4.3
电 力	5.8	1.2	1.5	2.3	1.7

7-2 主要能源平衡情况

(2001年)

指标	综合能源(万吨标准煤)	原煤(万吨)	焦炭(万吨)	电力(亿千瓦小时)
一、可供本地区消费能源	3034.34	3042.64	-142.48	41.22
年初库存	463.42	486.53	39.42	
一次能源生产量	4930.63	4891.73		28.43
外省(区、市)调入量	882.08	400.00	58.00	17.64
进口量				
本省(区、市)调出量	-2634.26	-2324.85	-168.00	-4.85
出口量	-101.53		-14.77	
年末库存	-506.00	-410.77	-57.13	
二、加工转换投入(-)产出(+)量	-845.36	-1863.90	270.52	271.19
火力发电	-675.03	-1408.22		271.19
供　热	-40.55	-112.55		
洗选煤	-19.84	-249.31		
炼　焦	40.92	-90.99	270.52	
炼　油	-186.98	-0.77		
制　气	12.11	-2.06		
煤制品加工	24.01			
三、损失量	28.45			23.15
四、终端消费	2200.20	1178.74	128.04	321.54
农、林、牧、渔业	55.23	7.00		25.11
工　业	1489.26	902.65	127.04	211.85
建筑业	82.87	39.17	1.00	3.01
交通运输仓储邮电通讯业	154.53	12.38		17.48
批发零售贸易业、餐饮业	38.82	10.20		9.95
居民消费	330.69	187.04		35.77
其　他	48.80	20.30		18.37

7-2 续表 (2001年)

指 标	原 油 (万吨)	汽 油 (万吨)	煤 油 (万吨)	柴 油 (万吨)	燃料油 (万吨)
一、可供本地区消费能源	**618.26**	**-70.27**	**17.38**	**-73.20**	**16.71**
年初库存	18.97	6.05	0.95	5.70	5.65
一次能源生产量	688.65				
外省(区、市)调入量	10.50	32.43	17.49	52.18	47.65
进口量					
本省(区、市)调出量	-51.23	-96.61	-0.12	-118.27	-23.77
出口量					
年末库存	-48.63	-12.14	-0.94	-12.81	-12.82
二、加工转换投入(-)产出(+)量	**-604.14**	**148.43**	**1.10**	**192.28**	**74.68**
火力发电				-1.67	
供 热				-0.02	
洗选煤					
炼 焦					
炼 油	-604.14	148.43	1.10	193.97	74.68
制 气					
煤制品加工					
三、损失量					
四、终端消费	**14.12**	**78.16**	**18.48**	**119.08**	**91.39**
农、林、牧、渔业		2.00		11.00	0.28
工 业	14.12	23.23	1.55	59.08	73.90
建筑业		4.00		17.00	13.69
交通运输仓储邮电通讯业		35.33	16.93	30.00	2.52
批发零售贸易业、餐饮业		10.60		2.00	
居民消费					
其 他		3.00			1.00

7-3 能源生产增长系数

指 标	1990年	1995年	1999年	2000年	2001年
能源生产增长速度(%)	7.15	14.57	-5.43	7.99	29.58
电力生产增长速度(%)	0.81	6.46	4.71	4.75	9.13
国内生产总值增长速度(%)	3.4	9.0	8.4	9.0	9.1
能源生产增长系数	2.10	1.62	.	0.89	3.25
电力生产增长系数	0.24	0.72	0.56	0.53	1.00

7-4 平均每万人能源生产量

品 种	单 位	1990年	1995年	1999年	2000年	2001年
生产总量	**吨标准煤**	**7740.68**	**9425.12**	**9739.14**	**10442.12**	**13475.35**
原 煤	吨	10281.01	12091.46	10198.58	10359.00	13369.04
原 油	吨	216.62	475.22	1372.96	1552.69	1882.07
天然气	万立方米	0.22	0.63	34.22	57.90	94.01
电 力	万千瓦小时	462.66	673.96	730.00	776.62	844.07

7-5 能源加工转换效率

指 标	1990年	1995年	1999年	2000年	2001年
总效率(%)	**53.17**	**63.57**	**69.60**	**67.47**	63.89
火力发电	31.75	30.79	32.04	34.02	33.05
供 热	84.79	80.78	87.49	81.39	73.01
洗 煤	86.20	91.78	93.13	91.15	88.86
炼 焦	92.73	96.06	95.57	103.24	118.19
炼 油	96.19	90.50	96.01	88.93	78.35

7-6 能源利用效益主要指标

指　　标	单 位	1990年	1995年	1999年	2000年	2001年
每万元国内生产总值能源消费量	吨标煤	5.53	2.86	1.74	1.58	1.65
每万元工业增加值能源消费量	吨标煤		9.12	5.46	4.76	5.02
每吨能源消费实现的国内生产总值	元	1809.35	3485.49	5756.58	6347.72	6068.01
每吨能源消费实现的工业增加值	元		1096.00	1832.44	2100.21	1993.61

7-7 能源消费弹性系数

指　　标	1990年	1995年	1999年	2000年	2001年
能源消费增长速度	3.60	10.39	-11.65	1.26	15.96
电力消费增长速度	4.77	1.96	6.53	14.90	9.83
国内生产总值增长速度	3.4	9.0	8.4	9.0	9.1
能源消费弹性系数	1.06	1.15	-	0.14	1.75
电力消费弹性系数	1.40	0.22	0.77	1.66	1.08

7-8 平均每天各种能源消费量

品　种	单 位	1990年	1995年	1999年	2000年	2001年
消费总量	**万吨标煤**	**6.13**	**7.86**	**7.08**	**7.17**	**8.31**
原　煤	万吨	7.47	9.73	8.79	7.56	8.34
焦　炭	吨	2696.71	8307.10	5243.56	3678.63	3507.95
原　油	吨	1670.96	4206.01	12220.00	14290.68	16938.63
燃料油	吨	613.70	770.22	1656.16	2193.15	2503.84
汽　油	吨	1273.70	2251.09	2576.99	2835.89	2141.37
煤　油	吨	222.19	471.58	730.68	533.97	506.30
柴　油	吨	1268.22	1981.42	2476.99	2596.16	3262.47
天然气	万立方米	1.92	10.38	95.07	182.74	296.99
电　力	万千瓦小时	4665.48	6548.63	7496.71	8613.42	8809.32

7-9 平均每万元工业总产值能源消费量

(2001年)

行　　业	能源消费量(万吨标煤)	工业总产值(亿元)	产值能耗(吨标煤/万元)
工　业	**2250.95**	**1073.00**	**2.10**
轻 工 业	405.64	337.78	1.20
重 工 业	1845.32	735.22	2.51
(一)采掘业	**275.92**	**95.88**	**2.88**
煤炭采选业	100.41	30.76	3.26
石油和天然气开采业	109.95	44.82	2.45
黑色金属矿采选业	7.96	0.31	25.68
有色金属矿采选业	37.80	18.95	1.99
非金属矿采选业	15.15	0.97	15.62
木材及竹材采运业	2.72	0.07	38.86
(二)制造业	**1637.54**	**941.73**	**1.74**
食品加工业	39.42	31.12	1.27
食品制造业	38.06	19.88	1.91
饮料制造业	16.92	22.31	0.76
烟草加工业	6.05	28.33	0.21
纺织业	74.98	45.56	1.65
服装及其他纤维制品制造业	3.91	5.09	0.77
皮革毛皮羽绒及其制品业	4.35	2.08	2.09
木材加工及竹藤棕草制品业	2.85	1.82	1.57
家俱制造业	1.42	2.79	0.51
造纸及纸制品业	39.32	12.95	3.04
印刷业、记录媒介的复制	20.33	17.91	1.14
文教体育用品制造业	1.18	0.13	9.08
石油加工及炼焦业	218.00	22.56	9.66
化学原料及化学制品制造业	382.88	56.42	6.79
医药制造业	41.48	69.80	0.59
化学纤维制造业	22.44	2.93	7.66
橡胶制品业	9.86	2.75	3.59
塑料制品业	2.01	3.74	0.54
非金属矿物制品业	161.45	29.82	5.41
黑色金属冶炼及压延加工业	124.24	16.55	7.51
有色金属冶炼及压延加工业	70.32	22.32	3.15
金属制品业	33.00	11.38	2.90
普通机械制造业	24.32	42.48	0.57
专用设备制造业	27.58	48.90	0.56
交通运输设备制造业	168.47	140.14	1.20
武器弹药制造业	19.62	17.60	1.11
电气机械及器材制造业	18.51	68.03	0.27
电子及通讯设备制造业	39.40	172.47	0.23
仪器仪表、文化办公用机械制造业	8.28	13.97	0.59
其他制造业	16.93	9.90	1.71
(三)电力、煤气及水生产和供应业	**337.48**	**35.39**	**9.54**
电力、蒸汽、热水的生产和供应业	327.11	33.73	9.70
煤气生产和供应业	0.85	0.32	2.66
自来水的生产和供应业	9.48	1.34	7.07

注:工业总产值为1990年不变价格。

7-10 全省用电总量

单位：亿千瓦小时

指 标	1990年	1995年	1999年	2000年	2001年
全省用电量总计	**169.44**	**236.72**	**272.10**	**292.76**	**321.54**
一、农、林、牧、渔、水利用电	15.28	22.84	22.30	22.90	25.11
# 排灌用电	7.28	15.00	15.83	16.49	18.36
二、工业用电	126.07	165.24	183.03	196.00	211.85
轻工业	23.39	29.34	28.59	32.67	33.68
重工业	102.68	135.90	154.44	163.33	178.17
# 自来水生产和供应业	2.41	3.58	2.75	2.79	2.41
电力蒸汽热水生产供应业	29.91	42.34	51.28	50.37	55.28
# 厂用电量	14.04	18.63	25.11	23.86	27.23
# 线路损失电量	15.04	22.24	23.40	23.78	25.98
三、地质普查和勘探业用电	0.16	0.20	0.23	0.16	0.20
四、建筑业用电	1.20	2.24	2.54	2.28	2.82
五、交通运输、邮电通讯业用电	8.67	11.35	13.49	14.01	17.48
交通运输业	8.40	10.80	12.29	12.73	16.02
邮电通讯业	0.27	0.46	1.20	1.29	1.46
六、商业、公共饮食业、物资供销和仓储业用电	2.95	5.70	6.91	8.44	9.95
七、其它事业用电	6.79	9.44	14.36	15.66	18.38
八、城乡居民生活用电	8.32	19.71	29.24	33.31	35.77
乡村用电	2.24	7.47	11.17	12.00	12.57
城市用电	6.08	12.34	18.07	21.31	23.20

7-11 主要能源按行业分组消费量

(2001年)

行业	原煤 (万吨)	焦炭 (万吨)	汽油 (万吨)	柴油 (万吨)	电力 (亿千瓦时)
总计	2766.55	127.04	23.23	62.77	211.85
采掘业	250.63	16.12	3.03	12.74	22.63
煤炭采选业	223.71	6.03	0.99	3.68	7.94
石油和天然气开采业	15.25	4.40	0.89	5.17	3.60
黑色金属矿采选业	0.44	4.00	0.35	0.54	0.66
有色金属矿采选业	5.84	0.28	0.39	1.73	8.04
非金属矿采选业	1.86	1.41	0.29	1.16	2.06
其它矿采选业	1.87				0.16
木材及竹材采运业	1.66		0.15	0.46	0.17
制造业	999.43	110.47	19.52	43.79	133.94
食品加工业	25.18	1.19	0.76	0.57	3.33
食品制造业	43.55	0.04	0.74	0.55	0.99
饮料制造业	19.86		0.71	1.37	0.64
烟草加工业	5.65		0.27	0.17	0.37
纺织业	35.38	1.19	0.94	0.55	11.23
服装及其他纤维制品业	1.15		0.27	0.31	0.60
皮革、毛皮、羽绒及制品制造业	1.81	0.01	0.09	0.47	0.60
木材加工及竹、藤、棕、草制品业	2.14		0.19	0.61	0.04
家具制造业	0.77		0.17	0.18	0.10
造纸及纸制品业	31.24	0.03	0.36	1.15	3.96
印刷业	18.22	1.67	0.29	1.09	0.54
文教体育用品制造业	0.73	0.16	0.12	0.17	0.02
石油加工及炼焦业	141.65		1.35	5.93	3.68
化学原料及化学制品业	211.56	37.51	1.27	4.10	30.96
医药制造业	14.81	0.02	0.54	0.57	2.76
化学纤维制造业	26.62		0.14	0.46	0.68
橡胶制品业	3.62		0.04	0.26	0.90
塑料制品业	0.13		0.07	0.38	0.34

7-11 续表

(2001年)

行业	原煤 (万吨)	焦炭 (万吨)	汽油 (万吨)	柴油 (万吨)	电力 (亿千瓦时)
非金属矿物制品业	107.59	3.87	2.73	4.10	17.18
黑色金属及冶炼压延加工业	53.57	59.28	0.24	1.38	9.48
有色金属及冶炼压延加工业	7.03	0.72	0.36	0.47	16.52
金属制品业	2.81	0.32	0.47	1.19	2.88
普通机械制造业	9.77	1.42	1.42	0.64	3.83
专用设备制造业	11.35	0.95	0.45	1.09	4.05
交通运输设备制造业	177.35	0.21	0.94	2.38	9.62
武器弹药制造业	11.85	0.52	0.39	0.61	0.65
电气机械及器材制造业	12.68	0.03	1.37	1.13	0.87
电子及通信设备制造业	14.79		0.40	5.46	1.35
仪器仪表及文化办公用机械制造业	3.85		0.13	0.35	0.21
其他制造业	2.72	1.33	2.30	6.10	5.56
电力、煤气及水生产供应业	**1516.49**	**0.45**	**0.65**	**6.24**	**55.28**
电力、蒸汽、热水的生产供应业	1515.75	0.45	0.36	6.20	52.77
煤气生产和供应业	0.11		0.26	0.02	0.10
自来水生产和供应业	0.63		0.03	0.02	2.41
建筑业	**39.17**		**4.39**	**6.40**	**3.01**
土木工程建筑业	39.17		4.13	6.40	2.01
线路管道和设备安装业			0.26		0.57
装修装饰业					0.43
运输邮电业	**12.38**		**20.14**	**15.45**	**17.48**
铁路运输业	12.38		0.59	3.82	14.48
公路运输业	0.12		15.94	10.04	1.02
管道运输业					0.17
水上运输业				0.34	
航空运输业			3.27	0.90	0.30
交通运输辅助业					0.03
其他交通运输业					
邮电通信业	0.89		0.34	0.35	1.46

主要统计指标解释

能源生产总量 指一定时期内一次能源生产量的总和,是观察全国能源生产水平、规模、构成和发展速度的总量指标。一次能源生产量包括原煤,原油,天然气,水电、核能及其他动力能(如风能、地热能等)发电量,不包括低热值燃料生产量、生物质能、太阳能等的利用和由一次能源加工转换而成的二次能源产量。

能源消费总量 指一定时期内物质生产部门、非物质生产部门和生活消费的各种能源的总和,是观察能源消费水平、构成和增长速度的总量指标。能源消费总量包括原煤和原油及其制品、天然气、电力,不包括低热值燃料、生物质能和太阳能等的利用。能源消费总量分为终端能源消费量、能源加工转换损失量和损失量三部分。

⑴终端能源消费量: 指一定时期内生产和生活消费的各种能源在扣除了用于加工转换二次能源消费量和损失量以后的数量。

⑵能源加工转换损失量: 指一定时期内投入加工转换的各种能源数量之和与产出各种能源产品之和的差额,是观察能源在加工转换过程中损失量变化的指标。

⑶能源损失量: 指一定时期内能源在输送、分配、储存过程中发生的损失和由客观原因造成的各种损失量,不包括各种气体能源放空、放散量。

能源生产弹性系数 是研究能源生产增长速度与国民经济增长速度之间关系的指标。计算公式为:

能源生产弹性系数=能源生产总量年平均增长速度/国民经济年平均增长速度

国民经济年平均增长速度,可根据不同的目的或需要,用国民生产总值、国内生产总值等指标来计算,本年鉴是采用国内生产总值指标计算的。

电力生产弹性系数 是研究电力生产增长速度与国民经济增长速度之间关系的指标。一般来说,电力的发展应当快于国民经济的发展,也就是说电力应超前发展。计算公式为:

电力生产弹性系数=电力生产量年平均增长速度/国民经济年平均增长速度

能源消费弹性系数 是反映能源消费增长速度与国民经济增长速度之间比例关系的指标。计算公式为:

能源消费弹性系数=能源消费量年平均增长速度/国民经济年平均增长速度

电力消费弹性系数 反映电力消费增长速度与国民经济增长速度之间比例关系的指标。计算公式为:

电力消费弹性系数=电力消费量年平均增长速度/国民经济年平均增长速度

能源加工转换效率 指一定时期内能源经过加工、转换后,产出的各种能源产品的数量与同期内投入加工转换的各种能源数量的比率。它是观察能源加工转换装置和生产工艺先进与落后、管理水平高低等的重要指标。计算公式为:

能源加工转换效率=能源加工、转换产出量/能源加工、转换投入量×100%

主要统计指标解释

8 财　政

CAIZHENG

资料整理　　张红霞

****

8.财　政

****

2001 年全省

财政收入(老口径)	225.98 亿元	比上年增长 20.8%
(新口径)	135.81 亿元	比上年增长 18.1%
财政支出	350.05 亿元	比上年增长 28.8%

****

财　政　收　支

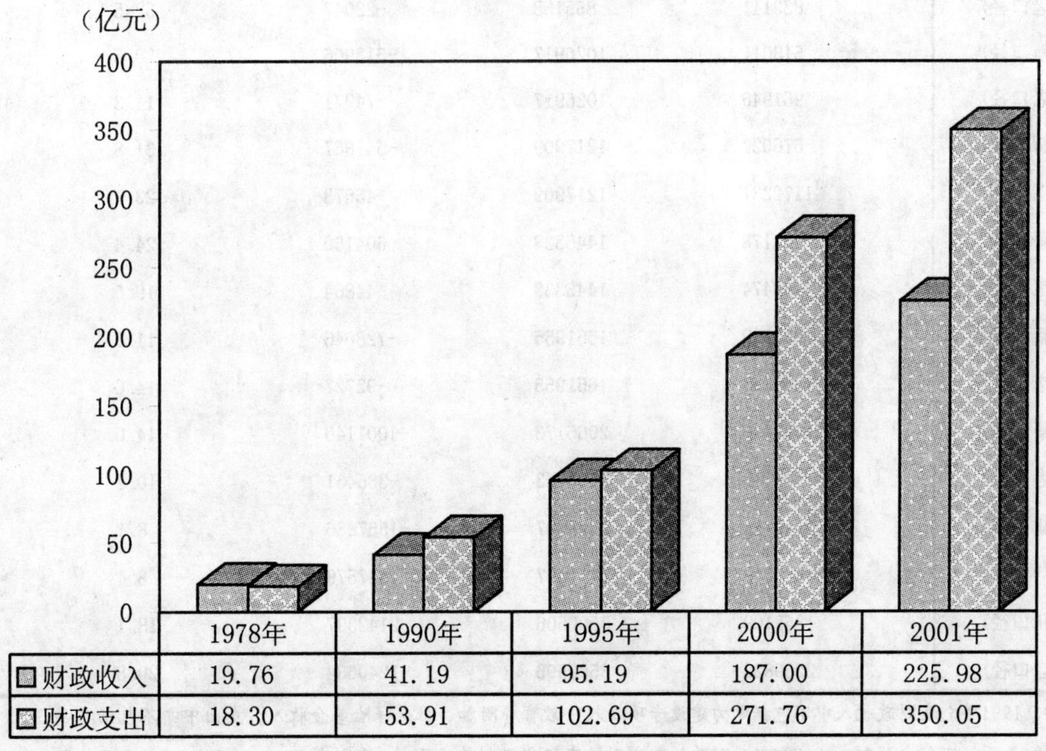

	1978年	1990年	1995年	2000年	2001年
财政收入	19.76	41.19	95.19	187.00	225.98
财政支出	18.30	53.91	102.69	271.76	350.05

8-1 财政收支总额

单位：万元

年份	财政收入	财政支出	收支差额	比上年增长%	
				财政收入	财政支出
1978	197587	183026	14561	31.5	32.4
1979	168010	195617	-27607	-15.0	6.9
1980	158105	182837	-24732	-5.9	-6.5
1981	134538	163887	-29349	-14.9	-10.4
1982	135622	172993	-37371	0.8	5.6
1983	145407	188076	-42669	7.2	8.7
1984	153124	227471	-74347	5.3	20.9
1985	202967	275007	-72040	32.6	20.9
1986	240907	355931	-115024	18.7	29.4
1987	281805	378051	-96246	17.0	6.2
1988	338788	445835	-107047	20.2	17.9
1989	389603	507870	-118267	15.0	13.9
1990	411901	539062	-127161	5.7	6.1
1991	451391	582781	-131390	9.6	8.1
1992	509539	652654	-143115	12.9	12.0
1993	628982	753985	-125003	23.4	15.5
1994(新口径)	425886	855158	-429272	41.0	13.4
1994(老口径)	833111	855158	-22047	32.5	13.4
1995(新口径)	513011	1026917	-513906	20.5	20.1
1995(老口径)	951946	1026917	-74971	14.3	20.1
1996(新口径)	676022	1217909	-541887	31.8	18.6
1996(老口径)	1172231	1217909	-45678	23.1	18.6
1997(新口径)	841178	1445338	-604160	24.4	18.7
1997(老口径)	1400474	1445338	-44864	19.5	18.7
1998(新口径)	933309	1661955	-728646	11.0	17.5
1998(老口径)	1569228	1661955	-92727	14.6	17.5
1999(新口径)	1064033	2065173	-1001140	14.0	24.3
1999(老口径)	1729712	2065173	-335461	10.2	24.3
2000(新口径)	1149711	2717597	-1567886	8.1	31.6
2000(老口径)	1870019	2717597	-847579	8.1	31.6
2001(新口径)	1358109	3500506	-2142397	18.1	28.8
2001(老口径)	2259822	3500506	-1240684	20.8	28.8

注：1.1990、1991年全省财政收入中不包括电力建设专项收入、教育费附加、社会保险基金收入；支出中亦不包括。

2.因1994年开始实行分税制，故1994以后财政收入分别按实行分税制前后两个口径计算。

8-2 地方财政分项目收支

单位：万元

指　　标	1995年	1999年	2000年	2001年
地方财政收入	513011	1064033	1149711	1358109
# 企业收入	-2750	73184	101409	198790
# 工　业	11982	27527	34849	70754
交通邮电	-184	-114	17	58
商业物供	-27671	-25605	-22069	-13972
各项税收	454412	887963	846253	942912
# 增值税	111554	170020	189980	233318
营业税	151065	282380	317014	334989
个人所得税	12409	36891	44466	73119
资源税	4755	10858	13046	13592
城市维护建设税	39136	64998	71585	80401
农牧业税	35649	43240	39334	25012
农业特产税	33357	68835	73438	71794
行政性收费收入	3035	37222	45401	48210
罚没收入	20930	62490	59881	70609
专项收入	21023	60484	65399	69084
地方财政支出	1026917	2065173	2717597	3500506
# 基本建设支出	42263	227530	414083	503090
企业挖潜改造支出	45360	56516	67498	82158
科技三项费用	8137	21386	25926	22773
支援农村生产支出	55389	73192	67413	69432
农林水利气象等部门的事业费	56255	85366	162059	247371
工业交通流通部门事业费	29959	43550	43863	51524
文体广播事业费		73422	76041	92392
教育事业费	190492	328068	384560	523579
科学事业费	8878	13427	14902	16892
卫生经费	37818	86143	82890	114542
抚恤和社会福利救济费	26894	42535	56709	71961
社会保障补助支出		85372	250022	314003
行政管理费	158869	238962	276547	353754
城市维护费	43525	82351	73820	115985
政策性补贴支出	41957	62641	53876	78456

注：各项税收中不包括国营企业所得税和企业所得税退税。

8-3 各市县财政收支

（2001年） 单位：万元

地 区	财政收入	财政支出	收支差额
全 省	**1358109**	**3500506**	**-2142397**
省 级	209038	1623339	-1414301
西安市	**514477**	**542090**	**-27613**
市本级	326906	302300	24606
新城区	27377	27625	-248
碑林区	25857	25397	460
莲湖区	25801	26149	-348
灞桥区	11426	13489	-2063
未央区	14892	17428	-2536
雁塔区	19627	19753	-126
阎良区	10052	10889	-837
临潼区	11760	20663	-8903
长安县	14495	21383	-6888
蓝田县	5472	14708	-9236
周至县	5503	15126	-9623
户 县	10701	17036	-6335
高陵县	4608	10144	-5536
铜川市	**15894**	**44173**	**-28279**
市本级	7494	19957	-12463
王益区	1379	3323	-1944
印台区	1541	5496	-3955
耀 县	4390	9825	-5435
宜君县	1090	5572	-4482
宝鸡市	**88756**	**151700**	**-62944**
市本级	39185	47223	-8038
渭滨区	8289	9716	-1427
金台区	5892	8455	-2563
宝鸡县	8809	15739	-6930
凤翔县	5790	12494	-6704
岐山县	4610	10478	-5868
扶风县	3630	9773	-6143
眉 县	3605	9774	-6169
陇 县	2900	8087	-5187
千阳县	1228	5066	-3838
麟游县	829	4199	-3370
凤 县	3019	6404	-3385
太白县	970	4292	-3322
咸阳市	**109483**	**196147**	**-86664**
市本级	28282	48283	-20001
秦都区	12663	13544	-881
渭城区	10865	11623	-758

8-3 续表1　　(2001年)　　单位：万元

地　区	财政收入	财政支出	收支差额
三原县	7143	15353	-8210
泾阳县	7316	13628	-6312
乾　县	8252	13850	-5598
礼泉县	7658	14112	-6454
永寿县	2414	7105	-4691
彬　县	5279	10095	-4816
长武县	2470	6375	-3905
旬邑县	3001	8877	-5876
淳化县	4084	8086	-4002
武功县	2936	10359	-7423
兴平市	7120	14857	-7737
渭南市	**89471**	**171651**	**-82180**
市本级	7080	28723	-21643
临渭区	9589	18273	-8684
华　县	5481	9769	-4288
潼关县	6316	6836	-520
大荔县	8310	15989	-7679
合阳县	6421	13411	-6990
澄城县	6296	12730	-6434
蒲城县	11223	16726	-5503
白水县	5106	10174	-5068
富平县	8555	15982	-7427
韩城市	10015	14741	-4726
华阴市	5079	8297	-3218
延安市	**125037**	**209723**	**-84686**
市本级	39723	57293	-17570
宝塔区	12093	17482	-5389
延长县	1400	8892	-7492
延川县	4226	12168	-7942
子长县	8833	15160	-6327
安塞县	14836	16896	-2060
志丹县	15089	17190	-2101
吴旗县	8449	12158	-3709
甘泉县	5093	9071	-3978
富　县	1842	9204	-7362
洛川县	6504	11173	-4669
宜川县	1228	7168	-5940
黄龙县	678	5488	-4810
黄陵县	5043	10380	-5337
汉中市	**55027**	**150551**	**-95524**
市本级	1484	27972	-26488
汉台区	16594	25037	-8443
南郑县	6068	16727	-10659
城固县	6858	13667	-6809
洋　县	3645	11816	-8171

8-3 续表2　　（2001年）　　单位：万元

地　　区	财政收入	财政支出	收支差额
西乡县	3575	10319	-6744
勉　县	5348	10964	-5616
宁强县	2917	9624	-6707
略阳县	4390	9181	-4791
镇巴县	2445	8486	-6041
留坝县	971	3645	-2674
佛坪县	732	3113	-2381
榆林市	**78755**	**178511**	**-99756**
市本级	23793	34835	-11042
榆阳区	5687	13949	-8262
神木县	16098	20715	-4617
府谷县	7833	12390	-4557
横山县	3192	11557	-8365
靖边县	9728	15354	-5626
定边县	6193	14469	-8276
绥德县	2051	11541	-9490
米脂县	786	8997	-8211
佳　县	793	8976	-8183
吴堡县	558	4989	-4431
清涧县	942	9641	-8699
子洲县	1101	11098	-9997
安康市	**37226**	**119204**	**-81978**
市本级	3945	16276	-12331
汉滨区	10127	24265	-14138
汉阴县	2870	10505	-7635
石泉县	2096	6904	-4808
宁陕县	1210	5187	-3977
紫阳县	2594	11379	-8785
岚皋县	1812	7530	-5718
平利县	2499	8213	-5714
镇坪县	885	4181	-3296
旬阳县	6871	16415	-9544
白河县	2317	8349	-6032
商洛市	**30192**	**97649**	**-67457**
市本级	2846	13610	-10764
商州市	5638	16206	-10568
洛南县	5552	16297	-10745
丹凤县	3362	10965	-7603
商南县	3305	9990	-6685
山阳县	3603	12570	-8967
镇安县	3772	10807	-7035
柞水县	2114	7204	-5090
杨凌示范区	**4753**	**15768**	**-11015**
区本级	2780	10301	-7521
杨凌区	1973	5467	-3494

主要统计指标解释

财政收入 指国家财政参与社会产品分配所取得的收入，是实现国家职能的财力保证。财政收入所包括的内容几经变化，目前主要包括：

(1)各项税收：包括增值税、营业税、消费税、土地增值税、城市维护建设税、资源税、城市土地使用税、印花税、个人所得税、企业所得税、关税、农牧业税和耕地占用税等。

(2)专项收入：包括征收排污费收入、征收城市水资源费收入、教育费附加收入等。

(3)其他收入：包括基本建设贷款归还收入、基本建设收入、捐赠收入等。

(4)国有企业亏损补贴：这项为负收入，冲减财政收入。

财政支出 国家财政将筹集起来的资金进行分配使用，以满足经济建设和各项事业的需要，主要包括：

(1)基本建设支出：指按国家有关规定，属于基本建设范围内的基本建设有偿使用、拨款、资本金支出以及经国家批准对专项和政策性基建投资贷款，在部门的基建投资额中统筹支付的贴息支出。

(2)企业挖潜改造资金：指国家预算内拨给的用于企业挖潜、革新和改造方面的资金。包括各部门企业挖潜改造资金和企业挖潜改造贷款资金，为农业服务的县办“五小”企业技术改造补助，挖潜改造贷款利息支出。

(3)地质勘探费用：指国家预算用于地质勘探单位的勘探工作费用，包括地质勘探管理机构及其事业单位经费、地质勘探经费。

(4)科技三项费用：指国家预算用于科技支出的费用，包括新产品试制费、中间试验费、重要科学研究补助费。

(5)支援农村生产支出：指国家财政支援农村集体(户)各项生产的支出。包括对农村举办的小型农田水利和打井、喷灌等的补助费，对农村水土保持措施的补助费，对农村举办的小水电站的补助费，特大抗旱的补助费，农村开荒补助费，扶持乡镇企业资金，农村农技推广和植保补助费，农村草场和畜禽保护补助费，农村造林和林木保护补助费，农村水产补助费，发展粮食生产专项资金。

(6)农林水利气象等部门的事业费用：指国家财政用于农垦、农场、农业、畜牧、农机、林业、森工、水利、水产、气象、乡镇企业的技术推广、良种推广(示范)、动植物(畜禽、森林)保护、水质监测、勘探设计、资源调查、干部训练等项费用，园艺特产场补助费，中等专业学校经费，飞播牧草试验补助费，营林机构、气象机构经费，渔政费以及农业管理事业费等。

(7)工业交通商业等部门的事业费：指国家预算支付给工交商各部门用于事业发展的经费，包括勘探设计费、中等专业学校经费、技术学校经费、干部训练费。

(8)文教科学卫生事业费：指国家预算用于文化、出版、文物、教育、卫生、中医、公费医疗、体育、档案、地震、海洋、通讯、电影电视、计划生育、党政群干部训练、自然科学、社会科学、科协等项事业的经费支出和高技术研究专项经费。主要包括工资、补助工资、福利费、离退休费、助学金、公务费、设备购置费、修缮费、业务费、差额补助费。

(9)抚恤和社会福利救济费：指国家预算用于抚恤和社会福利救济事业的经费。包括由民政部门开支的烈士家属和牺牲病残人员家属的一次性、定期抚恤金，革命伤残人员的抚恤金，各种伤残补助费，烈军属、复员退伍军人生活补助费，退伍军人安置费，优抚事业单位经费，烈士纪念建筑物管理、维修费，自然灾害救济事业费和特大自然灾害灾后重建补助费等。

(10)国防支出：指国家预算用于国防建设和保卫国家安全的支出，包括国防费、国防科研事业费、民兵建设以及专项工程支出等。

(11)行政管理费：包括行政管理支出，党派团体补助支出，外交支出，公安安全支出，司法支出，法院支出，检察院支出和公检法办案费用补助。

(12)价格补贴支出：指经国家批准，由国家财政拨给的政策性补贴支出。主要包括粮食加价款，粮、棉、油差价补贴，棉花收购价外奖励款，副食品风险基金，市镇居民的肉食价格补贴，平抑市价肉食、蔬菜价差补贴等以及经国家批准的教材课本、报刊新闻纸等价格补贴。

中央财政收入和地方财政收入 指按财政体制划分的中央本级收入和地方本级收入。1994 年分税制财政体制以后，属于中央财政的收入包括关税、海关代征消费税和增值税，消费税，中央企业所得税，地方银行和外资银行及非银行金融企业所得税，铁道、银行总行、保险总公司等集中缴纳的营业税、所得税、利润和城市维护建设税，增值税的 75%部分，证券交易税(印花税)50%部分和海洋石油资源税。属于地方财政的收入包括营业税，地方企业所得税，个人所得税，城镇土地使用税，固定资产投资方向调节税，城镇维护建设税，房产税，车船使用税，印花税，屠宰税，农牧业税，农业特产税，耕地占用税，契税，增值税 25%部分，证券交易税(印花税)50%部分和除海洋石油资源税以外的其他资源税。

主要统计指标解释

9 物价指数

WUJIAZHISHU

资料整理　肖智莉　姚小青

****

9. 物价指数

****

2001 年全省

商品零售价格指数(上年=100)	99.1
# 城　市	98.9
居民消费价格指数(上年=100)	101.0
# 城　市	100.1

****

物　　价　　指　　数

（上年=100）

9-1 各种物价指数

年 份	上年价格=100			1978年价格=100		
	商品零售价格指数	居民消费价格指数	# 城市居民	商品零售价格指数	居民消费价格指数	# 城市居民
1979	101.6	101.7	101.4	101.6	101.7	101.4
1980	104.7	105.3	105.4	106.4	107.1	106.9
1981	103.0	103.6	103.6	109.6	111.0	110.7
1982	101.0	101.4	100.4	110.7	112.6	111.7
1983	101.5	101.5	102.2	112.4	114.3	113.5
1984	103.9	103.0	103.4	116.8	117.7	117.4
1985	106.5	107.0	107.6	124.4	125.9	126.3
1986	105.2	106.0	106.6	130.9	133.5	134.6
1987	108.6	108.6	109.2	142.2	145.0	147.0
1988	119.0	119.1	120.1	169.2	172.7	176.5
1989	118.8	118.3	117.6	201.0	204.3	207.6
1990	101.6	101.3	102.6	204.2	207.0	213.0
1991	105.8	106.0	107.3	216.0	219.4	228.5
1992	109.5	109.7	111.2	236.5	240.7	254.1
1993	111.8	111.8	114.0	264.4	269.1	289.7
1994	125.9	126.7	128.2	332.9	340.9	371.4
1995	117.0	119.0	118.0	389.5	405.7	438.3
1996	108.1	109.7	110.3	421.0	445.1	483.4
1997	101.6	104.8	105.2	427.7	466.5	508.6
1998	96.2	98.4	97.7	411.4	459.0	496.9
1999	97.5	97.8	97.2	401.1	448.9	483.0
2000	98.3	99.5	100.3	394.3	446.7	484.4
2001	99.1	101.0	100.1	390.8	451.2	484.9

9-2 全省商品零售价格分类指数

（2001年，上年价格=100）

类别	全省	城市	农村
商品零售价格指数	**99.1**	**98.9**	**99.6**
一、食品类	100.0	99.9	100.4
1.粮食	98.8	98.4	100.2
(1)细粮	98.4	98.3	99.6
(2)粗粮	103.0	100.7	104.5
2.油脂类	88.4	87.8	89.5
3.肉禽类	105.4	105.2	105.9
4.水产品	95.9	95.1	97.7
5.鲜菜	100.5	99.8	101.4
6.干菜	97.3	97.3	97.2
7.鲜果	96.4	95.8	97.8
8.干果	100.1	100.1	99.9
9.其他食品	104.2	104.7	103.4
10.饮食业	99.7	99.7	99.5
(1)主食	99.4	99.5	98.9
(2)炒菜	100.2	100.2	100.2
(3)地方小吃	99.0	99.1	99.0
二、饮料、烟酒类	100.3	100.3	100.0
1.饮料	99.8	99.9	99.7
2.烟酒	100.5	100.5	100.1
三、服装、鞋帽类	97.7	96.7	99.7
1.服装	97.9	97.1	99.5
2.鞋	96.8	95.3	100.0
3.其他衣着	99.2	98.6	100.3
四、纺织品类	98.5	98.8	98.1
1.棉布	98.6	100.2	97.4
2.棉花化纤混纺布	99.0	99.5	98.6
3.化纤布	99.0	98.6	99.3
4.呢绒	98.2	97.5	99.6
5.绸缎	99.7	100.9	98.1
6.其他纺织品	97.0	97.9	96.1
五、中西药品类	96.1	95.4	97.2
1.中药	102.6	102.6	102.1
2.西药	91.4	90.1	93.9
3.医疗用品	98.1	100.0	96.2
六、化妆品类	97.1	96.2	98.5
七、书报杂志类	116.9	115.2	119.9
八、文化体育用品类	98.9	99.0	98.6
1.文化用品	98.9	99.0	98.7
2.体育用品	98.5	98.7	98.4
九、日用品类	98.4	98.7	97.5
1.一般日用品	96.3	96.2	96.7
2.家具类	100.2	101.4	97.1
3.日用杂品	100.2	101.0	99.3
十、家用电器类	93.9	94.2	93.1
十一、首饰类	94.0	94.5	92.6
十二、燃料类	100.1	98.9	102.5
十三、建筑装璜材料类	100.3	100.3	100.4
十四、机电产品类	96.2	97.1	93.3

9-3 全省居民消费价格分类指数

（2001年，上年价格=100）

类别	全省	城市	农村
居民消费价格总指数	101.0	100.1	102.9
非食品价格指数	102.0	100.5	104.7
服务项目价格指数	108.4	104.9	115.5
扣除鲜菜鲜果总指数	101.3	100.4	103.1
消费品价格指数	98.5	98.5	98.6
一、食品	99.2	99.3	98.9
1.粮食	96.3	95.8	97.0
2.淀粉及薯类	94.9	97.2	90.5
3.干豆类及豆制品	99.6	100.0	98.4
4.油脂	92.0	91.6	92.7
5.肉禽及其制品	103.4	104.5	100.7
(1)食用畜肉及副产品	105.3	105.5	104.4
(2)禽	102.0	104.5	97.3
(3)肉禽加工制品	99.0	99.4	98.6
6.蛋	108.7	109.8	104.9
7.水产品	95.0	94.1	99.0
(1)鱼	93.6	92.4	98.6
(2)其它水产品	98.0	97.7	100.8
8.菜	94.3	93.9	95.1
9.调味品	103.2	102.9	103.6
10.糖	105.6	106.2	105.0
11.茶及饮料	98.7	99.2	97.2
(1)茶　叶	99.7	100.2	98.2
(2)饮　料	98.3	98.7	96.5
12.干鲜瓜果	98.9	98.7	99.7
13.糕点饼干面包	99.2	99.2	99.3
14.奶及奶制品	100.1	100.2	99.1
15.在外用膳食品	100.1	99.9	100.7
16.其它食品及食品加工服务	102.0	98.2	105.3
二、烟酒及用品	100.0	100.1	99.8
1.烟草	100.7	100.6	100.7
2.酒	97.9	98.4	97.2
3.吸烟饮酒用品	100.8	100.9	99.7
三、衣着	97.3	97.6	96.7
1.服装	98.1	98.8	96.6
(1)男式服装	96.9	96.8	97.1
(2)女式服装	99.1	100.1	96.1
(3)儿童服装	98.2	100.1	96.9
2.衣着材料	95.8	94.8	98.3
3.鞋袜帽	95.9	95.7	96.4
(1)鞋	95.7	95.5	96.1
(2)袜子	98.1	98.4	97.8
(3)帽子	94.7	93.6	95.0
4.衣着加工服务	94.4	94.3	94.6

9-3 续表 （2001年，上年价格=100）

类 别	全 省	城 市	农 村
四、家庭设备用品及维修服务	**96.2**	**95.9**	**97.3**
1.耐用消费品	95.0	94.8	95.6
(1)家具	98.2	98.5	97.2
(2)家庭设备	92.2	91.8	94.1
2.室内装饰品	94.8	94.0	96.9
3.床上用品	99.1	100.1	97.8
4.家庭日用杂品	96.0	94.9	98.1
5.家庭服务及加工维修服务	100.2	100.1	100.5
五、医疗保健和个人用品	**99.7**	**99.6**	**99.8**
1.医疗保健	99.9	100.4	99.4
(1)医疗器具及用品	93.7	100.3	92.6
(2)中药材及中成药	103.8	106.3	99.0
(3)西药	96.2	96.5	95.7
(4)保健器具及用品	99.3	99.8	98.9
(5)医疗保健服务	102.2	100.4	103.5
2.个人用品及服务	98.8	96.9	101.5
(1)化妆美容用品	95.0	94.5	98.6
(2)卫生用品	96.1	94.9	98.7
(3)个人饰品	96.2	96.3	96.0
(4)个人服务	105.3	103.0	106.9
六、交通和通信	**98.2**	**98.6**	**97.4**
1.交通	102.6	105.7	98.6
(1)交通工具	95.7	97.4	94.8
(2)车用燃料及零配件	99.6	99.1	100.8
(3)车辆使用及维修	100.5	100.8	99.9
(4)市区公共交通	112.5	114.2	103.2
(5)城市间交通	103.0	102.6	103.4
2.通信	93.1	92.7	94.5
(1)通信工具	87.6	88.1	86.3
(2)通信服务	94.3	93.6	97.2
七、娱乐教育文化用品及服务	**112.6**	**107.6**	**120.2**
1.文娱用耐用消费品及服务	88.5	87.6	92.5
2.教育	122.9	120.0	125.7
(1)教材及参考书	111.4	111.1	111.9
(2)学杂托幼费	124.2	121.3	126.8
3.文化娱乐用品	100.1	99.9	100.5
(1)文化娱乐	97.0	96.6	98.0
(2)书报杂志	101.5	101.4	101.6
(3)文娱费	102.2	102.4	101.7
4.旅游及外出	99.6	99.6	100.2
八、居住	**100.5**	**100.1**	**101.6**
1.建房及装修材料	100.4	100.2	100.6
2.租房	98.9	98.5	103.0
3.自有住房	100.0	100.0	100.5
4.水、电、燃料	101.8	101.1	104.0

9-4 各市物价指数

（2001年，上年价格=100）

地 区	居民消费价格指数	地 区	商品零售价格指数
全 省	101.0	**全 省**	99.1
西 安 市	99.9	西 安 市	98.9
铜 川 市	100.2	铜 川 市	98.5
宝 鸡 市	101.8	宝 鸡 市	99.2
咸 阳 市	101.0	咸 阳 市	99.5
渭 南 市	101.7	渭 南 市	101.3
汉 中 市	101.6	汉 中 市	100.2
安 康 市	102.0	安 康 市	100.1
商 洛 市	102.7	商 洛 市	98.7
延 安 市	102.1	延 安 市	100.5
榆 林 市	102.0	榆 林 市	100.2

9-5 全省城市居民基本生活费用价格指数

（2001年，上年价格=100）

类 别	指 数	类 别	指 数
总 指 数	101.8	25.袜子	93.3
一、消费品价格指数	99.7	26.床单	103.1
1.粮食	96.6	27.毛巾	99.4
2.食用植物油	85.9	28.牙膏	95.9
3.鲜菜	98.0	29.洗涤用品	91.4
4.豆腐	92.3	30.卫生纸	102.9
5.肉及肉制品	106.6	31.信纸	97.0
6.鸡	100.1	32.电池	102.2
7.鲜蛋	102.3	33.碗	100.0
8.水产品	99.6	34.铁锅	105.2
9.盐	104.7	35.灯泡	94.7
10.酱油	101.5	36.黑白电视机	99.4
11.醋	104.4	37.自行车	98.2
12.味精	90.7	38.电风扇	95.9
13.食糖	113.8	39.医药	95.6
14.烟酒	102.1	**二、居住费用价格指数**	103.1
15.茶叶	94.8	40.民用燃料	102.8
16.鲜果	87.4	41.房租	102.8
17.奶及奶制品	100.7	42.水电费	105.3
18.棉布	99.1	**三、服务项目价格指数**	117.0
19.涤棉布	97.3	43.托儿费	109.8
20.衬衫	104.0	44.洗理费	103.3
21.鞋	101.0	45.医疗费	96.3
22.混纺毛线	100.2	46.学杂费	139.9
23.毛衣	99.6	47.市内交通费	116.2
24.夹克衫	101.7		

9-6 七城市居民基本生活费用价格指数

(2001年，上年价格=100)

商品类别及品名	西安市	宝鸡市	汉台区	咸阳市	铜川市	宝塔区	临渭区
总指数	102.3	100.8	101.8	103.8	102.9	104.1	101.7
一、消费品价格指数	99.8	96.4	100.7	98.5	100.2	101.5	100.5
粮食	101.1	89.2	99.1	90.4	99.0	97.1	102.3
食用植物油	87.7	85.8	87.9	88.2	75.7	87.3	95.0
鲜菜	99.0	100.1	119.7	88.2	116.9	108.3	85.1
豆腐	98.8	93.0	91.7	103.0	97.2	98.5	103.9
肉及肉制品	104.9	110.1	110.0	106.1	106.9	110.1	103.4
鸡	111.2	94.5	102.7	93.0	89.3	107.8	110.8
鲜蛋	111.6	97.5	107.6	93.6	109.6	95.0	112.8
水产品	94.1	103.7	96.1	105.4	93.8	109.6	100.1
盐	109.0	113.5	106.1	114.3	105.6	84.0	106.9
酱油	100.0	100.0	100.0	116.7	100.0	100.0	95.6
醋	100.0	106.3	100.0	140.0	100.0	100.0	95.6
味精	100.0	76.0	100.0	69.3	100.0	88.6	91.7
食糖	118.0	109.8	130.3	115.2	111.0	108.6	120.3
烟酒	100.0	99.1	105.0	98.8	100.0	103.6	106.1
茶叶	100.6	101.0	73.9	97.4	100.0	95.8	102.2
鲜果	92.2	92.0	70.5	92.2	78.5	104.9	93.7
奶及奶制品	100.9	98.6	100.0	105.3	98.0	105.6	99.8
棉布	100.0	93.6	101.2	99.6	99.1	103.3	98.8
涤棉布	100.0	88.0	100.0	100.0	82.0	113.3	101.9
衬衫	94.1	103.0	100.0	117.2	96.2	109.5	109.1
鞋	93.0	95.3	100.0	109.1	114.2	100.0	104.3
混纺毛线	100.0	101.7	94.8	99.0	100.0	100.0	106.6
毛衣	101.2	112.5	100.0	87.2	100.0	100.0	91.4
夹克衫	100.1	83.3	100.0	111.3	100.0	100.0	126.1
袜子	93.9	66.6	100.0	100.0	113.3	100.0	117.5
床单	101.1	96.4	100.0	128.0	100.0	100.0	93.5
毛巾	100.3	101.4	100.0	90.8	100.0	100.8	103.5
牙膏	89.0	91.0	95.0	100.9	100.0	102.2	96.4
洗涤用品	85.2	95.0	91.0	83.1	96.4	99.3	87.0
卫生纸	114.3	88.6	100.0	100.0	100.0	106.7	100.0
信纸	86.9	104.2	100.0	100.0	95.6	100.0	93.4
电池	101.5	104.1	104.0	104.0	100.0	104.0	100.0
碗	100.6	93.5	100.0	100.0	98.5	100.0	105.6
铁锅	107.5	125.8	100.0	100.0	97.7	99.0	107.4
灯泡	89.3	97.9	100.9	95.3	100.0	100.0	88.9
黑白电视机			97.8	100.0			99.8
自行车	100.0	95.7	100.0	100.0	100.0	90.6	102.5
电风扇	100.0	92.7	100.0	104.1	87.9	100.7	92.5
医药	99.8	94.0	88.5	100.0	102.7	95.6	98.5
二、居住费用价格指数	100.8	101.7	101.1	106.1	106.0	102.0	102.7
民用燃料	100.9	101.6	101.5	98.5	113.9	113.3	106.0
房租	100.0	100.0	100.0	107.1	100.0	100.7	100.0
水电费	102.4	106.0	104.7	120.7	105.7	101.2	103.2
三、服务项目价格指数	120.8	135.2	111.2	138.5	121.9	133.3	109.6
托儿费	100.0	115.4	100.0	100.0	100.0	126.2	155.5
洗理费	106.7	100.0	104.0	100.0	105.6	114.3	90.5
医疗费	100.0	103.9	107.3	110.0	100.0	111.8	95.9
学杂费	150.0	170.6	124.9	205.9	151.0	160.3	135.9
市内交通费	166.7	173.4	100.0	100.0	100.0	133.3	100.0

9-7 十九个市、县商品零售价格分类指数

（2001年，上年价格=100）

地区	总指数	一、食品类	二、饮料烟酒类	三、服装鞋帽类	四、纺织品类	五、中西药品类	六、化妆品类	七、书报杂志类
全省	**99.1**	**100.0**	**100.3**	**97.7**	**98.5**	**96.1**	**97.1**	**116.9**
国家调查点								
西安市	98.9	100.0	100.4	96.0	98.8	94.5	95.1	116.3
宝鸡市	98.2	99.1	98.9	98.3	98.4	102.1	99.2	98.7
汉台区	99.2	100.5	101.4	99.9	98.9	100.6	100.0	102.0
咸阳市	99.0	99.9	96.9	100.5	98.4	99.8	100.0	122.6
榆阳区	100.3	98.1	101.3	101.4	103.2	99.0	97.7	101.5
汉滨区	99.6	102.1	98.1	91.0	98.5	93.4	97.3	126.4
三原县	98.9	99.3	106.5	98.8	97.8	95.9	105.2	117.4
商州区	98.3	96.7	107.5	101.0	100.9	95.4	97.9	115.3
省级调查点								
铜川市	98.5	98.6	102.3	98.3	98.9	91.2	99.6	101.2
宝塔区	100.2	99.1	100.3	99.3	100.6	97.0	102.0	146.9
临渭区	100.0	100.7	100.1	102.9	98.4	97.6	97.0	104.3
西乡县	98.9	101.4	100.0	101.3	92.2	100.5	92.7	141.6
陇县	100.6	101.2	102.2	102.3	98.7	100.9	95.9	126.3
洛南县	98.3	100.4	98.1	100.0	98.5	89.7	93.8	119.3
蒲城县	98.6	98.7	99.8	100.2	103.6	99.8	101.3	104.0
户县	100.0	99.6	97.0	105.9	99.6	101.2	95.8	156.9
绥德县	100.1	100.4	102.3	98.5	98.9	91.6	100.9	122.0
华阴市	100.3	102.6	99.2	98.7	99.9	98.5	97.8	102.9
略阳县	100.8	102.7	96.2	100.4	98.8	95.9	99.2	130.4

地区	八、文化体育用品类	九、日用品类	十、家用电器类	十一、首饰类	十二、燃料类	十三、建筑装潢材料类	十四、机电产品类
全省	**98.9**	**98.4**	**93.9**	**94.0**	**100.1**	**100.3**	**96.2**
国家调查点							
西安市	99.0	98.9	94.4	95.4	98.6	100.6	96.9
宝鸡市	98.1	98.1	91.4	89.9	100.4	96.5	97.6
汉台区	99.4	96.8	96.2	90.6	98.8	96.4	97.6
咸阳市	96.1	97.7	94.5	90.9	92.4	99.6	100.0
榆阳区	101.2	100.3	91.7	89.6	109.6	116.7	94.4
汉滨区	100.0	97.6	97.9	82.5	107.1	106.5	91.8
三原县	101.0	97.0	93.8	90.4	102.2	100.7	89.2
商州区	97.1	97.6	92.6	97.6	99.5	98.5	94.4
省级调查点							
铜川市	99.6	99.1	92.3	89.2	108.2	99.9	97.9
宝塔区	99.2	94.0	92.4	92.8	101.8	107.6	96.0
临渭区	103.2	100.9	96.2	94.8	102.0	95.7	96.8
西乡县	102.1	97.8	83.3	89.3	107.8	89.5	94.0
陇县	96.8	93.2	100.8	106.7	98.0	101.2	96.3
洛南县	92.6	94.8	93.7	91.8	101.6	99.1	77.5
蒲城县	98.9	98.7	94.8	94.1	104.4	98.7	93.7
户县	92.7	100.2	87.4	92.6	97.3	96.8	89.7
绥德县	98.0	96.0	94.9	96.0	104.0	108.3	91.3
华阴市	100.0	99.0	98.0	94.9	97.1	96.2	99.0
略阳县	98.2	97.0	94.2	89.8	104.4	97.9	100.5

9-8 十九个市、县居民消费价格分类指数

（2001年，上年价格=100）

地　　区	总指数	一、食品类	二、烟酒及用品	三、衣着类	四、家庭设备用品及维修服务
全　省	101.0	99.2	100.0	97.3	96.2
国家调查点					
西安市	99.9	99.5	99.3	97.1	94.5
宝鸡市	100.2	99.0	103.5	98.2	97.0
汉台区	101.3	101.0	105.0	102.0	90.6
咸阳市	100.7	99.1	102.1	98.5	94.0
榆阳区	100.5	97.7	97.4	101.2	100.0
汉滨区	100.8	99.4	98.0	90.8	96.9
三原县	100.7	98.9	101.7	98.8	92.7
商州区	103.0	98.6	104.3	97.7	100.4
省级调查点					
铜川市	101.0	98.3	101.2	100.0	98.6
宝塔区	102.4	99.6	96.1	96.8	98.5
临渭区	100.2	99.6	100.3	101.0	93.8
西乡县	101.5	100.2	96.4	102.2	96.4
陇　县	101.9	99.9	102.0	102.6	97.5
洛南县	100.4	98.8	101.3	95.3	92.4
蒲城县	102.2	98.8	99.7	98.9	97.0
户　县	100.3	98.2	98.4	96.0	95.9
绥德县	103.9	98.2	100.7	98.2	98.5
华阴市	100.8	100.8	100.5	98.9	99.7
略阳县	100.7	99.6	95.9	101.4	99.4

地　　区	五、医疗保健和个人用品	六、交通和通讯	七、娱乐教育文化用品及服务	八、居　住
全　省	99.7	98.2	112.6	100.5
国家调查点				
西安市	99.8	97.6	107.0	100.1
宝鸡市	98.6	98.0	108.1	100.6
汉台区	97.1	104.3	108.6	101.6
咸阳市	99.2	98.2	109.0	100.3
榆阳区	101.8	97.2	106.1	102.6
汉滨区	95.4	92.9	123.3	100.7
三原县	101.6	94.5	112.1	101.3
商州区	95.5	92.6	118.4	110.2
省级调查点				
铜川市	99.8	94.5	114.2	99.2
宝塔区	100.2	102.3	112.3	111.3
临渭区	99.0	97.3	107.4	100.2
西乡县	100.2	93.7	112.6	100.9
陇　县	100.5	94.1	115.3	98.2
洛南县	97.2	97.3	109.5	103.0
蒲城县	101.5	98.6	118.4	101.4
户　县	99.3	97.9	109.8	99.6
绥德县	100.2	102.2	122.8	103.9
华阴市	98.9	99.1	103.6	101.6
略阳县	99.6	100.2	105.5	101.7

9-9 农业生产资料价格分类指数

（2001年，上年价格=100）

地区	总指数	一、小农具	二、饲料	三、幼禽家畜	四、大牲畜	五、半机械化农具
全省	101.9	99.6	106.0	134.3	104.6	100.0
榆阳	101.4	103.8	102.5	105.8		104.0
汉滨	106.6	93.8	102.0	208.3	101.7	101.3
三原	100.6	103.5	107.4	123.5	105.1	99.3
商州	105.3	106.6	97.2	109.2	98.9	106.6
西乡	99.4	100.2	102.2	142.5	102.1	97.0
陇县	102.6	96.6	122.2	160.9	85.9	99.0
洛南	103.3	111.0	94.5	139.7	148.9	100.0
蒲城	102.4	101.3	113.7	134.2	96.6	101.3
户县	97.8	100.0	125.5	127.3	111.3	99.1
绥德	100.0	95.8	97.0	126.9	98.8	100.0
华阴	105.9	100.0	116.7	147.2	107.6	103.5
略阳	101.8	97.1	100.0	166.4	100.0	85.0

地区	六、机械化农具	七、化学肥料	八、农药及农药械	九、农用机油	十、其他
全省	96.5	97.1	100.4	102.1	99.3
榆阳	98.8	99.9	100.1	102.9	105.4
汉滨	92.6	100.2	97.6	103.4	103.2
三原	99.4	98.7	103.0	94.1	98.1
商州	98.5	97.8	115.3	136.3	97.2
西乡	98.8	93.5	94.9	95.5	88.1
陇县	89.2	99.3	95.7	93.0	100.8
洛南	98.1	92.5	100.0	102.1	98.5
蒲城	91.9	101.5	100.1	91.1	96.9
户县	100.6	83.3	99.1	89.9	102.4
绥德	95.3	97.2	98.7	108.7	102.3
华阴	100.8	99.1	103.8	98.3	98.3
略阳	96.3	96.4	87.5	98.9	102.4

9-10 工业产品出厂价格指数

（上年价格=100）

类别	1995年	2000年	2001年
全部工业品	112.6	101.5	100.4
按轻重工业分			
轻工业	115.0	98.6	99.3
以农产品为原料	117.8	98.8	99.6
以非农产品为原料	107.2	97.8	98.3
重工业	109.9	103.5	101.1
采掘工业	123.5	102.5	103.2
原料工业	105.2	108.9	101.3
加工工业	109.9	98.8	100.0
按用途分			
生产资料	109.8	103.2	100.9
采掘工业	123.5	102.5	103.2
原料工业	105.6	108.1	101.4
加工工业	109.7	99.6	99.8
生活资料	115.1	97.8	99.2
（1）食品	120.3	96.8	99.5
（2）衣着	115.9	101.4	98.9
（3）一般工业品	112.4	98.3	101.7
（4）耐用消费品	101.8	96.5	96.1
按工业部门分			
1.冶金工业	109.5	99.9	99.2
2.电力工业	106.2	105.1	102.5
3.煤炭及炼焦工业	115.7	96.2	100.6
4.石油工业	102.0	125.3	103.2
5.化学工业	120.1	97.6	100.6
6.机械工业	105.5	98.4	99.1
7.建筑材料工业	101.0	98.3	100.9
8.森林工业	113.0	101.1	101.2
9.食品工业	120.2	96.5	99.6
10.纺织工业	114.9	104.6	99.0
11.缝纫工业		100.0	99.4
12.皮革工业	112.4	98.5	101.1
13.造纸工业	113.8	99.0	100.3
14.文教艺术用品工业	101.4	94.9	98.1
15.其它工业	111.7	101.9	106.9

9-11 主要原材料、燃料、动力购进价格指数

（2001年，上年价格=100）

类别	指数	类别	指数
总指数	100.54	（四）化工原材料类	103.21
（一）燃料、动力类	102.44	（五）木材及纸浆类	101.59
（二）黑色金属材料类	101.35	（六）建筑材料类及非金属矿类	99.63
钢材	101.20	（七）其它工业原材料及半成品	98.57
其他	101.49	（八）农副产品类	98.81
（三）有色金属材料类和电线类	97.32	（九）纺织原材料类	99.19

9-12 固定资产投资价格指数

（2001年，上年价格=100）

类　　别	指　数	类　　别	指　数
总　指　数	102.6	地方材料	105.3
一、建筑安装工程	103.8	其它材料	101.4
1.直接费	104.0	（2）人工费	106.1
（1）材 料 费	104.1	（3）机械使用费	101.0
钢　材	105.2	2.间接费用	102.7
水　泥	103.6	二、设备工器具购置	100.0
木　材	105.9	三、其它费用	98.6

9-13 房地产价格指数

（2001年，上年价格=100）

类　　别	指　数	类　　别	指　数
土地交易价格指数	99.5	**房屋销售价格指数**	101.7
一、居民住宅用地	99.1	一、商品房	102.7
1.豪华住宅用地	104.6	（一）住　宅	102.7
2.普通住宅用地	98.2	1.经济适用房	108.0
二、工业用地	99.8	2.普通住宅	102.1
三、商业、旅游、娱乐用地	100.5	（1）多层住宅	101.9
四、其他用地	100.0	（2）高层住宅	102.1
		3.豪华住宅	101.1
房屋租赁价格指数	100.4	（1）别　墅	100.6
一、住　宅	100.6	（2）高档公寓	101.2
1.公　房	100.5	（二）非住宅	102.4
2.私　房	100.7	1.写字楼	101.1
二、办公用房	99.9	2.商业用房	103.7
1.高标准写字楼	100.8	3.其　他	101.8
2.普通办公用房	99.8	二、公　房	99.9
三、商业用房	100.0	#住　宅	99.9
四、厂房、仓库	102.3	三、私　房	99.9
1.工业厂房	101.8	（一）住　宅	99.8
2.仓　库	102.4	（二）非住宅	99.6

主要统计指标解释

商品零售价格指数 是反映城乡商品零售价格变动趋势的一种经济指数。零售物价的调整变动直接影响到城乡居民的生活支出和国家的财政收入，影响居民购买力和市场供需平衡，影响消费与积累的比例。因此，计算零售价格指数，可以从一个侧面对上述经济活动进行观察和分析。

居民消费价格指数 是反映一定时期内城乡居民所购买的生活消费品价格和服务项目价格变动趋势和程度的相对数，是对城市居民消费价格指数和农村居民消费价格指数进行综合汇总计算的结果。利用居民消费价格指数，可以观察和分析消费品的零售价格和服务价格变动对城乡居民实际生活费支出的影响程度。

城市居民消费价格指数 是反映城市居民家庭所购买的生活消费品价格和服务项目价格变动趋势和程度的相对数。城市居民消费价格指数可以观察和分析消费品的零售价格和服务项目价格变动对职工货币工资的影响，作为研究职工生活和确定工资政策的依据。

农村居民消费价格指数 是反映农村居民家庭所购买的生活消费品价格和服务项目价格变动趋势和程度的相对数。农村居民消费价格指数可以观察农村消费品的零售价格和服务项目价格变动对农村居民生活消费支出的影响，直接反映农民生活水平的实际变化情况，为分析和研究农村居民生活问题提供依据。

工业品出厂价格指数 是反映全部工业产品出厂价格总水平的变动趋势和程度的相对数，包括工业企业售给本企业以外所有单位的各种产品和直接售给居民用于生活消费的产品。通过工业品出厂价格指数能观察出厂价格变动对工业总产值的影响。

固定资产投资价格指数 是反映固定资产投资价格变动趋势和程度的相对数。固定资产投资额是由建筑安装工程投资完成额、设备、工器具购置投资完成额和其他费用投资完成额三部分组成的。编制固定资产投资价格指数应首先分别编制上述三部分投资的价格指数，然后采用加权算术平均法求出固定资产投资价格总指数。

编制固定资产投资价格指数可以准确地反映固定资产投资中涉及的各类商品和取费项目价格变动趋势和变动幅度，消除按现价计算的固定资产投资指标中的价格变动因素，真实地反映固定资产投资的规模、速度、结构和效益，为国家科学地制定、检查固定资产投资计划并提高宏观调控水平，为完善国民经济核算体系提供科学的、可靠的依据。

房地产价格指数 是反映各类房地产价格(包括房地产销售、租赁以及土地交易价格)变动趋势和程度的相对数。其剔除房地产统计指标中价格变动因素，真实地反映房地产业的发展规模和结构。

主要统计指标解释

[illegible]

10 人民生活

RENMINSHENGHUO

资料整理　王斌友　刘秀琴　张红霞　孙士梅

****

10.人民生活

****

2001 年全省

居民总消费水平	2150 元	比上年增长	3.6%
农村居民	1293 元	比上年增长	5.2%
城镇居民	4938 元	比上年增长	0.4%
农民人均纯收入	1520 元	比上年增长	1.3%
城镇居民人均可支配收入	5484 元	比上年增长	6.9%
城乡居民年末人均储蓄存款	4833 元	比上年增长	15.7%

****

城乡居民收入

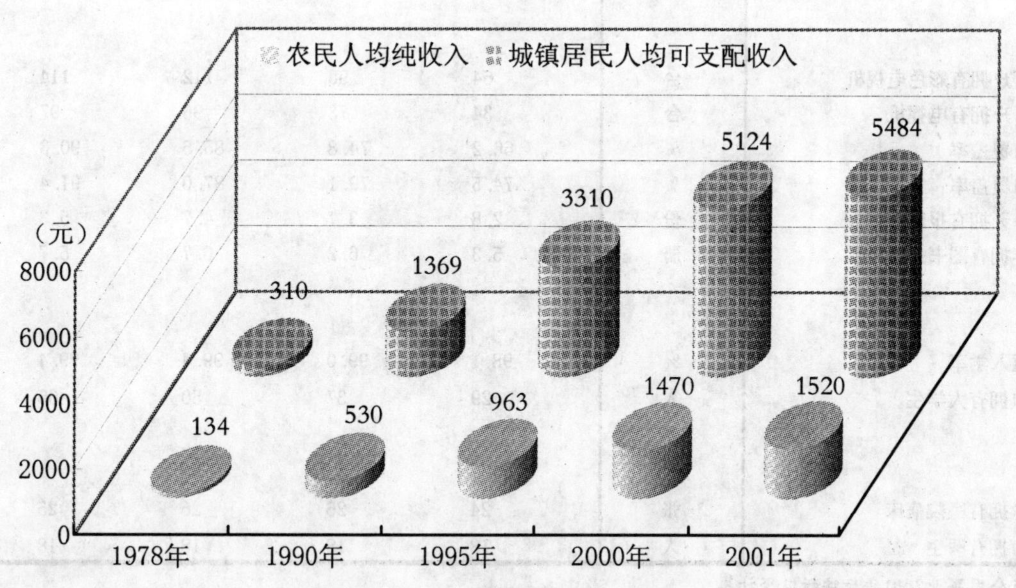

10-1 人民物质文化生活情况

项目	单位	1990年	1995年	1999年	2000年	2001年
一、就业						
每一农村劳动力负担人数	人	1.72	1.69	1.66	1.69	1.68
每一城镇就业者负担人数	人	1.88	1.82	1.96	2.00	1.99
二、收入						
农民人均纯收入	元	530	963	1456	1470	1520
城镇居民家庭人均可支配收入	元	1369	3310	4654	5124	5484
职工年平均工资	元	2042	4396	6931	7804	9120
三、消费水平						
全省居民	元	677	1431	1884	2035	2150
农村居民	元	476	939	1180	1186	1293
城镇居民	元	1525	3398	4520	4891	4938
四、住房						
农村平均每人住房面积	平方米	14.62	18.42	21.35	22.87	23.76
城镇平均每人居住面积	平方米	9.32	10.66	12.87	13.35	13.64
五、储蓄						
城乡居民年末储蓄存款	亿元	204.57	734.04	1371.88	1522.53	1768.47
平均每人储蓄存款	元	617	2089	3792	4178	4833
六、城市公用事业						
每万人拥有公共汽车	辆	4.4	5.0	7.1	7.8	5.2
平均每人每天生活用水量	升	153.00	150.60	192.65	188.59	184.35
用气普及率	%	23.5	52.4	64.9	74.5	53.7
人均拥有公共绿地	平方米	2.2	3.1	5.0	4.2	2.9
七、文化						
城镇每百户拥有彩色电视机	台	64	90	112	114	116
农村每百户拥有电视机	台	34	73	95	97	99
广播人口覆盖率	%	66.2	74.8	85.5	90.3	90.6
电视人口覆盖率	%	74.5	79.1	87.0	91.4	92.5
每百人每天拥有报纸	份	2.8	3.7	4.7	5.3	5.0
每人每年拥有图书杂志	册	5.3	6.2	6.7	5.7	5.4
八、教育						
学龄儿童入学率	%	98.1	99.0	99.4	99.4	98.4
每万人口拥有大学生	人	29	37	50	66	87
九、卫生						
每万人口拥有医院病床	张	24	26	26	25	26
每万人口拥有医生	人	18	18	18	18	18

注：本表城市公用事业2001年数按新口径计算。

10-2 居民消费水平

单位：元

年 份	全省居民	农村居民	城镇居民	城乡消费水平对比（农村居民=1）
1978	173	131	409	3.1
1980	230	178	498	2.8
1985	386	300	784	2.6
1990	677	476	1525	3.2
1991	723	495	1685	3.4
1992	798	526	1899	3.6
1993	945	627	2221	3.5
1994	1208	793	2870	3.6
1995	1431	939	3398	3.6
1996	1630	1053	3910	3.7
1997	1835	1188	4356	3.7
1998	1852	1175	4428	3.8
1999	1884	1180	4520	3.8
2000	2035	1186	4891	4.1
2001	2150	1293	4938	3.8

注：1. 本表按当年价格计算。

2. 居民总消费水平是指居民对物质产品和劳务的消费，即居民人均消费。

10-3 居民消费水平指数

年 份	上年=100			1978年=100		
	全省居民	农村居民	城镇居民	全省居民	农村居民	城镇居民
1978	106.8	106.0	107.5	100.0	100.0	100.0
1980	106.5	102.7	110.5	119.7	120.1	114.4
1985	108.1	103.1	116.6	172.7	177.2	151.8
1990	104.0	104.8	102.5	193.0	178.3	196.4
1991	100.9	101.5	103.0	194.7	181.0	202.2
1992	103.1	99.4	101.8	200.8	179.9	205.9
1993	105.3	106.7	103.5	211.4	192.0	213.1
1994	99.9	96.5	103.9	211.2	185.3	221.4
1995	100.7	98.8	103.1	212.7	183.1	228.3
1996	103.3	101.4	104.6	219.7	185.6	237.3
1997	108.8	110.5	106.1	239.1	205.1	251.7
1998	102.6	100.4	103.7	245.3	206.0	261.0
1999	105.6	104.0	106.3	259.0	214.2	277.4
2000	106.3	99.3	106.5	275.3	212.7	295.4
2001	103.6	105.2	100.4	285.2	223.8	296.6

注：本表按可比价格计算。

10-4 城乡居民储蓄存款

年　份	城乡居民年末储蓄存款（万元）	定　期	活　期	城乡居民年末人均储蓄存款（元）
1978	77945			28
1980	135059			48
1985	447681	354511	93170	149
1990	2045734	1700228	345506	617
1991	2632769	2155336	477433	783
1992	3292158	2693879	598279	967
1993	4038052	3280828	757224	1173
1994	5472014	4361209	1110805	1572
1995	7340408	5901079	1439329	2089
1996	9422120	7518528	1903592	2659
1997	10904289	2506956	8397333	3054
1998	12416256	3204598	9211658	3453
1999	13718845	3449212	10269633	3792
2000	15225329	11015033	4210296	4178
2001	17684684	12548694	5135990	4833

10-5 城乡居民人均收入及指数

年　份	城镇居民人均生活费收入		城镇居民人均可支配收入		农民人均纯收入	
	绝对数（元）	指　数（1978年=100）	绝对数（元）	指　数（1978年=100）	绝对数（元）	指　数（1978年=100）
1978	290	100.0	310	100.0	134	100.0
1979					150	109.9
1980	381	122.9	407	122.9	142	101.8
1981	399	124.3	427	124.4	177	125.5
1982	426	132.2	452	130.5	218	152.4
1983	449	136.4	488	138.7	236	164.3
1984	515	151.3	552	151.5	263	178.9
1985	608	160.0	650	166.0	295	189.8
1986	756	193.7	814	195.0	299	184.0
1987	838	196.6	905	198.6	329	190.7
1988	962	187.9	1040	190.1	404	203.5
1989	1147	190.5	1239	192.5	434	182.3
1990	1265	204.5	1369	207.3	530	189.9
1991	1368	206.4	1498	211.5	534	182.8
1992	1561	211.8	1705	216.4	559	179.3
1993	1920	228.5	2102	234.0	653	190.6
1994	2469	229.2	2684	233.1	805	185.3
1995	3048	239.9	3310	243.6	963	184.2
1996	3487	248.5	3810	254.2	1165	202.6
1997	3672	248.7	4001	253.8	1285	207.4
1998	3861	267.7	4220	274.0	1406	234.5
1999	4245	302.8	4654	311.0	1456	250.0
2000	4618	328.4	5124	341.4	1470	258.3
2001	4951	351.7	5484	365.0	1520	261.7

注：本表绝对数按当年价格计算，指数按可比价格计算。

10-6 城镇居民家庭基本情况

项　　目	单 位	1990年	1995年	1999年	2000年	2001年
一、调查户数	户	1400	1400	1400	1400	1400
二、平均每户家庭人口数	人	3.39	3.17	3.08	3.08	3.09
三、平均每户就业人口数	人	1.80	1.74	1.57	1.54	1.55
四、平均每一就业者负担人数	人	1.88	1.82	1.96	2.00	1.99
五、平均每户就业面	%	53.11	54.86	50.97	50.00	50.16
六、平均每人每月可支配收入	元	114.07	275.81	387.84	427.02	456.98
七、平均每人每月生活费收入	元	105.40	254.01	353.71	384.81	412.59
八、按每人每月可支配收入						
分组户数占总户数的比例	%	100.0	100.0	100.0	100.0	100.0
100元及以下	%	45.17	4.81	2.23	1.00	0.79
100—200元	%	53.54	28.75	11.07	8.86	7.24
200—300元	%	1.29	34.68	23.19	20.46	17.83
300—400元	%		19.67	22.17	24.43	21.56
400—500元	%		7.71	15.81	15.41	17.98
500—600元	%		2.58	10.31	10.45	11.84
600—700元	%		1.25	5.78	7.09	7.34
700—800元	%		0.34	3.96	3.66	5.36
800—900元	%		0.21	2.62	2.79	2.70
900—1000元	%			1.27	0.92	1.96
1000—1100元	%			0.72	1.71	1.18
1100—1200元	%			0.19	0.22	0.82
1200—1300元	%			0.11	0.79	0.86
1300—1400元	%				0.60	0.56
1400—1500元	%			0.46	0.71	0.56
1500元以上	%			0.11	0.90	1.44
九、平均每人每月消费性支出	元	93.10	236.47	329.44	356.39	386.48
十、平均每人居住面积	平方米	9.32	10.66	12.87	13.35	13.64

注：1995年800—900元分组数据是指800元以上组数据。

10-7 城镇居民家庭人均现金收入

单位：元

项 目	1990年	1995年	2000年	2001年
现金收入	**1570.15**	**4078.94**	**6751.87**	**7256.08**
一、实际收入	1380.33	3311.11	5149.30	5513.77
# 可支配收入	1368.80	3309.69	5124.24	5483.73
1.国有经济单位职工收入	890.21	2282.30	2944.74	3347.05
（1）工资性收入	821.20	2167.16	2776.71	3133.70
# 奖 金	120.11	223.33	218.98	266.46
（2）非工资性收入	69.01	115.14	168.04	213.35
2.集体经济单位职工收入	73.36	133.20	133.68	144.78
（1）工资性收入	67.76	127.77	129.48	140.67
# 奖 金	6.27	9.48	4.22	4.85
（2）非工资性收入	5.60	5.43	4.20	4.10
3.其它所有制职工收入		6.41	34.97	41.91
4.个体经营者的净收益	13.85	32.61	109.14	111.96
5.个体被雇者收入	2.81	11.33	91.15	106.38
6.离退休再就业者收入	18.62	37.63	65.80	64.20
7.其它就业者收入	2.50	4.02	21.01	31.76
8.其它劳动收入	9.46	32.40	98.29	145.85
9.财产性收入	8.98	95.94	152.62	53.82
（1）利 息		36.73	16.67	17.46
（2）红 利		3.73	12.73	10.69
（3）其它租金收入		55.48	123.22	25.67
10.转移性收入	320.10	674.80	1495.59	1462.57
#（1）离退休金	159.37	512.48	1109.22	1082.32
（2）赡养收入	28.37	73.62	141.06	174.68
（3）赠送收入	15.45	53.57	122.35	126.42
11.家庭副业生产收入		0.45	2.31	3.50
二、储蓄借贷收入	189.82	767.83	1602.57	1742.31
# 1.提取储蓄存款	138.88	520.24	1021.37	1148.74
2.借入款	35.09	190.59	305.75	278.88
3.收回借出款		18.61	47.35	33.03
4.兑售有价证券		7.07	0.38	0.92
5.购买房屋贷款		3.72	96.30	69.43

注：1990年财产性收入、储蓄借贷收入分项因资料口径问题与合计项不等。

10-8 城镇居民家庭人均消费支出

单位：元

项 目	1990年	1995年	2000年	2001年
消费支出	1117.18	2837.69	4276.67	4637.74
一、食 品	579.50	1339.57	1532.09	1589.44
# 1.粮 食	92.06	243.36	188.85	180.25
2.淀粉和薯类		20.57	21.50	19.74
3.干豆类及制品		26.22	28.52	30.78
4.油脂类	25.50	65.05	61.21	51.43
5.肉禽及制品	109.15	237.38	245.58	242.87
6.蛋 类	25.31	53.05	44.63	42.82
7.水产品类	17.20	26.33	33.09	36.39
8.菜 类	83.50	149.92	146.02	147.36
9.糖 类	8.10	16.36	16.28	17.78
10.烟草类	42.20	63.37	91.06	89.14
11.酒和饮料	22.92	53.75	76.96	81.29
12.干鲜瓜果类	52.50	93.19	92.23	99.44
13.坚果及果仁		19.67	21.64	22.18
14.糕点类	18.44	33.24	41.76	41.56
15.奶及奶制品		28.42	50.91	59.78
二、衣 着	169.61	386.22	403.24	443.74
# 服 装	57.05	218.44	257.38	297.15
三、设备用品及服务	111.62	312.39	472.63	529.68
# 1.耐用消费品		184.81	282.71	328.22
2.家庭日用杂品		63.32	94.06	94.62
3.家庭服务		29.13	48.97	53.18
四、医疗保健	29.54	119.78	336.24	361.18
# 医药费		92.27	261.40	274.90
五、交通和通讯	32.83	141.07	297.66	366.30
# 交 通		70.09	117.87	130.39
六、娱乐文教服务	115.51	245.57	549.25	642.45
# 1.耐用消费品		49.43	128.20	107.53
2.教 育		135.05	317.97	428.37
七、居 住	43.88	174.48	469.51	452.73
八、杂项商品和服务	34.69	118.60	216.05	252.22

10-9 城镇居民家庭人均购买主要商品数量

项 目	单 位	1990年	1995年	2000年	2001年
粮 食	公斤	144.68	101.07	81.08	76.76
食用植物油	公斤	7.26	7.20	8.85	8.40
鲜 菜	公斤	128.31	108.13	100.56	98.79
干 菜	公斤	3.19	0.23	0.20	0.19
猪 肉	公斤	15.59	13.12	13.52	12.08
牛羊肉	公斤	3.93	1.77	1.94	1.76
家 禽	公斤	2.08	2.46	3.57	3.14
蛋 类	公斤	5.70	8.42	10.36	9.13
鱼	公斤	2.99	2.22	2.42	2.65
食 糖	公斤	1.44	0.87	1.20	1.14
卷 烟	盒	40.07	34.59	30.16	29.60
白 酒	公斤	1.23	0.64	1.14	1.16
啤 酒	公斤	2.44	1.78	2.59	2.86
其它酒	公斤	0.37	0.79	0.21	0.14
茶 叶	公斤	0.22	0.16	0.21	0.21
鲜瓜果类	公斤	40.53	42.00	52.00	56.59
干 果	公斤	4.01	5.87	3.99	3.82
糖 果	公斤	0.66	0.42	0.50	0.47
糕 点	公斤	3.63	3.25	3.50	3.47
鲜 奶	公斤	5.20	3.67	9.25	10.70
棉 布	米	1.57	0.34	0.43	0.46
棉花化纤混纺布	米	0.52	0.19	0.13	0.11
化纤布	米	1.75	1.15	0.60	0.41
呢 绒	米	0.32	0.06	0.03	0.02
绸 缎	米	0.65	0.15	0.06	0.06
服 装	件	3.39	4.94	5.97	6.56
鞋	双	2.52	2.48	2.49	2.55
#皮 鞋	双	0.52	0.79	0.76	0.75
旅游鞋	双		0.11	0.08	0.09
布 鞋	双	0.80	0.43	0.25	0.22
拖 鞋	双		0.46	0.62	0.65
肥 皂	块	4.27	3.39	4.04	4.68
洗衣粉	公斤	0.95	1.01	1.12	1.08
煤 炭	公斤	202.24	155.84	166.94	169.12
液化石油气	公斤	5.69	12.73	13.31	11.79

10-10 城镇居民不同收入层次家庭基本情况及耐用消费品拥有量

(2001年)

项目	单位	总平均	最低收入户	低收入户	中等偏下户	中等收入户	中等偏上户	高收入户	最高收入户
一、调查户数	户	1400	140	140	280	280	280	140	140
各组户数所占比重	%	100	10	10	20	20	20	10	10
二、户均家庭人数	人	3.09	3.62	3.37	3.29	3.06	2.92	2.78	2.56
三、户均就业人数	人	1.55	1.48	1.44	1.54	1.55	1.63	1.59	1.56
四、户均就业面	%	50.16	40.88	42.73	46.81	50.65	55.82	57.19	60.94
五、就业者负担系数	人	1.99	2.45	2.34	2.14	1.97	1.79	1.75	1.64
六、消费品年末百户拥有量									
1.毛皮大衣	件	37.74	30.07	23.79	33.46	34.57	45.75	41.93	54.07
2.呢大衣	件	140.11	106.57	133.07	134.50	134.43	142.11	162.21	177.21
3.毛　毯	条	144.49	114.50	116.43	137.54	141.68	148.86	178.07	179.71
4.地　毯	平方米	60.16	48.57	20.71	50.71	71.00	68.61	50.71	101.00
5.组合家俱	套	60.50	54.57	52.86	62.04	59.68	65.54	60.36	62.71
6.沙发床	个	79.25	65.86	56.93	76.68	71.79	89.11	93.43	101.14
7.沙　发	个	206.51	143.57	167.93	186.04	209.00	225.86	246.14	265.64
8.大衣柜	个	69.71	68.29	63.07	66.43	64.61	72.82	71.29	86.79
9.写字台	张	78.72	70.64	69.79	77.14	68.75	85.75	86.07	97.43
10.摩托车	辆	11.91	6.14	8.29	10.07	11.50	15.71	8.64	21.43
11.自行车	辆	166.47	146.36	155.36	155.86	173.14	174.86	187.71	167.57
12.家用汽车	辆	0.11				0.18			0.71
13.缝纫机	台	49.19	52.50	46.86	53.04	42.54	47.25	50.71	56.14
14.洗衣机	台	94.36	88.14	87.57	91.00	95.21	96.86	97.93	103.86
15.电风扇	台	149.84	135.43	142.00	149.32	145.79	163.00	154.14	150.64
16.电冰箱	台	74.13	59.43	62.71	71.11	72.54	78.68	84.29	90.21
17.冰　柜	台	2.60	4.64	4.43	2.00	1.82	1.25	2.14	4.64
18.彩色电视机	台	116.24	109.14	110.43	113.57	116.14	115.04	121.79	131.57
19.影碟机	台	38.76	26.93	28.57	30.32	38.21	42.96	47.50	61.57
20.录放像机	台	15.24	13.43	9.93	11.50	12.96	17.14	18.79	27.07
21.家用电脑	台	9.15	2.14	5.29	3.50	5.50	9.82	12.50	33.93
22.组合音响	套	18.39	9.50	12.71	11.96	21.96	23.46	21.64	25.29
23.录音机	台	47.11	40.64	37.64	47.93	48.79	52.68	45.79	48.29
24.摄象机	台	0.43				0.14	0.18	1.79	1.86
25.照相机	架	34.84	14.64	19.43	28.32	33.82	40.82	45.07	63.29
26.钢　琴	架	0.36						0.71	2.86
27.其它中高档乐器	件	4.51	1.43	3.57	3.86	3.29	5.00	7.93	7.93
28.微波炉	台	12.57	1.14	3.36	6.21	13.89	15.93	18.64	30.50
29.空调器	台	29.38	10.43	18.57	17.50	25.32	33.14	40.00	72.86
30.电炊具	台	83.74	66.43	67.00	76.82	81.96	91.54	89.71	113.57
31.淋浴热水器	台	38.44	15.29	33.07	28.07	40.32	43.00	52.14	61.07
32.脱排油烟机	台	52.56	27.50	40.21	43.50	52.46	62.50	62.21	78.71
33.吸尘器	台	5.07	1.14	0.71	2.96	5.86	5.93	5.86	13.50
34.移动电话	台	19.74	4.36	8.43	10.64	16.54	28.64	31.86	41.14

10-11 城镇居民不同收入层次家庭人均现金收入

(2001年)

单位：元

项目	总平均	最低收入户	低收入户	中等偏下户	中等收入户	中等偏上户	高收入户	最高收入户
现金收入	**7256.08**	**3127.89**	**3864.32**	**5051.65**	**6583.91**	**8316.50**	**11830.45**	**17423.87**
一、实际收入	**5513.77**	**2141.39**	**2997.75**	**3925.58**	**5074.78**	**6594.52**	**8410.96**	**13098.53**
#可支配收入	5483.73	2115.03	2974.93	3902.89	5049.87	6565.34	8370.27	13032.31
1.国有经济职工收入	3347.05	1094.19	1314.25	1995.76	3117.13	4373.34	5388.81	8661.39
(1)工资性收入	3133.70	1051.49	1263.75	1915.88	2968.09	4123.46	4918.04	7859.70
#奖金	266.46	34.08	39.23	76.23	164.50	324.19	485.45	1255.29
(2)非工资性收入	213.35	42.70	50.50	79.88	149.04	249.88	470.78	801.69
2.集体经济职工收入	144.78	75.64	235.61	149.35	165.94	164.33	93.07	72.16
(1)工资性收入	140.67	75.09	234.24	144.02	164.58	157.58	88.99	62.03
#奖金	4.85	0.32		2.46	3.16	13.84	9.70	2.10
(2)非工资性收入	4.10	0.54	1.37	5.32	1.37	6.75	4.08	10.13
3.其它所有制职工收入	41.91		37.18	53.54	32.86	41.96	133.11	
4.个体经营者净收益	111.96	68.68	103.26	135.44	74.56	66.50	161.06	263.85
5.个体被雇者收入	106.38	146.89	113.27	138.58	112.42	92.48	79.52	4.01
6.离退休再就业收入	64.20	28.64	53.43	46.23	40.66	71.66	124.46	148.35
7.其它就业者收入	31.76	46.66	72.33	27.81	44.85	18.88		
8.其它劳动收入	145.85	108.71	192.52	100.30	113.02	229.76	176.54	107.26
9.财产性收入	53.82	41.79	23.43	39.00	36.11	47.17	104.36	151.38
(1)利息	17.46	0.97	4.78	16.00	7.46	15.31	75.72	26.73
(2)红利	10.69	4.31	1.06	4.00	3.21	11.23	13.11	63.48
(3)财产租金收入	25.67	36.51	17.59	19.00	25.44	20.63	15.54	61.17
10.转移性收入	1462.57	528.83	851.44	1235.20	1337.14	1488.36	2130.72	3683.72
#(1)离退休金	1082.32	410.87	579.97	986.77	1096.41	1168.73	1543.24	2205.99
(2)赡养收入	174.68	42.09	128.99	120.63	86.86	122.76	300.71	751.68
(3)赠送收入	126.42	43.29	76.00	78.36	102.71	137.60	206.86	377.10
(4)亲友搭伙费	11.89	0.16	4.30	5.37	16.53	10.74	20.04	37.81
(5)记帐补贴	23.03	21.90	20.34	21.29	22.78	24.22	25.52	27.82
(6)出售财物收入	17.45	0.20	1.62	0.85	2.30	5.69	3.20	183.64
(7)其它	26.47	8.84	39.73	21.92	9.55	18.63	31.14	98.76
11.副业生产收入	3.50	1.36	1.04	4.37	0.09	0.07	19.29	6.41
二、借贷收入	**1742.31**	**986.51**	**866.56**	**1126.07**	**1509.13**	**1721.98**	**3419.50**	**4325.34**
#1.提取储蓄存款	1148.74	541.61	584.50	646.82	914.25	1154.28	2410.30	3213.67
2.借入款	278.88	154.73	117.15	299.77	299.81	278.05	322.20	518.48
3.收回借出款	33.03	4.06	20.10	10.53	22.34	34.62	37.53	165.59
4.收回储蓄性保险本金	6.75		0.74	3.29	0.73	11.27	23.21	19.18
5.购买房屋贷款	69.43	39.47	27.17	75.96	36.66	359.76	55.72	
6.其它借贷收入	201.70	246.51	143.94	133.36	190.89	203.59	258.13	349.91

10-12 城镇居民不同收入层次家庭人均现金支出

(2001年)

单位：元

项目	总平均	最低收入户	低收入户	中等偏下户	中等收入户	中等偏上户	高收入户	最高收入户
现金支出	7180.34	3132.46	3871.78	5011.32	6503.01	8250.83	11678.67	17106.31
一、实际支出	5647.65	2630.19	3379.65	4239.96	5143.28	6428.30	8820.92	12482.93
1.消费性支出	4637.74	2145.14	2878.25	3648.66	4250.22	5452.93	6585.94	9960.69
2.非消费性支出	1008.57	480.62	498.93	590.26	892.34	975.33	2232.98	2522.24
（1）贷款利息	2.54	1.58	0.70	1.23	3.20	3.40	0.03	8.90
（2）个人所得税	5.67	0.02		0.36	1.41	4.94	13.16	38.39
（3）其它各种税金	1.44	1.69	0.66	0.44	0.33	1.98	5.75	1.42
（4）非储蓄性保险支出	11.28	7.06	5.18	8.54	16.43	9.93	18.15	15.62
（5）赡养支出	245.15	48.54	84.96	181.04	118.23	242.56	315.39	1130.26
（6）赠送支出	282.66	105.95	115.70	192.14	273.16	353.96	500.56	607.73
（7）购房与建房支出	419.78	301.46	270.41	190.40	437.03	304.98	1337.51	596.99
（8）其它非消费支出	40.04	14.33	21.31	16.10	42.54	53.57	42.44	122.93
3.家庭副业生产支出	1.34	4.43	2.48	1.03	0.72	0.03	2.00	0.01
二、借贷支出	1532.69	502.27	492.13	771.36	1359.73	1822.54	2857.75	4623.38
# 1.存入储蓄款	1037.61	351.57	315.93	509.27	873.33	1268.99	1920.99	3216.64
2.归还借款	142.88	63.35	42.38	104.03	162.83	112.63	309.41	327.85
3.借出款	15.95	1.73	6.76	12.33	21.33	5.10	50.39	32.00
4.储蓄性保险支出	136.21	28.36	53.24	63.19	118.59	200.55	206.58	403.91
5.购买有价证券	17.45	0.15	1.52	3.82	11.06	25.45	35.72	74.99
6.归还购买住房贷款	28.83		2.89	12.98	34.11	31.51	56.49	95.66

10-13 城镇居民不同收入层次家庭人均消费支出

(2001年)

单位：元

项目	总平均	最低收入户	低收入户	中等偏下户	中等收入户	中等偏上户	高收入户	最高收入户
消费性支出	**4637.74**	**2145.14**	**2878.25**	**3648.66**	**4250.22**	**5452.93**	**6585.94**	**9960.69**
一、食　品	**1589.44**	**944.21**	**1204.74**	**1371.81**	**1537.30**	**1795.66**	**2071.52**	**2695.93**
1.粮　食	180.25	167.83	182.30	179.11	180.67	177.59	186.77	195.95
2.淀粉及薯类	19.74	16.17	20.11	20.26	20.22	20.20	20.29	20.18
3.干豆类及制品	30.78	22.94	29.71	29.25	31.73	29.88	36.04	41.25
4.油脂类	51.43	47.92	53.19	53.20	50.44	49.88	57.03	49.36
5.肉禽及制品	242.87	153.71	195.61	226.54	233.27	277.69	306.33	347.46
6.蛋　类	42.82	34.26	37.56	42.87	44.05	44.02	49.20	49.06
7.水产品类	36.39	17.70	22.32	28.22	36.21	38.68	48.66	84.20
8.菜　类	147.36	115.82	125.40	141.83	142.99	156.60	176.92	192.30
9.调味品	28.11	21.11	24.79	26.70	26.77	31.07	32.00	38.23
10.糖　类	17.78	10.86	12.98	15.80	17.95	19.86	23.07	28.11
11.烟草类	89.14	47.65	67.24	81.11	80.22	116.40	111.42	132.12
12.酒和饮料	81.29	38.01	51.45	68.96	72.26	89.63	122.93	170.64
13.干鲜瓜果类	99.44	48.28	65.57	85.18	95.45	121.57	135.33	172.97
14.坚果及果仁	22.18	12.01	15.23	18.21	22.05	25.11	29.23	41.83
15.糕点类	41.56	19.11	26.36	36.07	42.24	51.62	57.03	65.97
16.奶及奶制品	59.78	22.72	41.52	50.93	53.78	76.80	81.10	111.24
17.其它食品	41.93	21.11	25.14	32.29	34.71	51.14	68.17	85.92
18.在外用餐	355.67	126.08	207.73	234.49	351.30	417.10	528.91	867.67
19.食品加工费	0.91	0.94	0.55	0.80	0.98	0.83	1.08	1.47
二、衣　着	**443.74**	**166.35**	**235.01**	**336.45**	**413.88**	**566.26**	**579.52**	**1029.73**
#服　装	297.15	97.80	147.78	217.77	271.00	385.06	388.62	741.35
三、设备用品及服务	**529.68**	**74.90**	**168.27**	**287.67**	**471.65**	**595.59**	**894.69**	**1860.07**
#1.耐用消费品	328.22	16.25	83.46	152.07	258.24	367.82	610.45	1312.86
2.家庭日用杂品	94.62	41.48	56.22	74.51	89.04	119.69	139.07	179.66
3.家庭服务	53.18	6.72	14.61	25.61	58.79	50.51	55.13	230.86
四、医疗保健	**361.18**	**147.67**	**178.57**	**394.97**	**279.62**	**399.35**	**514.63**	**757.39**
#医药费	274.90	120.63	142.38	297.92	221.28	306.96	401.04	526.00
五、交通和通讯	**366.30**	**136.90**	**209.93**	**237.66**	**325.30**	**498.93**	**593.23**	**774.97**
1.交　通	130.39	45.40	73.27	72.13	123.00	173.98	203.76	313.54
2.通　讯	235.91	91.50	136.66	165.53	202.30	324.95	389.46	461.44
六、娱乐文教服务	**642.45**	**317.50**	**419.36**	**483.49**	**562.42**	**837.57**	**953.94**	**1210.45**
1.耐用消费品	107.53	2.64	30.03	86.45	64.29	96.75	221.70	415.52
2.教　育	428.37	275.57	334.90	325.60	404.62	604.30	569.89	532.57
3.文化娱乐	106.55	39.29	54.43	71.44	93.52	136.52	162.34	262.36
七、居　住	**452.73**	**288.86**	**335.64**	**370.25**	**478.72**	**472.22**	**597.24**	**786.59**
1.住　房	213.90	132.11	133.20	154.37	240.07	219.00	300.50	420.32
2.水电燃料其它	238.83	156.75	202.44	215.88	238.65	253.22	296.73	366.28
八、杂项商品和服务	**252.22**	**68.76**	**126.72**	**166.37**	**181.33**	**287.35**	**381.17**	**845.56**
#1.理发美容用品	37.08	14.32	17.79	28.10	35.94	42.06	51.87	93.02
2.旅　游	98.05	6.12	12.60	55.48	47.14	116.26	148.21	474.89
3.服务费	22.80	13.08	13.39	17.51	18.99	24.42	34.17	55.52

10-14 城镇居民不同收入层次家庭主要商品人均购买数量

(2001年)

项目	单位	总平均	最低收入户	低收入户	中等偏下户	中等收入户	中等偏上户	高收入户	最高收入户
粮食	公斤	76.76	79.87	83.87	78.31	75.98	72.23	72.85	75.46
油脂类	公斤	8.55	8.51	9.21	9.01	8.52	7.97	9.04	7.41
#菜籽油	公斤	6.76	7.36	7.54	7.07	6.82	6.22	6.58	5.39
豆油	公斤	0.62	0.51	0.88	0.76	0.69	0.41	0.71	0.27
动物油	公斤	0.15	0.15	0.10	0.15	0.21	0.12	0.17	0.14
猪肉	公斤	12.08	8.84	10.83	12.05	11.94	12.70	14.27	14.86
牛肉	公斤	0.82	0.69	0.94	0.80	0.57	1.07	1.12	0.66
羊肉	公斤	0.94	0.55	1.02	0.80	0.99	1.05	1.06	1.20
白条鸡	公斤	1.44	0.92	1.00	1.50	1.64	1.66	1.63	1.46
活鸡	公斤	1.65	1.03	1.15	1.38	1.51	1.91	1.97	3.31
蛋类	公斤	9.13	7.41	8.09	9.21	9.48	9.31	10.42	10.12
#鸡蛋	公斤	8.69	7.13	7.74	8.83	8.99	8.81	9.80	9.54
鲜菜	公斤	98.79	86.83	93.10	99.67	95.03	99.00	110.42	116.75
食糖	公斤	1.14	1.01	1.13	1.14	1.19	1.09	1.28	1.16
卷烟	盒	29.60	21.41	25.82	29.34	26.62	34.85	34.89	36.20
白酒	公斤	1.16	0.83	0.85	1.25	1.05	1.12	1.49	1.84
啤酒	公斤	2.86	1.88	2.52	3.17	2.64	2.70	2.74	4.96
茶叶	公斤	0.21	0.19	0.23	0.19	0.18	0.21	0.32	0.21
干鲜瓜果类	公斤	57.14	32.75	44.49	52.55	55.72	68.17	74.11	79.80
糕点	公斤	3.47	1.98	2.31	3.41	3.65	4.12	4.47	4.28
鲜奶	公斤	10.70	3.16	7.20	8.84	9.04	14.95	14.83	20.49
奶粉	公斤	0.73	0.50	0.65	0.66	0.80	0.71	0.90	0.97
服装	件	6.56	3.07	4.25	5.93	6.67	7.99	8.39	10.62
男士服装	件	2.17	0.93	1.43	1.95	2.09	2.76	2.84	3.65
女士服装	件	3.19	1.54	1.85	2.78	3.38	3.89	4.13	5.30
各式童装	件	1.19	0.61	0.97	1.20	1.21	1.34	1.42	1.68
棉布	米	0.46	0.18	0.23	0.41	0.43	0.50	0.37	1.31
棉化纤混纺布	米	0.11	0.08	0.07	0.12	0.13	0.10	0.13	0.16
化纤布	米	0.41	0.19	0.17	0.47	0.43	0.43	0.53	0.67
呢绒	米	0.01	0.00	0.00	0.00	0.00	0.03	0.00	0.06
绸缎	米	0.06	0.03	0.00	0.12	0.06	0.02	0.07	0.14
毛线	公斤	0.24	0.18	0.18	0.25	0.23	0.28	0.36	0.26
鞋类	双	2.55	1.84	2.01	2.39	2.75	2.87	2.74	3.27
#皮鞋	双	0.75	0.43	0.48	0.63	0.82	0.93	0.88	1.16
旅游鞋	双	0.09	0.04	0.09	0.07	0.08	0.10	0.11	0.14
布鞋	双	0.22	0.25	0.24	0.22	0.25	0.23	0.16	0.16
肥皂	块	4.68	3.58	4.30	3.50	9.62	3.32	3.10	2.85
洗衣粉	公斤	1.08	0.98	1.07	1.14	1.06	1.02	1.43	0.93
水	吨	20.93	14.85	17.58	20.39	21.03	22.55	23.81	28.48
电	度	207.01	125.81	150.27	182.71	202.21	226.54	274.20	355.38
煤炭	公斤	169.12	189.84	174.17	195.78	155.12	157.53	156.53	140.16
液化石油气	公斤	11.79	10.70	11.03	11.43	12.63	12.56	13.29	10.05
管道燃气	立方米	11.87	2.59	7.28	9.69	11.51	10.81	20.62	30.55

10-15 城镇居民家庭居住情况

（2001年末）

项目	单位	2001年	项目	单位	2001年
调查户数	户	1400.00	五、按取暖设备拥有情况分	%	100.00
平均每户常住人口	人	3.09	无取暖设备	%	12.16
平均每户居住面积	平方米	42.17	空调设备	%	1.77
平均每户辅助面积	平方米	13.09	暖气	%	39.83
平均每户居住间数	间	2.52	火炕、火炉、火盆等	%	46.24
平均每人居住面积	平方米	13.64	六、按厨房使用情况分	%	100.00
一、按人均居住面积分	%	100.00	无厨房	%	4.81
无房户	%		独用厨房	%	94.47
4平方米以下	%	0.32	公用厨房	%	0.72
4-6平方米	%	4.54	七、按燃料使用情况分	%	100.00
6-8平方米	%	13.26	管道燃气	%	18.44
8-10平方米	%	13.31	液化石油气	%	51.40
10-12平方米	%	13.64	煤	%	26.13
12-14平方米	%	14.69	其他	%	4.03
14平方米以上	%	40.22	八、按电话拥有情况分	%	100.00
二、按房屋产权分	%	100.00	无电话	%	17.91
公房	%	32.22	公费电话	%	1.09
租赁私房	%	1.33	自费电话	%	80.81
自有房	%	17.43	公用电话	%	0.19
部分产权的自有房	%	48.88	九、按住宅建筑式样分	%	100.00
其它	%	0.14	家庭单栋配套住宅	%	1.29
三、按自来水使用情况分	%	100.00	单元式配套住宅	%	75.29
无自来水	%	0.85	（1）一居室	%	1.99
独用自来水	%	91.36	（2）二居室	%	39.95
公用自来水	%	7.79	（3）三居室	%	29.07
四、按卫生设备拥有情况分	%	100.00	（4）四居室及以上	%	4.27
无卫生设备	%	6.74	普通楼房	%	8.39
有浴室厕所	%	23.26	普通平房	%	15.03
有厕所无浴室	%	55.80			
公用卫生设备	%	14.20			

10-16 调查市县（区）城镇住户调查主要指标

(2001年)

地区	调查户数（户）	户均家庭人口（人）	户均就业人口（人）	人均实际收入（元）	人均可支配收入（元）	人均消费性支出（元）	人均食品支出（元）
全省	**1400**	**3.09**	**1.55**	**5513.77**	**5483.73**	**4637.74**	**1589.44**
城市	**800**	**3.05**	**1.47**	**6153.90**	**6120.31**	**5186.84**	**1813.11**
西安	300	3.03	1.38	6743.56	6704.86	5815.66	2023.91
宝鸡	100	3.06	1.64	5929.77	5906.05	4355.08	1603.02
咸阳	100	3.11	1.63	6277.71	6241.68	5210.30	1636.03
汉台	100	3.03	1.49	4598.47	4571.21	3685.00	1507.07
铜川	100	3.02	1.46	4068.21	4041.67	3508.68	1474.05
宝塔	50	3.14	1.52	5354.73	5333.11	4860.28	1166.48
临渭	50	3.15	1.79	4830.57	4809.86	4151.20	1324.34
县城	**600**	**3.14**	**1.66**	**4683.50**	**4658.06**	**3925.54**	**1299.33**
榆阳	50	3.14	1.32	4257.86	4222.57	3783.36	1271.61
汉滨	50	3.11	1.58	4853.94	4822.30	4077.69	1391.17
三原	50	3.07	1.73	4493.75	4468.56	3658.61	1243.82
商州	50	3.22	1.90	4700.24	4682.82	4614.66	1149.34
西乡	50	3.16	1.63	4423.47	4401.79	3209.24	1342.48
陇县	50	3.22	1.62	4150.27	4132.28	3218.05	1077.43
洛南	50	3.24	1.91	5131.70	5108.38	4342.93	1184.78
蒲城	50	3.21	1.76	4464.80	4444.29	3747.87	1097.15
户县	50	3.04	1.64	5719.20	5685.27	4689.02	1755.89
绥德	50	3.07	1.20	3690.49	3673.41	3027.11	1095.25
华阴	50	3.11	1.83	5579.16	5533.68	5012.68	1548.35
略阳	50	3.05	1.81	4760.97	4744.57	3725.01	1468.50

10-17 农村住户基本情况

指　　标	单　位	1990年	1995年	1999年	2000年	2001年
调查户数	户	2220	2220	2220	2220	2220
调查户人口						
1.常住人口	人	10763	10313	9790	9840	9765
2.平均每户常住人口	人	4.85	4.65	4.41	4.43	4.40
3.平均每户整、半劳动力	人	2.81	2.74	2.65	2.62	2.62
4.平均每劳动力负担人口	人	1.72	1.69	1.66	1.69	1.68
平均每人全年的收入						
1.总收入	元	734.44	1440.13	1952.77	2040.86	2141.23
2.纯收入	元	530.27	962.89	1456.19	1470.00	1520.00
3.现金收入	元	454.39	881.10	1473.97	1558.95	1669.74
平均每人全年的支出						
1.总支出	元	699.16	1423.48	1706.67	1917.76	2030.46
# 家庭经营费用支出	元	167.49	385.49	359.30	431.55	471.76
生活消费支出	元	477.06	913.73	1161.86	1251.21	1331.03
2.现金支出	元	444.89	922.73	1356.40	1599.51	1711.71
# 生产费用支出	元	129.67	297.26	342.42	442.82	479.65
生活消费支出	元	270.28	527.65	865.30	1007.55	1077.66
平均每人年末住房面积	平方米	14.62	18.42	21.35	22.87	23.76
# 砖木结构面积	平方米	5.01	6.59	7.44	9.67	10.28
钢筋混凝土结构面积	平方米	1.04	2.94	6.56	6.60	6.99
年末住房价值	元/平方米	38.55	67.43	126.61	155.10	174.80
平均每人经营耕地面积	亩	2.73	2.81	2.25	1.66	1.68
平均每人经营山地面积	亩	0.29	0.61	0.52	0.36	0.34
户均年末固定资产原值	元	993.49	1793.35	2942.09	3695.05	3792.28

10-18 农村住户人均总收入和纯收入

单位：元

指标	1990年	1995年	1999年	2000年	2001年
一、全年总收入	734.44	1440.10	1952.77	2040.86	2141.23
1.工资性收入	88.06	186.04	438.14	454.04	507.77
2.家庭经营收入	612.95	1192.70	1407.51	1457.09	1483.89
3.转移性收入	33.43	61.40	81.07	82.70	111.67
4.财产性收入			26.05	47.03	37.91
二、全年纯收入	530.27	962.89	1456.19	1470.00	1520.00
按收入来源分					
1.工资性收入	88.06	186.04	438.14	454.04	507.77
2.家庭经营纯收入	414.08	723.16	921.05	917.46	899.88
农业收入	321.24	559.47	602.90	554.37	595.29
# 种植业收入	305.49	529.93	566.30	498.58	543.32
林业收入	6.71	5.44	8.99	5.91	5.15
牧业收入	44.59	60.39	92.30	103.16	84.37
渔业收入	0.44	0.40	1.12	-0.65	0.34
工业收入	6.72	11.40	21.31	33.21	29.77
建筑业收入	6.11	17.41	39.54	28.93	24.87
交通、运输和邮电业收入	9.66	21.78	121.64	63.74	64.61
批发和零售贸易、餐饮业收入	9.77	18.89		76.40	48.79
社会服务业收入	3.94	6.16		14.21	13.17
文教卫生业收入				4.64	5.75
其他家庭经营收入	4.90	21.82	33.25	33.53	27.77
3.转移性收入	28.13	53.69	70.95	50.61	73.70
4.财产性收入			26.05	47.88	38.65
按收入性质分					
1.生产性收入	502.14	909.20	1359.19	1371.51	1407.66
第一产业收入	465.94	660.88	736.10	681.38	705.99
第二产业收入	12.83	118.89	352.08	351.93	401.17
第三产业收入	23.37	129.43	271.01	338.20	300.50
2.非生产性收入	28.13	53.69	97.00	98.49	112.34
按收入形态分					
1.现金纯收入	294.73	473.82	1020.37	1065.27	1144.06
2.实物纯收入	235.54	489.07	435.82	404.73	375.94

10-19 农村住户人均纯收入分组基本情况

(2001年)

指　标	单 位	合 计	580元以下	580-630元	630-872元	872-1500元	1500-2134元	2134元以上
一、调查户数	户	2220	186	48	283	822	456	425
比　重	%	100.00	8.38	2.16	12.75	37.03	20.54	19.14
常住人口	人	9765	882	229	1324	3733	1937	1660
比　重	%	100.00	9.03	2.35	13.56	38.23	19.84	17.00
平均每户常住人口	人	4.40	4.74	4.77	4.68	4.54	4.25	3.91
户均整、半劳动力	人	2.62	2.72	2.46	2.70	2.66	2.59	2.50
劳动力负担人口	人	1.68	1.75	1.94	1.73	1.71	1.64	1.56
二、平均每人全年收入								
总收入	元	2141.23	880.96	1091.29	1268.75	1717.42	2405.55	4238.85
# 工资性收入	元	507.77	171.21	197.18	275.78	400.61	609.53	979.35
家庭经营收入	元	1483.89	650.06	854.14	940.63	1231.82	1660.36	2808.03
纯收入	元	1520.00	339.88	603.33	759.28	1165.85	1768.08	3183.49
（1）工资性收入	元	507.77	171.21	197.18	275.78	400.61	609.53	979.35
# 乡企劳动收入	元	27.23	3.46	4.72	10.06	20.14	40.94	56.60
（2）家庭经营收入	元	899.88	150.38	379.58	451.59	708.90	1052.10	1860.89
（3）转移性收入	元	73.70	17.63	19.40	25.11	36.75	68.90	214.89
（4）财产性收入	元	38.65	0.66	7.17	6.80	19.59	37.55	128.36
现金收入	元	1669.74	653.83	785.30	902.61	1248.92	1909.60	3609.81
三、平均每人全年支出								
总支出	元	2030.46	1358.17	1493.06	1489.44	1759.61	2274.59	3217.56
# 生活消费支出	元	1331.03	873.39	945.21	980.30	1158.60	1554.69	2033.95
家庭经营费用支出	元	471.76	307.32	386.87	385.66	410.52	478.40	768.49
现金支出	元	1711.71	1110.02	1224.62	1180.02	1425.89	1950.75	2886.52
人均年末住房面积	平方米	23.76	18.89	17.90	19.41	22.27	26.46	30.83
# 砖木结构面积	平方米	10.28	10.10	7.52	8.68	9.10	11.58	13.18
钢筋混凝土结构面积	平方米	6.99	3.50	4.18	3.90	5.86	8.91	11.98
人均经营耕地面积	亩	1.68	1.76	1.75	1.76	1.65	1.57	1.74
人均经营山地面积	亩	0.34	0.78	0.59	0.54	0.31	0.17	0.16
人均年末固定资产原值	元	862.15	1091.26	595.15	638.10	658.94	804.62	1480.04

10-20 农村住户按家庭结构分组基本情况

(2001年)

单位：元

指　　标	单 位	单身或夫妇	夫妇一孩	夫妇二孩	夫妇多孩	单亲与孩子	三代同堂	其 他
一、调查户数	户	102	279	672	452	42	590	83
比 重	%	4.59	12.57	30.27	20.36	1.89	26.58	3.74
常住人口	人	198	847	2675	2319	136	3215	375
比 重	%	2.03	8.67	27.39	23.75	1.39	32.92	3.84
平均每户常住人口	人	1.94	3.04	3.98	5.13	3.24	5.45	4.52
户均整、半劳动力	人	1.71	2.24	2.42	2.90	1.90	3.02	2.63
劳动力负担人口	人	1.14	1.36	1.64	1.77	1.70	1.81	1.72
二、平均每人全年收入								
总收入	元	3209.72	2478.48	2336.04	1870.99	2017.32	2022.39	1906.75
# 工资性收入	元	673.37	625.40	534.99	434.82	600.22	465.87	483.35
家庭经营收入	元	1963.60	1631.01	1685.85	1300.74	1148.19	1421.92	1243.26
纯收入	元	2259.91	1768.94	1615.95	1331.00	1465.58	1393.52	1394.99
(1) 工资性收入	元	673.37	625.40	534.99	434.82	600.22	465.87	483.35
# 乡企劳动收入	元	17.20	41.16	34.07	15.10	54.73	26.08	27.08
(2) 家庭经营收入	元	1204.94	984.50	1005.64	791.27	664.23	829.74	768.48
(3) 转移性收入	元	283.28	119.26	44.56	54.65	152.50	65.24	125.69
(4) 财产性收入	元	98.32	39.78	30.76	50.26	48.63	32.67	17.47
现金收入	元	2477.55	1908.46	1847.83	1444.27	1638.46	1606.83	1378.52
三、平均每人全年支出								
总支出	元	2868.52	2286.65	2303.91	1823.26	2263.73	1861.69	1702.47
# 生活消费支出	元	1976.66	1496.73	1491.56	1206.88	1734.82	1205.66	1166.90
家庭经营费用支出	元	602.42	500.99	540.95	405.62	376.49	463.13	360.87
现金支出	元	2389.20	1880.20	1975.69	1517.62	1921.02	1580.16	1342.56
人均年末住房面积	平方米	46.89	28.89	25.41	19.05	25.98	22.71	25.54
# 砖木结构面积	平方米	22.38	14.12	10.76	8.99	8.94	9.31	8.65
钢筋混凝土结构面积	平方米	13.50	5.59	8.61	4.33	6.00	7.68	6.03
人均经营耕地面积	亩	2.79	2.02	1.61	1.88	1.54	1.39	2.07
人均经营山地面积	亩	0.30	0.40	0.26	0.64	0.15	0.17	0.39
人均年末固定资产原值	元	898.40	1031.09	921.25	780.89	875.57	843.47	697.55

10-21 农村住户按劳动力最高文化程度分组基本情况

(2001年)

指　　标	单 位	大专及以上	中 专	高 中	初 中	小 学	（半）文盲	无劳力
一、调查户数	户	34	61	525	1311	258	21	10
比 重	%	1.53	2.75	23.65	59.05	11.62	0.95	0.45
常住人口	人	154	266	2427	5799	1025	65	29
比 重	%	1.58	2.72	24.85	59.39	10.50	0.67	0.30
平均每户常住人口	人	4.53	4.36	4.62	4.42	3.97	3.10	2.90
户均整、半劳动力	人	3.00	3.15	2.64	2.67	2.31	1.67	
劳动力负担人口	人	1.51	1.39	1.75	1.66	1.72	1.86	
二、平均每人全年收入								
总收入	元	2235.35	2340.64	2213.60	2120.29	1954.72	1634.12	2390.31
# 工资性收入	元	897.19	930.19	494.84	488.14	391.59	317.08	822.66
家庭经营收入	元	1198.42	1220.00	1577.20	1482.79	1416.82	1029.32	1219.93
纯收入	元	1668.35	1793.98	1564.82	1481.81	1273.66	1126.18	1862.14
（1）工资性收入	元	897.19	930.19	494.84	488.14	391.59	317.08	822.66
# 乡企劳动收入	元	16.92	37.58	30.12	27.44	20.32		8.62
（2）家庭经营收入	元	659.05	727.42	965.64	887.58	776.81	623.05	733.99
（3）转移性收入	元	106.30	124.85	73.24	60.71	81.31	148.33	284.73
（4）财产性收入	元	5.81	11.52	31.10	45.38	23.95	37.72	20.76
现金收入	元	1838.94	1854.52	1785.48	1661.36	1407.74	1024.40	1771.69
三、平均每人全年支出								
总支出	元	3103.26	2156.63	2144.60	1976.19	1904.01	1594.77	1923.86
# 生活消费支出	元	2409.44	1464.40	1424.70	1282.97	1195.38	1152.91	1345.07
家庭经营费用支出	元	353.26	372.73	475.11	469.67	531.66	315.88	380.90
现金支出	元	2798.07	1831.90	1858.78	1661.07	1500.01	1041.23	1643.59
人均年末住房面积	平方米	28.97	27.66	24.89	23.57	20.24	22.23	32.66
# 砖木结构面积	平方米	10.01	14.59	10.80	10.17	8.18	9.58	28.10
钢筋混凝土结构面积	平方米	12.87	9.41	8.45	7.10	1.85	2.55	
人均经营耕地面积	亩	1.46	1.74	1.54	1.59	2.37	4.09	1.83
人均经营山地面积	亩	0.20	0.14	0.17	0.34	0.72	1.79	
人均年末固定资产原值	元	1248.33	783.76	979.97	847.73	646.23	716.92	509.66

10-22 农村住户人均生活消费支出

单位：元

指标	1995年	1999年	2000年	2001年
生活消费性支出	**913.73**	**1161.86**	**1251.20**	**1331.03**
1.食品	**542.02**	**552.68**	**543.84**	**557.83**
(1)主食	314.88	245.41	207.29	218.43
(2)副食	148.32	163.85	168.42	166.79
(3)其他食品	61.65	94.01	94.96	95.93
(4)在外饮食	9.32	37.63	62.31	66.24
(5)食品加工费	7.86	11.78	10.86	10.44
2.衣着	**61.82**	**77.95**	**82.32**	**82.52**
# 服装	30.06	44.96	49.24	50.04
衣着材料	15.68	9.48	5.81	5.37
鞋袜帽类	13.90	20.12	20.16	19.91
3.居住	**136.91**	**175.35**	**199.92**	**233.83**
# 住房	88.11	113.94	129.55	160.31
电费	7.05	17.31	18.16	20.89
4.家庭设备、用品及服务	**41.59**	**58.81**	**57.82**	**55.38**
# 耐用消费品	12.50	19.44	20.85	19.18
床上用品	4.75	4.56	5.17	6.27
家庭日用杂品	19.83	30.41	28.46	26.93
5.医疗保健	**41.30**	**64.96**	**91.40**	**86.02**
# 医疗卫生保健用品	29.70	41.41	62.32	59.70
医疗保健服务费	11.46	23.17	26.72	24.29
6.交通和通讯	**15.11**	**36.18**	**58.49**	**73.32**
# 交通工具	8.72	14.99	15.93	20.16
通讯工具	0.05	1.60	3.63	4.91
交通费	5.49	11.78	19.31	21.01
邮电费	0.09	5.54	14.19	19.87
7.文教娱乐用品及服务	**65.14**	**171.04**	**181.81**	**204.99**
(1)文化教育娱乐用品	24.96	49.58	46.75	53.43
(2)文化教育娱乐服务	40.19	121.46	135.07	151.56
8.其他商品和服务	**9.84**	**24.93**	**35.61**	**37.14**
# 商品性支出	1.89	2.99	8.24	8.99
服务支出	7.95	21.94	27.36	28.15

10-23 按纯收入分组的农村住户人均生活消费支出

(2001年)

单位：元

指 标	合 计	580元以 下	580-630元	630-872元	872-1500元	1500-2134元	2134元以 上
一、生活消费性支出	**1331.03**	**873.39**	**945.21**	**980.30**	**1158.60**	**1554.69**	**2033.95**
1.食 品	557.83	397.08	412.49	457.24	517.55	604.98	779.06
(1)主 食	218.42	193.18	202.69	209.50	217.59	221.83	239.00
(2)副 食	166.79	109.64	116.46	132.83	159.88	176.53	235.37
(3)其他食品	95.93	62.85	56.77	72.69	82.79	107.86	153.10
(4)在外饮食	66.24	24.65	27.72	32.51	46.54	86.87	140.80
2.衣 着	82.52	46.19	49.69	60.63	70.78	97.32	132.97
3.居 住	233.83	124.37	127.89	146.94	181.26	340.98	369.07
#住房装饰	9.60	3.35	1.94	4.28	9.12	8.34	20.77
4.家庭设备、用品及服务	55.38	29.75	29.00	38.75	50.61	60.11	91.08
5.医疗保健	86.02	56.77	90.08	68.69	76.85	93.03	127.28
6.交通和通讯	73.32	45.04	24.03	41.23	54.03	75.90	161.12
7.文教娱乐用品及服务	204.99	145.53	180.97	143.16	177.25	239.83	310.95
8.其他商品和服务	37.14	28.67	31.05	23.65	30.26	42.52	62.41
二、生活消费现金性支出	**1077.66**	**675.94**	**716.14**	**732.06**	**887.92**	**1296.73**	**1787.68**
1.食 品	332.90	225.21	210.31	236.47	276.63	374.91	561.44
(1)主 食	48.46	57.34	43.57	40.96	40.73	45.95	70.73
(2)副 食	118.75	80.17	77.27	86.40	102.12	129.93	195.13
(3)其他食品	89.00	56.28	52.89	66.88	76.50	100.28	143.98
(4)在外饮食	66.24	24.65	27.72	32.51	46.54	86.87	140.80
(5)食品加工费	10.44	6.76	8.86	9.72	10.74	11.89	10.80
2.衣 着	82.29	45.98	49.69	60.49	70.69	97.03	132.38
3.居 住	205.61	99.00	101.00	119.61	151.59	313.39	341.01
#住房装饰	9.60	3.35	1.94	4.28	9.12	8.34	20.77
4.家庭设备、用品及服务	55.38	29.75	29.00	38.75	50.61	60.11	91.08
5.医疗保健	86.02	56.77	90.08	68.69	76.85	93.03	127.28
6.交通和通讯	73.32	45.04	24.03	41.23	54.03	75.90	161.12
7.文教娱乐用品及服务	204.99	145.53	180.97	143.16	177.25	239.83	310.95
8.其他商品和服务	37.14	28.67	31.05	23.65	30.26	42.52	62.41

10-24 按家庭结构分组的农村住户人均生活消费支出

（2001年）

单位：元

指　　标	单身或夫妇	夫妇一孩	夫妇二孩	夫妇多孩	单亲与孩子	三代同堂	其　他
一、生活消费性支出	1976.66	1496.73	1491.56	1206.88	1734.82	1205.66	1166.90
1.食　品	934.49	675.10	589.13	511.87	646.85	505.56	570.77
(1)主　食	318.98	250.69	223.84	225.37	258.15	191.89	223.88
(2)副　食	310.99	209.73	175.48	145.45	194.88	150.51	193.09
(3)其他食品	172.31	126.45	103.56	77.03	92.43	90.50	97.02
(4)在外饮食	113.32	77.22	75.23	56.52	90.62	61.47	44.66
2.衣　着	82.40	100.20	93.24	77.03	99.63	72.79	77.44
3.居　住	363.06	214.14	291.42	158.72	395.57	241.26	141.32
#住房装饰	16.49	4.76	10.16	5.34	5.56	13.77	5.01
4.家庭设备、用品及服务	111.30	61.96	61.24	48.24	66.99	50.42	51.59
5.医疗保健	163.42	104.36	89.08	58.51	150.13	89.54	98.62
6.交通和通讯	110.69	66.43	85.14	80.07	73.18	61.27	46.52
7.文教娱乐用品及服务	151.28	232.41	239.25	246.33	234.20	148.96	141.26
8.其他商品和服务	61.01	42.14	43.06	26.11	68.26	35.86	39.38
二、生活消费现金性支出	1584.82	1183.17	1233.38	966.27	1465.90	976.11	879.45
1.食　品	597.79	398.14	361.36	297.96	414.50	299.99	311.28
(1)主　食	62.43	54.13	50.93	69.65	87.68	27.68	43.58
(2)副　食	240.06	140.74	126.90	93.26	138.61	116.06	120.43
(3)其他食品	163.10	115.04	97.28	71.02	86.82	83.58	90.49
(4)在外饮食	113.32	77.22	75.23	56.52	90.62	61.47	44.66
(5)食品加工费	18.89	11.01	11.02	7.50	10.77	11.19	12.12
2.衣　着	82.40	99.88	92.95	76.94	99.14	72.51	77.44
3.居　住	307.92	177.85	261.30	132.11	359.51	217.56	113.36
#住房装饰	16.49	4.76	10.16	5.34	5.56	13.77	5.01
4.家庭设备、用品及服务	111.30	61.96	61.24	48.24	66.99	50.42	51.59
5.医疗保健	163.42	104.36	89.08	58.51	150.13	89.54	98.62
6.交通和通讯	110.69	66.43	85.14	80.07	73.18	61.27	46.52
7.文教娱乐用品及服务	151.28	232.41	239.25	246.33	234.20	148.96	141.26
8.其他商品和服务	60.01	42.14	43.06	26.11	68.26	35.86	39.38

10-25 按劳动力最高文化程度分组的农村住户人均生活消费支出

（2001年）

单位：元

指　　标	大 专	中 专	高 中	初 中	小 学	（半）文盲	无劳动力
一、生活消费性支出	**2409.44**	**1464.40**	**1424.70**	**1282.97**	**1195.38**	**1152.91**	**1345.07**
1.食 品	642.25	661.97	548.75	551.17	566.35	683.31	662.79
(1)主 食	198.88	202.30	212.54	218.46	232.72	319.55	222.24
(2)副 食	186.45	170.39	153.16	166.34	192.21	228.02	225.31
(3)其他食品	130.23	138.40	91.96	95.62	90.15	95.98	123.93
(4)在外饮食	117.77	141.82	79.70	60.35	42.16	32.15	79.14
2.衣 着	95.66	102.20	89.89	81.12	65.68	86.35	83.97
3.居 住	916.23	155.96	267.53	216.19	177.56	128.35	256.66
# 住房装饰	97.98	11.93	12.13	7.02	5.11	0.05	2.83
4.家庭设备、用品及服务	66.65	48.06	59.95	55.32	47.20	26.43	45.14
5.医疗保健	154.92	66.55	96.65	79.30	93.76	42.66	178.00
6.交通和通讯	103.09	105.05	77.41	73.30	55.10	26.35	35.31
7.文教娱乐用品及服务	349.25	263.85	247.36	191.37	155.66	93.80	70.48
8.其他商品和服务	81.38	60.77	37.17	35.21	34.08	65.65	12.72
二、生活消费现金性支出	**2162.12**	**1212.58**	**1195.09**	**1031.45**	**883.34**	**750.97**	**1094.00**
1.食 品	417.80	434.94	345.66	327.75	290.35	322.46	435.41
(1)主 食	36.46	47.06	46.33	48.13	54.31	98.85	49.34
(2)副 食	132.90	116.29	122.50	120.33	99.65	91.69	172.97
(3)其他食品	121.75	120.72	85.74	88.54	85.12	92.17	121.79
(4)在外饮食	117.77	141.82	79.70	60.35	42.16	32.15	79.14
(5)食品加工费	8.92	9.05	11.39	10.40	9.11	7.60	12.17
2.衣 着	95.66	102.20	89.64	80.87	65.61	86.35	79.79
3.居 住	893.36	131.17	241.26	188.33	141.58	87.26	237.14
# 住房装饰	97.98	11.93	12.13	7.02	5.11	0.05	2.83
4.家庭设备、用品及服务	66.65	48.06	59.95	55.32	47.20	26.43	45.14
5.医疗保健	154.92	66.55	96.65	79.30	93.76	42.66	178.00
6.交通和通讯	103.09	105.05	77.41	73.30	55.10	26.35	35.31
7.文教娱乐用品及服务	349.25	263.85	247.36	191.37	155.66	93.80	70.48
8.其他商品和服务	81.38	60.77	37.17	35.21	34.08	65.65	12.72

10-26 农村住户平均每人主要实物消费量和每百户耐用物品拥有量

指　　标	单 位	1996年	1997年	1998年	1999年	2000年	2001年
实物消费量							
粮　食	公斤	234.99	226.02	228.70	214.93	222.50	212.13
蔬菜及菜制品	公斤	55.01	56.87	63.45	56.51	61.36	56.68
油脂类	公斤	4.53	6.09	5.69	5.67	6.27	6.49
肉禽及其制品	公斤	5.61	6.34	6.58	7.74	7.62	7.30
蛋类及蛋制品	公斤	1.00	1.85	1.71	1.69	2.22	2.13
奶和奶制品	公斤	0.82	1.53	1.54	0.96	1.02	1.11
水产品	公斤	0.12	0.20	0.21	0.23	0.24	0.22
糖	公斤	0.95	1.03	1.07	0.97	1.07	0.92
酒和饮料	公斤	2.19	3.25	3.06	3.57	3.50	4.13
水果及水果制品	公斤	13.85	6.90	9.19	7.91	17.46	19.80
棉　布	米	0.46	0.47	0.39	0.25		
化纤布	米	2.29	2.12	1.85	1.96		
绸　缎	米	0.03	0.02	0.02	0.03		
毛线及毛线织品	公斤	0.13	0.14	0.14	0.12		
耐用物品每百户拥有量							
大型家具	件	469	527	538	545	239	241
#组合家具	件	21	23	25	27		
沙　发	个	56	70	72	74		
大衣柜	个	70	74	73	75		
写字台	个	68	72	73	74		
洗衣机	台	17	23	24	26	34	36
电风扇	台	38	49	54	57	70	74
电冰箱	台	1	3	3	4	5	5
空调机	台	0.02	0.09	0.04	0.22	0.23	0.32
抽油烟机	台	0.02	0.45	0.55	0.58	0.68	0.68
自行车	辆	127	135	137	138	127	131
摩托车	辆	4	6	7	9	15	17
汽车（生活用）	辆					0.27	0.23
电话机	部					18.02	25.41
移动电话	部					1.58	2.75
彩色电视机	台	22	27	32	37	49	52
黑白电视机	台	56	59	59	58	48	47
录放像机	台	0.18	1	1	4	2	1
收录机	台	21	22	23	23	23	23
照相机	架	1	1	1	2	2	2

10-27 农村住户平均每人主要实物消费量和每百户耐用物品拥有量

（2001年，按纯收入分组）

指　　标	单　位	全　省 平　均	580元 以　下	580- 630元	630- 872元	872- 1500元	1500- 2134元	2134元 以　上
实物消费量								
粮　食	公斤	212.13	177.67	195.34	203.99	213.63	217.13	230.02
#小　麦	公斤	151.00	123.10	133.29	145.32	150.09	159.33	165.10
稻　谷	公斤	20.72	8.47	13.64	15.46	23.95	24.27	21.01
玉　米	公斤	21.90	15.74	22.48	20.31	22.42	20.59	26.73
薯　类	公斤	6.76	9.10	7.22	7.64	6.36	5.74	6.86
豆类及豆制品	公斤	6.17	5.04	5.56	5.13	5.53	5.25	10.22
蔬菜及菜制品	公斤	56.68	44.37	45.84	51.12	58.85	57.68	63.08
油脂类	公斤	6.49	5.43	5.27	5.90	6.22	7.01	7.69
肉禽及其制品	公斤	7.30	3.61	4.45	5.59	7.49	7.70	10.11
蛋类及蛋制品	公斤	2.13	1.50	2.18	1.65	1.69	2.55	3.33
奶和奶制品	公斤	1.11	0.67	0.24	1.83	0.89	0.92	1.62
糖	公斤	0.92	0.56	0.66	0.87	0.85	0.90	1.34
酒和饮料	公斤	4.13	1.92	2.15	4.02	4.85	3.65	4.60
糕　点	公斤	1.09	0.60	0.76	0.79	0.94	1.31	1.73
水果及水果制品	公斤	19.80	15.88	14.59	14.99	17.00	23.12	28.82
耐用物品每百户拥有量								
大型家具	件	240.90	253.76	295.83	237.46	237.71	231.58	247.53
洗衣机	台	35.95	33.87	22.92	20.85	28.35	43.20	55.29
电风扇	台	74.32	43.55	52.08	50.53	64.60	93.42	104.47
电冰箱	台	5.45	3.23	8.33	3.53	3.16	5.26	12.00
空调机	台	0.32				0.12	0.66	0.71
抽油烟机	台	0.68			0.35	0.24	0.44	2.35
热水器	台	2.48		6.25		2.19	4.39	3.29
自行车	辆	131.17	118.82	112.50	108.83	126.76	144.30	148.00
摩托车	辆	16.58	12.37	10.42	12.01	13.14	18.20	27.06
汽车(生活用)	辆	0.23			1.06		0.44	
电话机	部	25.41	11.83	14.58	14.49	19.10	29.39	47.76
移动电话	部	2.75			2.47	1.46	1.75	8.00
寻呼机	台	5.36	0.54	2.08	2.12	2.68	7.02	13.41
彩色电视机	台	52.30	45.70	37.50	37.81	47.81	56.36	70.82
黑白电视机	台	47.07	46.77	52.08	48.41	49.27	49.34	39.06
录放像机	台	1.44	1.08		0.35	0.61	2.41	3.06
摄像机	台	0.14			0.35	0.12		0.24
影碟机	台	9.19	5.38	6.25	4.24	7.42	11.40	15.53
组合音响	台	4.50	3.76	2.08	2.47	2.92	4.61	9.41
收录机	台	22.61	20.97	31.25	18.73	21.65	24.34	24.94
照相机	架	1.80			0.35	1.46	3.07	3.06
家用计算机	台	0.23					0.88	0.24
中高档乐器	件	0.36				0.24	1.32	

10-28 农村住户平均每人主要实物消费量和每百户耐用物品拥有量

（2001年，按家庭结构分组）

指　　标	单　位	单身或夫妇	夫妇一孩	夫妇二孩	夫妇多孩	单亲与孩子	三代同堂	其　他
实物消费量								
粮　食	公斤	313.10	242.59	218.30	207.74	239.96	194.37	215.27
#小　麦	公斤	223.70	163.11	157.03	128.69	144.68	153.69	159.39
稻　谷	公斤	31.20	31.52	25.02	20.50	39.13	12.84	22.42
玉　米	公斤	32.35	22.88	20.39	24.82	36.90	20.04	17.41
薯　类	公斤	11.10	10.34	6.39	10.27	11.76	3.29	5.36
豆类及豆制品	公斤	8.50	6.48	6.99	7.96	4.07	4.10	5.88
蔬菜及菜制品	公斤	95.04	68.01	58.36	58.34	76.57	47.72	58.11
油脂类	公斤	10.17	8.10	6.89	5.54	7.07	6.10	7.07
肉禽及其制品	公斤	15.01	10.28	7.34	6.54	8.41	6.24	9.65
蛋类及蛋制品	公斤	5.41	2.55	2.34	1.61	2.04	1.94	2.81
奶和奶制品	公斤	3.84	1.10	0.90	0.51	0.11	1.61	0.93
糖	公斤	1.37	1.15	1.15	0.74	0.92	0.75	1.00
酒和饮料	公斤	4.31	11.48	3.60	3.89	3.15	2.85	4.00
糕　点	公斤	2.99	1.48	1.19	0.64	1.01	1.15	0.80
水果及水果制品	公斤	32.79	29.08	20.41	16.83	19.98	18.25	19.13
耐用物品每百户拥有量								
大型家具	件	209.80	204.66	225.30	246.24	240.48	270.00	291.57
洗衣机	台	36.27	31.54	30.95	29.42	14.29	50.51	33.73
电风扇	台	83.33	69.53	70.24	49.56	42.86	100.17	79.52
电冰箱	台	5.88	4.30	4.02	4.87	7.14	8.31	2.41
空调机	台		0.36	0.45			0.51	
抽油烟机	台		0.72	0.60	0.44		1.19	
热水器	台	3.92	1.43	2.68	2.65		2.20	4.82
自行车	辆	106.86	108.24	130.06	128.10	107.14	153.56	116.87
摩托车	辆	7.84	15.77	15.92	15.49	11.90	20.85	13.25
汽车(生活用)	辆			0.45	0.44			
电话机	部	28.43	22.94	23.66	23.67	19.05	30.17	22.89
移动电话	部	0.98	2.15	2.68	4.20		2.71	1.20
寻呼机	台	0.98	5.38	5.80	4.42	7.14	6.95	
彩色电视机	台	41.18	46.95	47.62	46.24	23.81	68.98	50.60
黑白电视机	台	48.04	43.73	47.47	47.79	61.90	46.27	48.19
录放像机	台		0.72	2.08	1.55		1.36	1.20
摄像机	台						0.51	
影碟机	台	3.92	8.96	7.89	8.85	7.14	12.71	4.82
组合音响	台	4.90	4.30	4.02	3.54	2.38	6.27	2.41
收录机	台	15.69	21.15	20.09	24.34	14.29	25.93	27.71
照相机	架	1.96	2.51	1.49	1.33	2.38	1.53	6.02
家用计算机	台			0.15		7.14	0.17	
中高档乐器	件			1.04			0.17	

10-29 农村住户平均每人主要实物消费量和每百户耐用物品拥有量

（2001年，按劳动力最高文化程度分组）

指　　标	单　位	大　专	中　专	高　中	初　中	小　学	(半)文盲	无劳动力
实物消费量								
粮　食	公斤	195.25	191.58	209.74	212.40	219.55	279.11	222.34
#小　麦	公斤	157.90	131.83	156.52	153.67	126.77	139.85	175.34
稻　谷	公斤	12.04	14.86	15.51	20.74	36.04	18.58	17.62
玉　米	公斤	17.99	16.49	22.34	21.68	23.21	37.75	18.48
薯　类	公斤	4.44	8.92	5.46	6.36	11.16	19.97	3.48
豆类及豆制品	公斤	5.61	9.27	4.45	6.70	6.49	7.78	4.76
蔬菜及菜制品	公斤	57.05	54.11	54.10	55.34	69.49	83.54	48.31
油脂类	公斤	7.89	6.76	6.04	6.49	7.15	8.11	7.52
肉禽及其制品	公斤	8.58	8.26	6.06	7.12	10.35	13.03	11.10
蛋类及蛋制品	公斤	2.40	1.82	2.23	2.09	2.11	1.97	3.52
奶和奶制品	公斤	0.68	2.08	1.22	1.18	0.33	0.28	0.97
糖	公斤	0.79	0.65	1.08	0.87	0.92	0.80	1.21
酒和饮料	公斤	4.53	4.87	2.78	4.54	4.55	7.35	3.62
糕　点	公斤	0.99	1.09	1.29	1.09	0.62	0.69	3.66
水果及水果制品	公斤	22.01	37.37	19.13	19.98	16.08	11.14	16.03
耐用物品每百户拥有量								
大型家具	件	244.12	265.57	243.62	238.83	237.21	252.38	280.00
洗衣机	台	52.94	45.90	43.62	36.16	16.28	9.52	50.00
电风扇	台	126.47	85.25	84.95	76.58	35.27	23.81	90.00
电冰箱	台	8.82	13.11	5.52	5.95	1.16		
空调机	台		1.64	0.57	0.23			
抽油烟机	台		1.64	0.57	0.84			
热水器	台	5.88	3.28	2.67	2.75	0.39		
自行车	辆	176.47	137.70	152.95	131.27	86.43	47.62	110.00
摩托车	辆	29.41	21.31	20.38	16.70	6.59	4.76	10.00
汽车(生活用)	辆			0.57	0.08	0.39		
电话机	部	50.00	45.90	34.48	24.10	8.14		10.00
移动电话	部	11.76	6.56	2.86	2.82	0.39		
寻呼机	台	17.65	3.28	7.05	5.49	0.78		
彩色电视机	台	79.41	65.57	57.90	52.63	34.11	33.33	50.00
黑白电视机	台	38.24	39.34	48.19	48.21	44.19	14.29	60.00
录放像机	台			1.14	1.98			
摄像机	台			0.19	0.15			
影碟机	台	26.47	13.11	9.33	10.07	2.33		
组合音响	台	5.88	6.56	4.00	5.34	1.16		
收录机	台	35.29	27.87	26.10	21.74	17.83	23.81	
照相机	架	17.65	4.92	1.71	1.68			
家用计算机	台	2.94		0.76				
中高档乐器	件	5.88		0.76	0.15			

主 要 统 计 指 标 解 释

城镇居民家庭全部收入　指被调查城镇居民家庭全部的实际收入,包括经常或固定得到的收入和一次性收入。不包括周转性收入,如提取银行存款、向亲友借款、收回借出款以及其他各种暂收款。

城镇居民家庭可支配收入　指被调查的城镇居民家庭在支付个人所得税、记帐补贴、家庭副业生产支出后所余下的实际收入。

城镇居民家庭消费性支出　指被调查的城镇居民家庭用于日常生活的全部支出,包括购买商品支出和文化生活、服务等非商品性支出。不包括罚没、丢失款和缴纳的各种税款(如个人所得税、牌照税、房产税等),也不包括个体劳动者生产经营过程中发生的各项费用。

城镇居民家庭购买商品支出　指被调查的城镇居民家庭购买商品的全部支出,包括从商店、工厂、饮食业、工作单位食堂、集市以及直接从农民手中购买各种商品的开支。商品支出分为以下八类: 食品; 衣着; 家庭设备用品及服务; 医疗保健; 交通与通信; 娱乐、教育、文化服务; 居住; 杂项商品和服务。

农村居民家庭纯收入　指农村常住居民家庭总收入中,扣除从事生产和非生产经营费用支出、缴纳税款和上交承包集体任务金额以后剩余的,可直接用于进行生产性、非生产性建设投资、生活消费和积蓄的那一部分收入。农村居民家庭纯收入包括从事生产性和非生产性的经营收入,取自在外人口寄回带回和国家财政救济、各种补贴等非经营性收入; 既包括货币收入,又包括自产自用的实物收入。但不包括向银行、信用社和向亲友借款等属于借贷性的收入。

农村居民家庭生活消费支出　指农村常住居民家庭用于日常生活的全部开支,是反映和研究农民家庭实际生活消费水平高低的重要指标。

城乡居民储蓄存款余额　指某一时点城乡居民存入银行及农村信用社的储蓄金额,包括城镇居民储蓄存款和农民个人储蓄存款,不包括居民的手存现金和工矿企业、部队、机关、团体等单位存款。

主要统计指标解释

11 城市概况

CHENGSHIGAIKUANG

资料整理　艾　军　孙士梅

****

11. 城市概况

****

2001 年全省 13 个城市(不包括市辖县)

人均公共绿地面积	2.91	平方米
人均日生活用水量	184.35	升
用水普及率	68.32	%
用气普及率	53.65	%
每万人拥有公共交通车辆	5.23	辆

****

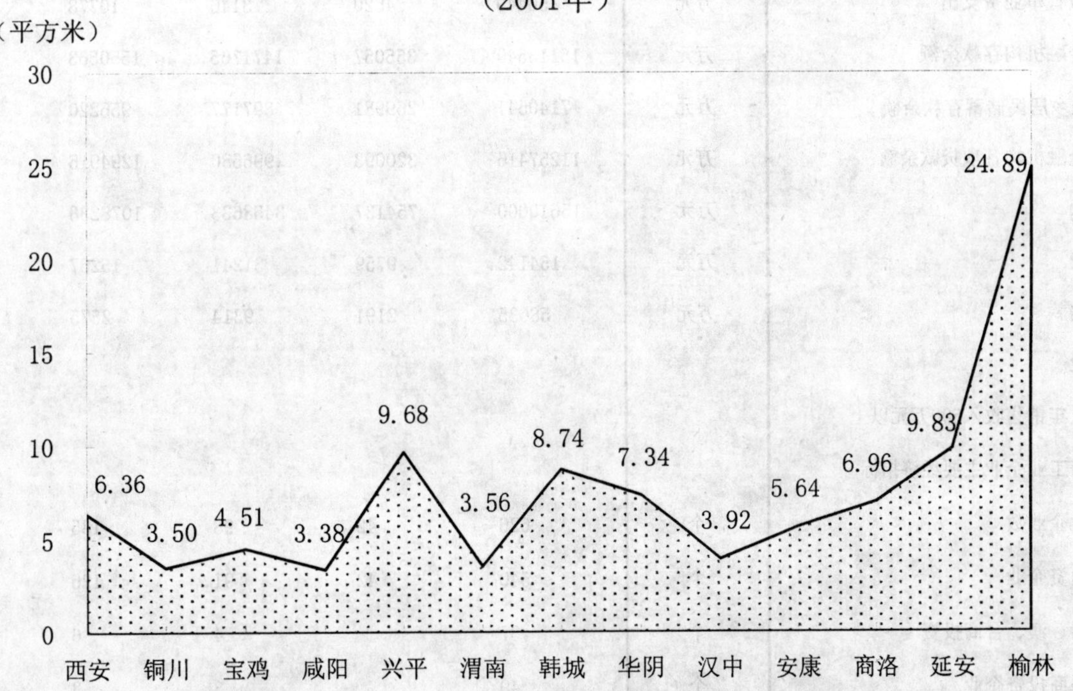

11-1　地级市基本情况

（2001年，不包括市辖县）

指　　　标	单　位	西安市	铜川市	宝鸡市	咸阳市	渭南市
一、人口、劳动力及土地面积						
年末总人口	万人	400.08	44.70	59.50	79.89	88.99
#非农业人口	万人	258.90	30.96	48.74	46.58	22.66
年末总户数	万户	112.61	11.50	18.80	21.94	23.99
年末单位从业人员数	万人	103.35	9.18	17.89	16.88	6.50
第一产业	万人	0.45	0.02	0.22	0.08	0.90
第二产业	万人	49.57	6.56	10.40	8.97	2.59
第三产业	万人	53.33	2.60	7.27	7.83	3.82
城镇个体从业人员	人	316900	21000	113163	89330	21410
年末城镇登记失业人员数	人	36900	381	7344	3506	9753
行政区划面积	平方公里	1964	792	555	526	1221
#建成区	平方公里	187	20	36	45	31
二、财政、金融、保险						
地方财政收入	万元	515126	10414	53366	49578	9589
地方财政支出	万元	488702	28776	47223	66791	18273
#科学事业费支出	万元	1443	76	611	184	5
教育事业费支出	万元	50449	4620	3146	10778	5981
年末金融机构存款余额	万元	15113549	355057	1471765	1550563	403569
#城乡居民储蓄存款余额	万元	7140541	269981	897177	956220	307104
年末金融机构各项贷款余额	万元	11257416	320093	996580	1294915	332036
承保额	万元	15610000	754137	3458633	1078238	348088
保　费	万元	154142	9759	31241	15267	11952
已决赔款	万元	58635	2191	9314	2575	2786
三、工　业						
国有及年销售收入500万元以上						
非国有工业企业主要经济指标						
工业企业数	个	626	42	98	135	46
内资企业	个	540	42	91	126	44
港、澳、台商投资	个	37		4	6	
外商投资企业	个	49		3	3	2

11-1 续表1 （2001年，不包括市辖县）

指 标	单 位	西安市	铜川市	宝鸡市	咸阳市	渭南市
工业总产值	万元	4491390	215077	993348	1589246	116189
内资企业	万元	3644055	215077	932538	1209218	111246
港、澳、台商投资	万元	204071		4088	276908	2214
外商投资企业	万元	643264		56722	103120	2729
四、邮电通信、电力						
年末邮电局（所）数	处	174	26	38	40	58
邮政业务总量	万元	36952	1650	4870	4950	1739
电信业务总量	万元	342555	9985	49350	15427	10253
本地电话用户数	万户	128.39	7.90	19.09	17.29	9.80
全年用电量	万千瓦时	705647	144592	127314	145683	26282
# 工业用电	万千瓦时	330711	137548	78803	115449	8692
城乡居民生活用电	万千瓦时	134835	5444	15292	13385	6099
五、贸易、外经、旅游						
批发零售贸易业商品销售总额	万元	5582746	33946	154051	90320	25340
限额以上批发零售贸易业企业数	个	145	8	21	14	5
# 零售业：按经营方式分组						
1.连锁商店	个	12		1	1	
2.非连锁商店	个	133	8	19	7	1
# 零售业： 按零售业态分组						
1.百货商店	个	21	2	20	7	1
2.超级市场	个	9	2			
限额以上餐饮业企业数	个	39		2	1	
当年新签项目（合同）个数	个	129	1	8	14	11
当年合同外资金额	万美元	60736	28	2155	4814	356
当年实际使用外资金额	万美元	17687	12		1326	8
六、固定资产投资						
固定资产投资完成额	万元	2269105	122787	366563	415290	88113
# 住 宅	万元	628744	2230	51613	69725	10649
房地产开发投资完成额	万元	636622	22837	64467	38987	7668
# 住 宅	万元	386327	18287	46519	22966	6368
全年新增固定资产	万元	1497063	33472	160450	371679	73607
本年施工住宅面积	万平方米	1051.10	3.60	66.60	144.22	24.82
本年竣工住宅面积	万平方米	465.58	1.87	18.33	77.51	1.71

11-1 续表2　　（2001年，不包括市辖县）

指　　标	单　位	西安市	铜川市	宝鸡市	咸阳市	渭南市
商品房销售面积	万平方米	218.13	12.43	29.50	17.79	2.85
#销售给个人	万平方米	159.98	2.59	22.76	16.04	2.80
商品房销售额	万元	448233	10514	37480	22212	2100
#销售给个人	万元	299927	1798	28151	19587	1985
七、教育、文化、卫生						
学校数						
高等学校	所	29		1	5	1
中等专业学校	所	44	1	11	8	3
普通中学	所	277	47	47	63	66
小　学	所	774	198	92	204	464
在校学生数						
高等学校	人	252173		9211	27411	5410
中等专业学校	人	50783	851	11026	14041	3720
普通中学	万人	28.85	3.77	4.24	6.65	6.62
小　学	万人	37.38	5.48	4.60	7.80	10.32
剧场、影剧院数	个	21	4	16	2	7
公共图书馆图书藏书量	千册、件	2811	220	455	311	226
医院、卫生院数	个	436	30	42	56	40
医院、卫生院床位数	张	25815	2778	3970	4375	1528
医生数	人	14833	3582	1556	2596	704
八、人民生活						
在岗职工平均人数	万人	101.25	9.93	18.24	16.88	6.53
在岗职工工资总额	万元	1130403	84048	181073	135420	47360
居民人均可支配收入	元	6705	4092	5906	6242	4810
居民人均消费支出	元	5816	3569	4355	5210	3986
#食　品	元	2024	1474	1603	1636	1324
衣着用品	元	486	309	376	482	389
家庭设备、用品及服务	元	629	231	269	791	523
医疗保健	元	406	289	414	333	347
交通通讯	元	453	207	370	397	320
娱乐、教育、文化服务	元	908	464	508	811	498
居　住	元	531	358	581	552	585
每百户拥有空调机	台	54	1	11	50	36
每百户拥有电冰箱	台	89	51	82	90	72
每百户拥有家用电脑	台	16	2	5	13	2
居民消费价格指数（以上年为100）		99.9	100.2	100.3	101.0	99.1

11-1 续表3 （2001年，不包括市辖县）

指　　标	单　位	延安市	汉中市	榆林市	安康市	商洛市	杨凌示范区
一、人口、劳动力及土地面积							
年末总人口	万人	34.85	51.06	41.93	93.52	54.20	13.42
# 非农业人口	万人	14.58	22.94	12.16	18.77	14.20	4.76
年末总户数	万户	9.85	16.47	12.48	24.97	13.90	3.11
年末单位从业人员数	万人	4.88	7.42	4.88	5.62	2.93	1.74
第一产业	万人	0.19	0.13	0.24	0.03	0.01	0.04
第二产业	万人	1.30	3.45	1.15	1.63	0.60	0.54
第三产业	万人	3.39	3.84	3.49	3.96	2.32	1.16
城镇个体从业人员	人	29065	25896	22300	19130	10237	2100
年末城镇登记失业人员数	人	1915	246	8642	2950	3651	247
行政区划面积	平方公里	3541	556	7053	3644	2672	94
# 建成区	平方公里	21	29	18	25	24	15
二、财政、金融、保险							
地方财政收入	万元	12093	16594	5687	10127	5638	4753
地方财政支出	万元	17482	25037	13949	24265	16206	15768
# 科学事业费支出	万元	69	37	75	335	37	625
教育事业费支出	万元	4967	4665	4779	10261	6097	2583
年末金融机构存款余额	万元	525095	525820	434067	378064	281327	168931
# 城乡居民储蓄存款余额	万元	301055	338298	220715	207449	180833	95787
年末金融机构各项贷款余额	万元	317612	436603	292499	398213	215441	86218
承保额	万元	1183781	128173	139301	318718	123480	30848
保　费	万元	7684	7880	5288	6971	11387	1220
已决赔款	万元	1517	1711	1056	1272	325	286
三、工　业							
国有及年销售收入500万元以上非国有工业企业主要经济指标							
工业企业数	个	33	60	28	50	18	30
内资企业	个	33	58	27	49	18	30
港、澳、台商投资	个		2	1			
外商投资企业	个				1		

11-1 续表4 （2001年，不包括市辖县）

指　标	单 位	延安市	汉中市	榆林市	安康市	商洛市	杨凌示范区
工业总产值	万元	106210	179937	59686	92879	40857	32845
内资企业	万元	106210	176844	59366	86775	40857	32845
港、澳、台商投资	万元		3093	320			
外商投资企业	万元				6104		
四、邮电通信、电力							
年末邮电局（所）数	处	48	29	31	56	46	6
邮政业务总量	万元	2715	4300	1394	3607	1418	793
电信业务总量	万元	6312	17200	8501	6351	3765	1856
本地电话用户数	万户	7.04	8.92	5.45	8.50	3.60	2.68
全年用电量	万千瓦时	15322	53297	12556	32051	9781	3618
#工业用电	万千瓦时	7028	35905	4858	12982	3938	969
城乡居民生活用电	万千瓦时	4108	7398	5447	7179	3286	581
五、贸易、外经、旅游							
批发零售贸易业商品销售总额	万元	233151	120872	24436	80361	60859	4300
限额以上批发零售贸易业企业数	个	9	15		7	4	1
#零售业：按经营方式分组							
1.连锁商店	个		2				
2.非连锁商店	个	9	4		4		
#零售业：按零售业态分组							
1.百货商店	个	2	3		2		
2.超级市场	个		1		1		
限额以上餐饮业企业数	个				1		
当年新签项目（合同）个数	个						5
当年合同外资金额	万美元						1368
当年实际使用外资金额	万美元						103
六、固定资产投资							
固定资产投资完成额	万元	149582	123351	216082	110613	49313	64357
#住　宅	万元	23066	35162	16318	22254	8766	15674
房地产开发投资完成额	万元	24724	43483	4153	28371	1987	13063
#住　宅	万元	16972	31734	1488	20933	1913	13013
全年新增固定资产	万元	73123	30055	43214	89845	54366	17556
本年施工住宅面积	万平方米	37.53	93.89	38.15	62.62	20.29	22.96
本年竣工住宅面积	万平方米	31.74	39.37	17.44	32.69	12.85	4.29

11-1 续表5 （2001年，不包括市辖县）

指　　标	单　位	延安市	汉中市	榆林市	安康市	商洛市	杨凌示范区
商品房销售面积	万平方米	17.21	24.27	2.08	24.67	1.79	5.55
# 销售给个人	万平方米	16.41	24.27	2.08	23.68	1.79	5.55
商品房销售额	万元	16319	22744	2590	23204	1578	4441
# 销售给个人	万元	15224	22744	1600	22092	1578	4441
七、教育、文化、卫生							
学校数							
高等学校	所	1	2	1	3	1	2
中等专业学校	所	7	6	6	6	4	
普通中学	所	39	37	35	71	35	8
小　学	所	447	185	551	521	636	44
在校学生数							
高等学校	人	5685	13462	3246	3218	2792	18949
中等专业学校	人	6951	7964	7100	8463	4258	
普通中学	万人	3.03	2.87	3.71	5.53	3.34	1.16
小　学	万人	6.53	4.34	6.93	12.81	7.67	1.36
剧场、影剧院数	个	2	2	2	3	2	1
公共图书馆图书藏书量	千册、件	222	180	82	149	265	2
医院、卫生院数	个	40	39	35	60	45	8
医院、卫生院床位数	张	1610	4476	1605	1855	1367	202
医生数	人	981	1015	1200	1185	923	153
八、人民生活							
在岗职工平均人数	万人	4.96	7.48	4.98	5.48	2.89	1.67
在岗职工工资总额	万元	40092	58903	38156	44921	23245	16589
居民人均可支配收入	元	5333	4577	4223	4822	4683	
居民人均消费支出	元	4860	3685	3783	4078	4615	
# 食　品	元	1166	1507	1272	1391	1149	
衣着用品	元	597	401	301	531	475	
家庭设备、用品及服务	元	606	249	473	312	1183	
医疗保健	元	556	281	428	302	256	
交通通讯	元	390	277	373	373	275	
娱乐、教育、文化服务	元	709	402	434	474	717	
居　住	元	606	467	403	411	290	
每百户拥有空调机	台	4	6		30	2	
每百户拥有电冰箱	台	70	61	48	80	52	
每百户拥有家用电脑	台	2	8	2	2	6	
居民消费价格指数(以上年为100)		102.4	100.2	100.5	100.8	104.0	

11-2 县级市基本情况

（2001年）

指　　标	单　位	兴平市	韩城市	华阴市
一、人口、劳动力及土地面积				
年末总人口	万人	55.46	38.43	25.66
# 非农业人口	万人	11.31	11.79	7.57
年末总户数	万户	14.48	10.29	6.91
年末单位从业人员数	万人	5.71	4.38	2.48
第一产业	万人	0.10	0.10	0.04
第二产业	万人	3.54	2.78	1.33
第三产业	万人	2.07	1.50	1.11
城镇登记失业人员数	人	2400	1544	1200
行政区域土地面积	平方公里	509	1621	817
二、财政、金融、保险				
地方财政收入	万元	7120	10015	5079
地方财政支出	万元	14857	14741	8297
# 科学事业费支出	万元	18	20	26
教育事业费支出	万元	5602	3463	1980
年末金融机构各项存款余额	万元	271780	260234	191286
# 城乡居民储蓄存款余额	万元	224950	220167	147843
年末金融机构各项贷款余额	万元	168111	158453	112319
承保额	万元	303162	153721	178771
保　费	万元	2053	4215	2324
三、工　业				
规模以上的工业企业数	个	29	34	16
规模以上的工业总产值	万元	137377	200315	115506
内资企业	万元	137377	196372	115506
港澳台商投资企业	万元			
外商投资企业	万元		3943	
四、邮电、电力				
邮政业务总量	万元	773	855	590
电信业务总量	万元	3320	3330	3018
本地电话用户	万户	5.64	4.89	3.05

11-2 续表 (2001年)

指 标	单 位	兴平市	韩城市	华阴市
全年用电量	万千瓦时	15351	62310	11907
# 工业用电	万千瓦时	3368	54208	8217
城乡居民生活用电	万千瓦时	3668	8102	3690
五、贸易、外经				
社会消费品零售总额	万元	37730	42771	28026
当年合同外资金额	万美元		2990	3125
当年实际使用外资金额	万美元		110	100
六、固定资产投资				
固定资产投资完成额	万元	36870	62048	25356
# 住 宅	万元	12808	7893	1730
房地产开发投资完成额	万元	2450	4283	830
# 住 宅	万元	1330	4283	210
全年新增固定资产	万元	30827	38430	23448
本年施工住宅面积	万平方米	32.74	10.09	7.39
本年竣工住宅面积	万平方米	14.72	2.84	5.69
商品房销售面积	万平方米	2.92	5.08	0.37
# 销售给个人	万平方米	2.92	5.08	0.37
商品房销售额	万元	2118	3234	300
# 销售给个人	万元	2118	3234	300
七、教育、文化、卫生				
普通中学数	所	30	33	24
小学数	所	226	319	172
普通中学在校学生总数	人	3.24	3.20	1.47
小学在校学生总数	人	7.46	4.81	3.08
剧场、影剧院数	个	1	4	6
公共图书馆图书藏书量	千册、件	36	100	30
医院、卫生院数	所	29	36	34
医院、卫生院床位数	床	1399	436	1105
医生数	人	504	596	1423

11-3 城市设施水平

（2001年）

城　　市	人均公共绿地面积(平方米)	人均拥有道路面积(平方米)	人均日生活用水量(升)	用　水普及率(%)	用　气普及率(%)	每万人拥有公共交通车辆(标台)
全　　省	**2.91**	**5.89**	**184.35**	**68.32**	**53.65**	**5.23**
西 安 市	3.74	6.36	204.43	73.28	60.55	7.61
铜 川 市	0.78	3.50	102.76	73.40	33.11	4.28
宝 鸡 市	3.75	4.51	190.84	99.22	67.18	3.74
咸 阳 市	3.46	3.38	203.85	67.55	80.12	2.60
兴 平 市	1.46	9.68	196.80	93.57	51.00	
渭 南 市	0.40	3.56	181.65	31.91	19.34	1.04
韩 城 市	3.91	8.74	126.68	81.76	27.25	10.41
华 阴 市	1.80	7.34	193.70	62.16	19.08	9.38
汉 中 市	2.21	3.92	228.22	41.52	28.99	1.55
安 康 市	3.92	5.64		68.90	76.56	7.89
商 洛 市	1.88	6.96	145.83	84.38	49.02	3.39
延 安 市	2.86	9.83	161.84	66.83	60.62	6.59
榆 林 市	1.88	24.89	116.53	81.11	59.44	3.94

注：本表人均指标计算口径有变化，与往年数据不可比。

11-4 城市市政设施情况

（2001年）

城　　市	道路长度(公里)	道路面积(万平方米)	城市桥梁(座)	# 立交桥	城　市路　灯(盏)	城市排水管道长度(公里)
全　　省	**2577.05**	**4659.04**	**386**	**58**	**73666**	**1913.61**
西 安 市	988.95	2247.00	79	22	29093	871.26
铜 川 市	177.10	158.57	44	4	2268	104.25
宝 鸡 市	243.00	277.40	81	17	7917	257.00
咸 阳 市	139.00	269.92	46	8	11811	124.04
兴 平 市	110.00	135.55	35	1	1117	45.00
渭 南 市	251.00	325.33	9	2	6560	89.46
韩 城 市	72.00	125.00	11	1	2427	66.20
华 阴 市	44.00	67.27	19	2	665	46.00
汉 中 市	155.00	200.12	9	1	5044	93.00
安 康 市	126.00	117.91	3		2053	71.40
商 洛 市	63.00	77.97	19		572	49.00
延 安 市	118.00	209.00	29		2279	35.00
榆 林 市	90.00	448.00	2		1860	62.00

11-5 城市供水情况

(2001年)

城市	年末自来水生产能力(万立方米/日)	#地下水	全年供水总量(万立方米)	#生产运营用水	#公共服务用水	#居民生活用水	用水人口(万人)
全省	335.23	206.70	67205	23751	14142	22233	540.6
西安市	158.80	82.80	32016	7132	7671	11653	259.0
铜川市	7.75	0.08	1624	323	113	1136	33.3
宝鸡市	29.80	12.50	6700	2279	1068	3181	61.0
咸阳市	50.90	50.90	9634	5116	1826	2189	54.0
兴平市	9.30	9.30	3184	2158	327	614	13.1
渭南市	24.56	12.70	3535	1468	1119	817	29.2
韩城市	13.12	8.12	2583	1853	253	288	11.7
华阴市	4.60	4.60	1436	891	117	286	5.7
汉中市	12.50	12.50	3094	1295	804	962	21.2
安康市	11.70	1.20					14.4
商洛市	3.80	3.80	1003	420	108	395	9.5
延安市	4.50	4.30	1388	499	342	435	14.0
榆林市	3.90	3.90	1008	317	394	227	14.6

11-6 城市公共汽(电)车、出租车情况

(2001年)

城市	年末运营车数(辆)	#公共汽车	#小公共	全年客运总量(万人次)	#公共汽车	#小公共	出租汽车数(辆)
全省	4626	4544	1860	65104	62979	13845	20157
西安市	2740	2658	804	41489	39364	6285	10430
铜川市	278	278	186	2835	2835	1138	495
宝鸡市	255	255	76	7180	7180	1082	2860
咸阳市	209	209	101	3022	3022	894	1200
兴平市							141
渭南市	115	115	105	800	800	700	795
韩城市	235	235	205	1260	1260	820	280
华阴市	114	114	40	180	180	180	255
汉中市	79	79		1400	1400		1260
安康市	275	275	115	1060	1060		1200
商洛市	56	56	46	267	267	267	386
延安市	168	168	80	5000	5000	1868	406
榆林市	102	102	102	611	611	611	449

11-7 城市园林绿化情况

(2001年)

城市	园林绿化覆盖面积(公顷)	#建成区	园林绿地面积(公顷)	公共绿地面积(公顷)	公园个数(个)	公园面积(公顷)	公园游人量(万人次)
全省	**15351**	**11551**	**10092**	**2302**	**81**	**1456**	**1685.15**
西安市	6735	6398	4238	1321	47	1150	1083.00
铜川市	1818	411	1203	36	2	29	20.00
宝鸡市	940	940	603	231	7	97	280.00
咸阳市	1517	1517	1046	276	2	34	120.00
兴平市	304	133	107	20	3	3	
渭南市	399	373	153	36	1	15	33.00
韩城市	518	414	398	56	4	15	44.00
华阴市	173	173	143	17	6	13	14.60
汉中市	572	445	283	113	3	73	62.00
安康市	363	348	342	82	1	8	5.00
商洛市	330	148	258	21	1	7	0.55
延安市	1368	196	1158	60	1	1	12.00
榆林市	314	55	159	34	3	10	11.00

11-8 城市环境卫生情况

(2001年)

城市	道路清扫保洁面积(万平方米)	#机械清扫	生活垃圾清运量(万吨)	粪便清运量(万吨)	公厕数量(座)	#水冲式	环卫专用车辆总数(台)
全省	**3257.93**	**200.62**	**265.10**	**14.30**	**1365**	**713**	**648**
西安市	1925.00		131.60	4.50	410	331	369
铜川市	97.50		7.10	1.10	149	47	21
宝鸡市	192.00	13.00	16.80	2.40	286	106	36
咸阳市	233.97	24.00	31.00		65	65	35
兴平市	80.00		10.00		43	39	28
渭南市	131.30	68.00	17.20	0.10	57	23	25
韩城市	68.60	60.60	7.00		16	11	10
华阴市	21.81	17.00	2.80		12	5	4
汉中市	147.00		11.80		55	22	30
安康市	48.00	16.50	16.00	0.50	48	17	60
商洛市	18.75	1.52	0.80		11	11	5
延安市	134.00		5.00		57	30	17
榆林市	160.00		8.00	5.70	156	6	8

11-9 城市燃气情况

(2001年)

城市	煤气			天然气			液化石油气		
	供气总量(万立方米)	#家庭用量	用气人口(万人)	供气总量(万立方米)	#家庭用量	用气人口(万人)	供气总量(吨)	#家庭用量	用气人口(万人)
全省	**9822**	**8175**	**45.90**	**29648**	**9234**	**153.04**	**98209**	**95846**	**225.56**
西安市	1670	1580	19.30	16712	3072	90.10	80643	80643	104.60
铜川市				570	523	12.70	534	532	2.32
宝鸡市	373	354	3.80	1383	1020	16.50	260	260	21.00
咸阳市				7200	864	19.00	2000	1500	45.00
兴平市				4	1	0.14	950	950	7.00
渭南市				36	25	2.10	3500	3200	15.60
韩城市							800	800	3.90
华阴市							425	402	1.75
汉中市	3452	3452	14.80						
安康市	4327	2789	8.00				4327	2789	8.00
商洛市							818	818	5.49
延安市				3699	3699	11.20	1652	1652	1.50
榆林市				44	30	1.30	2300	2300	9.40

11-10 国家级风景名胜区

(2001年)

风景区名称	风景区面积(平方公里)	#供游览面积	游人量(万人次)	#境外游人
总计	**548**	**161**	**1314**	**242**
华山	148	49	987	192
骊山风景区	87	54	284	49
黄河壶口瀑布	179	13	37	1
宝鸡天台山	134	45	6	

主要统计指标解释

水厂综合生产能力 指水厂按供水设施取水、净化、送水、出厂输水干管等环节实际测定计算的生产能力。不包括供水高峰阶段,超负荷增加的生产能力。

年末供水管道长度 指供水设施的取水管道和供水管道长度之和。

全年供水总量 指供水企业(单位)全年供出的全部水量,包括有效供水量及漏损水量。

生产运营用水 指在城市范围内生产、运营的农、林、牧、渔业、工业、建筑业、交通运输业等单位在生产、运营过程中的用水。

公共服务用水 指为城市社会公共生活服务的用水。包括行政事业单位、部队营区和公共设施服务、社会服务业、批发零售贸易业、旅馆饮食业等单位的用水。

居民家庭用水 指城市范围内所有居民家庭的日常生活用水,包括城市居民、农民家庭、公共供水站用水。

用水普及率 指城市用水人口与城市人口的比率。计算公式为:

用水普及率=城市用水人口/城市人口×100%

全年供气总量 指全年燃气企业(单位)向用户供应的燃气数量。包括销售量和损失量。

用气普及率 指使用燃气的城市人口数与城市人口总数的比率。计算公式为:

城市煤气普及率=用气人口数/城市人口总数×100%

城市道路 指城市供车辆、行人通过的,具备一定技术条件的道路、桥梁、隧道及其附属设施。城市道路由车行道和人行道两部分组成。在统计时只统计路面宽度在3.5米以上(含3.5米)的各种铺装道路,包括开放型工业区和住宅区道路在内。

城市桥梁 指为跨越天然或人工障碍物而修建的构筑物。包括跨河桥、立交桥、人行天桥以及人行地下通道等。包括永久性桥和半永久性桥。

城市排水管道长度 指所有排水总管、干管、支管、检查井及连接井进出口等长度之和。

年末运营车数 指公交企业(单位)用于运营业务的全部车辆。

城市园林绿地面积 指用作园林和绿化的各种绿地面积。包括公共绿地、居住区绿地、单位附属绿地、生产绿地、防护绿地、道路绿地和风景林地面积。

公共绿地 指向公众开放的市级、区级、居住区级各类公园、街旁游园,包括其范围内的水域。其中居住区级公园应不小于1万平方米,街旁游园的宽度不小于8米,面积不小于400平方米。

12 农 业

NONGYE

资料整理　孙立志

****

12. 农　业

****

2001 年全省

年末耕地面积	2965.83	千公顷	占全省土地面积	14.4%
农林牧渔业总产值	478.84	亿　元	比上年增长	2.5%
农作物播种面积	4264.84	千公顷	比上年增长	-6.4%
粮食产量	976.61	万　吨	比上年增长	-10.3%
乡镇企业总收入	2276.94	亿　元	比上年增长	-2.0%

****

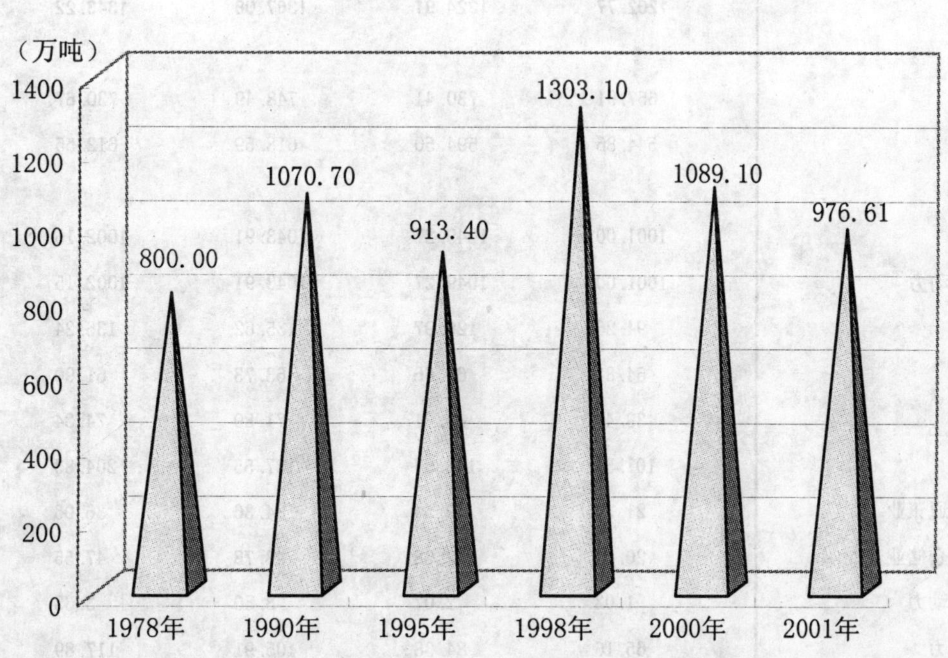

12-1 农村基层组织、乡村户数及人口

（2001年）

地 区	乡镇政府（个）	乡政府	镇政府	村民委员会（个）	乡村户数（万户）	乡村人口（万人）
全 省	**1919**	**1068**	**851**	**31083**	**693.18**	**2771.25**
西安市	168	112	56	3165	99.25	404.22
铜川市	41	19	22	543	11.17	45.07
宝鸡市	172	77	95	2113	69.26	276.73
咸阳市	194	91	103	3776	94.36	394.35
渭南市	236	136	100	3237	107.85	442.17
延安市	180	100	80	3428	35.46	151.52
汉中市	261	140	121	3343	82.61	296.13
榆林市	249	154	95	5693	68.97	283.97
安康市	224	129	95	2922	67.11	253.85
商洛市	190	107	83	2792	55.22	214.68
杨凌示范区	4	3	1	71	1.91	8.56

12-2 乡 村 劳 动 力

单位：万人

指 标	1990年	1995年	1999年	2000年	2001年
乡村实有劳动力	**1202.77**	**1324.91**	**1367.08**	**1343.22**	**1333.07**
1.按性别分					
男劳动力	657.91	730.41	748.49	730.67	730.62
女劳动力	544.86	594.50	618.59	612.55	602.45
2.按行业分					
第一产业	1001.00	1049.27	1043.91	1002.15	985.93
农林牧渔业劳动力	1001.00	1049.27	1043.91	1002.15	985.93
第二产业	94.26	126.97	135.62	136.24	139.04
工业劳动力	54.81	66.66	63.73	61.90	61.97
建筑业劳动力	39.45	60.31	71.89	74.34	77.07
第三产业	107.51	148.67	187.55	204.83	208.10
交通运输邮电通讯业	21.30	29.54	34.36	36.06	37.08
批零贸易餐饮仓储业	20.02	32.68	43.78	47.55	47.47
金融保险业劳动力	1.03	2.07	3.50	3.33	4.07
其他非农劳动力	65.16	84.38	105.91	117.89	119.48

12-3 各市乡村劳动力

(2001年) 单位：万人

地 区	总 计	农林牧渔业	工 业	建筑业	交通运输邮电通讯业	批零贸易餐饮仓储业	金融保险业	其他非农行业
全 省	**1333.07**	**985.93**	**61.97**	**77.07**	**37.08**	**47.47**	**4.07**	**119.48**
西安市	211.36	144.04	15.74	16.72	7.50	8.25	0.44	18.67
铜川市	23.90	18.46	1.50	0.85	0.67	0.79	0.03	1.60
宝鸡市	135.87	91.97	8.89	14.52	5.31	5.86	0.36	8.96
咸阳市	200.03	146.64	11.46	13.16	5.79	8.92	1.11	12.95
渭南市	236.91	192.40	8.43	11.02	5.72	6.74	0.88	11.72
延安市	62.65	51.11	1.38	2.00	2.07	2.25	0.15	3.69
汉中市	132.47	94.23	5.31	5.35	3.15	5.92	0.11	18.40
榆林市	118.30	91.97	4.19	6.96	3.54	4.19	0.43	7.02
安康市	114.39	84.17	2.37	2.98	1.54	2.18	0.29	20.86
商洛市	92.30	68.16	2.41	2.86	1.62	2.05	0.26	14.94
杨凌示范区	4.89	2.78	0.29	0.65	0.17	0.32	0.01	0.67

12-4 耕 地 面 积

年 份	年末耕地面积(千公顷)	#水 田	#水浇地	每一农业人口占有耕地(公顷)	#水田、水浇地
1978	3853.60	170.07	1047.93	0.16	0.05
1980	3815.67	169.93	1095.80	0.16	0.05
1985	3627.07	166.13	1003.33	0.15	0.05
1990	3533.00	171.47	998.20	0.13	0.04
1991	3521.13	173.20	1006.13	0.13	0.04
1992	3487.67	174.87	1009.53	0.13	0.04
1993	3458.53	178.20	1017.00	0.13	0.04
1994	3421.00	176.30	1009.99	0.13	0.04
1995	3393.44	176.04	995.59	0.12	0.04
1996	3358.98	173.54	996.37	0.12	0.04
1997	3325.01	174.00	976.83	0.12	0.04
1998	3328.65	171.09	992.42	0.12	0.04
1999	3238.28	170.88	1007.75	0.12	0.04
2000	3113.96	172.53	997.22	0.11	0.04
2001	2965.83	163.95	968.66	0.11	0.04

12-5 各市耕地面积

（2001年）

地 区	年末耕地面积（千公顷）	#水田	#水浇地	每一农业人口占有耕地（公顷）	#水田、水浇地
全 省	**2965.83**	**163.95**	**968.66**	**0.11**	**0.04**
西安市	287.79	6.00	183.15	0.07	0.05
铜川市	64.36	0.12	7.96	0.14	0.02
宝鸡市	323.68	2.24	148.40	0.12	0.05
咸阳市	401.45	0.17	220.38	0.10	0.06
渭南市	527.54	0.42	278.95	0.12	0.06
延安市	243.32	1.36	10.50	0.16	0.01
汉中市	222.64	104.30	3.00	0.08	0.04
榆林市	523.41	6.20	79.25	0.18	0.03
安康市	211.81	39.74	0.91	0.08	0.02
商洛市	144.68	3.12	27.47	0.07	0.01
杨凌示范区	5.04	0.02	4.75	0.06	0.06

12-6 各市造林面积

（2001年）

单位：千公顷

地 区	当年造林面积	#经济林	#用材林	零星植树（万株）	育苗面积（公顷）	幼林抚育作业面积	迹地更新面积
全 省	**436.57**	**107.42**	**67.39**	**15993**	**19647**	**311.70**	**8.44**
西安市	16.72	4.27	1.36	641	2484	6.35	
铜川市	18.76	9.01	1.03	632	289	11.13	
宝鸡市	42.97	8.71	7.54	1550	1986	14.91	0.70
咸阳市	19.49	4.39		1422	1643	11.48	1.58
渭南市	25.50	8.93	0.66	1736	1984	47.15	0.30
延安市	94.56	15.50	7.60	1432	3910	25.95	0.74
汉中市	31.39	8.14	7.92	2344	1337	47.39	0.74
榆林市	79.90	10.74	1.95	1223	2328	74.67	0.01
安康市	38.09	11.79	16.11	2492	1527	38.83	1.68
商洛市	58.88	25.93	12.93	2521	2134	20.17	2.68
杨凌示范区				10	200		

注：本表未列省直单位，故地市之和不等于全省。

12-7 农林牧渔业总产值

单位：万元

年 份	农林牧渔业总产值	农业总产值	林业总产值	牧业总产值	渔业总产值
1952	107500	91652	183	15665	
1957	177232	146425	1329	29478	
1962	193554	173820	4471	15224	39
1965	236617	213470	6649	16451	47
1970	261585	227551	8031	25951	52
1975	339532	287396	12834	39200	102
1978	362748	309084	11717	41802	145
1980	418773	349984	16625	51996	168
1985	795777	611883	50751	131815	1328
1990	1699568	1243236	90170	357676	8486
1991	1853663	1335226	105429	402742	10266
1992	2053356	1455570	130261	454376	13149
1993	2504923	1794104	152586	543443	14790
1994	3023811	2095000	170974	738162	19675
1995	3816465	2578674	168848	1046501	22442
1996	4484603	3229267	190692	1036321	28323
1997	4555898	3214059	186349	1124778	30712
1998	4793422	3408731	192286	1158870	33535
1999	4524685	3276525	222862	989843	35455
2000	4648889	3277761	272175	1063900	35053
2001	4788356	3374163	235930	1140722	37541

注：本表按当年价格计算。

12-8 各市农林牧渔业总产值

（2001年）

单位：万元

地 区	农林牧渔业总产值	农业总产值	林业总产值	牧业总产值	渔业总产值	农林牧渔业总产值比上年增长%
全 省	4788356	3374163	235930	1140722	37541	2.5
西安市	767511	527160	8427	223861	8063	2.8
铜川市	69469	51744	4889	12301	535	-1.3
宝鸡市	445066	296259	11609	133543	3655	-0.2
咸阳市	866758	695715	18480	147923	4640	4.3
渭南市	711323	522149	60200	119909	9065	-0.5
延安市	361385	255751	35335	69252	1047	2.3
汉中市	552417	380726	35011	128617	8063	2.0
榆林市	233016	109924	14478	107137	1477	-7.1
安康市	417711	295416	29370	90860	2065	4.7
商洛市	312378	199942	20925	90222	1289	3.2
杨凌示范区	13536	8245	193	5098		-3.6

注：本表按当年价格计算，增长速度按可比价计算。

12-9 农林牧渔业总产值指数

(1952年=100)

年 份	农林牧渔业总产值	农业总产值	林业总产值	牧业总产值	渔业总产值
1952	100.0	100.0	100.0	100.0	
1957	141.2	140.2	600.0	161.0	
1962	115.0	106.7	679.7	104.0	27.3
1965	183.8	167.9	1317.9	146.8	42.0
1970	186.1	164.9	1461.8	211.9	40.9
1975	212.4	186.8	1886.6	256.5	60.6
1978	215.6	180.9	1715.5	271.5	83.6
1980	209.2	166.4	2115.0	292.3	95.1
1985	319.7	276.5	3242.2	433.2	253.9
1990	413.6	369.6	3030.7	628.7	830.3
1991	431.7	382.1	3127.3	692.6	934.1
1992	457.7	400.9	3762.2	745.1	1109.9
1993	522.3	444.3	4243.7	831.3	1260.1
1994	520.2	417.1	4316.0	960.8	1357.5
1995	541.0	437.2	4313.8	987.6	1535.6
1996	597.9	513.4	4507.6	938.0	1795.1
1997	607.7	513.7	4278.3	1011.5	1964.8
1998	661.6	561.1	4698.9	1090.1	2061.2
1999	660.3	565.6	5234.6	1023.6	2345.6
2000	690.7	587.1	5522.5	1093.2	2338.6
2001	708.0	595.3	5633.0	1154.4	2457.9

注：1.本表按可比价格计算。 2.渔业以1959年为100。

12-10 农林牧渔业总产值指数

(上年=100)

年 份	农林牧渔业总产值	农业总产值	林业总产值	牧业总产值	渔业总产值
1952	97.2	96.2	87.3	102.0	
1957	98.7	94.8	88.9	134.4	
1962	98.2	96.2	72.4	148.0	85.9
1965	136.1	138.6	140.3	107.4	105.5
1970	109.4	112.6	60.4	114.1	97.2
1975	106.1	105.3	88.5	121.4	92.2
1978	102.7	101.6	94.4	100.5	94.3
1980	85.9	81.2	109.2	95.7	100.6
1985	102.8	100.8	113.7	115.6	148.9
1990	106.1	107.6	93.8	108.6	115.3
1991	104.4	103.4	103.2	110.2	112.5
1992	106.0	104.9	120.3	107.6	118.8
1993	114.1	133.3	112.8	111.6	113.5
1994	99.6	93.9	101.7	115.6	107.7
1995	104.0	104.8	100.0	102.8	113.1
1996	110.5	117.4	104.5	95.0	116.9
1997	101.6	100.1	94.9	107.8	109.5
1998	108.9	109.2	109.8	107.8	104.9
1999	99.8	100.8	111.4	93.9	113.8
2000	104.6	103.8	105.5	106.8	99.7
2001	102.5	101.4	102.0	105.6	105.1

注：本表按可比价格计算。

12-11 农林牧渔业分项产值

单位：万元

指 标	1995年		2000年		2001年	
	按1990年不变价计算	按当年价计 算	按1990年不变价计算	按当年价计 算	按1990年不变价计算	按当年价计 算
农林牧渔业总产值	**2309088**	**3816465**	**2946137**	**4648889**	**3018613**	**4788356**
一、农业总产值	1524139	2578674	2075617	3332489	2104720	3374163
(一)种植业	1264220	2317541	1749274	2927944	1773318	2916657
1.主产品产值	1173814	2229790	1653790	2805001	1682000	2780435
(1)粮食作物	532616	1205549	617657	1270503	577459	1205340
#谷 物	459847	1031573	520825	1021085	488107	993680
豆 类	36386	60391	49691	92562	44229	79894
薯 类	36383	113585	47141	156856	45123	131766
(2)油 料	53250	95981	56327	88803	53967	86482
(3)棉 花	28436	58277	19564	34940	32869	43098
(4)麻 类	392	459	297	453	243	344
(5)糖 料	155	514	271	577	287	597
(6)烤烟叶	19953	26834	23354	44020	19903	41754
(7)药 材	18824	22339	36805	58408	51251	83739
(8)蔬菜.瓜类	158417	362245	245224	667223	276368	667146
(9)茶、桑、果	351925	447218	624408	583118	638068	605843
(10)其它作物	9846	10374	29883	56956	31585	46092
#饲料作物	1554	1944	9665	11875	11921	19215
2.副产品产值	90406	87751	95484	122943	91318	136222
(1)粮食作物	85835	83476	91013	117879	82959	120404
#谷物副产品	76693	74945	80957	106939	74398	110939
(2)其它副产品	4571	4275	4471	5064	8359	15818
(二)其它农业	259919	261133	326343	404545	331402	457506
1.采集野生植物	65229	69154	82076	102779	81617	100893
2.农民家庭兼营工业	194690	191979	244267	301766	249785	356613
二、林业产值	142868	168848	153573	217447	156612	235930
(一)营 林	62610	78369	82371	126059	86767	137902
(二)林产品	53104	60311	58362	77908	51345	78714
(三)村及村以下竹木采伐	27154	30168	12840	13480	18500	19314
三、牧业产值	627203	1046501	694299	1063900	733478	1140722
(一)牲 畜	331546	661029	368202	656589	393370	706735
1.大牲畜繁殖增长增重	42411	80872	42638	80085	45812	89900
(1)牛	37827	71937	38572	74238	42536	84279
(2)马	472	752	227	339	238	393
(3)驴	2988	5005	2643	3813	2384	4344
(4)骡	1124	3178	1196	1695	654	884
2.猪	270935	532160	303908	515600	323915	550698
3.羊	17110	46907	21297	60447	23133	65306
4.其 它	1090	1090	359	457	510	831
(二)家禽饲养	53959	62490	52392	67844	52849	71069
(三)活的畜禽产品	217092	294260	250806	303067	258289	320028
(四)捕 猎	1638	1918	1345	2315	2254	2923
(五)其它动物饲养	22968	26804	21554	34085	26716	39967
四、渔业产值	14878	22442	22648	35053	23803	37541
#养 殖	13954	20958	20969	32517	23053	34927

12-12 农林牧渔业增加值

单位：万元

指 标	1995年	1998年	1999年	2000年	2001年
农林牧渔业增加值	2266980	2808771	2695276	2747190	2844478
农 业	1638120	2057481	2015196	1997128	2051623
1.种植业	1477856	1854477	1798923	1760623	1768923
2.其他农业	160264	203004	216273	236505	282700
# 农民家庭兼营工业	94305	139582	146916	164987	208159
林 业	115550	128083	150544	176061	155675
牧 业	501875	604930	510096	555543	618086
渔 业	11435	18277	19440	18458	19094

注：本表按当年价格计算。

12-13 各市农林牧渔业增加值

（2001年）

单位：万元

地 区	农林牧渔业	农 业	林 业	牧 业	渔 业
全 省	2844478	2051623	155675	618086	19094
西 安 市	458720	342427	4258	108096	3939
铜 川 市	40438	30494	2472	7084	388
宝 鸡 市	256052	163383	5815	84457	2397
咸 阳 市	515802	424352	10341	78604	2505
渭 南 市	419679	308378	46079	60736	4486
延 安 市	226839	155490	24549	46128	672
汉 中 市	314670	219640	22718	68489	3823
榆 林 市	130280	58651	10544	59911	1174
安 康 市	253930	191868	17673	43052	1337
商 洛 市	185637	123815	14195	46876	751
杨凌示范区	8847	5890	96	2861	

注：本表按当年价格计算。

12-14 农村非农行业总产值

单位：亿元

年 份	农村非农行业总产值	农村工业总产值	农村建筑业总产值	农村运输业总产值	农村批发零售贸易餐饮业总产值
1978	12.45	6.07	3.80	1.16	1.42
1980	14.32	7.69	3.70	1.35	1.58
1985	45.55	25.63	10.02	4.53	5.37
1990	149.80	92.67	20.67	20.31	16.15
1991	172.90	106.18	24.12	23.13	19.47
1992	222.76	140.06	31.89	27.44	23.37
1993	344.57	222.72	47.06	37.68	37.11
1994	496.38	328.27	66.48	52.34	49.29
1995	721.53	472.63	93.63	80.90	74.37
1996	977.95	646.23	119.45	105.38	106.89
1997	1210.50	785.42	153.45	132.41	139.22
1998	1478.28	940.14	185.05	161.27	191.82
1999	1743.71	1085.34	221.14	199.98	237.25
2000	1857.03	1122.98	251.36	220.51	262.18
2001	1542.63	901.55	218.95	184.49	237.64

注：本表按当年价格计算，下表同。

12-15 各市农村非农行业总产值

(2001年)

单位：万元

地 区	农村非农行业总产值	农村工业总产值	农村建筑业总产值	农村运输业总产值	农村批发零售贸易餐饮业总产值
全 省	**15426290**	**9015475**	**2189554**	**1844866**	**2376395**
西安市	4548072	2459950	739223	562524	786375
铜川市	279464	175312	27750	31042	45360
宝鸡市	3068593	2102230	409705	250725	305933
咸阳市	2968099	1868072	361848	297473	440706
渭南市	1550122	931781	178735	207465	232141
延安市	207516	93278	26191	42377	45670
汉中市	1493586	703665	245798	258092	286031
榆林市	408830	204570	42836	73081	88343
安康市	373733	215170	49326	43331	65906
商洛市	509250	249410	103902	77539	78399
杨凌示范区	19025	12037	4240	1217	1531

12-16 主要农作物播种面积

单位:千公顷

年 份	总播种面积	粮食作物播种面积	粮食作物占总播种面积 %	夏 粮	#小麦	秋 粮	#稻谷	#玉米	#大豆
1949	4742.67	4210.00	88.8	2024.00	1487.33	2186.00	107.33	662.00	279.80
1952	5277.33	4612.67	87.4	2183.33	1580.00	2429.33	138.67	768.67	315.60
1957	5576.00	4852.67	87.0	2270.67	1618.67	2582.00	162.67	786.67	421.73
1962	5331.33	4790.00	89.9	2218.67	1549.33	2571.33	142.67	851.33	278.27
1965	5626.67	4881.33	86.8	2252.00	1606.00	2629.33	167.33	958.00	337.27
1970	5334.00	4661.33	87.4	2157.33	1615.33	2504.00	169.33	920.00	302.27
1975	5131.33	4368.67	85.1	2021.33	1600.67	2347.33	170.67	943.33	202.67
1978	5254.67	4488.00	85.4	1949.33	1604.67	2493.33	160.00	1090.67	206.00
1980	5072.67	4310.37	85.0	1906.67	1590.67	2404.00	162.67	1076.67	211.33
1985	4663.33	3965.33	85.0	1928.00	1693.33	2037.33	156.67	950.67	202.00
1990	4860.00	4134.67	85.1	1925.33	1690.67	2209.33	159.33	1024.67	288.67
1991	4883.33	4088.67	83.7	1921.33	1688.00	2167.33	162.00	1028.00	286.67
1992	4883.33	4059.33	83.1	1897.33	1660.00	2162.00	160.67	1000.00	274.00
1993	4790.00	4049.33	84.5	1868.67	1643.33	2180.67	162.00	1000.67	301.33
1994	4806.21	4103.80	85.4	1847.68	1623.78	2256.12	158.10	1024.12	344.91
1995	4496.85	3807.73	84.7	1805.33	1600.23	2002.40	139.35	902.63	240.51
1996	4777.32	4052.85	84.8	1813.62	1597.84	2239.23	156.87	1087.38	277.12
1997	4504.04	3811.46	84.6	1810.73	1602.80	2000.74	153.86	915.92	255.85
1998	4697.17	4030.12	85.8	1820.73	1610.54	2209.39	159.97	1065.18	291.77
1999	4726.34	4026.97	85.2	1787.79	1589.45	2239.17	154.59	1123.41	273.24
2000	4555.49	3821.59	83.9	1716.62	1537.26	2104.97	144.81	1056.96	246.96
2001	4264.84	3517.63	82.5	1590.29	1424.24	1927.34	140.78	1005.06	229.06

年 份	棉 花	油 料	#油菜籽	麻 类	糖 料	烤 烟	蔬 菜	瓜 类
1949	210.00	158.00	86.67	5.00	0.47	0.33	38.33	
1952	304.00	165.33	88.00	6.33	0.80	0.47	48.20	
1957	321.33	168.00	72.00	6.33	0.47	0.33	74.73	11.13
1962	193.33	92.00	34.00	6.53	0.67	0.47	99.73	9.60
1965	268.67	126.67	59.33	5.13	0.53	1.40	86.87	13.73
1970	267.33	102.00	50.67	5.87	1.20	0.60	63.13	9.93
1975	262.67	125.33	68.00	4.67	3.33	3.67	72.73	15.27
1978	252.67	130.00	73.33	7.13	2.60	7.60	78.67	14.67
1980	242.00	160.00	89.33	3.73	3.30	3.33	79.33	20.27
1985	94.67	240.00	114.00	2.20	4.33	34.67	121.33	30.60
1990	112.67	269.33	132.00	2.88	3.53	72.13	145.33	22.87
1991	134.67	305.33	145.33	2.22	4.09	81.20	144.00	32.53
1992	138.67	323.33	152.00	1.39	2.99	94.13	146.00	33.40
1993	90.00	302.67	139.33	2.50	3.80	70.67	152.00	39.00
1994	84.67	311.38	149.49	1.80	3.30	52.33	143.17	32.39
1995	72.75	302.18	169.77	1.50	2.28	48.33	174.23	27.63
1996	59.55	312.91	168.20	1.40	2.20	62.36	194.28	26.68
1997	39.86	296.68	160.29	1.20	3.50	87.04	182.74	25.26
1998	35.22	284.72	136.76	1.10	2.10	54.03	193.12	34.19
1999	27.74	308.15	153.47	1.01	1.77	46.73	216.95	31.91
2000	30.09	303.63	163.75	0.91	1.43	47.08	228.71	33.49
2001	50.38	291.14	167.70	0.75	1.52	40.60	219.43	37.07

12-17 各市主要农作物播种面积

（2001年）

单位:千公顷

地 区	总播种面积	粮 食	夏 粮	#小麦	秋 粮	#稻谷	#玉米	#大豆
全 省	4264.84	3517.63	1590.29	1424.24	1927.34	140.78	1005.06	229.06
西安市	495.74	452.03	242.18	239.46	209.85	4.53	185.71	10.85
铜川市	83.14	68.93	39.37	39.10	29.56	0.15	20.67	4.04
宝鸡市	455.78	396.25	225.63	222.03	170.62	1.40	139.87	11.76
咸阳市	559.97	459.24	262.37	260.08	196.87	0.17	159.61	5.45
渭南市	639.70	515.24	335.29	329.07	179.95	0.07	113.15	31.26
延安市	290.91	238.37	64.53	57.09	173.84	1.34	44.07	30.34
汉中市	440.34	325.45	111.40	68.44	214.05	91.82	74.87	19.26
榆林市	524.43	430.76	33.49	16.16	397.27	5.76	68.38	63.38
安康市	459.88	364.40	152.90	95.75	211.50	33.23	111.91	17.69
商洛市	297.06	254.91	117.85	91.82	137.06	2.08	82.07	33.43
杨凌示范区	8.11	7.56	3.81	3.77	3.75		3.69	0.03

地 区	油 料	#油菜籽	棉 花	麻 类	糖 料	烤 烟	蔬 菜	瓜 类
全 省	291.14	167.70	50.38	0.75	1.52	40.60	219.43	37.07
西安市	7.91	5.31	1.94	0.01		0.04	28.15	3.21
铜川市	6.99	6.57	0.02		0.20	0.23	4.30	0.62
宝鸡市	15.97	13.13	0.18	0.22	0.01	3.96	28.30	4.10
咸阳市	33.78	21.42	1.18		1.23	6.34	49.53	4.66
渭南市	41.38	18.67	42.95			2.40	23.74	12.31
延安市	17.88	8.02	0.44	0.09		8.91	7.85	4.99
汉中市	66.04	59.74	0.16	0.02	0.05	3.66	34.72	1.67
榆林市	48.87		0.03	0.05	0.02	0.46	11.88	4.56
安康市	40.49	28.93	0.05	0.20	0.02	9.65	20.21	0.48
商洛市	11.25	5.78	0.04	0.16		4.96	10.22	0.17
杨凌示范区	0.06	0.06					0.46	0.02

注:本表未列省直单位，故地市之和不等于全省。

12-18 主要农作物产品产量

单位：万吨

年 份	粮 食	夏 粮	#小 麦	秋 粮	#稻 谷	#玉 米	#高 粱	#大 豆
1949	331.10	172.00	133.60	159.00	30.90	52.70	7.50	13.45
1952	397.50	179.00	132.80	218.50	11.80	71.40	11.60	17.75
1957	444.00	210.00	165.90	230.00	58.90	85.70	10.75	23.50
1962	400.00	172.00	133.80	228.00	40.90	103.60	8.40	12.85
1965	607.50	280.00	222.10	346.50	62.80	167.80	13.40	24.50
1970	601.00	250.50	200.70	350.50	68.30	147.80	12.65	23.15
1975	810.50	372.50	322.20	438.00	71.40	213.10	37.35	15.50
1978	800.00	293.50	251.00	542.00	81.50	292.00	21.77	19.95
1980	757.00	264.00	229.90	493.00	75.70	274.70	14.02	17.86
1985	951.90	459.20	423.30	492.70	88.30	291.60	9.35	18.35
1990	1070.70	501.70	463.70	569.00	100.40	333.80	12.21	30.75
1991	1047.00	483.60	440.60	563.50	102.70	353.50	8.90	26.18
1992	1031.60	471.00	418.30	560.60	99.70	346.20	8.56	26.51
1993	1215.60	552.30	495.50	663.30	86.30	425.20	10.34	33.46
1994	944.60	455.30	403.50	489.30	70.40	271.50	10.62	36.04
1995	913.40	457.80	410.40	455.60	64.20	282.30	4.71	20.46
1996	1217.30	433.90	405.70	783.40	104.70	472.30	11.60	39.80
1997	1044.40	584.90	562.70	459.50	93.40	271.40	3.50	17.30
1998	1303.10	525.90	504.20	777.20	101.30	481.10	7.60	41.10
1999	1081.60	432.70	405.50	648.90	86.10	440.40	5.00	29.30
2000	1089.10	445.50	418.60	643.60	94.70	413.70	4.90	22.20
2001	976.61	432.74	406.63	543.87	92.05	352.81	1.93	19.60

年 份	棉 花	油 料	#油菜籽	#花 生	#芝 麻	糖 料	麻 类	烤 烟
1949	4.37	5.62	2.95	0.72	0.56	0.53	0.25	0.03
1952	7.34	6.93	3.38	1.22	0.77	0.89	0.47	0.03
1957	11.62	6.34	2.16	2.28	0.63	0.61	0.36	0.03
1962	4.50	1.95	0.69	0.22	0.37	0.39	0.12	0.04
1965	11.47	5.47	3.05	0.58	0.36	0.65	0.29	0.10
1970	9.16	4.81	2.96	0.36	0.26	0.78	0.28	0.05
1975	8.50	7.50	5.83	0.44	0.27	2.13	0.29	0.53
1978	10.54	5.65	4.01	0.51	0.36	1.89	0.50	1.38
1980	8.08	10.97	7.72	1.15	0.32	3.11	0.27	0.57
1985	4.30	29.86	16.40	10.05	0.38	7.85	0.24	6.26
1990	7.78	33.39	19.25	7.03	0.89	5.92	0.18	12.32
1991	8.99	35.43	21.06	6.88	2.14	9.32	0.15	14.42
1992	5.52	35.63	20.71	5.78	2.70	7.48	0.15	15.29
1993	5.04	40.81	23.13	7.44	2.64	6.73	0.17	11.07
1994	4.20	34.24	17.83	6.31	1.35	5.10	0.13	7.48
1995	3.99	38.15	25.45	6.02	1.20	1.03	0.11	6.34
1996	3.12	37.42	19.05	6.63	1.85	2.75	0.12	11.09
1997	2.06	36.71	25.77	4.66	1.13	3.43	0.08	12.17
1998	2.29	35.48	17.58	6.94	2.45	4.96	0.10	8.53
1999	1.95	31.92	16.75	6.68	2.08	1.81	0.09	7.46
2000	2.74	38.76	22.40	7.33	3.32	1.79	0.09	7.36
2001	4.98	37.54	23.13	7.09	2.28	1.94	0.07	6.29

注：1989年后的粮食产量数字为抽样调查数。

12-19 各市主要农作物产品产量

(2001年)

单位:万吨

地 区	粮 食	夏 粮	#小 麦	秋 粮	#稻 谷	#玉 米	#高 粱	#大 豆
全 省	976.61	432.74	406.63	543.87	92.05	352.81	1.93	19.60
西 安 市	197.09	98.14	97.20	98.94	2.73	91.30		1.76
铜 川 市	19.25	8.46	8.40	10.79	0.08	9.09	0.14	0.48
宝 鸡 市	130.39	68.36	67.11	62.03	0.69	55.65	1.38	1.18
咸 阳 市	175.72	95.05	94.21	80.67	0.08	71.72	0.55	0.84
渭 南 市	154.21	98.37	96.84	55.84	0.02	43.16	0.02	3.71
延 安 市	56.44	9.57	8.25	46.87	1.03	21.92	0.37	4.53
汉 中 市	109.76	25.92	16.79	83.84	57.28	18.49	0.03	2.23
榆 林 市	55.02	2.41	1.64	52.61	3.64	24.27	0.91	2.10
安 康 市	99.84	27.64	17.66	72.20	21.77	34.63	0.01	2.30
商 洛 市	76.80	28.28	21.71	48.52	1.37	35.14	0.05	5.75
杨凌示范区	3.72	1.83	1.82	1.89		1.88		

地 区	油 料(吨)	#油菜籽	#花 生	棉 花(吨)	麻 类(吨)	糖 料(吨)	烤 烟(吨)	蔬 菜(吨)
全 省	375372	231258	70886	49827	717	19392	62913	5254562
西 安 市	12346	8981	642	1742	16		59	1050780
铜 川 市	8394	8025	5	8		936	228	90091
宝 鸡 市	22358	20461	122	161	131	44	6768	453594
咸 阳 市	51075	36385	621	706		15521	8522	1481076
渭 南 市	74667	23400	42285	42835			3349	533981
延 安 市	24567	14464	2109	109	94		13517	127864
汉 中 市	100811	91102	6545	96	18	1587	5905	886339
榆 林 市	26515		4773	2	9	553	950	184139
安 康 市	40437	25226	5115	51	294	751	15538	266664
商 洛 市	12471	2891	7373	33	155		8077	167141
杨凌示范区	125	123	2					11756

注:全省粮食产量数字为抽样调查数。

12-20 主要农作物单位面积产量

单位：公斤/公顷

年 份	粮 食	夏 粮	#小 麦	秋 粮	#稻 谷	#玉 米	#高 粱	#大 豆
1949	786	850	898	727	2879	796	675	481
1952	862	820	841	899	851	929	990	562
1957	915	925	1025	891	3621	1089	1118	557
1962	835	775	864	887	2867	1217	938	462
1965	1245	1243	1383	1318	3753	1752	1305	726
1970	1289	1161	1242	1400	4033	1607	1298	766
1975	1855	1843	2013	1866	4184	2259	2355	765
1978	1785	1395	1470	2175	5130	2520	2250	970
1980	1755	1380	1440	2055	4650	2550	2048	844
1985	2400	2385	2550	2415	5640	3060	2055	908
1990	2595	2610	2745	2580	6300	3255	3225	1066
1991	2565	2520	2610	2595	6345	3435	2430	913
1992	2535	2490	2520	2595	6195	3465	2575	954
1993	3000	2955	3105	3045	5325	4245	2900	1110
1994	2302	2464	2485	2169	4454	2651	3202	1045
1995	2399	2536	2565	2275	4609	3128	1826	851
1996	3003	2392	2539	3498	6674	4343	3946	1436
1997	2740	3230	3511	2297	6070	2963	1277	676
1998	3233	2888	3131	3518	6332	4517	2980	1408
1999	2686	2420	2551	2898	5570	3920	2241	1072
2000	2850	2595	2723	3057	6540	3914	2578	899
2001	2776	2721	2855	2822	6539	3510	1257	856

年 份	棉 花	油 料	#油菜籽	#花 生	麻 类	糖 料	烤 烟	蔬 菜
1949	208	356	340	1005	495	11760	909	
1952	241	419	384	1410	705	11190	642	
1957	362	377	300	1155	570	12405	901	
1962	233	212	203	465	360	5880	857	
1965	427	432	514	1065	570	11730	714	
1970	343	472	584	720	480	6675	833	
1975	324	598	857	930	615	6420	1445	
1978	420	435	555	1080	1065	7260	1815	
1980	330	690	855	1320	735	9600	1830	
1985	450	1245	1440	2155	1095	18210	1815	24450
1990	690	1245	1455	1770	615	16755	1710	25245
1991	675	1155	1440	1890	690	22815	1770	23936
1992	405	1095	1365	1905	735	16665	1620	23552
1993	555	1350	1665	2310	690	17745	1575	24518
1994	496	1099	1193	1708	719	15520	1433	21245
1995	548	1263	1499	1830	726	4531	1312	20827
1996	524	1196	1133	2120	841	12399	1777	22180
1997	516	1237	1608	1654	712	9805	1398	21404
1998	650	1246	1285	2199	927	23370	1579	23798
1999	704	1036	1092	2103	899	10211	1596	23052
2000	911	1277	1368	2192	985	12578	1564	24334
2001	989	1290	1379	2297	960	12724	1550	23946

注：1989年后的粮食产量数字为抽样调查数。

12-21 各市主要农作物单位面积产量

（2001年） 单位：公斤／公顷

地 区	粮 食	夏 粮	#小 麦	秋 粮	#稻 谷	#玉 米	#大 豆	#高 粱
全 省	2776	2721	2855	2822	6539	3510	1257	856
西安市	4360	4052	4059	4715	6013	4917	2333	1622
铜川市	2793	2149	2149	3650	5013	4398	6060	1197
宝鸡市	3291	3030	3022	3635	4913	3979	4228	1004
咸阳市	3826	3623	3623	4098	4812	4494	2828	1536
渭南市	2993	2934	2943	3103	3288	3815	1500	1187
延安市	2368	1483	1445	2696	7685	4973	3204	1493
汉中市	3372	2326	2453	3917	6239	2470	2788	1158
榆林市	1277	718	1012	1324	6314	3550	1089	332
安康市	2740	1808	1844	3414	6551	3094	2091	1302
商洛市	3013	2399	2365	3540	6624	4282	3101	1719
杨凌示范区	4923	4807	4815	5040	5000	5092		1061

地 区	油 料	#油菜籽	#花 生	棉 花	麻 类	糖 料	烤 烟	蔬 菜
全 省	1290	1379	2297	989	960	12724	1550	23946
西安市	1562	1691	2460	899	1778		1686	37335
铜川市	1202	1221	1667	500		4680	974	20942
宝鸡市	1400	1558	2103	920	604	6286	1710	16026
咸阳市	1512	1699	1533	599		12639	1344	29905
渭南市	1804	1254	2810	997			1397	22490
延安市	1377	1804	1438	249	1033		1516	16291
汉中市	1527	1525	1875	615	783	35267	1613	25532
榆林市	543		1453	65	170	25136	2074	15495
安康市	999	872	1756	1020	1500	34136	1611	13197
商洛市	1108	501	2056	767	1000		1629	16354
杨凌示范区	2119	2121	2000					25500

注：全省粮食产量数字为抽样调查数。

12-22 茶、桑、果面积及产量

年 份	茶 园 (千公顷)	茶 叶 (吨)	桑 园 (千公顷)	果 园 (千公顷)	水果产量 (万吨)	#苹 果	#柑 桔
1949	2.13	736	0.87	3.93	8.21	0.41	0.18
1952	2.55	933	1.40	5.27	10.08	0.48	0.22
1957	4.64	1783	2.87	3.53	14.37	0.38	0.13
1962	2.16	970	1.73	12.60	9.35	0.19	0.21
1965	4.71	1578	13.40	25.13	15.91	0.79	0.24
1970	5.05	1454	13.53	35.27	15.85	1.59	0.10
1975	10.71	1450	9.87	77.87	17.84	3.56	0.22
1978	31.07	1408	12.00	98.60	33.41	9.92	0.12
1980	24.00	1428	17.40	104.27	28.00	8.93	0.30
1985	26.16	2822	46.75	109.93	33.53	14.09	0.52
1990	29.19	4548	37.31	304.78	62.03	34.93	0.89
1991	30.31	4994	47.69	334.32	80.06	50.52	1.59
1992	29.92	5403	60.66	379.87	114.69	84.30	0.20
1993	31.03	5879	65.63	477.79	168.22	131.00	1.32
1994	30.54	5407	71.62	607.31	219.89	178.56	0.71
1995	30.64	5252	76.83	685.35	283.96	233.76	1.12
1996	30.96	5831	74.99	702.19	362.15	295.89	1.52
1997	28.06	6316	66.03	691.23	326.55	263.65	2.01
1998	28.49	6288	53.86	663.84	430.77	347.35	2.77
1999	30.33	6215	53.81	649.32	493.49	399.27	2.96
2000	35.28	6126	58.76	664.76	493.79	388.57	3.52
2001	38.23	6273	65.59	680.11	493.73	391.27	4.17

12-23 水果生产情况

品 种	1990年		1995年		2000年		2001年	
	面 积 (公顷)	产 量 (吨)	面 积 (公顷)	产 量 (吨)	面 积 (公顷)	产 量 (吨)	面 积 (公顷)	产 量 (吨)
水果合计	**4571674**	**621182**	**685347**	**2839552**	**664764**	**4937906**	**680108**	**4937300**
1.苹 果	2974499	349300	491644	2337632	395463	3885700	374294	3912713
2.柑 桔	212058	8855	8718	11183	12045	35155	13527	41655
3.梨	200678	20544	51506	118538	55580	458306	57953	451236
4.葡 萄	52299	20210	5348	40040	5310	41550	6865	58206
5.桃	248517	13123	12330	85587	11691	86162	14023	97480
6.红 枣	145538	28961	51823	46905	79426	79218	84930	58364
7.杏	402657	33956	33405	17802	65690	27744	79438	25354
8.柿 子	96626	132992	7773	135882	12586	117119	18505	82505
9.猕猴桃			10386	16072	16260	164666	16566	160357
10.其他水果	238802	12341	12414	29911	10713	42286	14007	49430

12-24 各市茶、桑、果面积及产量

(2001年)

地 区	茶 园（公顷）	茶 叶（吨）	桑 园（公顷）	果 园（公顷）	水果产量（吨）	苹 果（吨）	柑 桔（吨）
全 省	38229	6273	65588	680108	4937300	3912713	41655
西安市				31823	339189	77906	
铜川市				21535	153579	151461	
宝鸡市			1334	28206	352603	268347	
咸阳市				150762	2065410	1806074	
渭南市				101926	1310635	1086817	
延安市			4800	184201	500659	460209	
汉中市	19956	3551	5957	20052	69822	5146	30087
榆林市			2890	123544	70914	42823	
安康市	13231	2294	49113	12556	36246	1419	11190
商洛市	5042	428	1494	4366	25708	4629	378
杨凌示范区				675	7274	4312	

地 区	梨（吨）	葡 萄（吨）	桃（吨）	红 枣（吨）	杏（吨）	柿 子（吨）	猕猴桃（吨）	其它水果（吨）
全 省	451236	58206	97480	58364	25354	82505	160357	49430
西安市	66308	17733	29018	6628	3735	8161	105064	24636
铜川市	132	305	469	200	184	779		49
宝鸡市	12318	8386	13042	55	572	3695	43185	3003
咸阳市	171290	20286	27822	11647	6547	13189	4646	3909
渭南市	168419	4193	9193	17892	2660	18737	131	2593
延安市	18111	2503	5301	1940	7134	3822		1639
汉中市	9191	618	6068	150	360	7980	3558	6664
榆林市	3337	786	1904	19372	2336			356
安康市	1156	265	3169	342	1386	11335	1949	4035
商洛市	359	1420	1084	132	311	14682	262	2451
杨凌示范区	615	113	410	6	36	125	1562	95

12-25 主要林产品产量

单位:吨

年 份	生 漆	油桐籽	五倍籽	棕 片	核 桃	板 栗	花 椒
1978	668	14800	50		28275	3460	577
1980	930	17685	83		25700	2715	539
1985	635	17718	337	1448	12826	1777	694
1990	685	18672	1589	2265	16833	4770	2501
1991	803	19971	1414	2364	18153	5253	2594
1992	851	19290	1589	2801	26157	6436	577
1993	1101	20300	1668	2853	30419	6895	5116
1994	902	18785	2616	2986	28906	8304	4657
1995	773	15460	2922	3015	30599	8019	7135
1996	978	15409	2260	3358	30433	10635	8411
1997	1222	14265	2432	3078	26222	8116	
1998	1223	11046	1771	3217	32519	18385	9747
1999	1027	12456	1009	2735	33257	14689	9747
2000	1176	12968	863	2962	34866	20098	16298
2001	893	13003	968	3060	10474	11211	16471

12-26 各市主要林产品产量

(2001年)

单位：吨

地 区	生 漆	油桐籽	五倍籽	棕 片	核 桃	板 栗	花 椒
全 省	**893**	**13003**	**968**	**3060**	**10474**	**11211**	**16471**
西 安 市	19				366	433	132
铜 川 市					103		30
宝 鸡 市	29		1		409	240	284
咸 阳 市					416		201
渭 南 市					1347	260	14736
延 安 市	60				869	200	337
汉 中 市	265	2110	788	2486	3665	2586	202
榆 林 市					14		7
安 康 市	389	7016	110	531	704	1873	344
商 洛 市	131	3877	69	43	2581	5619	198
杨凌示范区							

12-27 畜牧业和渔业生产情况

指标	单位	1998年	1999年	2000年	2001年
一、牲畜年末头数					
(一)大牲畜	头	2879767	2929404	3019152	2966236
# 从事劳役的	头	1762033	1735996	1708425	1652167
1. 牛	头	2393659	2466905	2577078	2557766
# 能繁殖的母牛	头	1017972	1019698	1071402	1075816
2. 马	匹	19282	18158	18029	16412
# 能繁殖的母马	匹	7290	6808	7090	6526
3. 驴	头	331378	312146	299469	274004
# 能繁殖的母驴	头	132741	119536	121047	108467
4. 骡	头	135088	132195	124576	118054
(二)年末猪存栏数	头	7315886	8151781	8843575	9098190
# 能繁殖的母猪	头	615295	592050	664420	690164
(三)羊年末存栏数	只	6921097	5827465	6353393	6644788
1. 山羊	只	5481681	4565623	4998742	5335502
# 奶山羊	只	1099104	1094420	1219473	1331397
2. 绵羊	只	1439416	1261842	1354651	1309286
(四)家禽年末存栏数	万只	6204.53	6386.69	6565.39	6865.51
(五)年末养蜂箱数	箱	208499	191114	185140	165532
(六)家兔年末存栏数	万只	246.22	124.91	147.02	171.92
二、畜产品产量					
肉类总产量	吨	852294	858113	921195	963244
# 猪肉产量	吨	649264	642175	697518	726279
牛肉产量	吨	65183	67211	78569	81703
羊肉产量	吨	50725	59762	53976	57542
奶类产量	吨	506175	557003	638781	694701
# 牛奶	吨	282407	322802	392480	434670
山羊毛产量	吨	1371	1047	1007	896
绵羊毛产量	吨	4179	3412	3593	3415
羊绒产量	公斤	761464	700589	546499	585677
禽蛋产量	吨	399244	398821	424866	424777
蜂蜜产量	公斤	3304252	3295752	2842306	2587778
蚕茧产量	吨	15543	14680	15431	16139
三、渔业					
1. 水产品产量	吨	50365	56033	60840	63294
2. 养殖面积	公顷	28621	28534	28645	28773

12-28 各市牲畜存栏情况

(2001年)

单位:头

地 区	大牲畜年末头数	#能繁母畜	#役畜	牛	#奶牛	马	驴	骡
全 省	**2966236**	**1190809**	**1652167**	**2557766**	**194750**	**16412**	**274004**	**118054**
西安市	247312	126319	89830	243852	51968	570	377	2513
铜川市	119958	57950	68472	119820	1752	5	90	43
宝鸡市	431000	194430	213277	419300	57183	2399	5352	3949
咸阳市	277967	121131	106451	272534	57970	1291	914	3228
渭南市	412016	190577	253726	401374	11655	1291	3869	5482
延安市	318635	112894	205024	188338	1771	2183	95435	32679
汉中市	338142	107510	184829	335301	2186	2520	223	98
榆林市	319216	103702	265150	75714	4548	6000	167580	69922
安康市	218572	69447	135313	218316	24	110	146	
商洛市	275877	103437	129508	275695	205	43	18	121
杨凌示范区	5600	2900		5600	5480			

地 区	猪年末头数(头)	#母猪	羊(只)	#山羊	#奶山羊	兔(万只)	家禽(万只)	蜂(箱)
全 省	**9098190**	**690164**	**6644788**	**5335502**	**1331397**	**171.92**	**6865.51**	**165532**
西安市	1336218	108321	430174	400461	289104	19.42	1573.41	19830
铜川市	74314	7027	112358	108169	13468	0.60	94.56	183
宝鸡市	887735	70521	466257	458440	284622	33.96	788.12	17295
咸阳市	953648	88609	549518	466925	364935	57.18	1065.96	5017
渭南市	686440	70445	668098	486650	317607	25.61	988.29	21457
延安市	469977	41273	947022	866226	4726	13.28	292.79	5402
汉中市	1726094	123573	224555	214101	628	6.10	677.78	52163
榆林市	803881	51273	2524229	1623350	52568	11.82	445.87	10434
安康市	1223260	65997	385192	385192		2.06	408.23	23856
商洛市	903855	60212	320673	310415	1059	1.52	483.06	9665
杨凌示范区	27000	2200	3200	3200	2680	0.32	45.90	230

12-29 各市主要畜产品和水产品产量

(2001年)

单位:吨

地 区	肉类总产量	#猪 肉	#牛 肉	#羊 肉	奶类产量	牛 奶	羊 奶
全 省	963244	726279	81703	57542	694701	434670	260031
西安市	157277	113353	11900	5153	255437	179977	75460
铜川市	9500	4234	3592	852	2118	1595	523
宝鸡市	102948	71661	16055	4233	145655	104557	41098
咸阳市	99504	75659	6935	4576	164444	108118	56326
渭南市	91342	57164	14202	5759	96999	17871	79128
延安市	48454	30906	6521	5810	2092	1069	1023
汉中市	163066	144131	6128	2212	5447	5042	405
榆林市	102442	70425	2776	21272	16574	11181	5393
安康市	92702	80839	4106	3189	327	327	
商洛市	92878	75522	9308	4441	892	683	209
杨凌示范区	2823	2148	152	11	4691	4227	464

地 区	山羊毛	绵羊毛	羊绒(公斤)	禽 蛋	蜂 蜜(公斤)	蚕 茧	水产品产 量	养殖面积(公顷)
全 省	896	3415	585677	424777	2587778	16139	63294	28773
西安市	1	22		132303	479839	9	12480	2330
铜川市	2	4		4909	455		703	477
宝鸡市	26	6	380	48685	440907	360	5013	2183
咸阳市	20	116	517	68372	110175	1	6647	1897
渭南市	83	376	11252	67995	431088		14103	3011
延安市	225	179	201041	15004	74804	215	1950	1518
汉中市	10	9	7	22011	631654	2798	13564	3925
榆林市	510	2693	369874	24271	199247	29	2908	11505
安康市				7324	110472	12045	4549	1303
商洛市	16	10	1913	30078	105077	682	1256	570
杨凌示范区				3719	4060			

12-30 商品粮基地县情况

县 区	1990年		1995年		2000年		2001年	
	播种面积（公顷）	产 量（吨）	播种面积（公顷）	产 量（吨）	播种面积（公顷）	产 量（吨）	播种面积（公顷）	产 量（吨）
全 省	**4134673**	**10707000**	**3807728**	**9133900**	**3821588**	**10891000**	**3517625**	**9766100**
基地县合计	2099425	7101606	1882600	6255772	1964423	7261124	1855977	6768586
基地县占全省%	50.78	66.33	49.44	68.49	51.40	66.67	52.76	69.31
阎良区	24413	101546	21166	106834	23010	116359	22255	111978
临潼区	76627	274091	73153	300732	81950	353592	79490	352994
长安县	94860	325265	89938	259600	87984	361843	86019	322255
蓝田县	70887	197572	71759	172684	72971	250618	70262	221449
周至县	71873	228110	68345	243284	66435	262898	64050	262412
户 县	66260	244250	65553	296345	63938	300973	63269	340152
高陵县	33493	169615	29093	207873	30283	211113	29985	208026
耀 县	40187	95251	35237	77964	34756	96092	31071	74511
宝鸡县	88600	280402	81855	185979	87997	239085	86526	239201
凤翔县	63347	211400	59872	176795	67754	224559	65664	225178
岐山县	51460	183803	45902	157666	51877	178238	50568	174483
扶风县	62367	249000	48932	220586	54868	263346	53206	249500
眉 县	38180	133923	36651	131916	36792	145682	35287	136920
陇 县	43500	112948	43392	59315	40472	87840	38610	96041
秦都区	24647	105383	18202	84773	18749	89776	18488	83403
渭城区	25293	101125	19935	79042	24219	110321	23842	105873
三原县	46887	168209	42981	130868	45258	182412	44364	152216
泾阳县	60307	228557	46314	166921	53917	222529	52358	215279
乾 县	69860	243917	59802	216320	65698	270276	64789	273048
礼泉县	62980	210215	46378	141878	49793	183791	40334	145850
武功县	42120	181836	40600	168616	42687	189332	43006	190288
兴平市	52113	226284	45926	188232	50044	213083	50001	215107
临渭区	90533	327513	86020	359987	94262	346528	93311	316438
大荔县	68320	222219	58397	223168	72582	255228	56123	196879
合阳县	62920	170582	48684	124721	58164	168013	49547	141410
澄城县	59467	142236	48767	95819	47240	126508	41553	100005
蒲城县	104413	274512	85677	254704	91674	250270	73161	193445
富平县	85293	249802	71946	282278	84314	280985	77740	253089
韩城市	35153	96610	31470	70669	32196	97416	30055	81049
汉台区	25833	155085	23985	134190	20604	131827	20202	118552
南郑县	50020	245468	46239	188428	41900	177861	40534	160415
城固县	45413	227338	44156	197267	35142	175790	32153	158351
洋 县	43020	185093	35032	94957	38581	159063	37033	147504
西乡县	44540	142505	41780	88778	40180	132214	37283	121797
勉 县	44053	178499	41254	130604	40513	159570	37484	130181
榆阳区	55433	105207	52901	121819	52182	158797	48303	146027
横山县	65413	66593	67424	76789	55650	49056	60494	70080
杨凌示范区	9340	39642	7882	37371	7787	38240	7557	37200

12-31 商品棉基地县情况

县 区	1990年		1995年		2000年		2001年	
	播种面积（公顷）	产 量（吨）	播种面积（公顷）	产 量（吨）	播种面积（公顷）	产 量（吨）	播种面积（公顷）	产 量（吨）
全 省	112393	77755	72748	39851	30092	27407	50379	49827
基地县合计	71507	54331	42876	26268	20226	22176	37841	40877
基地县占全省%	63.62	69.87	58.94	65.92	67.21	80.91	75.11	82.04
阎良区	3047	2582	3112	1165	390	380	708	739
临潼区	4427	3452	3471	1337	779	613	922	785
临渭区	17560	14578	12938	7832	5092	4174	8062	8036
华 县	4333	2787	980	818	192	163	408	416
大荔县	26667	24321	12704	9505	11774	15371	23132	26480
蒲城县	9200	4351	6204	3722	1718	1222	4275	4045
富平县	6273	2260	3467	1889	281	253	334	376

12-32 肉羊基地县情况

县 区	1990年		1995年		2000年		2001年	
	存 栏（万只）	肉产量（吨）	存 栏（万只）	肉产量（吨）	存 栏（万只）	肉产量（吨）	存 栏（万只）	肉产量（吨）
全 省	612.61	21814	663.43	41593	635.34	53976	664.48	57542
基地县合计	347.58	8905	353.18	17568	298.89	24135	306.66	25380
基地县占全省%	56.74	40.82	53.24	42.23	47.04	44.71	46.15	44.11
麟游县	2.82	101	3.23	131	7.82	491	12.60	657
永寿县	1.84	107	3.06	366	2.90	465	2.92	274
彬 县	2.46	68	4.88	253	4.20	406	3.60	343
长武县	2.38	161	2.62	151	3.71	315	3.98	337
旬邑县	2.40	80	4.52	222	5.55	320	5.99	302
淳化县	2.93	83	4.17	161	6.12	306	5.82	474
宝塔区	18.59	276	27.09	1107	7.77	344	10.09	340
子长县	12.67	269	12.00	474	7.74	460	2.95	953
安塞县	17.54	294	22.05	681	3.19	312	4.74	337
志丹县	20.39	543	24.76	1061	16.73	860	18.76	759
吴旗县	18.06	365	19.06	981	6.31	622	4.00	815
榆阳区	32.32	721	33.50	1476	43.81	5329	49.33	5434
神木县	42.23	1375	36.72	1527	31.88	2674	38.10	3025
府谷县	25.59	562	12.62	922	18.41	1010	14.35	1095
横山县	36.06	1071	37.75	3141	33.99	2981	36.20	2625
靖边县	32.62	814	32.51	1059	37.00	1792	39.00	2030
定边县	39.22	586	40.10	1596	32.00	3360	21.40	3444
绥德县	11.00	487	10.46	876	10.26	598	10.58	674
佳 县	14.63	594	11.14	852	11.23	1134	14.30	1095
子洲县	11.85	348	10.92	531	8.25	356	7.94	367

12-33 奶山羊基地县情况

县 区	1990年		1995年		2000年		2001年	
	存 栏（万只）	奶产量（吨）	存 栏（万只）	奶产量（吨）	存 栏（万只）	奶产量（吨）	存 栏（万只）	奶产量（吨）
陕西省	**73.56**	**116984**	**84.66**	**152235**	**121.95**	**246301**	**133.14**	**260031**
基地县合计	47.13	80358	54.79	108633	71.70	169255	74.74	173028
基地县占全省%	64.07	68.69	64.72	71.36	58.79	68.72	56.14	66.54
临潼区	5.55	9877	7.15	19551	8.71	22645	9.97	25742
蓝田县	4.19	4492	2.79	5525	7.83	20739	6.82	18086
高陵县	3.23	7215	4.77	10977	3.00	7953	3.67	9593
宝鸡县	0.96	1787	1.62	5802	6.40	7232	4.61	15087
陇 县	0.65	658	2.55	4121	2.93	5234	3.53	8045
千阳县	1.87	2286	1.83	2303	4.58	5464	5.15	5628
三原县	6.58	12177	4.73	7954	5.32	5990	6.09	7987
泾阳县	5.35	8896	8.55	17681	13.90	38822	15.00	26411
蒲城县	4.16	5653	5.83	9664	6.72	13432	7.14	13680
富平县	14.59	27317	14.97	25055	12.31	41744	12.76	42769

12-34 奶牛基地县情况

县 区	1990年		1995年		2000年		2001年	
	存 栏（万头）	奶产量（吨）	存 栏（万头）	奶产量（吨）	存 栏（万头）	奶产量（吨）	存 栏（万头）	奶产量（吨）
全 省	**4.24**	**94991**	**8.10**	**173623**	**15.70**	**392480**	**19.48**	**434670**
基地县合计	2.20	47580	6.08	120430	12.43	308587	15.34	339446
基地县占全省%	51.89	50.09	75.06	69.36	79.17	78.62	78.75	78.09
灞桥区	0.19	4350	0.22	6561	0.25	9383	0.28	10301
未央区	0.21	5108	0.23	7195	0.18	5390	0.16	4795
阎良区	0.17	4496	0.54	12985	0.76	28194	0.89	30178
临潼区	0.22	5072	0.65	13288	1.94	69955	2.20	75558
长安县	0.11	2704	0.15	2982	0.34	12713	0.35	9044
高陵县	0.12	3004	0.23	6394	0.51	18814	0.60	19343
金台区	0.09	2244	0.08	2121	0.09	2957	0.11	3208
宝鸡县	0.14	2577	0.43	10174	0.78	18894	0.92	23967
凤翔县	0.02	450	0.11	1887	0.49	8065	0.65	9806
陇 县	0.18	6084	0.87	16807	1.37	27424	1.55	28071
千阳县	0.02	407	0.14	2747	0.55	10702	0.91	14245
秦都区	0.04	1251	0.07	978	0.04	1040	0.18	4315
渭城区	0.12	1937	0.12	2000	0.24	6147	0.44	9824
三原县	0.04	619	0.07	1036	0.10	775	0.12	1218
泾阳县	0.13	1876	0.88	13838	2.02	55590	2.70	36509
乾 县	0.22	2149	0.63	9917	1.50	17859	1.66	19522
武功县	0.03	314	0.10	1954	0.38	4000	0.44	27730
蒲城县	0.02	431	0.02	465	0.14	260	0.14	280
富平县	0.05	686	0.43	4501	0.48	7125	0.49	7305
杨陵示范区	0.08	1821	0.13	2600	0.26	3300	0.55	4227

12-35 秦川牛基地县情况

县 区	1990年		1995年		2000年		2001年	
	存 栏 (万头)	肉产量 (吨)	存 栏 (万头)	肉产量 (吨)	存 栏 (万头)	肉产量 (吨)	存 栏 (万头)	肉产量 (吨)
全 省	**241.58**	**31620**	**278.07**	**72591**	**257.71**	**78569**	**255.78**	**81703**
基地县合计	82.53	16751	113.39	39385	96.82	39267	96.31	39567
基地县占全省%	34.16	52.98	40.78	54.26	37.57	49.98	37.65	48.43
蓝田县	5.54	1515	11.12	2262	9.51	6243	8.09	5628
周至县	3.58	915	4.66	2376	2.29	834	2.41	873
耀 县	4.41	417	5.12	1515	5.50	1552	5.64	1620
宜君县	3.55	178	4.17	856	4.32	1382	4.47	1369
宝鸡县	6.82	713	10.38	5606	7.89	3751	7.53	3583
凤翔县	3.97	701	5.15	2133	8.06	3906	8.32	3554
岐山县	2.25	884	2.17	1320	2.38	1242	2.63	1839
扶风县	1.54	387	0.68	524	3.75	1721	3.36	1852
眉 县	1.48	476	0.68	461	0.64	162	0.79	264
三原县	1.64	319	2.61	965	3.31	1044	3.33	972
乾 县	3.28	690	4.21	1623	2.78	584	3.10	786
礼泉县	2.88	862	4.94	621	0.94	649	0.94	410
彬 县	4.16	534	6.79	1821	2.41	810	2.36	653
临渭区	5.26	1392	7.27	2917	8.96	3600	8.94	3713
大荔县	5.19	880	5.95	2331	7.57	3352	7.73	3592
合阳县	4.60	727	6.12	1344	4.72	982	4.82	1165
澄城县	3.62	728	3.51	960	1.90	643	2.00	647
蒲城县	7.02	1486	13.72	6026	5.25	1874	5.26	1767
富平县	4.83	2309	6.49	1985	3.83	1298	3.84	1369
洛南县	6.92	638	7.65	1739	10.81	3638	10.77	3911

12-36 商品瘦肉型猪基地县情况

县 区	1990年		1995年		2000年		2001年	
	存 栏（万头）	肉产量（吨）	存 栏（万头）	肉产量（吨）	存 栏（万头）	肉产量（吨）	存 栏（万头）	肉产量（吨）
全 省	**812.23**	**390939**	**906.44**	**601799**	**884.36**	**697518**	**909.82**	**726279**
基地县合计	490.91	248050	536.92	365334	523.78	414423	540.70	435243
基地县占全省%	60.44	63.45	59.23	60.71	59.22	59.41	59.43	59.93
临潼区	8.51	4602	16.17	12929	26.55	20262	26.96	24268
长安县	15.27	9876	23.75	18954	24.48	20995	29.00	21560
周至县	17.37	10133	22.50	18163	20.92	16497	22.11	15631
户 县	16.19	11597	23.86	15705	22.52	18055	23.59	19309
宝鸡县	13.60	8754	15.26	12410	18.72	16932	22.48	22391
岐山县	8.51	3351	9.34	7812	11.08	9282	12.86	9906
扶风县	10.21	6409	12.58	10937	12.06	12467	12.99	8687
眉 县	8.63	5042	9.61	8452	12.42	9318	12.74	9832
武功县	11.09	6734	14.20	9902	15.30	12760	17.70	16076
兴平市	10.56	9901	16.50	13200	14.38	14318	15.11	15037
汉台区	14.25	8475	11.84	10002	9.93	8802	10.09	9867
南郑县	30.56	19822	28.84	28416	24.00	21270	20.40	21520
城固县	22.49	13805	24.38	17029	24.15	19646	25.79	20032
洋 县	19.99	10251	18.30	12656	19.54	16026	19.57	16143
西乡县	21.49	8838	21.85	13993	20.96	17436	21.72	18407
勉 县	26.78	13017	26.52	17726	24.64	18654	24.77	19188
宁强县	18.63	8376	18.45	15422	20.99	18523	21.33	18689
镇巴县	17.87	5945	20.95	6000	20.28	12155	19.06	12603
汉滨区	40.18	12501	39.13	22984	25.93	23376	26.32	24376
汉阴县	12.88	5953	10.83	5749	9.70	6494	10.26	7254
紫阳县	18.54	6123	15.45	8184	15.33	7607	15.24	8380
平利县	15.83	7656	17.99	7614	12.85	7826	12.80	8036
旬阳县	26.61	10476	27.96	12438	26.39	13136	26.94	13950
白河县	8.52	3828	8.26	4983	7.36	4497	7.29	3604
商州区	12.90	7423	12.24	7170	13.54	11503	13.17	11746
洛南县	13.16	6383	14.39	12102	17.81	16865	17.82	16865
丹凤县	8.58	5920	10.14	8118	11.36	9469	11.60	10549
商南县	10.44	4368	11.01	6910	10.78	8881	11.31	9312
山阳县	14.94	6488	14.05	8995	13.40	11773	13.16	12022
镇安县	16.34	6003	20.58	10379	16.41	9598	16.51	10003

12-37 烤烟基地县情况

县 区	1990年		1995年		2000年		2001年	
	播种面积（公顷）	产 量（吨）	播种面积（公顷）	产 量（吨）	播种面积（公顷）	产 量（吨）	播种面积（公顷）	产 量（吨）
全 省	**72100**	**123216**	**48328**	**63391**	**47075**	**73617**	**40603**	**62913**
基地县合计	65331	114350	43625	55783	38410	58199	31915	49559
基地县占全省%	90.61	92.80	90.27	88.00	81.50	79.06	78.60	78.77
宜君县	1173	1426	441	734	224	403	199	176
陇 县	2373	2134	2790	4181	4127	4875	2534	6019
千阳县	1720	2196	1022	996	1475	1670	921	396
三原县	2440	3871	1000	1050	669	622	666	583
泾阳县	547	1377	250	338	102	153	100	150
乾 县	833	625	390	234	289	368	580	696
永寿县	3353	6883	3330	4150	1533	1100	1012	1187
彬 县	3973	6516	3066	3090	927	1575	519	1100
长武县	2740	5163	2687	2599	1973	3848	1340	2119
旬邑县	4413	9818	3529	3626	1520	1575	1375	1506
淳化县	3980	7857	387	250	1339	2009	750	1181
合阳县	4647	6160	1380	1565	1084	1586	915	946
澄城县	3087	6043	1368	1920	1197	1798	972	1457
蒲城县	1400	3341	95	185			7	13
白水县	1560	3253	73	73	81	111	48	63
富平县	687	1133	446	730	403	756	412	773
宝塔区	1973	3356	360	499	560	1121	582	1167
延长县	1460	1729	919	1274	187	226	365	410
延川县	280	451	121	166	131	414		
安塞县	1533	2722	813	1240	640	1311	511	
甘泉县	687	1437	1295	1622	971	1414	646	1694
富 县	3820	8252	3039	5180	2824	4067	2400	4056
洛川县	4773	9743	3480	4852	1870	3450	1336	2323
宜川县	2933	6555	3733	5305		2250	1390	502
黄龙县	920	1771	828	1065	774	1122	570	880
黄陵县	2020	4431	655	1183	442	918	420	860
洋 县	993	1077	2	3	649	941	436	758
西乡县	340	532	244	150	1799	3250	855	1816
绥德县	340	452	10	5			7	2
平利县	133	142	29	58	384	473	334	506
旬阳县	3113	3226	3769	5074	6772	8476	6365	10738
洛南县	1087	678	2022	2297	3361	6057	3288	5368
山阳县			52	89	103	260	60	114

12-38 猕猴桃基地县情况

县 区	1995年		1999年		2000年		2001年	
	播种面积（公顷）	产 量（吨）	播种面积（公顷）	产 量（吨）	播种面积（公顷）	产 量（吨）	播种面积（公顷）	产 量（吨）
全 省	**10386**	**16072**	**15433**	**107973**	**16260**	**164666**	**16566**	**160357**
基地县合计	8411	14822	12672	98397	13253	128933	13426	143258
基地县占全省%	80.98	92.22	82.11	91.13	81.51	78.30	81.05	89.34
灞桥区	1315	1500	1136	10178	1063	10334	982	7156
长安县	1473	187	384	2742	362	4195	303	3357
周至县	4555	10090	8667	62000	8667	65000	8667	75000
户 县	425	233	814	10625	994	15782	1252	18479
眉 县	505	2303	1072	11277	1399	31814	1462	36947
城固县	138	509	599	1575	768	1808	760	2319

12-39 苹果基地县情况

县 区	1990年		1995年		2000年		2001年	
	苹果园面积（公顷）	产 量（吨）	苹果园面积（公顷）	产 量（吨）	苹果园面积（公顷）	产 量（吨）	苹果园面积（公顷）	产 量（吨）
全 省	**198300**	**349300**	**491644**	**2337632**	**395463**	**3885700**	**374294**	**3912713**
基地县合计	104110	206630	308195	1710000	275602	3254446	269952	3324031
基地县占全省%	52.50	59.16	62.69	73.15	69.69	83.75	72.12	84.95
印台区	1985	1760	5439	31200	4185	40000	2946	46000
耀 县	1500	1353	5448	20300	7703	49081	7711	52173
宜君县	1638	385	4795	10490	7285	31050	6810	30288
宝鸡县	5608	12328	16278	118746	3613	44323	2434	33130
凤翔县	2104	766	6319	19303	3820	57558	3602	53056
岐山县	1874	511	6477	34250	4266	64000	4221	78170
扶风县	1531	6488	7096	35088	3124	66597	2345	57680
陇 县	611	359	4773	6954	2922	14313	2897	16521
千阳县	2665	1055	4335	13133	1839	12032	1479	5447
乾 县	2721	1680	18812	83372	19736	301358	16981	292150
礼泉县	8165	50235	23333	362129	23300	610500	22934	607212
永寿县	2567	803	10926	17472	11462	71806	11462	83000
彬 县	3230	547	12434	43131	13048	115600	13048	156477
长武县	1650	2282	10200	30247	10000	60000	6667	54600
旬邑县	2708	2719	14306	51526	10062	130000	10389	106600
淳化县	6397	17629	16691	140700	18000	250000	18306	291660
合阳县	3916	7466	20667	67757	10910	106875	10666	126290
澄城县	3620	10087	18800	105254	17252	181398	17279	186919
蒲城县	4708	8456	12956	75874	13670	203825	13294	204015
白水县	7912	36272	17227	224158	20185	328118	19411	282000
富平县	1580	1734	13517	21466	7342	109015	7312	122093
韩城市	1131	2971	3024	16432	2150	31977	1884	32160
宝塔区	12636	7836	21671	23694	14035	24654	14035	26110
富 县	4822	4339	5785	20500	12015	60000	14541	60000
洛川县	8091	15104	16307	95033	19936	230000	22483	255545
宜川县	4387	5360	4912	18791	6542	17366	7587	19735
黄陵县	4353	6105	5667	23000	7200	43000	7228	45000

12-40 梨基地县情况

县 区	1990年		1995年		2000年		2001年	
	梨园面积（公顷）	产 量（吨）	梨园面积（公顷）	产 量（吨）	梨园面积（公顷）	产 量（吨）	梨园面积（公顷）	产 量（吨）
全 省	**13379**	**20544**	**51506**	**118538**	**55580**	**458306**	**57953**	**451236**
基地县合计	3526	7708	20080	69508	29053	312597	30470	298946
基地县占全省%	26.35	37.52	38.99	58.64	52.27	68.21	52.58	66.25
秦都区	4	13	2090	2195	1995	51660	1768	46880
乾 县	521	1158	1160	3218	1186	28417	1762	16000
礼泉县	600	3234	2778	32951	2798	75000	3288	73447
彬 县	1039	518	4253	14030	6879	16400	6879	7130
临渭区	16	60	981	1517	2603	25295	2921	32935
蒲城县	625	1174	4455	13819	5446	87535	5191	87500
富平县	24	353	1832	406	738	18400	726	21021
子长县	62	152	681	157	2616	3580	2716	8400
宜川县	462	58	993	336	1542	810	1718	586
洋 县	173	988	857	879	3250	5500	3501	5047

12-41 农业现代化情况

指 标	单 位	1990年	1995年	2000年	2001年
农用机械总动力合计	亿瓦特	71.20	78.05	104.68	109.98
大中型拖拉机	台	21241	19373	27445	27960
	亿瓦特	7.59	6.63	8.20	8.26
小型拖拉机	万台	23.55	22.94	19.91	19.23
	亿瓦特	23.87	24.53	21.80	20.96
大中型拖拉机配套农具	万部	2.25	2.99	3.65	3.99
小型拖拉机配套农具	万部	23.88	25.46	26.59	26.66
农用柴油机	万台	1.90	1.90	2.80	3.35
	亿瓦特	1.98	1.86	2.38	2.83
农用电动机	万台	15.20	19.84	23.43	25.24
	亿瓦特	11.97	12.25	15.13	14.43
农用水泵	万台	15.70	20.52	25.70	26.12
喷灌机械	套	1682	1442	5349	5844
联合收割机	台	388	3233	9677	10136
	万瓦特	596.00	2894.00	25569.60	29971.90
机动脱粒机	万台	12.21	11.67	13.25	11.94
农用运输车	辆	2571	9192	247320	302440
	千瓦	39170	257047	2902224	3537080
# 机动三轮车	辆			206355	274274
当年机耕地面积	公顷	1602413	1468258	1632392	1604185
当年机械播种面积	公顷	1212500	1343937	1481282	1474853
当年机械收获面积	公顷	218980	466781	808024	816288
农用化肥施用量(折纯量)	万吨	67.94	111.99	131.19	131.05
氮 肥	万吨	48.62	66.88	73.01	72.44
磷 肥	万吨	10.13	17.81	16.89	16.45
钾 肥	万吨	2.26	5.72	8.17	7.74
复合肥	万吨	6.93	21.58	27.25	28.25
农用塑料薄膜使用量	吨	9319	13636	25343	23071
# 地膜使用量	吨	5300	8506	19060	17153
地膜覆盖面积	公顷		198455	430390	385213
农用柴油使用量	万吨		32.49	55.77	43.73
农药使用量	吨	10624	10740	10323	10449
农村用电量	亿千瓦小时	29.98	44.59	58.49	58.63

12-42 各市农业现代化情况

(2001年)

地区	农用机械总动力合计(万千瓦)	大中型拖拉机(台)	小型拖拉机(台)	大中型机配农具(部)	小型机配农具(部)	农用柴油机(台)	农用电动机(台)	农用水泵(台)
全省	1099.76	27960	192292	39890	266580	33458	252356	261238
西安市	202.09	7078	29458	14649	51260	3025	84503	80345
铜川市	18.51	1834	5000	360	6586	127	708	1919
宝鸡市	89.40	2856	30776	5713	55559	985	22965	20062
咸阳市	169.34	4430	16990	7990	36430	5610	37150	32700
渭南市	248.15	5864	54395	8858	71525	2793	46746	44283
延安市	68.48	795	20388	561	20838	2395	4318	6582
汉中市	73.23	2875	7590	480	5287	3843	24182	23969
榆林市	127.10	231	18647	95	11297	10588	18527	31063
安康市	59.00	1258	2967	396	2271	2925	5917	8255
商洛市	37.50	509	4836	178	4117	1086	6365	10966
杨凌示范区	5.16	147	1099	301	1231		381	381

地区	节水灌溉类机械(套)	联合收割机(台)	机动脱粒机(台)	农用运输车(辆)	机动三轮车(辆)	化肥施用折纯量(万吨)	农用塑料薄膜使用量(吨)	农村用电量(万度)
全省	5844	10136	119382	302440	274274	131.05	23071	586307
西安市	1029	3792	18099	30553	27398	19.33	1657	88946
铜川市	1103	18	1341	7898	7396	2.79	755	10057
宝鸡市	156	1773	10601	19097	16383	15.15	1540	67781
咸阳市	1040	1550	20060	60780	54700	27.65	6747	84445
渭南市	411	2764	7645	90879	84612	28.99	4803	124109
延安市	1512	18	291	25705	22021	6.27	2566	14913
汉中市	181	78	25439	6306	3390	11.91	1382	34376
榆林市	225	1	1526	44270	47609	6.65	1156	132196
安康市	50	14	15917	5882	1685	6.44	1218	14088
商洛市	43	3	17379	10696	8759	5.35	987	13921
杨凌示范区	17	76	1084	302	269	0.28	16	1475

12-43 各市灾情

(2001年)

地 区	受灾情况		成灾情况		绝收面积	直接经济损失
	面积（千公顷）	人口（万人）	面积（千公顷）	人口（万人）	（千公顷）	（万元）
全 省	**2240.27**	**2480.40**	**1413.47**	**1786.10**	**352.07**	**534630**
西安市	106.67	260.00	66.67	179.00	16.67	15000
铜川市	71.33	34.30	58.67	21.20	8.67	15000
宝鸡市	213.33	280.00	101.80	170.10	48.93	39600
咸阳市	226.00	376.00	110.67	251.00	10.67	85559
渭南市	284.13	408.00	206.67	330.00	74.67	95000
延安市	312.00	141.10	200.00	101.00	44.00	57571
汉中市	209.33	293.00	132.00	220.00	49.33	68900
榆林市	640.00	256.00	466.67	208.10	99.33	110000
安康市	176.67	230.00	85.33	160.00	12.00	29800
商洛市	104.13	197.00	50.33	143.00	4.46	32600
杨凌示范区	3.33	5.00	1.33	2.70		600

12-44 各市水利水保情况

(2001年)

单位：千公顷

地 区	水库座数（座）	库容（万立方米）	有效灌溉面积	旱涝保收面积	水土保持林面积	封山育林面积	水保治理面积
全 省	**1052**	**404743**	**1314.07**	**888.08**	**4924.96**	**546.41**	**8463.99**
西安市	92	13703	213.09	196.11	102.13	62.25	238.13
铜川市	26	3574	13.42	7.15	105.14	9.73	183.31
宝鸡市	128	54814	164.00	123.43	357.41	46.59	697.31
咸阳市	71	28702	242.04	161.16	219.19	9.32	553.46
渭南市	103	25802	311.18	163.04	184.01	27.51	515.61
延安市	29	49593	30.35	17.56	1071.73	35.42	1786.95
汉中市	332	43582	125.71	86.28	668.29	103.53	977.70
榆林市	94	78194	109.09	62.39	1244.66	52.32	1979.07
安康市	110	6733	56.49	35.99	401.23	78.74	665.50
商洛市	50	14193	37.93	28.23	570.18	121.00	862.96
杨凌示范区			4.88	3.92	0.99		3.99

12-45 乡镇企业基本情况

指 标	单 位	1990年	1995年	1999年	2000年	2001年
一、乡镇企业单位数	**万个**	**61.77**	**81.55**	**86.47**	**89.75**	**90.29**
#集 体	万个	4.11	4.22	2.52	2.15	1.83
按国民经济部门分						
农 业	万个	0.88	0.95	0.49	0.42	0.35
工 业	万个	20.78	21.66	22.18	22.83	21.97
交通运输	万个	16.64	22.89	23.94	24.63	24.70
建筑业	万个	2.99	4.70	4.39	4.67	4.96
其 他	万个	20.48	31.35	35.47	37.20	38.31
二、乡镇企业人数	**万人**	**253.53**	**359.52**	**391.31**	**400.99**	**398.64**
#集 体	万人	92.25	111.42	84.63	76.84	65.36
按国民经济部门分						
农 业	万人	5.84	6.94	4.81	4.47	3.89
工 业	万人	121.73	160.80	166.89	167.75	160.49
交通运输	万人	28.12	41.21	50.58	53.33	54.54
建筑业	万人	50.76	73.68	72.07	73.41	74.45
其 他	万人	47.08	76.89	96.96	102.03	105.27
三、总收入	**亿元**	**167.66**	**755.52**	**1988.67**	**2322.29**	**2276.94**
四、增加值	**亿元**			**488.42**	**504.89**	**569.06**
按国民经济部门分						
农 业	亿元			2.63	2.45	2.21
工 业	亿元			285.27	268.09	298.56
交通运输	亿元			57.20	65.28	70.51
建筑业	亿元			59.84	69.11	79.21
其 他	亿元			83.48	99.96	118.57
五、总产值	**亿元**	**160.36**	**755.53**	**1983.27**	**2010.73**	**2258.32**
农 业	亿元	2.58	8.54	17.82	9.89	9.01
工 业	亿元	94.47	464.11	1157.59	1068.09	1184.71
交通运输业	亿元	20.99	88.33	221.41	252.44	280.38
建筑业	亿元	29.58	118.11	272.70	319.46	342.21
其 他	亿元	12.74	76.44	313.75	360.85	442.01

12-46 各市乡镇企业主要指标

(2001年)

地 区	企业单位数（个）	企业人数（人）	年末固定资产原值（万元）	营业收入（万元）	增加值（万元）	#工业增加值
全 省	902933	3986369	4278793	22769424	5690617	2985618
西安市	161611	1003669	1337683	8705170	2051220	1045057
铜川市	12743	66674	102094	347260	88383	48081
宝鸡市	133310	624125	730294	3565447	805360	550545
咸阳市	112414	497464	514425	3299014	827557	482412
渭南市	123126	596210	499204	2146703	808643	319088
延安市	41114	146909	80192	287782	79881	29864
汉中市	126296	410011	339288	2300476	508454	256190
榆林市	46330	217778	336482	710122	179240	98750
安康市	78501	193849	176355	693885	170955	74517
商洛市	66030	217902	151376	677090	160398	76149
杨凌示范区	1458	11778	11400	36475	10526	4965

地 区	不变价总产值（万元）	#工业总产值	出口交货值（万元）	实交国家税金（万元）	利润总额（万元）	工资总额（万元）
全 省	22352083	11620715	119174	288208	1308092	1481570
西安市	8461507	4107657	31952	93754	585674	417117
铜川市	382066	202250	2200	6015	7689	25531
宝鸡市	3611772	2174336	37549	35871	174154	253845
咸阳市	3375559	1901125	12931	31418	141059	171140
渭南市	2206467	1077407	8816	27236	120783	167572
延安市	290313	108231		12352	24643	36890
汉中市	1975727	1002186	8092	31975	79906	154975
榆林市	847568	505136	10813	16750	60231	82702
安康市	548926	250137	5026	18694	54849	92816
商洛市	614348	272386	1795	13033	56795	74999
杨凌示范区	37830	19864		1110	2309	3983

12-47 乡镇企业主要经济效益指标

(2001年) 单位：元

地　区	企业人均营业收入	乡镇企业人均工资	农村人口人均乡镇企业营业收入	从业人员占农村劳动力比重(%)
全　省	**57118**	**3717**	**8216**	**29.90**
西安市	86733	4156	21536	47.49
铜川市	52083	3829	7705	27.90
宝鸡市	57127	4067	12884	45.94
咸阳市	66317	3440	8366	24.87
渭南市	36006	2811	4855	25.17
延安市	19589	2511	1899	23.45
汉中市	56108	3780	7768	30.95
榆林市	32608	3798	2501	18.41
安康市	35795	4788	2733	16.95
商洛市	31073	3442	3154	23.61
杨凌示范区	30969	3382	4261	24.09

12-48 乡镇企业营业收入过亿元的县、乡、村和过5000万元的企业数

(2001年) 单位：个

地　区	营业收入过亿元的县（区）	# 5亿元以上的县(区)	营业收入过亿元的乡(镇)	营业收入过亿元的村	营业收入5000万元以上的企业	# 工业企业
全　省	**103**	**63**	**473**	**144**	**63**	**45**
西安市	13	12	142	74	28	17
铜川市	5	3				
宝鸡市	12	9	88	30	14	10
咸阳市	13	9	85	21	10	7
渭南市	11	10	64	4	8	8
延安市	11	1	2			
汉中市	10	8	65	14	2	2
榆林市	12	3	11	1	1	1
安康市	9	3	16			
商洛市	7	5				
杨凌示范区						

12-49 乡镇企业营业收入5亿元以上的县（区）

(2001年)

单位：万元

县　　区	营业收入	县　　区	营业收入
西安市雁塔区	1720553	武功县	219100
西安市未央区	1665000	神木县	217170
西安市灞桥区	1253958	宝鸡市金台区	216307
户　县	983615	西安市莲湖区	212093
长安县	904000	大荔县	211183
宝鸡县	827217	洋　县	192949
岐山县	747220	西安市新城区	183210
西安市临潼区	677149	洛南县	162719
咸阳市秦都区	610800	陇　县	162207
渭南市临渭区	526183	商洛市商州区	157310
凤翔县	513602	旬阳县	151346
南郑县	494749	耀　县	136905
汉中市汉台区	445305	潼关县	131005
城固县	441513	府谷县	124011
泾阳县	438055	澄城县	119282
咸阳市渭城区	425424	华　县	118286
三原县	420436	西乡县	115278
兴平市	408186	丹凤县	110600
勉　县	400273	白水县	105200
眉　县	365727	合阳县	104638
扶风县	355427	铜川市印台区	103416
蓝田县	317881	山阳县	98110
西安市阎良区	301983	汉阴县	82790
礼泉县	301951	宁强县	82068
乾　县	277346	略阳县	76328
韩城市	276668	商南县	75696
富平县	267387	凤　县	70583
安康市汉滨区	265756	延安市宝塔区	66362
蒲城县	245000	铜川市王益区	63526
周至县	240262	榆林市榆阳区	54814
宝鸡市渭滨区	234502	旬邑县	54000
高陵县	227458		

12-50 乡镇企业营业收入过亿元的乡镇

(2001年)

单位：万元

乡 镇	营业收入	乡 镇	营业收入
未央区三桥镇	326121	户县草堂镇	89951
雁塔区长延堡街办	288108	三原县大程镇	89631
雁塔区电子城街办	257414	渭城区渭阳镇	82194
未央区大明宫街办	252133	长安县郭杜镇	80216
雁塔区等驾坡街办	237571	户县光明乡	79560
未央区六村堡镇	235612	南郑县城关镇	78000
雁塔区雁塔乡丈八乡乡政府	230290	南郑县大河坎镇	77970
雁塔区鱼化街办	223980	灞桥区狄寨镇政府	77780
灞桥区洪庆街道办	185540	临潼区骊山街道办	77500
雁塔区雁塔曲汉乡乡政府	185242	临潼区秦陵街道办	76950
金台区陈仓镇	184626	秦都区沣西镇	76777
灞桥区十里铺街道办	179868	渭城区周陵镇	76650
雁塔区小寨路街道办	179590	宝鸡县杨家沟乡	75627
未央区谭家街办	172271	凤翔县陈村镇	74612
灞桥区红旗街道办	172017	渭滨区马营镇	70458
户县甘亭镇	166245	陇县城关镇	70404
灞桥区灞桥镇政府	160020	灞桥区霸陵乡政府	70050
灞桥区新筑镇政府	156187	未央区张家堡街办	67208
灞桥区席王街道办	151906	岐山县凤鸣镇	66248
宝鸡县虢镇镇	151000	未央区徐家湾街办	66113
汉台区北关办事处	150895	岐山县麦禾营镇	65412
秦都区古渡镇	147548	礼泉县城关镇	64800
未央区未央宫乡	140684	户县大王镇	62250
三原县城关镇	132100	未央区辛家商街办	61615
宝鸡县阳平镇	131971	岐山县五丈塬镇	61426
泾阳县泾干镇	127920	韩城市龙门镇	60728
城固县博望镇	127720	临潼区代王街道办	60072
勉县勉阳镇	127559	阎良区康桥镇	59986
秦都区渭滨镇	127210	泾阳县永乐镇	58520
岐山县蔡家坡镇	127108	渭滨区石鼓镇	57484
未央区汉城乡	124367	周至县哑柏镇	57305
长安县韦曲镇	119180	扶风县降帐镇	56112
雁塔区大雁塔街道办	118357	临潼区新丰街道办	56013
未央区二府庄街办	117346	扶风县城关镇	55727
户县余下镇	114424	凤翔县纸坊镇	54580
乾县城关镇	112690	渭滨区高家镇	53952
秦都区沣东镇	110202	洋县洋洲镇	53855
渭城区底张镇	104312	汉台区铺镇镇	53278
未央区草滩镇	101530	阎良区振兴乡	52750
户县秦渡镇	90321	渭滨区神农镇	52608

12-50 续表1 (2001年) 单位：万元

乡 镇	营业收入	乡 镇	营业收入
宝鸡县陵原乡	52300	南郑县新集镇	38000
闫良区武屯镇	52210	富平县杜村镇	37518
汉台区七里镇	51329	兴平市冉庄乡	37445
府谷县高石崖镇	50969	宝鸡县桥镇镇	36781
临潼区相桥镇	50785	闫良区凤凰路街道办	36000
灞桥区水流乡政府	50435	神木县大柳塔	35978
灞桥区新合乡政府	49854	渭城区北杜镇	35495
灞桥区新合乡政府	49854	岐山县蒲村镇	35310
眉县城关镇	49295	陇县东南镇	35200
城固县老庄镇	49096	高陵县张卜乡	35008
兴平市西吴镇	48922	三原县高渠乡	34840
凤翔县横水镇	48223	蓝田县华胥镇	34637
岐山县马江镇	47814	宝鸡县周原镇	34443
眉县齐镇	47645	宝鸡县蟠龙镇	34260
长安县王寺镇	47337	蒲城县城关镇	33940
兴平市赵村镇	47311	岐山县故郡乡	33920
礼泉县烽火乡	46800	蒲城县东陈镇	33800
宝鸡县千河镇	46578	长安县细柳镇	33755
凤翔县南指挥镇	46266	临渭区向阳办	33730
户县庞光镇	45520	蓝田县蓝关镇	33702
秦都区马泉镇	45409	临渭区杜桥办	33616
眉县常兴镇	44860	宝鸡县贾村镇	33603
岐山县北郭乡	44675	长安县兴隆乡	33381
汉阴县城关镇	44374	秦都区钓台镇	32480
西乡县城关镇	42893	周至县二曲镇	32409
岐山县安乐镇	42405	岐山县祝家庄镇	32180
汉滨区新城办事处	42018	凤翔县田家庄镇	31966
泾阳县云阳镇	42002	长安县斗门乡	31875
岐山县枣林镇	41907	眉县汤峪镇	31822
临潼区新市乡	41500	金台区长寿镇	31681
眉县营头镇	41440	高陵县鹿苑镇	31662
宝鸡县天王镇	41205	岐山县孝子陵乡	31660
临潼区雨金镇	41200	高陵县姬家乡	31556
南郑县中所镇	41000	兴平市东城街道办事处	31490
凤翔县柳林镇	40634	勉县黄沙镇	31322
兴平市店张镇	40511	凤翔县彪角镇	31178
渭城区窑店镇	40365	兴平市丰仪乡	31091
南郑县梁山镇	39932	武功县贞元镇	31085
临渭区人民办	38640	勉县定军山镇	31059
眉县马家镇	38512	南郑县高台镇	31000

12-50 续表2 (2001年) 单位：万元

乡　　镇	营业收入	乡　　镇	营业收入
临渭区站南办	30820	闫良区新华路街道办	26052
岐山县益店镇	30710	临渭区程家乡	25930
旬阳县城关镇	30600	汉台区东关街道办	25915
武功县苏坊镇	30500	宝鸡县蜀仓乡	25914
汉滨区老城办事处	30438	扶风县召公镇	25700
汉滨区恒口镇	30246	渭城区民营科技产业园区	25600
临潼区零口镇	30113	府谷县新民镇	25520
闫良区关山镇	29945	宝鸡县八鱼镇	25487
凤翔县郭店镇	29856	凤翔县米杆桥镇	25373
临渭区白杨乡	29629	扶风县新店镇	25300
城固县龙头镇	29624	宝鸡县石羊庙乡	25099
兴平市大阜乡	29293	渭城区韩家湾乡	25083
户县石井乡	29283	南郑县阳春镇	25000
兴平市桑镇	29280	三原县渠岸乡	24798
韩城市金城办	29106	三原县陵前镇	24730
眉县金渠镇	28995	潼关县太要镇	24681
神木县神木镇	28894	韩城市西庄镇	24669
勉县金泉镇	28760	长安县黄良乡	24505
户县玉蝉乡	28750	高陵县药惠乡	24435
韩城市新城办	28728	扶风县杏林镇	24398
蓝田县小寨乡	28628	长安县祝村乡	24351
武功县普集镇	28442	神木县店塔	24200
户县祖庵镇	28424	宝鸡县慕仪镇	24125
长安县马王镇	28395	长安县杜曲镇	24065
长安县杨庄乡	28329	眉县槐芽镇	24060
礼泉县烟霞乡	28100	汉台区宗营镇	24050
岐山县青化镇	28003	长安县沣惠乡	24031
渭城区渭城镇	28000	岐山县曹家镇	23955
长安县大兆乡	27848	长安县高桥乡	23725
户县渭丰乡	27680	户县涝店镇	23600
闫良区北屯乡	27540	扶风县上宋乡	23209
蓝田县前卫镇	27265	南郑县圣水镇	23150
长安县义井乡	27053	临渭区官底镇	23014
宝鸡县磻溪镇	27021	扶风县南阳镇	22982
城固县柳林镇	27010	勉县新街子镇	22930
户县牛东乡	26918	汉滨区建民镇	22927
户县天桥乡	26836	长安县申店乡	22891
秦都区马庄镇	26828	城固县上元观镇	22842
户县五竹乡	26710	户县太平乡	22830
周至县终南镇	26133	泾阳县王桥镇	22602

12-50 续表3 (2001年) 单位：万元

乡 镇	营业收入	乡 镇	营业收入
高陵县崇皇乡	22549	蒲城县荆姚镇	19984
高陵县榆楚乡	22492	靖边县张家畔镇	19835
扶风县揉谷乡	22405	临潼区油槐乡	19710
秦都区平陵乡	22334	汉滨区江北办事处	19682
武功县小村镇	22205	户县蒋村镇	19503
户县白庙乡	22100	华县城关镇	19455
秦都区双照镇	22014	泾阳县桥底镇	19380
礼泉县阡东镇	22000	汉台区龙江镇	19361
户县涝峪镇	21958	汉滨区关庙镇	19210
南郑县郭滩乡	21951	神木县孙家岔镇	19138
长安县引镇	21780	凤翔县石家营乡	19121
城固县许家庙镇	21610	扶风县太 白乡	19064
武功县大庄镇	21545	城固县董家营乡	19040
扶风县段家镇	21507	渭城区正阳镇	19010
大荔县八鱼乡	21391	临渭区南师乡	18930
勉县老道寺镇	21388	眉县第五村乡	18886
临潼区徐杨乡	21350	蓝田县曳镇湖	18855
凤翔县长青镇	21320	岐山县大营乡	18713
临渭区官路镇	21305	户县苍游乡	18705
临渭区阳郭镇	21250	临潼区北田镇	18704
泾阳县姚坊乡	21240	凤翔县尹家务乡	18700
长安县灵沼乡	21135	汉台区汉中路街道办	18677
长安县杜陵乡	21062	扶风县午井镇	18656
临潼区行者街道办	21020	蓝田县玉山镇	18600
三原县新庄乡	21012	长安县滦镇	18480
蓝田县大寨乡	20930	兴平市庄头镇	18080
蒲城县罕井镇	20892	蓝田县三里镇乡	17984
大荔县城关镇	20870	长安县五星乡	17800
城固县文川镇	20830	武功县普集街乡	17640
长安县镐京乡	20790	阎良区新兴乡	17500
武功县武功镇	20645	泾阳县雪河乡	17500
高陵县湾子乡	20500	临潼区马额镇	17435
潼关县安乐乡	20476	兴平市田阜乡	17391
黄陵县店头镇	20315	神木县西沟乡	17370
临潼区栎阳镇	20300	周至县楼观镇	17230
三原县西阳镇	20208	长安县子午镇	17160
韩城大池埝镇	20203	神木县中鸡镇	17080
兴平市汤坊镇	20181	长安县内苑乡	17076
凤翔县虢王镇	20089	礼泉县史德镇	17061
南郑县协税镇	20000	礼泉县药王洞	17000

12-50 续表4 (2001年) 单位：万元

乡 镇	营业收入	乡 镇	营业收入
城固县崔家山镇	17000	临潼区斜口街道办	15001
洋县戚氏镇	16980	兴平市南位乡	14983
城固县沙河营镇	16912	临渭区龙背乡	14978
兴平市马午镇	16906	三原县鲁桥镇	14910
临潼区韩峪乡	16900	蒲城县翔村乡	14840
礼泉县赵镇	16900	蓝田县焦岱镇	14786
合阳县城关镇	16826	南郑县胡家营乡	14725
韩城市苏东镇	16798	城固县三合乡	14697
洋县磨桥镇	16745	长安县王莽乡	14625
大荔县东七乡	16740	蓝田县汤峪镇	14538
韩城市芝阳镇	16623	扶风县法门镇	14527
凤翔县城关镇	16480	大荔县朝邑镇	14500
凤翔县唐村乡	16400	洋县龙亭镇	14500
武功县代家乡	16400	礼泉县骏马乡	14300
临渭区双王乡	16339	礼泉县西张堡	14300
宝鸡县金河乡	16272	乾县梁村镇	14230
高陵县耿镇	16150	周至县马召镇	14178
潼关县桐峪镇	16125	汉台区武乡镇	14165
高陵县泾渭镇	16000	汉滨区五里镇	14139
韩城市芝川镇	15840	富平县齐村乡	14064
临渭区故店镇	15750	白河县城关镇	14014
城固县原公镇	15708	长安县砲里乡	14000
旬阳县关口镇	15611	汉台区河东店镇	13990
眉县横渠镇	15610	临潼区西泉乡	13875
周至县尚村镇	15590	长安县东大镇	13853
泾阳县高庄镇	15523	泾阳县口镇	13750
陇县埝底下镇	15512	临渭区凭信乡	13746
乾县姜村镇	15505	白水县西固镇	13730
礼泉县昭陵乡	15500	长安县五台乡	13680
略阳县城关镇	15451	澄城县韦庄镇	13680
宝鸡县钓渭乡	15450	临潼区任留乡	13650
西乡县堰口镇	15442	蓝田县史家寨乡	13634
勉县茶店镇	15425	宁强县代家坝镇	13621
韩城桑树坪镇	15410	长安县鸣犊镇	13500
宝鸡县县功镇	15402	宝鸡县清溪乡	13480
蓝田县安村乡	15395	凤翔县董家河乡	13419
眉县青化乡	15282	泾阳县太子镇	13385
临潼区交口镇	15150	潼关代子营乡	13289
临渭区三张镇	15100	府谷县府谷镇	13284
临潼区纸李乡	15017	宝塔区桥儿沟镇	13230

12-50 续表5 (2001年) 单位：万元

乡 镇	营业收入	乡 镇	营业收入
韩城市昝村镇	13126	岐山县京当乡	11559
高陵县通远镇	13125	汉阴县涧池镇	11538
蓝田县普化乡	13099	兴平市阜寨乡	11487
兴平市南市镇	13037	潼关县高桥乡	11350
长安县太乙镇	12961	蒲城县永丰镇	11302
泾阳县中张镇	12900	扶风县天度镇	11291
乾县阳洪镇	12850	石泉县城关镇	11261
洋县谢村镇	12835	武功县河道乡	11242
蓝田县孟村乡	12829	大荔县许庄镇	11233
澄城县城郊乡	12775	勉县新铺镇	11143
扶风县建和乡	12746	临渭区南七乡	11115
武功县长宁镇	12721	洋县胥水镇	11051
洋县贯溪镇	12664	汉滨区大同镇	11009
合阳县王村镇	12573	陇县东风镇	11008
勉县同沟寺镇	12564	勉县温泉镇	10962
旬阳县蜀河镇	12480	长安县韦兆乡	10956
澄城县庄头乡	12477	神木县高家堡镇	10954
礼泉县裴寨乡	12400	汉台区望江乡	10928
城固县五郎庙乡	12400	大荔县两宜镇	10919
华县金堆镇	12298	勉县周家山镇	10910
临渭区解放办	12258	白水县城关镇	10870
户县甘河镇	12207	汉台区老君镇	10660
勉县褒城镇	12191	汉台区舒家营街道办	10612
眉县小法仪镇	12152	蒲城县孙镇	10600
勉县长林镇	12143	勉县镇川乡	10583
乾县临平镇	12100	泾阳县崇文乡	10500
武功县南仁乡	12073	南郑县青树镇	10420
潼关县港口镇	12070	富平县宫里镇	10410
南郑县忍水乡	12000	富平县老庙镇	10405
三原县新兴镇	11900	礼泉县北屯乡	10400
澄城县交道乡	11850	汉台区鑫源街道办	10395
临潼区何寨乡	11810	乾县马连镇	10290
礼泉县新时乡	11779	洋县马畅镇	10279
潼关县城郊乡	11743	石泉县池河镇	10229
临渭区阎村镇	11700	乾县灵源镇	10022
华县杏林镇	11700	临潼区田市镇	10008
临渭区交斜镇	11590		

12-51 乡镇企业营业收入过亿元的村

(2001年)

单位：万元

村 名	营业收入	村 名	营业收入
宝鸡市金台区东岭村	152639	雁塔区罗家寨	23325
雁塔区鱼化寨村	142920	灞桥区十里铺村委会	22539
礼泉县烽火镇烽火村	104000	勉县勉阳镇联盟村	22496
雁塔区田家湾村	77634	灞桥区红旗街道五星村	22325
未央区大明宫先锋村	63182	未央区三桥镇后围寨村	21795
泾阳县泾干镇吉元村	53640	宝鸡市金台区陈仓联盟村	21197
雁塔区北池头村	44520	南郑县大河坎镇油坊街村	21020
临潼区骊山街道办西街村	43670	兴平市赵村镇晁庄村	21000
雁塔区沙呼沱村	40951	灞桥区红旗街道高桥村	20880
雁塔区长延堡村	34126	宝鸡县虢镇西堡村	20809
雁塔区新小寨村	34126	长安县韦曲镇上塔坡村	20480
汉台区北关街道办黄家塘村	33497	长安县韦曲镇东韦村	20300
雁塔区郝家村	33088	雁塔区老烟庄村	20210
汉台区北关街道办青龙观村	32634	雁塔区裴家堡村	20198
雁塔区吉祥村	32124	南郑县大河坎镇大河坎村	20164
岐山县蔡家坡镇岐星村	31787	雁塔区西等村	20023
秦都区沣东镇七里铺村	31468	眉县营头镇永安村	19900
宝鸡县杨家沟镇巩家泉村	31257	岐山县孝子陵乡太子村	19686
雁塔区东八里村	30713	雁塔区金呼沱村	18924
雁塔区西八里村	30713	雁塔区甘家寨村	18913
雁塔区二府庄	29003	未央区三桥镇和平村	18849
凤翔县陈村镇水沟村	28692	灞桥区红旗街道三殿村	18840
雁塔区三兆村	28616	灞桥区长乐坡村委会	18765
未央区三桥镇三桥村	28427	灞桥区红旗街道向阳沟	18740
雁塔区潘家庄	28325	城固县博望镇三村	18490
汉台区北关街道办张万营村	27453	周至县哑柏镇哑兴村	18413
秦都区沣东镇胡家村	27361	秦都区沣西镇陈杨寨村	18133
雁塔区东三爻村	27301	韩城市龙门镇下峪口村	18000
雁塔区东三爻堡村	27301	汉台区北关街道办叶家营村	17997
勉县勉阳镇高潮村	26720	未央区大明宫孙家湾村	17800
岐山县五丈塬镇北星村	25798	灞桥区红旗街道神鹿坊	17600
秦都区沣东镇黄家寨村	25171	灞桥区十里铺张一村委会	17521
雁塔区辛家坡村	25025	岐山县蔡家坡镇另胡村	17419
秦都区渭滨镇留印村	25022	秦都区古渡镇北安村	17288
雁塔区西辛庄	23579	雁塔区瓦胡同村	17063
长安县韦曲镇西韦村	23440	雁塔区庙坡头村	17063

12-51 续表 (2001年) 单位：万元

村　　　　名	营业收入	村　　　　名	营业收入
雁塔区杨家寨	17063	临渭区盈田村	13104
凤翔县横水镇尹家坞村	16998	周至县二曲镇镇东村	13080
渭滨区石鼓镇石坝河村	16957	宝鸡县阳平镇宝丰村	13013
灞桥区梁家街村委会	16838	凤翔县陈村镇东街村	12979
雁塔区史家湾	16816	宝鸡县阳平镇窑底村	12978
雁塔区延北村	16573	汉台区东关街道办东塔村	12756
岐山县蔡家坡镇水寨村	16255	渭滨区石鼓镇相家庄村	12383
临渭区园里堡村	16200	临潼区骊山街道办东街村	12122
城固县博望镇小西关村	15917	城固县博望镇东方红村	11872
秦都区古渡镇魏家泉村	15891	高石崖镇高石崖村	11735
临潼区骊山街道办胡王村	15850	宝鸡县八庙村	11535
秦都区古渡镇西阳村	15685	秦都区古渡肖家堡村	11410
秦都区古渡镇南安村	15630	未央区谭家红旗村	11256
新城区八府庄	15600	未央区二府庄肖家村	11211
宝鸡县虢镇东堡村	15487	临潼区新市乡郝邢村	11200
灞桥区灞桥街村委会	15480	灞桥区十里铺小寨村委会	11164
雁塔区月登阁村	15417	渭滨区石鼓镇党家村	10911
临渭区五里铺村	15393	岐山县马江镇马江村	10816
雁塔区白杨寨村	15321	宝鸡县高家埈村	10810
渭城区渭阳镇利民村	15130	未央区三桥镇新店村	10765
新城区三府湾	15100	未央区二府庄南康村	10612
未央区张家堡办红色村	15060	汉台区北关街道办王观营村	10602
兴平市赵村镇界庄村	15000	礼泉县烟霞袁家村	10580
雁塔区陆家寨	14732	渭滨区马营镇明星村	10577
秦都区古渡镇苏家堡村	14630	勉县勉阳镇贾旗村	10501
宝鸡县虢镇大众村	14602	渭滨区神农镇峪泉村	10438
雁塔区东等村	14456	未央区二府庄办二府庄村	10426
未央区三桥镇贺家村	14168	雁塔区北山门口村	10380
岐山县凤鸣镇城北村	14144	渭滨区神农镇姜城村	10115
宝鸡县杨家沟乡大王村	14052	闫良区新华路农兴村	10113
雁塔区南尧村	13650	渭城区渭阳镇旭鹏村	10105
渭滨区马营镇旭光村	13611	未央区二府庄办方家村	10057
乾县城关镇东新村	13450	临潼区秦陵街办下和村	10050
秦都区古渡镇吴家堡村	13367	临潼区秦陵街办秦陵村	10045
秦都区古渡镇石斗村	13232	灞桥区洪庆燎原村委会	10025
岐山县蔡家坡镇龚刘村	13201	周至县二曲镇镇丰村	10006

12-52 乡镇企业营业收入5000万元以上的企业

(2001年)　　单位：万元

企业名称	营业收入	现价总产值	增加值	利税总额
宝鸡东岭集团	152639	24755	7200	7814
大明宫建材市场	45000	16200	4460	3510
西安翠宝实业集团公司	38544	73858	21530	18830
西安石油助剂厂	30770	30770	6739	2811
陕西世明科技股份有限公司	26827	26827	6531	74
陕西省石羊集团有限公司	26075	25237	9814	-346
韩城龙门焦化集团	26000	21800	6420	2150
森宝电气工程有限公司	25966	25966	5327	1013
渭南油脂化工有限公司	24312	16456	4850	0
西安龙门钢厂	24000	24000	6005	920
陕西兴平市晁庄实业公司	21000	21000	3170	1335
眉县星王集团公司	19900	20304	5685	1204
孙家湾造板市场	16000	5800	1410	1420
陈杨农工商有限公司	15944	15944	3986	169
西安银桥集团	15845	23767	3053	1267
陕西省兴平市界庄实业公司	15000	15000	2068	928
咸阳彩虹电子配件厂	14530	14640	4256	2697
泾阳吉元电工集团公司	13254	15631	1675	706
陕西省神果股份有限公司	12215	12345	4178	1442
陕西八鱼油脂公司	11828	12828	736	447
烽火农工商总公司	11720	12511	3247	310
黄河挖掘机厂	11531	12700	2972	1292
细柳古建公司	11445	12896	2048	746
岐山县岐星水泥厂	11145	12473	3505	1858
西安市东方乳品厂	10831	10750	3037	450
临潼区汉兴实业公司	10433	10410	3496	1456
陕西省伟志集团汉中公司	10343	11142	5579	1874
陕西华祥食品集团有限公司	10298	11821	3268	605
陕西省咸阳华龙企业集体有限责任公司	10023	10532	3489	332
西安东方集团公司	9312	11368	2728	3033
细柳建筑公司	8636	7509	1142	554
宝鸡县天王方便面厂	8550	8550	1610	290

12-52 续表 (2001年) 单位：万元

企 业 名 称	营业收入	现价总产值	增加值	利税总额
陕西省富平富民面粉厂	8160	10200	2754	498
陕西白鹿制药股份有限公司	8013	8866	1069	671
天桥化工集团公司	7108	6642	1993	780
宝鸡市秦隆商贸有限公司	6800	7000	1200	500
陕西三秦麦芽有限公司	6586	7507	1473	506
陕西耀县水泥分厂	6571	972	204	26
西安国维淀粉有限公司	6550	6880	358	-12
城固县东方精制食品厂	6430	5745	1609	206
西安市蔡伦造纸厂	6404	6448	1612	968
宝鸡惠民乳品公司	6240	7800	2340	473
韩城市矿业开发公司	6200	6350	1830	1105
宝鸡市渭滨秦峰建筑公司	6101	6101	1830	395
延西精细化工厂	6024	6100	1336	741
方新房地产开发公司	6000	6000	1650	270
二府庄建筑公司	6000	6000	1650	443
长安城堡大酒店有限公司	5974	5974	1890	415
三桥物资建材公司	5956	1787	447	52
宝鸡华美果菜汁有限公司	5940	6886	2119	472
毅武慕仪分厂	5900	6000	1380	151
宝鸡宝陵建筑工程有限公司	5700	5700		365
岐山县板纸厂	5633	5849	2484	350
西安洋城文化造纸厂	5582	5600	1287	379
澄城县渭北油脂厂	5531	5531	1573	98
丈八工业公司供销经理部	5524	448	128	102
宝鸡万国建筑装饰材料批发中心	5478		1456	392
西安海天通信设备厂	5449	6440	1035	183
三桥副食批发市场	5294	1588	397	45
西安华隍电工器材厂	5218	4127	949	805
石井建筑工程公司	5163	6964	1431	686
临渭区渭源精粉厂	5100	4800	530	252
西诺航天工业公司	5080	5100	1326	531

12-53 各市县农村经济主要指标

（2001年）

地 区	乡 镇个 数（个）	村 民委员会（个）	乡 村劳动力（万人）	年 末耕地面积（公顷）	农林牧渔业总 产 值（万元）	农 业增加值（万元）	农村非农行业总 产 值（万元）	乡镇企业总 收 入（万元）
全 省	**1919**	**31083**	**1333.07**	**2965831**	**4788356**	**2844478**	**15426290**	**22769424**
西安市	**168**	**3165**	**211.36**	**287788**	**767511**	**458720**	**4548072**	**8705170**
新城区		13	0.53	124	362	232	167257	183210
碑林区		15	0.66	44	9	6	3318	18008
莲湖区		35	1.78	456	2146	1518	77603	212093
灞桥区	6	229	15.53	15119	44645	27129	408349	1253958
未央区	5	212	10.89	9930	28921	19866	598119	1665000
雁塔区	2	120	7.03	5751	23520	16477	341429	1720553
阎良区	6	80	8.70	16957	57960	40421	256144	301983
临潼区	22	285	28.41	52355	139134	77457	691977	677149
长安县	43	672	38.29	51731	120855	74801	1068123	904000
蓝田县	28	519	29.94	42205	91647	50647	224471	317881
周至县	28	380	30.98	39859	91972	55129	183081	240262
户 县	19	518	27.27	35936	92250	56443	397305	983615
高陵县	9	87	11.35	16550	68106	36632	130896	227458
铜川市	**41**	**543**	**23.90**	**64362**	**69469**	**40438**	**279464**	**347260**
王益区	3	39	2.09	3840	4031	2352	80733	63526
印台区	10	107	4.62	11710	12677	8425	64099	103416
耀 县	15	191	10.46	30142	29871	17279	96116	136905
宜君县	12	178	4.40	15862	17083	9458	22941	27300
新 区	1	28	2.33	2808	5807	2924	15575	16113
宝鸡市	**172**	**2113**	**135.87**	**323676**	**445066**	**256052**	**3068593**	**3565447**
渭滨区	4	79	3.99	5892	12823	6716	236797	234502
金台区	2	25	1.54	1063	3507	1956	148481	216307
宝鸡县	35	492	31.17	64646	73818	37849	521194	827217
凤翔县	20	250	22.68	48615	82338	52692	530137	513602
岐山县	18	188	17.03	36581	54167	28679	768735	747220
扶风县	14	205	21.11	42099	65173	36396	267805	355427
眉 县	11	155	14.91	24977	46284	26844	296692	365727
陇 县	17	240	10.80	40100	45827	29157	145203	162207
千阳县	13	128	3.91	20511	25743	18198	43742	35236
麟游县	15	111	3.14	23504	15201	6560	12047	13716
凤 县	14	151	3.76	10218	6116	3530	77502	70583
太白县	9	89	1.83	5470	14069	7475	20258	23703
咸阳市	**194**	**3776**	**200.03**	**401446**	**866758**	**515802**	**2968099**	**3299014**
秦都区	6	149	9.90	15347	80815	46047	647580	610800
渭城区	8	149	7.71	15613	34861	21004	379193	425424
三原县	16	338	19.58	33491	106561	60852	366601	420436
泾阳县	20	265	25.54	44587	129336	77719	454397	438055
乾 县	19	416	23.14	50770	84814	59010	116744	277346

12-53 续表1

（2001年）

地 区	乡镇个数（个）	村民委员会（个）	乡村劳动力（万人）	年末耕地面积（公顷）	农林牧渔业总产值（万元）	农业增加值（万元）	农村非农行业总产值（万元）	乡镇企业总收入（万元）
礼泉县	19	448	20.02	37628	103700	67393	170002	301951
永寿县	16	254	7.95	29409	24273	13083	24469	27950
彬 县	19	325	13.03	32366	41475	24045	40712	49049
长武县	13	233	6.90	18640	20317	10809	18642	17807
旬邑县	14	280	12.52	27471	38089	24019	23408	54000
淳化县	19	370	8.13	33515	60934	31097	41097	48910
武功县	11	304	21.47	28072	60835	27824	281664	219100
兴平市	14	245	24.14	34537	80748	52900	403590	408186
渭南市	**236**	**3237**	**236.91**	**527538**	**711323**	**419679**	**1550122**	**2146703**
临渭区	32	496	35.58	73453	118043	61461	320223	526183
华 县	18	242	15.25	24379	30345	14323	95771	118286
潼关县	9	83	5.90	10567	10169	5136	67155	131005
大荔县	32	415	33.30	74137	114159	64463	194882	211183
合阳县	20	353	21.35	58011	52741	28644	64627	104638
澄城县	17	266	15.74	47919	57054	40810	64656	119282
蒲城县	30	373	35.92	93781	100854	66200	136305	245000
白水县	17	194	13.89	28706	40687	24311	99700	105200
富平县	31	337	35.85	72750	93058	49451	269946	267387
韩城市	19	276	13.49	27960	71631	49309	186037	276668
华阴市	10	186	9.48	13997	20192	14275	45011	41871
延安市	**180**	**3428**	**62.65**	**243324**	**361385**	**226839**	**207516**	**287782**
宝塔区	24	633	9.16	32042	36406	24762	32947	66362
延长县	13	288	5.31	14383	17417	10277	7451	12216
延川县	14	346	4.82	15618	13087	8814	10557	15550
子长县	14	353	7.45	27351	32886	19636	32517	28321
安塞县	13	210	4.70	25702	33130	19497	10339	20082
志丹县	13	191	4.11	24680	24386	16640	19006	19950
吴旗县	13	164	4.04	20000	22793	13502	16642	13581
甘泉县	8	116	2.49	10113	12268	7907	9989	12468
富 县	14	250	5.48	13258	31587	18515	15224	16015
洛川县	18	362	6.82	20530	87600	55124	19536	24420
宜川县	13	214	3.45	16291	13298	7742	8350	9530
黄龙县	12	110	1.03	9453	13096	7916	6930	7720
黄陵县	11	191	3.79	13903	23431	16507	18028	41567
汉中市	**261**	**3343**	**132.47**	**222635**	**552417**	**314670**	**1493586**	**2300476**
汉台区	10	215	14.96	16411	47363	28450	329042	445305
南郑县	37	501	24.62	29874	84127	43141	258650	494749
城固县	29	392	18.09	27875	127796	74641	357595	441513
洋 县	31	368	15.32	26672	59538	26499	75531	192949
西乡县	24	351	12.91	28724	42899	24551	107526	115278

12-53 续表2 (2001年)

地 区	乡镇个数(个)	村民委员会(个)	乡村劳动力(万人)	年末耕地面积(公顷)	农林牧渔业总产值(万元)	农业增加值(万元)	农村非农行业总产值(万元)	乡镇企业总收入(万元)
勉 县	29	373	14.66	26413	61858	35611	212995	400273
宁强县	31	366	14.17	23391	54541	34358	72693	82068
略阳县	24	260	5.94	17749	27774	14890	37664	76328
镇巴县	27	358	9.31	20522	33765	23555	24614	31832
留坝县	9	100	1.85	2850	7473	5256	11165	12970
佛坪县	10	59	0.64	2154	5283	3718	6111	7211
榆林市	**249**	**5693**	**118.30**	**523408**	**233016**	**130280**	**408830**	**710122**
榆阳区	28	488	13.44	54786	49473	26903	52791	54814
神木县	19	820	13.94	48366	19067	10714	148914	217170
府谷县	22	364	8.40	47234	5889	2138	85241	124011
横山县	20	357	14.77	57189	32056	17090	17950	25000
靖边县	25	209	10.84	52614	34951	21903	23361	48395
定边县	29	334	11.42	61860	35296	20796	9881	44087
绥德县	22	661	10.52	47472	12398	5744	13208	45800
米脂县	14	396	6.95	30796	11046	7278	11454	30869
佳 县	23	653	8.38	37695	10998	6545	14204	20350
吴堡县	9	221	2.07	8706	1604	986	12342	30020
清涧县	17	640	7.17	34816	9633	4012	12694	23756
子洲县	21	550	10.40	41874	10605	6171	6790	45850
安康市	**224**	**2922**	**114.39**	**211810**	**417711**	**253930**	**373733**	**693885**
汉滨区	47	834	34.45	45606	100159	58093	78457	265756
汉阴县	20	217	13.10	19679	44628	26901	53080	82790
石泉县	16	268	6.12	13234	24379	14139	34601	42316
宁陕县	19	143	2.81	4938	19216	10953	10287	19148
紫阳县	28	239	13.79	26561	48419	34119	21532	32728
岚皋县	18	198	6.19	15995	26005	15616	19782	25872
平利县	15	284	8.10	21212	43641	30300	13382	32116
镇坪县	13	94	2.51	6044	8731	4796	8096	8844
旬阳县	30	474	17.86	42411	68810	37568	107524	151346
白河县	18	171	9.46	16130	33723	21445	26992	32969
商洛市	**190**	**2792**	**92.30**	**144684**	**312378**	**185637**	**509250**	**677090**
商州区	33	626	19.38	25000	45202	26302	135464	157310
洛南县	29	542	16.70	31820	68823	39948	139150	162719
丹凤县	25	317	11.49	14680	40010	24487	29389	110600
商南县	19	209	11.03	13209	33038	19402	72198	75696
山阳县	37	472	15.87	25989	52213	31872	61393	98110
镇安县	28	421	11.94	26251	54399	32448	52268	49500
柞水县	19	205	5.89	7735	18693	11178	19388	23155
杨凌示范区	**4**	**71**	**4.89**	**5039**	**13536**	**8847**	**19025**	**36475**

12-53 续表3 （2001年）

地 区	粮 食 总产量 (吨)	油 料 总产量 (吨)	棉 花 总产量 (吨)	水 果 总产量 (吨)	肉 类 总产量 (吨)	大牲畜 存栏头数 (万头)	猪存栏 头 数 (万头)	羊存栏 只 数 (万只)
全 省	**9766100**	**375372**	**49827**	**4937300**	**963244**	**296.62**	**909.82**	**664.48**
西安市	**1970863**	**12346**	**1742**	**339189**	**157277**	**24.73**	**133.62**	**43.02**
新城区	186				4	0.02	0.02	
碑林区	12						0.01	
莲湖区	248				75			
灞桥区	70227	426	35	17564	3231	0.42	3.24	0.96
未央区	54243	195	1	25546	3869	0.18	4.20	0.24
雁塔区	26222	80		6677	2547	0.08	2.68	0.11
阎良区	111978	266	739	31503	6452	1.31	4.92	3.57
临潼区	352994	3682	785	28835	33406	4.47	26.96	11.53
长安县	322255	2097	6	14622	34000	4.68	29.00	5.50
蓝田县	221449	2465	122	61870	17389	8.11	8.04	11.36
周至县	262412	1735	14	83891	17900	2.44	22.11	1.29
户 县	340152	890	36	42754	22027	1.54	23.59	2.33
高陵县	208026	505	4	24632	16257	1.00	8.86	6.13
铜川市	**192487**	**8394**	**8**	**153579**	**9500**	**12.00**	**7.43**	**11.24**
王益区	12008	151		18100	355	0.22	0.27	0.40
印台区	32336	809		46101	1778	1.37	1.34	1.76
耀 县	74511	4893	8	54000	4086	5.64	2.99	4.28
宜君县	58282	2363		30292	2764	4.47	2.43	4.42
新 区	15350	178		5086	517	0.30	0.40	0.37
宝鸡市	**1303885**	**22358**	**161**	**352603**	**102948**	**43.10**	**88.77**	**46.63**
渭滨区	21520	364		4830	1720	0.41	1.15	0.59
金台区	3933	10		1751	503	0.12	0.36	0.03
宝鸡县	239201	3764	11	44012	29494	7.63	22.48	7.60
凤翔县	225178	4636	2	54038	19162	8.41	14.70	6.77
岐山县	174483	5588	71	91918	14364	2.68	12.86	2.80
扶风县	249500	2961	56	64047	12144	3.36	12.99	1.96
眉 县	136920	1376	19	60331	11239	0.79	12.74	1.79
陇 县	96041	1627		17456	6260	7.25	5.01	5.69
千阳县	58253	767		5818	3036	3.89	1.78	5.29
麟游县	50272	839	2	1559	2434	5.10	1.19	12.60
凤 县	33283	245		5901	1300	2.27	2.27	0.79
太白县	15301	181		942	1292	1.19	1.24	0.71
咸阳市	**1757228**	**51075**	**706**	**2065410**	**99504**	**27.80**	**95.36**	**54.95**
秦都区	83403	1933	14	100361	5574	0.87	8.35	0.63
渭城区	105873	3122	80	23514	4805	0.69	4.04	1.00
三原县	152216	1988	47	51474	10480	3.35	8.79	6.42
泾阳县	215279	3648	452	59674	15043	3.90	11.50	16.00
乾 县	273048	6266	74	320000	6965	3.12	7.96	1.42

12-53 续表4 （2001年）

地 区	粮 食 总产量 (吨)	油 料 总产量 (吨)	棉 花 总产量 (吨)	水 果 总产量 (吨)	肉 类 总产量 (吨)	大牲畜 存栏头数 (万头)	猪存栏 头 数 (万头)	羊存栏 只 数 (万只)
礼泉县	145850	4439		700000	3280	0.94	3.10	4.65
永寿县	57811	2697	22	85888	2867	1.79	2.73	2.92
彬 县	84912	6680		165144	2723	2.50	1.63	3.60
长武县	50096	696	1	55752	2113	1.81	1.84	3.98
旬邑县	90024	6117		107018	5144	3.06	6.08	5.99
淳化县	93321	8516		306660	5783	3.64	6.52	5.82
武功县	190288	2759	5	39097	17591	0.83	17.70	0.73
兴平市	215107	2214	11	50828	17136	1.31	15.11	1.79
渭南市	**1542063**	**74667**	**42835**	**1310635**	**91342**	**41.20**	**68.64**	**66.81**
临渭区	316438	10889	8036	69737	21722	9.00	10.73	8.31
华 县	100713	1694	416	14659	3860	1.14	3.57	2.18
潼关县	24437	944	120	9736	1195	1.15	0.96	0.55
大荔县	196879	40212	26480	120016	18908	7.82	13.85	8.95
合阳县	141410	4567	1248	131509	6318	5.12	5.81	5.89
澄城县	100005	2714	1121	190719	6329	2.23	4.53	5.02
蒲城县	193445	3307	4045	300255	7768	5.39	7.87	9.87
白水县	69764	2305	58	287108	3033	1.56	2.52	3.85
富平县	253089	4251	376	148074	13991	3.86	12.08	14.46
韩城市	81049	940	144	35025	5404	3.08	4.65	7.00
华阴市	61063	2811	791	3010	2155	0.78	1.49	0.61
延安市	**564372**	**24567**	**109**	**500659**	**48454**	**31.86**	**47.00**	**94.70**
宝塔区	81995	1998		30000	7443	4.20	7.17	10.09
延长县	22945	738	92	13000	2614	2.11	1.87	4.18
延川县	13529	402	9	5435	2554	2.24	3.20	3.11
子长县	53688	969		15000	6569	1.93	7.33	2.95
安塞县	48561	1042		27000	3686	2.18	3.87	4.74
志丹县	52075	2340		6742	4393	5.09	4.72	18.76
吴旗县	32728	1784		3073	3824	2.58	3.57	4.00
甘泉县	23097	345		3200	1350	1.36	1.55	11.78
富 县	49342	2467		60156	3530	3.37	2.57	14.09
洛川县	85400	7772		264019	7112	2.39	7.15	5.91
宜川县	36369	816	8	20894	1253	1.48	0.94	4.12
黄龙县	26449	742		6271	1970	1.57	1.53	8.86
黄陵县	38194	3152		45869	2156	1.36	1.53	2.11
汉中市	**1097560**	**100811**	**96**	**69822**	**163066**	**33.81**	**172.61**	**22.46**
汉台区	118552	12571		5769	12815	1.03	10.09	0.28
南郑县	160415	19068	1	4000	22378	3.67	20.40	1.30
城固县	158351	14392	7	31154	23054	3.50	25.79	1.65
洋 县	147504	14079	64	10189	17762	4.73	19.57	2.56
西乡县	121797	17393	3	2815	20734	3.24	21.72	4.30

12-53 续表5

(2001年)

地 区	粮 食 总产量 (吨)	油 料 总产量 (吨)	棉 花 总产量 (吨)	水 果 总产量 (吨)	肉 类 总产量 (吨)	大牲畜 存栏头数 (万头)	猪存栏 头 数 (万头)	羊存栏 只 数 (万只)
勉 县	130181	11780	21	2690	21108	2.87	24.77	0.68
宁强县	82591	5216		2880	21456	6.77	21.33	2.61
略阳县	53175	1208		5314	7009	3.26	7.49	1.66
镇巴县	102919	4380		3684	14662	3.99	19.06	7.00
留坝县	10797	328		1259	1287	0.52	1.30	0.21
佛坪县	11278	396		68	801	0.21	1.09	0.20
榆林市	**550184**	**26515**	**2**	**70914**	**102442**	**31.92**	**80.39**	**252.42**
榆阳区	146027	3085		1228	27344	4.00	22.79	49.33
神木县	28611	200		3984	10030	4.09	6.68	38.10
府谷县	1138	450		336	4829	1.58	2.94	14.35
横山县	70080	581		4228	13581	4.50	8.00	36.20
靖边县	104969	2389		2727	12464	4.50	12.10	39.00
定边县	117241	12769		3194	15024	6.82	10.60	21.40
绥德县	14901	3593	2	26889	2569	0.68	2.73	10.58
米脂县	20849	1934		1870	3304	1.11	1.61	8.07
佳 县	14190	297		12503	5735	1.84	4.10	14.30
吴堡县	4003	136		914	478	0.06	0.20	1.62
清涧县	10944	146		2693	3912	1.53	4.95	11.53
子洲县	17231	935		10348	3172	1.22	3.69	7.94
安康市	**998370**	**40437**	**51**	**36246**	**92702**	**21.86**	**122.33**	**38.52**
汉滨区	269572	13510	6	11886	27998	5.93	26.32	4.69
汉阴县	95583	6050	28	1413	8297	1.92	10.26	0.95
石泉县	66279	3605	3	788	6099	1.31	7.20	1.48
宁陕县	28953	627		527	2694	0.57	3.61	0.87
紫阳县	106934	2368		2592	9383	1.11	15.24	7.34
岚皋县	69373	1288		399	5303	0.37	8.40	1.95
平利县	78327	3970		3132	8806	1.09	12.80	3.51
镇坪县	27688	578		283	3081	0.28	4.25	0.89
旬阳县	174138	6041	14	12590	16155	7.79	26.94	12.66
白河县	81523	2400		2636	4886	1.47	7.29	4.18
商洛市	**768001**	**12471**	**33**	**25708**	**92878**	**27.59**	**90.39**	**32.07**
商州区	131842	374		3155	14137	6.03	13.17	1.55
洛南县	179646	1948	14	3124	22005	10.78	17.82	5.80
丹凤县	82125	924	7	6111	12789	2.80	11.60	2.68
商南县	79228	6038	3	2233	10668	1.22	11.31	3.02
山阳县	126373	1501	2	5797	14648	2.46	13.16	5.57
镇安县	118350	1354	6	2820	13024	3.47	16.51	12.19
柞水县	50437	332	1	2468	5607	0.83	6.82	1.26
杨凌示范区	**37200**	**125**		**7274**	**2823**	**0.56**	**2.70**	**0.32**

主要统计指标解释

农林牧渔业劳动力　指全社会直接参加农林牧渔业生产活动的劳动力。

农林牧渔业总产值　指以货币表现的农、林、牧、渔业全部产品的总量,它反映一定时期内农业生产总规模和总成果。农业总产值的计算方法通常是按农林牧渔业产品及其副产品的产量分别乘以各自单位产品价格求得;少数生产周期较长,当年没有产品或产品产量不易统计的,则采用间接方法匡算其产值;然后将四业产品产值相加即为农业总产值。1957年以前的农业总产值中包括了厩肥和农民自给性手工业(如农民自制衣服、鞋、袜,自己从事粮食初步加工等)。1958年及以后的农业总产值,林业中增加了村及村以下竹木采伐产值;牧业中取消了厩肥产值;副业中取消了农民自给性手工业产值,增加了村及村以下办的工业产值;渔业中增加了海洋捕捞水产品产值。1980年及以后的农业总产值,在副业中增加了农民家庭兼营工业商品部分的产值。从1984年起村及村以下工业产值划归工业。从1993年起取消副业,将野生动物的捕猎划入牧业、野生植物采集和农民家庭兼营商品性工业划归农业。

粮食产量　指全社会的产量。包括国有经济经营的、集体统一经营的和农民家庭经营的粮食产量,还包括工矿企业办的农场和其他生产单位的产量。粮食除包括稻谷、小麦、玉米、高粱、谷子及其他杂粮外,还包括薯类和豆类。其产量计算方法,豆类按去豆荚后的干豆计算;薯类(包括甘薯和马铃薯,不包括芋头和木薯)1963年以前按每4公斤鲜薯折1公斤粮食计算,从1964年开始改为按5公斤鲜薯折1公斤粮食计算。城市郊区作为蔬菜的薯类(如马铃薯等)按鲜品计算,并且不作粮食统计。其他粮食一律按脱粒后的原粮计算。

油料产量　指全部油料作物的生产量。包括花生、油菜籽、芝麻、向日葵籽、胡麻籽(亚麻籽)和其他油料。不包括大豆、木本油料和野生油料。花生以带壳干花生计算。

水产品产量　指人工养殖的水产品和天然生长的水产品的捕捞量。包括海水的鱼类、虾蟹类、贝类和藻类以及内陆水域的鱼类、虾蟹类和贝类,不包括淡水生植物。

猪、牛、羊肉产量　指当年出栏并已屠宰、除去头蹄下水后带骨肉(即胴体重)的重量。

期初(末)畜禽存栏头(只)数　指报告期初(末)农村各种合作经济组织和国营农场、农民个人、机关、团体、学校、工矿企业、部队等单位以及城镇居民饲养的大牲畜、猪、羊、家禽等畜禽的存栏数。

耕地面积　指可以用来种植农作物、经常进行耕锄的田地,包括熟地、当年新开荒地、连续撂荒未满三年的耕地和当年的休闲地(轮歇地),还包括以种植农作物为主并附带种植桑树、茶树、果树和其他林木的土地,以及沿海、沿湖地区已围垦利用的"海涂"、"湖田"等面积。不包括属于专业性的桑园、茶园、果园、果木苗圃、林地、芦苇地、天然或人工草地面积。南方小于一米、北方小于两米宽的渠、路、田埂,包括在耕地中。

农作物播种面积　指实际播种或移植有农作物的面积。凡是实际种植有农作物的面积,不论种植在耕地上还是种植在非耕地上,均包括在农作物播种面积中。在播种季节基本结束后,因遭灾而重新改种和补种的农作物面积,也包括在内。

有效灌溉面积　指具有一定的水源,地块比较平整,灌溉工程或设备已经配套,在一般年景下当年能够进行正常灌溉的耕地面积。在一般情况下,有效灌溉面积应等于灌溉工程或设备已经配备,能够进行正常灌溉的水田和水浇地面积之和。

农用化肥施用量　指本年内实际用于农业生产的化肥数量,包括氮肥、磷肥、钾肥和复合肥。化肥施用量要求按折纯量计算数量。折纯量是指把氮肥、磷肥、钾肥分别按含氮、含五氧化二磷、含氧化钾的百分之一百成份进行折算后的数量。复合肥按其所含主要成分折算。

农业机械总动力　指主要用于农、林、牧、渔业的各种动力机械的动力总和。包括耕作机械、排灌机械、收获机械、农用运输机械、植物保护机械、牧业机械、林业机械、渔业机械和其他农业机械〔内燃机按引擎马力折成瓦(特)计算、电动机按功率折成瓦(特)计算〕。不包括专门用于乡、镇、村、组办工业、基本建设、非农业运输、科学试验和教学等非农业生产方面用的动力机械与作业机械。

13 工　业

GONGYE

资料整理　　韩　豫

****

13. 工　业

****

2001 年全省

工业企业单位数	114855	个	
# 规模以上企业	2440	个	
全部工业总产值	1827.52	亿元	比上年增长 10.9%
# 规模以上工业	1338.20	亿元	比上年增长 12.6%

****

工 业 总 产 值

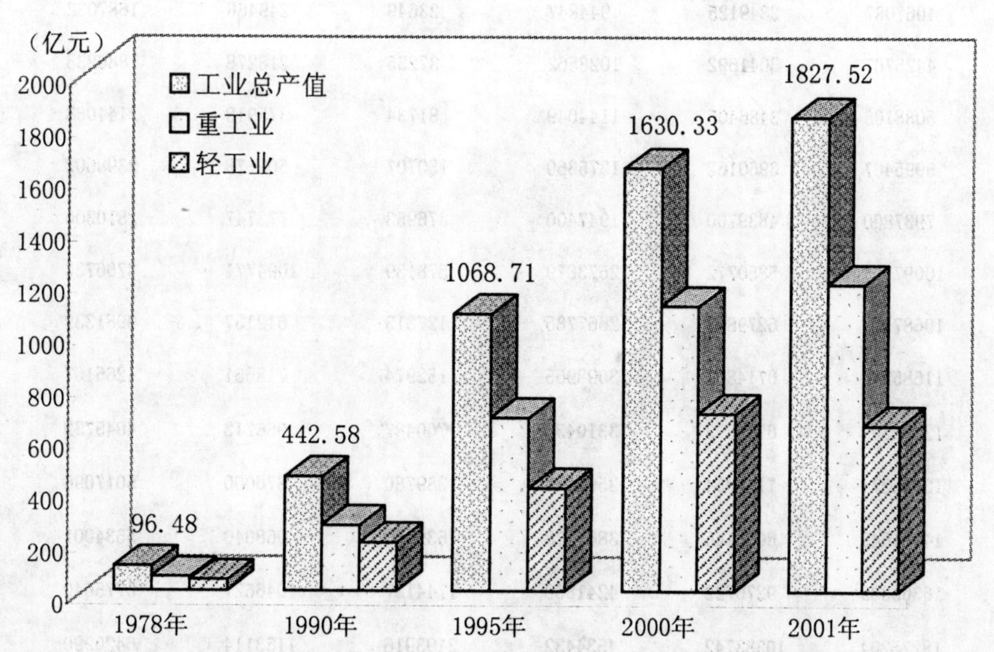

13-1 全部工业总产值

单位：万元

年 份	全部工业总产值	国有工业	集体工业	其他经济类型工业	城乡个体工业	轻工业	重工业
1952	49492	11334	297	21380	16481	37713	11779
1957	113399	63050	14969	33112	2268	83348	30051
1962	181444	153320	26128		1996	99068	82376
1965	296456	271257	25199			148228	148228
1970	516132	476906	39226			198195	317937
1975	753553	654398	99155			319506	434047
1978	964783	812623	152160			430615	534168
1979	1057930	901878	156052			472341	585589
1980	1099578	925712	173689	177		550945	548633
1981	1086391	912233	173170	988		592448	493943
1982	1177066	981640	194121	1305		589898	587168
1983	1317677	1103777	212417	1483		618638	699039
1984	1506960	1196530	291404	2177	16849	645520	861440
1985	1920827	1456872	423890	2861	37204	801061	1119766
1986	2192621	1596572	514751	5299	75999	924427	1268194
1987	2584397	1852541	607894	8076	115886	1080936	1503461
1988	3317423	2355412	781040	11114	169857	1399515	1917908
1989	4067087	2849125	944847	23649	249466	1687032	2380055
1990	4425767	3041692	1028562	37235	318278	1880238	2545529
1991	5088106	3486405	1144049	81734	375918	2144068	2944038
1992	5995407	3960162	1375360	150707	509178	2398502	3596905
1993	7937800	4839700	1947400	376953	773747	2810300	5127500
1994	10097561	5850772	2573879	578139	1094771	3706733	6390828
1995	10687123	6279888	2667785	1127313	612137	3981339	6705784
1996	11685390	6714800	3098965	1152974	718651	4265167	7420223
1997	12688503	6720873	3310430	1700487	956713	4845739	7842764
1998	13006274	7173954	3566540	1389780	876000	5017096	7989178
1999	14461849	8086145	3867578	1539486	968640	5634001	8827848
2000	16303339	9270722	4241869	1744127	1046621	5775640	10527699
2001	18275204	10383742	4534432	2193916	1163114	6420990	11854214

13-2 规模以上工业企业主要经济指标

（2001年）　　　　　　　　　　　　单位：万元

指　　标	企业 单位数（个）	#亏损企业	工业总产值 按1990年不变价格计算	工业总产值 现行价格	工业销售产值（现价）
总　　计	2440	961	10729985	13382004	13003553
一、按登记注册类型分					
内资企业	2310	912	9398095	11974726	11638614
国有企业	1144	569	4197639	5750609	5612953
中央企业	128	52	1501372	1869645	1842702
地方企业	1016	517	2696268	3880965	3770251
集体企业	394	102	676845	735387	686859
股份合作企业	93	32	114672	132149	130451
联营企业	23	7	46954	57940	54137
国有联营企业	9	5	14510	22685	22054
集体联营企业	8	2	22109	24925	22892
国有与集体联营企业	5	0	9899	9899	8801
其他联营企业	1	0	436	431	390
有限责任公司	294	105	2329654	2480789	2405367
国有独资公司	35	14	1271117	1167761	1147490
其他有限责任公司	259	91	1058538	1313028	1257877
股份有限公司	135	38	1647357	2393665	2356083
私营企业	225	58	381923	421120	389854
私营独资企业	89	22	120959	130181	121947
私营合作企业	8	2	30422	28712	24358
私营有限责任公司	114	31	201169	230862	211926
私营股份有限公司	14	3	29374	31365	31623
其他企业	2	1	3050	3068	2909
港、澳、台商投资企业	63	26	544461	545308	533764
合资经营企业（港或澳、台资）	51	21	428844	298218	287093
合作经营企业（港或澳、台资）	2	0	51546	184048	184048
港澳台商独资经营企业	8	4	58297	54088	53541
港澳台商投资股份有限公司	2	1	5773	8953	9082
外商投资企业	67	23	787430	861970	831175
中外合资经营企业	59	18	761870	836852	806143
中外合作经营企业	5	3	15831	16295	16176
外资企业	2	1	9052	8147	8147
外商投资股份有限公司	1	1	676	676	709
二、按经济组织类型分					
独资企业	1637	698	5062793	6678412	6483447
国有企业	1144	569	4197639	5750609	5612953
集体企业	394	102	676845	735387	686859
私营独资企业	89	22	120959	130181	121947
港澳台商独资经营企业	8	4	58297	54088	53541
外资企业	2	1	9052	8147	8147

13-2 续表1 （2001年） 单位：万元

指 标	企 业 单位数（个）	#亏损企业	工业总产值 按1990年不变价格计算	工业总产值 现行价格	工业销售产值（现价）
合作、合伙企业	133	45	262474	422212	412079
股份合作企业	93	32	114672	132149	130451
国有联营企业	9	5	14510	22685	22054
集体联营企业	8	2	22109	24925	22892
国有与集体联营企业	5	0	9899	9899	8801
其他联营企业	1	0	436	431	390
私营合伙企业	8	2	30422	28712	24358
合作经营企业(港或澳、台资)	2	0	51546	184048	184048
中外合作经营企业	5	3	15831	16295	16176
其他企业（内资）	2	1	3050	3068	2909
股份有限公司	152	43	1683181	2434660	2397498
股份有限公司(内资)	135	38	1647357	2393665	2356083
私营股份有限公司	14	3	29374	31365	31623
港澳台商投资股份有限公司	2	1	5773	8953	9082
外商投资股份有限公司	1	1	676	676	709
有限责任公司	518	175	3721537	3846721	3710529
国有独资公司	35	14	1271117	1167761	1147490
私营有限责任公司	114	31	201169	230862	211926
合资经营企业(港或澳、台资)	51	21	428844	298218	287093
中外合资经营企业	59	18	761870	836852	806143
其他有限责任公司	259	91	1058538	1313028	1257877
三、在总计中：亏损企业	961	961	1790362	2150676	2059581
在总计中：国有及国有控股企业	1439	665	8218968	10383742	10179608
在总计中：农村工业	255	61	456730	530063	499826
四、按轻重工业分					
轻工业	1087	436	3377765	3683244	3512877
以农产品为原料	757	303	2166227	2498195	2365893
以非农产品为原料	330	133	1211538	1185049	1146985
重工业	1353	525	7352220	9698759	9490675
采掘工业	178	62	957275	2620480	2590123
原料工业	456	189	1357056	2553181	2476027
加工工业	719	274	5037890	4525099	4424525
五、按企业规模分					
特大型企业	7	1	1318745	2354182	2352640
大一型企业	65	18	2695234	2976668	2955681
大二型企业	120	54	1986251	2453190	2388428
中一型企业	62	29	597099	573513	564879
中二型企业	174	82	782787	1114849	1072433
小型企业	2012	777	3349869	3909603	3669492

13-2 续表2　　(2001年)　　单位：万元

指　　标	企业 单位数 (个)	# 亏损企业	工业总产值 按1990年不变价格计算	工业总产值 现行价格	工业销售产值 (现价)
六、按工业行业分					
煤炭采选业	72	29	307552	373000	395518
石油和天然气开采业	17	0	448204	2010956	1972094
黑色金属矿采选业	7	3	3091	5190	5163
铁矿采选业	5	2	2606	4215	4464
有色金属矿采选业	65	22	189545	220623	207710
非金属矿采选业	15	5	9723	12566	11276
木材及竹材采运业	3	3	644	640	678
食品加工业	192	80	311182	389428	378733
粮食及饲料加工业	141	56	146180	194870	190860
植物油加工业	20	11	75063	101158	96686
屠宰及肉类蛋类加工业	22	12	80513	83700	81577
食品制造业	107	36	198839	235374	224690
糕点、糖果制造业	28	9	80016	86316	83751
乳制品制造业	32	5	55141	84140	77391
罐头食品制造业	2	1	4412	7503	7281
饮料制造业	64	27	223084	289313	278826
酒精及饮料酒制造业	35	16	112514	181146	179718
软饮料制造业	27	11	101140	99434	90374
烟草加工业	15	6	283292	376318	362997
纺织业	91	50	455648	464176	434968
纤维原料初步加工业	3	1	8002	7842	7198
棉纺织业	55	27	395269	407523	380648
毛纺织业	6	5	5189	5412	5118
麻纺织业	1	1	387	724	920
丝绢纺织业	16	11	38016	33165	31972
针织品业	10	5	8785	9511	9112
服装及其他纤维制品制造业	22	7	50902	54363	54765
服装制造业	22	7	50902	54363	54765
皮革、毛皮、羽绒及其制品业	9	5	20828	23592	24917
木材加工及竹、藤、棕、草制品业	14	5	18188	18301	16936
家具制造业	23	9	27896	29410	27570
造纸及纸制品业	85	29	129452	142815	128412
造纸业	56	17	95347	104571	94655
纸制品业	26	11	30243	34961	30217
印刷业	73	29	179058	185203	178197
文教体育用品制造业	5	1	1318	1338	1344
石油加工及炼焦业	35	13	225592	755230	730133
原油加工业	8	3	172239	684686	675608
石油制品业	2	0	2787	2787	2782
炼焦业	25	10	50566	67757	51744

13-2 续表3 (2001年) 单位：万元

指 标	企业 单位数（个）	# 亏损企业	工业总产值 按1990年不变价格计算	工业总产值 现行价格	工业销售产值（现价）
化学原料及化学制品制造业	143	72	564236	590736	579263
基本化学原料制造业	36	23	105016	101775	96122
化学肥料制造业	38	22	245018	269811	270329
化学农药制造业	2	0	3525	3353	1793
有机化学产品制造业	23	8	77110	64403	61576
合成材料制造业	6	5	11021	11020	10285
专用化学材料制造业	31	14	75812	90976	91468
日用化学产品制造业	7	0	46735	49399	47690
医药制造业	135	40	697968	814726	753666
化学药品原药制造业	31	13	107289	108968	102507
化学药品制剂制造业	42	9	377918	472947	451768
中药材及中成药加工业	53	14	176839	189027	157490
动物药品制造业	4	3	2700	2542	1926
生物制品业	5	1	33222	41242	39977
化学纤维制造业	4	1	29335	29502	28578
橡胶制品业	19	6	27473	27075	27412
塑料制品业	39	17	37418	38957	34787
非金属矿物制造业	236	91	298230	394084	375990
水泥制造业	129	50	188953	272830	262342
水泥制品和石棉水泥制品业	27	11	28519	37428	35298
砖瓦石灰和轻质建筑材料制造业	34	6	17822	19743	17905
玻璃及玻璃制造业	16	8	23213	24219	20851
陶瓷制品业	13	7	12047	9073	7728
耐火材料制品业	3	2	2128	2304	2161
黑色金属冶炼及压延加工业	42	16	165484	216713	209905
炼铁业	10	4	10724	15357	15697
炼钢业	6	4	44609	69799	62804
钢压延加工业	16	6	98291	119546	120013
铁合金冶炼业	10	2	11860	12011	11391
有色金属冶炼及压延加工业	44	23	223234	254067	234703
重有色金属冶炼业	17	10	69332	82125	69828
轻有色金属冶炼业	6	3	62653	82521	81355
贵金属冶炼业	4	3	2554	2901	2633
稀有稀土金属冶炼业	4	1	7401	5113	4121
有色金属合金业	1	0	750	750	732
有色金属压延加工业	12	6	80545	80657	76035
金属制品业	68	22	113770	134620	127226
普通机械制造业	120	52	424771	414351	392426
锅炉及原动机制造业	21	11	39242	39711	37212
金属加工机械制造业	17	6	100390	94857	92757
通用设备制造业	44	21	156707	156586	147965
轴承、阀门制造业	8	6	15919	16118	13065
其它通用零部件制造业	8	2	52861	42989	39211
铸锻件制造业	18	4	57924	61746	59869

13-2 续表4　　　　（2001年）　　　　单位：万元

指标	企业单位数（个）	# 亏损企业	工业总产值 按1990年不变价格计算	工业总产值 现行价格	工业销售产值（现价）
专用设备制造业	132	61	488975	459089	435959
冶金、矿山、机电工业专用设备制造业	12	5	81099	83783	77822
石化及其它工业专用设备制造业	29	14	81181	84011	81476
轻纺工业专用设备制造业	29	14	55014	56727	51675
农、林、牧、渔、水利业机械制造业	28	18	10963	12170	11601
医疗器械制造业	8	1	25667	23742	22321
交通运输设备制造业	94	32	1401402	1345606	1323576
铁路运输设备制造业	18	3	140576	192682	207023
汽车制造业	23	9	244791	230861	221663
摩托车制造业	2	2	488	486	527
自行车制造业	4	2	2361	2609	2529
船舶制造业	1	1	14369	16363	16363
航空航天器制造业	30	10	963995	867393	841060
交通运输设备修理业	16	5	34823	35212	34411
武器弹药制造业	7	2	175965	185905	181286
电气机械及器材制造业	96	32	680251	592147	590263
电机制造业	9	5	44727	40820	41704
输配电及控制设备制造业	45	13	418777	347303	349254
电工器材制造业	29	10	109980	104421	93906
日用电器制造业	5	3	75919	73480	81103
照明器具制造业	4	1	23664	18911	17142
电子及通信设备制造业	65	14	1724739	1166520	1162322
通信设备制造业	18	2	206632	203638	203685
雷达制造业	5	1	57604	64522	62633
广播电视设备制造业	2	1	9256	7728	6107
电子计算机制造业	4	1	56262	40004	38664
电子器件制造业	5	2	786120	474606	490472
电子元件制造业	18	6	312855	213539	200238
电视机、录像机、摄像机制造业	5	1	278920	145609	147301
仪器仪表及文化办公用机械制造业	30	13	139716	134357	133202
通用仪器仪表制造业	19	9	95330	95814	97308
专用仪器仪表制造业	3	0	37683	32409	30005
电子测量仪器制造业	1	1	988	771	847
计量器具制造业	4	2	2083	1767	1550
文化、办公用机械制造业	1	0	1035	894	1080
其它制造业	25	11	99016	99457	90865
电力、蒸汽、热水的生产和供应业	125	44	337307	831647	822709
电力生产业	80	30	231767	629239	622219
电力供应业	43	13	104591	200951	199033
蒸汽、热水生产和供应业	2	1	950	1457	1457
煤气生产和供应业	3	2	3249	16499	17878
自来水的生产和供应业	99	51	13410	48110	46614

13-2 续表5 （2001年） 单位：万元

指 标	工 业 增加值 （生产法）	资 产 总 计	流动资产 小 计	#存货	#产成品
总 计	**4596786**	**30710554**	**12001030**	**3664238**	**1461381**
一、按登记注册类型分					
内资企业	4123593	28626102	10947489	3403223	1357139
国有企业	1955309	14926170	6114187	1878750	712205
中央企业	712350	6285062	2596707	755822	207588
地方企业	1242959	8641108	3517480	1122928	504616
集体企业	217199	832045	411378	169144	95135
股份合作企业	46699	264274	89857	35630	17659
联营企业	17745	100950	33283	9656	4521
国有联营企业	8017	58314	17059	3999	1991
集体联营企业	6156	31944	10346	3668	1500
国有与集体联营企业	3447	9965	5614	1791	910
其他联营企业	125	728	264	198	120
有限责任公司	792532	6952210	2387007	886055	281664
国有独资公司	322302	3339034	1425195	563314	117936
其他有限责任公司	470230	3613176	961812	322742	163729
股份有限公司	957152	5088248	1688113	344573	199492
私营企业	136028	460475	222499	78873	45952
私营独资企业	34172	121761	51792	23043	12956
私营合作企业	8288	21779	9360	4186	2242
私营有限责任公司	82706	268223	134760	41335	24356
私营股份有限公司	10862	48713	26587	10310	6398
其他企业	930	1729	1167	543	512
港、澳、台商投资企业	162778	1057083	364656	107960	45172
合资经营企业(港或澳、台资)	61861	423078	224183	98895	42073
合作经营企业(港或澳、台资)	79134	544355	101856	0	0
港澳台商独资经营企业	18471	71202	27518	6714	2976
港澳台商投资股份有限公司	3313	18449	11099	2351	124
外商投资企业	310415	1027368	688884	153054	59070
中外合资经营企业	304417	997785	679930	150170	58096
中外合作经营企业	5170	14598	5022	1974	619
外资企业	714	8402	649	73	0
外商投资股份有限公司	114	6584	3284	838	355
二、按经济组织类型分					
独资企业	2225864	15959580	6605523	2077722	823271
国有企业	1955309	14926170	6114187	1878750	712205
集体企业	217199	832045	411378	169144	95135
私营独资企业	34172	121761	51792	23043	12956
港澳台商独资经营企业	18471	71202	27518	6714	2976
外资企业	714	8402	649	73	0

13-2 续表6 （2001年） 单位：万元

指 标	工业增加值（生产法）	资产总计	流动资产小计	#存货	#产成品
合作、合伙企业	157965	947684	240544	51989	25553
股份合作企业	46699	264274	89857	35630	17659
国有联营企业	8017	58314	17059	3999	1991
集体联营企业	6156	31944	10346	3668	1500
国有与集体联营企业	3447	9965	5614	1791	910
其他联营企业	125	728	264	198	120
私营合伙企业	8288	21779	9360	4186	2242
合作经营企业(港或澳、台资)	79134	544355	101856	0	0
中外合作经营企业	5170	14598	5022	1974	619
其他企业（内资）	930	1729	1167	543	512
股份有限公司	971440	5161994	1729082	358072	206368
股份有限公司(内资)	957152	5088248	1688113	344573	199492
私营股份有限公司	10862	48713	26587	10310	6398
港澳台商投资股份有限公司	3313	18449	11099	2351	124
外商投资股份有限公司	114	6584	3284	838	355
有限责任公司	1241517	8641296	3425880	1176455	406189
国有独资公司	322302	3339034	1425195	563314	117936
私营有限责任公司	82706	268223	134760	41335	24356
合资经营企业(港或澳、台资)	61861	423078	224183	98895	42073
中外合资经营企业	304417	997785	679930	150170	58096
其他有限责任公司	470230	3613176	961812	322742	163729
三、在总计中：亏损企业	610173	8282125	3090800	965868	436994
在总计中：国有及国有控股企业	3574142	25947930	9991297	3031686	1153187
在总计中：农村工业	146339	580654	236138	96473	49555
四、按轻重工业分					
轻工业	1286560	6225213	3053408	1057652	504150
以农产品为原料	834990	4211032	1968236	782958	345192
以非农产品为原料	451570	2014182	1085173	274694	158959
重工业	3310226	24485341	8947621	2606586	957231
采掘工业	1157506	5487656	1108972	209686	109105
原料工业	890595	8126193	2198540	419886	178898
加工工业	1262125	10871492	5640110	1977015	669228
五、按企业规模分					
特大型企业	920146	6015003	2261603	485663	129360
大一型企业	1033919	7938299	2865389	901045	292654
大二型企业	839100	5249271	2403487	823902	321283
中一型企业	139233	1122713	436919	140280	66424
中二型企业	371004	2488007	1055055	378922	176394
小型企业	1293385	7897259	2978578	934426	475267

13-2 续表7 （2001年） 单位：万元

指 标	工 业 增加值 (生产法)	资 产 总 计	流动资产 小 计	#存 货	#产成品
六、按工业行业分					
煤炭采选业	149152	1468447	337626	89634	31244
石油和天然气开采业	920041	3523002	567516	50527	34116
黑色金属矿采选业	1730	8960	3793	710	239
铁矿采选业	1509	5768	2170	458	158
有色金属矿采选业	83399	445514	182042	65179	40922
非金属矿采选业	3653	28252	15326	4079	3200
木材及竹材采运业	245	21074	7311	1191	779
食品加工业	90291	375540	136739	60152	21833
粮食及饲料加工业	48462	175417	65926	24913	9017
植物油加工业	15109	64197	28811	17558	3403
屠宰及肉类蛋类加工业	25635	114000	36371	15028	7404
食品制造业	65548	298289	119929	36509	22295
糕点、糖果制造业	27737	111533	36829	7458	2695
乳制品制造业	22249	92364	44247	16988	13124
罐头食品制造业	1685	14052	6388	2374	388
饮料制造业	88831	526498	194407	83811	46230
酒精及饮料酒制造业	61543	276303	103629	50742	26901
软饮料制造业	24019	237072	87286	32193	19204
烟草加工业	199256	697509	518107	223664	36457
纺织业	134293	1007582	403291	199175	120566
纤维原料初步加工业	1871	33486	27387	18207	11195
棉纺织业	123054	747890	286052	135428	77657
毛纺织业	741	112114	50406	27375	23500
麻纺织业	166	3399	3367	995	912
丝绢纺织业	7118	76940	24178	13270	5000
针织品业	1344	33754	11901	3901	2303
服装及其他纤维制品制造业	19188	66550	42522	15693	10104
服装制造业	19188	66550	42522	15693	10104
皮革、毛皮、羽绒及其制品业	5419	51279	29129	19502	8421
木材加工及竹、藤、棕、草制品业	8082	49058	17930	8503	2796
家具制造业	7750	38738	21387	8587	4661
造纸及纸制品业	39654	279887	121107	48011	30718
造纸业	27387	219669	95282	37340	26551
纸制品业	11211	56139	23552	9078	2837
印刷业	73542	383500	159119	32514	13706
文教体育用品制造业	295	1411	1122	406	244
石油加工及炼焦业	191344	628629	260253	96896	48619
原油加工业	172175	479801	181288	61689	23024
石油制品业	532	1219	1036	322	146
炼焦业	18637	147609	77930	34885	25449

13-2 续表8 (2001年) 单位：万元

指 标	工业增加值（生产法）	资产总计	流动资产小计	#存货	#产成品
化学原料及化学制品制造业	160194	1477575	400896	124514	61612
基本化学原料制造业	27191	229341	63247	20312	12724
化学肥料制造业	71086	766617	150951	42631	16178
化学农药制造业	620	4730	2782	1017	794
有机化学产品制造业	22551	104980	40126	12408	5819
合成材料制造业	2847	36766	13021	6681	5881
专用化学材料制造业	24126	267618	100209	31782	16387
日用化学产品制造业	11773	67524	30560	9683	3830
医药制造业	355635	1076747	596388	125661	73428
化学药品原药制造业	53744	254291	143222	21719	8614
化学药品制剂制造业	212579	447209	279496	64411	40965
中药材及中成药加工业	65055	211413	128258	33272	21044
动物药品制造业	960	4697	2854	851	587
生物制品业	23297	159138	42560	5409	2218
化学纤维制造业	11787	32676	17040	4320	1451
橡胶制品业	7843	67143	34252	10535	5871
塑料制品业	11200	66190	33851	8340	4703
非金属矿物制造业	133696	888276	401286	115846	60474
水泥制造业	91432	570349	213263	64392	31554
水泥制品和石棉水泥制品业	11576	82001	37538	17611	6819
砖瓦、石灰和轻质建筑材料制造业	7341	42414	12032	4883	3009
玻璃及玻璃制造业	7010	76175	36427	14460	10816
陶瓷制品业	2726	55478	73580	3401	2916
耐火材料制品业	360	10839	3081	782	684
黑色金属冶炼及压延加工业	59626	608642	272384	92836	33679
炼铁业	3404	44759	23565	8081	4019
炼钢业	16186	215142	105739	36892	10958
钢压延加工业	37020	335575	135350	44888	16774
铁合金冶炼业	3016	13167	7730	2975	1928
有色金属冶炼及压延加工业	68888	517794	250586	107995	34544
重有色金属冶炼业	23872	119027	58212	24570	12906
轻有色金属冶炼业	19001	131059	48436	24376	4290
贵金属冶炼业	476	14823	5101	1761	1389
稀有稀土金属冶炼业	1760	15823	7845	2653	1826
有色金属合金业	152	83	60	37	7
有色金属压延加工业	23628	236979	130932	54599	14127
金属制品业	40949	256187	145095	61169	36102
普通机械制造业	135331	996215	532276	220190	89839
锅炉及原动机制造业	10611	136463	67878	27687	14863
金属加工机械制造业	30852	310294	162892	75982	23277
通用设备制造业	57331	305150	182674	65101	24764
轴承、阀门制造业	4576	59679	38454	17874	10962
其它通用零部件制造业	15980	73562	26170	12105	3939
铸锻件制造业	14982	104780	50830	19560	11570

13-2 续表9　　　　(2001年)　　　　单位：万元

指　标	工业增加值(生产法)	资产总计	流动资产小计	#存货	#产成品
专用设备制造业	158939	1136798	635271	259921	120028
冶金、矿山、机电工业专用设备制造业	27413	241221	123836	52196	23716
石化及其它工业专用设备制造业	26765	210664	131365	68343	37841
轻纺工业专用设备制造业	12652	168603	61836	28923	10715
农、林、牧、渔、水利业机械制造业	4143	64562	35794	16220	7455
医疗器械制造业	8866	35077	22784	7396	4188
交通运输设备制造业	363478	3063951	1726971	727182	182094
铁路运输设备制造业	56462	278743	177000	74871	37285
汽车制造业	59531	395539	177254	82630	30433
摩托车制造业	121	2154	1280	593	139
自行车制造业	643	8789	2364	1649	398
船舶制造业	4546	39354	16535	9416	742
航空航天器制造业	232914	2274315	1328809	548747	111958
交通运输设备修理业	9262	65057	23729	9277	1140
武器弹药制造业	40339	690545	191930	73452	14626
电气机械及器材制造业	159687	1375710	797976	236335	129807
电机制造业	13458	84268	53094	20968	11507
输配电及控制设备制造业	85336	807854	454905	128076	49111
电工器材制造业	34264	99470	60878	21081	13668
日用电器制造业	18213	351567	211597	57843	50312
照明器具制造业	5829	22917	11055	6404	4495
电子及通信设备制造业	302091	2279520	1313987	292405	91098
通信设备制造业	56715	378256	269361	44876	10657
雷达制造业	23448	233033	162577	55930	7265
广播电视设备制造业	-1025	74888	62798	11171	6103
电子计算机制造业	20031	126356	74616	25994	8307
电子器件制造业	91745	734269	401086	72619	18524
电子元件制造业	64214	532654	264329	73753	37752
电视机、录像机、摄像机制造业	38778	173611	62691	2904	915
仪器仪表及文化办公用机械制造业	43295	546377	320189	102341	30307
通用仪器仪表制造业	30102	330322	189331	44162	16287
专用仪器仪表制造业	11722	192814	121990	54113	12910
电子测量仪器制造业	183	8051	3527	1911	402
计量器具制造业	450	10798	3189	1068	538
文化、办公用机械制造业	219	1046	853	390	131
其它制造业	27891	169460	97529	47845	14549
电力、蒸汽、热水的生产和供应业	405950	5308802	1038700	5282	24
电力生产业	281887	3592149	761714	4870	24
电力供应业	123493	1705465	275029	412	0
蒸汽、热水生产和供应业	570	11188	1957	0	0
煤气生产和供应业	3368	41928	12565	1131	0
自来水的生产和供应业	24887	210301	43200	2196	0

13-2 续表10　　(2001年)　　单位：万元

指　　标	流动资产年平均余额	固定资产小　计	固定资产原　值	累　计折　旧	#本　年折　旧
总　　计	11257767	15900880	20589974	6234558	1216798
一、按登记注册类型分					
内资企业	10299532	15016945	19350421	5836101	1008743
国有企业	5715524	7444990	10071738	3380181	573271
中央企业	2399415	3060518	4076362	1413492	189767
地方企业	3316109	4384473	5995376	1966689	383504
集体企业	384374	331365	416939	114547	20192
股份合作企业	83574	131346	168390	43948	5615
联营企业	28263	50720	67937	19086	4950
国有联营企业	16740	36457	47584	11379	3606
集体联营企业	6790	11518	14992	5081	1006
国有与集体联营企业	4487	2308	4546	2245	274
其他联营企业	247	436	817	381	65
有限责任公司	2260961	3910115	4538628	1119409	193048
国有独资公司	1362835	1549202	1935440	547736	50623
其他有限责任公司	898126	2360913	2603188	571673	142425
股份有限公司	1630394	2960410	3869266	1115849	200100
私营企业	195518	187437	216479	42600	11485
私营独资企业	46778	62581	75747	19028	3342
私营合作企业	6077	6992	8021	1349	618
私营有限责任公司	118587	102095	113849	18801	6783
私营股份有限公司	24077	15769	18861	3422	743
其他企业	925	563	1044	482	82
港、澳、台商投资企业	321910	607292	857486	283370	185271
合资经营企业(港或澳、台资)	192114	145042	158849	45261	8143
合作经营企业(港或澳、台资)	93596	420768	643226	223536	173706
港澳台商独资经营企业	26665	36706	49610	12904	3363
港澳台商投资股份有限公司	9534	4777	5802	1670	60
外商投资企业	636325	276643	382067	115087	22785
中外合资经营企业	627504	258695	358041	108967	21070
中外合作经营企业	4885	8416	13499	5125	1039
外资企业	805	6807	7686	879	609
外商投资股份有限公司	3131	2726	2842	117	68
二、按经济组织类型分					
独资企业	6174146	7882449	10621719	3527539	600775
国有企业	5715524	7444990	10071738	3380181	573271
集体企业	384374	331365	416939	114547	20192
私营独资企业	46778	62581	75747	19028	3342
港澳台商独资经营企业	26665	36706	49610	12904	3363
外资企业	805	6807	7686	879	609

13-2 续表11 （2001年） 单位：万元

指 标	流动资产年平均余额	固定资产小计	固定资产原值	累计折旧	#本年折旧
合作、合伙企业	217319	618803	902117	293525	186010
股份合作企业	83574	131346	168390	43948	5615
国有联营企业	16740	36457	47584	11379	3606
集体联营企业	6790	11518	14992	5081	1006
国有与集体联营企业	4487	2308	4546	2245	274
其他联营企业	247	436	817	381	65
私营合伙企业	6077	6992	8021	1349	618
合作经营企业(港或澳、台资)	93596	420768	643226	223536	173706
中外合作经营企业	4885	8416	13499	5125	1039
其他企业（内资）	925	563	1044	482	82
股份有限公司	1667136	2983681	3896771	1121057	200970
股份有限公司(内资)	1630394	2960410	3869266	1115849	200100
私营股份有限公司	24077	15769	18861	3422	743
港澳台商投资股份有限公司	9534	4777	5802	1670	60
外商投资股份有限公司	3131	2726	2842	117	68
有限责任公司	3199166	4415946	5169366	1292437	229044
国有独资公司	1362835	1549202	1935440	547736	50623
私营有限责任公司	118587	102095	113849	18801	6783
合资经营企业(港或澳、台资)	192114	145042	158849	45261	8143
中外合资经营企业	627504	258695	358041	108967	21070
其他有限责任公司	898126	2360913	2603188	571673	142425
三、在总计中：亏损企业	2935746	4085784	4968251	1468822	224414
在总计中：国有及国有控股企业	9411697	13657829	17847526	5435585	927893
在总计中：农村工业	212284	264518	326743	81300	14937
四、按轻重工业分					
轻工业	2780031	2356141	3069025	964809	141222
以农产品为原料	1751504	1743135	2306113	723678	109807
以非农产品为原料	1028527	613007	762912	241132	31415
重工业	8477736	13544738	17520949	5269749	1075577
采掘工业	960376	4260301	5618116	1618809	329666
原料工业	2062724	5063818	6136783	1654155	430359
加工工业	5454637	4220619	5766050	1996786	315552
五、按企业规模分					
特大型企业	2111919	2992070	4236848	1468000	360051
大一型企业	2731350	4483042	5706057	1839342	330250
大二型企业	2261710	2387374	3203597	1142585	139223
中一型企业	439767	611129	824312	298574	29367
中二型企业	965090	1274302	1608646	458702	86113
小型企业	2747930	4152963	5010514	1027355	271794

13-2 续表12　　（2001年）　　单位：万元

指　　标	流动资产年平均余额	固定资产小计	固定资产原值	累计折旧	#本年折旧
六、按工业行业分					
煤炭采选业	309101	1064266	1253663	285052	26081
石油和天然气开采业	541766	2940278	4005160	1193067	285673
黑色金属矿采选业	3972	5043	6309	2277	448
铁矿采选业	2441	3479	3816	1051	290
有色金属矿采选业	89213	230256	323734	127209	16815
非金属矿采选业	13857	10681	15258	6810	472
木材及竹材采运业	6793	12595	16578	5253	212
食品加工业	125427	173284	207654	48425	7002
粮食及饲料加工业	63045	87384	106253	24294	3727
植物油加工业	23054	30229	36718	9904	1735
屠宰及肉类蛋类加工业	35411	44447	53674	11971	707
食品制造业	113110	147810	180778	43559	8406
糕点、糖果制造业	35096	62954	77823	16578	3302
乳制品制造业	41571	39253	46416	11203	1347
罐头食品制造业	6339	7366	7606	2740	1558
饮料制造业	182731	279166	345663	86830	20414
酒精及饮料酒制造业	98121	137357	175901	55911	11358
软饮料制造业	81159	132712	158924	28976	8218
烟草加工业	368505	160741	246815	97617	13230
纺织业	387438	471305	697147	268161	29387
纤维原料初步加工业	26028	5384	7533	2149	204
棉纺织业	273225	375930	578751	234157	27474
毛纺织业	50316	27525	40422	15747	451
麻纺织业	3362	31	31	3	1
丝绢纺织业	22746	45765	48255	9434	933
针织品业	11761	16670	22155	6671	324
服装及其他纤维制品制造业	40688	19923	26745	7986	889
服装制造业	40688	19923	26745	7986	889
皮革、毛皮、羽绒及其制品业	37752	18440	26061	11103	1313
木材加工及竹、藤、棕、草制品业	17632	27073	32135	5761	1132
家具制造业	17739	11358	14125	4450	797
造纸及纸制品业	116994	127394	146737	31266	6632
造纸业	93829	102161	116735	23821	5430
纸制品业	20977	23564	27980	7041	1142
印刷业	160641	167484	224121	79609	13686
文教体育用品制造业	1131	281	397	118	17
石油加工及炼焦业	253806	312095	391351	110312	27923
原油加工业	176116	254430	311058	82953	23514
石油制品业	1036	175	314	139	26
炼焦业	76655	57490	79980	27220	4382

13-2 续表13 （2001年） 单位：万元

指 标	流动资产年平均余额	固定资产小计	固定资产原值	累计折旧	#本年折旧
化学原料及化学制品制造业	383000	922004	1123153	288596	40534
基本化学原料制造业	59495	118966	160951	56115	5179
化学肥料制造业	138761	553702	672726	153803	24866
化学农药制造业	2477	1098	1121	137	117
有机化学产品制造业	39217	55209	67049	18147	3492
合成材料制造业	12310	15743	18781	4826	756
专用化学材料制造业	100987	141934	165935	44360	5057
日用化学产品制造业	29754	35353	36591	11207	1068
医药制造业	550838	268891	326686	82236	12065
化学药品原药制造业	125930	43971	53195	10401	1726
化学药品制剂制造业	268405	116234	155434	51880	5526
中药材及中成药加工业	110845	59311	64068	14553	3290
动物药品制造业	3044	1200	1732	579	63
生物制品业	42614	48176	52257	4824	1461
化学纤维制造业	12998	15379	29344	13969	2176
橡胶制品业	33876	30453	41959	16251	3363
塑料制品业	30722	25084	31140	8714	971
非金属矿物制造业	403997	465572	591749	194618	31099
水泥制造业	208350	316600	396115	132797	24280
水泥制品和石棉水泥制品业	35950	41029	51154	15711	2732
砖瓦、石灰和轻质建筑材料制造业	11385	20292	26817	8251	823
玻璃及玻璃制造业	35852	32672	45659	15343	1401
陶瓷制品业	84995	32160	39687	8173	542
耐火材料制品业	2959	2161	6443	4631	103
黑色金属冶炼及压延加工业	243205	293302	330612	77605	16323
炼铁业	21998	17790	17807	4385	282
炼钢业	106112	94912	107187	33551	4236
钢压延加工业	107583	175668	199877	37941	11360
铁合金冶炼业	7511	4931	5740	1728	446
有色金属冶炼及压延加工业	212717	231145	296342	117743	10166
重有色金属冶炼业	49987	55097	59031	11684	1561
轻有色金属冶炼业	48593	72788	86912	38699	3280
贵金属冶炼业	5081	6931	7326	782	31
稀有稀土金属冶炼业	7725	7407	5477	1728	175
有色金属合金业	61	22	23	0	0
有色金属压延加工业	101271	88900	137573	64850	5119
金属制品业	136917	86309	129583	55334	6045
普通机械制造业	509975	346677	468809	172988	13790
锅炉及原动机制造业	65592	55196	83511	32782	2112
金属加工机械制造业	152250	97971	144100	58335	4800
通用设备制造业	169716	90661	129771	48981	4061
轴承、阀门制造业	38497	17024	20893	9732	527
其它通用零部件制造业	31350	32182	32240	8172	542
铸锻件制造业	49242	50905	53964	13352	1930

13-2 续表14 (2001年) 单位：万元

指 标	流动资产年平均余额	固定资产小计	固定资产原值	累计折旧	#本年折旧
专用设备制造业	627544	430771	610464	243155	24628
冶金、矿山、机电工业专用设备制造业	120663	98265	167070	78221	9997
石化及其它工业专用设备制造业	123847	69704	100206	42281	2604
轻纺工业专用设备制造业	60829	88393	102816	32272	4217
农、林、牧、渔、水利业机械制造业	35449	25052	36894	14214	944
医疗器械制造业	21136	10936	13895	4786	362
交通运输设备制造业	1636489	1026896	1504189	526605	142550
铁路运输设备制造业	167052	87195	131825	53158	7077
汽车制造业	163080	191998	149470	44434	4619
摩托车制造业	1239	706	1027	324	21
自行车制造业	2272	6000	8494	2494	199
船舶制造业	15654	22819	36291	13550	1487
航空航天器制造业	1267397	683182	909943	392297	55131
交通运输设备修理业	19797	34996	267140	20347	74017
武器弹药制造业	197659	466433	564151	145393	27885
电气机械及器材制造业	783741	357092	488594	184655	8627
电机制造业	51812	27925	41712	14543	1433
输配电及控制设备制造业	448462	209548	307009	143955	2020
电工器材制造业	59137	28138	34088	7120	1614
日用电器制造业	207598	78819	86413	11548	2906
照明器具制造业	10409	10393	17118	7240	606
电子及通信设备制造业	1274272	699333	1007202	396462	54063
通信设备制造业	254275	85800	104313	27934	2998
雷达制造业	150546	50616	70511	31725	16566
广播电视设备制造业	62574	7316	10901	3978	610
电子计算机制造业	68408	23198	24756	5921	2170
电子器件制造业	393056	279056	491693	245278	21966
电子元件制造业	275873	201981	247150	67745	8195
电视机、录像机、摄像机制造业	54177	48196	53707	12839	1268
仪器仪表及文化办公用机械制造业	298360	176637	224282	84012	8203
通用仪器仪表制造业	179564	113361	150012	57071	5684
专用仪器仪表制造业	110101	49268	58425	22767	2157
电子测量仪器制造业	3398	4454	4964	1159	31
计量器具制造业	3171	7425	7789	1983	147
文化、办公用机械制造业	849	159	292	133	25
其它制造业	89072	39926	19095	5138	928
电力、蒸汽、热水的生产和供应业	989654	3659018	4404337	1122054	340547
电力生产业	731297	2235257	2724332	745849	275298
电力供应业	256407	1414736	1670866	374716	64872
蒸汽、热水生产和供应业	1950	9025	9139	1490	377
煤气生产和供应业	12497	26711	30720	4967	406
自来水的生产和供应业	41939	153777	207131	79198	11904

13-2 续表15 （2001年） 单位：万元

指 标	固定资产净值年平均余额	负债合计	#流动负债小计	#长期负债小计	所有者权益合计
总 计	13303489	20270605	12378313	6956613	10321246
一、按登记注册类型分					
内资企业	12350766	19106896	11498480	6689843	9400503
国有企业	6139404	10435797	7094944	2709855	4488793
中央企业	2549377	3970169	2549038	835524	2313692
地方企业	3590027	6465628	4545906	1874331	2175102
集体企业	277701	542838	413003	117754	289207
股份合作企业	122756	179810	126713	46501	84465
联营企业	46929	74103	31417	33604	26847
国有联营企业	37820	43339	16860	26479	14975
集体联营企业	6372	24334	8240	7011	7610
国有与集体联营企业	2302	5823	5720	103	4142
其他联营企业	435	608	598	10	120
有限责任公司	3050758	5111041	2465975	2606887	1724045
国有独资公司	1264799	2302987	1355120	947719	918923
其他有限责任公司	1785960	2808054	1110855	1659169	805122
股份有限公司	2548327	2523202	1189659	1134289	2565046
私营企业	164373	238722	175760	40953	221753
私营独资企业	57789	75944	49689	11690	45817
私营合作企业	6712	11254	9579	1588	10525
私营有限责任公司	84739	129448	96514	25983	138776
私营股份有限公司	15134	22077	19979	1692	26636
其他企业	518	1382	1010	0	347
港、澳、台商投资企业	691954	541835	326922	208275	515248
合资经营企业(港或澳、台资)	107986	215151	176190	33696	207927
合作经营企业(港或澳、台资)	542507	276773	119021	157753	267581
港澳台商独资经营企业	36857	39065	20866	16826	32137
港澳台商投资股份有限公司	4605	10845	10845	0	7604
外商投资企业	260769	621874	552910	58496	405495
中外合资经营企业	243108	605073	540810	53796	392711
中外合作经营企业	8539	8349	6649	1700	6249
外资企业	6825	4044	4044	0	4358
外商投资股份有限公司	2297	4408	1408	3000	2177
二、按经济组织类型分					
独资企业	6518575	11097688	7582546	2856125	4860312
国有企业	6139404	10435797	7094944	2709855	4488793
集体企业	277701	542838	413003	117754	289207
私营独资企业	57789	75944	49689	11690	45817
港澳台商独资经营企业	36857	39065	20866	16826	32137
外资企业	6825	4044	4044	0	4358

13-2 续表16 （2001年） 单位：万元

指 标	固定资产净值年平均余额	负债合计	#流动负债小计	#长期负债小计	所有者权益合计
合作、合伙企业	727960	551671	294388	241145	396013
股份合作企业	122756	179810	126713	46501	84465
国有联营企业	37820	43339	16860	26479	14975
集体联营企业	6372	24334	8240	7011	7610
国有与集体联营企业	2302	5823	5720	103	4142
其他联营企业	435	608	598	10	120
私营合伙企业	6712	11254	9579	1588	10525
合作经营企业(港或澳、台资)	542507	276773	119021	157753	267581
中外合作经营企业	8539	8349	6649	1700	6249
其他企业（内资）	518	1382	1010	0	347
股份有限公司	2570364	2560532	1221891	1138981	2601462
股份有限公司(内资)	2548327	2523202	1189659	1134289	2565046
私营股份有限公司	15134	22077	19979	1692	26636
港澳台商投资股份有限公司	4605	10845	10845	0	7604
外商投资股份有限公司	2297	4408	1408	3000	2177
有限责任公司	3486591	6060714	3279488	2720362	2463459
国有独资公司	1264799	2302987	1355120	947719	918923
私营有限责任公司	84739	129448	96514	25983	138776
合资经营企业(港或澳、台资)	107986	215151	176190	33696	207927
中外合资经营企业	243108	605073	540810	53796	392711
其他有限责任公司	1785960	2808054	1110855	1659169	805122
三、在总计中：亏损企业	3218765	7260905	4629505	2076304	1020063
在总计中：国有及国有控股企业	11368467	17433595	10580438	5995714	8395631
在总计中：农村工业	222261	350297	206932	101217	230357
四、按轻重工业分					
轻工业	2013220	4031232	3110421	696527	2193982
以农产品为原料	1501377	2981395	2382921	547511	1229636
以非农产品为原料	511842	1049836	727500	149016	964345
重工业	11290270	16239373	9267892	6260087	8127264
采掘工业	3690209	3098208	1201183	1882429	2389448
原料工业	4206960	5511697	2525277	2432995	2614496
加工工业	3393100	7629468	5541433	1944663	3123321
五、按企业规模分					
特大型企业	2872483	3588757	1871875	1200990	2309122
大一型企业	3623158	5043072	2879902	2093410	2894069
大二型企业	2012430	3662508	2693869	932649	1586719
中一型企业	443402	885695	595017	290678	237018
中二型企业	1049538	1820028	1294144	506181	667979
小型企业	3302478	5270544	3043505	1932706	2626337

13-2 续表17 （2001年） 单位：万元

指 标	固定资产净值年平均余额	负债合计	#流动负债小计	#长期负债小计	所有者权益合计
六、按工业行业分					
煤炭采选业	859508	1100403	355454	734112	368044
石油和天然气开采业	2602247	1683448	656347	1026251	1839554
黑色金属矿采选业	4026	7813	4351	2116	1147
铁矿采选业	2483	5848	2902	1598	-80
有色金属矿采选业	206428	281555	167869	112490	163959
非金属矿采选业	8511	20958	15794	4798	7294
木材及竹材采运业	11344	9802	5776	4026	11271
食品加工业	142887	257421	187062	62215	118119
粮食及饲料加工业	81681	128073	91200	30157	47344
植物油加工业	22680	55273	37814	16628	8924
屠宰及肉类蛋类加工业	29626	65172	53520	11064	48828
食品制造业	135375	210591	141486	49958	87698
糕点、糖果制造业	57285	65720	37518	28049	45813
乳制品制造业	37051	61563	42738	11226	30801
罐头食品制造业	4929	20663	20399	264	-6611
饮料制造业	252801	379498	302837	76660	147000
酒精及饮料酒制造业	119428	197800	147935	49865	78504
软饮料制造业	124628	176854	150254	26599	60218
烟草加工业	141002	566547	535002	31545	130962
纺织业	422740	765550	608330	156285	242032
纤维原料初步加工业	5174	28467	28112	355	5019
棉纺织业	337831	467128	384865	81408	280762
毛纺织业	25918	161172	112101	49071	-49059
麻纺织业	31	3591	3591	0	-193
丝绢纺织业	38006	72550	53298	19252	4390
针织品业	15780	32642	26363	6199	1112
服装及其他纤维制品制造业	17177	74578	67015	7381	-8029
服装制造业	17177	74578	67015	7381	-8029
皮革、毛皮、羽绒及其制品业	15758	39197	22147	16391	12082
木材加工及竹、藤、棕、草制品业	23902	30131	15538	14592	18927
家具制造业	9536	17263	15462	1801	21475
造纸及纸制品业	108142	209614	140181	66380	70274
造纸业	86684	162877	112640	47450	56791
纸制品业	19863	44283	25607	18410	11857
印刷业	136388	203180	147921	40912	180320
文教体育用品制造业	268	314	314	0	1097
石油加工及炼焦业	287246	493699	348044	145655	134930
原油加工业	234066	355434	243257	112177	124367
石油制品业	161	1011	583	428	209
炼焦业	53018	137254	104205	33050	10355

13-2 续表18　　(2001年)　　单位：万元

指　　标	固定资产净值年平均余额	负债合计	#流动负债小计	#长期负债小计	所有者权益合计
化学原料及化学制品制造业	756422	1128722	508793	607995	348854
基本化学原料制造业	87492	179216	98973	79775	50125
化学肥料制造业	466778	637163	199122	433995	129454
化学农药制造业	1115	2712	2696	15	2018
有机化学产品制造业	48383	81513	52805	28584	23466
合成材料制造业	13175	30264	16201	6878	6502
专用化学材料制造业	120976	155682	108722	46850	111936
日用化学产品制造业	18502	42172	30274	11898	25353
医药制造业	217054	597230	444337	52756	479517
化学药品原药制造业	35781	145347	37574	12132	108944
化学药品制剂制造业	102086	253716	230849	22865	193493
中药材及中成药加工业	47661	136686	118655	13537	74727
动物药品制造业	1207	2855	1551	1304	1841
生物制品业	30319	58626	55708	2918	100512
化学纤维制造业	15373	6691	6591	100	25984
橡胶制品业	24573	63695	52565	10842	3448
塑料制品业	22459	49113	38816	7670	17077
非金属矿物制造业	379388	696916	469572	216365	191361
水泥制造业	245255	432378	278614	147766	137971
水泥制品和石棉水泥制品业	35850	63176	56426	6750	18825
砖瓦、石灰和轻质建筑材料制造业	18168	27340	22836	4039	15074
玻璃及玻璃制造业	30406	76196	48289	26500	-21
陶瓷制品业	31646	57005	28990	27404	-1527
耐火材料制品业	1821	3212	3061	127	7627
黑色金属冶炼及压延加工业	256358	426718	311256	113055	181925
炼铁业	13835	47213	37110	7696	-2453
炼钢业	73130	151851	122477	29374	63291
钢压延加工业	165102	216948	142387	74562	118626
铁合金冶炼业	4291	10706	9283	1423	2461
有色金属冶炼及压延加工业	168250	361821	238693	105735	155973
重有色金属冶炼业	41389	81528	54052	17028	37499
轻有色金属冶炼业	48511	91396	53006	38390	39663
贵金属冶炼业	6798	12568	7541	4618	2255
稀有稀土金属冶炼业	3798	12050	8687	3364	3773
有色金属合金业	22	33	33	0	49
有色金属压延加工业	67733	164246	115374	42336	72733
金属制品业	72092	168871	126953	38181	87317
普通机械制造业	295629	728909	569585	142744	267306
锅炉及原动机制造业	49303	124831	104258	19057	11632
金属加工机械制造业	83692	187810	141864	45921	122484
通用设备制造业	79288	225438	186537	24250	79712
轴承、阀门制造业	14321	55621	47891	7710	4059
其它通用零部件制造业	24334	51567	25904	25299	21995
铸锻件制造业	42074	79926	59586	20336	24854

13-2 续表19 （2001年） 单位：万元

指 标	固定资产净值年平均余额	负债合计	#流动负债小计	#长期负债小计	所有者权益合计
专用设备制造业	347694	851210	597724	172830	285588
冶金、矿山、机电工业专用设备制造业	83242	183697	150680	32966	57524
石化及其它工业专用设备制造业	58220	187541	97335	20542	23123
轻纺工业专用设备制造业	72966	156225	102677	45001	12379
农、林、牧、渔、水利业机械制造业	20957	64042	56937	5231	520
医疗器械制造业	8784	23089	17268	5821	11988
交通运输设备制造业	714708	2048653	1598047	448097	896594
铁路运输设备制造业	76028	161710	154307	5976	117032
汽车制造业	79591	298149	216849	80824	97390
摩托车制造业	705	2786	2778	8	-632
自行车制造业	5926	2759	2759	0	6030
船舶制造业	23217	30885	29676	1209	8469
航空航天器制造业	501450	1516258	1167819	348343	639731
交通运输设备修理业	27791	36106	23859	11737	28573
武器弹药制造业	417243	413847	267152	146695	276698
电气机械及器材制造业	313343	838862	663785	104145	536849
电机制造业	26996	53238	46824	5138	31030
输配电及控制设备制造业	176758	535519	448092	87121	272335
电工器材制造业	26585	61605	43343	4485	37865
日用电器制造业	71873	164345	107231	1619	187223
照明器具制造业	9126	16101	10378	5674	6816
电子及通信设备制造业	558182	1561872	1192683	347728	717649
通信设备制造业	73469	252617	216002	34190	125639
雷达制造业	38796	197723	95698	102025	35311
广播电视设备制造业	6920	82420	77673	4747	-7532
电子计算机制造业	21842	83344	60374	22970	43012
电子器件制造业	207045	380833	312627	68206	353436
电子元件制造业	164158	456498	355614	100883	76156
电视机、录像机、摄像机制造业	42781	95515	63368	14668	78096
仪器仪表及文化办公用机械制造业	143303	354822	297671	44510	191555
通用仪器仪表制造业	92942	215637	181066	31922	114685
专用仪器仪表制造业	38754	118295	100728	7576	74519
电子测量仪器制造业	4047	9292	5380	3911	-1240
计量器具制造业	5875	9900	8798	1102	898
文化、办公用机械制造业	162	470	470	0	576
其它制造业	14320	59062	56916	1943	110398
电力、蒸汽、热水的生产和供应业	3050597	3436326	1144517	1775915	1872476
电力生产业	1930961	2922710	844606	1562210	669440
电力供应业	1113419	508168	297895	210272	1197298
蒸汽、热水生产和供应业	6217	5449	2016	3433	5739
煤气生产和供应业	21753	24547	13375	7256	17381
自来水的生产和供应业	129465	101157	42354	58483	109145

13-2 续表20　　(2001年)　　单位：万元

指　标	产品销售收　入	产品销售成　本	产品销售费　用	产品销售税金及附加	产品销售利　润
总　计	12927119	9870165	527578	329985	2144117
一、按登记注册类型分					
内资企业	11693551	9032812	379220	327505	1898741
国有企业	5883691	4695084	141502	231892	759939
中央企业	2385623	1865269	43949	139814	281407
地方企业	3498068	2829814	97553	92078	478532
集体企业	636539	531953	30287	6138	68161
股份合作企业	122645	96158	6594	1414	18479
联营企业	52651	39029	2151	530	10941
国有联营企业	23511	16723	940	153	5695
集体联营企业	19751	14295	1056	316	4085
国有与集体联营企业	8674	7400	142	55	1077
其他联营企业	714	611	13	6	84
有限责任公司	2284333	1758831	102294	32847	390361
国有独资公司	1089579	864927	36473	12446	175733
其他有限责任公司	1194753	893903	65821	20402	214628
股份有限公司	2362663	1625036	74684	50318	612625
私营企业	348137	284097	21604	4295	38142
私营独资企业	115346	96477	5802	1276	11792
私营合作企业	17442	14814	927	105	1595
私营有限责任公司	187733	152431	13054	2703	19544
私营股份有限公司	27617	20375	1821	211	5211
其他企业	2893	2626	103	70	94
港、澳、台商投资企业	452377	330521	22520	1096	98241
合资经营企业(港或澳、台资)	201166	163956	12819	907	23484
合作经营企业(港或澳、台资)	184080	116489	0	0	67591
港澳台商独资经营企业	54495	39010	8601	176	6708
港澳台商投资股份有限公司	12636	11066	1100	13	457
外商投资企业	781191	506833	125838	1385	147135
中外合资经营企业	755703	483735	125213	1384	145372
中外合作经营企业	16632	14368	589	2	1673
外资企业	8147	8097	1	0	49
外商投资股份有限公司	709	633	36	0	41
二、按经济组织类型分					
独资企业	6698217	5370619	186193	239482	846649
国有企业	5883691	4695084	141502	231892	759939
集体企业	636539	531953	30287	6138	68161
私营独资企业	115346	96477	5802	1276	11792
港澳台商独资经营企业	54495	39010	8601	176	6708
外资企业	8147	8097	1	0	49

13-2 续表21　　（2001年）　　单位：万元

指 标	产品销售收 入	产品销售成 本	产品销售费 用	产品销售税金及附加	产品销售利 润
合作、合伙企业	396342	283483	10364	2122	100373
股份合作企业	122645	96158	6594	1414	18479
国有联营企业	23511	16723	940	153	5695
集体联营企业	19751	14295	1056	316	4085
国有与集体联营企业	8674	7400	142	55	1077
其他联营企业	714	611	13	6	84
私营合伙企业	17442	14814	927	105	1595
合作经营企业(港或澳、台资)	184080	116489	0	0	67591
中外合作经营企业	16632	14368	589	2	1673
其他企业（内资）	2893	2626	103	70	94
股份有限公司	2403625	1657109	77641	50541	618334
股份有限公司(内资)	2362663	1625036	74684	50318	612625
私营股份有限公司	27617	20375	1821	211	5211
港澳台商投资股份有限公司	12636	11066	1100	13	457
外商投资股份有限公司	709	633	36	0	41
有限责任公司	3428935	2558953	253380	37841	578761
国有独资公司	1089579	864927	36473	12446	175733
私营有限责任公司	187733	152431	13054	2703	19544
合资经营企业(港或澳、台资)	201166	163956	12819	907	23484
中外合资经营企业	755703	483735	125213	1384	145372
其他有限责任公司	1194753	893903	65821	20402	214628
三、在总计中：亏损企业	2004548	1756160	89537	46692	92851
在总计中：国有及国有控股企业	10275522	7925341	294032	300173	1700703
在总计中：农村工业	493803	417083	21534	5296	49890
四、按轻重工业分					
轻工业	3252151	2321723	301395	162069	466965
以农产品为原料	2246321	1657644	173282	155983	259413
以非农产品为原料	1005830	664079	128113	6086	207552
重工业	9674968	7548442	226183	167916	1677152
采掘工业	2382702	1569064	28732	82285	702621
原料工业	3109856	2641203	42288	67052	303838
加工工业	4182411	3338176	155163	18580	670693
五、按企业规模分					
特大型企业	2321478	1595763	27057	43321	638773
大一型企业	3212158	2510562	141697	36092	493422
大二型企业	2366090	1813666	90697	145652	310004
中一型企业	490301	434917	18590	2853	31486
中二型企业	1074600	787890	46773	49557	190379
小型企业	3462492	2727366	202764	52510	480052

13-2 续表22 （2001年） 单位：万元

指 标	产品销售收入	产品销售成本	产品销售费用	产品销售税金及附加	产品销售利润
六、按工业行业分					
煤炭采选业	379681	279666	13130	7828	79057
石油和天然气开采业	1782111	1132248	9463	72521	567880
黑色金属矿采选业	3991	2944	199	97	752
铁矿采选业	3229	2462	92	87	589
有色金属矿采选业	207292	147012	4958	1570	53752
非金属矿采选业	10069	7243	1069	305	1452
木材及竹材采运业	785	579	189	20	-2
食品加工业	356840	319672	15938	1472	19758
粮食及饲料加工业	178244	159889	8182	751	9422
植物油加工业	90033	84263	2819	57	2894
屠宰及肉类蛋类加工业	78196	66409	4477	564	6747
食品制造业	211484	170408	22387	868	17821
糕点、糖果制造业	79845	62321	9218	134	8172
乳制品制造业	72780	58764	7768	298	5950
罐头食品制造业	6879	4279	1221	56	1323
饮料制造业	270941	195886	35754	19239	20062
酒精及饮料酒制造业	175839	119183	21844	18899	15913
软饮料制造业	84418	69004	13045	163	2206
烟草加工业	384923	170903	21199	127597	65224
纺织业	405259	362239	7528	2125	33367
纤维原料初步加工业	6024	5434	141	94	355
棉纺织业	363371	322312	6042	1830	33188
毛纺织业	3102	3395	415	15	-723
麻纺织业	611	564	54	1	-8
丝绢纺织业	27217	26481	555	118	63
针织品业	4934	4055	321	67	492
服装及其他纤维制品制造业	53116	42127	4991	305	5694
服装制造业	53116	42127	4991	305	5694
皮革、毛皮、羽绒及其制品业	24532	22682	1292	253	304
木材加工及竹、藤、棕、草制品业	15878	12871	519	525	1964
家具制造业	25406	18602	1579	158	5067
造纸及纸制品业	121509	101560	6259	1203	12487
造纸业	84667	70437	3516	1077	9637
纸制品业	34421	29007	2639	116	2659
印刷业	176462	129880	5356	1479	39747
文教体育用品制造业	1350	961	79	14	296
石油加工及炼焦业	729230	622159	7339	51186	48545
原油加工业	665036	567183	3981	50676	43196
石油制品业	3139	2869	85	18	167
炼焦业	61055	52107	3272	493	5183

13-2 续表23 （2001年） 单位：万元

指 标	产品销售收入	产品销售成本	产品销售费用	产品销售税金及附加	产品销售利润
化学原料及化学制品制造业	558118	460802	25363	2456	69496
基本化学原料制造业	91743	79825	3869	587	7463
化学肥料制造业	254301	221515	6413	706	25668
化学农药制造业	1833	1420	29	1	384
有机化学产品制造业	60630	49104	2836	293	8398
合成材料制造业	9317	6340	655	118	2204
专用化学材料制造业	93083	66038	6268	428	20350
日用化学产品制造业	47210	36561	5294	324	5031
医药制造业	662677	349931	149172	3309	160265
化学药品原药制造业	99528	75252	4528	674	19075
化学药品制剂制造业	418013	204997	99032	1758	112227
中药材及中成药加工业	105904	44513	40964	629	19798
动物药品制造业	1702	890	183	6	623
生物制品业	37531	24280	4465	243	8542
化学纤维制造业	28133	20853	91	106	7083
橡胶制品业	24828	18509	1441	235	4643
塑料制品业	26834	22946	673	198	3017
非金属矿物制造业	337881	260987	19306	3973	53615
水泥制造业	240562	183966	13715	2949	39933
水泥制品和石棉水泥制品业	29065	21667	1791	433	5174
砖瓦、石灰和轻质建筑材料制造业	13686	10141	888	230	2427
玻璃及玻璃制造业	19678	17115	862	121	1579
陶瓷制品业	6701	6053	239	43	367
耐火材料制品业	1603	1274	50	18	261
黑色金属冶炼及压延加工业	246433	210417	5093	1250	29673
炼铁业	13233	12906	462	73	-207
炼钢业	73308	61842	564	430	10471
钢压延加工业	147612	124870	3471	700	18571
铁合金冶炼业	12281	10799	596	47	838
有色金属冶炼及压延加工业	228211	198995	5154	965	23098
重有色金属冶炼业	66804	61401	1203	254	3946
轻有色金属冶炼业	82251	74423	1626	209	5992
贵金属冶炼业	2210	1989	29	37	156
稀有稀土金属冶炼业	4049	3628	84	9	327
有色金属合金业	810	702	70	3	35
有色金属压延加工业	72088	56851	2142	453	12641
金属制品业	116050	93250	5405	837	16558
普通机械制造业	382624	294560	16051	2339	69675
锅炉及原动机制造业	32465	24552	2102	136	5675
金属加工机械制造业	94153	75107	3525	456	15065
通用设备制造业	143215	110074	7434	976	24731
轴承、阀门制造业	13407	10664	956	91	1697
其它通用零部件制造业	37737	23646	1004	278	12809
铸锻件制造业	59794	48769	976	392	9657

13-2 续表24 （2001年） 单位：万元

指 标	产品销售收入	产品销售成本	产品销售费用	产品销售税金及附加	产品销售利润
专用设备制造业	409170	309163	20837	1931	77240
冶金、矿山、机电工业专用设备制造业	75618	59272	3235	370	12741
石化及其它工业专用设备制造业	74099	58171	3248	375	12306
轻纺工业专用设备制造业	44273	34826	2110	149	7188
农、林、牧、渔、水利业机械制造业	9812	7550	844	75	1343
医疗器械制造业	19682	11827	2995	168	4692
交通运输设备制造业	1223047	970496	32995	3883	215874
铁路运输设备制造业	192230	151035	4442	1026	35727
汽车制造业	201773	172906	5398	1217	22252
摩托车制造业	413	365	7	2	39
自行车制造业	5672	5440	18	8	206
船舶制造业	11539	9199	46	33	2262
航空航天器制造业	774662	603216	21662	1468	148316
交通运输设备修理业	36758	28336	1422	128	7073
武器弹药制造业	186242	155123	1727	374	29018
电气机械及器材制造业	569658	462361	30155	2812	74330
电机制造业	40305	35237	1265	195	3608
输配电及控制设备制造业	323577	254597	16399	1334	51247
电工器材制造业	103419	93113	3197	461	6648
日用电器制造业	78279	59613	7966	542	10159
照明器具制造业	16977	14346	1000	140	1491
电子及通信设备制造业	1037915	834667	39403	5470	158375
通信设备制造业	185317	135809	17334	1186	30988
雷达制造业	60184	36263	1116	74	22731
广播电视设备制造业	5849	4931	376	21	521
电子计算机制造业	65550	58677	3288	476	3109
电子器件制造业	438207	366525	7752	2057	61873
电子元件制造业	187983	153060	7215	1029	26680
电视机、录像机、摄像机制造业	83018	70908	1280	585	10245
仪器仪表及文化办公用机械制造业	149886	110132	10801	843	28110
通用仪器仪表制造业	113671	86321	8455	591	18304
专用仪器仪表制造业	30707	19479	1770	206	9252
电子测量仪器制造业	541	422	67	1	52
计量器具制造业	1613	1110	123	16	366
文化、办公用机械制造业	1080	942	48	4	87
其它制造业	62044	47143	1460	822	12620
电力、蒸汽、热水的生产和供应业	1458894	1261006	1025	8872	132516
电力生产业	667062	525356	878	6070	118195
电力供应业	790380	734191	147	2789	14342
蒸汽、热水生产和供应业	1452	1459	0	14	-21
煤气生产和供应业	11154	11552	338	42	-778
自来水的生产和供应业	46461	37630	1862	505	6464

13-2 续表25 （2001年） 单位：万元

指 标	管理费用	利息支出	利润总额	亏损企业亏损额	利税总额	本年应交增值税	全部从业人员年平均人数（人）
总 计	1178750	556450	629637	361078	1620586	665537	1154615
一、按登记注册类型分							
内资企业	1112016	522444	481293	346873	1385620	580876	1120529
国有企业	606346	247821	20963	233919	558818	309051	646093
中央企业	234599	94798	25366	79968	275545	110978	184362
地方企业	371747	153023	-4403	153950	283272	198073	461731
集体企业	36148	13960	19414	8573	47708	22185	83905
股份合作企业	12990	5265	2018	2642	10678	7264	23129
联营企业	4216	3399	3186	398	6537	2821	4950
国有联营企业	2885	2332	1255	389	3244	1837	2311
集体联营企业	817	925	1335	10	2359	708	1373
国有与集体联营企业	481	123	566	0	836	215	1183
其他联营企业	34	20	30	0	97	62	83
有限责任公司	247215	168432	23875	81291	179166	122981	242247
国有独资公司	126931	77417	-2471	35167	47934	38117	108935
其他有限责任公司	120284	91015	26346	46124	131231	84863	133312
股份有限公司	187297	75561	400009	15885	554578	104454	85497
私营企业	17724	7978	11887	4096	28025	12019	34542
私营独资企业	4020	2914	3557	1496	8410	3577	10495
私营合作企业	400	240	921	56	1486	459	1816
私营有限责任公司	11356	4107	5358	2388	14421	6536	19215
私营股份有限公司	1948	717	2051	157	3708	1447	3016
其他企业	80	28	-60	69	111	101	166
港、澳、台商投资企业	15919	20457	62655	5486	100019	36599	17443
合资经营企业(港或澳、台资)	10143	4756	10758	4932	19320	7701	10391
合作经营企业(港或澳、台资)	3572	14690	48861	0	74211	25351	2777
港澳台商独资经营企业	1819	1017	3113	471	6078	3073	2631
港澳台商投资股份有限公司	385	-5	-77	83	410	474	1644
外商投资企业	50815	13549	85690	8719	134947	48063	16643
中外合资经营企业	49403	13268	85897	7845	134682	47585	15569
中外合作经营企业	1136	283	58	519	374	321	794
外资企业	172	-2	-125	215	27	152	252
外商投资股份有限公司	104	0	-140	140	-136	5	28
二、按经济组织类型分							
独资企业	648504	265710	46923	244674	621040	338038	743376
国有企业	606346	247821	20963	233919	558818	309051	646093
集体企业	36148	13960	19414	8573	47708	22185	83905
私营独资企业	4020	2914	3557	1496	8410	3577	10495
港澳台商独资经营企业	1819	1017	3113	471	6078	3073	2631
外资企业	172	-2	-125	215	27	152	252

13-2 续表26 （2001年） 单位：万元

指 标	管理费用	利息支出	利润总额	亏损企业亏损额	利税总额	本年应交增值税	全部从业人员年平均人数（人）
合作、合伙企业	22393	23905	54985	3684	93398	36317	33632
股份合作企业	12990	5265	2018	2642	10678	7264	23129
国有联营企业	2885	2332	1255	389	3244	1837	2311
集体联营企业	817	925	1335	10	2359	708	1373
国有与集体联营企业	481	123	566	0	836	215	1183
其他联营企业	34	20	30	0	97	62	83
私营合伙企业	400	240	921	56	1486	459	1816
合作经营企业(港或澳、台资)	3572	14690	48861	0	74211	25351	2777
中外合作经营企业	1136	283	58	519	374	321	794
其他企业（内资）	80	28	-60	69	111	101	166
股份有限公司	189735	76274	401843	16265	558561	106379	90185
股份有限公司(内资)	187297	75561	400009	15885	554578	104454	85497
私营股份有限公司	1948	717	2051	157	3708	1447	3016
港澳台商投资股份有限公司	385	-5	-77	83	410	474	1644
外商投资股份有限公司	104	0	-140	140	-136	5	28
有限责任公司	318117	190562	125887	96456	347587	184803	287422
国有独资公司	126931	77417	-2471	35167	47934	38117	108935
私营有限责任公司	11356	4107	5358	2388	14421	6536	19215
合资经营企业(港或澳、台资)	10143	4756	10758	4932	19320	7701	10391
中外合资经营企业	49403	13268	85897	7845	134682	47585	15569
其他有限责任公司	120284	91015	26346	46124	131231	84863	133312
三、在总计中：亏损企业	308863	178672	-361078	361078	-228299	89666	424790
在总计中：国有及国有控股企业	1018551	467419	436923	316122	1251120	517812	938093
在总计中：农村工业	17318	12011	16581	4648	32802	11152	52631
四、按轻重工业分							
轻工业	268226	94744	135452	112079	502500	208070	319508
以农产品为原料	170543	78986	18913	95292	305324	133370	243993
以非农产品为原料	97683	15758	116538	16788	197176	74701	75515
重工业	910524	461707	494186	248999	1118086	457467	835107
采掘工业	226465	98490	421832	16161	647024	142912	164238
原料工业	167658	161565	52419	106956	288818	169811	198064
加工工业	516401	201652	19935	125882	182244	144744	472805
五、按企业规模分							
特大型企业	219255	82551	378100	16015	523708	102287	72017
大一型企业	308715	146084	119769	69524	313355	157838	264326
大二型企业	241791	105792	6352	81481	287952	136633	251706
中一型企业	43381	23256	-20491	32460	6835	24474	62959
中二型企业	91388	49530	55767	46469	180168	75065	106722
小型企业	274220	149238	90140	115131	308568	169240	396885

13-2 续表27 （2001年） 单位：万元

指 标	管理费用	利息支出	利润总额	亏损企业亏损额	利税总额	本年应交增值税	全部从业人员年平均人数（人）
六、按工业行业分							
煤炭采选业	59086	33669	-4305	12774	35718	32195	94799
石油和天然气开采业	126372	55794	417635	0	592953	102797	36160
黑色金属矿采选业	813	195	-243	299	155	301	1588
铁矿采选业	490	141	-26	70	272	211	1078
有色金属矿采选业	38677	8289	9498	2208	18170	7102	26573
非金属矿采选业	1386	540	-342	481	554	594	2907
木材及竹材采运业	371	60	-398	398	-325	53	2551
食品加工业	13235	7120	1646	8367	5655	2888	28944
粮食及饲料加工业	7511	2955	1120	3107	3191	1357	12692
植物油加工业	2957	2399	-2320	2978	-1745	616	2825
屠宰及肉类蛋类加工业	2276	1544	2533	2173	3488	604	12102
食品制造业	9826	4192	5134	2572	14453	8464	18461
糕点、糖果制造业	3432	1632	3710	241	7858	4026	6458
乳制品制造业	3070	841	2357	201	5584	2929	6369
罐头食品制造业	1357	787	-862	863	-237	568	810
饮料制造业	17217	9405	-2458	16972	33089	16505	19438
酒精及饮料酒制造业	10592	5519	2413	8383	33507	12236	13685
软饮料制造业	6062	3874	-5800	8589	-2092	3700	5333
烟草加工业	32629	20522	3539	12854	175885	44749	11210
纺织业	41081	20238	-18625	25432	8266	24876	98266
纤维原料初步加工业	439	284	-220	236	-24	101	2238
棉纺织业	33946	10871	-3647	10100	21365	23272	83374
毛纺织业	3857	7135	-11729	11797	-11648	82	3686
麻纺织业	76	11	-94	94	-79	13	320
丝绢纺织业	1984	1485	-2350	2358	-1072	1162	6368
针织品业	779	452	-587	848	-275	245	2280
服装及其他纤维制品制造业	4980	1247	-79	3480	2504	2278	9761
服装制造业	4980	1247	-79	3480	2504	2278	9761
皮革、毛皮、羽绒及其制品业	2481	1299	-8823	9141	-8249	548	4185
木材加工及竹、藤、棕、草制品业	1575	919	24	449	1191	642	2291
家具制造业	2544	804	547	263	1420	714	3312
造纸及纸制品业	5802	3863	1167	3283	6001	3731	19120
造纸业	4241	2907	796	2454	4466	2692	13029
纸制品业	1425	939	338	713	1362	908	5335
印刷业	21799	4545	17773	10997	29377	11931	17654
文教体育用品制造业	97	7	352	2	436	70	211
石油加工及炼焦业	23723	15510	9502	3419	95646	34967	13317
原油加工业	19464	13065	11013	423	91525	29843	5555
石油制品业	104	41	20	0	104	65	60
炼焦业	4155	2403	-1531	2996	4018	5059	7702

13-2 续表28　　(2001年)　　单位：万元

指　　标	管理费用	利息支出	利润总额	亏损企业亏损额	利税总额	本年应交增值税	全部从业人员年平均人数（人）
化学原料及化学制品制造业	54985	23619	3724	18888	26825	20697	69411
基本化学原料制造业	9928	1697	-2486	3667	2920	4820	13948
化学肥料制造业	21775	13228	-110	11230	7874	7286	27884
化学农药制造业	149	21	226	0	194	10	210
有机化学产品制造业	4781	1801	1825	964	5370	3253	5321
合成材料制造业	666	935	-107	414	389	379	1246
专用化学材料制造业	15223	4734	2674	2613	5466	2365	18238
日用化学产品制造业	2463	1203	1703	0	4612	2585	2564
医药制造业	70912	11763	92716	4487	159851	63967	34842
化学药品原药制造业	14390	1896	12683	1844	21896	8539	8346
化学药品制剂制造业	40604	5659	67541	1205	111802	42503	14997
中药材及中成药加工业	13417	2340	5370	1333	17405	11548	9713
动物药品制造业	230	91	301	81	449	142	454
生物制品业	2272	1778	6820	24	8299	1235	1332
化学纤维制造业	917	2	6133	69	7814	1575	312
橡胶制品业	3950	1286	-506	1275	851	1122	6624
塑料制品业	1987	1625	-468	1495	341	645	4329
非金属矿物制造业	38444	18170	-2777	19213	23474	22539	73997
水泥制造业	25715	12937	878	12045	20556	16929	47662
水泥制品和石棉水泥制品业	3875	1143	531	1322	2607	1642	5344
砖瓦、石灰和轻质建筑材料制造业	1831	512	375	273	1133	528	5913
玻璃及玻璃制造业	2567	2691	-3359	3795	-2012	1287	6158
陶瓷制品业	894	205	-973	1122	-648	283	2118
耐火材料制品业	398	33	-68	94	44	94	1139
黑色金属冶炼及压延加工业	18335	17164	-1449	12706	14347	14769	24075
炼铁业	918	1599	-3443	3502	-2827	766	4983
炼钢业	6788	6737	-1990	7443	3584	5144	9333
钢压延加工业	10102	8651	3689	1683	12614	8225	8454
铁合金冶炼业	527	178	294	78	976	635	1305
有色金属冶炼及压延加工业	17913	11318	-916	6415	9180	9163	23846
重有色金属冶炼业	2528	2253	303	1330	2669	2137	7032
轻有色金属冶炼业	5313	3776	-2123	2772	436	2350	6590
贵金属冶炼业	344	-4	-190	210	-109	44	452
稀有稀土金属冶炼业	609	212	-213	336	-46	164	706
有色金属合金业	2	1	32	0	36	2	98
有色金属压延加工业	9117	5081	1274	1768	6194	4467	8968
金属制品业	12186	2835	1313	1849	7840	5691	17445
普通机械制造业	47900	25188	5632	16212	26778	18816	53624
锅炉及原动机制造业	8332	3879	-5173	5654	-4175	863	10873
金属加工机械制造业	13696	5022	1739	2210	5705	3510	12864
通用设备制造业	14145	5774	4503	5579	13333	7862	14874
轴承、阀门制造业	2661	1433	-2265	2343	-1372	803	3715
其它通用零部件制造业	5255	5761	5677	109	10555	4600	4237
铸锻件制造业	2990	3247	1422	24	2896	1082	6074

13-2 续表29 （2001年） 单位：万元

指 标	管理费用	利息支出	利润总额	亏损企业亏损额	利税总额	本年应交增值税	全部从业人员年平均人数（人）
专用设备制造业	63037	23516	-5113	31162	18985	22352	63690
冶金、矿山、机电工业专用设备制造业	11761	5767	-4785	6529	-562	3892	16948
石化及其它工业专用设备制造业	12243	5692	-7079	8786	-2979	3866	12166
轻纺工业专用设备制造业	8220	2321	-2426	3792	-48	2229	9862
农、林、牧、渔、水利业机械制造业	3792	1505	-2079	2301	-1394	610	6138
医疗器械制造业	2768	347	1514	36	3329	1647	2805
交通运输设备制造业	172246	55726	13052	19988	43227	26753	142058
铁路运输设备制造业	32401	1632	6562	2654	18335	10747	20836
汽车制造业	16106	5740	2878	2987	9400	5305	15865
摩托车制造业	164	0	-95	95	-70	23	154
自行车制造业	488	4	75	85	169	87	476
船舶制造业	3832	596	-1372	1372	-1187	152	4763
航空航天器制造业	112906	46938	4142	12686	15330	10179	94464
交通运输设备修理业	6349	816	861	110	1250	260	5500
武器弹药制造业	28813	12446	-9772	11034	-8637	936	29075
电气机械及器材制造业	57519	18017	4897	10843	29764	22095	43887
电机制造业	5367	1883	58	478	2141	1889	6351
输配电及控制设备制造业	40307	11083	2141	5266	18036	14582	25657
电工器材制造业	3853	1518	1819	801	4891	2611	4124
日用电器制造业	6495	2521	622	3956	2591	1445	3517
照明器具制造业	1122	677	-247	342	813	919	3842
电子及通信设备制造业	89284	35223	41444	16545	90825	44007	57565
通信设备制造业	17999	6181	6208	1552	14241	6853	9282
雷达制造业	12136	1035	1169	576	1652	495	7291
广播电视设备制造业	1564	2820	-3723	3759	-3539	163	1485
电子计算机制造业	2916	2588	2187	56	3441	782	883
电子器件制造业	29484	12286	21631	3553	45456	21768	16320
电子元件制造业	18225	9799	1784	5181	10166	7352	15517
电视机、录像机、摄像机制造业	5291	373	11581	1867	18092	5926	5983
仪器仪表及文化办公用机械制造业	24084	10165	94	6333	5457	4550	19311
通用仪器仪表制造业	17800	5780	-2386	5523	667	2476	14779
专用仪器仪表制造业	5073	3895	3270	0	5336	1860	3322
电子测量仪器制造业	432	170	-237	237	-223	13	207
计量器具制造业	547	254	-395	395	-230	149	703
文化、办公用机械制造业	60	15	12	0	56	40	160
其它制造业	1616	1331	10209	526	13387	2378	4103
电力、蒸汽、热水的生产和供应业	59642	98405	43569	64464	136059	83618	61926
电力生产业	44705	81584	18059	56279	85970	61842	38120
电力供应业	14664	16770	25811	7882	50255	21656	23410
蒸汽、热水生产和供应业	273	52	-300	303	-167	120	396
煤气生产和供应业	2029	31	-892	898	-390	459	1974
自来水的生产和供应业	9261	406	-2796	3288	1711	4003	11773

13-3 国有及国有控股工业企业主要经济指标

（2001年） 单位：万元

指　　标	企业单位数（个）	#亏损企业	工业总产值 按1990年不变价格计算	工业总产值 现行价格	工业销售产值（现价）
总　　计	1439	665	8218968	10383742	10179608
在总计中：亏损企业	665	665	1324603	1633204	1585454
一、按隶属关系分					
中央企业	164	62	3575902	4603964	4542648
地方企业	1275	603	4643066	5779777	5636960
二、按轻重工业分					
轻工业	605	297	1903496	2034102	1963886
以农产品为原料	389	196	1177394	1396673	1342154
以非农产品为原料	216	101	726102	637429	621731
重工业	834	368	6315472	8349640	8215723
采掘工业	131	48	904133	2523538	2494028
原料工业	247	108	914216	1824582	1786777
加工工业	456	212	4497122	4001520	3934918
三、按企业规模分					
特大型企业	6	1	1274551	2186837	2185294
大一型企业	62	18	2480319	2627477	2611892
大二型企业	115	52	1941457	2403548	2339355
中一型企业	52	27	555604	525399	516919
中二型企业	144	70	689203	1005457	970528
小型企业	1060	497	1277834	1635025	1555620
四、按工业行业分					
煤炭采选业	61	24	296775	358655	378341
石油和天然气开采业	16	0	440398	1971525	1932663
黑色金属矿采选业	5	2	1943	3297	3084
铁矿采选业	3	1	1458	2321	2384
有色金属矿采选业	39	15	160671	184936	175016
非金属矿采选业	8	4	5185	6980	6561
木材及竹材采运业	3	3	644	640	678
食品加工业	102	56	86092	114271	109078
粮食及饲料加工业	71	39	28045	50812	50487
植物油加工业	11	7	15429	17520	14424
屠宰及肉类蛋类加工业	17	10	41490	44672	43099
食品制造业	56	22	43626	60054	56270
糕点、糖果制造业	17	4	8584	15787	15501
乳制品制造业	11	3	13392	22371	17913
罐头食品制造业	2	1	4412	7503	7281
饮料制造业	34	18	104680	160934	163282
酒精及饮料酒制造业	23	12	82667	140132	142575
软饮料制造业	11	6	22013	20802	20707
烟草加工业	14	6	283184	376143	362853
纺织业	56	37	391384	398176	375110
纤维原料初步加工业	2	1	6249	5637	5438
棉纺织业	36	19	346663	358898	337097
毛纺织业	5	5	4044	4267	4355
丝绢纺织业	8	7	28566	22852	21946
针织品业	5	5	5864	6522	6274
服装及其他纤维制品制造业	8	3	11883	13111	13267
服装制造业	8	3	11883	13111	13267

13-3 续表1 （2001年） 单位：万元

指 标	企业单位数（个）	#亏损企业	工业总产值 按1990年不变价格计算	工业总产值 现行价格	工业销售产值（现价）
皮革、毛皮、羽绒及其制品业	3	2	3244	5562	7313
木材加工及竹、藤、棕、草制品业	7	3	2438	2095	1675
家具制造业	6	3	2566	3339	2506
造纸及纸制品业	28	13	39491	43986	39705
造纸业	15	8	31647	35461	32789
纸制品业	11	4	4792	6050	4244
印刷业	53	24	129467	138782	133789
文教体育用品制造业	4	1	507	508	530
石油加工及炼焦业	11	3	183567	688447	668175
原油加工业	3	0	163258	659536	650857
石油制品业	1	0	363	363	363
炼焦业	7	3	19946	28547	16955
化学原料及化学制品制造业	74	40	414747	440634	438108
基本化学原料制造业	13	11	57517	55351	53124
化学肥料制造业	30	19	229348	253630	253791
有机化学产品制造业	11	3	53282	40332	38566
合成材料制造业	1	1	2113	1468	1442
专用化学材料制造业	15	6	42091	56865	58113
日用化学产品制造业	4	0	30396	32988	33072
医药制造业	55	20	253734	280259	263090
化学药品原药制造业	10	5	78816	79867	74849
化学药品制剂制造业	25	7	149493	176506	166863
中药材及中成药加工业	17	6	24956	23029	20433
动物药品制造业	1	1	50	40	26
生物制品业	2	1	419	818	919
化学纤维制造业	1	0	27254	27254	26425
橡胶制品业	8	4	12848	13957	14772
塑料制品业	19	11	10735	11428	9898
非金属矿物制造业	122	51	140944	181823	171814
水泥制造业	56	23	79437	108580	103622
水泥制品和石棉水泥制品业	19	9	14096	23011	21424
砖瓦、石灰和轻质建筑材料制造业	23	5	9696	11064	9714
玻璃及玻璃制造业	5	3	12236	13211	11268
陶瓷制品业	9	4	7288	5079	3839
耐火材料制品业	2	2	1537	1685	1607
黑色金属冶炼及压延加工业	18	11	133017	180492	179994
炼铁业	4	2	6944	10819	11626
炼钢业	4	4	37594	62082	57103
钢压延加工业	7	4	88086	107221	110986
铁合金冶炼业	3	1	394	371	280
有色金属冶炼及压延加工业	19	13	162371	187657	180450
重有色金属冶炼业	4	3	19011	25705	24497
轻有色金属冶炼业	4	2	60717	80049	79027
贵金属冶炼业	3	3	2272	2619	2351
稀有稀土金属冶炼业	1	0	2844	1604	1295
有色金属压延加工业	7	5	77527	77680	73280

13-3 续表2 （2001年） 单位：万元

指 标	企业单位数（个）	# 亏损企业	工业总产值 按1990年不变价格计算	工业总产值 现行价格	工业销售产值（现价）
金属制品业	28	11	48169	66726	61507
普通机械制造业	75	37	356243	342375	324221
锅炉及原动机制造业	16	10	31307	31083	29595
金属加工机械制造业	12	4	93608	87945	86550
通用设备制造业	28	16	123550	122345	114847
轴承、阀门制造业	4	3	12703	12743	9982
其它通用零部件制造业	5	1	46375	36130	32582
铸锻件制造业	7	1	47567	50294	48829
专用设备制造业	97	54	409002	381763	360761
冶金、矿山、机电工业专用设备制造业	10	4	77218	79856	74696
石化及其它工业专用设备制造业	18	12	68230	71314	69905
轻纺工业专用设备制造业	21	14	46767	47805	43549
农、林、牧、渔、水利业机械制造业	23	15	8582	9417	9138
医疗器械制造业	7	1	24268	22339	20570
交通运输设备制造业	75	30	1343262	1288547	1272260
铁路运输设备制造业	14	3	127181	179886	194526
汽车制造业	14	8	215522	202670	198511
摩托车制造业	2	2	488	486	527
自行车制造业	1	1	97	97	75
船舶制造业	1	1	14369	16363	16363
航空航天器制造业	30	10	963995	867393	841060
交通运输设备修理业	13	5	21609	21652	21197
武器弹药制造业	7	2	175965	185905	181286
电气机械及器材制造业	41	17	560142	477312	480718
电机制造业	7	4	26469	25204	26311
输配电及控制设备制造业	18	5	378213	308309	311147
电工器材制造业	10	4	61304	57582	50395
日用电器制造业	4	3	73782	71343	78966
照明器具制造业	2	1	20374	14874	13898
电子及通信设备制造业	37	11	1583480	1046833	1052394
通信设备制造业	11	2	194905	191728	193518
雷达制造业	3	1	48765	55801	52763
广播电视设备制造业	1	1	7008	5462	3890
电子计算机制造业	1	0	3723	473	470
电子器件制造业	5	2	786120	474606	490472
电子元件制造业	10	4	271826	181135	171931
电视机、录像机、摄像机制造业	4	1	269597	136287	138133
仪器仪表及文化办公用机械制造业	22	12	124572	119215	117097
通用仪器仪表制造业	14	8	92005	92454	93597
专用仪器仪表制造业	2	0	29056	23782	20748
电子测量仪器制造业	1	1	988	771	847
计量器具制造业	4	2	2083	1767	1550
其它制造业	15	10	4366	4861	3798
电力、蒸汽、热水的生产和供应业	110	39	253713	550654	546628
电力生产业	65	25	148173	348246	346138
电力供应业	43	13	104591	200951	199033
蒸汽、热水生产和供应业	2	1	950	1457	1457
煤气生产和供应业	3	2	3249	16499	17878
自来水的生产和供应业	99	51	13410	48110	46614

13-3 续表3 （2001年） 单位：万元

指标	工业增加值	资产总计	流动资产小计	#存货	#产成品
总计	3574142	25947930	9991297	3031686	1153187
在总计中：亏损企业	479069	7358783	2686538	792064	345324
一、按隶属关系分					
中央企业	1698666	12725790	4570325	1361686	368902
地方企业	1875475	13222140	5420972	1670000	784286
二、按轻重工业分					
轻工业	746437	4246559	2068757	706926	332407
以农产品为原料	518768	2811092	1360131	541219	219040
以非农产品为原料	227669	1435467	708626	165708	113368
重工业	2827705	21701371	7922540	2324760	820780
采掘工业	1128557	5285218	1068124	198496	101099
原料工业	611710	6341325	1665147	304829	123970
加工工业	1087437	10074828	5189269	1821436	595710
三、按企业规模分					
特大型企业	849406	5597418	2167084	485663	129360
大一型企业	856369	7259780	2625901	875499	281056
大二型企业	826473	5079944	2299405	793361	309261
中一型企业	123732	1036958	407086	128590	61934
中二型企业	331295	2127424	919244	337391	163924
小型企业	586867	4846407	1572577	411181	207653
四、按工业行业分					
煤炭采选业	143650	1432744	323440	84917	28019
石油和天然气开采业	910377	3415002	563473	50527	34116
黑色金属矿采选业	1151	6938	2831	427	184
铁矿采选业	930	3746	1209	175	104
有色金属矿采选业	71967	396770	165461	59721	36832
非金属矿采选业	1881	20283	10248	3345	2564
木材及竹材采运业	245	21074	7311	1191	779
食品加工业	30969	181538	64787	20767	7762
粮食及饲料加工业	12728	77941	30128	7036	2007
植物油加工业	3497	17882	4517	1872	876
屠宰及肉类蛋类加工业	14316	77029	27684	11015	4048
食品制造业	19916	99489	45510	11067	5779
糕点、糖果制造业	5197	26472	12497	1634	188
乳制品制造业	8558	26285	13289	5629	4058
罐头食品制造业	1685	14052	6388	2374	388
饮料制造业	54155	294881	106609	42030	23849
酒精及饮料酒制造业	48833	219384	81955	34481	20577
软饮料制造业	5322	75497	24654	7548	3272
烟草加工业	199203	697158	518001	223664	36457
纺织业	117560	912128	347959	167673	103729
纤维原料初步加工业	1428	4598	1730	943	496
棉纺织业	110434	702654	268973	127023	74287
毛纺织业	455	111129	50254	27337	23474
丝绢纺织业	4602	63099	16398	8852	3440
针织品业	641	30649	10604	3518	2032
服装及其他纤维制品制造业	3928	24026	11188	3384	1534
服装制造业	3928	24026	11188	3384	1534

13-3 续表4 (2001年) 单位：万元

指标	工业增加值	资产总计	流动资产小计	#存货	#产成品
皮革、毛皮、羽绒及其制品业	-317	20018	10352	5351	3110
木材加工及竹、藤、棕、草制品业	645	13390	4366	1035	481
家具制造业	1529	6172	4397	2382	1020
造纸及纸制品业	12147	165932	67224	26099	20018
造纸业	9470	146572	62312	23610	18123
纸制品业	1945	16277	3102	1067	678
印刷业	54988	298249	125122	22086	8679
文教体育用品制造业	175	1123	942	256	164
石油加工及炼焦业	164954	550860	223069	83963	42012
原油加工业	159078	454012	167805	59421	21336
石油制品业	118	573	430	82	72
炼焦业	5759	96275	54834	24460	20604
化学原料及化学制品制造业	114386	1246899	294422	93009	41932
基本化学原料制造业	15566	183945	40097	13996	8695
化学肥料制造业	67033	734197	135063	40820	15187
有机化学产品制造业	14935	76456	26305	6279	2457
合成材料制造业	74	15397	8855	4776	4162
专用化学材料制造业	11359	197065	62821	20559	8651
日用化学产品制造业	5418	39838	21281	6579	2780
医药制造业	118488	491453	260410	60375	35605
化学药品原药制造业	44944	222269	124961	12119	4715
化学药品制剂制造业	64575	222761	109503	39950	27108
中药材及中成药加工业	8637	43849	25032	8064	3653
动物药品制造业	13	224	172	22	16
生物制品业	319	2351	743	220	112
化学纤维制造业	11245	28463	15250	3673	1109
橡胶制品业	4585	48097	24308	6928	3544
塑料制品业	2992	28227	12117	2884	1197
非金属矿物制造业	60722	507540	262442	67291	39659
水泥制造业	33044	259567	109532	30775	17357
水泥制品和石棉水泥制品业	6793	64207	26832	12094	5707
砖瓦、石灰和轻质建筑材料制造业	5140	36243	8831	4007	2632
玻璃及玻璃制造业	3688	49242	24885	9820	7869
陶瓷制品业	1545	46423	69984	1785	1489
耐火材料制品业	214	10291	2802	767	668
黑色金属冶炼及压延加工业	47245	468886	186608	71003	26129
炼铁业	1846	33124	15696	3828	2545
炼钢业	12327	110168	40482	24661	8069
钢压延加工业	32977	322817	129710	42267	15471
铁合金冶炼业	95	2777	720	247	45
有色金属冶炼及压延加工业	48502	430474	207822	87468	22505
重有色金属冶炼业	6294	43969	22963	7296	2813
轻有色金属冶炼业	18286	128155	46711	23794	4043
贵金属冶炼业	384	11018	2855	1082	709
稀有稀土金属冶炼业	583	13013	5778	1537	1167
有色金属压延加工业	22954	234319	129516	53760	13772

13-3 续表5 (2001年) 单位：万元

指 标	工 业 增加值	资 产 总 计	流动资产 小 计	# 存 货	# 产成品
金属制品业	22943	148246	85433	42029	25435
普通机械制造业	117761	906679	487642	200371	81176
锅炉及原动机制造业	7802	122904	59669	25571	13180
金属加工机械制造业	29225	301297	158424	73718	21493
通用设备制造业	49162	259282	161380	53678	20406
轴承、阀门制造业	3863	53177	35821	16658	10950
其它通用零部件制造业	14616	70261	25147	11482	3631
铸锻件制造业	12289	93741	44042	17492	11058
专用设备制造业	133352	1034441	576442	237569	109621
冶金、矿山、机电工业专用设备制造业	24945	233453	118479	51487	23113
石化及其它工业专用设备制造业	22564	190182	120080	61966	35497
轻纺工业专用设备制造业	9644	145342	53872	25361	8587
农、林、牧、渔、水利业机械制造业	3347	56782	31381	12443	5578
医疗器械制造业	8204	33495	21317	7190	4055
交通运输设备制造业	344251	3002784	1698040	716905	177385
铁路运输设备制造业	51380	263479	166495	73013	37058
汽车制造业	49046	373168	166197	76750	26742
摩托车制造业	121	2154	1280	593	139
自行车制造业	-10	251	136	83	4
船舶制造业	4546	39354	16535	9416	742
航空航天器制造业	232914	2274315	1328809	548747	111958
交通运输设备修理业	6254	50064	18589	8303	741
武器弹药制造业	40339	690545	191930	73452	14626
电气机械及器材制造业	121500	1246989	711115	204411	111695
电机制造业	7318	71457	45458	18972	10168
输配电及控制设备制造业	73111	754071	417701	110357	38758
电工器材制造业	19399	55296	28929	11334	8195
日用电器制造业	16742	346668	209040	57818	50288
照明器具制造业	4930	19496	9988	5930	4286
电子及通信设备制造业	250723	2036741	1172699	245812	75160
通信设备制造业	49709	362055	259172	41823	9300
雷达制造业	20811	218442	152445	54159	5950
广播电视设备制造业	-1351	73289	61877	10799	5809
电子计算机制造业	181	1520	1156	0	0
电子器件制造业	91745	734269	401086	72619	18524
电子元件制造业	56074	480073	239505	64407	34658
电视机、录像机、摄像机制造业	33055	163213	55763	1416	578
仪器仪表及文化办公用机械制造业	34421	506453	292568	98548	28033
通用仪器仪表制造业	28566	316886	177355	42695	16079
专用仪器仪表制造业	5111	167727	107327	52217	11014
电子测量仪器制造业	183	8051	3527	1911	402
计量器具制造业	450	10798	3189	1068	538
其它制造业	1486	10111	5055	2123	1291
电力、蒸汽、热水的生产和供应业	281826	4304898	848939	4625	0
电力生产业	157763	2588245	571954	4213	0
电力供应业	123493	1705465	275029	412	0
蒸汽、热水生产和供应业	570	11188	1957	0	0
煤气生产和供应业	3368	41928	12565	1131	0
自来水的生产和供应业	24887	210301	43200	2196	0

13-3 续表6 （2001年） 单位：万元

指 标	流动资产年平均余额	固定资产小计	固定资产原值	累计折旧	#本年折旧
总 计	9411697	13657829	17847526	5435585	927893
在总计中： 亏损企业	2571118	3650355	4421409	1331872	195354
一、按隶属关系分					
中央企业	4301789	7151440	9361135	2853076	432460
地方企业	5109908	6506389	8486390	2582509	495433
二、按轻重工业分					
轻工业	1873795	1630909	2214243	759651	98745
以农产品为原料	1199974	1156516	1615412	574711	74342
以非农产品为原料	673821	474393	598831	184940	24403
重工业	7537902	12026920	15633283	4675934	829148
采掘工业	921629	4111878	5409946	1554091	317313
原料工业	1574507	3918036	4733312	1203833	211240
加工工业	5041767	3997006	5490025	1918010	300595
三、按企业规模分					
特大型企业	2025660	2683939	3713998	1253282	191728
大一型企业	2498984	4058996	5316420	1715086	309104
大二型企业	2161456	2333091	3142905	1126760	136551
中一型企业	411187	577768	771639	278000	25651
中二型企业	840272	1097225	1385515	397341	72026
小型企业	1474138	2906811	3517049	665117	192833
四、按工业行业分					
煤炭采选业	296481	1044367	1229539	278607	25347
石油和天然气开采业	537424	2842078	3863060	1149167	276773
黑色金属矿采选业	2647	4001	5366	1713	374
铁矿采选业	1116	2437	2873	487	216
有色金属矿采选业	72711	202777	285182	114188	14364
非金属矿采选业	9898	8877	12807	6023	279
木材及竹材采运业	6793	12595	16578	5253	212
食品加工业	62481	79663	99611	27049	2556
粮食及饲料加工业	31511	32506	43548	13191	1161
植物油加工业	3360	11257	11089	2417	437
屠宰及肉类蛋类加工业	26778	32790	40740	9583	256
食品制造业	42955	46298	59323	16933	4025
糕点、糖果制造业	11023	10108	12797	3657	441
乳制品制造业	12413	10549	14335	3956	395
罐头食品制造业	6339	7366	7606	2740	1558
饮料制造业	101570	151044	187186	52987	8675
酒精及饮料酒制造业	77679	106456	137065	46879	7513
软饮料制造业	23890	44588	50121	6108	1162
烟草加工业	368403	160496	246567	97609	13223
纺织业	335969	439987	656481	257975	26385
纤维原料初步加工业	1461	2152	3497	1344	180
棉纺织业	258158	354026	550584	227469	24928
毛纺织业	50164	26739	39284	15396	425
丝绢纺织业	15650	41920	42655	7570	628
针织品业	10537	15151	20461	6196	224
服装及其他纤维制品制造业	11804	11555	16010	5369	356
服装制造业	11804	11555	16010	5369	356

13-3 续表7 （2001年） 单位：万元

指 标	流动资产年平均余额	固定资产小计	固定资产原值	累计折旧	#本年折旧
皮革、毛皮、羽绒及其制品业	19628	7873	10772	5582	392
木材加工及竹、藤、棕、草制品业	4344	8459	9597	1379	57
家具制造业	4016	1762	2516	819	67
造纸及纸制品业	67671	77678	84146	14028	3730
造纸业	63592	67503	75395	13022	3384
纸制品业	2356	8983	7295	696	330
印刷业	130834	132606	181222	67640	11362
文教体育用品制造业	951	173	265	94	10
石油加工及炼焦业	219964	279892	348159	97291	24524
原油加工业	165130	248107	302693	80892	22516
石油制品业	430	134	164	30	10
炼焦业	54403	31651	45302	16369	1998
化学原料及化学制品制造业	288920	827640	1026669	265099	36126
基本化学原料制造业	41016	97833	134908	49402	4112
化学肥料制造业	125023	542871	664074	152148	24282
有机化学产品制造业	26204	43885	52551	13218	2574
合成材料制造业	8656	6542	7613	1816	125
专用化学材料制造业	66333	118626	142591	38377	4340
日用化学产品制造业	21689	17882	24931	10139	695
医药制造业	234164	132732	164525	44236	6528
化学药品原药制造业	109488	32840	40602	8691	1421
化学药品制剂制造业	100028	82437	102388	29871	4286
中药材及中成药加工业	23679	15800	19927	5175	765
动物药品制造业	171	52	71	19	2
生物制品业	798	1604	1536	481	54
化学纤维制造业	11791	12957	26809	13852	2119
橡胶制品业	24904	21873	32316	14092	3017
塑料制品业	12123	12919	16228	4973	304
非金属矿物制造业	274533	262601	331097	105803	12015
水泥制造业	110727	138893	168742	55646	7232
水泥制品和石棉水泥制品业	26955	35170	42816	12452	1887
砖瓦、石灰和轻质建筑材料制造业	8639	17874	23766	7234	455
玻璃及玻璃制造业	24810	20973	32039	11678	946
陶瓷制品业	81624	29276	34748	5961	452
耐火材料制品业	2680	1970	6113	4482	84
黑色金属冶炼及压延加工业	159470	251033	285640	66829	14397
炼铁业	15678	16033	15875	3972	176
炼钢业	41041	63543	76270	26418	3051
钢压延加工业	102067	169416	191893	36011	11140
铁合金冶炼业	685	2042	1601	428	31
有色金属冶炼及压延加工业	176541	192589	257252	112970	9123
重有色金属冶炼业	21174	19626	24787	8842	877
轻有色金属冶炼业	46925	71626	85084	38033	3149
贵金属冶炼业	2835	6759	7154	782	31
稀有稀土金属冶炼业	5722	6866	4472	1253	81
有色金属压延加工业	99886	87712	135755	64060	4985

13-3 续表8 (2001年) 单位：万元

指 标	流动资产年平均余额	固定资产小计	固定资产原值	累计折旧	#本年折旧
金属制品业	86391	51798	83551	40917	3981
普通机械制造业	470411	318354	430949	161019	12338
锅炉及原动机制造业	57795	52466	79244	31163	1989
金属加工机械制造业	148048	93471	138933	56999	4594
通用设备制造业	152031	76368	109949	42341	3349
轴承、阀门制造业	35902	13977	17491	9254	413
其它通用零部件制造业	30356	30563	29991	7254	402
铸锻件制造业	43170	48819	51123	12436	1780
专用设备制造业	570657	399117	563036	225446	21984
冶金、矿山、机电工业专用设备制造业	116439	97291	164893	76987	9926
石化及其它工业专用设备制造业	112931	62917	91693	40030	2106
轻纺工业专用设备制造业	53693	77776	90829	29646	4002
农、林、牧、渔、水利业机械制造业	31051	23120	33525	12700	816
医疗器械制造业	19669	10828	13727	4680	333
交通运输设备制造业	1610351	1005322	1476757	519235	140913
铁路运输设备制造业	157950	83758	127510	52278	6876
汽车制造业	152533	185219	140421	41566	3905
摩托车制造业	1239	706	1027	324	21
自行车制造业	175	19	55	35	2
船舶制造业	15654	22819	36291	13550	1487
航空航天器制造业	1267397	683182	909943	392297	55131
交通运输设备修理业	15403	29620	261511	19185	73492
武器弹药制造业	197659	466433	564151	145393	27885
电气机械及器材制造业	702357	325243	444271	170312	6252
电机制造业	44458	24570	37260	13076	1230
输配电及控制设备制造业	413112	198325	290698	137902	1160
电工器材制造业	27960	17229	19432	3114	580
日用电器制造业	207385	76855	84366	11465	2874
照明器具制造业	9442	8265	12515	4755	408
电子及通信设备制造业	1146484	639028	937048	379496	49263
通信设备制造业	244857	80838	98531	27114	2701
雷达制造业	141179	47181	68747	31427	16384
广播电视设备制造业	61659	6638	10118	3873	568
电子计算机制造业	1156	364	436	76	0
电子器件制造业	393056	279056	491693	245278	21966
电子元件制造业	255057	179625	218197	60512	6685
电视机、录像机、摄像机制造业	47824	44980	48617	10854	840
仪器仪表及文化办公用机械制造业	270757	169600	214855	81514	7795
通用仪器仪表制造业	167603	111976	146390	54796	5351
专用仪器仪表制造业	95438	43999	53156	22767	2157
电子测量仪器制造业	3398	4454	4964	1159	31
计量器具制造业	3171	7425	7789	1983	147
其它制造业	4926	3332	4931	1674	94
电力、蒸汽、热水的生产和供应业	818281	2872593	3435204	798856	148740
电力生产业	559924	1448832	1755199	422651	83491
电力供应业	256407	1414736	1670866	374716	64872
蒸汽、热水生产和供应业	1950	9025	9139	1490	377
煤气生产和供应业	12497	26711	30720	4967	406
自来水的生产和供应业	41939	153777	207131	79198	11904

13-3 续表9　　（2001年）　　单位：万元

指　　标	固定资产净值年平均余额	负债合计	#流动负债小计	#长期负债小计	所有者权益合计
总　计	11368467	17433595	10580438	5995714	8395631
在总计中：亏损企业	2870448	6552818	4124428	1877317	804808
一、按隶属关系分					
中央企业	6004676	7869006	4358288	2922165	4738460
地方企业	5363791	9564590	6222150	3073549	3657172
二、按轻重工业分					
轻工业	1411251	2945204	2247536	504696	1301355
以农产品为原料	1000458	2171612	1775284	374903	639479
以非农产品为原料	410793	773592	472252	129793	661875
重工业	9957216	14488391	8332902	5491017	7094277
采掘工业	3547583	3030010	1152467	1863890	2255208
原料工业	3209324	4287316	1992951	1762041	2054009
加工工业	3200310	7171066	5187485	1865086	2785059
三、按企业规模分					
特大型企业	2441536	3407141	1766512	1124737	2073153
大一型企业	3355113	4463136	2694339	1699037	2795486
大二型企业	1967436	3590040	2636689	917363	1489859
中一型企业	411377	840986	562117	278868	195972
中二型企业	925441	1547712	1134160	393850	579711
小型企业	2267565	3584580	1786622	1581858	1261449
四、按工业行业分					
煤炭采选业	844188	1077885	339090	728375	354859
石油和天然气开采业	2502447	1673749	652411	1020489	1741253
黑色金属矿采选业	3931	6197	3014	1835	741
铁矿采选业	2387	4231	1566	1318	-486
有色金属矿采选业	180699	251214	143645	106881	145556
非金属矿采选业	6830	16934	12939	3648	3349
木材及竹材采运业	11344	9802	5776	4026	11271
食品加工业	57749	141120	101187	36245	40418
粮食及饲料加工业	30823	74316	50668	20668	3625
植物油加工业	6022	23574	15381	8074	-5692
屠宰及肉类蛋类加工业	18007	42028	34202	7238	35001
食品制造业	43028	82361	69702	10415	17127
糕点、糖果制造业	9623	15703	14042	1507	10769
乳制品制造业	10372	15363	13053	1509	10922
罐头食品制造业	4929	20663	20399	264	-6611
饮料制造业	132619	250778	197304	53472	44104
酒精及饮料酒制造业	90171	168544	126492	42052	50840
软饮料制造业	42448	82233	70812	11420	-6736
烟草加工业	140798	566527	534982	31545	130631
纺织业	393251	703607	552943	150079	208522
纤维原料初步加工业	1954	3868	3695	173	730
棉纺织业	317439	446947	367674	78689	255707
毛纺织业	25139	160421	111771	48649	-49292
丝绢纺织业	34339	60799	44244	16555	2300
针织品业	14380	31573	25560	6013	-923
服装及其他纤维制品制造业	10707	46323	45009	1314	-22297
服装制造业	10707	46323	45009	1314	-22297

13-3 续表10 (2001年) 单位：万元

指 标	固定资产净值年平均余额	负债合计	#流动负债小计	#长期负债小计	所有者权益合计
皮革、毛皮、羽绒及其制品业	5859	20663	15530	5133	-645
木材加工及竹、藤、棕、草制品业	8211	6558	5558	999	6832
家具制造业	1714	4331	4058	273	1841
造纸及纸制品业	63821	137161	89214	47277	28771
造纸业	56212	118762	80857	37435	27810
纸制品业	6463	16142	6621	9322	134
印刷业	108252	157677	113006	30435	140572
文教体育用品制造业	166	259	259	0	864
石油加工及炼焦业	256892	436734	304566	132168	114126
原油加工业	227753	342130	230290	111840	111882
石油制品业	120	489	460	29	83
炼焦业	29019	94115	73816	20299	2160
化学原料及化学制品制造业	691264	987721	413922	569751	259178
基本化学原料制造业	68299	144762	67901	76859	39183
化学肥料制造业	460923	622707	190432	428230	111490
有机化学产品制造业	38791	68751	43671	25079	7705
合成材料制造业	5855	12560	8446	4114	2837
专用化学材料制造业	103371	113082	82264	30818	83984
日用化学产品制造业	14025	25859	21208	4651	13979
医药制造业	118363	275847	152001	28351	215607
化学药品原药制造业	26534	124426	21637	7296	97843
化学药品制剂制造业	75713	119427	101853	17572	103333
中药材及中成药加工业	15016	30411	27491	2920	13438
动物药品制造业	50	166	41	125	58
生物制品业	1050	1418	980	438	934
化学纤维制造业	12957	3497	3497	0	24966
橡胶制品业	16957	52918	43935	8716	-4821
塑料制品业	11095	28787	21624	5909	-560
非金属矿物制造业	228185	453833	294175	149110	53708
水泥制造业	115979	242836	148957	87919	16731
水泥制品和石棉水泥制品业	30264	50697	45040	5657	13510
砖瓦、石灰和轻质建筑材料制造业	16521	23799	20082	3621	12443
玻璃及玻璃制造业	20594	59241	32444	25389	-9999
陶瓷制品业	28809	44946	20634	23702	1477
耐火材料制品业	1630	2800	2800	0	7491
黑色金属冶炼及压延加工业	223231	364619	255770	108849	104267
炼铁业	12240	37340	30972	6368	-4216
炼钢业	50328	116677	88302	28374	-6509
钢压延加工业	159210	208128	134922	73206	114689
铁合金冶炼业	1453	2474	1574	900	303
有色金属冶炼及压延加工业	140325	305912	195820	103538	124562
重有色金属冶炼业	16133	33713	18731	14963	10256
轻有色金属冶炼业	47507	87746	49356	38390	40409
贵金属冶炼业	6626	12272	7541	4618	-1254
稀有稀土金属冶炼业	3258	10110	6746	3364	2903
有色金属压延加工业	66801	162071	113446	42204	72249

13-3 续表11　　（2001年）　　单位：万元

指　　标	固定资产净值年平均余额	负债合计	#流动负债小计	#长期负债小计	所有者权益合计
金属制品业	42047	114321	85002	27831	33925
普通机械制造业	271352	677033	527623	133594	229646
锅炉及原动机制造业	46762	119162	100212	17434	3741
金属加工机械制造业	79849	183364	137600	45739	117933
通用设备制造业	67850	199725	165134	20317	59557
轴承、阀门制造业	11485	50115	44903	5212	3062
其它通用零部件制造业	22827	50137	24851	25285	20125
铸锻件制造业	40011	71022	51584	19438	22719
专用设备制造业	317283	803851	563567	168413	230590
冶金、矿山、机电工业专用设备制造业	82277	179859	147044	32765	53594
石化及其它工业专用设备制造业	52062	175530	87756	18230	14652
轻纺工业专用设备制造业	63076	143109	97833	44401	2233
农、林、牧、渔、水利业机械制造业	19020	56524	51049	4073	258
医疗器械制造业	8722	22384	16563	5821	11111
交通运输设备制造业	695341	2022036	1575891	444621	862045
铁路运输设备制造业	73430	157045	149641	5976	106434
汽车制造业	73377	284894	205105	79789	88274
摩托车制造业	705	2786	2778	8	-632
自行车制造业	19	21	21	0	230
船舶制造业	23217	30885	29676	1209	8469
航空航天器制造业	501450	1516258	1167819	348343	639731
交通运输设备修理业	23143	30147	20851	9296	19539
武器弹药制造业	417243	413847	267152	146695	276698
电气机械及器材制造业	286316	756404	591135	94655	490584
电机制造业	24093	43608	37204	5127	27850
输配电及控制设备制造业	167038	500066	418006	81927	254005
电工器材制造业	16477	35686	21143	834	19610
日用电器制造业	71709	162383	105270	1619	184285
照明器具制造业	6999	14661	9513	5149	4835
电子及通信设备制造业	504226	1429542	1090022	319616	607199
通信设备制造业	70073	246866	211433	33008	115189
雷达制造业	37631	190896	88995	101901	27547
广播电视设备制造业	6245	81753	77006	4747	-8463
电子计算机制造业	364	1195	1195	0	325
电子器件制造业	207045	380833	312627	68206	353436
电子元件制造业	142825	431963	334882	97081	48110
电视机、录像机、摄像机制造业	39698	92814	60668	14668	70399
仪器仪表及文化办公用机械制造业	136279	335954	290795	42510	170499
通用仪器仪表制造业	91573	207291	174721	29922	109595
专用仪器仪表制造业	33485	108303	100728	7576	59423
电子测量仪器制造业	4047	9292	5380	3911	-1240
计量器具制造业	5875	9900	8798	1102	898
其它制造业	3161	8317	6371	1743	1794
电力、蒸汽、热水的生产和供应业	2329125	2683574	956218	1211462	1621324
电力生产业	1209489	2169958	656307	997757	418287
电力供应业	1113419	508168	297895	210272	1197298
蒸汽、热水生产和供应业	6217	5449	2016	3433	5739
煤气生产和供应业	21753	24547	13375	7256	17381
自来水的生产和供应业	129465	101157	42354	58483	109145

13-3 续表12 (2001年) 单位：万元

指　标	产品销售收　入	产品销售成　本	产品销售费　用	产品销售税金及附加	产品销售利　润
总　　计	10275522	7925341	294032	300173	1700703
在总计中：亏损企业	1579164	1376539	62355	43342	77619
一、按隶属关系分					
中央企业	5018314	3744837	78696	185436	954161
地方企业	5257208	4180504	215335	114736	746543
二、按轻重工业分					
轻工业	1873931	1326306	124901	151732	270992
以农产品为原料	1330453	942028	72721	147415	168289
以非农产品为原料	543478	384278	52180	4317	102703
重工业	8401592	6599035	169131	148441	1429711
采掘工业	2287893	1511999	21304	73361	681230
原料工业	2420218	2136059	20341	60751	147592
加工工业	3693480	2950977	127486	14329	600889
三、按企业规模分					
特大型企业	2154133	1489619	27057	43321	577573
大一型企业	2876604	2344180	74529	35001	392509
大二型企业	2314128	1775308	86887	145526	300335
中一型企业	439477	398437	11759	2376	24451
中二型企业	935910	678466	37868	46707	172869
小型企业	1555270	1239332	55931	27242	232966
四、按工业行业分					
煤炭采选业	359813	265288	11012	7525	75988
石油和天然气开采业	1742681	1114957	5543	64395	557787
黑色金属矿采选业	2696	1959	137	71	528
铁矿采选业	1933	1477	29	61	366
有色金属矿采选业	178032	126023	4262	1300	46446
非金属矿采选业	5116	3820	437	106	754
木材及竹材采运业	785	579	189	20	-2
食品加工业	101465	88058	6927	388	6092
粮食及饲料加工业	46258	42645	2334	93	1186
植物油加工业	12296	11857	391	15	33
屠宰及肉类蛋类加工业	41933	32797	4200	259	4677
食品制造业	51666	40915	5450	400	4902
糕点、糖果制造业	13511	11159	950	47	1355
乳制品制造业	18129	14221	1791	108	2009
罐头食品制造业	6879	4279	1221	56	1323
饮料制造业	160149	110637	19790	15432	14291
酒精及饮料酒制造业	139712	92663	17308	15373	14367
软饮料制造业	20438	17974	2482	58	-76
烟草加工业	384779	170777	21193	127594	65216
纺织业	363583	325115	6136	1721	30612
纤维原料初步加工业	3683	3751	86	12	-166
棉纺织业	338585	300391	5139	1645	31410
毛纺织业	2339	2771	395	2	-829
丝绢纺织业	16759	16219	399	54	87
针织品业	2217	1983	117	8	109
服装及其他纤维制品制造业	14160	13638	693	47	-218
服装制造业	14160	13638	693	47	-218

13-3 续表13 (2001年) 单位：万元

指 标	产品销售收入	产品销售成本	产品销售费用	产品销售税金及附加	产品销售利润
皮革、毛皮、羽绒及其制品业	6985	7390	660	40	-1103
木材加工及竹、藤、棕、草制品业	1474	1263	38	28	144
家具制造业	2863	2335	87	14	427
造纸及纸制品业	35117	29906	1196	182	3834
造纸业	29427	24801	840	165	3621
纸制品业	4096	3603	271	9	213
印刷业	134365	97383	3516	1246	32221
文教体育用品制造业	570	300	40	10	219
石油加工及炼焦业	669572	572614	4036	49707	43215
原油加工业	641971	547631	3476	49507	41357
石油制品业	720	590	60	13	57
炼焦业	26881	24394	499	187	1801
化学原料及化学制品制造业	418543	360575	12927	1493	43548
基本化学原料制造业	51964	45094	1158	289	5422
化学肥料制造业	240471	212155	5159	683	22475
有机化学产品制造业	37931	30127	2100	239	5465
合成材料制造业	1556	1141	151	1	263
专用化学材料制造业	54015	43473	2686	130	7726
日用化学产品制造业	32606	28585	1673	152	2196
医药制造业	246395	146392	38387	2283	59333
化学药品原药制造业	73434	53696	2305	501	16933
化学药品制剂制造业	154025	83036	30601	1571	38817
中药材及中成药加工业	18014	9368	5220	204	3222
动物药品制造业	26	17	6	0	3
生物制品业	896	275	255	7	359
化学纤维制造业	26425	19538	68	0	6819
橡胶制品业	13730	9960	795	72	2903
塑料制品业	7570	6530	294	17	730
非金属矿物制造业	142275	115434	7131	1515	18195
水泥制造业	88701	72316	4648	955	10783
水泥制品和石棉水泥制品业	16155	12691	921	289	2254
砖瓦、石灰和轻质建筑材料制造业	7377	5924	402	54	997
玻璃及玻璃制造业	9874	8490	396	66	922
陶瓷制品业	2948	2379	154	17	399
耐火材料制品业	1064	874	23	9	157
黑色金属冶炼及压延加工业	206052	178261	4128	1026	22637
炼铁业	8846	7986	328	60	472
炼钢业	58246	53847	453	310	3635
钢压延加工业	138681	116190	3321	654	18517
铁合金冶炼业	280	239	26	2	13
有色金属冶炼及压延加工业	174381	149876	4095	745	19665
重有色金属冶炼业	22532	21060	430	83	959
轻有色金属冶炼业	79865	72148	1536	201	5981
贵金属冶炼业	1610	1543	7	37	24
稀有稀土金属冶炼业	1070	903	20	5	142
有色金属压延加工业	69304	54222	2103	420	12560

13-3 续表14 (2001年) 单位：万元

指 标	产品销售收入	产品销售成本	产品销售费用	产品销售税金及附加	产品销售利润
金属制品业	53573	40900	3026	307	9341
普通机械制造业	319705	243953	12829	1601	61321
锅炉及原动机制造业	27506	21559	1261	120	4566
金属加工机械制造业	87856	69466	3359	365	14666
通用设备制造业	111986	85676	5904	547	19859
轴承、阀门制造业	10428	7744	805	71	1808
其它通用零部件制造业	32195	19305	711	250	11928
铸锻件制造业	48392	38843	754	240	8555
专用设备制造业	344252	259786	17421	1717	65327
冶金、矿山、机电工业专用设备制造业	71865	56974	2864	317	11711
石化及其它工业专用设备制造业	64259	50379	2861	330	10689
轻纺工业专用设备制造业	37487	29814	1434	99	6141
农、林、牧、渔、水利业机械制造业	7713	5887	408	62	1357
医疗器械制造业	18183	10776	2907	148	4353
交通运输设备制造业	1174218	933537	31562	3631	205689
铁路运输设备制造业	180580	144019	3766	988	31807
汽车制造业	183429	158194	4856	1104	19274
摩托车制造业	413	365	7	2	39
自行车制造业	58	52	9	0	-3
船舶制造业	11539	9199	46	33	2262
航空航天器制造业	774662	603216	21662	1468	148316
交通运输设备修理业	23538	18492	1216	36	3994
武器弹药制造业	186242	155123	1727	374	29018
电气机械及器材制造业	468259	378435	25333	1932	62560
电机制造业	24669	20944	1158	124	2443
输配电及控制设备制造业	287543	227474	13805	982	45282
电工器材制造业	66048	60225	1758	242	3823
日用电器制造业	76145	58115	7855	496	9680
照明器具制造业	13855	11676	757	90	1332
电子及通信设备制造业	907064	727955	32499	4363	142247
通信设备制造业	175568	129437	16833	1116	28181
雷达制造业	51484	31052	240	6	20186
广播电视设备制造业	3541	2818	376	20	327
电子计算机制造业	284	262	56	0	-34
电子器件制造业	438207	366525	7752	2057	61873
电子元件制造业	162979	132771	5997	630	23581
电视机、录像机、摄像机制造业	74750	64900	1230	531	8091
仪器仪表及文化办公用机械制造业	125571	93609	7586	625	23751
通用仪器仪表制造业	101378	77243	6412	496	17227
专用仪器仪表制造业	21684	14559	934	112	6079
电子测量仪器制造业	541	422	67	1	52
计量器具制造业	1613	1110	123	16	366
其它制造业	3660	3335	148	22	155
电力、蒸汽、热水的生产和供应业	1184122	1080004	537	7679	40427
电力生产业	392290	344354	390	4877	26106
电力供应业	790380	734191	147	2789	14342
蒸汽、热水生产和供应业	1452	1459	0	14	-21
煤气生产和供应业	11154	11552	338	42	-778
自来水的生产和供应业	46461	37630	1862	505	6464

13-3 续表15 （2001年） 单位：万元

指标	管理费用	利息支出	利润总额	亏损企业亏损额	利税总额	本年应交增值税	全部从业人员年平均人数（人）
总计	**1018551**	**467419**	**436923**	**316122**	**1251120**	**517812**	**938093**
在总计中： 亏损企业	276737	161181	-316122	316122	-200908	74736	363419
一、按隶属关系分							
中央企业	475087	238347	383484	98873	780733	212464	319673
地方企业	543465	229072	53439	217249	470387	305348	618420
二、按轻重工业分							
轻工业	191109	67433	37870	92666	328217	141249	213988
以农产品为原料	122791	58008	-7242	78581	237822	100226	158064
以非农产品为原料	68319	9425	45112	14085	90395	41023	55924
重工业	827442	399986	399052	223457	922903	376563	724105
采掘工业	215859	93647	416671	15409	629507	139479	153450
原料工业	133582	115104	-13266	88068	157482	110200	142257
加工工业	478002	191235	-4353	119980	135914	126884	428398
三、按企业规模分							
特大型企业	216081	73201	330341	16015	452968	79306	69629
大一型企业	287720	125490	60767	69524	215825	120401	258681
大二型企业	239512	103449	610	81272	279688	134236	249328
中一型企业	38924	22221	-22861	32161	746	21232	57680
中二型企业	82270	42559	57968	35692	172292	67838	95135
小型企业	154045	100500	10098	81459	129602	94799	207640
四、按工业行业分							
煤炭采选业	57367	33117	-4687	12331	33922	31084	91075
石油和天然气开采业	122172	52814	415042	0	581094	101657	35450
黑色金属矿采选业	648	146	-234	290	85	248	1041
铁矿采选业	324	93	-16	61	203	158	531
有色金属矿采选业	34514	7226	7421	1916	15026	6305	21617
非金属矿采选业	1028	342	-459	474	-95	261	2056
木材及竹材采运业	371	60	-398	398	-325	53	2551
食品加工业	6584	3065	-2091	5108	-730	1299	12402
粮食及饲料加工业	3346	1097	-1950	2112	-1264	618	5474
植物油加工业	1153	970	-1891	2045	-1788	176	1369
屠宰及肉类蛋类加工业	1872	930	1616	951	2144	483	4823
食品制造业	4885	1169	84	1826	3189	2717	7333
糕点、糖果制造业	1556	114	410	131	1148	703	2853
乳制品制造业	1163	177	1042	124	2244	1094	2068
罐头食品制造业	1357	787	-862	863	-237	568	810
饮料制造业	10626	5811	886	9477	27570	11374	12349
酒精及饮料酒制造业	8601	4384	3440	6743	29083	10271	10432
软饮料制造业	2025	1427	-2553	2734	-1513	1104	1917
烟草加工业	32625	20522	3534	12854	175877	44749	11180
纺织业	38785	18996	-17687	23762	7593	23629	84556
纤维原料初步加工业	155	41	-220	236	-107	101	880
棉纺织业	32603	10228	-3225	9283	20977	22608	74262
毛纺织业	3841	7120	-11797	11797	-11728	82	3478
丝绢纺织业	1534	1175	-1598	1599	-807	740	4226
针织品业	652	431	-848	848	-742	98	1710
服装及其他纤维制品制造业	1725	925	-2823	3055	-2666	110	4445
服装制造业	1725	925	-2823	3055	-2666	110	4445

13-3 续表16 （2001年） 单位：万元

指 标	管理费用	利息支出	利润总额	亏损企业亏损额	利税总额	本年应交增值税	全部从业人员年平均人数（人）
皮革、毛皮、羽绒及其制品业	1780	516	-8989	8989	-8554	395	2389
木材加工及竹、藤、棕、草制品业	886	94	-244	300	-121	95	705
家具制造业	423	34	-31	40	90	107	579
造纸及纸制品业	2844	1757	-393	2099	1292	1603	6420
造纸业	2493	1601	-259	1869	1224	1417	4611
纸制品业	253	139	-19	114	103	113	1119
印刷业	17760	3509	12844	10654	22045	9762	11914
文教体育用品制造业	90	2	288	2	341	44	143
石油加工及炼焦业	20383	13890	9163	1580	89709	30841	9255
原油加工业	18390	12952	10701	0	89151	28944	5195
石油制品业	25	30	2	0	24	9	33
炼焦业	1968	909	-1539	1580	535	1889	4027
化学原料及化学制品制造业	44498	19439	-3777	14943	12664	14956	58168
基本化学原料制造业	8292	759	-2504	2564	722	2936	9928
化学肥料制造业	20514	12925	-1825	11062	5986	7138	26925
有机化学产品制造业	3419	1336	754	575	3293	2301	3585
合成材料制造业	258	161	-280	280	-267	12	492
专用化学材料制造业	10630	3325	-190	462	1245	1305	15640
日用化学产品制造业	1385	934	268	0	1684	1265	1598
医药制造业	37407	4305	30239	2316	57485	25105	20744
化学药品原药制造业	12508	1204	12906	973	20902	7495	6249
化学药品制剂制造业	22041	2314	15947	927	33365	15848	11640
中药材及中成药加工业	2506	745	1412	383	3159	1684	2696
动物药品制造业	9	0	-9	9	-8	1	10
生物制品业	343	43	-18	24	66	77	149
化学纤维制造业	811	-51	6076	0	7637	1561	178
橡胶制品业	2749	1038	-800	953	-11	717	4488
塑料制品业	834	1147	-1157	1217	-911	232	1805
非金属矿物制造业	22279	10305	-13645	15525	-2808	9522	42686
水泥制造业	12533	5919	-8455	9789	-1931	5769	22748
水泥制品和石棉水泥制品业	3059	949	-1161	1276	259	1131	4524
砖瓦、石灰和轻质建筑材料制造业	1584	395	-142	268	253	341	4544
玻璃及玻璃制造业	1791	2391	-3195	3195	-2435	694	3449
陶瓷制品业	591	181	-357	363	-136	204	1355
耐火材料制品业	385	18	-94	94	-2	84	1107
黑色金属冶炼及压延加工业	16324	15383	-6105	11386	7280	12359	18885
炼铁业	740	1553	-2499	2523	-1782	657	2755
炼钢业	5986	5291	-7443	7443	-3344	3788	8793
钢压延加工业	9554	8538	3861	1396	12411	7897	7154
铁合金冶炼业	45	0	-24	24	-5	17	183
有色金属冶炼及压延加工业	15570	9658	-1378	5014	7406	8038	18173
重有色金属冶炼业	876	959	-696	715	775	1388	2571
轻有色金属冶炼业	5267	3519	-1854	2492	595	2248	6320
贵金属冶炼业	232	-5	-210	210	-129	44	382
稀有稀土金属冶炼业	261	157	2	0	73	66	413
有色金属压延加工业	8934	5028	1381	1598	6092	4292	8487

13-3 续表17 （2001年） 单位：万元

指 标	管理费用	利息支出	利润总额	亏损企业亏损额	利税总额	本年应交增值税	全部从业人员年平均人数（人）
金属制品业	8543	2043	-563	1233	3175	3433	11125
普通机械制造业	43788	23889	4313	15118	23243	17338	44988
锅炉及原动机制造业	7494	3662	-5219	5593	-4379	720	10102
金属加工机械制造业	13448	4932	1635	2131	5383	3383	11380
通用设备制造业	12032	5038	3563	4926	11263	7160	11649
轴承、阀门制造业	2553	1396	-2070	2103	-1250	748	2915
其它通用零部件制造业	5028	5634	5553	69	10301	4498	3862
铸锻件制造业	2506	3155	1133	5	2148	775	4263
专用设备制造业	58099	22769	-12736	30616	8806	20010	57872
冶金、矿山、机电工业专用设备制造业	11585	5698	-5163	6488	-1178	3708	16567
石化及其它工业专用设备制造业	11023	5255	-7165	8770	-3556	3420	10295
轻纺工业专用设备制造业	7581	2225	-2826	3792	-782	1946	8589
农、林、牧、渔、水利业机械制造业	3201	1224	-1651	1816	-1072	518	5286
医疗器械制造业	2547	329	1436	36	3034	1450	2709
交通运输设备制造业	166043	55222	9152	19646	36709	24385	137652
铁路运输设备制造业	30506	1634	4425	2654	15122	9709	19462
汽车制造业	14614	5431	2092	2646	7258	4061	13580
摩托车制造业	164	0	-95	95	-70	23	154
自行车制造业	20	0	-83	83	-81	3	9
船舶制造业	3832	596	-1372	1372	-1187	152	4763
航空航天器制造业	112906	46938	4142	12686	15330	10179	94464
交通运输设备修理业	4001	624	42	110	337	259	5220
武器弹药制造业	28813	12446	-9772	11034	-8637	936	29075
电气机械及器材制造业	50487	15725	1089	9871	20568	17568	35483
电机制造业	4723	1513	-84	386	1202	1163	4947
输配电及控制设备制造业	36167	10585	370	4751	14131	12782	21204
电工器材制造业	2210	574	793	437	2336	1302	2451
日用电器制造业	6330	2488	343	3956	2247	1427	3332
照明器具制造业	1056	565	-333	342	652	895	3549
电子及通信设备制造业	78852	32066	34309	15416	78999	40417	51870
通信设备制造业	17015	6010	4502	1552	11853	6235	8348
雷达制造业	10960	1019	-191	576	86	358	6615
广播电视设备制造业	1448	2778	-3759	3759	-3592	147	1380
电子计算机制造业	74	20	127	0	123	0	30
电子器件制造业	29484	12286	21631	3553	45456	21768	16320
电子元件制造业	15933	9570	1244	4109	8297	6423	13789
电视机、录像机、摄像机制造业	3892	373	10751	1867	16661	5379	5244
仪器仪表及文化办公用机械制造业	22470	9802	-2679	6332	1117	3201	18034
通用仪器仪表制造业	16943	5609	-2638	5522	-235	1923	14234
专用仪器仪表制造业	4384	3728	770	0	1999	1116	2767
电子测量仪器制造业	432	170	-237	237	-223	13	207
计量器具制造业	547	254	-395	395	-230	149	703
其它制造业	376	116	-346	363	-242	104	1123
电力、蒸汽、热水的生产和供应业	53827	67687	-2838	55800	51979	47137	54537
电力生产业	38890	50866	-28348	47615	1890	25362	30731
电力供应业	14664	16770	25811	7882	50255	21656	23410
蒸汽、热水生产和供应业	273	52	-300	303	-167	120	396
煤气生产和供应业	2029	31	-892	898	-390	459	1974
自来水的生产和供应业	9261	406	-2796	3288	1711	4003	11773

13-4 外商及港澳台商投资工业企业主要经济指标

（2001年）

单位：万元

指 标	企业单位数（个）	#亏损企业	工业总产值 按1990年不变价格计算	工业总产值 现行价格	工业销售产值（现价）
总 计	130	49	1331890	1407278	1364939
在总计中：亏损企业	49	49	146970	157964	151119
一、港、澳、台商投资企业	63	26	544461	545308	533764
合资经营企业（港或澳、台资）	51	21	428844	298218	287093
合作经营企业（港或澳、台资）	2	0	51546	184048	184048
港澳台商独资经营企业	8	4	58297	54088	53541
港澳台商投资股份有限公司	2	1	5773	8953	9082
外商投资企业	67	23	787430	861970	831175
中外合资经营企业	59	18	761870	836852	806143
中外合作经营企业	5	3	15831	16295	16176
外资企业	2	1	9052	8147	8147
外商投资股份有限公司	1	1	676	676	709
二、在总计中：国有及国有控股企业	52	18	630803	506014	497407
在总计中：农村工业	9	3	21234	21653	19813
三、按轻重工业分					
轻工业	78	30	904658	872275	838084
以农产品为原料	50	20	340778	379191	355416
以非农产品为原料	28	10	563880	493084	482667
重工业	52	19	427232	535002	526856
原料工业	14	6	104425	227394	230042
加工工业	38	13	322807	307608	296814
四、按企业规模分					
特大型企业	1	0	44194	167345	167345
大一型企业	1	0	166845	237490	231740
大二型企业	7	2	194633	208712	207429
中一型企业	5	0	253925	123475	124806
中二型企业	10	5	68096	77350	75381
小型企业	106	42	604198	592906	558237
五、按工业行业分					
食品加工业	2	2	36299	45706	45706
食品制造业	7	1	61649	73083	71728
酒精制造业	12	5	72446	73052	71962
纺织业	7	4	28151	38061	34544
皮革、毛皮、羽绒及其制品业	2	1	12156	12420	12382
木材加工及竹、藤、棕、草制品业	3	2	3001	3001	2941
家具制造业	3	1	4508	4496	4399
造纸及纸制品业	2	2	1903	2047	2042
印刷业	5	1	8205	6614	6806
石油加工及炼焦业	2	2	1453	1322	1166
化学原料及化学制品制造业	6	3	13649	13366	12344
医药制造业	11	1	258689	337641	314006
化学纤维制造业	1	0	27254	27254	26425
塑料制品业	6	2	9890	9634	8773
非金属矿物制造业	6	3	11978	11250	10786
黑色金属冶炼及压延加工业	2	1	28986	20566	25414
有色金属冶炼及压延加工业	3	1	9275	7854	7026
金属制品业	8	4	19611	16596	18552
普通机械制造业	4	1	47794	47713	42987
专用设备制造业	7	1	85102	79377	79601
交通运输设备制造业	4	2	20440	18446	18202
电气机械及器材制造业	9	3	33287	31842	28666
电子及通信设备制造业	8	1	399978	256963	255940
仪器仪表及文化办公用机械制造业	3	2	3286	3286	3646
其它制造业	4	2	81044	80665	73872
电力、蒸汽、热水的生产和供应业	3	1	51857	185025	185025

13-4 续表1 （2001年） 单位：万元

指 标	工业增加值（生产法）	资产总计	流动资产小计	#存货	#产成品
总 计	473193	2084452	1053540	261015	104242
在总计中:亏损企业	26820	312321	148495	65139	34482
一、港、澳、台商投资企业	162778	1057083	364656	107960	45172
合资经营企业(港或澳、台资)	61861	423078	224183	98895	42073
合作经营企业(港或澳、台资)	79134	544355	101856	0	0
港澳台商独资经营企业	18471	71202	27518	6714	2976
港澳台商投资股份有限公司	3313	18449	11099	2351	124
外商投资企业	310415	1027368	688884	153054	59070
中外合资经营企业	304417	997785	679930	150170	58096
中外合作经营企业	5170	14598	5022	1974	619
外资企业	714	8402	649	73	0
外商投资股份有限公司	114	6584	3284	838	355
二、在总计中：国有及国有控股企业	132944	791252	416389	96965	35524
在总计中：农村工业	6499	31893	11891	5698	1736
三、按轻重工业分					
轻工业	274173	955290	576207	172309	78972
以农产品为原料	95041	517086	266195	90873	46512
以非农产品为原料	179132	438204	310012	81437	32460
重工业	199021	1129162	477333	88705	25271
原料工业	95366	661308	150442	16017	7297
加工工业	103654	467854	326891	72688	17974
四、按企业规模分					
特大型企业	70740	417585	94519	0	0
大一型企业	126467	163382	143602	17124	9973
大二型企业	43127	325607	241891	50536	19833
中一型企业	12117	55037	24915	4987	1938
中二型企业	28999	217608	66953	14814	7939
小型企业	191743	905232	481662	173554	64558
五、按工业行业分					
食品加工业	2508	26006	13064	9117	115
食品制造业	20633	82751	38372	9007	5498
酒精制造业	17649	171175	66048	20792	10644
纺织业	4441	40556	23814	15330	12251
皮革、毛皮、羽绒及其制品业	3836	21127	13810	10408	1816
木材加工及竹、藤、棕、草制品业	1022	15521	8111	3983	2058
家具制造业	877	13635	6834	2214	1353
造纸及纸制品业	847	4115	3368	1393	205
印刷业	2649	13637	6140	534	214
石油加工及炼焦业	475	2510	1511	795	555
化学原料及化学制品制造业	5121	21271	11461	6608	3496
医药制造业	158798	275532	223326	34928	22822
化学纤维制造业	11245	28463	15250	3673	1109
塑料制品业	3121	23052	12636	2170	778
非金属矿物制造业	5007	23767	11572	5080	784
黑色金属冶炼及压延加工业	6352	79196	32369	9397	3985
有色金属冶炼及压延加工业	4223	16011	5195	1205	791
金属制品业	6066	45915	25331	5555	4301
普通机械制造业	20941	42252	28773	9132	929
专用设备制造业	24998	74659	54218	12679	5135
交通运输设备制造业	5129	42540	20323	8678	740
电气机械及器材制造业	13195	33646	20990	10349	6808
电子及通信设备制造业	49969	279474	209383	32326	5598
仪器仪表及文化办公用机械制造业	1449	21501	16412	2369	703
其它制造业	23265	139470	82593	43294	11559
电力、蒸汽、热水的生产和供应业	79379	546670	102639	0	0

13-4 续表2 （2001年） 单位：万元

指 标	流动资产年平均余额	固定资产小计	固定资产原值	累计折旧	#本年折旧
总 计	958235	883935	1239553	398457	208056
在总计中:亏损企业	134382	134610	179832	45544	11689
一、港、澳、台商投资企业	321910	607292	857486	283370	185271
合资经营企业(港或澳、台资)	192114	145042	158849	45261	8143
合作经营企业(港或澳、台资)	93596	420768	643226	223536	173706
港澳台商独资经营企业	26665	36706	49610	12904	3363
港澳台商投资股份有限公司	9534	4777	5802	1670	60
外商投资企业	636325	276643	382067	115087	22785
中外合资经营企业	627504	258695	358041	108967	21070
中外合作经营企业	4885	8416	13499	5125	1039
外资企业	805	6807	7686	879	609
外商投资股份有限公司	3131	2726	2842	117	68
二、在总计中：国有及国有控股企业	378358	319554	386079	78136	20419
在总计中：农村工业	8925	14693	20653	5960	1355
三、按轻重工业分					
轻工业	522648	301090	395633	129707	22342
以农产品为原料	235188	211393	290680	85852	17773
以非农产品为原料	287459	89698	104953	43855	4569
重工业	435587	582845	843921	268750	185714
原料工业	134674	470179	699553	230673	177078
加工工业	300913	112665	144368	38078	8636
四、按企业规模分					
特大型企业	86259	308132	522851	214719	168324
大一型企业	143600	13739	29862	18049	459
大二型企业	224404	69382	88618	26265	4465
中一型企业	17745	26666	38706	14814	2397
中二型企业	62496	141616	174229	34039	9185
小型企业	423730	324400	385288	90572	23227
五、按工业行业分					
食品加工业	8903	11088	19256	8169	1361
食品制造业	37100	35477	47787	14102	3685
酒精制造业	61089	96201	117002	21800	6309
纺织业	23027	14438	22495	8058	922
皮革、毛皮、羽绒及其制品业	13810	7209	11566	4987	900
木材加工及竹、藤、棕、草制品业	7929	6545	7632	1087	185
家具制造业	5074	2279	4228	1966	239
造纸及纸制品业	2807	582	708	210	81
印刷业	4129	6642	8863	5175	542
石油加工及炼焦业	1511	694	1087	393	247
化学原料及化学制品制造业	11052	7769	12252	4484	862
医药制造业	211624	35085	58431	25493	2312
化学纤维制造业	11791	12957	26809	13852	2119
塑料制品业	9501	8729	10769	2385	418
非金属矿物制造业	10573	10265	14327	4446	583
黑色金属冶炼及压延加工业	25498	34700	37184	2544	2127
有色金属冶炼及压延加工业	5058	6032	6082	212	78
金属制品业	20221	17678	25539	7869	737
普通机械制造业	27909	11939	14293	2984	1055
专用设备制造业	52986	16563	34257	18000	2544
交通运输设备制造业	18272	18853	22474	3622	1944
电气机械及器材制造业	19478	9579	12791	3283	631
电子及通信设备制造业	183724	53635	59842	11701	3360
仪器仪表及文化办公用机械制造业	16347	4461	8426	3992	588
其它制造业	74575	32239	10151	3564	366
电力、蒸汽、热水的生产和供应业	94249	422300	645305	224082	173859

13-4 续表3 （2001年） 单位：万元

指 标	固定资产净值年平均余额	负债合计	# 流动负债小计	# 长期负债小计	所有者权益合计
总 计	**952723**	**1163709**	**879832**	**266770**	**920743**
在总计中:亏损企业	130806	217575	184733	28725	94746
一、港、澳、台商投资企业	691954	541835	326922	208275	515248
合资经营企业(港或澳、台资)	107986	215151	176190	33696	207927
合作经营企业(港或澳、台资)	542507	276773	119021	157753	267581
港澳台商独资经营企业	36857	39065	20866	16826	32137
港澳台商投资股份有限公司	4605	10845	10845	0	7604
外商投资企业	260769	621874	552910	58496	405495
中外合资经营企业	243108	605073	540810	53796	392711
中外合作经营企业	8539	8349	6649	1700	6249
外资企业	6825	4044	4044	0	4358
外商投资股份有限公司	2297	4408	1408	3000	2177
二、在总计中：国有及国有控股企业	302629	507047	364241	129093	284205
在总计中：农村工业	13921	16254	12250	4002	15639
三、按轻重工业分					
轻工业	260006	542854	480877	59723	412436
以农产品为原料	201854	333615	282656	50957	183472
以非农产品为原料	58151	209240	198221	8766	228964
重工业	692718	620855	398955	207048	508307
原料工业	591558	333266	149185	177661	328041
加工工业	101160	287588	249771	29387	180266
四、按企业规模分					
特大型企业	430948	181616	105363	76253	235969
大一型企业	11939	110627	110627	0	52755
大二型企业	61816	227256	199709	25120	98351
中一型企业	24001	17941	15808	2133	37097
中二型企业	139209	140180	53395	86785	77428
小型企业	284811	486090	394930	76480	419143
五、按工业行业分					
食品加工业	11043	19883	18183	1700	6123
食品制造业	35719	46887	31352	15535	35864
酒精制造业	90824	128651	115478	13173	42524
纺织业	14444	31546	30159	1387	9009
皮革、毛皮、羽绒及其制品业	6579	13699	3465	10233	7428
木材加工及竹、藤、棕、草制品业	6047	10572	4561	6011	4949
家具制造业	1962	3426	3426	0	10209
造纸及纸制品业	572	3570	3570	0	546
印刷业	3737	8324	6607	1717	5313
石油加工及炼焦业	693	2227	1977	250	283
化学原料及化学制品制造业	7714	8003	7778	225	13268
医药制造业	32783	181157	177736	3421	94375
化学纤维制造业	12957	3497	3497	0	24966
塑料制品业	8476	12229	7568	2410	10823
非金属矿物制造业	10109	17277	11989	2287	6490
黑色金属冶炼及压延加工业	34474	40447	21334	19113	38749
有色金属冶炼及压延加工业	5881	7529	1108	0	8482
金属制品业	16677	24457	14656	6800	21458
普通机械制造业	10518	13968	13878	90	28284
专用设备制造业	15816	26482	23137	3345	48178
交通运输设备制造业	17590	24384	20221	4163	18156
电气机械及器材制造业	7690	20598	18694	1905	13047
电子及通信设备制造业	45889	182953	167793	12733	96521
仪器仪表及文化办公用机械制造业	4009	9522	7522	2000	11979
其它制造业	6408	44598	44398	200	94872
电力、蒸汽、热水的生产和供应业	544112	277822	119749	158073	268848

13-4 续表4　　　　　　　　　　（2001年）　　　　　　　　　　单位：万元

指　标	产品销售收入	产品销售成本	产品销售费用	产品销售税金及附加	产品销售利润
总　计	1233568	837353	148358	2481	245376
在总计中:亏损企业	146584	133458	12248	203	674
一、港、澳、台商投资企业	452377	330521	22520	1096	98241
合资经营企业(港或澳、台资)	201166	163956	12819	907	23484
合作经营企业(港或澳、台资)	184080	116489	0	0	67591
港澳台商独资经营企业	54495	39010	8601	176	6708
港澳台商投资股份有限公司	12636	11066	1100	13	457
外商投资企业	781191	506833	125838	1385	147135
中外合资经营企业	755703	483735	125213	1384	145372
中外合作经营企业	16632	14368	589	2	1673
外资企业	8147	8097	1	0	49
外商投资股份有限公司	709	633	36	0	41
二、在总计中：国有及国有控股企业	425697	331152	30183	1132	63230
在总计中：农村工业	18607	15895	1037	279	1396
三、按轻重工业分					
轻工业	725576	478641	124711	1232	120992
以农产品为原料	330522	247156	54325	422	28619
以非农产品为原料	395054	231484	70386	810	92373
重工业	507992	358713	23647	1249	124384
原料工业	227165	151478	644	7	75036
加工工业	280827	207235	23003	1241	49348
四、按企业规模分					
特大型企业	167344	106145	0	0	61200
大一型企业	224292	94177	62547	0	67569
大二型企业	191873	148461	21212	838	21362
中一型企业	84426	73218	5874	8	5326
中二型企业	77794	54132	6875	146	16641
小型企业	487839	361222	51850	1489	73279
五、按工业行业分					
食品加工业	46000	42078	2374	0	1549
食品制造业	69852	51117	11453	10	7272
酒精制造业	72991	60788	11395	35	774
纺织业	33309	31886	1375	65	-17
皮革、毛皮、羽绒及其制品业	12562	11097	90	159	1216
木材加工及竹、藤、棕、草制品业	2941	2262	132	0	548
家具制造业	3383	2195	573	22	593
造纸及纸制品业	6094	4874	1016	5	199
印刷业	5838	5073	165	0	600
石油加工及炼焦业	1119	1031	122	1	-34
化学原料及化学制品制造业	12557	9456	547	7	2547
医药制造业	281963	113174	90856	126	77807
化学纤维制造业	26425	19538	68	0	6819
塑料制品业	7988	6630	251	15	1092
非金属矿物制造业	7847	5662	282	2	1901
黑色金属冶炼及压延加工业	24966	20578	4	0	4384
有色金属冶炼及压延加工业	4462	3863	51	0	549
金属制品业	15481	12359	953	12	2157
普通机械制造业	39922	30288	1845	0	7789
专用设备制造业	71075	50088	3873	72	17041
交通运输设备制造业	20260	13920	938	0	5402
电气机械及器材制造业	26057	21486	1473	208	2890
电子及通信设备制造业	198597	159905	15741	1003	21949
仪器仪表及文化办公用机械制造业	11845	8731	2185	73	856
其它制造业	45055	32007	591	666	11792
电力、蒸汽、热水的生产和供应业	184980	117270	5	0	67704

13-4 续表5 （2001年） 单位：万元

指标	管理费用	利息支出	利润总额	亏损企业亏损额	利税总额	本年应交增值税	全部从业人员年平均人数（人）
总计	**66734**	**34006**	**148344**	**14205**	**235486**	**84661**	**34086**
在总计中:亏损企业	11419	5161	-14205	14205	-11076	2926	9054
一、港、澳、台商投资企业	15919	20457	62655	5486	100349	36599	17443
合资经营企业(港或澳、台资)	10143	4756	10758	4932	19366	7701	10391
合作经营企业(港或澳、台资)	3572	14690	48861	0	74211	25351	2777
港澳台商独资经营企业	1819	1017	3113	471	6362	3073	2631
港澳台商投资股份有限公司	385	-5	-77	83	410	474	1644
外商投资企业	50815	13549	85690	8719	135137	48063	16643
中外合资经营企业	49403	13268	85897	7845	134865	47585	15569
中外合作经营企业	1136	283	58	519	381	321	794
外资企业	172	-2	-125	215	27	152	252
外商投资股份有限公司	104	0	-140	140	-136	5	28
二、在总计中：国有及国有控股企业	24740	14732	26713	4900	46479	18633	15412
在总计中：农村工业	1115	366	513	118	1091	299	1102
三、按轻重工业分							
轻工业	39806	10768	75731	10072	123992	47028	19682
以农产品为原料	18046	6489	8114	9004	25917	17380	14092
以非农产品为原料	21760	4279	67617	1067	98075	29648	5590
重工业	26927	23238	72613	4133	111494	37633	14404
原料工业	6921	16105	52032	1374	78539	26500	4973
加工工业	20006	7133	20581	2759	32955	11132	9431
四、按企业规模分							
特大型企业	3174	9350	47759	0	70739	22981	2388
大一型企业	15649	2545	49083	0	73020	23937	1168
大二型企业	10451	6470	6206	447	14312	7268	5582
中一型企业	3313	67	2166	0	5034	2861	2171
中二型企业	4794	6073	6633	2156	13089	6311	2575
小型企业	29353	9501	36499	11602	59291	21304	20202
五、按工业行业分							
食品加工业	1373	726	-520	520	-305	215	500
食品制造业	2637	973	3591	210	7362	3762	3057
酒精制造业	4761	1700	-4229	6753	-1024	3170	2485
纺织业	1401	921	-795	988	19	748	2982
皮革、毛皮、羽绒及其制品业	587	665	213	15	483	111	505
木材加工及竹、藤、棕、草制品业	275	220	18	150	56	37	268
家具制造业	374	72	124	83	363	217	399
造纸及纸制品业	220	11	-104	104	157	256	523
印刷业	241	176	284	161	589	305	862
石油加工及炼焦业	122	10	-421	421	-394	26	55
化学原料及化学制品制造业	961	162	1234	92	1936	695	616
医药制造业	21679	3938	52731	204	84427	31570	4004
化学纤维制造业	811	-51	6076	0	7637	1561	178
塑料制品业	464	315	215	218	397	167	375
非金属矿物制造业	552	37	1413	69	1812	397	911
黑色金属冶炼及压延加工业	1985	1154	2148	614	2373	225	800
有色金属冶炼及压延加工业	333	122	121	336	235	114	708
金属制品业	1387	363	432	403	1109	665	1204
普通机械制造业	997	554	6166	16	8110	1945	795
专用设备制造业	6100	-178	10385	76	13313	2856	2606
交通运输设备制造业	3324	720	1291	883	1967	676	523
电气机械及器材制造业	1397	454	1420	224	2547	919	2202
电子及通信设备制造业	9213	4966	7528	1065	14537	6007	2952
仪器仪表及文化办公用机械制造业	1133	207	-326	448	276	529	702
其它制造业	752	1052	10489	153	13177	2022	971
电力、蒸汽、热水的生产和供应业	3657	14719	48860	1	74329	25469	2903

13-5 大中型工业企业主要经济指标

（2001年） 单位：万元

指 标	企业单位数（个）	#亏损企业	工业总产值 按1990年不变价格计算	工业总产值 现行价格	工业销售产值（现价）
总 计	428	184	7380116	9472401	9334061
一、按登记注册类型分					
内资企业	404	177	6652424	8658029	8527359
国有企业	266	133	3609328	4847546	4767472
中央企业	88	36	1441615	1798279	1778665
地方企业	178	97	2167713	3049267	2988807
集体企业	7	2	20495	18442	17648
股份合作企业	9	3	24524	29113	31978
联营企业	1	0	2709	7035	6843
国有联营企业	1	0	2709	7035	6843
有限责任公司	79	28	1698137	1728370	1686300
国有独资公司	26	10	1092801	989918	968825
其他有限责任公司	53	18	605337	738452	717475
股份有限公司	39	9	1286441	2020562	2011548
私营企业	3	2	10789	6963	5570
私营有限责任公司	3	2	10789	6963	5570
港、澳、台商投资企业	12	4	333517	338147	340037
合资经营企业(港或澳、台资)	10	4	281971	154098	155989
合作经营企业(港或澳、台资)	2	0	51546	184048	184048
外商投资企业	12	3	394175	476225	466665
中外合资经营企业	12	3	394175	476225	466665
二、按经济组织类型分					
独资企业	273	135	3629823	4865988	4785120
国有企业	266	133	3609328	4847546	4767472
集体企业	7	2	20495	18442	17648
合作、合伙企业	12	3	78779	220196	222869
股份合作企业	9	3	24524	29113	31978
国有联营企业	1	0	2709	7035	6843
合作经营企业(港或澳、台资)	2	0	51546	184048	184048
股份有限公司	39	9	1286441	2020562	2011548
股份有限公司(内资)	39	9	1286441	2020562	2011548
有限责任公司	104	37	2385073	2365656	2314524
国有独资公司	26	10	1092801	989918	968825
私营有限责任公司	3	2	10789	6963	5570
合资经营企业(港或澳、台资)	10	4	281971	154098	155989
中外合资经营企业	12	3	394175	476225	466665
其他有限责任公司	53	18	605337	738452	717475
三、在总计中:亏损企业	184	184	1023566	1239274	1219913
在总计中:国有及国有控股企业	379	168	6941134	8748717	8623989
在总计中:农村工业	97	22	207385	236690	222815
四、按轻重工业分					
轻工业	141	62	1840864	2002033	1951341
以农产品为原料	109	53	1080578	1283735	1241781
以非农产品为原料	32	9	760286	718298	709560
重工业	287	122	5539252	7470368	7382720
采掘工业	25	7	621191	2143457	2123042
原料工业	74	30	808103	1716080	1682409
加工工业	188	85	4109958	3610831	3577269

13-5 续表1 （2001年） 单位：万元

指 标	企业单位数（个）	# 亏损企业	工业总产值 按1990年不变价格计算	工业总产值 现行价格	工业销售产值（现价）
五、按企业规模分					
特大型企业	7	1	1318745	2354182	2352640
大一型企业	65	18	2695234	2976668	2955681
大二型企业	120	54	1986251	2453190	2388428
中一型企业	62	29	597099	573513	564879
中二型企业	174	82	782787	1114849	1072433
六、按工业行业分					
煤炭采选业	7	3	99023	157171	176268
石油和天然气开采业	7	0	418368	1878990	1841332
黑色金属矿采选业	1	1	228	376	381
有色金属矿采选业	9	2	101930	104647	102677
非金属矿采选业	2	1	3125	4767	4700
食品加工业	9	4	47609	59371	61275
食品制造业	7	3	23657	37710	34563
酒精制造业	15	7	113303	174916	175593
烟草加工业	8	4	276848	369339	355833
纺织业	39	26	379239	383869	360581
服装及其他纤维制品制造业	3	2	7814	8990	9282
皮革、毛皮、羽绒及其制品业	2	1	13073	15777	17648
木材加工及竹、藤、棕、草制品业	2	0	12255	12366	11463
家具制造业	1	0	3610	3610	3466
造纸及纸制品业	6	3	27770	30991	28422
印刷业	13	3	117908	125216	121936
石油加工及炼焦业	7	3	160098	583341	562764
化学原料及化学制品制造业	34	17	388167	407871	406392
医药制造业	12	2	296831	398207	385814
化学纤维制造业	1	0	27254	27254	26425
橡胶制品业	4	2	12527	12137	12975
塑料制品业	3	3	4210	4839	3792
非金属矿物制造业	23	11	94228	125462	123244
黑色金属冶炼及压延加工业	6	2	102433	156962	152041
有色金属冶炼及压延加工业	7	3	135573	161627	157350
金属制品业	8	4	47916	61875	61076
普通机械制造业	25	13	247163	229630	223129
专用设备制造业	36	19	355081	326010	311582
交通运输设备制造业	44	14	1274400	1222073	1207821
武器弹药制造业	6	1	175590	185426	180821
电气机械及器材制造业	10	4	466401	387874	397087
电子及通信设备制造业	25	8	1563324	1030442	1036339
仪器仪表及文化办公用机械制造业	11	5	120636	115504	114372
其它制造业	2	1	6394	5182	4717
电力、蒸汽、热水的生产和供应业	27	10	245875	627187	624360
煤气生产和供应业	2	1	2001	7593	9032
自来水的生产和供应业	4	1	8254	27799	27511

13-5 续表2 （2001年） 单位：万元

指 标	工业增加值（生产法）	资产总计	流动资产小计	#存货	#产成品
总 计	3303401	22813294	9022452	2729812	986115
一、按登记注册类型分					
内资企业	3021951	21634075	8450573	2642351	946431
国有企业	1652548	12550948	5246350	1672627	600985
中央企业	684180	6045969	2507190	730449	193644
地方企业	968368	6504979	2739161	942177	407341
集体企业	7707	47611	13062	6697	1601
股份合作企业	12702	82828	18892	7446	1659
联营企业	3056	31242	5383	0	0
国有联营企业	3056	31242	5383	0	0
有限责任公司	539314	4823080	1932475	721259	212401
国有独资公司	254814	2605077	1322824	523123	115005
其他有限责任公司	284501	2218004	609651	198136	97396
股份有限公司	804374	4092233	1232063	233352	129385
私营企业	2250	6132	2348	969	401
私营有限责任公司	2250	6132	2348	969	401
港、澳、台商投资企业	95286	657675	166337	25889	13698
合资经营企业(港或澳、台资)	16152	113321	64481	25889	13698
合作经营企业(港或澳、台资)	79134	544355	101856	0	0
外商投资企业	186165	521545	405542	61572	25986
中外合资经营企业	186165	521545	405542	61572	25986
二、按经济组织类型分					
独资企业	1660255	12598559	5259413	1679324	602586
国有企业	1652548	12550948	5246350	1672627	600985
集体企业	7707	47611	13062	6697	1601
合作、合伙企业	94892	658425	126130	7446	1659
股份合作企业	12702	82828	18892	7446	1659
国有联营企业	3056	31242	5383	0	0
合作经营企业(港或澳、台资)	79134	544355	101856	0	0
股份有限公司	804374	4092233	1232063	233352	129385
股份有限公司(内资)	804374	4092233	1232063	233352	129385
有限责任公司	743880	5464077	2404846	809689	252485
国有独资公司	254814	2605077	1322824	523123	115005
私营有限责任公司	2250	6132	2348	969	401
合资经营企业(港或澳、台资)	16152	113321	64481	25889	13698
中外合资经营企业	186165	521545	405542	61572	25986
其他有限责任公司	284501	2218004	609651	198136	97396
三、在总计中:亏损企业	362218	5450140	2183214	635587	271538
在总计中:国有及国有控股企业	2987274	21101523	8418720	2620505	945534
在总计中:农村工业	63706	255638	92895	35750	19300
四、按轻重工业分					
轻工业	756914	3450956	1757767	620528	270344
以农产品为原料	482692	2460146	1227898	513406	200029
以非农产品为原料	274222	990810	529869	107122	70315
重工业	2546488	19362338	7264685	2109284	715771
采掘工业	983210	4058162	815209	138088	81905
原料工业	604090	5977825	1652157	281169	104417
加工工业	959188	9326351	4797320	1690028	529449

13-5 续表3 （2001年） 单位：万元

指 标	工业增加值（生产法）	资产总计	流动资产小计	#存货	#产成品
五、按企业规模分					
特大型企业	920146	6015003	2261603	485663	129360
大一型企业	1033919	7938299	2865389	901045	292654
大二型企业	839100	5249271	2403487	823902	321283
中一型企业	139233	1122713	436919	140280	66424
中二型企业	371004	2488007	1055055	378922	176394
六、按工业行业分					
煤炭采选业	65550	578194	194295	37925	17215
石油和天然气开采业	870829	3184273	494008	48138	33006
黑色金属矿采选业	13	1823	918	243	76
有色金属矿采选业	46391	289354	123236	50746	31048
非金属矿采选业	1141	12111	7391	2669	1954
食品加工业	17446	98790	40597	13963	4214
食品制造业	7957	61615	22855	9241	5590
酒精制造业	56537	245449	87696	37613	21096
烟草加工业	196934	658164	493959	219523	35365
纺织业	114595	878268	335142	160487	99582
服装及其他纤维制品制造业	3009	19577	9248	3941	1621
皮革、毛皮、羽绒及其制品业	2853	33159	20444	14450	4445
木材加工及竹、藤、棕、草制品业	6096	29393	8280	3859	273
家具制造业	629	4965	3947	840	333
造纸及纸制品业	8092	130930	55041	20243	15315
印刷业	50587	238821	108205	20962	7451
石油加工及炼焦业	131092	505269	207425	76671	38449
化学原料及化学制品制造业	107300	1198517	279217	86396	37878
医药制造业	183758	374316	237007	48061	29472
化学纤维制造业	11245	28463	15250	3673	1109
橡胶制品业	3471	38537	19437	5758	2183
塑料制品业	913	13474	6248	1256	413
非金属矿物制造业	45184	386535	159739	50685	23917
黑色金属冶炼及压延加工业	42033	443871	197103	69162	22621
有色金属冶炼及压延加工业	39781	366848	183738	77233	18446
金属制品业	22187	150738	86508	40552	26378
普通机械制造业	79949	728500	382277	157813	59884
专用设备制造业	113063	891505	505983	209888	99657
交通运输设备制造业	328331	2799015	1625043	679943	161612
武器弹药制造业	40268	677017	188183	72542	14540
电气机械及器材制造业	86685	930589	528403	145134	64951
电子及通信设备制造业	242644	2071873	1190789	257945	78571
仪器仪表及文化办公用机械制造业	34074	484438	290240	93477	26522
其它制造业	1728	8105	5773	2223	928
电力、蒸汽、热水的生产和供应业	323596	4092121	874210	3585	0
煤气生产和供应业	343	30297	9943	1131	0
自来水的生产和供应业	17098	128384	24675	1843	0

13-5 续表4　　(2001年)　　单位：万元

指 标	流动资产年平均余额	固定资产小计	固定资产原值	累计折旧	#本年折旧
总 计	8509837	11747917	15579460	5207203	945005
一、按登记注册类型分					
内资企业	7975332	11188382	14725194	4899318	760176
国有企业	4881623	6107172	8252724	2950834	432720
中央企业	2313842	2923808	3907878	1361743	180270
地方企业	2567781	3183364	4344846	1589092	252450
集体企业	12827	19405	24586	6774	2106
股份合作企业	19199	47548	60421	14903	1735
联营企业	5250	23900	28137	4238	1826
国有联营企业	5250	23900	28137	4238	1826
有限责任公司	1846600	2334768	2817171	856373	133342
国有独资公司	1271674	930206	1239919	466199	49947
其他有限责任公司	574926	1404562	1577252	390174	83395
股份有限公司	1207803	2652711	3539086	1065418	188392
私营企业	2029	2880	3070	779	55
私营有限责任公司	2029	2880	3070	779	55
港、澳、台商投资企业	148359	465492	703982	243795	177263
合资经营企业(港或澳、台资)	54763	44724	60756	20259	3557
合作经营企业(港或澳、台资)	93596	420768	643226	223536	173706
外商投资企业	386146	94043	150283	64091	7566
中外合资经营企业	386146	94043	150283	64091	7566
二、按经济组织类型分					
独资企业	4894450	6126577	8277310	2957608	434826
国有企业	4881623	6107172	8252724	2950834	432720
集体企业	12827	19405	24586	6774	2106
合作、合伙企业	118045	492215	731784	242676	177267
股份合作企业	19199	47548	60421	14903	1735
国有联营企业	5250	23900	28137	4238	1826
合作经营企业(港或澳、台资)	93596	420768	643226	223536	173706
股份有限公司	1207803	2652711	3539086	1065418	188392
股份有限公司(内资)	1207803	2652711	3539086	1065418	188392
有限责任公司	2289538	2476415	3031280	941501	144520
国有独资公司	1271674	930206	1239919	466199	49947
私营有限责任公司	2029	2880	3070	779	55
合资经营企业(港或澳、台资)	54763	44724	60756	20259	3557
中外合资经营企业	386146	94043	150283	64091	7566
其他有限责任公司	574926	1404562	1577252	390174	83395
三、在总计中:亏损企业	2087565	2394824	3048711	1043578	134382
在总计中:国有及国有控股企业	7937559	10751018	14330476	4770468	735060
在总计中:农村工业	86077	124563	146694	31306	6023
四、按轻重工业分					
轻工业	1592488	1303343	1853821	691210	87306
以农产品为原料	1077381	989342	1427629	530429	68730
以非农产品为原料	515106	314001	426192	160781	18576
重工业	6917349	10444574	13725639	4515993	857699
采掘工业	694303	3205223	4384255	1372670	293652
原料工业	1565872	3601776	4448151	1340770	348229
加工工业	4657174	3637575	4893234	1802554	215817

13-5 续表5 （2001年） 单位：万元

指 标	流动资产年平均余额	固定资产小计	固定资产原值	累计折旧	#本年折旧
五、按企业规模分					
特大型企业	2111919	2992070	4236848	1468000	360051
大一型企业	2731350	4483042	5706057	1839342	330250
大二型企业	2261710	2387374	3203597	1142585	139223
中一型企业	439767	611129	824312	298574	29367
中二型企业	965090	1274302	1608646	458702	86113
六、按工业行业分					
煤炭采选业	185878	372664	470795	176029	17445
石油和天然气开采业	471941	2680987	3696107	1108898	266161
黑色金属矿采选业	829	904	1558	709	90
有色金属矿采选业	32992	148934	211265	84105	9843
非金属矿采选业	6988	4551	7115	3788	149
食品加工业	41506	36279	50076	15355	807
食品制造业	22661	34407	36922	6242	2284
酒精制造业	84468	124911	164868	56008	8238
烟草加工业	344084	153096	236478	93241	12729
纺织业	323179	423001	631291	248723	27255
服装及其他纤维制品制造业	10489	10265	14517	5109	349
皮革、毛皮、羽绒及其制品业	29943	11633	19903	9602	1178
木材加工及竹、藤、棕、草制品业	8194	18576	22263	4139	912
家具制造业	3789	993	2022	1046	128
造纸及纸制品业	57194	59724	67617	10636	3119
印刷业	113086	97222	142308	57484	9260
石油加工及炼焦业	205173	260851	324540	92572	21173
化学原料及化学制品制造业	273978	797060	978837	248112	34469
医药制造业	230361	99666	138334	50178	4955
化学纤维制造业	11791	12957	26809	13852	2119
橡胶制品业	21049	17231	27663	13764	2891
塑料制品业	6466	4953	6258	2528	8
非金属矿物制造业	163143	191497	233483	88648	11158
黑色金属冶炼及压延加工业	178911	220553	250946	65076	12604
有色金属冶炼及压延加工业	153327	159786	221065	107335	8795
金属制品业	84632	54197	87219	41812	3728
普通机械制造业	368674	255695	351539	136683	9873
专用设备制造业	502710	334847	478826	197667	20246
交通运输设备制造业	1547062	893231	1199416	501272	64617
武器弹药制造业	194581	459476	557750	144559	27594
电气机械及器材制造业	524608	237977	350263	159684	3677
电子及通信设备制造业	1160813	644123	932441	373616	50434
仪器仪表及文化办公用机械制造业	268746	150481	195974	76723	7791
其它制造业	5831	2216	4319	2103	240
电力、蒸汽、热水的生产和供应业	835457	2660654	3278143	943621	289249
煤气生产和供应业	9875	19153	22416	4220	406
自来水的生产和供应业	25428	93169	138114	62066	9032

13-5 续表6 （2001年） 单位：万元

指 标	固定资产净值年平均余额	负债合计	#流动负债小计	#长期负债小计	所有者权益合计
总 计	10001011	15000061	9334808	5023908	7694909
一、按登记注册类型分					
内资企业	9333099	14322441	8849906	4833617	7193308
国有企业	5039339	8710424	5955091	2160378	3839322
中央企业	2430494	3845270	2460510	799330	2199498
地方企业	2608845	4865155	3494581	1361049	1639824
集体企业	15548	38792	21281	17512	8819
股份合作企业	44870	55611	37346	18265	27217
联营企业	23900	27104	4182	22922	4138
国有联营企业	23900	27104	4182	22922	4138
有限责任公司	1906243	3454821	1880704	1556034	1251136
国有独资公司	759545	1659423	1202813	456463	828531
其他有限责任公司	1146699	1795398	677891	1099571	422606
股份有限公司	2300344	2033497	949663	1057954	2058737
私营企业	2855	2193	1640	553	3940
私营有限责任公司	2855	2193	1640	553	3940
港、澳、台商投资企业	583473	344294	171875	172418	313381
合资经营企业(港或澳、台资)	40967	67521	52855	14665	45800
合作经营企业(港或澳、台资)	542507	276773	119021	157753	267581
外商投资企业	84439	333325	313027	17873	188219
中外合资经营企业	84439	333325	313027	17873	188219
二、按经济组织类型分					
独资企业	5054887	8749216	5976371	2177890	3848141
国有企业	5039339	8710424	5955091	2160378	3839322
集体企业	15548	38792	21281	17512	8819
合作、合伙企业	611277	359489	160549	198940	298936
股份合作企业	44870	55611	37346	18265	27217
国有联营企业	23900	27104	4182	22922	4138
合作经营企业(港或澳、台资)	542507	276773	119021	157753	267581
股份有限公司	2300344	2033497	949663	1057954	2058737
股份有限公司(内资)	2300344	2033497	949663	1057954	2058737
有限责任公司	2034504	3857859	2248225	1589124	1489095
国有独资公司	759545	1659423	1202813	456463	828531
私营有限责任公司	2855	2193	1640	553	3940
合资经营企业(港或澳、台资)	40967	67521	52855	14665	45800
中外合资经营企业	84439	333325	313027	17873	188219
其他有限责任公司	1146699	1795398	677891	1099571	422606
三、在总计中:亏损企业	1941435	4854486	3150521	1173376	594497
在总计中:国有及国有控股企业	9100902	13849015	8793816	4413855	7134182
在总计中:农村工业	100517	142117	83813	39543	113521
四、按轻重工业分					
轻工业	1131342	2376054	1935969	409305	1074902
以农产品为原料	860825	1827863	1501322	313239	632284
以非农产品为原料	270517	548192	434647	96066	442619
重工业	8869669	12624006	7398839	4614602	6620007
采掘工业	2828878	2098244	858893	1238820	1959919
原料工业	3100461	3911055	1772712	1619488	2066770
加工工业	2940331	6614708	4767235	1756295	2593318

13-5 续表7 （2001年） 单位：万元

指 标	固定资产净值年平均余额	负债合计	#流动负债小计	#长期负债小计	所有者权益合计
五、按企业规模分					
特大型企业	2872483	3588757	1871875	1200990	2309122
大一型企业	3623158	5043072	2879902	2093410	2894069
大二型企业	2012430	3662508	2693869	932649	1586719
中一型企业	443402	885695	595017	290678	237018
中二型企业	1049538	1820028	1294144	506181	667979
六、按工业行业分					
煤炭采选业	300032	368086	177716	190370	210109
石油和天然气开采业	2394413	1567168	585908	981260	1617105
黑色金属矿采选业	928	1041	1041	0	782
有色金属矿采选业	131951	156892	89657	66703	132463
非金属矿采选业	3409	10830	8979	1851	1282
食品加工业	22670	63650	46577	16485	35140
食品制造业	31935	52999	45527	7253	8616
酒精制造业	108638	164024	126657	37367	81425
烟草加工业	134535	522660	500922	21737	135504
纺织业	376958	670861	527247	143029	207407
服装及其他纤维制品制造业	9406	44764	42210	2554	-25186
皮革、毛皮、羽绒及其制品业	10977	26147	13539	12607	7012
木材加工及竹、藤、棕、草制品业	16116	16988	8943	8045	12405
家具制造业	1006	2464	2464	0	2501
造纸及纸制品业	50176	103166	69055	34112	27764
印刷业	80422	134466	90114	32444	104355
石油加工及炼焦业	237363	409972	279692	130280	95297
化学原料及化学制品制造业	662654	919835	366758	553066	278682
医药制造业	91700	217819	203824	13995	156496
化学纤维制造业	12957	3497	3497	0	24966
橡胶制品业	12758	51294	43523	7771	-12758
塑料制品业	3917	18264	15653	2611	-4790
非金属矿物制造业	145477	293483	209507	83928	93052
黑色金属冶炼及压延加工业	187905	312302	229592	82710	131568
有色金属冶炼及压延加工业	109296	251564	158479	93086	115284
金属制品业	44731	104310	75157	29153	46428
普通机械制造业	215932	530257	401371	115832	198243
专用设备制造业	260515	680098	452566	157294	211406
交通运输设备制造业	654087	1891038	1497465	392048	789652
武器弹药制造业	411558	399471	252917	146554	277546
电气机械及器材制造业	203593	606140	513146	91717	324449
电子及通信设备制造业	509110	1468263	1114294	334065	603610
仪器仪表及文化办公用机械制造业	120497	316145	274736	38760	168293
其它制造业	2196	1925	1925	0	6180
电力、蒸汽、热水的生产和供应业	2347438	2542588	874307	1152389	1549533
煤气生产和供应业	14196	13769	9786	1068	16528
自来水的生产和供应业	79563	61824	20058	41766	66560

13-5 续表8 (2001年) 单位：万元

指 标	产品销售收入	产品销售成本	产品销售费用	产品销售税金及附加	产品销售利润
总 计	9464627	7142799	324814	277475	1664065
一、按登记注册类型分					
内资企业	8718899	6666667	228305	276483	1491968
国有企业	5046221	3992749	115121	213939	668938
中央企业	2315945	1801735	41940	139361	277725
地方企业	2730276	2191014	73180	74578	391213
集体企业	16650	14053	513	513	1571
股份合作企业	29878	24060	1038	203	4578
联营企业	6855	3689	67	80	3020
国有联营企业	6855	3689	67	80	3020
有限责任公司	1602730	1258176	68070	15017	261467
国有独资公司	907998	734084	32842	7726	133345
其他有限责任公司	694733	524092	35228	7291	128122
股份有限公司	2012633	1371247	42587	46697	552102
私营企业	3931	2694	909	35	293
私营有限责任公司	3931	2694	909	35	293
港、澳、台商投资企业	287372	209500	6471	8	71394
合资经营企业(港或澳、台资)	103292	93010	6471	8	3803
合作经营企业(港或澳、台资)	184080	116489	0	0	67591
外商投资企业	458356	266632	90038	984	100703
中外合资经营企业	458356	266632	90038	984	100703
二、按经济组织类型分					
独资企业	5062871	4006802	115634	214452	670509
国有企业	5046221	3992749	115121	213939	668938
集体企业	16650	14053	513	513	1571
合作、合伙企业	220813	144237	1105	282	75188
股份合作企业	29878	24060	1038	203	4578
国有联营企业	6855	3689	67	80	3020
合作经营企业(港或澳、台资)	184080	116489	0	0	67591
股份有限公司	2012633	1371247	42587	46697	552102
股份有限公司(内资)	2012633	1371247	42587	46697	552102
有限责任公司	2168310	1620513	165488	16044	366266
国有独资公司	907998	734084	32842	7726	133345
私营有限责任公司	3931	2694	909	35	293
合资经营企业(港或澳、台资)	103292	93010	6471	8	3803
中外合资经营企业	458356	266632	90038	984	100703
其他有限责任公司	694733	524092	35228	7291	128122
三、在总计中:亏损企业	1238864	1072910	47764	37933	60947
在总计中:国有及国有控股企业	8720252	6686009	238100	272931	1467737
在总计中:农村工业	232407	201651	7991	2243	20521
四、按轻重工业分					
轻工业	1871951	1240580	173655	146898	310817
以农产品为原料	1253170	863726	71642	144255	173547
以非农产品为原料	618781	376854	102014	2643	137270
重工业	7592677	5902219	151159	130577	1353247
采掘工业	1920934	1250295	12241	64745	593653
原料工业	2278805	1940263	20811	53164	209092
加工工业	3392938	2711662	118107	12668	550502

13-5 续表9 （2001年） 单位：万元

指 标	产品销售收入	产品销售成本	产品销售费用	产品销售税金及附加	产品销售利润
五、按企业规模分					
特大型企业	2321478	1595763	27057	43321	638773
大一型企业	3212158	2510562	141697	36092	493422
大二型企业	2366090	1813666	90697	145652	310004
中一型企业	490301	434917	18590	2853	31486
中二型企业	1074600	787890	46773	49557	190379
六、按工业行业分					
煤炭采选业	156097	118705	5116	2023	30253
石油和天然气开采业	1653846	1053002	4656	61734	534454
黑色金属矿采选业	443	288	80	7	68
有色金属矿采选业	108055	76221	2302	968	28564
非金属矿采选业	3723	2706	363	69	585
食品加工业	63786	53027	5178	267	5314
食品制造业	33291	25506	4754	100	2932
酒精制造业	174490	120120	23492	14830	16048
烟草加工业	378696	166598	21085	126164	64848
纺织业	355666	317006	5761	1710	3[illegible]189
服装及其他纤维制品制造业	10010	9954	616	6	-565
皮革、毛皮、羽绒及其制品业	17720	16705	679	31	305
木材加工及竹、藤、棕、草制品业	10565	8634	306	488	1137
家具制造业	2760	1760	460	0	540
造纸及纸制品业	25433	21190	709	78	3456
印刷业	118982	80070	1819	896	36197
石油加工及炼焦业	563167	482840	4338	42573	33416
化学原料及化学制品制造业	394274	335610	11633	1443	45588
医药制造业	369639	171998	90794	1317	105531
化学纤维制造业	26425	19538	68	0	6819
橡胶制品业	12425	9318	611	59	2438
塑料制品业	1737	1568	22	5	142
非金属矿物制造业	109875	78309	7583	1104	22879
黑色金属冶炼及压延加工业	186385	156722	3193	1109	25362
有色金属冶炼及压延加工业	156485	133572	3768	668	18478
金属制品业	50331	38715	2793	260	8563
普通机械制造业	227668	171924	9287	1272	45185
专用设备制造业	306473	233304	16448	1520	55200
交通运输设备制造业	1109224	880578	28072	2676	197898
武器弹药制造业	186139	155039	1727	373	29001
电气机械及器材制造业	362626	290229	22289	1134	48974
电子及通信设备制造业	921309	745737	33855	4686	137030
仪器仪表及文化办公用机械制造业	132824	98703	9309	683	24129
其它制造业	4717	4137	401	0	179
电力、蒸汽、热水的生产和供应业	1198500	1035958	463	7047	99557
煤气生产和供应业	3354	4172	242	13	-1072
自来水的生产和供应业	27488	23338	541	165	3444

13-5 续表10 （2001年） 单位：万元

指 标	管理费用	利息支出	利润总额	亏损企业亏损额	利税总额	本年应交增值税	全部从业人员年平均人数（人）
总 计	904530	407212	539497	245947	1312018	496297	757730
一、按登记注册类型分							
内资企业	867149	382707	427651	243345	1135824	432939	743846
国有企业	514276	211204	43537	171414	515983	259593	491461
中央企业	224832	92277	28762	74299	273994	106477	174454
地方企业	289444	118927	14775	97116	241988	153117	317007
集体企业	1099	1022	-343	492	937	767	2695
股份合作企业	3312	1883	834	388	3223	2187	5946
联营企业	862	1688	425	0	1500	996	420
国有联营企业	862	1688	425	0	1500	996	420
有限责任公司	194529	102256	9241	64720	108530	84435	184280
国有独资公司	115686	48360	-5177	31661	25141	22732	101460
其他有限责任公司	78843	53897	14418	33059	83389	61703	82820
股份有限公司	152665	64626	374051	6209	505359	84611	57537
私营企业	407	28	-93	121	293	350	1507
私营有限责任公司	407	28	-93	121	293	350	1507
港、澳、台商投资企业	7353	16156	47862	1925	76027	28157	5979
合资经营企业(港或澳、台资)	3781	1466	-999	1925	1816	2806	3202
合作经营企业(港或澳、台资)	3572	14690	48861	0	74211	25351	2777
外商投资企业	30028	8350	63983	678	100168	35201	7905
中外合资经营企业	30028	8350	63983	678	100168	35201	7905
二、按经济组织类型分							
独资企业	515376	212226	43194	171906	516920	260360	494156
国有企业	514276	211204	43537	171414	515983	259593	491461
集体企业	1099	1022	-343	492	937	767	2695
合作、合伙企业	7746	18261	50119	388	78934	28533	9143
股份合作企业	3312	1883	834	388	3223	2187	5946
国有联营企业	862	1688	425	0	1500	996	420
合作经营企业(港或澳、台资)	3572	14690	48861	0	74211	25351	2777
股份有限公司	152665	64626	374051	6209	505359	84611	57537
股份有限公司(内资)	152665	64626	374051	6209	505359	84611	57537
有限责任公司	228744	112099	72133	67444	210805	122792	196894
国有独资公司	115686	48360	-5177	31661	25141	22732	101460
私营有限责任公司	407	28	-93	121	293	350	1507
合资经营企业(港或澳、台资)	3781	1466	-999	1925	1816	2806	3202
中外合资经营企业	30028	8350	63983	678	100168	35201	7905
其他有限责任公司	78843	53897	14418	33059	83389	61703	82820
三、在总计中:亏损企业	215506	110895	-245947	245947	-152353	56383	268783
在总计中:国有及国有控股企业	864507	366919	426825	234663	1121519	423013	730453
在总计中:农村工业	5769	5236	8233	1925	15044	4568	27579
四、按轻重工业分							
轻工业	165335	61995	97255	60038	393837	149853	162951
以农产品为原料	109482	53753	11787	57319	254068	98196	129995
以非农产品为原料	55853	8243	85468	2719	139768	51657	32956
重工业	739195	345217	442242	185909	918182	346443	594779
采掘工业	181760	56854	396222	9209	571578	110612	112434
原料工业	115117	107939	49141	77213	223422	121316	106264
加工工业	442318	180425	-3121	99488	123182	114516	376081

13-5 续表11　　（2001年）　　单位：万元

指　　标	管理费用	利息支出	利润总额	亏损企业亏损额	利税总额	本年应交增值税	全部从业人员年平均人数（人）
五、按企业规模分							
特大型企业	219255	82551	378100	16015	523708	102287	72017
大一型企业	308715	146084	119769	69524	313355	157838	264326
大二型企业	241791	105792	6352	81481	287952	136633	251706
中一型企业	43381	23256	-20491	32460	6835	24474	62959
中二型企业	91388	49530	55767	46469	180168	75065	106722
六、按工业行业分							
煤炭采选业	41292	3444	-7354	8578	8525	13856	68909
石油和天然气开采业	117017	49684	400521	0	553961	91706	30185
黑色金属矿采选业	245	49	-229	229	-186	36	362
有色金属矿采选业	22848	3504	3424	262	9364	4973	12236
非金属矿采选业	598	230	-125	139	114	170	1082
食品加工业	3028	1509	1376	1268	2419	810	5851
食品制造业	2607	1031	-453	946	1130	1483	2605
酒精制造业	10216	4219	3900	7338	30727	11997	10879
烟草加工业	31878	20144	4397	11292	174841	44280	9268
纺织业	37363	18708	-15672	21743	9465	23468	80784
服装及其他纤维制品制造业	1592	907	-3019	3019	-2947	67	3557
皮革、毛皮、羽绒及其制品业	2164	1174	-8722	8950	-8196	495	2221
木材加工及竹、藤、棕、草制品业	1000	651	162	0	1146	497	1453
家具制造业	311	59	176	0	380	204	272
造纸及纸制品业	2156	1508	-29	1560	1150	1197	3183
印刷业	13620	3204	21073	1202	31304	9335	8512
石油加工及炼焦业	18903	13280	1310	2314	67568	23686	8931
化学原料及化学制品制造业	40648	17975	2828	10704	18089	13827	49622
医药制造业	38035	4940	67198	421	107266	38752	11188
化学纤维制造业	811	-51	6076	0	7637	1561	178
橡胶制品业	2620	999	-1034	1068	-365	609	4258
塑料制品业	303	835	-920	920	-885	30	934
非金属矿物制造业	17020	7949	-1757	10578	9130	9983	24131
黑色金属冶炼及压延加工业	14499	13797	553	7395	14709	13047	15098
有色金属冶炼及压延加工业	14066	8295	172	3008	8151	7311	14493
金属制品业	7637	1719	-260	627	3295	3295	8190
普通机械制造业	36688	18643	2083	9568	17105	13750	34172
专用设备制造业	49808	20662	-11989	26061	7476	18125	44513
交通运输设备制造业	158720	53470	11164	16724	35669	22289	131668
武器弹药制造业	27944	12355	-8595	9857	-7419	936	28386
电气机械及器材制造业	41919	13489	-1825	4969	13758	14449	29848
电子及通信设备制造业	76186	33905	33539	13335	77373	39234	49547
仪器仪表及文化办公用机械制造业	21670	9402	-1698	5447	2446	3474	16678
其它制造业	332	26	-90	98	66	156	333
电力、蒸汽、热水的生产和供应业	42927	65510	44623	54863	115756	64087	38579
煤气生产和供应业	1598	31	-791	797	-584	195	1579
自来水的生产和供应业	4263	-43	-513	668	2583	2931	4045

13-6 规模以上工业企业主要经济效益指标

（2001年）

单位：%

指 标	总资产贡献率	资本保值增值率	资产负债率	流动资产周转率	成本费用利润率
总 计	7.58	122.42	66.01	1.15	5.19
一、按登记注册类型分					
内资企业	7.15	124.22	66.75	1.14	4.36
国有企业	5.44	111.45	69.92	1.03	0.37
中央企业	5.51	87.50	63.17	0.99	1.13
地方企业	5.39	157.23	74.82	1.05	-0.13
集体企业	7.85	117.93	65.24	1.66	3.16
股份合作企业	5.89	94.49	68.04	1.47	1.67
联营企业	10.75	82.44	73.41	1.86	6.53
国有联营企业	10.12	82.66	74.32	1.40	5.50
集体联营企业	12.49	78.20	76.18	2.91	7.79
国有与集体联营企业	9.75	100.36	58.44	1.93	6.94
其他联营企业	10.16	20.30	83.51	2.90	4.35
有限责任公司	6.14	196.95	73.52	1.01	1.05
国有独资公司	5.03	221.98	68.97	0.80	-0.22
其他有限责任公司	7.00	174.50	77.72	1.33	2.24
股份有限公司	13.55	120.85	49.59	1.45	20.60
私营企业	8.92	126.76	51.84	1.78	3.57
私营独资企业	9.75	104.31	62.37	2.47	3.25
私营合作企业	5.93	57.25	51.67	2.87	5.62
私营有限责任公司	8.46	141.24	48.26	1.58	2.94
私营股份有限公司	11.29	185.15	45.32	1.15	8.25
其他企业	16.01	0.00	79.92	3.13	-2.11
港、澳、台商投资企业	12.24	111.02	51.26	1.41	16.03
合资经营企业(港或澳、台资)	6.14	121.93	50.85	1.05	5.57
合作经营企业(港或澳、台资)	17.46	105.61	50.84	1.97	36.26
港澳台商独资经营企业	10.71	100.25	54.87	2.04	6.17
港澳台商投资股份有限公司	2.50	93.32	58.79	1.33	-0.61
外商投资企业	14.43	101.47	60.53	1.23	12.24
中外合资经营企业	15.79	107.56	60.64	1.20	12.74
中外合作经营企业	0.79	18.38	57.19	3.40	0.35
外资企业	0.55	836.47	48.13	10.11	-1.51
外商投资股份有限公司	-4.13	0.00	66.94	0.23	-16.42
二、按经济组织类型分					
独资企业	5.62	111.75	69.54	1.08	0.72
国有企业	5.44	111.45	69.92	1.03	0.37
集体企业	7.85	117.93	65.24	1.66	3.16
私营独资企业	9.75	104.31	62.37	2.47	3.25
港澳台商独资经营企业	10.71	100.25	54.87	2.04	6.17
外资企业	0.55	836.47	48.13	10.11	-1.51

13-6 续表1　　(2001年)　　单位：%

指　　标	总资产贡献率	资本保值增值率	资产负债率	流动资产周转率	成本费用利润率
合作、合伙企业	11.89	92.59	58.21	1.82	16.15
股份合作企业	5.89	94.49	68.04	1.47	1.67
国有联营企业	10.12	82.66	74.32	1.40	5.50
集体联营企业	12.49	78.20	76.18	2.91	7.79
国有与集体联营企业	9.75	100.36	58.44	1.93	6.94
其他联营企业	10.16	20.30	83.51	2.90	4.35
私营合伙企业	5.93	57.25	51.67	2.87	5.62
合作经营企业(港或澳、台资)	17.46	105.61	50.84	1.97	36.26
中外合作经营企业	0.79	18.38	57.19	3.40	0.35
其他企业（内资）	16.01	0.00	79.92	3.13	-2.11
股份有限公司	13.48	121.28	49.60	1.44	20.30
股份有限公司(内资)	13.55	120.85	49.59	1.45	20.60
私营股份有限公司	11.29	185.15	45.32	1.15	8.25
港澳台商投资股份有限公司	2.50	93.32	58.79	1.33	-0.61
外商投资股份有限公司	-4.13	0.00	66.94	0.23	-16.42
有限责任公司	7.46	163.23	70.14	1.07	3.78
国有独资公司	5.03	221.98	68.97	0.80	-0.22
私营有限责任公司	8.46	141.24	48.26	1.58	2.94
合资经营企业(港或澳、台资)	6.14	121.93	50.85	1.05	5.57
中外合资经营企业	15.79	107.56	60.64	1.20	12.74
其他有限责任公司	7.00	174.50	77.72	1.33	2.24
三、在总计中:亏损企业	-0.58	105.80	87.67	0.68	-15.44
在总计中:国有及国有控股企业	7.01	119.72	67.19	1.09	4.51
在总计中:农村工业	8.32	117.48	60.33	2.33	3.53
四、按轻重工业分					
轻工业	10.20	113.32	64.76	1.17	4.52
以农产品为原料	9.72	114.57	70.80	1.28	0.91
以非农产品为原料	11.20	111.76	52.12	0.98	12.75
重工业	6.91	125.13	66.32	1.14	5.41
采掘工业	15.36	131.92	56.46	2.48	22.20
原料工业	6.14	138.97	67.83	1.51	1.74
加工工业	3.60	111.45	70.18	0.77	0.47
五、按企业规模分					
特大型企业	10.82	119.08	59.66	1.10	19.89
大一型企业	6.11	119.97	63.53	1.18	3.85
大二型企业	7.68	118.43	69.77	1.05	0.28
中一型企业	2.91	90.85	78.89	1.11	-3.94
中二型企业	9.64	112.49	73.15	1.11	5.69
小型企业	6.51	139.30	66.74	1.26	2.68

13-6 续表2 （2002年） 单位：%

指 标	总资产贡献率	资本保值增值率	资产负债率	流动资产周转率	成本费用利润率
六、按工业行业分					
煤炭采选业	6.21	127.35	74.94	1.23	-1.12
石油和天然气开采业	20.27	137.46	47.78	3.29	32.11
黑色金属矿采选业	3.69	76.75	87.20	1.00	-5.83
铁矿采选业	6.67	-1325.00	101.38	1.32	-0.80
有色金属矿采选业	5.64	98.67	63.20	2.32	4.77
非金属矿采选业	3.79	205.86	74.18	0.73	-3.33
木材及竹材采运业	-1.07	72.48	46.51	0.12	-33.90
食品加工业	3.61	139.29	68.55	2.84	0.46
粮食及饲料加工业	3.40	133.51	73.01	2.83	0.63
植物油加工业	1.16	107.29	86.10	3.91	-2.51
屠宰及肉类蛋类加工业	5.25	129.85	57.17	2.21	3.39
食品制造业	6.61	83.80	70.60	1.87	2.48
糕点、糖果制造业	8.69	94.35	58.92	2.28	4.84
乳制品制造业	7.12	74.76	66.65	1.75	3.34
罐头食品制造业	3.91	-113.55	147.04	1.09	-11.27
饮料制造业	8.41	98.15	72.08	1.48	-0.95
酒精及饮料酒制造业	14.25	118.34	71.59	1.79	1.53
软饮料制造业	0.87	78.49	74.60	1.04	-6.29
烟草加工业	36.39	104.65	81.22	1.04	1.44
纺织业	2.73	156.06	75.98	1.05	-4.33
纤维原料初步加工业	1.49	1120.29	85.01	0.23	-3.49
棉纺织业	4.08	151.56	62.46	1.33	-0.98
毛纺织业	-3.59	-122.42	143.76	0.06	-79.17
麻纺织业	-1.98	-198.45	105.66	0.18	-13.26
丝绢纺织业	0.54	120.50	94.29	1.20	-7.70
针织品业	0.65	27.66	96.71	0.42	-10.45
服装及其他纤维制品制造业	5.52	-63.52	112.06	1.31	-0.15
服装制造业	5.52	-63.52	112.06	1.31	-0.15
皮革、毛皮、羽绒及其制品业	-11.29	72.66	76.44	0.65	-31.66
木材加工及竹、藤、棕、草制品业	4.30	117.58	61.42	0.90	0.15
家具制造业	6.35	186.59	44.56	1.43	2.32
造纸及纸制品业	3.53	123.55	74.89	1.04	0.99
造纸业	3.25	120.45	74.15	0.90	0.98
纸制品业	4.67	134.20	78.88	1.64	0.99
印刷业	9.66	100.91	52.98	1.10	11.00
文教体育用品制造业	45.12	363.21	22.26	1.19	30.73
石油加工及炼焦业	18.00	111.56	78.54	2.87	1.42
原油加工业	22.05	109.33	74.08	3.78	1.82
石油制品业	18.05	289.86	82.89	3.03	0.66
炼焦业	4.51	145.19	92.99	0.80	-2.47

13-6 续表3 （2001年） 单位：%

指 标	总资产贡献率	资本保值增值率	资产负债率	流动资产周转率	成本费用利润率
化学原料及化学制品制造业	3.52	119.32	76.39	1.46	0.66
基本化学原料制造业	2.17	612.47	78.14	1.54	-2.61
化学肥料制造业	2.80	109.53	83.11	1.83	-0.04
化学农药制造业	4.62	58.46	57.33	0.74	13.97
有机化学产品制造业	7.27	180.72	77.65	1.55	3.12
合成材料制造业	4.59	107.92	82.31	0.76	-1.24
专用化学材料制造业	3.81	94.05	58.17	0.92	2.88
日用化学产品制造业	8.65	103.47	62.45	1.59	3.77
医药制造业	18.18	121.07	55.47	1.20	15.76
化学药品原药制造业	11.87	210.22	57.16	0.79	12.72
化学药品制剂制造业	28.69	92.65	56.73	1.56	19.14
中药材及中成药加工业	10.35	173.58	64.65	0.96	5.29
动物药品制造业	14.15	305.34	60.80	0.56	21.56
生物制品业	7.25	109.57	36.84	0.88	20.65
化学纤维制造业	26.15	117.36	20.48	2.16	27.01
橡胶制品业	3.38	31.42	94.86	0.73	-2.00
塑料制品业	2.80	76.97	74.20	0.87	-1.72
非金属矿物制造业	4.77	108.18	78.46	0.84	-0.82
水泥制造业	6.04	123.81	75.81	1.15	0.37
水泥制品和石棉水泥制品业	4.48	88.41	77.04	0.81	1.86
砖瓦、石灰和轻质建筑材料制造业	3.42	72.64	64.46	1.20	2.78
玻璃及玻璃制造业	1.00	-0.46	100.03	0.55	-14.44
陶瓷制品业	-0.76	-55.41	102.75	0.08	-13.05
耐火材料制品业	0.70	95.21	29.63	0.54	-3.87
黑色金属冶炼及压延加工业	5.44	150.22	70.11	1.01	-0.58
炼铁业	-2.33	-401.51	105.48	0.60	-21.67
炼钢业	4.31	106.31	70.58	0.69	-2.64
钢压延加工业	7.39	203.52	64.65	1.37	2.51
铁合金冶炼业	9.06	92.05	81.31	1.63	2.43
有色金属冶炼及压延加工业	4.26	115.87	69.88	1.07	-0.39
重有色金属冶炼业	5.54	187.88	68.50	1.34	0.45
轻有色金属冶炼业	3.37	88.86	69.74	1.69	-2.49
贵金属冶炼业	-0.81	74.13	84.79	0.43	-8.04
稀有稀土金属冶炼业	1.09	104.90	76.15	0.52	-4.69
有色金属合金业	45.11	100.82	40.34	13.30	4.11
有色金属压延加工业	4.74	114.86	69.31	0.71	1.74
金属制品业	4.04	114.21	65.92	0.85	1.15
普通机械制造业	5.35	122.50	73.17	0.75	1.47
锅炉及原动机制造业	-0.22	70.39	91.48	0.49	-13.26
金属加工机械制造业	3.66	151.28	60.53	0.62	1.79
通用设备制造业	6.35	104.00	73.88	0.84	3.27
轴承、阀门制造业	0.10	95.12	93.20	0.35	-14.33
其它通用零部件制造业	20.31	149.97	70.10	1.20	16.60
铸锻件制造业	6.60	108.20	76.28	1.21	2.54

13-6 续表4 (2001年) 单位：%

指 标	总资产贡献率	资本保值增值率	资产负债率	流动资产周转率	成本费用利润率
专用设备制造业	3.77	106.60	74.88	0.65	-1.23
冶金、矿山、机电工业专用设备制造业	2.29	330.96	76.15	0.63	-5.98
石化及其它工业专用设备制造业	1.41	83.00	89.02	0.60	-8.91
轻纺工业专用设备制造业	1.33	82.70	92.66	0.73	-5.10
农、林、牧、渔、水利业机械制造业	0.16	7.95	99.19	0.28	-15.19
医疗器械制造业	11.14	94.40	65.82	0.93	8.43
交通运输设备制造业	3.44	127.29	66.86	0.75	1.06
铁路运输设备制造业	7.17	92.82	58.01	1.15	3.46
汽车制造业	4.02	117.19	75.38	1.24	1.44
摩托车制造业	-3.55	-91.68	129.32	0.33	-17.72
自行车制造业	1.78	84.23	31.39	2.50	1.26
船舶制造业	-1.52	90.67	78.48	0.74	-10.04
航空航天器制造业	2.96	143.52	66.67	0.61	0.53
交通运输设备修理业	3.12	85.01	55.50	1.86	2.33
武器弹药制造业	0.57	100.62	59.93	0.94	-4.93
电气机械及器材制造业	3.90	150.38	60.98	0.73	0.86
电机制造业	4.80	141.92	63.18	0.78	0.13
输配电及控制设备制造业	4.12	181.33	66.29	0.72	0.66
电工器材制造业	7.51	182.58	61.93	1.75	1.78
日用电器制造业	1.63	122.15	46.75	0.38	0.81
照明器具制造业	6.16	73.18	70.26	1.63	-1.44
电子及通信设备制造业	5.83	120.53	68.52	0.81	4.14
通信设备制造业	5.65	137.12	66.78	0.73	3.50
雷达制造业	1.27	135.89	84.85	0.40	2.31
广播电视设备制造业	-0.96	-173.76	110.06	0.09	-38.34
电子计算机制造业	4.86	120.48	65.96	0.96	3.23
电子器件制造业	8.38	103.22	51.87	1.11	5.20
电子元件制造业	3.80	115.16	85.70	0.68	0.94
电视机、录像机、摄像机制造业	12.26	244.64	55.02	1.53	14.58
仪器仪表及文化办公用机械制造业	2.99	112.90	64.94	0.50	0.06
通用仪器仪表制造业	2.02	101.09	65.28	0.63	-2.02
专用仪器仪表制造业	5.36	128.28	61.35	0.28	10.82
电子测量仪器制造业	-0.66	-123.67	115.41	0.16	-21.75
计量器具制造业	0.21	47.27	91.69	0.51	-19.43
文化、办公用机械制造业	6.52	133.00	44.95	1.27	1.13
其它制造业	8.96	108.57	34.85	0.70	19.75
电力、蒸汽、热水的生产和供应业	4.75	123.10	64.73	1.47	3.06
电力生产业	4.84	94.74	81.36	0.91	2.75
电力供应业	4.56	147.94	29.80	3.08	3.37
蒸汽、热水生产和供应业	-1.20	110.88	48.70	0.74	-16.81
煤气生产和供应业	-1.01	115.22	58.55	0.89	-6.41
自来水的生产和供应业	1.03	103.10	48.10	1.11	-5.68

13-6 续表5

（2001年）

指 标	工业全员劳动生产率（元/人）	工业产品销售率（%）	产值利税率（%）	每百元固定资产实现利税（元）	每百元销售收入实现利税（元）
总 计	**39812**	**97.17**	**12.11**	**7.87**	**12.54**
一、按登记注册类型分					
内资企业	36800	97.19	11.57	7.16	11.85
国有企业	30264	97.61	9.72	5.55	9.50
中央企业	38639	98.56	14.74	6.76	11.55
地方企业	26920	97.15	7.30	4.72	8.10
集体企业	25886	93.40	6.49	11.44	7.49
股份合作企业	20190	98.72	8.08	6.34	8.71
联营企业	35848	93.44	11.28	9.62	12.42
国有联营企业	34690	97.22	14.30	6.82	13.80
集体联营企业	44833	91.84	9.47	15.74	11.95
国有与集体联营企业	29140	88.91	8.45	18.40	9.64
其他联营企业	15084	90.66	22.62	11.93	13.63
有限责任公司	32716	96.96	7.22	3.95	7.84
国有独资公司	29587	98.26	4.10	2.48	4.40
其他有限责任公司	35273	95.80	9.99	5.04	10.98
股份有限公司	111951	98.43	23.17	14.33	23.47
私营企业	39381	92.58	6.65	12.95	8.05
私营独资企业	32561	93.68	6.46	11.10	7.29
私营合作企业	45638	84.83	5.18	18.53	8.52
私营有限责任公司	43042	91.80	6.25	12.67	7.68
私营股份有限公司	36015	100.82	11.82	19.66	13.43
其他企业	56018	94.84	3.61	10.61	3.83
港、澳、台商投资企业	93320	97.88	18.34	11.66	22.11
合资经营企业(港或澳、台资)	59534	96.27	6.48	12.16	9.60
合作经营企业(港或澳、台资)	284961	100.00	40.32	11.54	40.31
港澳台商独资经营企业	70204	98.99	11.24	12.25	11.15
港澳台商投资股份有限公司	20149	101.43	4.58	7.07	3.24
外商投资企业	186514	96.43	15.66	35.32	17.27
中外合资经营企业	195528	96.33	16.09	37.62	17.82
中外合作经营企业	65117	99.27	2.29	2.77	2.25
外资企业	28317	100.00	0.34	0.36	0.34
外商投资股份有限公司	40643	104.86	-20.08	-4.78	-19.15
二、按经济组织类型分					
独资企业	29943	97.08	9.30	5.85	9.27
国有企业	30264	97.61	9.72	5.55	9.50
集体企业	25886	93.40	6.49	11.44	7.49
私营独资企业	32561	93.68	6.46	11.10	7.29
港澳台商独资经营企业	70204	98.99	11.24	12.25	11.15
外资企业	28317	100.00	0.34	0.36	0.34

13-6 续表6 (2001年)

指 标	工业全员劳动生产率（元/人）	工业产品销售率（%）	产值利税率（%）	每百元固定资产实现利税（元）	每百元销售收入实现利税（元）
合作、合伙企业	46969	97.60	22.12	10.35	23.56
股份合作企业	20190	98.72	8.08	6.34	8.71
国有联营企业	34690	97.22	14.30	6.82	13.80
集体联营企业	44833	91.84	9.47	15.74	11.95
国有与集体联营企业	29140	88.91	8.45	18.40	9.64
其他联营企业	15084	90.66	22.62	11.93	13.63
私营合伙企业	45638	84.83	5.18	18.53	8.52
合作经营企业(港或澳、台资)	284961	100.00	40.32	11.54	40.31
中外合作经营企业	65117	99.27	2.29	2.77	2.25
其他企业（内资）	56018	94.84	3.61	10.61	3.83
股份有限公司	107716	98.47	22.94	14.33	23.24
股份有限公司(内资)	111951	98.43	23.17	14.33	23.47
私营股份有限公司	36015	100.82	11.82	19.66	13.43
港澳台商投资股份有限公司	20149	101.43	4.58	7.07	3.24
外商投资股份有限公司	40643	104.86	-20.08	-4.78	-19.15
有限责任公司	43195	96.46	9.04	6.72	10.14
国有独资公司	29587	98.26	4.10	2.48	4.40
私营有限责任公司	43042	91.80	6.25	12.67	7.68
合资经营企业(港或澳、台资)	59534	96.27	6.48	12.16	9.60
中外合资经营企业	195528	96.33	16.09	37.62	17.82
其他有限责任公司	35273	95.80	9.99	5.04	10.98
三、在总计中:亏损企业	14364	95.76	-10.62	-4.60	-11.39
在总计中:国有及国有控股企业	38100	98.03	12.05	7.01	12.18
在总计中:农村工业	27805	94.30	6.19	10.04	6.64
四、按轻重工业分					
轻工业	40267	95.37	13.64	16.37	15.45
以农产品为原料	34222	94.70	12.22	13.24	13.59
以非农产品为原料	59799	96.79	16.64	25.85	19.60
重工业	39638	97.85	11.53	6.38	11.56
采掘工业	70477	98.84	24.69	11.52	27.16
原料工业	44965	96.98	11.31	4.71	9.29
加工工业	26694	97.78	4.03	3.16	4.36
五、按企业规模分					
特大型企业	127768	99.93	22.25	12.36	22.56
大一型企业	39115	99.29	10.53	5.49	9.76
大二型企业	33336	97.36	11.74	8.99	12.17
中一型企业	22115	98.49	1.19	0.83	1.39
中二型企业	34764	96.20	16.16	11.20	16.77
小型企业	32588	93.86	7.89	6.16	8.91

13-6 续表7 （2001年）

指 标	工业全员劳动生产率（元/人）	工业产品销售率（%）	产值利税率（%）	每百元固定资产实现利税（元）	每百元销售收入实现利税（元）
六、按工业行业分					
煤炭采选业	15733	106.04	9.58	2.85	9.41
石油和天然气开采业	254436	98.07	29.49	14.80	33.27
黑色金属矿采选业	10894	99.48	2.98	2.45	3.87
铁矿采选业	13996	105.90	6.45	7.12	8.41
有色金属矿采选业	31385	94.15	8.24	5.61	8.77
非金属矿采选业	12566	89.73	4.40	3.63	5.50
木材及竹材采运业	961	105.97	-50.87	-1.96	-41.42
食品加工业	31195	97.25	1.45	2.72	1.58
粮食及饲料加工业	38183	97.94	1.64	3.00	1.79
植物油加工业	53481	95.58	-1.73	-4.75	-1.94
屠宰及肉类蛋类加工业	21183	97.46	4.17	6.50	4.46
食品制造业	35506	95.46	6.14	7.99	6.83
糕点、糖果制造业	42950	97.03	9.10	10.10	9.84
乳制品制造业	34934	91.98	6.64	12.03	7.67
罐头食品制造业	20804	97.04	-3.16	-3.12	-3.45
饮料制造业	45700	96.37	11.44	9.57	12.21
酒精及饮料酒制造业	44971	99.21	18.50	19.05	19.06
软饮料制造业	45039	90.89	-2.10	-1.32	-2.48
烟草加工业	177749	96.46	46.74	71.26	45.69
纺织业	13666	93.71	1.78	1.19	2.04
纤维原料初步加工业	8359	91.80	-0.31	-0.32	-0.40
棉纺织业	14759	93.41	5.24	3.69	5.88
毛纺织业	2010	94.58	-215.24	-28.82	-375.52
麻纺织业	5188	127.01	-10.95	-254.98	-12.98
丝绢纺织业	11178	96.40	-3.23	-2.22	-3.94
针织品业	5893	95.81	-2.89	-1.24	-5.58
服装及其他纤维制品制造业	19658	100.74	4.61	9.36	4.71
服装制造业	19658	100.74	4.61	9.36	4.71
皮革、毛皮、羽绒及其制品业	12948	105.62	-34.97	-31.65	-33.63
木材加工及竹、藤、棕、草制品业	35278	92.54	6.51	3.71	7.50
家具制造业	23399	93.74	4.83	10.05	5.59
造纸及纸制品业	20740	89.92	4.20	4.09	4.94
造纸业	21020	90.52	4.27	3.83	5.27
纸制品业	21013	86.43	3.89	4.87	3.96
印刷业	41657	96.22	15.86	13.11	16.65
文教体育用品制造业	13962	100.43	32.57	109.75	32.28
石油加工及炼焦业	143684	96.68	12.66	24.44	13.12
原油加工业	309947	98.67	13.37	29.42	13.76
石油制品业	88667	99.82	3.71	33.00	3.30
炼焦业	24197	76.37	5.93	5.02	6.58

13-6 续表8 (2001年)

指 标	工业全员劳动生产率（元／人）	工业产品销售率（%）	产值利税率（%）	每百元固定资产实现利税（元）	每百元销售收入实现利税（元）
化学原料及化学制品制造业	23079	98.06	4.54	2.39	4.81
基本化学原料制造业	19495	94.45	2.87	1.81	3.18
化学肥料制造业	25493	100.19	2.92	1.17	3.10
化学农药制造业	29524	53.49	5.78	17.28	10.57
有机化学产品制造业	42381	95.61	8.34	8.01	8.86
合成材料制造业	22849	93.33	3.53	2.07	4.18
专用化学材料制造业	13228	100.54	6.01	3.29	5.87
日用化学产品制造业	45917	96.54	9.34	12.60	9.77
医药制造业	102071	92.51	19.62	48.93	24.12
化学药品原药制造业	64395	94.07	20.09	41.16	22.00
化学药品制剂制造业	141748	95.52	23.64	71.93	26.75
中药材及中成药加工业	66977	83.32	9.21	27.17	16.44
动物药品制造业	21139	75.75	17.66	25.92	26.38
生物制品业	174899	96.93	20.12	15.88	22.11
化学纤维制造业	377795	96.87	26.49	26.63	27.77
橡胶制品业	11840	101.24	3.14	2.03	3.43
塑料制品业	25871	89.29	0.88	1.10	1.27
非金属矿物制造业	18068	95.41	5.96	3.97	6.95
水泥制造业	19183	96.16	7.53	5.19	8.54
水泥制品和石棉水泥制品业	21662	94.31	6.96	5.10	8.97
砖瓦、石灰和轻质建筑材料制造业	12414	90.69	5.74	4.22	8.28
玻璃及玻璃制造业	11384	86.09	-8.31	-4.41	-10.22
陶瓷制品业	12871	85.18	-7.14	-1.63	-9.67
耐火材料制品业	3162	93.80	1.92	0.69	2.76
黑色金属冶炼及压延加工业	24767	96.86	6.62	4.34	5.82
炼铁业	6832	102.21	-18.41	-15.88	-21.36
炼钢业	17343	89.98	5.13	3.34	4.89
钢压延加工业	43789	100.39	10.55	6.31	8.55
铁合金冶炼业	23109	94.84	8.13	17.01	7.95
有色金属冶炼及压延加工业	28889	92.38	3.61	3.10	4.02
重有色金属冶炼业	33948	85.03	3.25	4.52	3.99
轻有色金属冶炼业	28832	98.59	0.53	0.50	0.53
贵金属冶炼业	10527	90.77	-3.74	-1.48	-4.91
稀有稀土金属冶炼业	24929	80.59	-0.91	-0.85	-1.15
有色金属合金业	15459	97.60	4.85	161.06	4.49
有色金属压延加工业	26347	94.27	7.68	4.50	8.59
金属制品业	23473	94.51	5.82	6.05	6.76
普通机械制造业	25237	94.71	6.46	5.71	7.00
锅炉及原动机制造业	9759	93.71	-10.51	-5.00	-12.86
金属加工机械制造业	23983	97.79	6.01	3.96	6.06
通用设备制造业	38544	94.49	8.51	10.27	9.31
轴承、阀门制造业	12318	81.06	-8.51	-6.56	-10.23
其它通用零部件制造业	37716	91.21	24.55	32.74	27.97
铸锻件制造业	24665	96.96	4.69	5.37	4.84

13-6 续表9 (2001年)

指 标	工业全员劳动生产率（元/人）	工业产品销售率（%）	产值利税率（%）	每百元固定资产实现利税（元）	每百元销售收入实现利税（元）
专用设备制造业	24955	94.96	4.14	3.11	4.64
冶金、矿山、机电工业专用设备制造业	16175	92.88	-0.67	-0.34	-0.74
石化及其它工业专用设备制造业	22000	96.98	-3.55	-2.97	-4.02
轻纺工业专用设备制造业	12829	91.09	-0.09	-0.05	-0.11
农、林、牧、渔、水利业机械制造业	6750	95.32	-11.46	-3.78	-14.21
医疗器械制造业	31609	94.02	14.02	23.96	16.91
交通运输设备制造业	25587	98.36	3.21	2.87	3.53
铁路运输设备制造业	27098	107.44	9.52	13.91	9.54
汽车制造业	37523	96.02	4.07	6.29	4.66
摩托车制造业	7877	108.42	-14.43	-6.83	-16.97
自行车制造业	13500	96.94	6.47	1.99	2.97
船舶制造业	9544	100.00	-7.25	-3.27	-10.29
航空航天器制造业	24656	96.96	1.77	1.68	1.98
交通运输设备修理业	16840	97.72	3.55	0.47	3.40
武器弹药制造业	13874	97.52	-4.65	-1.53	-4.64
电气机械及器材制造业	36386	99.68	5.03	6.09	5.22
电机制造业	21190	102.16	5.24	5.13	5.31
输配电及控制设备制造业	33260	100.56	5.19	5.87	5.57
电工器材制造业	83084	89.93	4.68	14.35	4.73
日用电器制造业	51787	110.38	3.53	3.00	3.31
照明器具制造业	15171	90.64	4.30	4.75	4.79
电子及通信设备制造业	52478	99.64	7.79	9.02	8.75
通信设备制造业	61102	100.02	6.99	13.65	7.68
雷达制造业	32160	97.07	2.56	2.34	2.74
广播电视设备制造业	-6899	79.03	-45.80	-32.47	-60.51
电子计算机制造业	226849	96.65	8.60	13.90	5.25
电子器件制造业	56216	103.34	9.58	9.24	10.37
电子元件制造业	41383	93.77	4.76	4.11	5.41
电视机、录像机、摄像机制造业	64813	101.16	12.42	33.69	21.79
仪器仪表及文化办公用机械制造业	22420	99.14	4.06	2.43	3.64
通用仪器仪表制造业	20368	101.56	0.70	0.44	0.59
专用仪器仪表制造业	35285	92.58	16.47	9.13	17.38
电子测量仪器制造业	8841	109.79	-28.92	-4.49	-41.24
计量器具制造业	6407	87.71	-13.03	-2.96	-14.28
文化、办公用机械制造业	13656	120.85	6.24	19.10	5.17
其它制造业	67978	91.36	13.46	70.11	21.58
电力、蒸汽、热水的生产和供应业	65554	98.93	16.36	3.09	9.33
电力生产业	73947	98.88	13.66	3.16	12.89
电力供应业	52752	99.05	25.01	3.01	6.36
蒸汽、热水生产和供应业	14399	100.00	-11.45	-1.83	-11.49
煤气生产和供应业	17062	108.36	-2.37	-1.27	-3.50
自来水的生产和供应业	21139	96.89	3.56	0.83	3.68

13-7 国有及国有控股工业企业主要经济效益指标

（2001年） 单位：%

指 标	总资产贡献率	资本保值增值率	资产负债率	流动资产周转率	成本费用利润率
总 计	7.01	119.72	67.19	1.09	4.51
在总计中：亏损企业	-0.53	95.95	89.05	0.61	-16.84
一、按隶属关系分					
中央企业	8.58	115.51	61.84	1.17	8.50
地方企业	5.53	125.65	72.34	1.03	1.03
二、按轻重工业分					
轻工业	9.76	114.41	69.36	1.00	2.21
以农产品为原料	10.94	108.27	77.25	1.11	-0.61
以非农产品为原料	7.38	121.04	53.89	0.81	8.67
重工业	6.46	120.75	66.76	1.11	5.00
采掘工业	15.34	126.24	57.33	2.48	22.90
原料工业	4.71	134.85	67.61	1.54	-0.55
加工工业	3.28	108.55	71.18	0.73	-0.12
三、按企业规模分					
特大型企业	10.20	122.99	60.87	1.06	18.53
大一型企业	4.91	119.16	61.48	1.15	2.15
大二型企业	7.64	113.45	70.67	1.07	0.03
中一型企业	2.42	86.66	81.10	1.07	-4.85
中二型企业	10.38	109.31	72.75	1.11	6.88
小型企业	5.26	138.40	73.96	1.06	0.65
四、按工业行业分					
煤炭采选业	6.17	127.80	75.23	1.21	-1.28
石油和天然气开采业	20.15	130.12	49.01	3.24	32.63
黑色金属矿采选业	3.37	51.50	89.32	1.02	-8.09
铁矿采选业	8.21	-783.06	112.96	1.73	-0.85
有色金属矿采选业	5.26	94.79	63.31	2.45	4.31
非金属矿采选业	1.12	145.24	83.49	0.52	-8.15
木材及竹材采运业	-1.07	72.48	46.51	0.12	-33.90
食品加工业	1.37	168.89	77.74	1.62	-2.00
粮食及饲料加工业	-0.16	366.54	95.35	1.47	-3.94
植物油加工业	-3.45	-76.76	131.83	3.66	-13.15
屠宰及肉类蛋类加工业	4.24	111.65	54.56	1.57	4.06
食品制造业	4.31	58.90	82.78	1.20	0.16
糕点、糖果制造业	4.58	64.89	59.32	1.23	2.96
乳制品制造业	8.11	88.55	58.45	1.46	5.99
罐头食品制造业	3.91	-113.55	147.04	1.09	-11.27
饮料制造业	11.25	64.26	85.04	1.58	0.60
酒精及饮料酒制造业	14.67	92.96	76.83	1.80	2.80
软饮料制造业	0.05	-49.14	108.92	0.86	-10.61
烟草加工业	36.41	104.67	81.26	1.04	1.44
纺织业	2.77	165.22	77.14	1.08	-4.56
纤维原料初步加工业	-2.31	248.16	84.13	2.52	-5.46
棉纺织业	4.18	160.24	63.61	1.31	-0.93
毛纺织业	-3.69	-122.79	144.36	0.05	-83.48
丝绢纺织业	0.58	48.95	96.36	1.07	-8.27
针织品业	-1.30	-51.83	103.01	0.21	-26.58
服装及其他纤维制品制造业	-6.98	-1691.73	192.80	1.20	-16.62
服装制造业	-6.98	-1691.73	192.80	1.20	-16.62

13-7 续表1 （2001年） 单位：%

指标	总资产贡献率	资本保值增值率	资产负债率	流动资产周转率	成本费用利润率
皮革、毛皮、羽绒及其制品业	-31.05	-9.48	103.22	0.36	-86.76
木材加工及竹、藤、棕、草制品业	-0.14	72.47	48.98	0.34	-10.71
家具制造业	1.76	271.52	70.17	0.71	-1.07
造纸及纸制品业	1.78	133.43	82.66	0.52	-1.10
造纸业	1.81	144.02	81.03	0.46	-0.87
纸制品业	1.88	9.88	99.18	1.74	-0.45
印刷业	9.41	95.00	52.87	1.03	10.52
文教体育用品制造业	46.11	474.67	23.07	0.60	66.31
石油加工及炼焦业	18.87	108.51	79.28	3.04	1.50
原油加工业	22.61	109.15	75.36	3.89	1.84
石油制品业	18.55	0.00	85.45	1.67	0.27
炼焦业	1.49	80.84	97.76	0.49	-5.52
化学原料及化学制品制造业	2.58	110.90	79.21	1.45	-0.86
基本化学原料制造业	0.86	3046.89	78.70	1.27	-4.53
化学肥料制造业	2.60	104.94	84.81	1.92	-0.73
有机化学产品制造业	6.01	85.44	89.92	1.45	2.04
合成材料制造业	-0.70	91.77	81.58	0.18	-16.35
专用化学材料制造业	2.17	81.82	57.38	0.81	-0.31
日用化学产品制造业	6.66	99.96	64.91	1.50	0.83
医药制造业	14.45	147.22	56.13	1.05	13.10
化学药品原药制造业	12.81	229.09	55.98	0.67	17.61
化学药品制剂制造业	17.30	111.82	53.61	1.54	11.51
中药材及中成药加工业	8.64	129.88	69.35	0.76	7.89
动物药品制造业	-0.80	53.89	73.99	0.15	-25.89
生物制品业	5.46	106.93	60.30	1.12	-1.99
化学纤维制造业	29.21	124.72	12.29	2.24	29.84
橡胶制品业	2.20	-91.46	110.02	0.55	-5.50
塑料制品业	0.82	-123.66	101.98	0.62	-13.14
非金属矿物制造业	1.35	44.97	89.42	0.52	-8.79
水泥制造业	1.32	22.29	93.55	0.80	-8.85
水泥制品和石棉水泥制品业	1.85	85.29	78.96	0.60	-6.58
砖瓦、石灰和轻质建筑材料制造业	1.61	72.25	65.67	0.85	-1.70
玻璃及玻璃制造业	-0.09	-284.13	120.31	0.40	-24.45
陶瓷制品业	0.09	184.81	96.82	0.04	-10.79
耐火材料制品业	0.15	94.90	27.20	0.40	-7.24
黑色金属冶炼及压延加工业	4.51	90.64	77.76	1.29	-2.85
炼铁业	-0.68	-214.34	112.73	0.56	-23.56
炼钢业	1.05	-11.07	105.91	1.42	-11.35
钢压延加工业	7.49	198.54	64.47	1.36	2.80
铁合金冶炼业	-0.17	69.75	89.10	0.41	-7.68
有色金属冶炼及压延加工业	4.20	118.37	71.06	0.99	-0.77
重有色金属冶炼业	4.93	215.19	76.67	1.06	-2.98
轻有色金属冶炼业	3.39	92.72	68.47	1.70	-2.25
贵金属冶炼业	-1.33	-261.77	111.38	0.57	-11.80
稀有稀土金属冶炼业	1.72	101.57	77.69	0.19	0.14
有色金属压延加工业	4.91	132.56	69.17	0.69	1.96

13-7 续表2

(2001年)

单位：%

指 标	总资产贡献率	资本保值增值率	资产负债率	流动资产周转率	成本费用利润率
金属制品业	3.09	77.10	77.12	0.62	-1.03
普通机械制造业	5.32	120.76	74.67	0.68	1.33
锅炉及原动机制造业	-0.59	25.68	96.96	0.48	-15.29
金属加工机械制造业	3.61	149.48	60.86	0.59	1.79
通用设备制造业	6.39	104.70	77.03	0.74	3.28
轴承、阀门制造业	0.25	72.20	94.24	0.29	-16.56
其它通用零部件制造业	20.68	156.37	71.36	1.06	19.01
铸锻件制造业	6.21	107.65	75.76	1.12	2.50
专用设备制造业	3.08	108.50	77.71	0.60	-3.55
冶金、矿山、机电工业专用设备制造业	2.05	342.67	77.04	0.62	-6.69
石化及其它工业专用设备制造业	1.02	71.03	92.30	0.57	-10.29
轻纺工业专用设备制造业	0.95	21.69	98.46	0.70	-6.88
农、林、牧、渔、水利业机械制造业	0.26	7.25	99.55	0.25	-15.41
医疗器械制造业	10.71	93.75	66.83	0.92	8.66
交通运输设备制造业	3.26	128.42	67.34	0.73	0.77
铁路运输设备制造业	6.30	89.99	59.60	1.14	2.46
汽车制造业	3.57	120.51	76.34	1.20	1.14
摩托车制造业	-3.55	-91.68	129.32	0.33	-17.72
自行车制造业	-64.44	0.00	8.52	0.33	-103.47
船舶制造业	-1.52	90.67	78.48	0.74	-10.04
航空航天器制造业	2.96	143.52	66.67	0.61	0.53
交通运输设备修理业	1.82	78.05	60.22	1.53	0.17
武器弹药制造业	0.57	100.62	59.93	0.94	-4.93
电气机械及器材制造业	3.32	159.15	60.66	0.67	0.23
电机制造业	3.79	142.49	61.03	0.55	-0.30
输配电及控制设备制造业	3.79	197.92	66.32	0.70	0.13
电工器材制造业	7.02	1566.29	64.54	2.36	1.22
日用电器制造业	1.53	120.19	46.84	0.37	0.46
照明器具制造业	6.36	83.49	75.20	1.47	-2.37
电子及通信设备制造业	5.56	110.10	70.19	0.79	3.93
通信设备制造业	5.14	137.31	68.18	0.72	2.66
雷达制造业	0.57	113.22	87.39	0.36	-0.44
广播电视设备制造业	-1.11	-161.08	111.55	0.06	-50.52
电子计算机制造业	0.31	1.61	78.59	0.25	30.73
电子器件制造业	8.38	103.22	51.87	1.11	5.20
电子元件制造业	3.68	89.21	89.98	0.64	0.76
电视机、录像机、摄像机制造业	11.72	220.53	56.87	1.56	14.92
仪器仪表及文化办公用机械制造业	2.22	104.86	66.33	0.46	-2.01
通用仪器仪表制造业	1.77	102.37	65.42	0.60	-2.49
专用仪器仪表制造业	3.59	102.30	64.57	0.23	3.26
电子测量仪器制造业	-0.66	-123.67	115.41	0.16	-21.75
计量器具制造业	0.21	47.27	91.69	0.51	-19.43
其它制造业	-0.88	53.26	82.26	0.74	-8.73
电力、蒸汽、热水的生产和供应业	3.01	127.09	62.34	1.45	-0.24
电力生产业	2.11	90.68	83.84	0.70	-6.52
电力供应业	4.56	147.94	29.80	3.08	3.37
蒸汽、热水生产和供应业	-1.20	110.88	48.70	0.74	-16.81
煤气生产和供应业	-1.01	115.22	58.55	0.89	-6.41
自来水的生产和供应业	1.03	103.10	48.10	1.11	-5.68

13-7 续表3 （2001年）

指 标	工业全员劳动生产率（元/人）	工业产品销售率（%）	产值利税率（%）	每百元固定资产实现利税（元）	每百元销售收入实现利税（元）
总 计	**38100**	**98.03**	**12.05**	**7.01**	**12.18**
在总计中：亏损企业	13182	97.08	-12.30	-4.54	-12.72
一、按隶属关系分					
中央企业	53138	98.67	16.96	8.34	15.56
地方企业	30327	97.53	8.14	5.54	8.95
二、按轻重工业分					
轻工业	34882	96.55	16.14	14.82	17.51
以农产品为原料	32820	96.10	17.03	14.72	17.88
以非农产品为原料	40710	97.54	14.18	15.10	16.63
重工业	39051	98.40	11.05	5.90	10.98
采掘工业	73546	98.83	24.95	11.64	27.51
原料工业	43000	97.93	8.63	3.33	6.51
加工工业	25384	98.34	3.40	2.48	3.68
三、按企业规模分					
特大型企业	121990	99.93	20.71	12.20	21.03
大一型企业	33105	99.41	8.21	4.06	7.50
大二型企业	33148	97.33	11.64	8.90	12.09
中一型企业	21452	98.39	0.14	0.10	0.17
中二型企业	34824	96.53	17.14	12.44	18.41
小型企业	28264	95.14	7.93	3.68	8.33
四、按工业行业分					
煤炭采选业	15773	105.49	9.46	2.76	9.43
石油和天然气开采业	256806	98.03	29.47	15.04	33.34
黑色金属矿采选业	11054	93.55	2.59	1.59	3.17
铁矿采选业	17505	102.71	8.72	7.05	10.48
有色金属矿采选业	33292	94.64	8.12	5.27	8.44
非金属矿采选业	9149	93.99	-1.37	-0.74	-1.86
木材及竹材采运业	961	105.97	-50.87	-1.96	-41.42
食品加工业	24971	95.46	-0.64	-0.73	-0.72
粮食及饲料加工业	23252	99.36	-2.49	-2.90	-2.73
植物油加工业	25541	82.33	-10.21	-16.12	-14.54
屠宰及肉类蛋类加工业	29683	96.48	4.80	5.26	5.11
食品制造业	27160	93.70	5.31	5.38	6.17
糕点、糖果制造业	18217	98.19	7.27	8.97	8.50
乳制品制造业	41382	80.07	10.03	15.65	12.38
罐头食品制造业	20804	97.04	-3.16	-3.12	-3.45
饮料制造业	43854	101.46	17.13	14.73	17.22
酒精及饮料酒制造业	46810	101.74	20.75	21.22	20.82
软饮料制造业	27763	99.55	-7.27	-3.02	-7.40
烟草加工业	178178	96.47	46.76	71.33	45.71
纺织业	13903	94.21	1.91	1.16	2.09
纤维原料初步加工业	16231	96.47	-1.90	-3.06	-2.90
棉纺织业	14871	93.93	5.84	3.81	6.20
毛纺织业	1307	102.08	-274.90	-29.86	-501.47
丝绢纺织业	10889	96.03	-3.53	-1.89	-4.81
针织品业	3750	96.20	-11.38	-3.63	-33.46
服装及其他纤维制品制造业	8836	101.20	-20.34	-16.65	-18.83
服装制造业	8836	101.20	-20.34	-16.65	-18.83

13-7 续表4 （2001年）

指 标	工业全员劳动生产率（元/人）	工业产品销售率（%）	产值利税率（%）	每百元固定资产实现利税（元）	每百元销售收入实现利税（元）
皮革、毛皮、羽绒及其制品业	-1328	131.48	-153.80	-79.41	-122.46
木材加工及竹、藤、棕、草制品业	9143	79.97	-5.76	-1.26	-8.19
家具制造业	26402	75.06	2.70	3.58	3.15
造纸及纸制品业	18920	90.27	2.94	1.54	3.68
造纸业	20538	92.46	3.45	1.62	4.16
纸制品业	17382	70.14	1.70	1.41	2.51
印刷业	46154	96.40	15.88	12.16	16.41
文教体育用品制造业	12210	104.41	67.19	128.72	59.85
石油加工及炼焦业	178233	97.06	13.03	25.77	13.40
原油加工业	306213	98.68	13.52	29.45	13.89
石油制品业	35667	100.00	6.50	14.43	3.28
炼焦业	14300	59.39	1.87	1.18	1.99
化学原料及化学制品制造业	19665	99.43	2.87	1.23	3.03
基本化学原料制造业	15679	95.98	1.30	0.53	1.39
化学肥料制造业	24896	100.06	2.36	0.90	2.49
有机化学产品制造业	41660	95.62	8.17	6.27	8.68
合成材料制造业	1498	98.20	-18.16	-3.50	-17.13
专用化学材料制造业	7262	102.19	2.19	0.87	2.31
日用化学产品制造业	33907	100.26	5.10	6.75	5.16
医药制造业	57119	93.87	20.51	34.94	23.33
化学药品原药制造业	71923	93.72	26.17	51.48	28.46
化学药品制剂制造业	55477	94.54	18.90	32.59	21.66
中药材及中成药加工业	32035	88.73	13.72	15.85	17.54
动物药品制造业	13200	64.25	-18.75	-10.58	-29.18
生物制品业	21389	112.34	8.05	4.28	7.35
化学纤维制造业	631736	96.96	28.02	28.49	28.90
橡胶制品业	10215	105.83	-0.08	-0.03	-0.08
塑料制品业	16578	86.61	-7.97	-5.62	-12.04
非金属矿物制造业	14225	94.50	-1.54	-0.85	-1.97
水泥制造业	14526	95.43	-1.78	-1.14	-2.18
水泥制品和石棉水泥制品业	15015	93.10	1.13	0.61	1.61
砖瓦、石灰和轻质建筑材料制造业	11311	87.80	2.29	1.07	3.43
玻璃及玻璃制造业	10692	85.29	-18.43	-7.60	-24.66
陶瓷制品业	11402	75.58	-2.67	-0.39	-4.60
耐火材料制品业	1932	95.38	-0.09	-0.03	-0.15
黑色金属冶炼及压延加工业	25017	99.72	4.03	2.55	3.53
炼铁业	6701	107.46	-16.47	-11.23	-20.15
炼钢业	14020	91.98	-5.39	-4.38	-5.74
钢压延加工业	46096	103.51	11.58	6.47	8.95
铁合金冶炼业	5186	75.32	-1.37	-0.32	-1.82
有色金属冶炼及压延加工业	26689	96.16	3.95	2.88	4.25
重有色金属冶炼业	24482	95.30	3.02	3.13	3.44
轻有色金属冶炼业	28934	98.72	0.74	0.70	0.74
贵金属冶炼业	10058	89.78	-4.92	-1.80	-8.01
稀有稀土金属冶炼业	14109	80.73	4.55	1.63	6.82
有色金属压延加工业	27047	94.34	7.84	4.49	8.79

13-7 续表5

（2001年）

指 标	工业全员劳动生产率（元／人）	工业产品销售率（%）	产值利税率（%）	每百元固定资产实现利税（元）	每百元销售收入实现利税（元）
金属制品业	20623	92.18	4.76	3.80	5.93
普通机械制造业	26176	94.70	6.79	5.39	7.27
锅炉及原动机制造业	7723	95.21	-14.09	-5.53	-15.92
金属加工机械制造业	25681	98.41	6.12	3.87	6.13
通用设备制造业	42203	93.87	9.21	10.24	10.06
轴承、阀门制造业	13252	78.33	-9.81	-7.15	-11.99
其它通用零部件制造业	37845	90.18	28.51	34.35	32.00
铸锻件制造业	28827	97.09	4.27	4.20	4.44
专用设备制造业	23043	94.50	2.31	1.56	2.56
冶金、矿山、机电工业专用设备制造业	15057	93.54	-1.48	-0.71	-1.64
石化及其它工业专用设备制造业	21918	98.02	-4.99	-3.88	-5.53
轻纺工业专用设备制造业	11228	91.10	-1.64	-0.86	-2.09
农、林、牧、渔、水利业机械制造业	6332	97.04	-11.39	-3.20	-13.90
医疗器械制造业	30282	92.08	13.58	22.10	16.19
交通运输设备制造业	25009	98.74	2.85	2.49	3.13
铁路运输设备制造业	26400	108.14	8.41	11.86	8.37
汽车制造业	36116	97.95	3.58	5.17	3.96
摩托车制造业	7877	108.42	-14.43	-6.83	-16.97
自行车制造业	-10778	77.10	-82.65	-147.71	-138.79
船舶制造业	9544	100.00	-7.25	-3.27	-10.29
航空航天器制造业	24656	96.96	1.77	1.68	1.98
交通运输设备修理业	11981	97.90	1.56	0.13	1.43
武器弹药制造业	13874	97.52	-4.65	-1.53	-4.64
电气机械及器材制造业	34242	100.71	4.31	4.63	4.39
电机制造业	14792	104.39	4.77	3.23	4.87
输配电及控制设备制造业	34480	100.92	4.58	4.86	4.91
电工器材制造业	79149	87.52	4.06	12.02	3.54
日用电器制造业	50246	110.69	3.15	2.66	2.95
照明器具制造业	13892	93.44	4.38	5.21	4.70
电子及通信设备制造业	48337	100.53	7.55	8.43	8.71
通信设备制造业	59546	100.93	6.18	12.03	6.75
雷达制造业	31461	94.56	0.15	0.13	0.17
广播电视设备制造业	-9792	71.23	-65.76	-35.50	-101.45
电子计算机制造业	60367	99.39	26.02	28.21	43.29
电子器件制造业	56216	103.34	9.58	9.24	10.37
电子元件制造业	40666	94.92	4.58	3.80	5.09
电视机、录像机、摄像机制造业	63035	101.35	12.23	34.27	22.29
仪器仪表及文化办公用机械制造业	19087	98.22	0.94	0.52	0.89
通用仪器仪表制造业	20069	101.24	-0.25	-0.16	-0.23
专用仪器仪表制造业	18472	87.24	8.40	3.76	9.22
电子测量仪器制造业	8841	109.79	-28.92	-4.49	-41.24
计量器具制造业	6407	87.71	-13.03	-2.96	-14.28
其它制造业	13236	78.13	-4.97	-4.90	-6.60
电力、蒸汽、热水的生产和供应业	51676	99.27	9.44	1.51	4.39
电力生产业	51337	99.39	0.54	0.11	0.48
电力供应业	52752	99.05	25.01	3.01	6.36
蒸汽、热水生产和供应业	14399	100.00	-11.45	-1.83	-11.49
煤气生产和供应业	17062	108.36	-2.37	-1.27	-3.50
自来水的生产和供应业	21139	96.89	3.56	0.83	3.68

13-8 外商及港澳台商投资工业企业主要经济效益指标

(2001年)

单位：%

指 标	总资产贡献率	资本保值增值率	资产负债率	流动资产周转率	成本费用利润率
总 计	13.36	106.60	55.83	1.29	13.60
在总计中：亏损企业	-1.62	78.03	69.66	1.09	-8.69
一、港、澳、台商投资企业	12.24	111.02	51.26	1.41	16.03
合资经营企业(港或澳、台资)	6.14	121.93	50.85	1.05	5.57
合作经营企业(港或澳、台资)	17.46	105.61	50.84	1.97	36.26
港澳台商独资经营企业	10.71	100.25	54.87	2.04	6.17
港澳台商投资股份有限公司	2.50	93.32	58.79	1.33	-0.61
外商投资企业	14.43	101.47	60.53	1.23	12.24
中外合资经营企业	15.79	107.56	60.64	1.20	12.74
中外合作经营企业	0.79	18.38	57.19	3.40	0.35
外资企业	0.55	836.47	48.13	10.11	-1.51
外商投资股份有限公司	-4.13	0.00	66.94	0.23	-16.42
二、在总计中：国有及国有控股企业	8.19	132.10	64.08	1.13	6.65
在总计中：农村工业	4.81	197.36	50.96	2.08	2.76
三、按轻重工业分					
轻工业	14.60	90.41	56.83	1.39	11.53
以农产品为原料	6.57	105.15	64.52	1.41	2.48
以非农产品为原料	23.82	81.28	47.75	1.37	20.47
重工业	12.32	124.73	54.98	1.17	16.73
采掘工业	0.00	0.00	0.00	0.00	0.00
原料工业	14.36	115.26	50.40	1.69	29.70
加工工业	9.22	146.65	61.47	0.93	7.95
四、按企业规模分					
特大型企业	17.97	93.13	43.49	1.94	40.25
大一型企业	46.70	48.46	67.71	1.56	27.76
大二型企业	6.60	130.11	69.79	0.86	3.32
中一型企业	10.96	144.81	32.60	4.76	2.62
中二型企业	12.33	157.57	64.42	1.24	9.24
小型企业	7.71	119.36	53.70	1.15	8.04
五、按工业行业分					
食品加工业	1.63	87.95	76.46	5.17	-1.12
食品制造业	10.64	95.29	56.66	1.88	5.41
酒精制造业	0.40	68.35	75.16	1.19	-5.37
纺织业	2.14	70.03	77.79	1.45	-2.23
皮革、毛皮、羽绒及其制品业	5.16	109.72	64.84	0.91	1.70
木材加工及竹、藤、棕、草制品业	2.31	1161.83	68.11	0.37	0.62
家具制造业	3.97	279.00	25.13	0.67	3.85
造纸及纸制品业	4.57	52.96	86.74	2.17	-1.70
印刷业	5.62	107.98	61.04	1.41	5.02
石油加工及炼焦业	-9.49	11.19	88.73	0.74	-32.77
化学原料及化学品制造业	9.35	101.77	37.63	1.14	11.09
医药制造业	33.76	72.06	65.75	1.33	22.75
化学纤维制造业	29.21	124.72	12.29	2.24	29.84
塑料制品业	3.42	104.42	53.05	0.84	2.80
非金属矿物制造业	8.93	189.21	72.69	0.74	21.57
黑色金属冶炼及压延加工业	7.41	5118.72	51.07	0.98	9.03
有色金属冶炼及压延加工业	2.21	435.44	47.02	0.88	2.77
金属制品业	3.54	128.54	53.27	0.77	2.85
普通机械制造业	21.88	147.97	33.06	1.43	18.25
专用设备制造业	18.40	96.44	35.47	1.34	17.28
交通运输设备制造业	6.70	111.71	57.32	1.11	6.80
电气机械及器材制造业	11.28	186.23	61.22	1.34	5.70
电子及通信设备制造业	7.45	162.80	65.46	1.08	3.94
仪器仪表及文化办公用机械制造业	2.09	97.56	44.29	0.72	-2.67
其它制造业	10.68	111.86	31.98	0.60	30.36
电力、蒸汽、热水的生产和供应业	15.32	95.17	50.82	1.96	36.02

13-8 续表

（2001年）

指 标	工业全员劳动生产率（元／人）	工业产品销售率（%）	产值利税率（%）	每百元固定资产实现利税（元）	每百元销售收入实现利税（元）
总 计	**138823**	**96.99**	**16.73**	**19.00**	**19.09**
在总计中：亏损企业	29623	95.67	-7.01	-6.16	-7.56
一、港、澳、台商投资企业	93320	97.88	18.40	11.70	22.18
合资经营企业(港或澳、台资)	59534	96.27	6.49	12.19	9.63
合作经营企业(港或澳、台资)	284961	100.00	40.32	11.54	40.31
港澳台商独资经营企业	70204	98.99	11.76	12.82	11.67
港澳台商投资股份有限公司	20149	101.43	4.58	7.07	3.24
外商投资企业	186514	96.43	15.68	35.37	17.30
中外合资经营企业	195528	96.33	16.12	37.67	17.85
中外合作经营企业	65117	99.27	2.34	2.82	2.29
外资企业	28317	100.00	0.34	0.36	0.34
外商投资股份有限公司	40643	104.86	-20.08	-4.78	-19.15
二、在总计中：国有及国有控股企业	86260	98.30	9.19	12.04	10.92
在总计中：农村工业	58975	91.50	5.04	5.28	5.86
三、按轻重工业分					
轻工业	139301	96.08	14.21	31.34	17.09
以农产品为原料	67443	93.73	6.83	8.92	7.84
以非农产品为原料	320450	97.89	19.89	93.45	24.83
重工业	138170	98.48	20.84	13.21	21.95
采掘工业	0	0.00	0.00	0.00	0.00
原料工业	191768	101.16	34.54	11.23	34.57
加工工业	109908	96.49	10.71	22.83	11.73
四、按企业规模分					
特大型企业	296231	100.00	42.27	13.53	42.27
大一型企业	1082762	97.58	30.75	244.52	32.56
大二型企业	77262	99.39	6.86	16.15	7.46
中一型企业	55815	101.08	4.08	13.01	5.96
中二型企业	112617	97.46	16.92	7.51	16.83
小型企业	94913	94.15	10.00	15.39	12.15
五、按工业行业分					
食品加工业	50166	100.00	-0.67	-1.59	-0.66
食品制造业	67495	98.15	10.07	15.41	10.54
酒精制造业	71023	98.51	-1.40	-0.88	-1.40
纺织业	14894	90.76	0.05	0.08	0.06
皮革、毛皮、羽绒及其制品业	75966	99.70	3.88	4.17	3.84
木材加工及竹、藤、棕、草制品业	38149	97.99	1.85	0.73	1.89
家具制造业	21990	97.83	8.08	8.59	10.73
造纸及纸制品业	16185	99.76	7.67	22.17	2.58
印刷业	30726	102.91	8.91	6.65	10.09
石油加工及炼焦业	86418	88.24	-29.83	-36.27	-35.23
化学原料及化学制品制造业	83130	92.36	14.48	15.80	15.42
医药制造业	396598	93.00	25.00	144.49	29.94
化学纤维制造业	631736	96.96	28.02	28.49	28.90
塑料制品业	83216	91.06	4.12	3.68	4.97
非金属矿物制造业	54957	95.87	16.11	12.65	23.09
黑色金属冶炼及压延加工业	79398	123.57	11.54	6.38	9.50
有色金属冶炼及压延加工业	59643	89.46	3.00	3.87	5.28
金属制品业	50384	111.78	6.68	4.34	7.17
普通机械制造业	263406	90.10	17.00	56.74	20.32
专用设备制造业	95924	100.28	16.77	38.86	18.73
交通运输设备制造业	98063	98.68	10.66	8.75	9.71
电气机械及器材制造业	59922	90.03	8.00	19.91	9.77
电子及通信设备制造业	169271	99.60	5.66	24.29	7.32
仪器仪表及文化办公用机械制造业	20634	110.96	8.40	3.27	2.33
其它制造业	239596	91.58	16.34	129.80	29.25
电力、蒸汽、热水的生产和供应业	273439	100.00	40.17	11.52	40.18

13-9 大中型工业企业主要经济效益指标

(2001年)

单位: %

指 标	总资产贡献率	资本保值增值率	资产负债率	流动资产周转率	成本费用利润率
总 计	7.93	117.55	65.75	1.11	6.16
一、按登记注册类型分					
内资企业	7.39	119.23	66.20	1.09	5.26
国有企业	5.82	107.35	69.40	1.03	0.90
中央企业	5.68	88.28	63.60	1.00	1.33
地方企业	5.98	151.17	74.79	1.06	0.55
集体企业	4.12	117.05	81.48	1.30	-2.06
股份合作企业	5.88	110.68	67.14	1.56	2.76
联营企业	20.41	0.00	86.76	1.31	6.73
国有联营企业	20.41	0.00	86.76	1.31	6.73
有限责任公司	5.20	200.88	71.63	0.87	0.57
国有独资公司	3.51	203.58	63.70	0.71	-0.56
其他有限责任公司	7.00	195.81	80.95	1.21	2.08
股份有限公司	14.85	114.55	49.69	1.67	23.29
私营企业	4.85	82.59	35.75	1.94	-2.29
私营有限责任公司	4.85	82.59	35.75	1.94	-2.29
港、澳、台商投资企业	14.82	103.64	52.35	1.94	19.97
合资经营企业(港或澳、台资)	2.90	93.47	59.58	1.89	-0.95
合作经营企业(港或澳、台资)	17.46	105.61	50.84	1.97	36.26
外商投资企业	21.61	89.54	63.91	1.19	16.12
中外合资经营企业	21.61	89.54	63.91	1.19	16.12
二、按经济组织类型分					
独资企业	5.82	107.37	69.45	1.03	0.89
国有企业	5.82	107.35	69.40	1.03	0.90
集体企业	4.12	117.05	81.48	1.30	-2.06
合作、合伙企业	15.89	107.55	54.60	1.87	29.26
股份合作企业	5.88	110.68	67.14	1.56	2.76
国有联营企业	20.41	0.00	86.76	1.31	6.73
合作经营企业(港或澳、台资)	17.46	105.61	50.84	1.97	36.26
股份有限公司	14.85	114.55	49.69	1.67	23.29
股份有限公司(内资)	14.85	114.55	49.69	1.67	23.29
有限责任公司	6.90	167.92	70.60	0.95	3.38
国有独资公司	3.51	203.58	63.70	0.71	-0.56
私营有限责任公司	4.85	82.59	35.75	1.94	-2.29
合资经营企业(港或澳、台资)	2.90	93.47	59.58	1.89	-0.95
中外合资经营企业	21.61	89.54	63.91	1.19	16.12
其他有限责任公司	7.00	195.81	80.95	1.21	2.08
三、在总计中:亏损企业	-0.77	117.79	89.07	0.59	-16.96
在总计中:国有及国有控股企业	7.39	116.93	65.63	1.10	5.25
在总计中:农村工业	15.72	22795.42	55.59	2.70	3.72
四、按轻重工业分					
轻工业	13.78	99.61	68.85	1.18	5.92
以农产品为原料	13.28	108.58	74.30	1.16	1.07
以非农产品为原料	14.96	89.10	55.33	1.20	15.63
重工业	6.88	121.09	65.20	1.10	6.21
采掘工业	16.26	115.86	51.70	2.77	26.82
原料工业	6.17	135.20	65.43	1.46	2.25
加工工业	3.33	115.44	70.92	0.73	-0.09

13-9 续表1 （2001年） 单位：%

指 标	总资产贡献率	资本保值增值率	资产负债率	流动资产周转率	成本费用利润率
五、按企业规模分					
特大型企业	10.82	119.08	59.66	1.10	19.89
大一型企业	6.11	119.97	63.53	1.18	3.85
大二型企业	7.68	118.43	69.77	1.05	0.28
中一型企业	2.91	90.85	78.89	1.11	-3.94
中二型企业	9.64	112.49	73.15	1.11	5.69
六、按工业行业分					
煤炭采选业	2.03	82.69	63.66	0.84	-4.36
石油和天然气开采业	20.57	125.15	49.22	3.50	33.36
黑色金属矿采选业	-7.20	77.33	57.11	0.53	-34.60
有色金属矿采选业	4.07	92.20	54.22	3.28	3.26
非金属矿采选业	2.65	112.83	89.42	0.53	-3.21
食品加工业	3.80	89.18	64.43	1.54	2.19
食品制造业	3.49	67.55	86.02	1.47	-1.33
酒精制造业	14.31	95.65	66.83	2.07	2.47
烟草加工业	39.27	105.58	79.41	1.10	1.83
纺织业	3.17	159.20	76.38	1.10	-4.15
服装及其他纤维制品制造业	-9.26	-11880.33	228.65	0.95	-23.10
皮革、毛皮、羽绒及其制品业	-17.59	49.99	78.85	0.59	-41.88
木材加工及竹、藤、棕、草制品业	6.59	108.46	57.80	1.29	1.53
家具制造业	8.94	101.30	49.63	0.73	6.79
造纸及纸制品业	1.99	144.41	78.80	0.44	-0.11
印刷业	14.98	95.96	56.30	1.05	21.37
石油加工及炼焦业	15.86	97.88	81.14	2.74	0.25
化学原料及化学制品制造业	3.07	117.35	76.75	1.44	0.70
医药制造业	31.00	76.95	58.19	1.60	21.82
化学纤维制造业	29.21	124.72	12.29	2.24	29.84
橡胶制品业	1.64	-575.18	133.11	0.59	-7.63
塑料制品业	-0.37	-123.38	135.55	0.27	-33.73
非金属矿物制造业	4.38	114.08	75.93	0.67	-1.58
黑色金属冶炼及压延加工业	6.20	117.30	70.36	1.04	0.29
有色金属冶炼及压延加工业	4.80	109.69	68.57	1.02	0.11
金属制品业	3.17	98.47	69.20	0.59	-0.51
普通机械制造业	5.02	125.46	72.79	0.62	0.89
专用设备制造业	3.24	122.08	76.29	0.61	-3.74
交通运输设备制造业	3.40	131.79	67.56	0.72	1.00
武器弹药制造业	0.74	102.00	59.00	0.96	-4.36
电气机械及器材制造业	3.20	144.19	65.14	0.69	-0.50
电子及通信设备制造业	5.64	117.76	70.87	0.79	3.76
仪器仪表及文化办公用机械制造业	2.55	102.93	65.26	0.49	-1.22
其它制造业	1.12	93.03	23.75	0.81	-1.84
电力、蒸汽、热水的生产和供应业	4.86	127.67	62.13	1.43	3.89
煤气生产和供应业	-2.11	150.05	45.45	0.34	-13.14
自来水的生产和供应业	1.96	96.88	48.16	1.08	-1.82

13-9 续表2 （2001年）

指　　标	工业全员劳动生产率（元／人）	工业产品销售率（%）	产值利税率（%）	每百元固定资产实现利税（元）	每百元销售收入实现利税（元）
总　　计	43596	98.54	13.85	8.42	13.86
一、按登记注册类型分					
内资企业	40626	98.49	13.12	7.71	13.03
国有企业	33625	98.35	10.64	6.25	10.23
中央企业	39218	98.91	15.24	7.01	11.83
地方企业	30547	98.02	7.94	5.57	8.86
集体企业	28596	95.70	5.08	3.81	5.63
股份合作企业	21362	109.84	11.07	5.33	10.79
联营企业	72771	97.27	21.32	5.33	21.88
国有联营企业	72771	97.27	21.32	5.33	21.88
有限责任公司	29266	97.57	6.28	3.85	6.77
国有独资公司	25115	97.87	2.54	2.03	2.77
其他有限责任公司	34352	97.16	11.29	5.29	12.00
股份有限公司	139801	99.55	25.01	14.28	25.11
私营企业	14927	80.00	4.20	9.53	7.44
私营有限责任公司	14927	80.00	4.20	9.53	7.44
港、澳、台商投资企业	159367	100.56	22.48	10.80	26.46
合资经营企业(港或澳、台资)	50443	101.23	1.18	2.99	1.76
合作经营企业(港或澳、台资)	284961	100.00	40.32	11.54	40.31
外商投资企业	235502	97.99	21.03	66.65	21.85
中外合资经营企业	235502	97.99	21.03	66.65	21.85
二、按经济组织类型分					
独资企业	33598	98.34	10.62	6.25	10.21
国有企业	33625	98.35	10.64	6.25	10.23
集体企业	28596	95.70	5.08	3.81	5.63
合作、合伙企业	103787	101.21	35.85	10.79	35.75
股份合作企业	21362	109.84	11.07	5.33	10.79
国有联营企业	72771	97.27	21.32	5.33	21.88
合作经营企业(港或澳、台资)	284961	100.00	40.32	11.54	40.31
股份有限公司	139801	99.55	25.01	14.28	25.11
股份有限公司(内资)	139801	99.55	25.01	14.28	25.11
有限责任公司	37781	97.84	8.91	6.95	9.72
国有独资公司	25115	97.87	2.54	2.03	2.77
私营有限责任公司	14927	80.00	4.20	9.53	7.44
合资经营企业(港或澳、台资)	50443	101.23	1.18	2.99	1.76
中外合资经营企业	235502	97.99	21.03	66.65	21.85
其他有限责任公司	34352	97.16	11.29	5.29	12.00
三、在总计中:亏损企业	13476	98.44	-12.29	-5.00	-12.30
在总计中:国有及国有控股企业	40896	98.57	12.82	7.83	12.86
在总计中:农村工业	23099	94.14	6.36	10.26	6.47
四、按轻重工业分					
轻工业	46450	97.47	19.67	21.24	21.04
以农产品为原料	37132	96.73	19.79	17.80	20.27
以非农产品为原料	83208	98.78	19.46	32.79	22.59
重工业	42814	98.83	12.29	6.69	12.09
采掘工业	87448	99.05	26.67	13.04	29.76
原料工业	56848	98.04	13.02	5.02	9.80
加工工业	25505	99.07	3.41	2.52	3.63

13-9 续表3

（2001年）

指 标	工业全员劳动生产率（元／人）	工业产品销售率（%）	产值利税率（%）	每百元固定资产实现利税（元）	每百元销售收入实现利税（元）
五、按企业规模分					
特大型企业	127768	99.93	22.25	12.36	22.56
大一型企业	39115	99.29	10.53	5.49	9.76
大二型企业	33336	97.36	11.74	8.99	12.17
中一型企业	22115	98.49	1.19	0.83	1.39
中二型企业	34764	96.20	16.16	11.20	16.77
六、按工业行业分					
煤炭采选业	9512	112.15	5.42	1.81	5.46
石油和天然气开采业	288497	98.00	29.48	14.99	33.50
黑色金属矿采选业	356	101.36	-49.56	-11.95	-42.04
有色金属矿采选业	37913	98.12	8.95	4.43	8.67
非金属矿采选业	10543	98.59	2.38	1.60	3.05
食品加工业	29817	103.21	4.07	4.83	3.79
食品制造业	30545	91.65	3.00	3.06	3.39
酒精制造业	51969	100.39	17.57	18.64	17.61
烟草加工业	212488	96.34	47.34	73.94	46.17
纺织业	14185	93.93	2.47	1.50	2.66
服装及其他纤维制品制造业	8458	103.25	-32.78	-20.30	-29.44
皮革、毛皮、羽绒及其制品业	12847	111.86	-51.95	-41.18	-46.25
木材加工及竹、藤、棕、草制品业	41957	92.69	9.27	5.15	10.85
家具制造业	23114	96.01	10.52	18.77	13.75
造纸及纸制品业	25422	91.71	3.71	1.70	4.52
印刷业	59430	97.38	25.00	22.00	26.31
石油加工及炼焦业	146783	96.47	11.58	20.82	12.00
化学原料及化学制品制造业	21624	99.64	4.43	1.85	4.59
医药制造业	164246	96.89	26.94	77.54	29.02
化学纤维制造业	631736	96.96	28.02	28.49	28.90
橡胶制品业	8151	106.91	-3.01	-1.32	-2.94
塑料制品业	9775	78.36	-18.29	-14.15	-50.96
非金属矿物制造业	18725	98.23	7.28	3.91	8.31
黑色金属冶炼及压延加工业	27840	96.86	9.37	5.86	7.89
有色金属冶炼及压延加工业	27449	97.35	5.04	3.69	5.21
金属制品业	27091	98.71	5.33	3.78	6.55
普通机械制造业	23396	97.17	7.45	4.87	7.51
专用设备制造业	25400	95.57	2.29	1.56	2.44
交通运输设备制造业	24936	98.83	2.92	2.97	3.22
武器弹药制造业	14186	97.52	-4.00	-1.33	-3.99
电气机械及器材制造业	29042	102.38	3.55	3.93	3.79
电子及通信设备制造业	48973	100.57	7.51	8.30	8.40
仪器仪表及文化办公用机械制造业	20430	99.02	2.12	1.25	1.84
其它制造业	51883	91.03	1.27	1.52	1.40
电力、蒸汽、热水的生产和供应业	83879	99.55	18.46	3.53	9.66
煤气生产和供应业	2172	118.94	-7.68	-2.60	-17.40
自来水的生产和供应业	42270	98.97	9.29	1.87	9.40

13-10 主要工业产品产量

（2001年）

产品名称	单位	产量	产品名称	单位	产量
原煤	万吨	4531.87	机制纸及纸板	万吨	28.30
洗精煤	万吨	173.46	机制纸	万吨	22.02
原油	万吨	915.94	机制纸板	万吨	6.28
天然气（油田天然气）	亿立方米	34.40	原油加工量	万吨	688.65
铁矿石原矿量	万吨	77.33	汽油	万吨	197.33
钼精矿折合量	吨	33570.00	煤油	万吨	8.29
硫铁矿生产量	万吨	55.50	柴油	万吨	277.59
磷矿石生产量	万吨	5.71	润滑油	万吨	0.89
原盐	万吨	6.00	燃料油	万吨	66.63
木材	万立方米	0.01	液化气	万吨	37.72
食用植物油	吨	59309.00	焦炭	万吨	206.22
乳制品	吨	46669.80	硫酸	万吨	50.28
罐头	吨	1966.00	盐酸	万吨	8.55
白酒	吨	24720.88	氢氧化钠（烧碱）	万吨	8.31
啤酒	吨	516890.00	无水碳酸钠（纯碱）	万吨	3.21
卷烟	万箱	104.28	电石（折合量）	万吨	20.52
纱	万吨	15.66	合成氨	万吨	120.50
布	万米	68932.19	农用化肥（折纯）	万吨	97.33
印染布	万米	8343.32	氮肥	万吨	84.34
毛线	吨	107.61	磷肥	万吨	12.86
呢绒	万米	26.43	钾肥	万吨	0.13
服装	万件	1256.68	化学农药	吨	321.77
丝	吨	1214.14	油漆	吨	30434.99
丝织品	万米	1845.99	肥皂	吨	9906.62
锯材	万立方米	0.24	合成洗涤剂	吨	43252.48
人造板	万立方米	9.96	牙膏	万支	1029.05
家具	万件	15.36	化学原料药	吨	2294.80

13-10 续表 （2001年）

产品名称	单位	产量	产品名称	单位	产量
中成药	吨	4050.43	化学纤维	吨	16666.00
水　泥	万　吨	1110.20	塑料制品	万　吨	2.25
砖	亿　块	2.56	风　机	台	3280.00
瓦	万　片	433.75	矿山设备	吨	1563.00
油　毡	万　卷	9.73	金属轧制设备	吨	9833.98
平板玻璃	万重量箱	293.35	石油钻采设备	吨	27761.00
日用陶瓷	万　件	401.72	轴　承	万　套	457.96
玻璃纤维纱	吨	5134.00	小型拖拉机	台	1171.00
生　铁	万　吨	71.62	汽　车	辆	18552.00
钢	万　吨	69.44	摩托车	辆	14292.00
成品钢材	万　吨	64.18	自行车	辆	28617.00
铁合金	万　吨	2.13	交流电动机	万千瓦	133.86
铜	吨	181.57	变压器	万千伏安	1876.90
铝	吨	58003.00	家用洗衣机	万　台	4.39
锌	吨	50701.00	家用电冰箱	万　台	29.84
铅	吨	12542.00	房间空调器	万　台	0.58
工业锅炉	蒸发量吨	1502.60	空调器用压缩机	万　台	140.00
泵	台	14152.00	灯　泡	万　只	14600.48
内燃机	万千瓦	5.61	微型电子计算机	部	55961.00
金属切削机床	台	3567.00	彩色显像管	万　只	748.10
数控机床	台	920.00	电视机	万　部	50.62
高精度机床	台	82.00	# 彩色电视机	万　部	50.62
大型机床	台	88.00	收音机	万　部	7.01
锻压设备	吨	1653.30	自动化仪表及系统	万台（套）	47.69
起重设备	吨	456.30	发电量	亿千瓦小时	303.47
叉　车	台	1166.00	火　电	亿千瓦小时	275.04
铁路货车	辆	3109.00	水　电	亿千瓦小时	28.43

13-11 主要工业产品生产能力

（2001年）

产 品 名 称	单 位	生产能力	产 品 名 称	单 位	生产能力
铁矿石开采	万 吨	173.00	金属切削机床	台	6349.00
铁矿选矿处理能力	万 吨	235.00	塑 料	万 吨	4.39
炼 铁	万 吨	152.54	化学农药	吨	10500.00
炼 钢	万 吨	135.54	重型汽车	辆	13400.00
钢 材	万 吨	134.72	手扶拖拉机	辆	40000.00
铁合金	万 吨	10.30	化学纤维	吨	35500.00
铅锌矿采矿	万 吨	73.00	机制纸及纸板	万 吨	135.00
铅锌矿选矿处理能力	万 吨	88.00	缝纫机（按两班）	万 架	71.18
钼精矿采矿	万 吨	756.00	自行车（按两班）	万 辆	30.00
钼精矿选矿能力	万 吨	756.00	手 表	万 只	204.00
电解铜	吨	2000.00	水 泥	万 吨	1543.00
电解铝	吨	61000.00	日用搪瓷制品	吨	5400.00
发电设备装机容量	万千瓦	775.31	合成洗涤剂	万 吨	8.53
水 电	万千瓦	145.07	原 盐	万 吨	11.79
火 电	万千瓦	630.24	卷 烟（按两班）	万 吨	167.02
6000千瓦及以上电厂	万千瓦	732.31	工业锅炉	蒸 吨	9939.00
#火 电	万千瓦	607.15	内燃机	万千瓦	147.62
原煤开采	处—万吨	108-2713	交整流电动机	万千瓦	333.00
机 焦	万 吨	216.00	印染布	万 米	50632.00
原油开采	万 吨	880.00	电视机	万 部	250.00
原油加工	万 吨	800.00	#彩色电视机	万 部	240.00
硫 酸	万 吨	65.00	彩色显像管	万 只	930.00
纯 碱	万 吨	9.00	家用洗衣机	万 台	29.00
烧 碱	万 吨	9.00	轮胎外胎	万 条	42.00
农用化肥	万 吨	123.00	油 漆	万 吨	8.80
氮 肥	万 吨	103.00	合成氨	万 吨	145.00
磷 肥	万 吨	20.00	微型计算机	万 台	30.00

13-12 各市规模以上工业企业单位数

（2001年） 单位：个

地 区	单位数	国有经济	集体经济	其他经济类型	轻工业	重工业
全 省	**2440**	**1439**	**481**	**520**	**1087**	**1353**
关 中	1770	963	399	408	801	969
西安市	777	364	226	187	353	424
铜川市	73	50	15	8	25	48
宝鸡市	271	167	62	42	110	161
咸阳市	350	205	58	87	184	166
渭南市	269	159	38	72	110	159
杨凌示范区	30	18		12	19	11
陕 南	434	284	62	88	192	242
汉中市	226	148	33	45	99	127
安康市	135	89	16	30	71	64
商洛市	73	47	13	13	22	51
陕 北	235	191	20	24	94	141
延安市	109	100	7	2	46	63
榆林市	126	91	13	22	48	78

注：分市数据不包括长庆油田勘探局。以下各表同。

13-13 各市规模以上工业企业总产值

（2001年） 单位：万元

地 区	总产值	国有经济	集体经济	其他经济类型	轻工业	重工业
全 省	**13382004**	**10383742**	**867536**	**2130726**	**3683244**	**9698759**
关 中	9329425	6717770	745886	1865769	3283059	6046365
西安市	4854061	3525460	369875	958727	1719907	3134155
铜川市	301070	219874	14271	66925	31816	269253
宝鸡市	1509031	1250111	148878	110043	608988	900044
咸阳市	1601066	1024329	152253	424484	673215	927851
渭南市	1031351	681618	60610	289123	227795	803557
杨凌示范区	32845	16378		16468	21339	11507
陕 南	1025214	768835	88869	167510	315562	709652
汉中市	723620	582078	50456	91085	200294	523326
安康市	190417	119192	22843	48382	90749	99668
商洛市	111177	67565	15569	28043	24519	86658
陕 北	1759582	1629353	32781	97448	84624	1674958
延安市	1219640	1193478	8799	17363	53768	1165872
榆林市	539942	435874	23983	80085	30856	509086

13-14 各市规模以上工业企业工业增加值

（2001年）

单位：万元

地 区	增加值	国有经济	集体经济	其他经济类型	轻工业	重工业
全 省	4596786	3574142	263897	758747	1286560	3310226
关 中	3019792	2118968	228362	672462	1152445	1867348
西安市	1504585	1026173	108042	370371	646054	858531
铜川市	107091	77169	4457	25465	10142	96949
宝鸡市	549626	470278	45281	34066	252799	296827
咸阳市	468220	281300	49179	137742	166729	301491
渭南市	381990	261020	21403	99567	72312	309678
杨凌示范区	8280	3029		5251	4408	3872
陕 南	322134	244307	26820	51006	100007	222126
汉中市	215324	174527	16286	24511	59638	155686
安康市	74747	51217	5428	18103	31998	42749
商洛市	32063	18564	5106	8393	8371	23691
陕 北	641648	597654	8715	35279	34109	607540
延安市	442334	429402	2890	10042	25194	417140
榆林市	199314	168252	5825	25238	8915	190399

13-15 各市规模以上工业企业资产总计

（2001年）

单位：万元

地 区	资产总计	国有经济	集体经济	其他经济类型	轻工业	重工业
全 省	30710554	25947930	1096319	3666305	6225213	24485341
关 中	22047344	17897176	943877	3206291	5295873	16751471
西安市	11270042	9365299	423872	1480872	3067734	8202308
铜川市	882571	694333	40935	147303	56816	825754
宝鸡市	3661281	3314130	194532	152620	966271	2695011
咸阳市	3134920	2285121	193861	655937	825634	2309286
渭南市	3030418	2216806	90678	722934	349855	2680563
杨凌示范区	68112	21488		46625	29563	38549
陕 南	2746782	2382925	107664	256193	678599	2068183
汉中市	1816079	1627665	69573	118842	501116	1314964
安康市	686159	561004	20186	104969	152793	533366
商洛市	244543	194256	17905	32382	24690	219853
陕 北	3216289	2967690	44778	203821	250742	2965548
延安市	1566848	1536400	20066	10383	126755	1440093
榆林市	1649441	1431290	24713	193438	123986	1525455

13-16 各市规模以上工业企业负债总计

（2001年） 单位：万元

地 区	负债总计	国有经济	集体经济	其他经济类型	轻工业	重工业
全 省	**20270605**	**17433595**	**722648**	**2114362**	**4031232**	**16239373**
关 中	15000145	12532018	602456	1865672	3210827	11789319
西安市	7452280	6436174	276497	739610	1713800	5738480
铜川市	568300	480413	36668	51219	35188	533112
宝鸡市	2514281	2305043	122201	87036	600830	1913451
咸阳市	1980761	1555901	107325	317535	555647	1425114
渭南市	2447641	1740459	59765	647417	284965	2162676
杨凌示范区	36883	14029		22854	20397	16486
陕 南	1943174	1685827	88303	169044	568751	1374423
汉中市	1326299	1190245	57110	78944	425254	901045
安康市	404123	320004	17615	66504	126030	278093
商洛市	212752	175578	13578	23596	17467	195285
陕 北	2131656	2020120	31889	79647	251654	1880002
延安市	981202	964746	12861	3595	95525	885677
榆林市	1150454	1055375	19028	76051	156129	994325

13-17 各市规模以上工业企业产品销售收入

（2001年） 单位：万元

地 区	销售收入	国有经济	集体经济	其他经济类型	轻工业	重工业
全 省	**12927119**	**10275522**	**759183**	**1892413**	**3252151**	**9674968**
关 中	9152128	6838373	650070	1663685	2903365	6248764
西安市	4616799	3376748	325723	914328	1583058	3033742
铜川市	285607	218098	11982	55527	17517	268090
宝鸡市	1489428	1276481	129913	83035	573805	915624
咸阳市	1582107	1106014	134239	341854	526297	1055809
渭南市	1144552	844887	48214	251451	180984	963568
杨凌示范区	33635	16146		17490	21704	11931
陕 南	938933	722978	78093	137861	270712	668220
汉中市	666138	545404	45148	75587	173816	492323
安康市	183110	118408	19156	45547	81131	101979
商洛市	89684	59166	13790	16728	15765	73919
陕 北	1593227	1471340	31020	90867	78074	1515153
延安市	1004268	979233	7881	17154	56329	947938
榆林市	588959	492107	23139	73713	21745	567214

13-18 各市规模以上工业企业利润总额

（2001年）　　单位：万元

地 区	利润总额	国有经济	集体经济	其他经济类型	轻工业	重工业
全 省	629637	436923	21433	171282	135452	494186
关 中	223858	37675	21868	164315	157547	66311
西安市	163546	52265	9480	101801	145393	18153
铜川市	-8368	-15357	-584	7574	-418	-7950
宝鸡市	22418	15913	5181	1324	14497	7921
咸阳市	60396	536	5563	54298	1940	58456
渭南市	-17201	-15810	2229	-3620	-4981	-12220
杨凌示范区	3067	128		2939	1115	1951
陕 南	-14973	-15048	-1402	1476	-13864	-1110
汉中市	-24647	-22476	-1402	-769	-13603	-11043
安康市	10027	7818	-154	2364	-352	10379
商洛市	-354	-390	155	-118	92	-446
陕 北	98157	91701	965	5491	-8232	106389
延安市	84125	83241	46	838	-531	84657
榆林市	14032	8460	919	4653	-7701	21733

13-19 各市规模以上工业企业职工年平均人数

（2001年）　　单位：人

地 区	职工年平均人数	国有经济	集体经济	其他经济类型	轻工业	重工业
全 省	1154615	938093	106174	110348	319508	835107
关 中	930894	754880	90603	85411	272357	658537
西安市	405999	333339	39753	32907	127778	278221
铜川市	61462	51605	3801	6056	4771	56691
宝鸡市	158857	129504	17478	11875	48169	110688
咸阳市	158285	122123	22794	13368	62843	95442
渭南市	144118	117315	6777	20026	27566	116552
杨凌示范区	2173	994		1179	1230	943
陕 南	136031	103417	12607	20007	34253	101778
汉中市	98809	80032	7714	11063	20936	77873
安康市	21032	13207	2314	5511	10413	10619
商洛市	16190	10178	2579	3433	2904	13286
陕 北	75510	67616	2964	4930	12898	62612
延安市	38293	37540	323	430	4457	33836
榆林市	37217	30076	2641	4500	8441	28776

13-20 各市大中型工业企业单位数和工业总产值

（2001年）

地　区	企业数（个）	大型企业	中型企业	总产值（万元）	大型企业	中型企业
全　省	**428**	**192**	**236**	**9472401**	**7784040**	**1688361**
关　中	326	162	164	6384146	5303815	1080332
西安市	143	80	63	3441981	3025862	416120
铜川市	16	8	8	233066	205107	27959
宝鸡市	67	33	34	1003270	821762	181508
咸阳市	57	24	33	1062221	799651	262570
渭南市	42	17	25	636483	451434	185050
杨凌示范区	1		1	7125		7125
陕　南	72	23	49	645962	314554	331409
汉中市	54	19	35	507819	272820	234999
安康市	13	4	9	101259	41733	59526
商洛市	5		5	36884		36884
陕　北	29	6	23	1174509	897888	276621
延安市	8	2	6	1101247	879948	221299
榆林市	21	4	17	73262	17939	55322

13-21 各市大中型工业企业工业增加值和资产总计

（2001年）

单位：万元

地　区	增加值	大型企业	中型企业	资产总计	大型企业	中型企业
全　省	**3303401**	**2793164**	**510238**	**22813294**	**19202573**	**3610721**
关　中	2051806	1778808	272998	16459029	14350516	2108513
西安市	1016442	909987	106456	8517048	7694441	822606
铜川市	84467	74006	10461	704308	633552	70756
宝鸡市	387611	328197	59413	2449832	2097385	352447
咸阳市	309559	264481	45078	2375128	1958826	416302
渭南市	252942	202138	50804	2408214	1966312	441902
杨凌示范区	786		786	4499		4499
陕　南	211715	105022	106692	2089273	1265543	823730
汉中市	155849	86410	69439	1455069	942405	512664
安康市	45859	18613	27246	496551	323138	173413
商洛市	10007		10007	137653		137653
陕　北	426669	296121	130547	1564854	886376	678478
延安市	392505	286574	105931	1150565	729307	421258
榆林市	34163	9547	24616	414289	157069	257219

13-22 陕西名牌产品名录

序号	产品名称	生产企业
1	“彩虹”牌彩色显像管	彩虹彩色显像管厂
2	“长岭”牌电冰箱	长岭集团股份有限公司
3	“长岭”牌房间空气调节器	长岭集团股份有限公司
4	“黄河”牌彩电	黄河机电股份有限公司
5	“Deflection”牌彩色偏转线圈	咸阳偏转集团公司
6	“金山”牌彩色偏转磁芯	陕西金山电气总厂
7	“青竹”牌彩电用行输出变压器	西安无线电二厂
8	“宝光”牌真空开关管	陕西宝光集团有限公司
9	“西仪”牌工业自动化仪表及装置	西仪集团有限责任公司
10	“西玛”牌Y132-315三相异步电动机	西安电机厂
11	“XD”牌金属式全封闭组合电器	西安高压开关厂
12	“XD”牌SF6瓷柱式断路器	西安高压开关厂
13	“XD”牌户外落地罐式断路器	西安高压开关厂
14	“XD”牌全塑市话电缆	西安电缆厂
15	“XD”牌制冷电机	西安微电机厂
16	“友谊”牌氧化锌避雷器	西安高压电瓷厂
17	“友谊”牌棒形支柱绝缘子	西安高压电瓷厂
18	“陕鼓”牌AV轴流压缩机、TRT装置	陕西鼓风机（集团）有限公司
19	“陕鼓”牌E型系列离心压缩机	陕西鼓风机（集团）有限公司
20	“秦川”牌精密磨齿机	陕西秦川机械发展股份有限公司
21	“秦川”牌塑料中空成型机	陕西秦川机械发展股份有限公司
22	“汉川”牌电加工机床	汉川机床厂
23	“汉川”牌卧式镗床	汉川机床厂
24	“富勒”牌变速器	陕西汽车齿轮总厂
25	“关工”牌机用丝锥	关中工具厂
26	“关工”牌精密级直柄麻花钻	关中工具厂
27	“黄工”牌TY220推土机	黄河工程机械集团有限责任公司
28	“黄工”牌T180A推土机	黄河工程机械集团有限责任公司
29	“黄工”牌PC400-5C履带式液压挖掘机	黄河工程机械集团责任有限公司
30	“陕汽”牌SX2150越野汽车	陕西汽车制造总厂
31	“陕汽”牌SX2190型七吨越野车	陕西汽车制造总厂
32	“渭通”牌磨粉机	陕西渭通股份有限公司
33	“三捷”牌WBZ21稳定土拌合机	陕西建设机械（集团）有限责任公司
34	“建设”牌翻斗车	陕西建设机械（集团）有限责任公司
35	“三捷”牌沥青混凝土摊铺机	陕西建设机械（集团）有限责任公司
36	“永立”牌砼机械	陕西省建筑工程机械厂
37	“东方”牌旋转式冰箱压缩机	东方机械厂
38	“SK”牌高压真空开关设备	陕西开关厂
39	“恒星”牌医用X线电视系统	西安航天恒星医疗设备有限公司
40	“BB”牌电阻应变计	国营中原电测仪器厂
41	“FTK”牌铝质易开盖两片罐	西安昆仑福特波尔容器公司
42	“西飞”牌建筑铝型材	西安飞机工业集团有限公司
43	“西飞”牌铝合金门窗	西安飞机工业集团有限公司
44	“禹龙”牌炼钢生铁	陕西龙门钢铁总厂
45	“建友”牌热轧圆钢	略阳钢铁厂
46	“陕精”牌机车制动用N40合金带	陕西精密集团股份公司
47	“陕精”牌高精度封接用膨胀合金冷轧带	陕西精密集团股份公司
48	“中字”牌螺旋埋弧焊钢管	宝鸡石油钢管厂
49	“龙”牌三聚磷酸钠	陕西宝佳应用化学集团有限公司
50	“陕复”牌磷酸二铵	陕西华山化工集团有限公司
51	“三延”牌0# -10#轻柴油	永坪炼油厂
52	“三延”牌石油液化气	永坪炼油厂
53	“唐城”牌烧碱	西安化工厂
54	“唐城”牌盐酸	西安化工厂

13-22 续表1

序号	产品名称	生产企业
55	“505”牌神功元气袋	中国咸阳保健品厂
56	“西安”牌利君沙	陕西省西安制药厂
57	“秦岭”牌普通硅酸盐水泥	陕西秦岭水泥股份有限公司
58	“汉江”牌普通硅酸盐水泥	陕西汉江建材股份公司
59	“西秦”牌中密度板	勉县人造板企业总公司
60	“标准”牌缝纫机	中国标准缝纫机集团公司
61	“福乐”牌软床垫	福乐家具有限公司
62	“康贝”牌西服	西安康贝制衣实业公司
63	“巡洋舰”牌陆战皮鞋	中国人民解放军3513厂
64	“风轮”牌喷汽斜纹布	西北国棉一厂
65	“梅花”牌白厂丝	陕西安康恒远丝绸有限公司
66	“银涤”牌涤纶短纤维	陕西咸阳涤纶纤维厂
67	“万里香”牌人棉绸	陕西第三印染厂
68	“万里香”牌全棉仿腊染花布	陕西第三印染厂
69	“秦岭”牌精梳涤棉细布	陕西天王兴业集团有限公司
70	“秦岭”牌精梳纯棉防羽布	陕西天王兴业集团有限公司
71	“翠华山”牌特宽幅精梳细布	西北二棉有限责任公司
72	“翠华山”牌精梳纯棉系列布	西北二棉有限责任公司
73	“西凤”牌西凤酒	陕西省西凤酒厂
74	“宝鸡”牌宝鸡啤酒	陕西宝鸡啤酒股份有限公司
75	“朱鹮”牌黑米酒	陕西秦洋朱集团
76	“汉斯”牌汉斯啤酒	青岛啤酒西安有限责任公司
77	“太白”牌太白酒	陕西省太白酒厂
78	“秦俑”牌全脂甜奶粉	西安银桥乳制品实业公司
79	“PC”牌锌维全神果奶粉	陕西神果股份有限公司
80	“猴王”牌卷烟	宝鸡卷烟厂
81	“金丝猴”牌卷烟	宝鸡卷烟厂
82	“好猫”牌卷烟	宝鸡卷烟厂
83	“公主”牌卷烟	汉中烟草集团公司卷烟二厂
84	“钟楼”牌卷烟	澄城卷烟厂
85	“三抗”牌大容量并联电容器	合阳电力电容器制造有限公司
86	“烽火”牌15瓦短波单边电台	陕西烽火集团公司
87	“北川”牌石英晶体潜振器	陕西北川无线电器材厂
88	“秦川”牌汽车动力转向油泵、机床铸件	秦川机床集团有限公司
89	“金牛”牌WNS系列燃油（气）锅炉	金牛股份有限公司
90	“红原”牌锻铸件	红原航空锻铸工业公司
91	“华山”牌工业导火索	陕西秦东化工厂
92	“路遥”牌汽车前后轿	陕西东风昌河车桥股份公司
93	“玉华”牌重熔铝锭	铜川市鑫光铝业股份公司
94	“秦锌”牌锌锭	陕西商洛炼锌厂
95	“华山”牌尿素	陕西华山化肥集团公司
96	“珍珠”牌硝酸铵	陕西兴化集团有限公司
97	“洛河”牌0#　-10#轻柴油	延安石油化工股份公司
98	“宝塔山”牌醇酸调合漆	陕西宝塔山油漆股份公司
99	“双西”牌飞机软油箱	陕西省西北橡胶总厂
100	“步长”牌脑心通	中外合资咸阳步长制药公司
101	“博爱”牌五灵丸	西安博爱制药有限公司
102	“汉江”牌咪原料药	陕西省汉江制药有限公司
103	“强健”牌绞股蓝总甙片	安康正大制药有限公司
104	“强健”牌乳康片	安康正大制药有限公司
105	“渭河”牌P0425R水泥	户县水泥厂
106	“矿山”牌P0425R水泥	铜川市水泥厂
107	“雁塔”牌P0425，P0525R水泥	西安雁塔水泥厂

13-22 续表2

序号	产 品 名 称	生 产 企 业
108	“泾阳”牌P0425R水泥	泾阳县水泥厂
109	“金金博士”牌沙发	西安光明沙发厂
110	“铁锚”牌BOPP牛皮纸PVP胶粘纸	陕西合亚达胶粘制品有限公司
111	“宇华”牌箱板纸	陕西省宇华实业开发集团总公司
112	“石鼓”牌半透明纸	宝鸡五一造纸总厂
113	“梦人”牌床上用品	西安梦人床上用品有限公司
114	“大华”牌精梳涤棉细布	陕西第十一棉纺织厂
115	“鸡峰”牌精梳涤棉细布	陕西第十二棉纺织厂
116	“风轮”牌精梳仿羽绒布	国棉一厂
117	“驼铃”牌塔夫绸	汉中市丝织印染总厂
118	“伟志”牌西服	陕西省伟志集团有限公司
119	“泸康”牌泸康酒	陕西省安康市酒厂
120	“巨鹰”牌滩枣	清涧巨鹰枣业有限公司
121	“关山”牌全脂牛奶粉	陕西省陇县乳品厂
122	“爱菊”牌特制一等粉	西安市群众面粉厂
123	“祝尔康”牌卷烟	旬阳卷烟厂
124	“秦岭”牌DA系列电气化作业车	铁道部宝鸡工程机械厂
125	“凌云-永菲尔”牌起动用铅酸蓄电池	陕西凌云蓄电池厂
126	“海星龙”系列电脑	西安海星利达电子有限公司
127	“大唐”牌SP30超级数字程控交换机	西安大唐电信有限公司
128	“BJB”牌PZNB型喷水式柱塞泥浆泵	宝鸡水泵厂
129	“秦丰”牌4L系列谷物联合收割机	陕西省富平联合收割机厂
130	“RM”牌沥青混凝土搅拌设备	西安筑路机械厂
131	“八一三”牌金属钙 硅钙合金	国营八一三厂
132	“庆安”牌高效节能型空调压缩机	庆安集团有限公司
133	“秦岭”牌平衡轴齿轮组件	陕西秦岭航空电气公司
134	“琼华”牌工业8号雷管	西安庆华电气制造厂
135	“宝石”牌ZL20B系列钻机	宝鸡石油机械厂
136	“宝石”牌F系列泥浆泵	宝鸡石油机械厂
137	“三宝双喜”牌三宝双喜胶囊（膏）	西安三宝双喜制药厂
138	“三宝双喜”荣发养颜宝胶囊	西安三宝双喜制药厂
139	“锦风”牌锦轮6浸胶帘子布	国营陕西第九棉纺织厂
140	“牧王”牌纯毛粗纺大衣呢	中外合资陕西浩统毛纺织公司
141	“秦都”牌印染灯芯绒	咸阳市绒布印染厂
142	“隋唐玉液”牌白酒	延安地区美水酒厂
143	“荣氏”牌系列果汁饮料	西安海星现代饮品有限公司
144	“绿是”牌浓缩苹果清汁	陕西省果品加工厂
145	“海升”牌苹果浓缩汁	陕西海升鲜果汁有限公司
146	“十万大山”牌花茶，青茶	陕西十万大山茶叶股份公司
147	“午子山”牌午子仙毫茶	西乡县茶叶总公司
148	“明珠”牌魔芋精粉	岚皋县魔芋精粉集团有限公司
149	“钓鱼台”牌全脂甜牛奶粉	宝鸡惠民乳品公司
150	“西瑞”牌特制一等粉	陕西省专用面粉厂
151	“唐都”牌特制一等粉	西安市人民面粉厂
152	“熊毅武”牌系列伊面	陕西宝鸡毅武食品有限公司
153	“延安”牌卷烟	延安卷烟厂
154	“红玉”牌卷烟	汉中烟草集团公司卷烟二厂
155	“龙门”牌瘦精煤	韩城矿务局下峪口煤矿
156	“华秦”牌饲料	陕西省饲料厂
157	“神云”牌富硒茶	陕西省紫阳县茶厂
158	“忠诚”牌CS6266B马鞍车床系列	宝鸡机床厂
159	“吉元”牌电工圆铜线,漆包铜圆线	陕西吉元电工股份有限公司
160	“XD”牌220KV系列电力变压器,并联电抗器	西安变压器厂

主要统计指标解释

工业 指从事自然资源的开采，对采掘品和农产品进行加工和再加工的物质生产部门。具体包括：(1)对自然资源的开采，如采矿、晒盐、森林采伐等(但不包括禽兽捕猎和水产捕捞)；(2)对农副产品的加工、再加工，如粮油加工、食品加工、轧花、缫丝、纺织、制革等；(3)对采掘品的加工、再加工，如炼铁、炼钢、化工生产、石油加工、机器制造、木材加工等，以及电力、自来水、煤气的生产和供应等；(4)对工业品的修理、翻新，如机器设备的修理、交通运输工具(包括小卧车)的修理等。

轻工业 指主要提供生活消费品和制作手工工具的工业。按其所使用的原料不同，可分为两大类：

(1)以农产品为原料的轻工业，是指直接或间接以农产品为基本原料的轻工业。主要包括食品制造、饮料制造、烟草加工、纺织、缝纫、皮革和毛皮制作、造纸以及印刷等工业；

(2)以非农产品为原料的轻工业，是指以工业品为原料的轻工业。主要包括文教体育用品、化学药品制造、合成纤维制造、日用化学制品、日用玻璃制品、日用金属制品、手工工具制造、医疗器械制造、文化和办公用机械制造等工业。

重工业 是指为国民经济各部门提供物质技术基础的主要生产资料的工业。按其生产性质和产品用途，可以分为下列三类：

(1)采掘(伐)工业，是指对自然资源的开采，包括石油开采、煤炭开采、金属矿开采、非金属矿开采和木材采伐等工业；

(2)原材料工业，指向国民经济各部门提供基本材料、动力和燃料的工业。包括金属冶炼及加工、炼焦及焦炭、化学、化工原料、水泥、人造板以及电力、石油和煤炭加工等工业；

(3)加工工业，是指对工业原材料进行再加工制造的工业。包括装备国民经济各部门的机械设备制造工业、金属结构、水泥制品等工业，以及为农业提供的生产资料如化肥、农药等工业。

根据上述划分原则，修理业中以重工业产品为修理作业对象的划为重工业，反之划为轻工业。

规模以上工业企业 指全部国有及年产品销售收入500万元及以上的非国有工业企业。

大、中、小型企业 大、中、小型企业的划分标准有下列两类：

①按企业产品的年生产能力划分。凡产品比较单一的企业，如电力、原煤、石油、钢铁、有色金属、硫酸、烧碱、纯碱、合成氨、发电设备、汽车、拖拉机、木材采伐、水泥、平板玻璃、纺织、造纸、制糖、手表、缝纫机、自行车等均以产品生产能力作为划分大、中、小型的标准(生产多种产品的企业，以其主要产品的生产能力来划分)。

②按企业拥有的生产经营用固定资产原值划分。凡产品种类繁多，难以按生产能力划分的，则以企业拥有的生产经营用固定资产原值作为划分大、中、小型的标准。

工业总产值 是以货币表现的工业企业在一定时期内生产的已出售或可供出售工业产品总量，它反映一定时间内工业生产的总规模和总水平。它包括：在本企业内不再进行加工，经检验、包装入库(规定不需包装的产品除外)的成品价值，对外加工费收入，自制半成品、在产品期末初差额价值。工业总产值采用“工厂法”计算，即以工业企业作为一个整体，按企业工业生产活动的最终成果来计算，企业内部不允许重复计算，不能把企业内部各个车间(分厂)生产的成果相加。但在企业之间、行业之间、地区之间存在着重复计算。

轻重工业总产值的划分也是按“工厂法”计算的，即一个工业企业在正常情况下生产的主要产品的性质属于轻工业，则该企业的全部总产值作为轻工业总产值；一个工业企业生产的主要产品的性质属于重工业，则该企业的全部总产值作为重工业总产值。

工业增加值 是指工业行业在报告期内以货币表现的工业生产活动的最终成果。

资产总计 指企业拥有或控制的能以货币计量的经济资源。包括各种财产、债权和其他权利。资产按其流动性划分为流动资产、长期投资、固定资产、无形及递延资产和其他资产。

(1)流动资产 指企业可以在一年内或者超过一年的一个生产周期内变现或耗用的资产合计。包括现金及各种存款、短期投资、应收及预付款项、存货等。

(2)固定资产 指企业固定资产净值、固定资产清理、在建工程、待处理固定资产损失所占用的资金合计。

(3)无形资产 指企业长期使用而没有实物形态的资产。包括专利权、非专利技术、商标权、著作权、土地使用权、商誉等。

负债合计 指企业承担的能以货币计量，将以资产或劳务偿付的债务。负债一般按偿还期长短分为流动负债和长期负债、递延税项等。

(1)流动负债 指企业在一年内或者超过一年的一个营业周期内需要偿还的债务合计，其中包括短期借款、应付及预收款项、应付工资、应交税金和应交利润等。

(2)长期负债 指企业在一年以上或者超过一年的一个营业周期以上需要偿还的债务合计，其中包括长期借款、应付债务、长期应付款项等。

所有者权益 指企业投资人对企业净资产的所有权。企业净资产等于企业全部资产减去全部负债后的余额，其中包括投资者对企业的最初投入，以及资本公积金、盈余公积金和未分配利润，对股份制企业即为股东权益。

固定资产原价　指企业在建造、购置、安装、改建、扩建、技术改造某项固定资产时所支出的全部货币总额。它一般包括买价、包装费、运杂费和安装费等。

固定资产净值　是指固定资产原价减去历年已提折旧额后的净额。

流动资产　是指可以在一年或者超过一年的一个营业周期内变现或者耗用的资产，包括现金及各种存款、短期投资、应收及预付货款、存货等。

产品销售收入　指企业销售产品和提供劳务等主要经营业务取得的业务总额。

产品销售成本　指企业销售产品和提供劳务等主要经营业务的实际成本。

产品销售税金及附加　指企业销售产品和提供工业性劳务等主要经营业务应负担的城市维护建设税、消费税、资源税和教育费附加。

产品销售利润　指企业销售产品和提供工业性劳务等主要经营业务收入扣除其成本、费用、税金后的利润。

利润总额　指企业实现的利润。

应交增值税　指企业在报告期内应交纳的增值税额。

总资产贡献率　反映企业全部资产的获利能力，是企业经营业绩和管理水平的集中体现，是评价和考核企业盈利能力的核心指标。计算公式为：

总资产贡献率(%)=(利润总额+税金总额+利息支出)/平均资产总额×100%

资本保值增值率　该指标反映企业净资产的变动状况，是企业发展能力的集中体现。计算公式为：

资本保值增值率(%)=报告期期末所有者权益/上年同期期末所有者权益×100%

资产负债率　该指标既反映企业经营风险的大小，也反映企业利用债权人提供的资金从事经营活动的能力。计算公式为：

资产负债率(%)=负债总额/资产总额×100%

工业成本费用利润率　指在一定时期内实现的利润与成本费用之比，是反映工业生产成本及费用投入的经济效益指标，同时也是反映降低成本的经济效益的指标。计算公式为：

工业成本费用利润率(%)=利润总额/成本费用总额×100%

工业增加值率　指在一定时期内工业增加值占同期工业总产值的比重，反映降低中间消耗的经济效益。计算公式为：

工业增加值率(%)=工业增加值(现价)/工业总产值(现价)×100%

流动资产周转率　指在一定时期内流动资产完成的周转次数，反映流动资产的周转速度。计算公式为：

流动资产周转率(%)=产品销售收入/全部流动资产平均余额×100%

产品销售率　指报告期工业销售产值与同期全部工业总产值之比，是反映工业产品已实现销售的程度，分析工业产销衔接情况，研究工业产品满足社会需求程度的指标。计算公式为：

产品销售率(%)=工业销售产值/工业总产值(现价)×100%

全员劳动生产率　指根据产品的价值量指标计算的平均每一个从业人员在单位时间内的产品生产量。是考核企业经济活动的重要指标，是企业生产技术水平、经营管理水平、职工技术熟练程度和劳动积极性的综合表现。目前我国的全员劳动生产率是将工业企业的工业增加值除以同一时期全部从业人员的平均人数来计算的。计算公式为：

全员劳动生产率=工业增加值/全部从业人员平均人数

14 建筑业

JIANZHUYE

资料整理　　袁军会

****

14. 建筑业

****

2001 年全省资质等级四级以上建筑施工企业

企业个数	890	个
# 国有及国有控股企业	176	个
施工企业总产值	279.74	亿元
# 国有及国有控股企业	197.08	亿元
施工企业增加值	50.83	亿元
房屋建筑面积竣工率	47.3	%

****

房屋建筑竣工面积

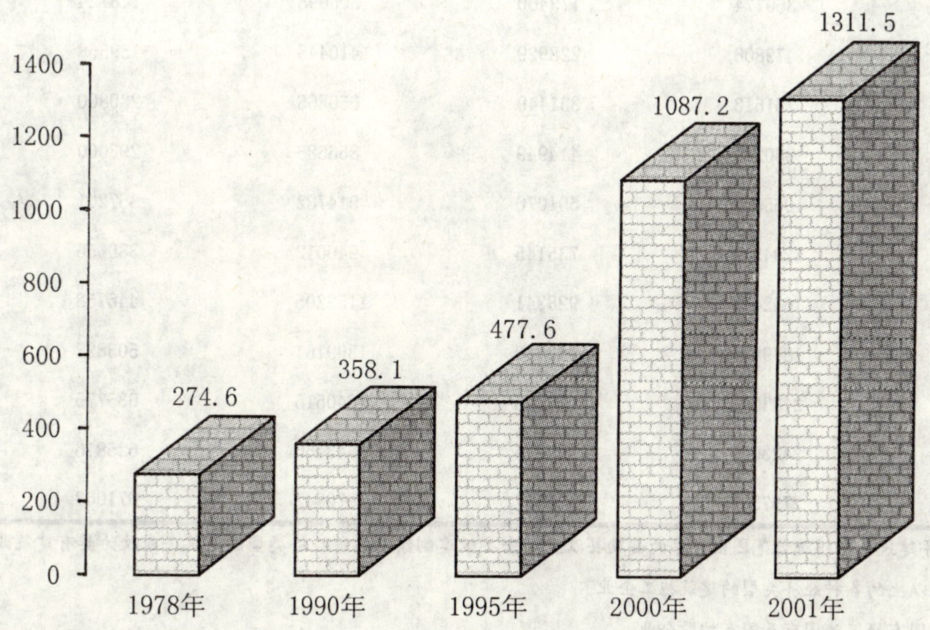

14-1 建筑施工企业总产值

单位:万元

年 份	建筑业总产值	#地方属企业	国有企业	#地方属企业	集体企业
1957	34567	7620	34567	7620	
1962	11340	3055	9824	1539	1516
1965	38425	15551	31458	8584	6967
1970	37180	23414	31070	17304	6110
1975	67377	45824	58946	37393	8431
1978	86642	60131	75082	48571	11560
1979	91932	66057	77854	51979	14078
1980	97607	71142	80505	54040	17102
1981	82528	65171	65789	48432	16739
1982	98176	70799	79749	52072	18427
1983	110401	75874	85828	51301	24573
1984	139234	92633	111271	64670	27963
1985	164405	100322	132119	68036	32286
1986	183081	112965	150795	74608	38357
1987	208180	125264	165971	83055	42209
1988	242409	134927	197920	90438	44489
1989	273554	144417	230069	100932	43485
1990	325034	155840	278358	109164	46676
1991	360774	173400	306098	118724	54676
1992	479806	228929	410445	159568	69361
1993	751613	331449	650865	230800	100649
1994	980260	414949	856685	293000	121941
1995	1065612	501076	914782	357201	143870
1996	1294502	735145	940012	380656	335948
1997	1642493	928341	1158205	446758	461272
1998	1879804	983440	1399161	503822	394712
1999	2183009	1188225	1640515	635775	432628
2000	2423046	1205275	1843456	625816	439089
2001	2797388	1424557	1970842	671008	479810

注：1. 1996-2001年建筑业年报统计范围由往年的县及县以上（含县级建制镇）各种经济类型的建筑企业改为具有建筑业资质等级四级及四级以上的各种经济类型的建筑施工企业。

2. 1998年以后国有经济为国有及国有控股企业。

14-2 建筑施工企业主要指标

（2001年）

指标	企业个数（个）	亏损企业（个）	平均人数（万人）	总产值（万元）	增加值（万元）	全员劳动生产率（元/人）	竣工产值（万元）
总计	**890**	**139**	**45.11**	**2797388**	**508330**	**62016**	**1890291**
一、二级企业	188	30	27.20	2243452	377562	82481	1483793
国有及国有控股	176	41	22.51	1970842	318482	87537	1338385
按登记注册类型分组							
内资企业	886	139	45.07	2783076	507475	61744	1876880
国有企业	161	38	19.65	1653345	264119	84158	1150777
集体企业	460	64	15.34	479810	115090	31281	354972
股份合作企业	16	2	0.43	10882	3040	25133	8401
联营企业	6		0.35	15309	2829	43891	9087
集体联营企业	3		0.03	989	302	30916	931
国有与集体联营企业	2		0.27	13000	2024	48363	7296
其他联营企业	1		0.05	1320	503	27500	860
有限责任公司	85	14	5.10	449551	81745	88175	245683
其他有限责任公司	85	14	5.10	449551	81745	88175	245683
股份有限公司	27	4	0.89	49078	5709	55274	38370
私营企业	130	17	3.32	124791	34872	37643	69279
私营独资企业	16	1	0.51	26942	10079	52962	11297
私营合伙企业	5		0.05	805	276	17858	439
私营有限责任公司	94	16	2.35	81637	20392	34711	44364
私营股份有限公司	15		0.41	15406	4125	37631	13179
其他企业	1		0.01	310	72	44286	310
港、澳、台商投资企业	3		0.03	14312	856	433694	13411
合资经营企业（港或澳、台资）	2		0.03	13903	754	463427	13002
港、澳、台商投资股份有限公司	1			409	102	136367	409
外商投资企业	1						
中外合资经营企业	1						
按经济组织类型分组							
独资企业	637	103	35.49	2160097	389288	60859	1517046
国有企业	161	38	19.65	1653345	264119	84158	1150777
集体企业	460	64	15.34	479810	115090	31281	354972
私营独资企业	16	1	0.51	26942	10079	52962	11297
合作、合伙企业	28	2	0.83	27307	6216	32746	18238
股份合作企业	16	2	0.43	10882	3040	25133	8401
集体联营企业	3		0.03	989	302	30916	931
国有与集体联营企业	2		0.27	13000	2024	48363	7296
其他联营企业	1		0.05	1320	503	27500	860
私营合伙企业	5		0.05	805	276	17858	439
其他企业（内资）	1		0.01	310	72	44286	310

14-2 续表1 （2001年）

指标	企业个数（个）	亏损企业（个）	平均人数（万人）	总产值（万元）	增加值（万元）	全员劳动生产率（元/人）	竣工产值（万元）
股份有限公司	43	4	1.30	64894	9936	49907	51958
股份有限公司（内资）	27	4	0.89	49078	5709	55274	38370
私营股份有限公司	15		0.41	15406	4125	37631	13179
港、澳、台商投资股份有限公司	1			409	102	136367	409
有限责任公司	182	30	7.48	545091	102891	72870	303049
私营有限责任公司	94	16	2.35	81637	20392	34711	44364
港澳台合资经营企业	2		0.03	13903	754	463427	13002
中外合资经营企业	1						
其他有限责任公司	85	14	5.10	449551	81745	88175	245683
按国民经济行业分组							
土木工程建筑业	812	117	42.66	2551616	463113	59808	1722071
房　屋	704	92	30.05	1143909	245604	38073	818444
矿　山	7	4	1.08	17378	4453	16033	7779
铁路公路隧道桥梁	59	11	9.44	1224077	171413	129631	726542
堤坝电站码头	10	3	1.38	124594	34592	90601	139673
其他土木工程	32	7	0.72	41657	7051	58148	29634
线路管道设备安装业	45	13	2.24	217662	43666	97045	141395
线路管道安装业	23	9	0.67	66209	11830	98438	58862
设备安装业	22	4	1.57	151453	31837	96449	82533
装修装饰业	33	9	0.20	28110	1551	139573	26824
按隶属关系分组							
中　央	39	2	11.30	1372831	207952	121497	868618
省	47	13	6.51	443164	85537	68081	316944
地　区	110	26	5.98	299430	50450	50100	234433
县	266	46	9.88	314853	70238	31868	221308
街　道	23	3	0.63	17751	4524	28153	12065
镇	120	11	3.06	88748	23784	29047	63561
乡	53	4	1.22	28618	9937	23492	23660
村委会	40	2	1.04	26280	7144	25345	19846
其　他	192	32	5.50	205715	48766	37391	129856
按企业资质等级分组							
一　级	56	8	18.35	1832138	295104	99833	1203717
二　级	132	22	8.85	411314	82458	46489	280076
三　级	360	63	12.80	419182	95756	32760	308604
四　级	342	46	5.11	134754	35013	26357	97894

14-2 续表2　　（2001年）

指　标	单位工程施工个数（个）	#投标承包个数	房屋建筑施工面积（万平方米）	#投标承包面积	房屋建筑竣工面积（万平方米）	房屋建筑面积竣工率（%）	工程质量优良品率（按个数计算）（%）
总　计	**15028**	**10840**	**2772.45**	**2117.56**	**1311.5**	**47.3**	**44.0**
一、二级企业	9476	7632	1599.57	1301.95	664.9	41.6	60.7
国有及国有控股	8923	6667	1172.57	934.39	469.1	40.0	55.9
按登记注册类型分组							
内资企业	15028	10840	2772.45	2117.56	1311.5	47.3	44.0
国有企业	6876	4917	1142.63	909.62	455.2	39.8	49.5
集体企业	3879	2443	1048.85	741.28	557.6	53.2	28.1
股份合作企业	158	99	21.34	18.38	14.5	68.1	38.1
联营企业	64	64	36.25	36.25	12.4	34.1	36.4
集体联营企业	10	10	1.18	1.18	1.0	87.2	37.5
国有与集体联营企业	49	49	33.16	33.16	9.8	29.5	39.1
其他联营企业	5	5	1.90	1.90	1.5	81.1	
有限责任公司	3095	2599	197.46	160.06	102.6	51.9	63.3
其他有限责任公司	3095	2599	197.46	160.06	102.6	51.9	63.3
股份有限公司	243	184	90.55	68.82	48.0	53.0	52.1
私营企业	711	532	234.80	182.58	120.8	51.4	32.9
私营独资企业	51	29	26.30	14.12	24.5	93.1	8.8
私营合伙企业	13	12	1.77	1.65	0.9	52.6	50.0
私营有限责任公司	573	430	178.34	142.04	79.5	44.6	34.4
私营股份有限公司	74	61	28.39	24.76	15.9	55.9	38.3
其他企业	2	2	0.58	0.58	0.6	100.0	100.0
按经济组织类型分组							
独资企业	10806	7389	2217.77	1665.02	1037.2	46.8	40.4
国有企业	6876	4917	1142.63	909.62	455.2	39.8	49.5
集体企业	3879	2443	1048.85	741.28	557.6	53.2	28.1
私营独资企业	51	29	26.30	14.12	24.5	93.1	8.8
合作、合伙企业	237	177	59.94	56.86	28.4	47.4	39.0
股份合作企业	158	99	21.34	18.38	14.5	68.1	38.1
集体联营企业	10	10	1.18	1.18	1.0	87.2	37.5
国有与集体联营企业	49	49	33.16	33.16	9.8	29.5	39.1
其他联营企业	5	5	1.90	1.90	1.5	81.1	
私营合伙企业	13	12	1.77	1.65	0.9	52.6	50.0
其他企业（内资）	2	2	0.58	0.58	0.6	100.0	100.0

14-2 续表3 （2001年）

指 标	单位工程施工个数（个）	#投标承包个数	房屋建筑施工面积(万平方米)	#投标承包面积	房屋建筑竣工面积(万平方米)	房屋建筑面积竣工率（%）	工程质量优良品率(按个数计算)（%）
股份有限公司	317	245	118.94	93.58	63.87	53.7	48.7
股份有限公司（内资）	243	184	90.55	68.82	48.00	53.0	52.1
私营股份有限公司	74	61	28.39	24.76	15.87	55.9	38.3
有限责任公司	3668	3029	375.80	302.10	182.02	48.4	57.6
私营有限责任公司	573	430	178.34	142.04	79.47	44.6	34.4
其他有限责任公司	3095	2599	197.46	160.06	102.55	51.9	63.3
按国民经济行业分组							
土木工程建筑业	13555	10108	2766.13	2113.41	1307.10	47.3	45.0
房 屋	7661	5304	2602.53	1981.61	1230.52	47.3	34.5
矿 山	241	123	15.37	11.02	5.90	38.4	46.9
铁路公路隧道桥梁	4849	4156	63.72	50.56	27.18	42.7	70.5
堤坝电站码头	307	242	55.09	52.35	24.98	45.3	75.0
其他土木工程	497	283	29.43	17.87	18.51	62.9	25.3
线路管道设备安装业	1473	732	6.32	4.15	4.40	69.6	37.4
线路管道安装业	775	233	2.42	1.74	1.40	57.9	39.3
设备安装业	698	499	3.91	2.41	3.00	76.9	34.4
装修装饰业							
按隶属关系分组							
中 央	5923	4752	292.40	193.38	108.28	37.0	66.5
省	2008	1411	522.26	437.60	196.95	37.7	45.8
地 区	1469	909	484.61	413.32	229.18	47.3	30.4
县	2841	1902	757.47	505.70	374.07	49.4	28.3
街 道	185	159	49.23	46.49	24.56	49.9	32.2
镇	790	570	207.09	152.68	122.31	59.1	32.2
乡	237	158	59.99	42.86	40.00	66.7	46.7
村委会	225	180	56.17	48.82	40.28	71.7	33.1
其 他	1350	799	343.22	276.70	175.88	51.2	32.0
按企业资质等级分组							
一 级	7283	6027	943.44	780.09	333.16	35.3	69.9
二 级	2193	1605	656.14	521.86	331.69	50.6	38.1
三 级	3608	2206	876.86	621.31	478.27	54.5	29.3
四 级	1944	1002	296.02	194.30	168.39	56.9	20.1

14-2 续表4 （2001年）

指 标	自有机械设备年末总台数（台）	自有机械设备年末总功率（万千瓦）	#施工机械功率	自有机械设备净值（万元）	技术装备率（元/人）	动力装备率（千瓦/人）
总 计	146455	222.4	163.7	364908	8090	4.9
一、二级企业	71132	165.4	115.4	274136	10079	6.1
国有及国有控股	48406	144.6	97.5	232269	10316	6.4
按登记注册类型分组						
内资企业	146412	222.4	163.6	364036	8076	4.9
国有企业	44678	128.9	83.8	193641	9857	6.6
集体企业	68626	51.5	42.7	75025	4891	3.4
股份合作企业	1246	1.6	1.4	2198	5076	3.8
联营企业	1117	0.7	0.5	1308	3749	1.9
集体联营企业	232	0.2	0.2	156	4859	5.3
国有与集体联营企业	535	0.4	0.3	1114	4144	1.6
其他联营企业	350	0.1	0.1	38	792	1.4
有限责任公司	13454	27.5	24.4	62508	12260	5.4
其他有限责任公司	13454	27.5	24.4	62508	12260	5.4
股份有限公司	4848	3.5	2.6	5549	6249	3.9
私营企业	12433	8.7	8.2	23801	7180	2.6
私营独资企业	1280	0.9	0.8	3894	7654	1.7
私营合伙企业	485	0.1		539	11951	1.3
私营有限责任公司	8766	6.3	5.9	16602	7059	2.7
私营股份有限公司	1902	1.5	1.5	2767	6758	3.7
其他企业	10			7	1057	0.6
港、澳、台商投资企业	43			871	26403	0.5
合资经营企业（港或澳、台资）	10			210	7000	0.4
港、澳、台商投资股份有限公司	33			661	220433	1.5
按经济组织类型分组						
独资企业	114584	181.3	127.3	272559	7679	5.1
国有企业	44678	128.9	83.8	193641	9857	6.6
集体企业	68626	51.5	42.7	75025	4891	3.4
私营独资企业	1280	0.9	0.8	3894	7654	1.7
合作、合伙企业	2858	2.4	1.9	4052	4859	2.9
股份合作企业	1246	1.6	1.4	2198	5076	3.8
集体联营企业	232	0.2	0.2	156	4859	5.3
国有与集体联营企业	535	0.4	0.3	1114	4144	1.6
其他联营企业	350	0.1	0.1	38	792	1.4
私营合伙企业	485	0.1		539	11951	1.3
其他企业（内资）	10			7	1057	0.6

14-2 续表5 （2001年）

指　　　标	自有机械设备年末总台数（台）	自有机械设备年末总功率（万千瓦）	#施工机械功率	自有机械设备净值（万元）	技术装备率（元/人）	动力装备率（千瓦/人）
股份有限公司	6783	5.0	4.1	8977	6904	3.9
股份有限公司（内资）	4848	3.5	2.6	5549	6249	3.9
私营股份有限公司	1902	1.5	1.5	2767	6758	3.7
港、澳、台商投资股份有限公司	33			661	220433	1.5
有限责任公司	22230	33.8	30.3	79320	10604	4.5
私营有限责任公司	8766	6.3	5.9	16602	7059	2.7
港、澳、台商投资股份有限公司	10			210	7000	0.4
其他有限责任公司	13454	27.5	24.4	62508	12260	5.4
按国民经济行业分组						
土木工程建筑业	137369	202.1	148.6	330848	7755	4.7
房　屋	111560	88.6	72.0	133619	4447	2.9
矿　山	2604	3.6	2.4	8150	7519	3.3
铁路公路隧道桥梁	17522	83.6	57.2	157056	16632	8.9
堤坝电站码头	2517	15.4	13.0	18372	13359	11.2
其他土木工程	3166	11.0	4.1	13651	19055	15.3
线路管道设备安装业	8456	19.9	14.6	31148	13887	8.9
线路管道安装业	2044	2.2	1.9	1948	2896	3.3
设备安装业	6412	17.7	12.7	29200	18595	11.3
装修装饰业	630	0.4	0.4	2912	14457	1.9
按隶属关系分组						
中　央	21611	88.5	64.6	165538	14650	7.8
省	16770	43.5	25.5	53437	8209	6.7
地　区	16047	23.7	17.6	37483	6272	4.0
县	42057	35.0	27.7	44003	4454	3.5
街　道	2815	2.3	1.9	2341	3713	3.6
镇	15495	8.8	8.0	12692	4154	2.9
乡	6751	2.8	2.6	10548	8659	2.3
村委会	4398	2.6	2.2	4568	4406	2.5
其　他	20511	15.2	13.5	34297	6234	2.8
按企业资质等级分组						
一　级	35030	129.0	87.2	214173	11670	7.0
二　级	36102	36.4	28.2	59963	6777	4.1
三　级	53366	42.6	36.4	65589	5126	3.3
四　级	21957	14.4	11.9	25184	4926	2.8

14-3 建筑施工企业主要财务指标

(2001年)

单位:万元

指标	流动资产			长期	固定资产	固定资产	
	合计	# 存货	# 在建工程	投资	小计	原价	# 生产经营用
总计	**2074604**	**471732**	**201533**	**41135**	**811224**	**1145256**	**846346**
一、二级企业	1733956	350631	137823	34232	633135	929982	674289
国有及国有控股	1541594	294862	106969	33349	546136	815958	585382
按登记注册类型分组							
内资企业	2069157	471458	201533	41056	810314	1143719	844809
国有企业	1322175	258534	97655	29708	471405	702273	496584
集体企业	311115	111548	62549	3793	149069	188247	141351
股份合作企业	6209	2256	1266	361	4841	5557	4115
联营企业	10670	2718	1944	52	12605	13730	10626
集体联营企业	876	140	100		215	252	236
国有与集体联营企业	9553	2472	1760	52	12271	13288	10266
其他联营企业	241	106	84		119	190	124
有限责任公司	274890	42184	17651	4171	112372	163842	131896
其他有限责任公司	274890	42184	17651	4171	112372	163842	131896
股份有限公司	57915	23412	2920	879	14857	17570	15131
私营企业	86181	30808	17549	2092	45154	52486	45093
私营独资企业	6990	4147	494	1041	6159	8013	7875
私营合伙企业	1002	143	55		623	678	636
私营有限责任公司	70882	23951	15736	941	34006	38675	32420
私营股份有限公司	7307	2567	1264	110	4366	5120	4162
其他企业					12	14	14
港、澳、台商投资企业	5447	274		79	910	1537	1537
合资经营企业（港或澳、台资）	4179	188			238	711	711
港、澳、台商投资股份有限公司	1268	86		79	672	826	826
按经济组织类型分组							
独资企业	1640280	374228	160698	34542	626633	898534	645810
国有企业	1322175	258534	97655	29708	471405	702273	496584
集体企业	311115	111548	62549	3793	149069	188247	141351
私营独资企业	6990	4147	494	1041	6159	8013	7875
合作、合伙企业	17881	5116	3265	413	18080	19978	15391
股份合作企业	6209	2256	1266	361	4841	5557	4115
集体联营企业	876	140	100		215	252	236
国有与集体联营企业	9553	2472	1760	52	12271	13288	10266
其他联营企业	241	106	84		119	190	124
私营合伙企业	1002	143	55		623	678	636
其他企业（内资）					12	14	14

14-3 续表1 (2001年) 单位:万元

指标	流动资产合计	# 存货	# 在建工程	长期投资	固定资产小计	固定资产原价	# 生产经营用
股份有限公司	66491	26065	4184	1068	19895	23516	20119
股份有限公司（内资）	57915	23412	2920	879	14857	17570	15131
私营股份有限公司	7307	2567	1264	110	4366	5120	4162
港、澳、台商投资股份有限公司	1268	86		79	672	826	826
有限责任公司	349952	66323	33386	5112	146615	203228	165027
私营有限责任公司	70882	23951	15736	941	34006	38675	32420
港澳台合资经营企业	4179	188			238	711	711
其他有限责任公司	274890	42184	17651	4171	112372	163842	131896
按国民经济行业分组							
土木工程建筑业	1852138	396315	187207	33464	731393	1012514	740394
房　屋	931031	248302	136794	14040	389049	474659	326585
矿　山	37508	6109	786	5	19294	27951	16570
铁路公路隧道桥梁	743535	122790	41982	14460	250154	388039	309520
堤坝电站码头	102275	12907	5081	4739	50331	88467	65532
其他土木工程	37788	6207	2564	221	22565	33398	22188
线路管道设备安装业	189051	59219	13924	7221	74457	125654	99962
线路管道安装业	36599	14251	7991	3740	18112	25874	12841
设备安装业	152452	44968	5933	3480	56345	99781	87121
装修装饰业	33415	16198	402	450	5374	7088	5990
按隶属关系分组							
中　央	844799	131026	43102	22620	319025	496098	388430
省	516811	121013	44643	5155	177207	252731	160050
地　区	291383	50249	28381	6393	107077	142963	100805
县	194769	79449	44864	2231	84617	105632	81672
街　道	9287	3427	2600	25	5791	6820	4948
镇	36458	10977	7362	1404	24163	27960	21734
乡	18577	9782	3147	274	16972	19381	13303
村委会	11801	4211	1119	100	8823	10385	8510
其　他	150718	61598	26316	2933	67549	83287	66895
按企业资质等级分组							
一　级	1430578	252650	80567	25393	508717	768712	561446
二　级	303378	97981	57255	8839	124419	161270	112844
三　级	251567	91681	46242	5315	126453	152910	122962
四　级	89082	29420	17468	1588	51636	62365	49095

14-3 续表2 (2001年) 单位：万元

指　　标	累计折旧	#本年折旧	专项工程	无形及递延资产	#无形资产	资产合计	流动资产合计	长期负债合计
总　计	354680	56824	39446	51496	38629	3028983	1979620	159722
一、二级企业	309768	49170	37056	33377	24397	2480826	1728940	141006
国有及国有控股	281890	43024	36354	23200	16789	2189152	1578504	134033
按登记注册类型分组								
内资企业	354053	56725	39446	51496	38629	3022547	1975448	159722
国有企业	241299	36535	27121	22278	16090	1877365	1339317	123618
集体企业	43869	7831	2509	15897	12786	483679	230622	15829
股份合作企业	1002	212	16	1334	768	12869	4697	274
联营企业	1125	99	199	73		23598	15791	657
集体联营企业	37	4		1		1093	274	606
国有与集体联营企业	1017	76	199	72		22146	15448	
其他联营企业	71	19				359	69	51
有限责任公司	54539	9458	9412	6602	4010	412028	294820	11504
其他有限责任公司	54539	9458	9412	6602	4010	412028	294820	11504
股份有限公司	4368	498	42	1711	1660	75523	45118	1327
私营企业	7847	2090	148	3602	3316	137474	45039	6513
私营独资企业	1854	507		1		14205	4350	143
私营合伙企业	103	25				1625	530	142
私营有限责任公司	5129	1462	148	3576	3291	109792	36483	5937
私营股份有限公司	762	96		25	25	11852	3676	291
其他企业	5	2				12	45	
港、澳、台商投资企业	627	99				6437	4172	
合资经营企业（港或澳、台资）	473	99				4417	3225	
港、澳、台商投资股份有限公司	154					2020	947	
按经济组织类型分组								
独资企业	287022	44873	29630	38176	28876	2375249	1574289	139590
国有企业	241299	36535	27121	22278	16090	1877365	1339317	123618
集体企业	43869	7831	2509	15897	12786	483679	230622	15829
私营独资企业	1854	507		1		14205	4350	143
合作、合伙企业	2234	338	215	1406	768	38104	21062	1074
股份合作企业	1002	212	16	1334	768	12869	4697	274
集体联营企业	37	4		1		1093	274	606
国有与集体联营企业	1017	76	199	72		22146	15448	
其他联营企业	71	19				359	69	51
私营合伙企业	103	25				1625	530	142
其他企业（内资）	5	2				12	45	

14-3 续表3 (2001年) 单位：万元

指　　标	累计折旧	#本年折旧	专项工程	无形及递延资产	#无形资产	资产合计	流动资产合计	长期负债合计
股份有限公司	5283	594	42	1736	1684	89395	49741	1618
股份有限公司（内资）	4368	498	42	1711	1660	75523	45118	1327
私营股份有限公司	762	96		25	25	11852	3676	291
港、澳、台商投资股份有限公司	154					2020	947	
有限责任公司	60141	11019	9560	10178	7301	526236	334527	17441
私营有限责任公司	5129	1462	148	3576	3291	109792	36483	5937
港澳台合资经营企业	473	99				4417	3225	
其他有限责任公司	54539	9458	9412	6602	4010	412028	294820	11504
按国民经济行业分组								
土木工程建筑业	301095	48185	34173	47912	37088	2709820	1764635	138848
房　屋	104212	16315	10653	34420	25813	1384778	853690	46595
矿　山	9207	983	1239			58046	49674	7662
铁路公路隧道桥梁	138702	22553	14863	12589	10664	1040314	728175	68757
堤坝电站码头	38140	7007	6575	429	236	164393	105871	7591
其他土木工程	10833	1327	844	475	375	62289	27225	8243
线路管道设备安装业	51239	8300	5273	3308	1465	279645	190680	20529
线路管道安装业	7784	1580	2136	2124	855	62909	35966	3433
设备安装业	43455	6720	3137	1185	610	216736	154715	17096
装修装饰业	2347	339		275	76	39518	24305	346
按隶属关系分组								
中　央	181628	29041	17967	11014	8241	1220714	863147	75106
省	81842	12056	12387	3963	1238	718783	541676	50689
地　区	36982	6101	6435	16345	14048	428394	296203	9012
县	24912	3808	1872	11990	8627	296550	141665	10945
街　道	1081	220		875	760	16007	4692	359
镇	5782	1235	262	1994	1294	64410	21498	2942
乡	2631	539		414	344	36325	9394	1736
村委会	2200	549	75	562	244	21441	8057	541
其　他	17623	3276	448	4338	3833	226360	93289	8393
按企业资质等级分组								
一　级	270360	41534	32175	18292	12191	2023793	1485894	120739
二　级	39408	7637	4881	15085	12206	457033	243046	20267
三　级	32051	5456	1467	14755	11884	400844	189393	11296
四　级	12862	2197	923	3364	2348	147314	61288	7421

14-3 续表4 (2001年) 单位：万元

指标	所有者权益合计	实收资本						
		合计	国家资本	集体资本	法人资本	个人资本	港澳台资本	外商资本
总计	**889641**	**771388**	**236574**	**169472**	**278616**	**84786**	**1940**	
一、二级企业	610880	532119	212034	66256	220783	31106	1940	
国有及国有控股	476615	423428	236081	1137	180576	5635		
按登记注册类型分组								
内资企业	887376	768518	236574	168776	278382	84786		
国有企业	414430	359368	202647		156721			
集体企业	237228	195025		146582	48443			
股份合作企业	7898	7033		2660	2430	1943		
联营企业	7151	5996	281	5422	140	153		
集体联营企业	213	208		68	140			
国有与集体联营企业	6698	5548	281	5267				
其他联营企业	240	240		87		153		
有限责任公司	105704	96439	33647	8450	32250	22093		
其他有限责任公司	105704	96439	33647	8450	32250	22093		
股份有限公司	29078	28508		5662	14272	8573		
私营企业	85921	76138			24119	52019		
私营独资企业	9712	7534			339	7195		
私营合伙企业	952	875			8	867		
私营有限责任公司	67372	61623			21805	39818		
私营股份有限公司	7885	6107			1968	4139		
其他企业	-33	12			7	5		
港、澳、台商投资企业	2265	2870		695	234		1940	
合资经营企业（港或澳、台资）	1192	1800			234		1566	
港、澳、台商投资股份有限公司	1073	1070		695			374	
按经济组织类型分组								
独资企业	661370	561927	202647	146582	205503	7195		
国有企业	414430	359368	202647		156721			
集体企业	237228	195025		146582	48443			
私营独资企业	9712	7534			339	7195		
合作、合伙企业	15968	13915	281	8082	2585	2968		
股份合作企业	7898	7033		2660	2430	1943		
集体联营企业	213	208		68	140			
国有与集体联营企业	6698	5548	281	5267				
其他联营企业	240	240		87		153		
私营合伙企业	952	875			8	867		
其他企业（内资）	-33	12			7	5		

14-3 续表5 (2001年) 单位：万元

指标	所有者权益合计	实收资本						
		合计	国家资本	集体资本	法人资本	个人资本	港澳台资本	外商资本
股份有限公司	38035	35684		6358	16240	12712	374	
股份有限公司（内资）	29078	28508		5662	14272	8573		
私营股份有限公司	7885	6107			1968	4139		
港、澳、台商投资股份有限公司	1073	1070		695			374	
有限责任公司	174268	159862	33647	8450	54288	61911	1566	
私营有限责任公司	67372	61623			21805	39818		
港澳台合资经营企业	1192	1800			234		1566	
其他有限责任公司	105704	96439	33647	8450	32250	22093		
按国民经济行业分组								
土木工程建筑业	806337	699278	207269	164935	246576	80498		
房　屋	484494	428509	89324	143075	123871	72239		
矿　山	710	11539	10927	4	608			
铁路公路隧道桥梁	243382	211785	102451	15615	85587	8132		
堤坝电站码头	50931	27998	2895	402	24701			
其他土木工程	26821	19446	1672	5839	11809	127		
线路管道设备安装业	68436	54052	29179	2476	21604	793		
线路管道安装业	23510	19133	4350	1214	13175	393		
设备安装业	44926	34919	24829	1262	8429	400		
装修装饰业	14868	18058	127	2061	10436	3495	1940	
按隶属关系分组								
中　央	282461	244838	116468	1256	123164	3950		
省	126419	109685	52469	5397	51419	400		
地　区	123180	112083	55825	38579	11378	4736	1566	
县	143939	117749	7954	77170	21495	11131		
街　道	10956	10385		6574	1308	2502		
镇	39971	31986		15269	14214	2503		
乡	25195	20280		9193	11047	40		
村委会	12843	11291		4606	6202	484		
其　他	124679	113091	3858	11429	38390	59040	374	
按企业资质等级分组								
一　级	417160	373335	176925	16376	174799	5236		
二　级	193720	158784	35109	49880	45985	25869	1940	
三　级	200155	171498	19542	73717	35819	42421		
四　级	78605	67771	4998	29499	22014	11260		

14-3 续表6 (2001年) 单位：万元

指标	工程结算收入	工程结算成本	工程结算税金及附加	工程结算利润	其他业务利润	管理费用	# 税金	# 财产保险费	# 劳动、待业保险费
总计	2708448	2421769	82256	204423	16543	172999	4902	786	35271
一、二级企业	2219208	1994692	62658	161858	15078	144849	2635	583	33948
国有及国有控股	1973781	1779026	54952	139803	13106	131074	2146	535	30952
按登记注册类型分组									
内资企业	2694136	2408503	81824	203810	16527	172578	4895	786	35271
国有企业	1672202	1507620	46795	117787	10929	108822	2029	471	25949
集体企业	430099	376972	16717	36410	1712	23432	1704	129	1940
股份合作企业	9997	9017	380	600	171	625	31	2	24
联营企业	14163	13121	500	542	541	786	157	1	
集体联营企业	783	545	58	180		137	33		
国有与集体联营企业	12520	11914	414	192	541	554	29	1	
其他联营企业	860	662	28	170		95	95		
有限责任公司	423902	377926	12077	33899	2582	31418	334	73	7204
其他有限责任公司	423902	377926	12077	33899	2582	31418	334	73	7204
股份有限公司	35614	32820	1079	1714	494	2156	160	23	53
私营企业	107850	90739	4265	12846	98	5332	477	87	102
私营独资企业	26818	22838	850	3131		561	16	4	
私营合伙企业	783	687	34	63		44	9		
私营有限责任公司	69209	58810	2319	8080	20	3804	289	63	69
私营股份有限公司	11040	8404	1062	1573	78	924	164	20	33
其他企业	310	289	10	11		8	3		1
港、澳、台商投资企业	14312	13267	432	614	16	421	8		
合资经营企业（港或澳、台资）	13903	13002	420	482	16	344	8		
港、澳、台商投资股份有限公司	409	265	12	132		77			
按经济组织类型分组									
独资企业	2129119	1907429	64362	157328	12641	132815	3749	604	27888
国有企业	1672202	1507620	46795	117787	10929	108822	2029	471	25949
集体企业	430099	376972	16717	36410	1712	23432	1704	129	1940
私营独资企业	26818	22838	850	3131		561	16	4	
合作、合伙企业	25253	23113	924	1216	712	1462	199	3	25
股份合作企业	9997	9017	380	600	171	625	31	2	24
集体联营企业	783	545	58	180		137	33		
国有与集体联营企业	12520	11914	414	192	541	554	29	1	
其他联营企业	860	662	28	170		95	95		
私营合伙企业	783	687	34	63		44	9		
其他企业（内资）	310	289	10	11		8	3		1

14-3 续表7 (2001年) 单位：万元

指 标	工程结算收入	工程结算成本	工程结算税金及附加	工程结算利润	其他业务利润	管理费用	# 税金	# 财产保险费	# 劳动、待业保险费
股份有限公司	47063	41489	2154	3419	573	3156	323	43	86
股份有限公司（内资）	35614	32820	1079	1714	494	2156	160	23	53
私营股份有限公司	11040	8404	1062	1573	78	924	164	20	33
港、澳、台商投资股份有限公司	409	265	12	132		77			
有限责任公司	507013	449738	14816	42460	2618	35566	631	136	7272
私营有限责任公司	69209	58810	2319	8080	20	3804	289	63	69
港澳台合资经营企业	13903	13002	420	482	16	344	8		
其他有限责任公司	423902	377926	12077	33899	2582	31418	334	73	7204
按国民经济行业分组									
土木工程建筑业	2493045	2234711	75671	182663	14243	151190	4486	549	30541
房 屋	1089759	967364	37983	84412	5834	62679	3554	238	11168
矿 山	17717	15814	526	1377	1105	2719	122		313
铁路公路隧道桥梁	1224522	1109028	33035	82459	5808	71528	571	258	15256
堤坝电站码头	118623	105027	2977	10619	1517	10518	174	40	3049
其他土木工程	42425	37478	1150	3796	-22	3745	65	13	756
线路管道设备安装业	187008	160271	5838	20899	2231	20645	357	229	4712
线路管道安装业	53578	44592	1708	7277	432	7275	158	118	1084
设备安装业	133430	115679	4130	13622	1799	13370	199	111	3628
装修装饰业	28396	26788	747	861	69	1165	59	9	18
按隶属关系分组									
中 央	1374430	1238156	37347	98926	6335	88464	992	425	21556
省	437282	392164	12830	32288	3357	31782	659	41	9657
地 区	290833	262865	8484	19484	5011	20567	602	80	2855
县	280203	246666	10266	23272	920	16528	1086	98	789
街 道	19870	17679	620	1571	20	879	76	1	9
镇	80788	69384	4296	7108	143	3889	476	17	107
乡	29426	24794	1538	3093	18	844	165	13	34
村委会	21023	18364	745	1915	254	1099	74	7	17
其 他	174593	151697	6129	16767	486	8948	773	105	247
按企业资质等级分组									
一 级	1842731	1662838	51196	128697	13569	120592	1869	430	32185
二 级	376477	331854	11461	33161	1509	24257	766	153	1763
三 级	369898	323214	15095	31589	1218	21474	1530	138	1009
四 级	119343	103863	4503	10977	248	6676	737	66	314

14-3 续表8 (2001年)

指 标	财务费用（万元）	营业利润（万元）	利润总额（万元）	产值利润率（%）	资产负债率（%）	实收资本利润率（%）	销售利润率（%）
总 计	19147	28820	24789	0.9	70.6	3.2	7.5
一、二级企业	13840	18247	15154	0.7	75.4	2.8	7.3
国有及国有控股	12262	9573	8008	0.4	78.2	1.9	7.1
按登记注册类型分组							
内资企业	19077	28682	24669	0.9	70.6	3.2	7.6
国有企业	12890	7004	5430	0.3	77.9	1.5	7.0
集体企业	4562	10128	8139	1.7	51.0	4.2	8.5
股份合作企业	75	72	36	0.3	38.6	0.5	6.0
联营企业	209	87	74	0.5	69.7	1.2	3.8
集体联营企业	18	25	25	2.5	80.5	12.1	23.0
国有与集体联营企业	164	14	1		69.8		1.5
其他联营企业	27	48	48	3.6	33.2	20.0	19.7
有限责任公司	-86	5148	4791	1.1	74.3	5.0	8.0
其他有限责任公司	-86	5148	4791	1.1	74.3	5.0	8.0
股份有限公司	214	-161	-111	-0.2	61.5	-0.4	4.8
私营企业	1213	6400	6307	5.1	37.5	8.3	11.9
私营独资企业	38	2532	2533	9.4	31.6	33.6	11.7
私营合伙企业	8	11	10	1.3	41.4	1.2	8.0
私营有限责任公司	995	3300	3119	3.8	38.6	5.1	11.7
私营股份有限公司	171	557	645	4.2	33.5	10.6	14.3
其他企业		3	3	1.0	375.0	25.0	3.5
港、澳、台商投资企业	70	138	120	0.8	64.8	4.2	4.3
合资经营企业（港或澳、台资）	40	114	116	0.8	73.0	6.4	3.5
港、澳、台商投资股份有限公司	30	24	4	1.1	46.9	0.4	32.2
按经济组织类型分组							
独资企业	17490	19664	16102	0.7	72.2	2.9	7.4
国有企业	12890	7004	5430	0.3	77.9	1.5	7.0
集体企业	4562	10128	8139	1.7	51.0	4.2	8.5
私营独资企业	38	2532	2533	9.4	31.6	33.6	11.7
合作、合伙企业	292	174	124	0.5	58.1	0.9	4.8
股份合作企业	75	72	36	0.3	38.6	0.5	6.0
集体联营企业	18	25	25	2.5	80.5	12.1	23.0
国有与集体联营企业	164	14	1		69.8		1.5
其他联营企业	27	48	48	3.6	33.2	20.0	19.7
私营合伙企业	8	11	10	1.3	41.4	1.2	8.0
其他企业（内资）		3	3	1.0	375.0	25.0	3.5

14-3 续表9 (2001年)

指 标	财务费用（万元）	营业利润（万元）	利润总额（万元）	产 值利润率（%）	资 产负债率（%）	实收资本利 润 率（%）	销 售利润率（%）
股份有限公司	416	420	539	0.8	57.5	1.5	7.3
股份有限公司（内资）	214	-161	-111	-0.2	61.5	-0.4	4.8
私营股份有限公司	171	557	645	4.2	33.5	10.6	14.3
港、澳、台商投资股份有限公司	30	24	4	1.1	46.9	0.4	32.2
有限责任公司	949	8562	8025	1.5	66.9	5.0	8.4
私营有限责任公司	995	3300	3119	3.8	38.6	5.1	11.7
港澳台合资经营企业	40	114	116	0.8	73.0	6.4	3.5
其他有限责任公司	-86	5148	4791	1.1	74.3	5.0	8.0
按国民经济行业分组							
土木工程建筑业	17445	28272	24027	0.9	70.2	3.4	7.3
房 屋	11477	16091	14751	1.3	65.0	3.4	7.7
矿 山	507	-743	-1514	-8.7	98.8	-13.1	7.8
铁路公路隧道桥梁	4305	12433	10025	0.8	76.6	4.7	6.7
堤坝电站码头	327	1291	522	0.4	69.0	1.9	9.0
其他土木工程	829	-800	243	0.6	56.9	1.2	8.9
线路管道设备安装业	1517	970	1189	0.5	75.5	2.2	11.2
线路管道安装业	436	-2	262	0.4	62.6	1.4	13.6
设备安装业	1081	971	927	0.6	79.3	2.7	10.2
装修装饰业	186	-422	-427	-1.5	62.4	-2.4	3.0
按隶属关系分组							
中 央	4831	11966	9860	0.7	76.9	4.0	7.2
省	5231	-1368	-434	-0.1	82.4	-0.4	7.4
地 区	3001	926	474	0.2	71.2	0.4	6.7
县	2684	4979	4318	1.4	51.5	3.7	8.3
街 道	114	599	175	1.0	31.6	1.7	7.9
镇	948	2414	2133	2.4	37.9	6.7	8.8
乡	420	1848	1007	3.5	30.6	5.0	10.5
村委会	249	820	788	3.0	40.1	7.0	9.1
其 他	1669	6636	6467	3.1	44.9	5.7	9.6
按企业资质等级分组							
一 级	11003	10671	9165	0.5	79.4	2.5	7.0
二 级	2837	7576	5989	1.5	57.6	3.8	8.8
三 级	3823	7509	6849	1.6	50.1	4.0	8.5
四 级	1484	3064	2785	2.1	46.6	4.1	9.2

14-4 建筑业企业增加值

（2001年） 单位:万元

指　　标	总　计	中央企业	地方企业	国有及国有控股企业	资质等级一、二级企业
总　　计	**508330**	**207952**	**300378**	**318482**	**377562**
本年提取的固定资产折旧	56824	29042	27782	43024	49170
主营业务应付工资	271249	96592	174657	159689	189745
主营业务应付福利费	29009	10458	18551	18147	21159
管理费用中的劳动待业保险费	35271	21556	13715	30952	33948
工程结算税金及附加	82255	37347	44908	54952	62658
管理费用中的税金	4902	991	3911	2146	2635
工程结算利润	28820	11966	16854	9573	18247

14-5 建筑业企业实物量指标

（2001年）

指　　标	单　位	总　计	中央企业	地方企业	国有及国有控股企业	资质等级一、二级企业
单位工程施工个数	个	15028	5923	9105	8923	9476
# 本年新开工个数	个	8002	2438	5564	4251	4284
单位工程竣工个数	个	7751	2457	5294	4044	4038
# 优良工程个数	个	3411	1634	1777	2262	2450
房屋建筑施工面积	万平方米	2772.45	292.40	2480.05	1172.57	1599.57
# 本年新开工面积	万平方米	1357.40	100.57	1256.82	530.67	727.23
房屋建筑竣工面积	万平方米	1311.50	108.28	1203.23	469.06	664.85
1.厂　房	万平方米	75.97	21.92	54.05	45.24	54.73
2.住　宅	万平方米	868.51	47.21	821.30	267.77	391.69
3.办公用房	万平方米	123.58	9.43	114.15	48.15	66.06
4.商业、居民服务业用房	万平方米	87.25	16.84	70.40	34.67	52.97
5.文化教育用房	万平方米	100.31	5.93	94.38	39.51	60.17
6.医疗用房	万平方米	17.12	1.22	15.90	7.19	13.20
7.科研用房	万平方米	7.45		7.45	5.82	5.68
8.其他用房	万平方米	31.30	5.72	25.58	20.69	20.34
# 优良工程面积	万平方米	588.81	76.93	511.88	270.32	346.38
优良品率(按面积计算)	%	44.9	71.0	42.5	57.6	52.1

14-6 各市建筑业企业个数

(2001年)

单位:个

地 区	单位个数	中央企业	地方企业	#一、二级企业	国有及国有控股企业	集体企业
全 省	**890**	**39**	**851**	**158**	**176**	**460**
西安市	205	16	189	60	50	127
铜川市	25		25	7	11	11
宝鸡市	97	2	95	17	15	67
咸阳市	97	11	86	11	22	48
渭南市	102	5	97	17	25	22
延安市	51		51	7	14	22
汉中市	110	1	109	11	13	57
榆林市	75	1	74	13	10	39
安康市	58	2	56	8	6	29
商洛市	65	1	64	3	9	35
杨凌示范区	5		5	4	1	3

14-7 各市建筑业总产值

(2001年)

单位:万元

地 区	总产值	中央企业	地方企业	#一、二级企业	国有及国有控股企业	集体企业
全 省	**2797388**	**1372831**	**1424558**	**892133**	**1970842**	**479810**
西安市	1148091	578720	569371	444020	930144	154750
铜川市	48525		48525	33825	30768	13459
宝鸡市	273680	94226	179454	114491	108651	76151
咸阳市	671472	535086	136386	81470	600558	52735
渭南市	231090	139015	92075	39024	166795	19319
延安市	53599		53599	28305	33687	13533
汉中市	114709	6203	108506	41364	34323	42647
榆林市	132075	3244	128831	49734	33991	61798
安康市	50525	10140	40385	18702	11458	14849
商洛市	48320	6197	42123	15990	8959	28998
杨凌示范区	25303		25303	25207	11508	1572

14-8 各市建筑业增加值

(2001年)

单位:万元

地区	增加值	中央企业	地方企业	#一、二级企业	国有及国有控股企业	集体企业
全省	508330	207952	300379	173283	318482	115090
西安市	232029	103190	128838	95655	174301	43961
铜川市	8969		8969	6809	6594	1769
宝鸡市	53432	16357	37075	20524	16996	20161
咸阳市	93416	66218	27198	13003	76454	12953
渭南市	42323	18593	23729	9027	24391	4712
延安市	7756		7756	3026	3629	2386
汉中市	22317	961	21357	6603	5126	7731
榆林市	19939	301	19638	6000	4026	9718
安康市	12127	1798	10329	5222	2019	3918
商洛市	10101	534	9568	1578	1150	6181
杨凌示范区	5923		5923	5837	3798	1601

14-9 各市建筑业竣工产值

(2001年)

单位:万元

地区	竣工产值	中央企业	地方企业	#一、二级企业	国有及国有控股企业	集体企业
全省	1890291	868618	1021673	632905	1338385	354972
西安市	803265	403849	399417	322252	655172	113452
铜川市	26164		26164	17937	16151	6486
宝鸡市	183645	27761	155884	103709	85393	63801
咸阳市	453861	360936	92925	54597	402545	38129
渭南市	126927	60309	66618	24683	77107	13655
延安市	48931		48931	26856	31722	11327
汉中市	72321	3481	68840	23105	20004	28169
榆林市	98418	2518	95900	30831	30370	48071
安康市	26654	3775	22879	6353	4633	12459
商洛市	35008	5989	29019	7583	8027	18398
杨凌示范区	15097		15097	15001	7262	1026

14-10 各市建筑业劳动生产率

(2001年)

单位:元/人

地区	劳动生产率	中央企业	地方企业	#一、二级企业	国有及国有控股企业	集体企业
全省	**62016**	**121497**	**42136**	**54589**	**87537**	**31281**
西安市	73337	120481	52469	65895	96476	30204
铜川市	28585		28585	25970	24454	44346
宝鸡市	49797	165571	36424	43836	66263	26683
咸阳市	88977	129875	39802	54973	114696	30170
渭南市	49676	100314	28191	33875	71888	25554
延安市	45004		45004	52534	51150	33341
汉中市	31209	22138	31958	49490	38919	26641
榆林市	54336	135154	53530	74980	92795	46771
安康市	49274	110820	43243	51691	91737	35533
商洛市	38946	244941	34658	95918	73676	41166
杨凌示范区	50850		50850	51485	43312	15130

14-11 各市建筑业单位工程施工个数、竣工个数

(2001年)

单位:个

地区	单位工程施工个数	#地方企业	国有及国有控股企业	集体企业	单位工程竣工个数	#地方企业	国有及国有控股企业	集体企业
全省	**15028**	**9105**	**8923**	**3879**	**7751**	**5294**	**4044**	**2423**
西安市	3886	2448	2606	1130	2192	1411	1318	798
铜川市	387	387	211	135	183	183	87	79
宝鸡市	1743	1329	744	556	1003	890	397	367
咸阳市	3897	835	3361	352	1756	482	1420	229
渭南市	1747	860	1208	222	638	427	350	81
延安市	367	367	164	145	221	221	74	105
汉中市	1276	1257	289	551	757	747	179	293
榆林市	620	564	149	322	367	319	102	197
安康市	529	501	44	221	294	286	19	128
商洛市	422	403	68	232	250	238	43	139
杨凌示范区	154	154	79	13	90	90	55	7

14-12 各市房屋建筑施工面积、新开工面积

（2001年）

单位：万平方米

地区	房屋建筑施工面积	#地方企业	国有及国有控股企业	集体企业	新开工面积	#地方企业	国有及国有控股企业	集体企业
全省	2772.45	2480.05	1172.57	1048.85	1357.40	1256.82	530.67	505.45
西安市	867.06	693.17	486.27	321.43	373.81	333.69	179.66	155.62
铜川市	62.15	62.15	28.91	21.72	24.18	24.18	15.27	8.30
宝鸡市	388.63	385.56	188.00	159.24	193.62	191.66	87.24	81.43
咸阳市	386.24	314.31	206.82	124.25	198.16	163.01	95.57	68.87
渭南市	188.04	169.05	76.24	33.75	103.16	94.55	39.67	15.54
延安市	125.15	125.15	84.89	27.17	75.93	75.93	49.27	15.82
汉中市	282.91	272.40	54.10	116.76	152.96	146.55	33.84	55.19
榆林市	236.25	233.74	27.45	150.35	114.47	113.16	17.84	61.36
安康市	117.61	108.10	11.34	45.92	54.70	49.12	7.41	18.52
商洛市	87.97	85.99	8.56	45.76	41.99	40.56	4.91	22.54
杨凌示范区	30.44	30.44		2.49	24.43	24.43		2.25

14-13 各市房屋建筑竣工面积、住宅面积

（2001年）

单位：万平方米

地区	房屋建筑竣工面积	#地方企业	国有及国有控股企业	集体企业	住宅面积	#地方企业	国有及国有控股企业	集体企业
全省	1311.50	1203.23	469.06	557.56	868.51	821.30	267.77	392.24
西安市	394.93	330.17	174.32	186.79	238.96	214.78	89.43	125.95
铜川市	25.55	25.55	13.49	7.94	19.25	19.25	11.01	4.20
宝鸡市	193.83	192.73	70.55	101.76	131.54	130.44	35.62	79.22
咸阳市	167.72	142.54	77.26	63.72	100.57	88.43	41.78	41.22
渭南市	102.88	95.55	27.98	16.27	65.74	61.09	16.66	10.45
延安市	71.27	71.27	48.67	16.73	52.04	52.04	36.42	10.51
汉中市	123.84	120.60	22.16	49.12	93.45	92.07	12.51	38.66
榆林市	111.43	109.26	27.11	60.84	77.19	75.99	19.58	43.41
安康市	59.97	56.77	3.84	27.75	48.45	46.67	2.40	21.74
商洛市	48.32	47.03	3.68	24.58	34.27	33.50	2.36	16.71
杨凌示范区	11.75	11.75		2.07	7.06	7.06		0.16

14-14 各市建筑业单位工程及房屋建筑优良品率

（2001年）

单位：%

地区	优良品率（按个数计算）	#地方企业	国有及国有控股企业	集体企业	优良品率（按面积计算）	#地方企业	国有及国有控股企业	集体企业
全省	**44.0**	**33.6**	**55.9**	**28.1**	**44.9**	**42.5**	**57.6**	**37.7**
西安市	43.5	40.6	52.3	29.9	54.0	48.0	62.9	44.8
铜川市	29.5	29.5	50.6	6.3	33.8	33.8	37.8	19.7
宝鸡市	38.6	32.0	21.4	40.6	54.6	54.3	70.4	44.9
咸阳市	61.8	33.8	70.3	21.4	39.5	38.3	57.8	21.4
渭南市	47.0	30.7	63.7	33.3	33.1	32.4	52.4	42.3
延安市	34.4	34.4	70.3	14.3	41.1	41.1	42.1	31.5
榆林市	32.2	32.1	51.4	23.2	47.6	47.7	64.4	36.0
汉中市	43.9	37.3	56.9	36.0	31.5	30.2	31.9	31.9
安康市	16.0	14.0	47.4	13.3	22.4	18.7	72.9	18.2
商洛市	37.6	36.6	27.9	25.9	44.0	45.2	9.2	40.2
杨凌示范区	10.0	10.0		71.4	24.3	24.3		71.0

14-15 各市建筑业企业自有机械设备总功率

（2001年）

单位：千瓦

地区	自有机械设备年末总功率	中央企业	地方企业	#一、二级企业	国有及国有控股企业	集体企业
全省	**2224303**	**885426**	**1338877**	**779157**	**1446061**	**514705**
西安市	944306	397047	547259	434758	764499	165417
铜川市	100469		100469	56727	53414	34227
宝鸡市	242792	57013	185779	102676	72744	103611
咸阳市	390306	318802	71504	34313	342684	32381
渭南市	216289	97435	118854	49408	131840	19933
延安市	36185		36185	22549	26509	7688
汉中市	88613	7414	81199	18803	22498	42258
榆林市	132134	1060	131074	33536	12305	83010
安康市	27572	5491	22081	9034	6656	10939
商洛市	32039	1164	30875	4075	6661	12765
杨凌示范区	13598		13598	13278	6251	2476

14-16 各市建筑业自有机械设备净值

（2001年） 单位:万元

地区	自有机械设备年末净值	中央企业	地方企业	#一、二级企业	国有及国有控股企业	集体企业
全省	364908	165538	199370	110357	232269	75025
西安市	139521	65249	74272	54894	109780	22114
铜川市	12617		12617	10368	10870	1582
宝鸡市	35432	13866	21566	9982	7571	12616
咸阳市	83077	68202	14875	5039	71049	8157
渭南市	34840	15008	19831	11333	21374	3538
延安市	2529		2529	189	799	1051
汉中市	15474	1931	13543	3817	3909	4868
榆林市	24443	36	24407	6018	4106	11548
安康市	5078	1036	4042	2099	1156	1402
商洛市	8104	210	7894	2843	1383	4754
杨凌示范区	3793		3793	3776	270	3396

14-17 各市建筑业实收资本

（2001年） 单位:万元

地区	实收资本	中央企业	地方企业	#一、二级企业	国有及国有控股企业	集体企业
全省	771388	244838	526550	291448	423428	195025
西安市	292584	97399	195185	142105	203360	67517
铜川市	23836		23836	18133	16904	2727
宝鸡市	55507	7657	47850	24888	16289	24410
咸阳市	141081	100760	40321	18024	113215	18625
渭南市	77182	24099	53083	22915	36599	12034
延安市	9396		9396	2183	4287	3945
汉中市	55435	6251	49184	10827	12959	15505
榆林市	59164	27	59138	26817	8307	22539
安康市	18887	2336	16551	9633	2662	5033
商洛市	27825	6310	21515	5680	7413	14915
杨凌示范区	10492		10492	10244	1435	7776

14-18 各市建筑业生产经营用固定资产

(2001年) 单位:万元

地区	生产经营用固定资产原价	中央企业	地方企业	#一、二级企业	国有及国有控股企业	集体企业
全省	**846346**	**388430**	**457916**	**292240**	**585382**	**141351**
西安市	373296	161370	211926	174227	297131	54513
铜川市	28743		28743	24258	22029	2769
宝鸡市	77779	28672	49107	29853	32332	18771
咸阳市	174848	147903	26945	10401	153597	14386
渭南市	78540	42104	36436	15709	51226	7435
延安市	9612		9612	4571	5658	3070
汉中市	35879	4535	31344	9012	11395	9600
榆林市	39622	775	38847	13484	6053	18979
安康市	11877	2335	9542	4801	2584	3751
商洛市	11472	737	10736	1445	1377	6520
杨凌示范区	4679		4679	4479	1999	1559

14-19 各市建筑业工程结算利润

(2001年) 单位:万元

地区	工程结算利润	中央企业	地方企业	#一、二级企业	国有及国有控股企业	集体企业
全省	**204423**	**98926**	**105497**	**64658**	**139803**	**36410**
西安市	87833	45131	42702	33017	72973	10787
铜川市	2997		2997	2238	2159	506
宝鸡市	21791	9447	12343	7897	7531	5745
咸阳市	43754	32500	11254	5655	36943	5470
渭南市	17944	9878	8066	2779	11091	1738
延安市	2809		2809	1216	1814	657
汉中市	6492	15	6477	2763	1846	2948
榆林市	9060	335	8725	2744	1898	4766
安康市	5319	1103	4216	2951	1152	725
商洛市	3651	517	3134	631	845	2069
杨凌示范区	2775		2775	2769	1551	999

14-20 各市建筑业利润总额

(2001年)

单位:万元

地区	利润总额	中央企业	地方企业	#一、二级企业	国有及国有控股企业	集体企业
全省	**24789**	**9860**	**14929**	**5619**	**8008**	**8139**
西安市	13139	6087	7052	4183	7556	3038
铜川市	-910		-910	-627	-911	-6
宝鸡市	3506	858	2648	1368	462	2044
咸阳市	4925	3183	1742	241	3287	1249
渭南市	1451	200	1251	-285	-938	368
延安市	-1059		-1059	-1120	-1086	-24
汉中市	-360	-572	212	-36	-679	105
榆林市	1871	54	1817	475	254	793
安康市	1745	25	1720	1360	-28	253
商洛市	463	24	438	43	85	258
杨凌示范区	19		19	17	7	62

14-21 各市建筑业利税总额

(2001年)

单位:万元

地区	利税总额	中央企业	地方企业	#一、二级企业	国有及国有控股企业	集体企业
全省	**111947**	**48198**	**63748**	**33089**	**65105**	**26560**
西安市	49721	23354	26367	18672	36325	8907
铜川市	620		620	420	117	387
宝鸡市	13745	3542	10203	5002	3799	6461
咸阳市	22900	17068	5832	2334	18711	3207
渭南市	8651	3883	4768	998	3557	1004
延安市	1444		1444	-78	145	493
汉中市	3313	-253	3567	1042	331	1382
榆林市	5376	159	5217	1614	1164	2536
安康市	3484	217	3267	2104	207	817
商洛市	1972	230	1742	269	414	1098
杨凌示范区	721		721	711	337	269

14-22 各市建筑业人均利润、人均利税

(2001年)

单位:元/人

地区	人均利润	#地方企业	国有及国有控股企业	集体企业	人均利税	#地方企业	国有及国有控股企业	集体企业
全省	**549.5**	**441.6**	**355.7**	**530.6**	**2481.8**	**1885.6**	**2891.7**	**1731.5**
西安市	839.3	649.9	783.7	593.0	3176.1	2429.8	3767.7	1738.4
铜川市	-535.8	-535.8	-724.1	-20.8	365.3	365.3	92.9	1274.1
宝鸡市	637.9	537.4	281.9	716.1	2500.9	2071.0	2317.0	2263.9
咸阳市	652.6	508.4	627.7	714.6	3034.5	1702.1	3573.4	1834.5
渭南市	312.0	383.0	-404.4	486.5	1859.6	1459.8	1533.0	1328.3
延安市	-889.3	-889.3	-1648.6	-59.1	1212.3	1212.3	220.0	1214.1
汉中市	-97.9	62.4	-770.3	65.3	901.5	1050.5	374.8	863.4
榆林市	769.7	754.9	692.1	600.2	2211.8	2167.7	3177.5	1919.4
安康市	1701.4	1841.5	-225.0	605.9	3397.9	3498.6	1654.1	1955.5
商洛市	372.8	360.7	698.2	366.0	1589.0	1433.3	3402.1	1558.2
杨凌示范区	37.4	37.4	25.6	596.7	1448.4	1448.4	1269.1	2589.0

14-23 各市建筑业企业从业人员

(2001年)

单位:万人

地区	期末从业人员	中央企业	地方企业	#一、二级企业	国有及国有控股企业	集体企业
全省	**42.06**	**10.53**	**31.53**	**14.71**	**20.15**	**14.96**
西安市	14.57	4.31	10.26	6.37	8.91	4.68
铜川市	1.12		1.12	0.72	0.68	0.36
宝鸡市	5.93	0.68	5.25	2.62	1.68	3.01
咸阳市	7.17	3.72	3.45	1.55	4.84	1.81
渭南市	4.52	1.43	3.09	0.98	2.26	0.69
延安市	0.83		0.83	0.23	0.29	0.45
汉中市	3.68	0.25	3.43	0.80	0.82	1.71
榆林市	1.18	0.02	1.15	0.37	0.18	0.72
安康市	1.09	0.08	1.02	0.39	0.11	0.48
商洛市	1.46	0.04	1.42	0.17	0.11	0.93
杨凌示范区	0.52		0.52	0.51	0.27	0.13

14-24 全省一、二级建筑施工企业主要经济指标

（2001年）

企业名称	资质等级	企业总收入(万元)	建筑业总产值(万元)	生产经营用固定资产(万元)	房屋建筑施工面积(平方米)	房屋建筑竣工面积(平方米)	优良品率(按个数计算)(%)
中铁二十工程局	一级	320275	301638	59531	145626	57622	62
交通部第二公路工程局	一级	316758	296295	58179			96
西安铁路工程（集团）有限责任公司	一级	87607	86822	22290	96949	41437	89
中国水利水电第三工程局	一级	86755	77899	51541	12962	6253	80
中铁一局集团第五工程有限公司	一级	72544	72391	21466	22802	11018	100
中铁一局集团新运工程有限公司	一级	70144	62262	31949	6862	6862	95
陕西省水电工程局(集团)有限责任公司	一级	65995	64679	48418	18141	11169	94
中铁一局集团第三工程有限公司	一级	52764	51464	12461	11770		96
中铁一局集团第一工程有限公司	一级	51796	50243	12966	24372	4274	89
铁道部第一工程公司桥梁工程处	一级	47238	45693	9387			92
中铁一局集团第四工程有限公司	一级	43870	43484	4329	39149	18211	96
陕西省路桥工程总公司	一级	43179	43179	15610			100
西北电力建设第四工程公司	一级	42018	41554	10434	536306	241961	91
中国第九冶金建设公司	一级	40317	39136	27571	447402	110442	82
陕西省第二建筑工程公司	一级	35206	34727	9926	811049	289852	48
陕西省设备安装工程公司	一级	31085	29276	13477			30
陕西省第十一建筑工程公司	一级	30003	29044	1604	594398	159647	69
陕西送变电工程公司	一级	29588	29588	793	15814	5629	100
中国第十冶金建设公司	一级	26587	25451	4909	165570	69070	13
陕西省第三建筑工程公司	一级	25607	24008	6411	497619	162716	63
陕西省第八建筑工程公司	一级	25029	24848	3208	543709	172599	57
陕西省第一建筑工程公司	一级	24020	23016	2347	432081	171498	
铁道部第一工程局建筑安装总公司	一级	23457	20510	2328	467590	91177	64
西安长征建筑工程有限公司	二级	23043	23043	6605	192300	192300	100
铁道部第一工程局机械筑路工程处	一级	22967	21835	7206	7834		
陕西省第五建筑工程公司	一级	21511	21370	2536	406543	164937	83
陕西省第七建筑工程公司	一级	21115	20592	5686	411394	142515	42
中铁一局集团电务工程有限公司	一级	21023	18518	2833	2020	2020	100
陕西省机械施工公司	一级	20587	20198	12125			56
中国通信建设第二工程局	一级	19984	18497	5729			100
延安市建筑工程总公司	二级	18881	18881	415	443054	185714	83
西北电力建设第一工程公司	一级	17569	16418	12785			100
陕西煤炭建设公司	一级	17266	11131	13131	56084	28025	36
陕西省第六建筑工程公司	一级	16501	16358	1481	337559	125452	100
西安市市政工程管理处	二级	16267	16267	4906			55
西安市第一市政工程公司	一级	15766	9829	5145			
商洛公路工程公司	二级	14352	14352	410			
宝鸡市第二建筑工程公司	一级	12836	12836	1977	369359	149578	88
西安市第三建筑工程公司	一级	12528	12528	879	480427	90071	
杨凌示范区建设工程有限公司	二级	12223	12223	1120	279440	96834	14
西北电力建设第三工程公司	一级	12018	12018	7629			100
陕西省第十建筑工程公司	一级	11902	11877	1761	200287	85632	75
陕西省石油化工建设公司	一级	11721	11508	1999			
西安市第一建筑工程公司	一级	10600	10600	9589	259721	71064	50
西安市第二建筑工程公司	一级	9059	9059	3597	172248	97330	

注：此表未列装饰一二级企业。

14-24 续表1

（2001年）

企 业 名 称	全员劳动生产率（元/人）	技术装备率（元/人）	动力装备率（千瓦/人）	利润总额（万元）	产值利润率（%）	资产负债率（%）	实收资本利润率（%）	销售利润率（%）
中铁二十工程局	12723	1737	9.2	880	0.3	74.6	1.7	5.3
交通部第二公路工程局	31420	3490	16.3	3949	1.3	77.2	11.6	6.1
西安铁路工程（集团）有限责任公司	7567	801	4.9	616	0.7	91.8	3.8	12.5
中国水利水电第三工程局	8634	1423	11.4	274	0.4	70.4	1.9	9.7
中铁一局集团第五工程有限公司	18355	2983	10.8	702	1.0	78.4	11.7	10.0
中铁一局集团新运工程有限公司	18982	3084	4.8	733	1.2	81.5	9.2	3.8
陕西省水电工程局(集团)有限责任公司	15262	4834	28.2	284	0.4	87.5	2.7	5.4
中铁一局集团第三工程有限公司	13913	1667	7.6	238	0.5	72.1	3.6	5.2
中铁一局集团第一工程有限公司	16088	2023	10.9	598	1.2	71.5	8.9	8.9
铁道部第一工程公司桥梁工程处	20453	1321	11.3	127	0.3	86.2	3.0	3.7
中铁一局集团第四工程有限公司	19801	1587	8.0	761	1.7	80.8	12.2	5.8
陕西省路桥工程总公司	15747	2338	25.4	72	0.2	88.4	1.1	3.2
西北电力建设第四工程公司	11143	986	9.8	282	0.7	68.5	2.7	7.1
中国第九冶金建设公司	10102	702	5.4	122	0.3	70.5	0.9	13.2
陕西省第二建筑工程公司	8767	41	4.1	136	0.4	86.4	2.7	7.7
陕西省设备安装工程公司	9944	357	3.9	328	1.1	80.8	5.4	9.4
陕西省第十一建筑工程公司	8025	281	3.0	157	0.5	75.3	3.0	9.3
陕西送变电工程公司	15730	157	6.5	136	0.5	56.8	1.9	12.7
中国第十冶金建设公司	3846	274	2.7	-582	-2.3	115.4	-12.1	6.3
陕西省第三建筑工程公司	11537	388	3.9	146	0.6	89.7	2.9	7.4
陕西省第八建筑工程公司	5174	162	1.4	101	0.4	78.7	1.9	10.5
陕西省第一建筑工程公司	5964	149	1.8	112	0.5	81.9	1.9	8.2
铁道部第一工程局建筑安装总公司	7962	623	7.8	165	0.8	75.7	3.2	4.8
西安长征建筑工程有限公司	6491	894	1.7	2278	9.9	29.8	38.0	11.9
铁道部第一工程局机械筑路工程处	12499	1203	8.2	156	0.7	83.2	9.5	10.3
陕西省第五建筑工程公司	9340	368	3.1	74	0.3	66.4	1.4	7.5
陕西省第七建筑工程公司	7753	670	4.2	71	0.3	91.4	3.2	4.9
中铁一局集团电务工程有限公司	12096	629	1.6	270	1.5	72.1	4.9	7.5
陕西省机械施工公司	10882	2359	29.0	50	0.2	71.9	0.8	5.6
中国通信建设第二工程局	11341	98	0.9	98	0.5	49.3	1.8	21.1
延安市建筑工程总公司	10548	19	0.6	32	0.2	84.6	9.1	4.6
西北电力建设第一工程公司	10858	2230	11.7	32	0.2	52.0	0.4	21.7
陕西煤炭建设公司	1287	744	2.6	-680	-6.1	97.2	-7.9	8.2
陕西省第六建筑工程公司	7731	142	1.5	-276	-1.7	84.7	-5.9	4.9
西安市市政工程管理处	7298	1157	8.0	195	1.2	76.9	4.7	22.8
西安市第一市政工程公司	6293	980	8.1	143	1.5	71.9	3.1	12.7
商洛公路工程公司	16554	1599	2.8	65	0.5	48.2	1.5	9.8
宝鸡市第二建筑工程公司	5764	358	1.4	83	0.6	83.5	17.1	6.0
西安市第三建筑工程公司	4081	90	1.1	1		88.9		5.2
杨凌示范区建设工程有限公司	9549	99	3.8	-50	-0.4	84.9	-3.9	4.9
西北电力建设第三工程公司	8554	2254	9.4	101	0.8	67.1	2.0	21.5
陕西省第十建筑工程公司	6613	313	2.3			84.0		6.8
陕西省石油化工建设公司	4331	102	2.4	7	0.1	80.6	0.5	14.1
西安市第一建筑工程公司	5408	284	1.3	1		69.5		0.2
西安市第二建筑工程公司	3571	84	1.2	1		97.2		-1.3

14-24 续表2 （2001年）

企业名称	资质等级	企业总收入(万元)	建筑业总产值(万元)	生产经营用固定资产(万元)	房屋建筑施工面积(平方米)	房屋建筑竣工面积(平方米)	优良品率(按个数计算)(%)
中国机械工业第三安装工程公司	一级	9044	9044	1311			
安康市兴华建筑工程有限公司	二级	8896	8896	877	116656	42093	100
榆林三星建工集团有限责任公司	二级	8655	8655	1400	79729	18638	75
陕西省第四建筑工程公司	一级	8470	8138	949	228851	71314	59
西安中煤建筑工程公司	二级	8178	8177	2136	153568	76015	100
宝鸡君安建筑安装有限责任公司	二级	8175	8175	1700	45745	30656	23
宝鸡市第一建筑工程公司	一级	8061	8061	1233	199701	82270	
陕西联合建筑工程公司	二级	8051	8051	821	83710	78918	75
西安市第四建筑工程公司	一级	8007	8007	7641	339582	135129	36
宝鸡县宝陵建筑工程有限责任公司	二级	7554	7034	1	109122	37887	100
安康长兴房屋建设有限责任公司	二级	7500	4008	380	73000	32248	
榆林市文昌建筑工程公司	二级	7500	5360	789	94529	26826	100
周至县建筑安装工程总公司	二级	7388	7388	123	5400	3000	61
西安雁塔建筑工程总公司	二级	7204	7204	406	189200	116900	75
武功县城乡建安工程总公司	二级	6850	6850	1240	194250	94865	
榆林市建筑工程公司	二级	6809	6809	293	238023	238023	82
汉中电力建筑工程公司	二级	6778	6235	554	31664	25157	25
陕西省咸阳市建筑安装工程公司	一级	6752	6665	923	152185	80000	82
核工业第二十一建筑公司	一级	6684	6203	4535	105120	32422	40
铜川市路桥工程公司	二级	6623	6623	4439			88
安康铁路工程公司	二级	6617	6617	1432	44188	7429	100
武功县建筑工程总公司	二级	6481	6481	107	154715	86413	
西安铁路分局工程工业公司	二级	6302	6302	1422	10789	9293	14
西安市第五建筑工程公司	一级	6250	6006	4664	109355	51019	
商洛丹源电力(集团)有限责任公司	二级	6197	6197	737	19800	12870	58
宝鸡市渭滨区秦峰建筑工程公司	二级	6101	6101	86	81086	76177	77
西安市秦户建筑公司	二级	6090	6050	2007	108685	43886	45
陕西省蒲白矿务局建筑安装工程处	二级	6005	6005	4133	56183	53468	33
渭南市建筑工程公司	二级	5962	5781	1344	49872	17624	80
铜川煤矿建筑安装工程公司	二级	5351	5351	1675	72660	25200	20
泾阳县建筑公司	二级	5350	5350	2478	190136	63721	60
延安市宝塔区第一建筑工程公司	二级	5080	5080	48	103520	29597	89
榆林市交通工程公司	二级	4600	4600	736			33
汉中建筑工程总公司	一级	4545	4543	1166	74283	42932	44
汉中市铺镇建筑有限公司	二级	4460	4460	1007	170631	69733	
榆林市路桥建筑公司	二级	4400	4400	1796			
户县建筑公司	二级	4308	4308	1334	107665	35830	27
榆林市四达建筑工程公司	二级	4099	4099	382	74852		
扶风县第一建筑公司	二级	4080	4080	2140	97222	97222	88
韩城矿务局建筑安装工程公司	一级	4067	3826	1268	68800	14303	85
陕西中航建筑安装公司	二级	4035	4025	2540	108182	25154	7
铜川市第三建筑工程公司	二级	3732	3447	523	78933	24203	43
宝鸡县虢镇东阳建筑工程公司	二级	3648	3648	1202	67801	65821	
陕西省汉中公路工程机械化公司	二级	3600	3301	180			
中国电子系统工程第一建设公司	一级	3575	3575	517	10500	10500	

14-24 续表3

(2001年)

企业名称	全员劳动生产率(元/人)	技术装备率(元/人)	动力装备率(千瓦/人)	利润总额(万元)	产值利润率(%)	资产负债率(%)	实收资本利润率(%)	销售利润率(%)
中国机械工业第三安装工程公司	12614	68	6.2	88	1.0	85.2	10.3	9.8
安康市兴华建筑工程有限公司	23411	1923	4.7	1012	11.4	55.9	45.6	14.8
榆林三星建工集团有限责任公司	24244	3922	5.0	91	1.1	45.7	1.4	33.8
陕西省第四建筑工程公司	3130	45	1.2	-51	-0.6	88.7	-1.3	1.6
西安中煤建筑工程公司	7301	1212	5.5	101	1.2	43.3	4.8	7.4
宝鸡君安建筑安装有限责任公司	4192	394	3.9	218	2.7	14.0	10.9	6.4
宝鸡市第一建筑工程公司	3923	204	1.3			71.4		3.2
陕西联合建筑工程公司	4352	683	1.2	112	1.4	43.0	7.4	4.8
西安市第四建筑工程公司	7999	826	3.6	1		73.2		6.7
宝鸡县宝陵建筑工程有限责任公司	2069	272	1.9	183	2.6	47.0	8.8	8.2
安康长兴房屋建设有限责任公司	8809	460	1.7	242	6.0	73.6	12.1	21.7
榆林市文昌建筑工程公司	12522	993	4.3	35	0.7	19.1	0.6	11.3
周至县建筑安装工程总公司	3200	174	3.4	121	1.6	24.1	4.5	9.6
西安雁塔建筑工程总公司	4503	206	2.4	31	0.4	44.3	1.8	4.0
武功县城乡建安工程总公司	4152	588	1.8	223	3.3	23.6	10.7	7.8
榆林市建筑工程公司	13020	631	1.8	1		60.0	0.3	5.4
汉中电力建筑工程公司	5284	80	3.4	29	0.5	91.5	53.3	5.0
陕西省咸阳市建筑安装工程公司	6760	374	1.3	15	0.2	90.0	4.3	11.9
核工业第二十一建筑公司	2214	689	2.6	-572	-9.2	95.8	-9.1	0.3
铜川市路桥工程公司	11360	4889	19.9	-8	-0.1	44.3	-0.3	2.6
安康铁路工程公司	10355	1559	8.4	19	0.3	84.1	0.9	18.2
武功县建筑工程总公司	3094	42	0.3	102	1.6	66.7	138.0	2.8
西安铁路分局工程工业公司	8028	1658	7.8	104	1.7	56.8	5.8	5.0
西安市第五建筑工程公司	2614	115	1.4	3		104.8	0.1	3.5
商洛丹源电力(集团)有限责任公司	24494	830	4.6	24	0.4	49.1	0.4	8.8
宝鸡市渭滨区秦峰建筑工程公司	8473	119	0.4	195	3.2	68.6	161.3	8.7
西安市秦户建筑公司	2467	390	3.2	112	1.9	28.2	7.0	7.0
陕西省蒲白矿务局建筑安装工程处	7192	3059	15.0	-73	-1.2	63.5	-3.9	1.0
渭南市建筑工程公司	2875	149	1.9	86	1.5	11.9	4.0	11.7
铜川煤矿建筑安装工程公司	5817	583	8.2	2		16.4	0.1	10.2
泾阳县建筑公司	3567	893	3.7	7	0.1	18.6	0.3	16.4
延安市宝塔区第一建筑工程公司	6447	89	1.6	6	0.1	79.0	3.8	5.8
榆林市交通工程公司	9200	698	4.7	1		68.9		2.9
汉中建筑工程总公司	5216	587	3.7	5	0.1	87.5	2.7	10.5
汉中市铺镇建筑有限公司	4874	803	3.8	1		55.2	0.1	2.6
榆林市路桥建筑公司	12941	4294	2.4	102	2.3	66.5	5.8	6.7
户县建筑公司	2573	297	4.2	4	0.1	37.2	0.3	0.4
榆林市四达建筑工程公司	5269	540	3.1	2	0.1	13.7	0.1	2.2
扶风县第一建筑公司	2163	686	6.9	125	3.1	45.4	7.4	6.2
韩城矿务局建筑安装工程公司	3826	525	5.7	-777	-20.3	128.8	-150.0	7.2
陕西中航建筑安装公司	4574	614	0.2	4	0.1	77.1	0.1	7.4
铜川市第三建筑工程公司	3500	283	3.9	1		80.7	0.4	8.1
宝鸡县虢镇东阳建筑工程公司	1673	378	3.2	280	7.7	24.0	13.5	14.0
陕西省汉中公路工程机械化公司	3438	161	2.2	-37	-1.1	2.5	-34.9	8.3
中国电子系统工程第一建设公司	5711	494	2.4	10	0.3	76.6	0.9	15.0

14-24 续表4 （2001年）

企业名称	资质等级	企业总收入(万元)	建筑业总产值(万元)	生产经营用固定资产(万元)	房屋建筑施工面积(平方米)	房屋建筑竣工面积(平方米)	优良品率(按个数计算)(%)
铜川市第二建筑工程公司	二级	3556	3556	3395	101598	34735	56
神木县路桥工程总公司	二级	3554	3554	893			
新元房屋建设开发有限公司	二级	3523	3523	903	50935	24567	80
陕西省设备安装公司第五工程处	二级	3261	3009	83	16900	3084	30
汉中石马建筑工程公司	二级	3260	3260	150	104429	38119	100
咸阳第一建筑有限公司	二级	3251	3251	97	84322	47515	86
扶风县建筑总公司	二级	3241	3241	2281	68760	35212	56
绥德县通达路桥建筑工程公司	二级	3218	3218	2617	16238	16238	50
西安市第一住宅建筑公司	二级	3201	3201	1242	71694	37458	
渭南市伟业建筑有限责任公司	二级	3050	3050	2710			33
西安飞机工业有限责任公司煤气安装分公司	二级	3048	3048	2390			
榆林市新宇建筑工程公司	二级	2986	2986	612	123995	28382	63
铜川市第一建筑工程公司	二级	2955	2887	1070	87182	32790	88
渭南市自成建筑有限公司	二级	2860	2860	738	34345	20345	50
陕西航天建筑工程公司	一级	2807	2807	2509	510622	206973	97
乾县建筑公司	二级	2670	2670	326	51346	38925	
陕西华油建筑工程公司	二级	2627	2585	49	24583		
兴平市建筑集团总公司	二级	2601	2566	1984	78463	34523	36
汉中市汉水建筑工程公司	二级	2532	2532	1192	106751		40
延安市机械安装公司	二级	2488	2488	6	270700	250500	
安康建筑工程有限责任公司	二级	2283	2258	1105	89077	56589	
渭南市新大陆建筑工程公司	二级	2250	2250	1384	37060	37060	
西安市临潼区建筑工程公司	二级	2228	2207	62	84013	21788	
咸阳秦都建筑工程有限公司	二级	2200	2200	146	80440	48656	42
陕西秦地建筑工程公司	二级	2157	2157	2725	58072	22571	
榆林市成功路桥工程公司	二级	2148	2148	2766			
渭南市远达建筑工程公司	二级	2044	2044	153	93794		
宝鸡县建筑工程公司	二级	2000	1900	160	89219	35719	
西安市水利建设工程总公司	二级	1754	1754	2342			
延安通圣公路工程(集团)有限责任公司	二级	1687	1687	4101			
西安市第二市政工程公司	一级	1662	1657	4616			
横山县建筑工程公司	二级	1625	1625	422	32351	19274	29
商洛宏安建设(集团)有限公司	二级	1607	1607	80	89291	35781	
安康市市政工程公司	二级	1551	1551	989	70293	36388	30
安康兴科建筑工程有限公司	二级	1536	1536	707	18499	10907	
陕西省新安建筑工程处	二级	1504	1504	628	29342	10888	40
神木县神府建设工程有限责任公司	二级	1500	1500	299	18880	8509	57
宝鸡市冯家山水利水电工程公司	二级	1400	1400	760			40
宝鸡市市政工程公司	二级	1382	1245	1870			100
西安市长安县水利建筑工程公司	二级	1362	1342	821	1600	1600	100
渭南陶朱建筑工程公司	一级	1243	1232	490	34870	9870	67
西安航空发动机有限公司机电设备安装分公司	二级	1200	1200	143			100
渭南水利建筑工程有限责任公司	二级	1177	1177	417			67
澄合矿务局建筑安装工程处	二级	1053	1053	85	33378	17139	14
陕西省西岳建筑公司	二级	1021	1021	56	12728	12728	30

14-24 续表5

(2001年)

企业名称	全员劳动生产率(元/人)	技术装备率(元/人)	动力装备率(千瓦/人)	利润总额(万元)	产值利润率(%)	资产负债率(%)	实收资本利润率(%)	销售利润率(%)
铜川市第二建筑工程公司	3486	29	4.6	9	0.2	82.4	0.3	10.8
神木县路桥工程总公司	10393	1908	20.5	3	0.1	96.6	1.1	1.7
新元房屋建设开发有限公司	12764	145	0.5	6	0.2	90.6	2.2	6.1
陕西省设备安装公司第五工程处	3981	162	3.1	-12	-0.4	88.5	-4.2	2.8
汉中石马建筑工程公司	3602	116	1.3	5	0.2	42.7	0.4	3.7
咸阳第一建筑有限公司	8128	242	5.8	1		79.0	0.3	5.6
扶风县建筑总公司	1317	293	5.5	3	0.1	28.8	0.1	13.6
绥德县通达路桥建筑工程公司	4732	341	9.5	24	0.7	47.9	1.5	22.2
西安市第一住宅建筑公司	4415	399	6.7	2		87.3	0.1	
渭南市伟业建筑有限责任公司	9242	6364	1.1	87	2.9	5.6	2.4	5.2
西安飞机工业有限责任公司煤气安装分公司	5850	572	2.3	75	2.5	1.6	3.0	7.0
榆林市新宇建筑工程公司	3366	230	3.5	4	0.1	80.9	1.1	5.5
铜川市第一建筑工程公司	3943	307	0.7	49	1.7	70.3	5.0	7.4
渭南市自成建筑有限公司	2964	616	5.6	195	6.8	11.7	10.4	18.7
陕西航天建筑工程公司	577	334	1.5	243	8.6	83.5	4.9	3.8
乾县建筑公司	2692	124	3.1	12	0.5	0.5	6.6	3.4
陕西华油建筑工程公司	7344	80	2.6	4	0.2	104.0	28.2	5.0
兴平市建筑集团总公司	2199	568	2.5	9	0.3	11.9	0.5	2.9
汉中市汉水建筑工程公司	6192	2582	0.8	24	0.9	32.0	1.1	11.8
延安市机械安装公司	3758	105	4.4	-49	-2.0	65.9	-21.8	6.9
安康建筑工程有限责任公司	3596	104	1.2	15	0.7	69.8	0.7	15.0
渭南市新大陆建筑工程公司	4302	2103	10.8	195	8.7	30.7	9.8	21.7
西安市临潼区建筑工程公司	3065	37	1.0	1	0.1	89.3	0.7	4.4
咸阳秦都建筑工程有限公司	8462	238	4.8	11	0.5	19.0	2.5	3.7
陕西秦地建筑工程公司	3117	784	19.2	10	0.5	6.0	0.3	2.5
榆林市成功路桥工程公司	3672	371	6.9	167	7.8	11.9	4.3	26.7
渭南市远达建筑工程公司	1460	102	1.0	-3	-0.2	57.7	-1.7	1.6
宝鸡县建筑工程公司	8261	193	2.1			77.9	0.2	28.6
西安市水利建设工程总公司	5429	1393	13.2	-52	-2.9	76.5	-2.6	16.5
延安通圣公路工程(集团)有限责任公司	788	7	8.1	-1109	-65.7	96.7	-77.4	0.7
西安市第二市政工程公司	917	76	5.8	169	10.2	57.2	3.9	1.2
横山县建筑工程公司	1874	122	1.9	4	0.3	60.4	4.1	4.1
商洛宏安建设(集团)有限公司	4018	1253	4.0	-22	-1.3	91.7	-6.0	4.3
安康市市政工程公司	2693	354	4.1	1	0.1	73.9	0.1	6.0
安康兴科建筑工程有限公司	2877	1257	0.5	58	3.8	67.7	2.9	10.6
陕西省新安建筑工程处	8402	531	5.8	41	2.7	89.7	137.8	10.2
神木县神府建设工程有限责任公司	6048	253	2.3			72.3	0.1	7.2
宝鸡市冯家山水利水电工程公司	1386	812	9.6	12	0.9	49.1	1.8	12.9
宝鸡市市政工程公司	3843	2129	16.4	22	1.8	31.6	1.0	38.0
西安市长安县水利建筑工程公司	5685	1817	18.1	48	3.5	27.9	23.8	17.1
渭南陶朱建筑工程公司	1994	175	1.0	25	2.0	0.6	1.2	4.1
西安航空发动机有限公司机电设备安装分公司	6000	300	0.9	2	0.2	87.5	1.0	2.0
渭南水利建筑工程有限责任公司	2354	3812	1.1	36	3.1	23.1	1.7	12.6
澄合矿务局建筑安装工程处	3959	321	4.3	-10	-0.9	51.0	-1.0	14.4
陕西省西岳建筑公司	8166	403	4.6	3	0.2	49.4	4.0	9.0

主要统计指标解释

建筑业统计单位 指从事房屋、构筑物建造和设备安装活动的法人企业。建筑业法人企业应同时具备的条件是: ①依法成立,有自己的名称、组织机构和场所,能够承担民事责任; ②独立拥有和使用资产,承担负债,有权与其他单位签订合同; ③独立核算盈亏,能够编制资产负债表。

建筑业总产值(即自行完成施工产值) 是以货币表现的建筑安装企业在一定时期内生产的建筑业产品的总和。建筑业总产值包括:

⑴建筑工程产值: 指列入建筑工程预算内的各种工程价值。

⑵设备安装工程产值: 指设备安装工程价值,不包括被安装设备本身价值。

⑶房屋、构筑物修理产值: 指房屋、构筑物修理所完成的价值,但不包括被修理房屋、构筑物本身的价值和生产设备的修理价值。

⑷非标准设备制造产值: 指加工制造没有定型的、非标准的生产设备的加工费和原材料价值,以及附属加工厂为本企业承建工程制作的非标准设备的价值。

建筑业增加值 指建筑业企业在报告期内以货币表现的建筑业生产经营活动的最终成果。目前建筑业增加值采用分配法(收入法)计算,即从收入的角度出发,根据生产要素在生产过程中应得的收入份额计算。具体计算公式为:

建筑业增加值=本年提取的固定资产折旧+应付工资+应付福利费+管理费用中的劳动待业保险金、税金+工程结算税金及附加+工程结算利润

房屋建筑施工面积 指在报告期内施工的全部房屋建筑面积,包括本期新开工的房屋面积、上期施工跨入本期继续施工的房屋面积、上期停缓建在本期恢复施工的房屋面积、本期竣工的房屋面积及本期施工后又停缓建的房屋面积。

房屋建筑竣工面积 指在报告期内房屋建筑按照设计要求全部完工,达到了住人和使用条件,经验收鉴定合格,正式移交使用单位的房屋建筑面积。

自有机械设备年末总台数 指归本企业所有,属于本企业固定资产的生产性机械设备年末总台数。包括施工机械、生产设备、运输设备以及其他设备。

自有机械设备年末总功率 指本企业自有施工机械、生产设备、运输设备以及其他设备等列为在册固定资产的生产性机械设备年末总功率,按设定能力或查定能力计算。包括机械本身的动力和为该机械服务的单独动力设备,如电动机等。计算单位用千瓦,动力换算可按 1 马力=0.735 千瓦折合成千瓦数。电焊机、变压器、锅炉不计算动力。

工程结算收入 指企业承包工程实现的工程价款结算收入,以及向发包单位收取的除工程价款以外的按规定列作营业收入的各种款项,如临时设施费、劳动保险费、施工机械调迁费等以及向发包单位收取的各种索赔款。

工程结算利润 指已结算工程实现的利润,如亏损以“-”号表示。计算公式为:

工程结算利润=工程结算收入-工程结算成本-工程结算税金及附加

企业总收入 指与企业生产经营直接有关的各项收入,包括工程结算收入和其他业务收入。计算公式为:

企业总收入=工程结算收入+其他业务收入

15 运输和邮电

YUNSHUHEYOUDIAN

资料整理　　张　虹

****

15. 运输和邮电

****

2001 年全省

客运量	30682	万　人	比上年增长 6.9%
旅客周转量	406.40	亿人公里	比上年增长 7.8%
货运量	31378	万　吨	比上年增长 7.4%
货物周转量	677.97	亿吨公里	比上年增长 18.0%
邮电业务总量	94.59	亿　元	比上年增长 42.8%
年末电话机数	436.65	万　部	比上年增长 26.4%

****

等级公路里程

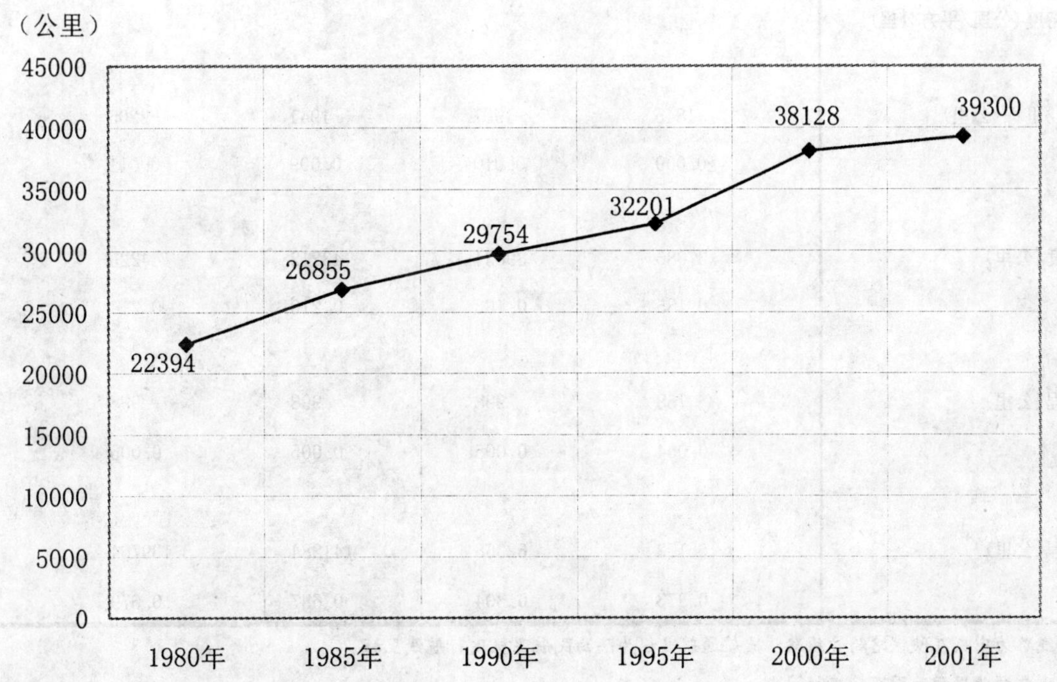

15-1 运输线路里程、质量和运输网密度

指　　标	1990年	1995年	1999年	2000年	2001年
一、运输线路里程(公里)					
铁路正线延展里程	2458	2621	2943	3228	3606
# 营业里程	2121	2271	2535	2803	3184
公路通车里程	37986	39621	43212	44225	45273
内河航道里程	768	998	998	998	1033
# 机动船航道	182	508	508	508	563
民航通航里程	81681	155926	194709	187568	209243
# 不重复里程	56173	62355	141284	139764	154614
二、运输线路质量					
铁路营业里程(公里)	2121	2271	2535	2803	3184
# 复线里程	328	328	396	333	394
复线里程比重(%)	15.5	14.4	15.6	11.9	12.4
公路线路里程(公里)	37986	39621	43212	44225	45273
# 有路面里程	26435	28961	33988	30840	32178
有路面里程比重(%)	69.6	73.1	78.7	69.7	71.1
内河航道里程(公里)	768	998	998	998	1033
# 水深一米以上	182	508	508	508	563
水深一米以上比重(%)	23.7	50.9	50.9	50.9	54.5
三、运输网密度(公里/平方公里)					
1.铁　路					
省内营业里程(公里)	1845	1957	1941	2205	2209
密　度	0.009	0.010	0.009	0.011	0.011
2.公　路					
线路长度(公里)	37986	39621	43212	44225	45273
密　度	0.185	0.193	0.210	0.214	0.221
3.水　路					
通航里程(公里)	768	998	998	998	1033
密　度	0.004	0.005	0.005	0.005	0.005
4.民　航					
通航里程(公里)	56173	62355	141284	139764	154614
密　度	0.273	0.304	0.687	0.679	0.754

注：1.铁路线路为中央在陕铁路局管线路；民航通航里程为陕西民航飞机飞行航线里程。

2.铁路省内营业里程为国家反馈数。

15-2 铁路、公路线路长度及民航航线

指 标	单 位	1990年	1995年	1999年	2000年	2001年
一、铁路线路长度						
正线延展里程	公 里	2458	2621	2943	3228	3606
# 省境内	公 里	2172	2313	2580	2903	3240
营业里程	公 里	2121	2271	2535	2803	3184
# 省境内	公 里	1837	1957	2214	2482	2868
电气化里程(省境内)	公 里	1270	1270	1894	1952	1670
省内复线里程	公 里	328	328	396	333	394
二、公路线路长度						
公路线路里程	公 里	37986	39621	43212	44225	45273
# 晴雨通车里程	公 里	21137	23156	27090	32905	33614
有路面里程	公 里	26435	28961	33988	30840	32178
# 高级及次高级路面	公 里	10317	13395	17097	20835	21523
等级公路	公 里	29754	32201	36396	38128	39300
# 高速公路	公 里	16	16	315	348	543
一级公路	公 里	34	228	159	232	168
二级公路	公 里	836	1549	3034	4607	4697
三级公路	公 里	9171	10947	12471	11398	11895
等级公路占合计比重	%	78.3	81.3	84.2	86.2	86.8
三、民用航空						
航线里程	公 里		155926	194709	187568	209243
# 国际航线	公 里		2931	16925	16925	18729
港澳航线	公 里		4052	3497	3497	3497
航线条数	条		113	125	128	149
# 国际航线	条		1	6	6	8
港澳航线	条		2	2	2	2
通航城市	个		62	69	79	93
# 国际航线	个		1	6	6	8
港澳航线	个		1	2	2	2

15-3 运 输 工 具

指　　标	单 位	1990年	1995年	1999年	2000年	2001年
一、铁路运输工具						
机　车	台	424	532	531	546	621
#蒸　汽	台	128	70	27	19	9
内　燃	台	37	118	150	155	162
电　力	台	259	344	354	372	450
客　车	辆	1122	1411	1450	1572	1543
二、公路运输工具						
民用汽车	辆	140248	245205	340201	364673	453396
载客汽车	辆	39299	90158	176600	194215	266019
#交通部门	辆	3160	3120	4526	4939	
载货汽车	辆	95776	138996	137175	140168	153317
#交通部门	辆	5407	2111	904	1063	
特种车	辆	5173	5251	12798	17124	18159
汽车挂车	辆	10483	6120	3365	3034	3837
轮式拖拉机	辆	251154	243286	221306	220000	216400
三、水运运输工具						
机动船	艘	76	48	36	19	1155
客船载客量	客位	2606	1617	989	675	12863
货船净载重量	吨	1626	907	541	23	6094
拖轮功率	千瓦	299	249	241	243	294
驳　船	艘/吨位	8/1914	16/2292	10/1455	7/1095	293/728
四、民航运输工具						
民航飞机	架	19	40	40	51	42

注：水运运输工具2000年前为交通部门水运运输工具，2001年以后为全社会水运运输工具；民航飞机为陕西机场的飞机。

15-4 各 市 公 路 里 程

（2001年）

单位：公里

地　区	公路里程	#等级公路	#高速公路	#一级公路	#二级公路	#三级公路
全　省	45272.67	39300.32	542.45	168.76	4697.09	11894.59
西安市	3297.57	3241.92	159.01	71.06	658.72	947.06
铜川市	1545.43	1527.43	96.46		199.89	310.96
宝鸡市	4102.59	3857.49	79.68	11.09	546.93	1546.35
咸阳市	3807.62	3743.09	106.51	75.65	401.65	2170.72
渭南市	5128.10	4950.83	96.35		644.13	627.17
延安市	4615.79	4082.72	4.44		472.39	2473.31
汉中市	6250.74	4307.71			445.73	462.27
榆林市	5868.11	4807.80		10.96	887.68	1566.61
安康市	5363.80	4171.91			152.62	910.94
商洛市	5292.94	4609.41			287.37	879.20

15-5 客运量、旅客周转量及构成

指　　标	单 位	1990年	1995年	1999年	2000年	2001年
一、客运量	**万人**	**20204**	**24267**	**28037**	**28709**	**30682**
铁 路	万人	2298	2773	2672	2661	2651
中 央	万人	2291	2742	2621	2605	2597
地 方	万人	7	31	51	56	54
公 路	万人	17777	21252	25000	25600	27500
# 交通部门	万人	12395	9659	11896	11699	
水 运	万人	75	119	195	234	253
# 交通部门	万人	73	25	42	49	
民用航空	万人	54	123	170	214	278
二、旅客周转量	**百万人公里**	**19143**	**27319**	**33436**	**37699**	**40640**
铁 路	百万人公里	10459	14502	16313	17889	19173
中 央	百万人公里	10457	14442	16220	17775	19053
地 方	百万人公里	2	60	93	114	120
公 路	百万人公里	7234	9776	13010	15104	16561
# 交通部门	百万人公里	4925	4057	4994	5207	
水 运	百万人公里	12	20	36	40	44
# 交通部门	百万人公里	11	4	8	9	
民用航空	百万人公里	1438	3021	4077	4666	4862
三、客运量构成	%	100.00	100.00	100.00	100.00	100.00
铁 路	%	11.37	11.43	9.53	9.27	8.64
公 路	%	87.99	87.58	89.17	89.17	89.63
# 交通部门	%	61.35	39.80	42.43	40.75	
水 运	%	0.37	0.49	0.69	0.81	0.82
# 交通部门	%	0.36	0.10	0.15	0.17	
民用航空	%	0.27	0.50	0.61	0.75	0.91
四、旅客周转量构成	%	100.00	100.00	100.00	100.00	100.00
铁 路	%	54.64	53.08	48.79	47.45	47.18
公 路	%	37.79	35.79	38.91	40.06	40.75
# 交通部门	%	25.73	14.85	14.94	13.81	
水 运	%	0.06	0.07	0.11	0.11	0.11
# 交通部门	%	0.06	0.01	0.02	0.02	
民用航空	%	7.51	11.06	12.19	12.38	11.96

注：本表资料为全社会口径。中央铁路部分为国家返馈陕西省境数。

15-6 货运量、货物周转量及构成

指　　标	单 位	1990年	1995年	1999年	2000年	2001年
一、货运量	万吨	21613	29234	28612	29209	31378
铁 路	万吨	3476	3629	3738	3933	4327
中 央	万吨	3106	3294	3177	3279	3576
地 方	万吨	370	335	561	654	751
公 路	万吨	18112	25560	24800	25200	26964
#交通部门	万吨	1319	867	837	808	
水 运	万吨	24	43	71	73	82
#交通部门	万吨	8	4	8	3	
民用航空	万吨	1	2	3	3	5
二、货物周转量	百万吨公里	41187	50582	54869	57463	67797
铁 路	百万吨公里	33936	40068	41842	42954	51661
中 央	百万吨公里	33678	39639	40965	41854	50432
地 方	百万吨公里	258	429	877	1100	1229
公 路	百万吨公里	7206	10423	12880	14364	16016
#交通部门	百万吨公里	735	387	257	220	
水 运	百万吨公里	18	25	26	26	25
#交通部门	百万吨公里	15	15	6	3	
民用航空	百万吨公里	27	66	121	119	95
三、货运量构成	%	100.00	100.00	100.00	100.00	100.00
铁 路	%	16.08	12.41	13.06	13.47	13.79
公 路	%	83.80	87.43	86.68	86.27	85.94
#交通部门	%	6.10	3.00	2.93	2.77	
水 运	%	0.11	0.15	0.25	0.25	0.26
#交通部门	%	0.04		0.03	0.01	
民用航空	%	0.01	0.01	0.01	0.01	0.01
四、货物周转量构成	%	100.00	100.00	100.00	100.00	100.00
铁 路	%	82.39	79.21	76.26	74.75	76.20
公 路	%	17.50	20.61	23.47	24.99	23.62
#交通部门	%	1.78	0.77	0.47	0.38	
水 运	%	0.04	0.05	0.05	0.05	0.04
#交通部门	%	0.04	0.03	0.01	0.01	
民用航空	%	0.07	0.13	0.22	0.21	0.14

注：本表资料为全社会口径。中央铁路部分为国家返馈陕西省境数。

15-7 民用车辆拥有量

(2001年末)　　单位：辆

地　区	民用汽车总　计	载客汽车	载货汽车	其他专用汽　车	特　种汽　车	摩托车	# 两轮车
全　省	**453396**	**266019**	**153317**	**15901**	**18159**	**891430**	**886428**
西安市	197378	128564	49024	3852	15938	136534	135627
铜川市	17819	10305	6934	360	220	81325	81307
宝鸡市	33066	17882	13805	999	380	87361	86957
咸阳市	40865	21473	15153	3877	362	1433227	142006
渭南市	43063	21213	19184	2354	312	112256	112035
延安市	31677	17718	12588	1130	241	96578	96116
汉中市	27978	13702	12232	1798	246	50625	50186
榆林市	28522	18402	9247	624	249	67418	67143
安康市	16607	8193	8027	268	119	65892	64930
商洛市	16421	8567	7123	639	92	50214	50121

15-8 私人车辆拥有量

(2001年末)　　单位：辆

地　区	汽车总计	#载客汽车	#载货汽车	摩托车	# 两轮车
全　省	**152116**	**100194**	**49907**	**885901**	**881780**
西安市	64027	49444	13012	135962	135627
铜川市	6085	2649	3436	81325	81307
宝鸡市	13286	9003	4283	87361	86957
咸阳市	11587	3845	7498	138270	137358
渭南市	19789	11774	7815	112256	112035
延安市	10467	6433	4034	96578	96116
汉中市	9216	6873	2343	50625	50186
榆林市	9897	5797	4100	67418	67143
安康市	3797	1666	2131	65892	64930
商洛市	3965	2710	1255	50214	50121

15-9 公路部门营运汽车拥有量

（2001年末）

地区	合计（辆）	载客汽车（辆）	#大型	#中型	载客汽车客位	#大型	#中型
全省	118848	33007	1797	12752	455859	71211	266874
西安市	37569	6474	372	2585	105683	15252	55930
铜川市	4489	979	36	329	11765	1753	6647
宝鸡市	13025	4947	125	1810	58237	5170	37378
咸阳市	14491	3064	159	1375	44419	7327	28667
渭南市	14658	4199	284	1241	51193	11110	25510
延安市	7562	2249	112	1419	35885	4396	28120
汉中市	10133	3767	114	1496	48006	4419	32039
榆林市	7774	2574	360	984	39554	12190	18760
安康市	4690	2819	75	783	31001	2636	17055
商洛市	4457	1935	160	730	30116	6958	16768

地区	普通载货车辆		大型		中型		专用载货车辆	
	辆数	吨位	辆数	吨位	辆数	吨位	辆数	吨位
全省	83448	286560	37949	220225	7812	22731	2393	15999
西安市	30796	83259	10077	56442	2705	7810	299	2160
铜川市	3480	13886	2252	12265	120	337	30	240
宝鸡市	8014	27112	3776	20210	901	2618	64	475
咸阳市	11266	37507	5054	27888	971	2849	161	1013
渭南市	10199	40035	5762	32711	530	1633	260	1937
延安市	5022	26768	3913	24920	162	513	291	2882
汉中市	6306	17100	2371	12270	441	1330	60	359
榆林市	4033	22720	2333	18430	1200	3600	1167	6653
安康市	1850	7583	1179	6219	252	871	21	90
商洛地区	2482	10590	1232	8870	530	1170	40	190

注：本表数字为在运管部门注册登记的全社会营运汽车数。

15-10 铁路客货运输量

指 标	单 位	1990年	1995年	1999年	2000年	2001年
一、路局范围						
客运量	万 人	2372	2849	2730	2711	2699
旅客周转量	百万人公里	12135	16813	18901	20107	21882
货运量	万 吨	3330	3543	3496	3609	4018
货物周转量	百万吨公里	38545	45877	47316	48260	56894
二、省境内						
客运量	万 人	2291	2742	2621	2605	2597
旅客周转量	百万人公里	10457	14442	16220	17775	19053
货运量	万 吨	3106	3294	3177	3279	3576
货物周转量	百万吨公里	33678	39639	40965	41854	50432

注：本表路局范围为郑州铁路局西安、安康分局数字，省境内为国家反馈数。

15-11 公路运输部门客货运输量

（2001年末）

地 区	客 运 量 （万人）	客运周转量 （万人公里）	货 运 量 （万吨）	货运周转量 （万吨公里）
全 省	**27500**	**1656110**	**26964**	**1601586**
西 安 市	6261	303896	5756	356353
铜 川 市	531	39748	1294	68067
宝 鸡 市	3575	253384	3236	168167
咸 阳 市	3864	172235	2858	155354
渭 南 市	4590	204530	5312	321118
延 安 市	1403	157330	1713	161760
汉 中 市	2714	96882	2508	72872
榆 林 市	1537	233512	2629	213171
安 康 市	1595	89430	863	33473
商 洛 市	1430	105163	795	51251

15-12 铁路运输主要经济技术指标

指　　标	单　位	1990年	1995年	1999年	2000年	2001年
日均装车	车	1659	1704	1998	2052	2330
日均卸车	车	1609	1513	1712	1641	1707
货车平均静载重	吨	55.0	57.0	56.3	56.2	56.4
货车周转时间	天	1.7	1.7	2.2	1.9	1.7
货运机车日产量	万吨公里	78.1	80.5	75.0	78.9	68.9
蒸汽机车耗煤	公斤/万吨公里	180.0	204.0			670.7
内燃机车耗油	公斤/万吨公里	172.0	44.9	43.4	43.3	42.5
电力机车耗电	千瓦小时/万吨公里	120.0	118.2	121.8	121.5	127.8
货物列车出发正点率	%	91.0	89.9	95.2	93.7	94.7
货物列车运行正点率	%	91.2	90.5	91.6	93.8	95.5
旅客列车出发正点率	%	97.9	99.5	99.3	96.6	99.3
旅客列车运行正点率	%	92.7	96.8	97.9	95.7	99.2
客运密度	万人公里/公里	0.89	638.60	643.50	818.90	799.10
每万名旅客拥有座卧车数	辆	0.41	0.42	0.31	0.55	0.55
每百万旅客人公里						
拥有座卧车数	辆	0.08	0.07	0.04	0.08	0.07
货物列车旅行速度	公里/小时	25.74	24.90	27.50	27.70	27.35
货运密度	万吨公里/公里	1600.00	1764.30	1650.60	1532.43	2196.40
一次货物作业时间	小时	17.97	17.30	23.30	22.30	24.63

15-13 铁路主要财务指标及劳动生产率

指　　标	单　位	1990年	1995年	1999年	2000年	2001年
运输收入	万　元	109086	235854	353292	383636	690254
运输支出	万　元	87877	256345	352507	368208	644298
实现利润	万　元	14119	-30269	-11035	3503	27623
运输单位固定资产原值	万　元	703069	1853318	2284795	2272757	3295840
运输单位职工人数	千　人	91	89	73	76	100
运输全员劳动生产率	万吨公里/公里	66	71	84	86	100

注：运输收入为清算收入。

15-14 铁路分品类货物发送量及装车数

品种	货物发送量(万吨)			装车数(车)		
	1995年	2000年	2001年	1995年	2000年	2001年
合计	3001.8	4262.7	4758.8	681622	750503	836733
煤	1833.7	1884.1	2312.1	360773	307427	379579
焦炭	208.0	296.7	281.5	41295	49350	46852
石油	98.3	681.8	762.4	39866	143904	156125
钢铁	90.3	130.8	125.1	26462	23880	22815
金属矿石	50.2	92.0	99.1	11870	15267	16525
非金属矿石	42.9	132.3	159.2	20994	21774	25859
矿建材料	108.8	127.0	134.7	24834	21539	22918
水泥	51.5	70.0	56.9	13516	11894	9587
木材	34.6	30.6	8.2	9046	5089	1386
化肥及农药	61.5	155.4	149.8	14825	26321	25940
粮食	43.1	172.8	146.6	5062	29178	24479
棉花		5.3	1.0		1038	219
其他	378.7	483.9	522.2	108998	93842	104449

15-15 公路运输主要技术指标

指标	单位	1990年	1995年	1999年	2000年	2001年
一、载客汽车						
载客汽车完好率	%	81.0	90.4	92.7	94.5	94.4
载客汽车工作率	%	68.5	77.5	86.3	89.3	87.9
载客汽车实载率	%	75.9	60.4	65.2	66.2	69.3
载客汽车车座年产量	人公里	37812	31466	41913	44381	62348
载客汽车单车年产量	人公里	1703167	1319041	1198329	1148138	1605392
车日行程	公里	195	174	209	212	267
行程利用率	%	99.8	98.5	99.4	99.1	99.5
每百车公里耗汽油	公升	32.2	31.9	23.7	21.5	20.5
每百车公里耗柴油	公升	32.1	28.0	19.1	18.9	20.6
每百吨公里耗汽油	公升	9.4	11.8	11.3	11.4	11.1
每百吨公里耗柴油	公升	7.9	10.1	10.4	11.2	10.9
二、载货汽车						
载货汽车完好率	%	82.3	87.2	91.9	88.5	91.0
载货汽车工作率	%	58.3	59.8	82.3	77.3	78.1
载货汽车实载率	%	64.5	67.9	67.9	68.1	67.3
载货汽车车吨年产量	吨公里	25089	24435	39396	40386	41249
载货汽车单车年产量	吨公里	149122	169117	271980	258320	234565
车日行程	公里	145	163	214	190	208
行程利用率	%	58.1	57.0	70.2	61.8	88.1
每百车公里耗汽油	公升	37.7	34.7	31.2	28.1	25.9
每百车公里耗柴油	公升	33.0	41.0	28.4	29.2	35.2
每百吨公里耗汽油	公升	8.6	8.0	7.2	6.9	7.8
每百吨公里耗柴油	公升	5.4	6.4	6.2	6.2	8.2

15-16 邮电业务总量

年份	邮电业务总量(万元)	函件(万件)	报刊(万份)	电报(万份)	长途电话(万次)	城市电话(户)	乡村电话(户)
1978	5025.4	9187.9	318.9	428.0	602.9	32356	14100
1979	5394.6	9802.4	317.4	419.4	667.7	34739	14512
1980	5594.5	10386.1	494.4	425.8	657.8	36521	14668
1981	5729.2	10225.2	550.8	501.9	663.6	37793	14698
1982	5955.3	10393.7	614.7	492.0	714.8	40213	14764
1983	6384.5	10649.9	725.7	545.0	785.7	42979	14946
1984	6894.0	11708.3	836.0	506.6	892.0	47808	15401
1985	7870.9	13275.3	869.4	634.1	1013.4	53828	15978
1986	8356.9	13916.9	795.2	617.2	1034.7	60912	16267
1987	9519.2	15374.6	854.1	687.9	1194.3	68327	16722
1988	12335.5	18253.8	839.5	849.5	1510.2	76663	17882
1989	13974.9	16927.8	483.3	858.8	1671.4	86360	19333
1990	16935.6	15955.0	505.5	818.3	2073.0	96573	21184
1991	37812.5	14714.8	1116.6	796.9	2735.5	112896	23377
1992	49101.6	15426.0	1022.7	844.5	4378.0	147724	27608
1993	71004.9	16655.6	800.1	796.7	7070.8	224949	31673
1994	103186.9	21737.5	1068.9	631.1	10804.2	386536	44667
1995	145407.9	24277.2	1016.9	451.2	17198.4	601136	78244
1996	206467.3	26456.1	1121.9	335.6	24637.7	882485	153767
1997	278942.0	15787.1	887.8	224.0	27415.0	1174607	237720
1998	395409.5	14281.4	1335.3	172.2	33053.4	1507041	311724
1999	538639.9	15678.4	520.9	107.6	34705.0	1822476	499096
2000	850392.3	17443.6	454.3	99.7	43183.0	2528584	923865
2001	945860.9	18518.0	386.4	83.4	44256.0	2905202	1285409

注:邮电业务总量1990年以前按1980年不变价计算，1991-2000年按1990年不变价计算，2001年按2000年不变价计算。

15-17 各市邮电业务量

(2001年)

地　区	邮电业务总　量(万元)	函　件(万件)	包　件(万件)	报　刊累计数(万份)	电　报(份)	传　真(份)	长途电话(万次)	城市电话(户)	乡村电话(户)
全　省	**945860.9**	**18518.0**	**349.8**	**42097.5**	**833967**	**185737**	**44256**	**2905202**	**1285409**
西安市	421126.9	8883.8	140.4	12868.6	193733	16946	21494	1452126	259374
铜川市	20553.6	247.5	2.9	1012.0	12358	6007	866	76223	35002
宝鸡市	86318.4	1300.9	32.6	3975.9	80015	29967	3574	252462	190927
咸阳市	92817.3	1532.0	42.6	4987.1	52826	16105	4877	302620	137747
渭南市	91312.6	1225.8	20.2	5356.7	170753	19507	4358	224498	256108
延安市	51203.0	624.8	5.5	2969.9	58601	18944	1827	119596	70439
汉中市	64751.0	2154.7	31.4	3229.9	87868	34057	2113	162187	120944
榆林市	55649.3	782.7	7.6	2968.0	85799	27056	2139	134962	65043
安康市	37629.3	1226.0	46.7	2565.1	42038	8775	1591	106637	79310
商洛市	24500.3	539.8	19.8	2164.3	49976	8373	1417	73891	70517

注：邮电业务总量为2000年不变价。

15-18 邮电业务总量构成

(2001年)

单位：万元

地　区	邮电业务总　量	邮政业务总　量	电信业务总　量	电信业务		
				电信通信业务量	移动通信业务量	联通通信业务量
全　省	**945860.9**	**112903.6**	**832957.3**	**349887.2**	**350729.0**	**132341.1**
西安市	421126.9	45392.0	375734.9	165924.0	139684.0	70126.9
铜川市	20553.6	2308.5	18245.1	7734.4	8121.0	2389.7
宝鸡市	86318.4	10637.3	75681.1	31075.5	33883.0	10722.6
咸阳市	92817.3	11386.2	81431.1	32836.3	36638.0	11956.8
渭南市	91312.6	8500.0	82812.6	35733.2	34060.0	13019.4
延安市	51203.0	6105.8	45097.2	15752.5	23636.0	5708.7
汉中市	64751.0	10864.6	53886.4	20936.2	22769.0	10181.2
榆林市	55649.3	5049.2	50600.1	16625.5	30092.0	3882.6
安康市	37629.3	7704.0	29925.3	13287.3	14218.0	2420.0
商洛市	24500.3	4956.0	19544.3	9982.1	7629.0	1933.2

注：邮电业务总量为2000年不变价。

15-19 各市邮电局所和服务点

(2001年)

单位：个

地区	邮电局所总计	邮政自办局所	邮政代办所	电信自办局所	电信代办所	城镇公用电话	乡村公用电话
全省	**3753**	**973**	**253**	**557**	**1386**	**78888**	**18986**
西安市	471	195	49	79	58	35763	2663
铜川市	121	28		13	62	1457	262
宝鸡市	493	112	24	32	272	9399	3135
咸阳市	421	124	15	54	180	6626	1553
渭南市	355	108	38	61	84	5176	2335
延安市	317	115	6	62	104	4951	1905
汉中市	381	88	34	79	93	7230	3394
榆林市	422	136	50	91	112	3004	1005
安康市	312	54	26	46	99	3916	1939
商洛市	460	13	11	40	322	1366	795

5-20 各市邮电通信工具拥有量

(2001年)

地区	电话机(部)	# 城市电话	移动电话(户)	无线寻呼(户)	数字数据用户(户)	国际互联网用户(户)
全省	**4366541**	**3069855**	**2917135**	**1204897**	**11441**	**681616**
西安市	1816205	1556478	1246365	494315	7203	483558
铜川市	117017	81665	65471	32610	247	5617
宝鸡市	454483	261397	279512	121579	830	48280
咸阳市	447743	309878	290265	111320	659	36555
渭南市	497684	236487	287912	95410	629	39222
延安市	184385	115274	174758	121721	552	12526
汉中市	308481	182587	199591	126756	595	28859
榆林市	206500	141871	206356	25250	464	11131
安康市	188491	109183	108575	30011	68	10663
商洛市	145552	75035	58330	45925	193	5205

15-21 各市邮运工具拥有量和邮电线路

(2001年)

地 区	邮 路 长 度 (公里)	农村投递线路总长度 (公里)	电话交换机容量 (门)	长 话 电 路 (路)	数据通信网长途电路 (路)
全 省	97178	126852	5943462	152778	134497
西安市	70551	10157	2449970	95698	52410
铜川市	778	2400	160647	2406	2283
宝鸡市	4396	9890	600077	8700	2220
咸阳市	2331	12305	588381	8058	2130
渭南市	3265	15086	695003	8474	68434
延安市	3570	11003	258080	4710	210
汉中市	3030	13133	410608	6184	2280
榆林市	4924	24016	299092	5198	300
安康市	2374	16799	281606	7410	2070
商洛市	1959	12063	199998	3480	2160

15-22 邮电通信企业主要财务指标

单位：万元

指 标	1990年	1995年	1999年	2000年	2001年
邮电业务收入总计	28019	149010	440279	676815	786276
# 中央国营	24765	134550	433338	283753	786276
业务支出	24181	125849	444504	548527	719206
营业外损益净额	-1649	-765	-12587	-4822	6629
税 金	894	6895	18012	21928	33222
教育附加费	17		386	89	559
收支差额	1279	-20567	-103177	-83217	-31753
年末固定资产原值	76324	36226	1379814	1854177	2459891

主要统计指标解释

铁路营业里程 又称营业长度(包括正式营业和临时营业里程),指办理客货运输业务的铁路正线总长度。凡是全线或部分建成双线及以上的线路,以第一线的实际长度计算;复线、站线、段管线、岔线和特殊用途线以及不计算运费的联络线都不计算营业里程。铁路营业里程是反映铁路运输业基础设施发展水平的重要指标,也是计算客货周转量、运输密度和机车车辆运用效率等指标的基础资料。

铁路正线延展里程 指正线第一线、第二线、第三线和其他正线建筑里程之和,不包括站线、段管线、岔线及特殊用途线的延展里程。它是作为计算铁路线上钢轨、枕木及路基砂石需要量的主要依据。

铁路电气化里程 指在全部铁路营业里程中已安装了供电线路及设备,可以供电力机车牵引列车运行的区段的总里程。

公路里程 指在一定时期内实际达到《公路工程[WTBZ]技术标准 JTJ01-88》规定的等级公路,并经公路主管部门正式验收交付使用的公路里程数。包括大中城市的郊区公路以及通过小城镇街道部分的公路里程和桥梁、渡口的长度,不包括大中城市的街道、厂矿、林区生产用道和农业生产用道的里程。两条或多条公路共同经由同一路段,只计算一次,不得重复计算里程长度。它是反映公路建设发展规模的重要指标,也是计算运输网密度等指标的基础资料。

内河航道里程 也称内河通航里程,指在一定时期内,能通航运输船舶及排筏的天然河流、湖泊水库、运河及通航渠道的长度。包括全年季节性通航累计三个月以上的航道,不包括仅供零散流放竹、木排的河道。它是反映内河水运网规模、水平和发展情况的主要指标。

民用航空航线里程 指民航运输定期班机飞行的航线长度的总和。航线长度按机场之间的距离计算,通常有两种计算方法:一是将每条航线长度相加称为重复计算航线里程;一是将两线或两条以上航线经过同一区段里程,只计算一次航线长度称为不重复计算航线里程。一般常用的是后者,它能确切反映民航运输网的规模,是表明民航事业为国民经济服务和方便人民生活程度的主要指标。

货(客)运量 指在一定时期内,各种运输工具实际运送的货物(旅客)数量。它是反映运输业为国民经济和人民生活服务的数量指标,也是制定和检查运输生产计划、研究运输发展规模和速度的重要指标。货运按吨计算,客运按人计算。货物不论运输距离长短、货物类别,均按实际重量统计。旅客不论行程远近或票价多少,均按一人一次客运量统计;半价票、小孩票也按一人统计。

货(客)运密度 指在一定时期内某种运输方式在营运线路的某一区段平均每公里线路通过的货物(旅客)运输周转量。计算公式为:

货(客)运密度=货物(旅客)周转量/营业线路长度

货(客)运密度是反映交通运输线路上货物(旅客)运输量运输繁忙程度的主要指标,是平衡运输线路运输能力和通过能力,规划线路建设及改造、配备技术设备,研究运输网布局的重要依据。

货物(旅客)周转量 指在一定时期内,由各种运输工具运送的货物(旅客)数量与其相应运输距离的乘积之总和。它是反映运输业生产总成果的重要指标,也是编制和检查运输生产计划,计算运输效率、劳动生产率以及核算运输单位成本的主要基础资料。计算货物周转量通常按发出站与到达站之间的最短距离,也就是计费距离计算。计算公式为:

货物(旅客)周转量=∑货物(旅客)运输量×运输距离

铁路货车平均静载重 指铁路货车在始发站静止状态下平均每车装载的货物重量,用以分析货车完成装车时车辆载重力的利用情况。计算公式为:

货车平均静载重=货物发送吨数/装车数

静载重的多少取决于运送货物的性质、种类、车辆的类型和装载技术的高低。根据货车的平均标记载重与静载重进行对比,可以反映货车载重能力的利用程度。计算公式为:

货车载重力利用率(%)=货车平均静载重/货车平均标记载重×100%

铁路货运机车日产量 指在一定时期内,平均每台货运机车在一昼夜内所完成的总重吨公里数,包括载运货物的重量和车辆本身的自重。它从时间和牵引能力两方面反映了机车运用效率。计算公式为:

货运机车平均日产量=货运总重吨公里数/货运机车台日数

邮电业务总量 指以价值量形式表现的邮电通信企业为社会提供各类邮电通信服务的总数量。邮电业务量按专业分类包括函件、包件、汇票、报刊发行、邮政快件、特快专递、邮政储蓄、集邮、公众电报、用户电报、传真、长途电话、出租电路、无线寻呼、移动电话、分组交换数据通信、出租代维等。计算方法为各类产品乘以相应的平均单价(不变价)之和,再加上出租电路和设备、代用户维护电话交换机和线路等的服务收入。它综合反映了一定时期邮电业务发展的总成果,是研究邮电业务量构成和发展趋势的重要指标。计算公式为:

邮电业务总量=∑(各类邮电业务量×不变单价)+ 出租代维及其他业务收入

无线寻呼用户 无线寻呼是指电话用户通过无线寻呼中心,在规定范围内向携带小型寻呼机的用户发出声音、数字或文字显示信息。在寻呼台办理登记手续携带小型寻呼机的用户,称为无线寻呼用户。

移动电话用户 是指通过移动电话交换机进入移动电话网、占用移动电话号码的电话用户。用户数量以报告期末在移动电话营业部门实际办理登记手续进入移动电话网的户数进行计算,一部移动电话统计为一户。

电话用户 指接入国家公众固定电话网,并按固定电话业务进行经营管理的电话用户。1997年以前,电话用户分为市内电话用户和农村电话用户。"市内电话用户"是指接入县城及县以上城市的电话网上的电话用户;"农村电话用户"是指接入县邮电局农话台及县以下农村电话交换点,以县城为中心(除市话用户外)联通县、乡(镇)、行政村、村民小组的用户。从1997年起,电话用户数分组调整为以用户所在区域划分为"城市电话用户"和"乡村电话用户",与过去的按市内电话和农村电话划分方法不同。而电话用户总数、电话机总部数统计范围不变。

城市电话用户 指直辖市、省辖市、地级市、县级市的市区、市郊区及县城(包括县人民政府所在地的县城关区或行政建制相当于县人民政府所在地的镇)范围内接入局用交换机的电话用户数,包括分布在农村地区的独立工矿区、林区、驻军等接入局用交换机的电话用户数。

乡村电话用户 指县城关区以下的集镇和农村接入局用交换机的电话用户数。

住宅电话用户 是指安装在居民住宅或农民家里并按照住宅电话用户登记注册和收费的电话用户。包括私人付费、单位付费和按规定免费安装的住宅电话用户。

16 国内贸易

GUONEIMAOYI

资料整理　李菊英

****

16. 国内贸易

****

2001 年全省

批发贸易业网点	4.35	万个		
零售贸易业网点	35.92	万个		
餐饮业网点	14.22	万个		
社会消费品零售总额	665.12	亿元	比上年增长	9.5%
# 批发零售贸易业零售额	418.20	亿元	比上年增长	9.9%
农民对非农业居民零售额	104.05	亿元	比上年增长	6.3%

****

社会消费品零售总额

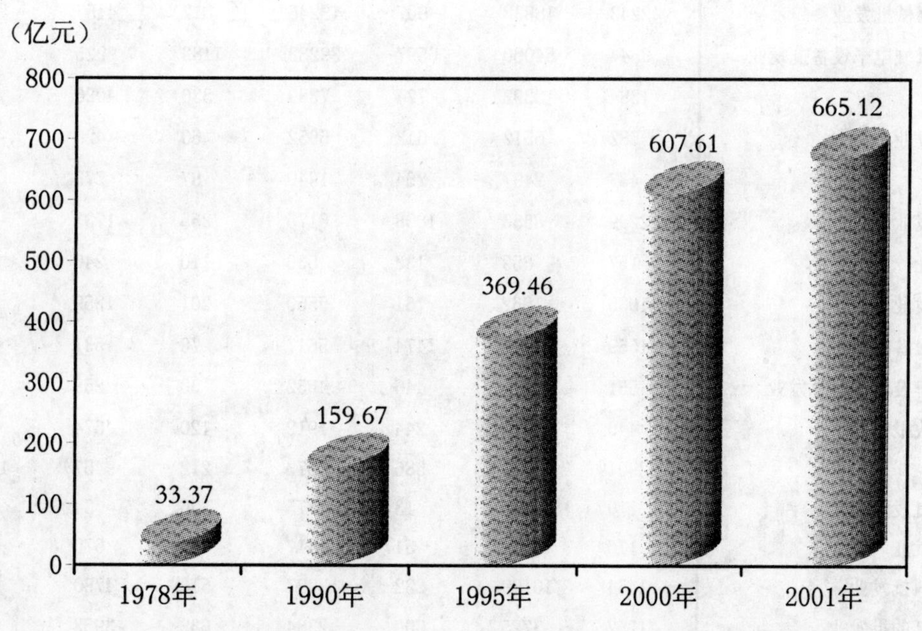

16-1 批发贸易业网点、人员

（2001年）

指标	合计		市		县		县以下	
	网点（个）	人员（人）	网点（个）	人员（人）	网点（个）	人员（人）	网点（个）	人员（人）
总计	**43507**	**239435**	**21990**	**127663**	**11410**	**66548**	**10107**	**45224**
一、按登记注册类型分组								
内资企业	13080	161810	5646	89951	4092	44042	3342	27817
国有企业	5941	91184	1937	46117	2370	27093	1634	17974
集体企业	4302	37454	1554	18091	1252	12347	1496	7016
股份合作企业	104	2159	65	1500	33	612	6	47
联营企业	7	117	7	117				
有限责任公司	350	7700	280	6864	63	807	7	29
股份有限公司	101	5167	69	4770	25	328	7	69
私营企业	2272	18012	1732	12480	348	2850	192	2682
其他企业	3	17	2	12	1	5		
港澳台商投资企业	1	47					1	47
外商投资企业	14	61			8	41	6	20
个体经济	30412	77517	16344	37712	7310	22465	6758	17340
二、按国民经济行业分								
食品、饮料、烟草和家庭用品批发业	32062	165506	14807	81757	9015	47186	8240	36563
食品、饮料、烟草批发业	14676	77264	5185	26637	4556	26908	4935	23719
棉、麻、土畜产品批发业	1058	7502	131	3644	290	2416	637	1442
纺织品、服装和鞋帽批发业	3967	13751	3180	10604	591	2028	196	1119
日用百货批发业	5560	20988	3437	12445	1464	5217	659	3326
日用杂品批发业	1772	8784	578	2309	613	2990	581	3485
五金、交电、化工批发业	2786	18379	1389	12872	689	3470	708	2037
药品及医疗器械批发业	2243	18838	907	13246	812	4157	524	1435
能源、材料和机械电子设备批发业	8544	54060	6597	39233	1183	9925	764	4902
能源批发业	1384	13392	774	7389	330	4026	280	1977
化工材料批发业	682	6512	613	6052	60	428	9	32
木材批发业	437	2497	264	1340	87	775	86	382
建筑材料批发业	2299	8583	1898	6175	255	1733	146	675
矿产品批发业	157	859	133	536	10	240	14	83
金属材料批发业	1035	7562	751	5560	201	1259	83	743
机械、电子设备批发业	1559	6206	1474	5617	70	531	15	58
汽车、摩托车及零配件批发业	551	5070	446	4652	50	259	55	159
再生物资回收批发业	440	3379	244	1912	120	674	76	793
其他批发业	2901	19869	586	6673	1212	9437	1103	3759
工艺美术品批发业	19	209	13	175	6	34		
图书报刊批发业	176	1736	51	817	64	670	61	249
农业生产资料批发业	1454	10199	222	3297	510	4780	722	2122
其他类未包括的批发业	1252	7725	300	2384	632	3953	320	1388

16-2 零售贸易业网点、人员

(2001年)

指标	合计		市		县		县以下	
	网点(个)	人员(人)	网点(个)	人员(人)	网点(个)	人员(人)	网点(个)	人员(人)
总计	359205	1124676	113174	567992	81716	209821	164315	346863
一、按登记注册类型分组								
内资企业	61147	491545	37003	362184	8604	66410	15540	62951
国有企业	10360	105359	4893	62608	2936	26723	2531	16028
集体企业	35915	230168	21787	182481	2378	11307	11750	36380
股份合作企业	386	5670	327	4367	38	1050	21	253
联营企业	4	102	2	9	2	93		
有限责任公司	450	9785	343	8808	58	616	49	361
股份有限公司	273	14378	221	13959	49	405	3	14
私营企业	13740	126000	9429	89933	3125	26152	1186	9915
其他企业	19	83	1	19	18	64		
港澳台商投资企业	2	2203	2	2203				
个体经济	298056	630928	76169	203605	73112	143411	148775	283912
二、按国民经济行业分								
食品、饮料和烟草零售业	111384	330925	34256	148550	23675	71678	53453	110697
日用百货零售业	82607	280856	25076	159303	18667	41936	38864	79617
纺织品、服装和鞋帽零售业	64336	178676	14887	74731	20234	41670	29215	62275
日用杂品零售业	29609	86052	10072	43616	6330	14324	13207	28112
五金、交电、化工零售业	27082	85957	17219	60454	3542	10421	6321	15082
药品及医疗器械零售业	7160	22366	1773	7470	1949	6292	3438	8604
图书报刊零售业	5349	16633	2101	8053	1423	4920	1825	3660
其他零售业	31678	123211	7790	65815	5896	18580	17992	38816

16-3 餐饮业网点、人员

(2001年)

指标	合计		市		县		县以下	
	网点(个)	人员(人)	网点(个)	人员(人)	网点(个)	人员(人)	网点(个)	人员(人)
总计	142196	437645	49580	193277	36419	107320	56197	137048
一、按登记注册类型分组								
内资企业	6478	72522	3696	47756	1596	16887	1186	7879
国有企业	1156	13910	719	8192	397	5384	40	334
集体企业	2587	22490	1247	15304	440	2564	900	4622
股份合作企业	143	1502	17	768	126	734		
有限责任公司	172	1874	168	1768	4	106		
股份有限公司	32	5955	29	5875	3	80		
私营企业	2382	26709	1516	15849	620	7937	246	2923
其他企业	6	82			6	82		
港澳台商投资企业	33	4563	33	4563				
外商投资企业	36	1844	36	1844				
个体经济	135649	358716	45815	139114	34823	90433	55011	129169
二、按国民经济行业分								
正餐	26374	101104	5497	42074	11778	37466	9099	21564
快餐	15343	58077	1295	10033	2617	6924	11431	41120
其他餐饮业	100479	278464	42788	141170	22024	62930	35667	74364

16-4 各市批发零售贸易业、餐饮业网点、人员

(2001年)

指标	合计		市		县		县以下	
	网点(个)	人员(人)	网点(个)	人员(人)	网点(个)	人员(人)	网点(个)	人员(人)
一、批发贸易业								
全省	43507	239435	21990	127663	11410	66548	10107	45224
西安市	10534	78285	9213	65392	758	6942	563	5951
铜川市	320	6230	160	4107	94	1506	66	617
宝鸡市	11592	40690	4442	15451	2040	9672	5110	15567
咸阳市	2127	20009	642	9202	954	7966	531	2841
渭南市	2549	20726	578	8354	1182	7948	789	4424
延安市	1178	6727	390	2183	556	3506	232	1038
汉中市	10848	42204	5295	16571	4110	16473	1443	9160
榆林市	1008	10145	45	960	741	7363	222	1822
安康市	1782	8478	941	4180	429	2634	412	1664
商洛市	1419	5320	134	642	546	2538	739	2140
杨凌示范区	150	621	150	621				
二、零售贸易业								
全省	359205	1124676	113174	567992	81716	209821	164315	346863
西安市	95414	497448	61052	414845	10621	28999	23741	53604
铜川市	4583	12432	2316	7169	702	1817	1565	3446
宝鸡市	34140	84367	8202	39943	9809	17788	16129	26636
咸阳市	34457	83226	6269	18110	10981	26305	17207	38811
渭南市	38637	99644	7551	21633	7630	24065	23456	53946
延安市	15704	30789	5112	11226	6166	11125	4426	8438
汉中市	52394	162121	14229	37056	12207	54998	25958	70067
榆林市	19200	41786	1391	4365	8288	18990	9521	18431
安康市	31241	48747	3765	6810	7498	11502	19978	30435
商洛市	32466	62580	2318	5299	7814	14232	22334	43049
杨凌示范区	969	1536	969	1536				
三、餐饮业								
全省	142196	437645	49580	193277	36419	107320	56197	137048
西安市	28219	128738	22820	111332	1214	6438	4185	10968
铜川市	1238	3269	725	1862	197	788	316	619
宝鸡市	18828	41277	8003	21572	3768	8305	7057	11400
咸阳市	12274	37958	2036	12196	5403	13867	4835	11895
渭南市	10408	33453	2910	8405	2455	10724	5043	14324
延安市	7120	18578	1690	6369	3343	8002	2087	4207
汉中市	38209	121713	5995	21384	11458	38592	20756	61737
榆林市	8113	19396	1578	3844	3776	9856	2759	5696
安康市	8924	14122	3021	3629	1623	3593	4280	6900
商洛市	8333	17488	272	1031	3182	7155	4879	9302
杨凌示范区	530	1653	530	1653				

16-5 限额以上批发零售贸易、餐饮业法人企业数

(2001年)

单位：个

地　区	合　计	批发业	零售业	餐饮业
全　省	**364**	**232**	**90**	**42**
西安市	189	103	47	39
铜川市	9	4	5	
宝鸡市	47	34	11	2
咸阳市	35	24	10	1
渭南市	18	15	3	
延安市	14	11	3	
汉中市	23	17	6	
榆林市	7	7		
安康市	10	5	5	
商洛市	11	11		
杨凌示范区	1	1		

16-6 限额以上批发零售贸易业商品购进、销售、库存总额

(2001年)

单位：亿元

指　标	商品购进总额	#进口	商品销售总额	批发	#出口	零售	年末库存
合　计	**350.83**	**4.84**	**377.53**	**293.21**	**34.26**	**84.32**	**38.70**
#国有及国有控股	305.45	4.04	329.45	274.09	33.23	55.36	30.81
按登记注册类型分组							
国有企业	243.45	3.57	262.26	240.20	28.16	22.06	21.85
集体企业	8.18		8.58	4.54		4.04	1.31
股份合作企业	3.28	0.25	4.14	1.49	1.02	2.65	1.84
联营企业	2.90	0.38	3.00	3.00	1.08		0.12
有限责任公司	39.94	0.41	41.20	29.45	2.50	11.75	3.22
股份有限公司	38.56		42.76	13.71	1.50	29.05	9.44
私营企业	6.16	0.23	6.34	0.82		5.52	0.75
其他企业	8.36		9.25			9.25	0.17

16-7 各市限额以上批发贸易业商品购进总额

（2001年）　　　　单位：亿元

地区	合计	#国有及国有控股	按登记注册类型分组		
			国有企业	集体企业	股份合作企业
全省	**273.02**	**254.78**	**223.72**	**4.47**	**1.26**
西安市	169.27	156.63	129.57	3.00	1.13
铜川市	3.49		3.49		
宝鸡市	18.46	18.36	18.36	0.10	
咸阳市	11.86	11.86	11.11	0.75	
渭南市	12.15	11.55	10.60		
延安市	22.93	22.93	22.80		0.13
汉中市	12.77	12.15	12.07	0.62	
榆林市	5.77	5.77	5.62		
安康市	7.86	7.59	4.10		
商洛市	8.14	7.94	6.00		
杨凌示范区	0.32				

地区	按登记注册类型分组				
	联营企业	有限责任公司	股份有限公司	私营企业	其他企业
全省	**2.90**	**28.36**	**11.48**	**0.83**	
西安市	2.90	27.44	5.00	0.23	
铜川市					
宝鸡市					
咸阳市					
渭南市		0.64	0.31	0.60	
延安市					
汉中市		0.08			
榆林市			0.15		
安康市			3.76		
商洛市		0.20	1.94		
杨凌示范区			0.32		

16-8 各市限额以上零售贸易业商品购进总额

（2001年）

单位：亿元

地区	合计	#国有及国有控股	按登记注册类型分组		
			国有企业	集体企业	股份合作企业
全省	77.81	50.67	19.73	3.71	2.02
西安市	56.72	34.65	13.22	0.09	2.02
铜川市	0.32	0.07	0.07		
宝鸡市	14.51	10.67	3.11	3.49	
咸阳市	1.87	1.87	1.23		
渭南市	1.95	1.95	0.64		
延安市	0.71	0.71	0.71		
汉中市	0.66	0.36	0.36	0.11	
榆林市					
安康市	1.07	0.39	0.39	0.02	
商洛市					
杨凌示范区					

地区	按登记注册类型分组				
	联营企业	有限责任公司	股份有限公司	私营企业	其他企业
全省		11.58	27.08	5.33	8.36
西安市		11.00	17.30	4.73	8.36
铜川市		0.25			
宝鸡市			7.56	0.35	
咸阳市			0.64		
渭南市		0.15	1.16		
延安市					
汉中市		0.18		0.01	
榆林市					
安康市			0.42	0.24	
商洛市					
杨凌示范区					

16-9 各市限额以上批发贸易业商品销售总额

（2001年） 单位：亿元

地 区	合 计	# 零售额	# 国有及国有控股	按登记注册类型分组		
				国有企业	集体企业	股份合作企业
全 省	**293.21**	**27.42**	**274.09**	**240.20**	**4.54**	**1.49**
西 安 市	178.98	13.22	165.89	137.52	3.11	1.31
铜 川 市	3.65	0.78		3.65		
宝 鸡 市	20.57	4.53	20.47	20.47	0.10	
咸 阳 市	13.58	0.53	13.58	12.90	0.68	
渭 南 市	12.79	1.70	12.18	11.18		
延 安 市	23.95	0.79	23.95	23.77		0.18
汉 中 市	14.62	2.46	13.97	13.88	0.65	
榆 林 市	7.43	1.57	7.43	5.93		
安 康 市	8.25	0.95	8.00	4.35		
商 洛 市	8.96	0.89	8.62	6.55		
杨凌示范区	0.43					

地 区	按登记注册类型分组				
	联营企业	有限责任公司	股份有限公司	私营企业	其他企业
全 省	**3.00**	**29.45**	**13.71**	**0.82**	
西 安 市	3.00	28.31	5.52		
铜 川 市					
宝 鸡 市					
咸 阳 市					
渭 南 市		0.71	0.29	0.61	
延 安 市					
汉 中 市		0.09			
榆 林 市			1.50		
安 康 市			3.90		
商 洛 市		0.34	2.07		
杨凌示范区			0.43		

16-10 各市限额以上零售贸易业商品销售总额

（2001年）

单位：亿元

地区	合计	# 零售额	# 国有及国有控股	按登记注册类型分组 国有企业	集体企业	股份合作企业
全省	**84.32**	**72.63**	**55.36**	**22.06**	**4.04**	**2.65**
西安市	62.41	56.02	38.97	15.19	0.12	2.65
铜川市	0.33	0.33	0.07	0.07		
宝鸡市	14.64	9.69	10.56	3.07	3.78	
咸阳市	2.20	2.20	2.20	1.55		
渭南市	2.06	2.05	2.06	0.68		
延安市	0.78	0.74	0.78	0.78		
汉中市	0.73	0.64	0.34	0.34	0.11	
榆林市						
安康市	1.17	0.96	0.38	0.38	0.03	
商洛市						
杨凌示范区						

地区	按登记注册类型分组 联营企业	有限责任公司	股份有限公司	私营企业	其他企业
全省		**11.75**	**29.05**	**5.52**	**9.25**
西安市		11.16	19.18	4.86	9.25
铜川市		0.26			
宝鸡市			7.49	0.30	
咸阳市			0.65		
渭南市		0.13	1.25		
延安市					
汉中市		0.20		0.08	
榆林市					
安康市			0.48	0.28	
商洛市					
杨凌示范区					

16-11 各市限额以上批发贸易业商品库存总额

（2001年）

单位：亿元

地区	合计	# 国有及国有控股	按登记注册类型分组 国有企业	集体企业	股份合作企业
全省	**26.60**	**22.85**	**18.92**	**1.22**	**1.71**
西安市	15.72	12.55	9.55	0.85	1.70
铜川市	0.37		0.37		
宝鸡市	2.70	2.68	2.68	0.02	
咸阳市	2.07	2.07	1.58	0.31	
渭南市	0.84	0.76	0.71		
延安市	1.06	1.06	1.05		0.01
汉中市	1.51	1.47	1.45	0.04	
榆林市	0.22	0.22	0.19		
安康市	1.24	1.19	0.69		
商洛市	0.86	0.85	0.65		
杨凌示范区	0.01				

地区	按登记注册类型分组 联营企业	有限责任公司	股份有限公司	私营企业	其他企业
全省	0.12	**2.23**	**2.27**	0.13	
西安市	0.12	1.98	1.46	0.06	
铜川市					
宝鸡市					
咸阳市		0.18			
渭南市		0.04	0.02	0.07	
延安市					
汉中市		0.02			
榆林市			0.03		
安康市			0.55		
商洛市		0.01	0.20		
杨凌示范区			0.01		

16-12 各市限额以上零售贸易业商品库存总额

（2001年） 单位：亿元

地 区	合 计	#国有及国有控股	按登记注册类型分组 国有企业	集体企业	股份合作企业
全 省	12.10	7.96	2.93	0.09	0.13
西安市	6.43	2.86	1.71	0.03	0.13
铜川市	0.03	0.01	0.01		
宝鸡市	4.28	4.22	0.47	0.01	
咸阳市	0.21	0.21	0.19		
渭南市	0.18	0.18	0.07		
延安市	0.22	0.22	0.22		
汉中市	0.19	0.08	0.08	0.03	
榆林市					
安康市	0.56	0.18	0.18	0.02	
商洛市					
杨凌示范区					

地 区	按登记注册类型分组 联营企业	有限责任公司	股份有限公司	私营企业	其他企业
全 省		0.99	7.17	0.62	0.17
西安市		0.87	3.08	0.44	0.17
铜川市		0.02			
宝鸡市			3.75	0.05	
咸阳市			0.02		
渭南市		0.02	0.09		
延安市					
汉中市		0.08			
榆林市					
安康市			0.23	0.13	
商洛市					
杨凌示范区					

16-13 社会消费品零售总额

单位：亿元

年份	社会消费品零售总额	按地区分		
		市的零售额	县的零售额	县以下的零售额
1978	33.37	11.93	9.79	11.65
1980	43.38	17.47	12.18	13.73
1985	80.01	39.83	19.45	20.73
1990	159.67	91.21	34.29	34.17
1991	176.60	102.21	36.98	37.41
1992	208.37	123.12	43.63	41.62
1993	245.53	150.95	47.64	46.94
1994	305.95	188.83	57.32	59.80
1995	369.46	229.90	70.56	69.00
1996	432.14	270.19	82.78	79.17
1997	490.54	316.44	87.48	86.62
1998	520.01	338.11	89.96	91.94
1999	557.04	363.37	95.96	97.71
2000	607.61	400.73	103.08	103.80
2001	665.12	443.49	110.52	111.11

年份	按行业分				
	批发零售贸易业零售额	餐饮业零售额	制造业零售额	其他行业零售额	农民对非农业居民零售额
1978	28.29	1.32	2.32	0.82	0.62
1980	35.86	1.78	3.35	0.74	1.65
1985	61.23	3.84	8.25	1.59	5.10
1990	118.55	7.99	13.62	3.39	16.12
1991	126.83	9.29	16.48	4.28	19.72
1992	145.45	12.58	17.57	5.06	27.71
1993	166.56	15.26	19.95	5.93	37.83
1994	198.79	19.98	25.92	7.45	53.81
1995	231.87	24.68	35.80	14.85	62.26
1996	275.66	30.94	41.32	9.54	74.68
1997	309.65	40.08	47.04	11.50	82.27
1998	321.96	48.82	49.82	12.81	86.60
1999	345.98	54.79	50.58	13.16	92.52
2000	380.70	63.13	52.54	13.34	97.90
2001	418.20	72.23	56.00	14.64	104.05

16-14 各市社会消费品零售总额

（2001年）

单位：亿元

指标	全省	西安市	铜川市	宝鸡市	咸阳市	渭南市
社会消费品零售总额	665.12	365.93	14.64	60.25	54.95	43.23
一、按销售地区分						
市的零售额	443.49	323.37	9.65	28.62	29.32	12.14
县的零售额	110.52	19.07	3.24	15.66	13.55	14.36
县以下的零售额	111.11	23.49	1.75	15.97	12.08	16.73
二、按登记注册类型分						
内资企业	355.65	203.58	7.26	32.53	33.40	26.47
国有企业	127.29	42.29	4.81	17.54	18.11	13.53
集体企业	91.11	47.56	1.58	9.50	10.99	8.66
股份合作企业	8.82	7.85	0.02	0.04		
联营企业	1.11	1.11				
有限责任公司	11.95	8.23		0.36	2.48	0.01
股份有限公司	31.41	26.21		3.13	0.75	1.25
私营企业	83.91	70.33	0.85	1.96	1.07	3.02
其他企业	0.05					
港澳台商投资企业	4.76	4.62			0.14	
外商投资企业	4.15	4.15				
个体经济	203.71	99.29	4.45	18.93	15.14	13.14
其他经济	99.29	54.29	2.93	8.79	6.27	3.62
三、按行业分						
批发零售贸易业	418.20	231.24	7.13	37.97	37.24	32.28
餐饮业	72.23	42.60	2.58	7.04	5.04	3.23
制造业	56.00	31.95	1.83	4.95	4.98	2.42
其他行业	118.69	60.14	3.10	10.29	7.69	5.30
# 农民对非农业居民零售	104.05	54.29	2.93	8.79	6.27	3.62

指标	延安市	汉中市	榆林市	安康市	商洛市	杨凌示范区
社会消费品零售总额	21.17	42.87	21.95	24.18	17.25	1.15
一、按销售地区分						
市的零售额	7.50	17.35	3.56	7.51	2.99	1.15
县的零售额	8.13	14.23	10.21	7.21	6.09	
县以下的零售额	5.54	11.30	8.18	9.46	8.17	
二、按登记注册类型分						
内资企业	6.30	20.87	10.29	6.87	7.50	0.58
国有企业	4.02	13.08	6.36	3.52	3.74	0.28
集体企业	1.91	5.88	1.61	1.40	1.93	0.07
股份合作企业	0.24		0.05	0.05	0.58	
联营企业						
有限责任公司	0.02	0.15		0.60		0.10
股份有限公司	0.05			0.02		
私营企业	0.06	1.76	2.21	1.27	1.24	0.12
其他企业			0.05			
港澳台商投资企业						
外商投资企业						
个体经济	9.84	14.40	9.43	11.29	7.52	0.28
其他经济	5.04	7.61	2.23	6.02	2.23	0.28
三、按行业分						
批发零售贸易业	12.29	24.56	13.38	14.21	12.49	0.48
餐饮业	2.69	4.82	2.00	2.23	1.57	0.09
制造业	0.81	3.51	3.44	1.36	0.75	0.29
其他行业	5.39	9.99	3.12	6.38	2.44	0.29
# 农民对非农业居民零售	5.04	7.61	2.23	6.02	2.23	0.28

注：由于资料来源不同，地市汇总数不等于全省数。

16-15 各市县社会消费品零售总额

(2001年)

单位：万元

地 区	合 计	批发零售贸易业	餐饮业	制造业	其他行业	# 农民对城镇居民零售额
全 省	**6651223**	**4181987**	**722333**	**560031**	**1186872**	**1040524**
西安市	**3659308**	**2312381**	**426009**	**319493**	**601425**	**542862**
市 区	3306245	2105507	382284	270415	548039	500630
长安县	100887	36018	10271	29278	25320	23081
蓝田县	77116	56698	14928	2807	2683	2487
周至县	74000	49136	7899	3521	13444	12542
户 县	69816	46908	7921	6882	8105	3576
高陵县	31244	18114	2706	6590	3834	546
铜川市	**146408**	**71318**	**25803**	**18329**	**30958**	**29245**
市直单位	37257	21938	7074	8239	6	
王益区	40060	16825	9614	401	13220	12418
印台区	23014	9377	2926	1802	8909	8326
耀 县	37817	19519	5566	4905	7827	7523
宜君县	8260	3659	623	2982	996	978
宝鸡市	**602535**	**379766**	**70399**	**49473**	**102897**	**87883**
渭滨区	186416	116825	26714	6617	36260	33367
金台区	106876	78225	11640	402	16609	14720
宝鸡县	80587	51826	10839	8282	9640	7779
凤翔县	46693	30884	5746	2273	7790	5102
岐山县	61322	30171	2331	17230	11590	9751
扶风县	27958	19986	3069	1646	3257	3204
眉 县	30222	17105	2205	7012	3900	3526
陇 县	22021	10625	3691	2687	5018	3470
千阳县	12099	7437	1672	1124	1866	1459
麟游县	7335	5302	340	1019	674	579
凤 县	14823	6929	1412	982	5500	4412
太白县	6183	4451	740	199	793	514
咸阳市	**549459**	**372403**	**50417**	**49745**	**76894**	**62666**
市直单位	138351	116623	8964	9528	3236	
秦都区	106855	62309	21178	4654	18714	1567
渭城区	35795	9158	3019	2286	21332	21332
三原县	40971	33435	1800	265	5471	5069
泾阳县	31497	17061	1889	3457	9090	5788
乾 县	32140	21552	3677	3725	3186	1074
礼泉县	35690	25937	1983	1121	6649	6053
永寿县	5715	4780	406	39	490	296

注：由于资料来源不同，地市汇总数不等于全省数。

16-15 续表1 (2001年) 单位：万元

地 区	合 计	批发零售贸易业	餐饮业	制造业	其他行业	# 农民对城镇居民零售额
彬 县	25566	13873	878	9921	894	780
长武县	7790	5065	557	1518	650	342
旬邑县	9411	7502	305	675	929	929
淳化县	13800	5651	1582	2359	4208	3652
武功县	28148	15066	1960	8365	2757	2672
兴平市	37730	28720	2219	1832	4959	4664
渭南市	**432274**	**322774**	**32354**	**24166**	**52980**	**36206**
临渭区	78624	59139	3737	8250	7498	3120
华 县	23330	17115	776	92	5347	5034
潼关县	18261	11912	728	999	4622	3331
大荔县	35550	28085	3061	1856	2548	2167
合阳县	23084	18103	1906	2234	841	330
澄城县	37534	29973	2117	2212	3232	2162
蒲城县	40461	35211	3597	505	1148	977
白水县	34522	23154	2581	3578	5209	3845
富平县	62018	49114	4997	2953	4954	4954
韩城市	42771	28309	4003	394	10065	5256
华阴市	28025	16937	3005	1093	6990	4765
开发区	8094	5722	1846		526	265
延安市	**211725**	**122852**	**26877**	**8076**	**53920**	**50356**
宝塔区	74988	40829	6813	1300	26046	24475
延长县	9168	7097	751	46	1274	1253
延川县	8750	4172	1013	775	2790	2680
子长县	17723	10512	2291	1789	3131	2371
安塞县	10275	5569	2473	196	2037	1939
志丹县	12514	7456	2848	233	1977	1782
吴旗县	9940	6681	810	112	2337	2218
甘泉县	6029	3325	973	297	1434	1434
富 县	10422	6002	812	243	3365	3295
洛川县	19841	13395	2527	460	3459	3131
宜川县	6654	4184	882	223	1365	1365
黄龙县	3192	1746	585	265	596	596
黄陵县	22229	11884	4099	2137	4109	3817
汉中市	**428747**	**245584**	**48179**	**35119**	**99865**	**76053**
汉台区	173456	92787	23598	15023	42048	22049
南郑县	45332	26182	6715	8141	4294	3913
城固县	56073	31088	5186	3801	15998	13356
洋 县	24926	13584	3211	1759	6372	4803
西乡县	22100	13931	1183	2513	4473	2927

16-15 续表2 (2001年) 单位：万元

地 区	合 计	批发零售贸易业	餐饮业	制造业	其他行业	# 农民对城镇居民零售额
勉 县	38074	23265	2251	4926	7632	2237
宁强县	18379	12324	1677	218	4160	4138
略阳县	20732	14436	1415	216	4665	4650
镇巴县	13694	9409	733	394	3158	2514
留坝县	12059	7878	2785	439	957	957
佛坪县	3922	2700	425	189	608	608
榆林市	**219476**	**133843**	**20032**	**34377**	**31224**	**22281**
榆阳区	50808	24436	2091	14059	10222	8727
神木县	28906	15133	2447	4782	6544	3783
府谷县	26681	23303	2661		717	451
横山县	12821	5956	1384	4003	1478	1270
靖边县	16760	6238	3167	4487	2868	2164
定边县	17005	12898	2112	720	1275	1035
绥德县	28660	23766	1031	1907	1956	1187
米脂县	7253	3439	802	1840	1172	794
佳 县	8457	4998	892	1060	1507	900
吴堡县	5880	2729	865	892	1394	639
清涧县	8684	5868	1569	67	1180	523
子洲县	7561	5079	1011	560	911	808
安康市	**241790**	**142056**	**22310**	**13606**	**63818**	**60180**
汉滨区	110771	61637	11930	6451	30753	29740
汉阴县	16832	10689	1208	339	4596	4447
石泉县	10470	5536	1612	367	2955	2647
宁陕县	11314	6142	1657	702	2813	2357
紫阳县	21194	12031	1157	85	7921	7788
岚皋县	11413	6905	1128	755	2625	2625
平利县	13255	9619	853	986	1797	1424
镇坪县	5609	3634	434	381	1160	670
旬阳县	31332	21158	1851	2451	5872	5271
白河县	9600	4705	480	1089	3326	3211
商洛市	**172462**	**124910**	**15733**	**7451**	**24368**	**22325**
商州区	47272	36601	4883	297	5491	5455
洛南县	37291	26328	3093	3511	4359	4285
丹凤县	22335	14726	1434	643	5532	5532
商南县	13738	7995	2175	909	2659	1854
山阳县	21315	15711	1884	1107	2613	1546
镇安县	21580	16767	1116	852	2845	2845
柞水县	8931	6782	1148	132	869	808
杨凌示范区	**11487**	**4833**	**904**	**2897**	**2853**	**2816**

16-16 限额以上批发零售贸易业商品销售类值

(2001年)

单位:万元

类别	合计	批发	零售
食品、饮料、烟酒类	1342538	1182365	160173
# 肉禽蛋类	15256	2522	12734
其它食品类	161627	74580	87047
饮料类	52259	29073	23186
烟酒类	1113397	1076191	37206
服装鞋帽针纺织品类	261851	67369	194482
# 服装类	126440	26700	99740
鞋帽类	54934	3888	51046
针纺织类	80478	36781	43697
化妆品类	28125	1609	26516
金银珠宝类	17823	589	17234
日用品类	94223	33843	60380
# 洗涤用品类	21743	1519	20224
儿童玩具类	5335	1423	3912
五金、电工器具类	62263	53340	8923
体育、娱乐用品类	20426	7926	12500
书报、杂志类	90235	63542	26693
电子出版及音像制品类	2794	647	2147
家用电器和音像器材类	238700	64271	174429
中西药品类	291613	188202	103411
# 西药	237018	150321	86697
中草药及中成药	50494	35802	14692
文化办公用品类	25564	5029	20535
家俱类	9112	174	8938
通讯器材类	45149	40212	4937
煤炭及制品类	22659	21752	907
木材及制品类	8573	1789	6784
石油及制品类	790424	687877	102547
化工材料及制品类	95520	93615	1905
# 化肥类	46618	46618	
金属材料类	151916	151916	
建筑及装潢材料类	37505	21042	16463
机电产品及设备类	316140	289536	26604
# 农机类	9009	9009	
汽车类	169222	146490	22732
种子饲料类	16	16	
棉麻类	21764	21230	534
其他类	35234	31787	3447

16-17 限额以上批发零售贸易业商品销售数量

(2001年)

商品名称	单位	合计	批发	零售
粮食	吨	231878	199938	31940
食用植物油	吨	5568	640	4928
食糖	吨	12556	11694	862
棉花	吨	7521	7177	244
鞋	百双	57922	5701	52221
布	百米	302687	287110	15577
电视机	台	217814	44227	173587
组合音响	台	8769	396	8373
摄像机	台	1998		1998
录像机	台	825	6	819
影碟机	台	103779	23588	80191
家用电冰箱	台	90779	27036	63743
家用洗衣机	台	144179	47766	96413
房间空调器	台	99893	42569	57324
微波炉	台	133783	57664	76119
微型计算机	台	4671	2118	2553
普通电话机	部	88164	45100	43064
移动电话机	部	289507	284969	4538
寻呼机	部	3062	750	2312
化学肥料	吨	550017	550017	
化学农药	吨	1202	1202	
农用塑料薄膜	吨	1399	1399	
煤炭	吨	1036410	1002992	33418
木材	立方米	6470	6470	
汽油	吨	698166	579805	118361
煤油	吨	135607	134939	668
柴油	吨	1853327	1677413	175914
钢材	吨	293872	293872	
铜	吨	509	509	
铝	吨	504	504	
水泥	吨	619000	619000	
汽车	辆	16726	13340	3386
#轿车	辆	6880	5661	1219
摩托车	辆	2858	1703	1155
拖拉机	辆	1242	1242	

16-18 限额以上批发贸易企业主要财务指标

（2001年）

单位：万元

指 标	企业数（个）	资产合计	# 流动资产	# 固定资产
总 计	232	1636482	1173247	276032
# 国有及国有控股	203	1422793	1027428	254761
一、按登记注册类型分				
内资企业	232	1636482	1173247	276032
国有企业	185	1159884	837689	221975
集体企业	19	116503	66383	12448
股份合作企业	2	55372	47427	5129
联营企业	3	10732	10619	107
国有联营企业	3	10732	10619	107
有限责任公司	12	111717	84567	12193
国有独资企业	1	6827	6705	9
其他有限责任公司	11	104890	77862	12185
股份有限公司	9	178240	123632	23232
私营企业	2	4033	2930	948
私营有限责任公司	1	1910	1025	731
私营股份有限公司	1	2123	1906	217
二、按国民经济行业分				
食品、饮料、烟草批发业	86	321546	224099	67362
# 粮食、食用油批发业	9	51898	31170	5899
烟草及其制品批发业	57	216472	161010	45905
棉、麻、土畜产品批发业	4	73719	35034	4826
纺织品、服装和鞋帽批发业	11	149610	105167	12691
日用百货批发业	3	96503	67617	9709
日用杂品批发业	1	5167	4898	49
五金、交电、化工批发业	14	87595	56322	23718
药品及医疗器械批发业	21	156845	112880	23118
能源批发业	20	194292	127987	56411
# 石油及制品批发业	17	176515	118314	51821
煤炭及制品批发业	3	17777	9672	4590
化工材料批发业	7	23030	18530	2905
建筑材料批发业	3	6115	3020	2811
金属材料批发业	16	155620	129880	15770
机械、电子设备批发业	11	177460	149360	19274
汽车、摩托车及零配件批发业	7	70246	53985	10284
# 汽车批发业	6	59308	45552	8977
再生物资回收批发业	2	6954	3608	3164
图书报刊批发业	2	24069	16391	7311
农业生产资料批发业	22	71283	52466	13186
其他类未包括的批发业	2	16427	12005	3443

16-18 续表1 （2001年） 单位：万元

指　　　　标	负债合计	# 流动负债	# 长期负债	商品销售收　入
总　　计	**1480915**	**1324216**	**112353**	**2521535**
# 国有及国有控股	1266106	1149689	72372	2357243
一、按登记注册类型分				
内资企业	1480915	1324216	112353	2521535
国有企业	1058941	947500	67406	2045982
集体企业	113701	77624	36067	46058
股份合作企业	69646	68237	1409	14880
联营企业	10238	10217	21	27243
国有联营企业	10238	10217	21	27243
有限责任公司	96408	92545	3864	252328
国有独资企业	6415	6415		3466
其他有限责任公司	89994	86130	3864	248862
股份有限公司	128735	125146	3287	127133
私营企业	3247	2947	300	7912
私营有限责任公司	1178	1178		1817
私营股份有限公司	2069	1769	300	6095
二、按国民经济行业分				
食品、饮料、烟草批发业	273250	259517	11483	738932
# 粮食、食用油批发业	57675	50046	5655	29808
烟草及其制品批发业	170633	166118	4241	629849
棉、麻、土畜产品批发业	92624	60186	32438	14661
纺织品、服装和鞋帽批发业	149251	123834	5419	93517
日用百货批发业	61116	56401	909	9474
日用杂品批发业	5704	5504	200	11088
五金、交电、化工批发业	78938	55857	19479	113224
药品及医疗器械批发业	149772	145433	4338	274302
能源批发业	181557	147428	25467	655484
# 石油及制品批发业	170241	136729	24850	637537
煤炭及制品批发业	11316	10699	617	17947
化工材料批发业	24934	24804	131	27992
建筑材料批发业	4432	3944		6315
金属材料批发业	130317	126385	3811	107253
机械、电子设备批发业	165296	164802	495	165160
汽车、摩托车及零配件批发业	72562	69733	2830	163664
# 汽车批发业	63076	60607	2470	158829
再生物资回收批发业	10968	5432	198	1245
图书报刊批发业	14211	14211		59426
农业生产资料批发业	55010	50190	4740	63191
其他类未包括的批发业	10973	10557	416	16606

16-18 续表2 （2001年） 单位：万元

指　　标	商品销售成本	经营费用	商品销售税金及附加	商品销售利润
总　计	2331301	74985	11783	66340
# 国有及国有控股	2174552	71318	1852	72435
一、按登记注册类型分				
内资企业	2331301	74985	11783	66340
国有企业	1892282	51386	1523	63776
集体企业	43733	1161	13	1112
股份合作企业	14301	433	9866	-9720
联营企业	26409	435	24	376
国有联营企业	26409	435	24	376
有限责任公司	241272	4361	75	6547
国有独资企业	3303	144	1	18
其他有限责任公司	237970	4217	74	6529
股份有限公司	105859	17036	275	3963
私营企业	7444	174	8	286
私营有限责任公司	1681	72	1	63
私营股份有限公司	5763	102	7	223
二、按国民经济行业分				
食品、饮料、烟草批发业	663255	16228	867	37929
# 粮食、食用油批发业	27408	2299	2	99
烟草及其制品批发业	565225	9515	742	33719
棉、麻、土畜产品批发业	14298	310		53
纺织品、服装和鞋帽批发业	89100	2689	26	1703
日用百货批发业	8247	765	43	419
日用杂品批发业	9654	1309		125
五金、交电、化工批发业	107359	3230	101	2535
药品及医疗器械批发业	253231	10008	198	8758
能源批发业	623004	23714	438	8328
# 石油及制品批发业	619643	11250	276	6369
煤炭及制品批发业	3362	12464	163	1959
化工材料批发业	26400	1191	22	380
建筑材料批发业	5801	370	17	127
金属材料批发业	101931	3071	9959	-7747
机械、电子设备批发业	152422	6189	54	6494
汽车、摩托车及零配件批发业	160092	1368	32	2171
# 汽车批发业	155486	1262	32	2049
再生物资回收批发业	1106	70	6	63
图书报刊批发业	40164	2161	13	2764
农业生产资料批发业	59575	1808	7	1802
其他类未包括的批发业	15661	505	1	438

16-19 限额以上零售贸易企业主要财务指标

（2001年）

单位：万元

指　　标	企业数（个）	资产合计	# 流动资产	# 固定资产
总　　计	90	738235	316571	329781
# 国有及国有控股	57	521935	208935	236152
一、按登记注册类型分				
内资企业	88	653518	289952	290636
国有企业	47	182361	85826	77322
集体企业	5	56591	10101	45020
股份合作企业	2	7265	2672	3847
有限责任公司	14	65314	43271	16461
其他有限责任公司	14	65314	43271	16461
股份有限公司	10	306817	122714	140942
私营企业	10	35170	25368	7045
私营有限责任公司	9	33827	24114	6983
私营股份有限公司	1	1344	1254	62
港澳台商投资企业	2	84717	26619	39145
合资经营企业	2	84717	26619	39145
二、按国民经济行业分				
食品、饮料和烟草零售业	5	29425	13958	10153
# 粮油食品零售业	2	21234	8570	9205
副食品零售业	2	8032	5281	913
日用百货零售业	55	645859	262655	299837
# 百货零售业	52	644878	262091	299445
纺织品、服装和鞋帽零售业	2	14934	7528	6471
日用杂品零售业	1	4395	3891	504
五金、交电、化工零售业	5	15922	11402	4333
图书报刊零售业	19	24556	15230	8108
其他零售业	3	3142	1907	374
# 家具零售业	1	684	317	75
汽车、摩托车及其零配件零售业	1	1175	923	103
计算机及软件、办公设备零售业	1	1283	667	197
三、按经营方式分组				
独立商店	75	618355	246741	298500
连锁总店	5	44640	16638	16141
连锁分店	8	74155	52774	14830
其　　他	2	1085	417	311
四、按零售业态分组				
百货商店	51	591069	220297	293174
超级市场	9	100081	63980	25749
专业（专卖）商店	30	47085	32294	10858

16-19 续表1　（2001年）　单位：万元

指　　标	负债合计	#流动负债	#长期负债	商品销售收入
总　　计	468499	389251	79190	692077
#国有及国有控股	303240	250365	52825	446719
一、按登记注册类型分				
内资企业	422265	367367	54840	610742
国有企业	145148	127311	17787	189733
集体企业	43574	25068	18507	20520
股份合作企业	5869	5215	655	20773
有限责任公司	61511	57946	3557	107901
其他有限责任公司	61511	57946	3557	107901
股份有限公司	143657	133130	10528	223782
私营企业	22505	18698	3807	48033
私营有限责任公司	21253	17553	3700	45199
私营股份有限公司	1252	1145	107	2834
港澳台商投资企业	46234	21884	24350	81335
合资经营企业	46234	21884	24350	81335
二、按国民经济行业分				
食品、饮料和烟草零售业	25132	19041	6083	9827
#粮油食品零售业	19692	13634	6058	2732
副食品零售业	5221	5221		6917
日用百货零售业	396412	327443	68920	599082
#百货零售业	395720	326753	68917	596305
纺织品、服装和鞋帽零售业	11461	9380	2081	775
日用杂品零售业	4347	4145	202	361
五金、交电、化工零售业	12222	10794	1427	43652
图书报刊零售业	16713	16236	477	36043
其他零售业	2213	2213		2338
#家具零售业	421	421		466
汽车、摩托车及其零配件零售业	642	642		760
计算机及软件、办公设备零售业	1150	1150		1113
三、按经营方式分组				
独立商店	379133	306346	72779	505261
连锁总店	38543	32131	6412	49884
连锁分店	50119	50119		135168
其　　他	705	656		1765
四、按零售业态分组				
百货商店	362683	293555	69071	500216
超级市场	73351	63921	9429	127577
专业（专卖）商店	32465	31775	690	64284

16-19 续表2 （2001年） 单位：万元

指标	商品销售成本	经营费用	商品销售税金及附加	商品销售利润
总计	**594424**	**31157**	**2126**	**62258**
#国有及国有控股	383282	15859	1305	45029
一、按登记注册类型分				
内资企业	525536	28970	1985	52139
国有企业	168350	8983	347	10813
集体企业	17529	395	152	2444
股份合作企业	19603	430	9	731
有限责任公司	95146	4123	431	8101
其他有限责任公司	95146	4123	431	8101
股份有限公司	182644	8904	919	30992
私营企业	42264	6134	128	-942
私营有限责任公司	40107	5992	125	-1063
私营股份有限公司	2157	142	3	121
港澳台商投资企业	68888	2187	140	10119
合资经营企业	68888	2187	140	10119
二、按国民经济行业分				
食品、饮料和烟草零售业	8238	434	16	1140
#粮油食品零售业	3122	218	3	-611
副食品零售业	4965	143	9	1800
日用百货零售业	514841	24213	1962	56820
#百货零售业	512643	24150	1941	56734
纺织品、服装和鞋帽零售业	307	342	5	122
日用杂品零售业	296	60	2	4
五金、交电、化工零售业	41961	1960	13	-284
图书报刊零售业	26933	3746	119	4413
其他零售业	1849	403	9	44
#家具零售业	327	244	2	-108
汽车、摩托车及其零配件零售业	751	52	8	-84
计算机及软件、办公设备零售业	771	107	-1	235
三、按经营方式分组				
独立商店	427772	20951	1653	53222
连锁总店	45624	1426	65	2362
连锁分店	119535	8706	404	6482
其他	1494	75	4	192
四、按零售业态分组				
百货商店	430340	17472	1558	50011
超级市场	112887	8484	400	5801
专业（专卖）商店	51197	5201	168	6446

16-20 限额以上餐饮企业主要财务指标

（2001年）

单位：万元

指标	企业数（个）	资产合计	# 流动资产	# 固定资产	负债合计	# 流动负债
总计	42	110088	52672	37047	65248	45937
# 国有及国有控股	2	52998	24091	20691	25033	12119
一、按登记注册类型分组						
内资企业	30	76507	35236	28168	38985	25041
国有企业	1	220	109	111	99	99
股份合作企业	3	716	176	124	285	285
有限责任公司	6	11799	4387	4306	6010	5930
其他有限责任公司	6	11799	4387	4306	6010	5930
股份有限公司	2	54121	24664	21242	26229	13316
私营企业	18	9651	5899	2385	6361	5411
私营独资企业	2	609	160	449	21	21
私营有限责任公司	13	6477	4366	1066	5334	4960
私营股份有限公司	3	2565	1373	871	1007	430
港、澳、台商投资企业	7	22873	11965	6003	10546	5178
合资经营企业（港或澳、台资）	4	13215	7752	3440	5961	3364
合作经营企业（港或澳、台资）	2	2364	1233	572	1071	1071
港、澳、台商独资经营企业	1	7294	2980	1992	3514	744
外商投资企业	5	10707	5471	2876	15718	15718
中外合资经营企业	2	6392	4214	2178	11181	11181
中外合作经营企业	2	3215	796	120	3290	3290
外资企业	1	1100	462	578	1247	1247
二、按国民经济行业分						
正餐	38	100313	48813	33901	59918	43376
快餐	4	9775	3859		5330	2561

指标	# 长期负债	营业收入	营业成本	营业费用	营业税金及附加	经营利润
总计	19311	75238	37532	25265	3995	8447
# 国有及国有控股	12914	24315	10116	9308	1262	3629
一、按登记注册类型分组						
内资企业	13944	52396	26848	17583	2863	5102
国有企业		287	150	119	20	-2
股份合作企业		1051	597	342	66	46
有限责任公司	80	10084	5711	3235	580	557
其他有限责任公司	80	10084	5711	3235	580	557
股份有限公司	12914	26781	11887	9662	1394	3838
私营企业	950	14194	8503	4224	804	663
私营独资企业		992	387	137	30	438
私营有限责任公司	374	11149	6741	3660	662	86
私营股份有限公司	576	2053	1375	427	111	139
港、澳、台商投资企业	5368	19029	8833	6023	917	3256
合资经营企业（港或澳、台资）	2598	11458	5083	2996	538	2842
合作经营企业（港或澳、台资）		2745	1445	1217	137	-54
港、澳、台商独资经营企业	2770	4826	2305	1811	242	468
外商投资企业		3814	1851	1659	215	89
中外合资经营企业		1034	561	749	61	-337
中外合作经营企业		1570	866	281	93	331
外资企业		1210	425	629	61	96
二、按国民经济行业分						
正餐	16542	67525	33981	22398	3627	7519
快餐	2770	7713	3551	2867	368	928

16-21 商品交易市场成交额情况

(2001年)　　单位:万元

指　　标	合　计	城　市	农　村
总　　计	5190741	3938773	1251968
按市场类型分			
一、消费品市场	3411306	2346058	1065248
1.综合市场	1176634	547323	629311
2.农副产品市场	1068886	846797	222089
(1)农副产品综合市场	704443	540510	163933
(2)农副产品专业市场	364443	306287	58156
3.工业消费品市场	1015318	887305	128013
(1)工业消费品综合市场	425008	351202	73806
(2)工业消费品专业市场	590310	536103	54207
4.其　他	150468	64633	85835
二、生产资料市场	1779435	1592715	186720
1.综合市场	147509	110757	36752
2.工业生产资料市场	1424849	1344979	79870
3.农业生产资料市场	18215	3642	14573
4.其　他	188862	133337	55525
按商品类别分			
一、消费品	3411306	2346058	1065248
1.粮食类	274581	152546	122035
2.油脂油料类	207383	140902	66481
3.棉烟麻类	17175	1446	15729
4.肉禽蛋类	502784	311232	191552
5.水产品类	204078	177730	26348
6.蔬菜类	503416	303511	199905
7.干鲜果类	280427	199582	80845
8.大牲畜类	17845	1607	16238
9.家畜幼禽类	32663	1066	31597
10.工业品类	1095009	881787	213222
11.其　他	275945	174649	101296
二、生产资料	1779435	1592715	186720
1.机动车	997986	994991	2995
#汽　车	306139	305808	331
2.钢　材	333709	318753	14956
3.成品油	27767	3517	24250
4.水　泥	46039	17987	28052
5.煤　炭	50855	14713	36142
6.木　材	60853	35739	25114
7.化　肥	14659	100	14559
8.农　药	6860	30	6830
9.饲　料	4264	140	4124
10.其　他	236443	206745	29698

16-22 商品交易市场分类情况

(2001年) 单位:个

指　　标	合　计	城　市	农　村
总　　计	2670	881	1789
一、消费品市场小计	2373	663	1710
1.消费品综合市场	1556	284	1272
2.农副产品市场	374	92	282
(1)农副产品综合市场	268	54	214
(2)农副产品专业市场	106	38	68
3.工业消费品市场	345	224	121
(1)工业消费品综合市场	169	85	84
(2)工业消费品专业市场	176	139	37
4.其　他	98	63	35
二、生产资料市场小计	297	218	79
1.生产资料综合市场	54	27	27
2.工业生产资料市场	116	85	31
3.农业生产资料市场	106	95	11
(1)农业生产资料综合市场	98	92	6
(2)农业生产资料专业市场	8	3	5
4.其　他	21	11	10

16-23 消费品批发市场成交额情况

(2001年) 单位:万元

指　　标	合　计	城　市	农　村
总　　计	1325030	1173165	151865
一、工业消费品市场	614093	588211	25882
二、农副产品市场	477419	391511	85908
1.蔬菜市场	245175	199104	46071
2.干鲜果市场	73429	49505	23924
3.水产品市场	20505	20505	
4.肉禽蛋市场	17394	15674	1720
5.粮食市场	51311	40878	10433
6.食用植物油市场			
7.仔猪市场			
8.其他市场	69605	65845	3760
三、综合批发市场	233518	193443	40075

主要统计指标解释

批发零售贸易业　指专门从事商品流通的行业，根据其经营方式不同可分为批发贸易业和零售贸易业两大部分。

批发贸易业　指从工农业生产者或从商品流通企业购进商品，转卖给工业、农业、建筑业、运输邮电业、餐饮业和服务业等生产经营单位作为生产经营用，以及将商品转卖给其他批发贸易企业或零售企业的商品流通企业和单位。农副产品采购、供应企业，对国（境）外商品进口、出口的对外贸易企业、物资供销企业等，一般都属于批发贸易企业。

零售贸易业　指从工农业生产者、批发贸易业或居民购进商品，转卖给城乡居民作为生活消费和售给社会集团作为公共消费的商品流通企业和单位。

餐饮业　指从事食品的烹饪、调制并直接售给居民和社会集团的机构。包括中西餐馆、饭馆、各种小吃店、冷饮店、酒店、茶楼等。

限额以上批发零售贸易、餐饮企业　限额标准为：批发业年销售额2000万元及以上，年末从业人员20人及以上；零售业年销售额500万元及以上，年末从业人员60人及以上；餐饮业年营业额200万元及以上，年末从业人员40人及以上。

网点　指各种经济类型独立核算法人批发零售贸易企业、餐饮企业设立的从事商品批发贸易、零售贸易业务的自然单位数和从事餐饮活动的自然单位数。

人员　即从业人员，指从事批发零售贸易业、餐饮业劳动并取得劳动报酬或经营收入的人员。包括职工（含长期职工、合同制职工、临时职工）和其他从业人员（含再就业的离退休人员、三资企业中的外方人员和港澳台方人员）。

社会消费品零售总额　指国民经济各行业直接售给城乡居民和社会集团的消费品总额。它是反映各行业通过多种商品流通渠道向居民和社会集团供应的生活消费品总量，是研究国内零售市场变动情况、反映经济景气程度的重要指标。

社会消费品零售总额包括：(1)售给城乡居民作为生活用的商品和修建房屋用的建筑材料；(2)售给社会集团的各种办公用品和公用消费品；(3)售给机关、团体、学校、部队、企业、事业单位的职工食堂和旅店(招待所)附设专门供本店旅客食用，不对外营业的食堂的各种食品、燃料；企业、单位和国营农场直接售给本单位职工和职工食堂的自己生产的产品；(4)售给部队干部、战士生活用的粮食、副食品、衣着品、日用品、燃料；(5)售给来华的外国人、华侨、港澳台同胞的消费品；(6)居民自费购买的中、西药品、中药材及医疗用品；(7)报社、出版社直接售给居民和社会集团的报纸、图书、杂志，集邮公司出售的新、旧纪念邮票、特种邮票、首日封、集邮册、集邮工具等；(8)旧货寄售商店自购、自销部分的商品；(9)煤气公司、液化石油气站售给居民和社会集团的煤气灶具和罐装液化石油气；(10)农民售给非农业居民和社会集团的商品。不包括售给国民经济各部门企业、事业单位(包括国有经济的农场)生产经营用的各种原材料、燃料、设备、工具等和售给批发零售贸易业、餐饮业作为转卖用的商品，旧货寄售商店受托寄售卖出的商品，服务业的营业收入，邮局出售邮票的收入，自来水、电力、煤气生产(供应)单位的产品供应收入，也不包括农民之间的商品销售。

批发零售贸易业商品购、销、存总额　指各种登记注册类型的批发、零售贸易业企业（单位）以本企业（单位）为总体的商品购进、销售、库存总额。

商品购进总额　指从本企业(单位)以外的单位和个人购进(包括从境外直接进口)作为转卖或加工后转卖的商品总额。它反映批发零售贸易业从国内、国外市场上购进商品的总量。商品购进总额包括：(1)从工农业生产者购进的商品；(2)从出版社、报社的出版发行部门购进的图书、杂志和报纸；(3)从各种登记注册类型的批发零售贸易企业(单位)购进的商品；(4)从其他单位购进的商品，如从机关、团体、企业等单位购进的剩余物资，从餐饮业、服务业购进的商品，从海关、市场管理部门购进的缉私和没收的商品，从居民手中收购的废旧商品等；(5)从国(境)外直接进口的商品。不包括企业(单位)为自身经营用和未通过买卖行为而收入的商品以及销售退回、商品升溢等。

商品销售总额　指对本企业(单位)以外的单位和个人出售(包括对境外直接出口)的商品总额。它反映批发零售贸易业在国内市场上销售商品以及出口商品的总量。商品销售总额包括：(1)售给城乡居民和社会集团消费用的商品；(2)售给工业、农业、建筑业、运输邮电业、批发零售贸易业、餐饮业、服务业等作为生产、经营使用的商品；(3)售给批发零售贸易业作为转卖或加工后转卖的商品；(4)对国(境)外直接出口的商品。不包括出售本企业(单位)自用的废旧包装用品；未通过买卖行为付出的商品；经本单位介绍，由买卖双方直接结算，本单位只收取手续费的业务；购货退出的商品以及商品损耗和损失等。

批发零售贸易业库存　指报告期末各种登记注册类型的批发零售贸易企业(单位)已取得所有权的商品。它反映批发零售贸易企业(单位)的商品库存情况和对市场商品供应的保证程度。期末库存包括：(1)存放在批发零售贸易业经营单位(如门市部、批发站、经营处)仓库、货场、货柜和货架中的商品；(2)挑选、整理、包装中的商品；(3)已记入购进而尚未运到本单位的商品，即发货单或银行承兑凭证已到而货未到的部分；(4)寄放他处的商品，如因购货方拒绝承付而暂时存放在购货方的商品和已办完加工成品收回手续而未提回的商品；(5)委托其他单位代销(未作销售或调出)尚未售出的商品；(6)代其他单位购进尚未交付的商品。不包括所有权不属于本单位的商品、拨付除批发零售贸易业以外的其他行业所属独立核算加工厂等加工生产尚未收回成品的商品、代国家物资储备部门保管的商品等。

库存总额采用的计算价格是：农副产品采购单位按购进价计算；批发单位按进货价计算；零售单位按核算价格计算，即按什么价格核算就按什么价格计算。

消费品市场成交额 指从事消费品交易的商品市场的全部商品成交金额。消费品市场包括农副产品市场和工业消费品市场。

17 对外经济贸易和旅游

DUIWAIJINGJIMAOYIHELUYOU

资料整理　张　兵

****

17. 对外经济贸易和旅游

****

2001 年全省

外贸商品进出口总额	20.64	亿美元	比上年增长	-3.6%
# 出　口	11.10	亿美元	比上年增长	-15.2%
旅游人数	75.92	万　人	比上年增长	6.5%
旅游外汇收入	3.09	亿美元	比上年增长	10.2%

****

旅　游　人　数

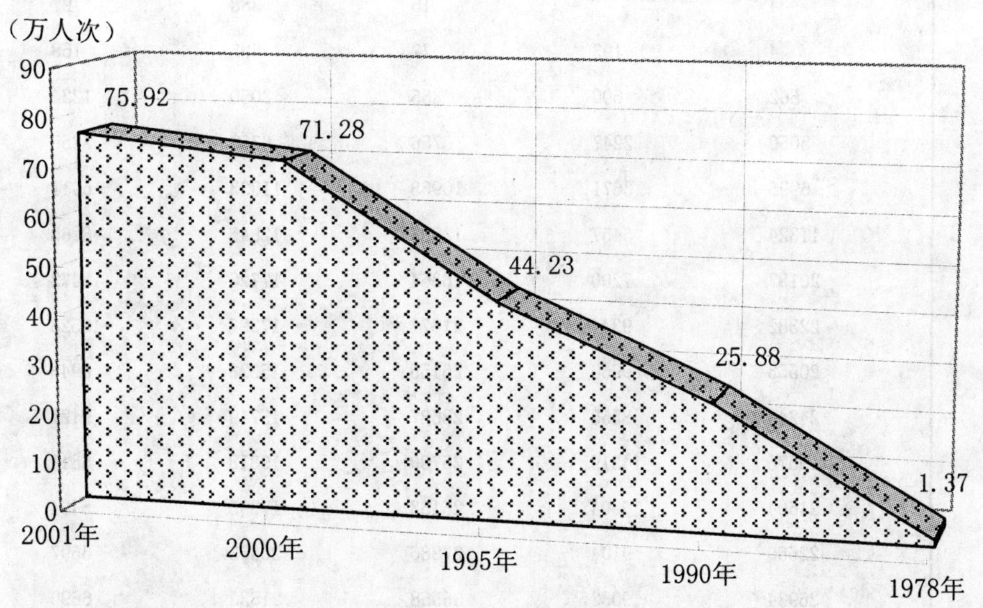

17-1 外贸进出口总额

单位:万美元

年 份	进出口总额	出口总额	工矿产品类出口额	# 纺织品类	# 轻工业品类	# 工艺品类
1978		1190	802	771	11	
1980		973	388	18	95	1
1985	15712	10359	8299	6477	257	48
1990	57728	46059	39300	17755	6551	941
1991	81359	60502	49169	20377	5870	843
1992	111885	76531	63686	25805	5565	1070
1993	149599	99347	81621	30092	6739	1039
1994	160061	121615	104218	38590	9384	1944
1995	173323	128261	112938	40022	12394	3245
1996	178406	126922	111173	35575	12646	1461
1997	173413	123120	103302	31826	11403	398
1998	205148	117668	100273	32378	8956	278
1999	200834	115225	94863	24701	9922	600
2000	214009	131003	109170	25323	11911	392
2001	206444	111044	89757	13018	8755	259

年 份	# 五金矿产类	# 化工医药类	# 机械产品类	农副产品类出口额	# 粮油食品类	# 土畜产品类
1978	4		16	388	97	291
1980	4	193	77	585	168	417
1985	562	600	355	2060	1224	836
1990	5050	2247	6756	6759	3859	2900
1991	6996	3671	10968	11333	6411	4922
1992	11324	5457	13805	12845	8263	4582
1993	20187	7200	16364	17726	12473	5253
1994	22382	9344	21677	17397	10528	6869
1995	20563	9966	26155	15323	8948	6375
1996	24249	8555	28687	15749	9127	6622
1997	19576	14319	25780	19818	5819	13999
1998	21604	10904	26153	17395	5494	11901
1999	22650	9104	27886	20362	6597	13765
2000	26934	9052	35558	21833	6696	15137
2001	24226	11209	32290	21287	9002	12285

注:本表1996年及以前系外贸部门资料,1997年以后为海关资料,两个部门资料因口径不同没有可比性。

17-2 按贸易方式分外贸进口总值

单位:万美元

贸易方式类别	2000年	2001年	2001年比2000年增长%
进口总值	83006	95400	14.9
1. 一般贸易	62151	81320	30.8
2. 国家间、国际组织无偿援助和赠送的物资	9	15	66.7
3. 华侨、港澳台同胞、外籍华人捐赠物资	4	17	325.0
4. 来料加工装配贸易	759	408	-46.3
5. 进料加工贸易	7943	10257	29.1
6. 寄售、代售贸易	1		
7. 来料加工装配进口的设备	248	49	-80.2
8. 租赁贸易	9035		
9. 外商投资企业作为投资进口的设备、物品	2461	2946	19.7
10. 出料加工贸易			
11. 保税仓库进出境货物	219	231	5.5
12. 其他	178	127	-28.7

17-3 按贸易方式分外贸出口总值

单位:万美元

贸易方式类别	2000年	2001年	2001年比2000年增长%
出口总值	131003	111044	-15.2
1. 一般贸易	108550	93243	-14.1
2. 国家间、国际组织无偿援助和赠送的物资	87	426	387.8
3. 租赁贸易		36	
4. 来料加工装配贸易	707	751	6.2
5. 进料加工贸易	21493	16075	-25.2
6. 边境小额贸易			
7. 对外承包工程出口货物		371	
8. 出料加工贸易		2	
9. 保税仓库进出境货物	165		
10. 其他	1	140	13900.0

17-4 按国别(地区)分外贸进出口总额

单位：万美元

国别（地区）	2000年	2001年	2001年比2000年增长%
进出口总额	**214010**	**206444**	**-3.6**
#日本	30285	34543	14.1
美国	29701	33100	11.4
德国	10555	15998	51.6
韩国	12068	10967	-9.1
香港	17295	10750	-37.8
比利时	7417	8443	13.8
英国	8418	7271	-13.6
荷兰	5976	6884	15.2
意大利	5397	5308	-1.7
法国	12435	5273	-57.6
澳大利亚	4605	4736	2.9
加拿大	2738	4498	64.3
瑞典	3918	3674	-6.2
印度	1811	3147	73.8
台湾	3528	3128	-11.3
马来西亚	4369	2807	-35.8
新加坡	3387	2794	-17.5
印度尼西亚	2430	2500	2.9
墨西哥	1417	2279	60.8
土耳其	3877	1946	-49.8
罗马尼亚	1905	1937	1.7
泰国	3384	1839	-45.6
西班牙	1434	1830	27.6
俄罗斯	2069	1828	-11.7
以色列	1582	1717	8.6
智利	2028	1665	-17.9
阿联酋	1763	1377	-21.9
瑞士	1727	1377	-20.3
波兰	1356	1116	-17.7
孟加拉国	1272	1080	-15.1

17-5 按国别(地区)分外贸出口总额

单位：万美元

国别(地区)	2000年	2001年	2001年比2000年增长%	国别(地区)	2000年	2001年	2001年比2000年增长%
出口总额	**131003**	**111044**	-15.2				
#美 国	16793	14940	-11.0	加拿大	1620	1731	6.8
日 本	12020	11886	-1.1	泰 国	3118	1665	-46.6
香 港	16336	9894	-39.4	西班牙	1267	1647	29.9
韩 国	9132	7804	-14.5	澳大利亚	1758	1589	-9.6
荷 兰	5667	6058	6.9	阿联酋	1760	1377	-21.8
英 国	6117	5281	-13.7	台 湾	2012	1357	-32.6
德 国	5187	4440	-14.4	以色列	1360	1333	-2.0
意大利	3896	3489	-10.4	法 国	1202	1210	0.7
印 度	1588	3100	95.2	波 兰	1356	1116	-17.7
马来西亚	3988	2722	-31.7	孟加拉	1272	1080	-15.1
印度尼西亚	2303	2419	5.0	南 非	1478	1014	-31.4
新加坡	2815	2211	-21.5	越 南	613	794	29.6
比利时	1519	1967	29.5	巴 西	497	702	41.3
墨西哥	1403	1950	39.0	尼日利亚	286	669	134.4
土耳其	3874	1928	-50.2	伊 朗	928	619	-33.3

17-6 按国别(地区)分外贸进口总额

单位：万美元

国别(地区)	2000年	2001年	2001年比2000年增长%	国别(地区)	2000年	2001年	2001年比2000年增长%
进口总额	**83006**	**95400**	14.9				
#日 本	18265	22657	24.0	俄罗斯	434	1030	137.7
美 国	12909	18161	40.7	香 港	960	856	-10.8
德 国	5368	11559	115.3	荷 兰	309	827	167.6
比利时	5899	6476	9.8	哈萨克斯坦	434	639	47.0
法 国	11232	4063	-63.8	奥地利	99	613	519.2
瑞 典	3494	3209	-8.2	芬 兰	639	600	-6.2
韩 国	2936	3163	7.7	新加坡	572	583	2.2
澳大利亚	2846	3147	10.6	秘 鲁	96	551	474.6
加拿大	1117	2767	147.7	乌克兰	606	500	-17.5
英 国	2301	1990	-13.5	菲律宾	34	495	1355.9
罗马尼亚	1670	1824	9.2	爱尔兰	1570	420	-73.2
意大利	1501	1818	21.2	以色列	222	384	73.1
台 湾	1515	1772	16.9	墨西哥	14	329	2250.0
智 利	1583	1418	-10.4	伊 朗	149	325	118.3
瑞 士	1607	1221	-24.0	尼日利亚	368	231	-37.3

17-7 出口商品分类金额

单位:千美元

商品分类	2000年	2001年	2001年比2000年增长%
出口总额	1310033	1110442	-15.2
第一类 活动物;动物产品			
01章 活动物	1280	1628	27.1
02章 肉及食用杂碎	19	1246	6457.9
03章 鱼及其他水生无脊椎动物	109	18	-83.5
04章 乳;蛋;蜂蜜;其他食用动物产品	2277	5286	132.2
05章 其他动物产品	3701	1464	-60.4
第二类 植物产品			
06章 活植物;茎、根;插花、簇叶	357	233	-34.8
07章 食用蔬菜、根及块茎	17984	29004	61.3
08章 食用水果及坚果;甜瓜等水果的果皮	4403	5476	24.4
09章 咖啡、茶、马黛茶及调味香料	684	1361	99.1
10章 谷物	2302	1073	-53.4
11章 制粉工业产品;麦芽;淀粉;面筋	114	282	147.4
12章 油籽;子仁;工业用或药用植物;饲料	5781	4086	-29.3
13章 虫胶;树胶、树脂及其他植物液、汁	3018	1773	-41.2
14章 编结用植物材料;其他植物产品	53	43	-18.7
第三类 动、植物油、脂、蜡;精制的食用油脂			
15章 动、植物油、脂、蜡;精制的食用油脂	56	79	41.1
第四类 食品;饮料、酒及醋;烟草及其制品			
16章 肉、鱼及其他水生无脊椎动物制品	15	51	240.0
17章 糖及糖食	26	120	361.5
19章 谷物粉、淀粉或乳的制品;糕饼	631	509	-19.3
20章 蔬菜、水果、坚果或植物其他部分的制品	38679	46320	19.8
21章 杂项食品	348	550	58.1
22章 饮料、酒及醋	108	54	-50.2
23章 食品工业的残渣及废料;配制的饲料	1287	668	-48.1
24章 烟草、烟草及烟草代用品的制品	6820	4968	-27.2
第五类 矿产品			
25章 盐;硫磺;泥土及石料;石灰及水泥等	4698	6697	42.6
26章 矿砂、矿渣及矿灰	41517	47243	13.8
27章 矿物燃料、矿物油及其产品;沥青等	11577	11078	-4.3
第六类 化学工业及其相关工业的产品			
28章 无机化学品;贵金属等的化合物	42295	45173	6.8
29章 有机化学品	33883	48416	42.9

17-7 续表1

单位:千美元

商品分类	2000年	2001年	2001年比2000年增长%
30章 药品	2141	3599	68.1
31章 肥料	1315	3811	189.7
32章 鞣料;着色料;染料、油灰;墨水、油墨等	2956	3132	6.0
33章 精油及香膏;芳香料制品及化妆盥洗品	37	82	121.6
34章 洗涤剂、润滑剂、人造蜡、塑型膏等	567	289	-49.0
35章 蛋白类物质;改性淀粉;胶;酶	779	727	-6.7
36章 炸药;烟火;引火品;易燃材料制品	563	537	-4.5
37章 照相及电影用品	74	4	-94.6
38章 杂项化学产品	5905	6318	7.0
第七类 塑料及其制品;橡胶及其制品			
39章 塑料及其制品	5884	5310	-9.8
40章 橡胶及其制品	1782	1200	-32.7
第八类 革、毛皮及其制品;箱包;肠线制品			
41章 生皮(毛皮除外)及革皮	2		
42章 皮革制品;旅行包箱、动物线制品	2484	1912	-23.0
43章 毛皮、人造毛皮及其制品	393	75	-81.0
第九类 木及制品;木炭;软木;编织品			
44章 木及木制品;木炭	8381	5996	-28.5
45章 软木及软木制品	4515	4076	-9.7
46章 编结材料制品;篮筐及柳条编结	1049	1077	2.7
第十类 纤维素浆;废纸、纸及制品			
48章 纸及纸板;纸浆、纸或纸板制品	3607	2294	-36.4
49章 印刷品;手稿、打字稿及设计图	232	185	-20.2
第十一类 纺织原料及纺织制品			
50章 蚕丝	14084	3151	-77.6
51章 羊毛等动物毛;马毛纱线及其机织物	8350	8630	3.4
52章 棉花	92370	84604	-8.4
53章 其他植物纺织纤维;纸纱线及其机织物	295	92	-68.7
54章 化学纤维长丝	2984	2278	-23.7
55章 化学纤维短纤	67232	51643	-23.2
56章 絮胎、毡呢及无纺织物;线绳制品等	314	390	24.1
57章 地毯及纺织材料的其他铺地制品	9624	6705	-30.3
58章 特种机织物;簇绒织物;刺绣品等	2714	2200	-19.0
59章 浸、包或层压织物;工业用纺织制品	1016	1060	4.3
60章 针织物及钩编织物	795	312	-60.8
61章 针织或钩编的服装及衣着附件	71845	18292	-74.5
62章 非针织或非钩编的服装及衣着附件	79459	35063	-55.9
63章 其他纺织制成品;成套物品;旧纺织品	17244	12238	-29.0

17-7 续表2 单位:千美元

商品分类	2000年	2001年	2001年比2000年增长%
第十二类 鞋帽伞等;羽毛品;人造花			
64章 鞋靴、护腿和类似品及其零件	13591	2793	-79.5
65章 帽类及其零件	1096	1255	14.5
66章 伞、手杖、鞭子、马鞭及其零件	281	137	-51.3
67章 已加工羽毛及制品;人造花;人发制品	71	140	96.7
第十三类 矿物材料制品、陶瓷品;玻璃及制品			
68章 矿物材料的制品	2944	2088	-29.1
69章 陶瓷产品	15853	2233	-85.9
70章 玻璃及其制品	34683	38558	11.2
第十五类 贱金属及其制品			
72章 钢铁	37235	12581	-66.2
73章 钢铁制品	56514	65935	16.7
74章 铜及其制品	4354	5721	31.4
75章 镍及其制品	3	8	166.7
76章 铝及其制品	4528	1395	-69.2
78章 铅及其制品	14109	13631	-3.4
79章 锌及其制品	42695	19450	-54.4
80章 锡及其制品			
81章 其他贱金属、金属陶瓷及其制品	14956	24259	62.2
82章 贱金属器具、利口器、餐具及其零件	31454	27823	-11.5
83章 贱金属杂项制品	5707	6449	13.0
第十六类 机电、音像设备及其零件、附件			
84章 锅炉、机械器具及其零件	117934	130486	10.6
85章 电机、电气、音像设备及零件	183055	150666	-17.7
第十七类 车辆、航空器、船舶及有关运输设备			
86章 铁道车辆;轨道装置;信号设备	84	1030	1126.2
87章 车辆及其零件,但铁道车辆除外	9342	10123	8.4
88章 航空器、航天器及其零件	1240	1133	-8.6
89章 船舶及浮动结构体	20457		
第十八类 光学、医疗等仪器;钟表及零件			
90章 光学、照相、医疗等设备及零件	22327	29285	31.2
91章 钟表及其零件	1093	160	-85.3
92章 乐器及其零件、附件	45	12	-72.8
第二十类 杂项制品			
94章 家具;寝具等;灯具;活动房	26865	21765	-19.0
95章 玩具、游戏品或运动用品及其零件	5713	3887	-32.0
96章 杂项制品	3919	3737	-4.7
第二十一类 艺术品、收藏品及古物			
97章 艺术品、收藏品及古物	7	1	-85.7

17-8 进口商品分类金额

单位:千美元

商品分类	2000年	2001年	2001年比2000年增长%
进口总额	**830064**	**953997**	**14.9**
第一类 活动物;动物产品			
01章 活动物			
02章 肉及食用杂碎			
03章 鱼及其他水生无脊椎动物			
04章 乳;蛋;蜂蜜;其他食用动物产品	199		
05章 其他动物产品		1	
第二类 植物产品			
06章 活植物;茎、根;插花、簇叶	56	21	-62.8
07章 食用蔬菜、根及块茎	230	383	66.5
08章 食用水果及坚果;甜瓜等水果的果皮			
09章 咖啡、茶、马黛茶及调味香料			
10章 谷物	8	7	-12.5
11章 制粉工业产品;麦芽;淀粉;面筋	115	81	-29.3
12章 油籽;子仁;工业用或药用植物;饲料	846	754	-10.8
13章 虫胶;树胶、树脂及其他植物液、汁	60	12	-79.2
14章 编结用植物材料;其他植物产品			
第三类 动、植物油、脂、蜡;精制的食用油脂			
15章 动、植物油、脂、蜡;精制的食用油脂	4850	292	-94.0
第四类 食品;饮料、酒及醋;烟草及其制品			
16章 肉、鱼及其他水生无脊椎动物制品			
17章 糖及糖食	6	88	1366.7
18章 可可及可可制品		2	
19章 谷物粉、淀粉或乳的制品;糕饼	1	24	2300.0
20章 蔬菜、水果或植物其他部分的制品	19	425	2136.8
21章 杂项食品	352	257	-27.2
22章 饮料、酒及醋			
23章 食品工业的残渣及废料;配制的饲料	973	1285	32.0
24章 烟草及烟草代用品的制品		268	
第五类 矿产品			
25章 盐;硫磺;泥土及石料;石灰及水泥等	577	288	-50.1
26章 矿砂、矿渣及矿灰	12632	23462	85.7
27章 矿物燃料、矿物油及其产品;沥青等	1681	1796	6.8
第六类 化学工业及其相关工业的产品			
28章 无机化学品;贵金属等的化合物	16434	20319	23.6
29章 有机化学品	76183	63047	-17.2
30章 药品	12955	15807	22.0
31章 肥料			
32章 鞣料;着色料;染料、油灰;墨水等	2679	5196	94.0

17-8 续表1

单位:千美元

商品分类	2000年	2001年	2001年比2000年增长%
33章 精油及香膏;芳香料制品及化妆盥洗品	74	288	287.4
34章 洗涤剂、润滑剂、人造蜡、塑型膏等	1360	1671	22.9
35章 蛋白类物质;改性淀粉;胶;酶	1361	1556	14.4
37章 照相及电影用品	1669	1925	15.4
38章 杂项化学产品	4514	12350	173.6
第七类 塑料及其制品;橡胶及其制品			
39章 塑料及其制品	29991	29133	-2.9
40章 橡胶及其制品	1903	1164	-38.8
第八类 革、毛皮及其制品;箱包;肠线制品			
41章 生皮(毛皮除外)及革皮	85	2	-98.0
42章 皮革制品;旅行包箱、动物线制品	161	193	19.6
43章 毛皮、人造毛皮及其制品	60	80	32.8
第九类 木及制品;木炭;软木;编织品			
44章 木及木制品;木炭	18842	19327	2.6
45章 软木及软木制品	20	7	-64.0
46章 编结材料制品;篮筐及柳条编结			
第十类 纤维素浆;废纸、纸及制品			
47章 木浆等纤维状纤维素浆;纸及纸板	4766	2227	-53.3
48章 纸及纸板;纸浆、纸或纸板制品	5356	3299	-38.4
49章 印刷品;手稿、打字稿及设计图	608	236	-61.3
第十一类 纺织原料及纺织制品			
50章 蚕丝			
51章 羊毛等动物毛;马毛纱线及其机织物	1304	684	-47.6
52章 棉花	2492	1059	-57.5
53章 其他植物纺织纤维;纸纱线及其机织物	23	40	73.9
54章 化学纤维长丝	2101	1065	-49.3
55章 化学纤维短纤	8858	9064	2.3
56章 絮胎、毡呢及无纺织物;线绳制品等	122	478	291.8
57章 地毯及纺织材料的其他铺地制品	6	2	-66.7
58章 特种机织物;簇绒织物;刺绣品等	339	339	
59章 浸、包或层压织物;工业用纺织制品	530	882	66.4
60章 针织物及钩编织物	76	57	-25.0
61章 针织或钩编的服装及衣着附件	3		
62章 非针织或非钩编的服装及衣着附件	9	5	-43.8
63章 其他纺织制成品;成套物品;旧纺织品	27	70	159.3
第十二类 鞋帽伞等;羽毛品;人造花			
64章 鞋靴、护腿和类似品及其零件	1		
65章 帽类及其零件	1		
66章 伞、手杖、鞭子、马鞭及其零件			
67章 已加工羽毛及制品;人造花;人发制品			

17-8 续表2

单位:千美元

商品分类		2000年	2001年	2001年比2000年增长%
第十三类	矿物材料制品、陶瓷品；玻璃及制品			
68章	石料、石膏、水泥、石棉等矿物及制品	1558	2566	64.7
69章	陶瓷产品	3490	1023	-70.7
70章	玻璃及其制品	8758	30596	249.4
第十五类	贱金属及其制品			
72章	钢铁	36479	32012	-12.3
73章	钢铁制品	1784	3428	92.1
74章	铜及其制品	26336	51307	94.8
75章	镍及其制品	6868	5765	-16.1
76章	铝及其制品	27482	25663	-6.6
78章	铅及其制品	129	607	370.5
79章	锌及其制品	7	11	57.1
80章	锡及其制品	26	80	207.6
81章	其他贱金属、金属陶瓷及其制品	7585	13445	77.3
82章	贱金属器具、利口器、餐具及其零件	3023	4790	58.5
83章	贱金属杂项制品	411	816	98.5
第十六类	机电、音像设备及其零件、附件			
84章	核反应堆、锅炉、机械器具及其零件	205761	293234	42.5
85章	电机、电气、音像设备及零件	105859	119890	13.3
第十七类	车辆、航空器、船舶及有关运输设备			
86章	铁道车辆;轨道装置;信号设备	851	1820	114.0
87章	车辆及其零件,但铁道车辆除外	16060	18884	17.6
88章	航空器、航天器及其零件	105023	31124	-70.4
89章	船舶及浮动结构体	135	103	-23.6
第十八类	光学、医疗等仪器;钟表及零件			
90章	光学、照相、医疗等设备及零件	54198	94198	73.8
91章	钟表及其零件	18	27	50.0
92章	乐器及其零件、附件		1	
第十九类	武器、弹药及其零件、附件			
93章	武器、弹药及其零件、附件			
第二十类	杂项制品			
94章	家具;寝具等;灯具;活动房	366	1246	240.2
95章	玩具、游戏品或运动用品及其零件	55	1	-97.5
96章	杂项制品	118	255	116.1
第二十一类	艺术品、收藏品及古物			
97章	艺术品、收藏品及古物	56	10	-81.3
第二十二类	特殊交易品及未分类商品			
98章	特殊交易品及未分类商品			

17-9 主要出口商品数量、金额

(2001年)

商品名称	单位	数量	金额(千美元)	商品名称	单位	数量	金额(千美元)
水海产品	吨	5	18	烟花、爆竹	吨	730	537
# 冻虾仁	吨			初级形状的聚氯乙烯	公斤	14971	6
谷物及谷物粉	吨	6352	1132	轮　胎	条	10	2
蔬　菜	吨	26683	11032	家用或装饰用木制品	吨	86	329
# 鲜蔬菜	吨	25349	9245	纸及纸板(未切成型的)	吨	867	1015
干的食用菌类	公斤	21450	105	纺织纱线、织物及制品	-		
干　豆	吨	37708	18287	# 棉纱线	吨	52	143
甘薯干	吨			含合成短纤85%以上的纱线	吨	700	1564
鲜、干水果及坚果	吨	7914	5415	人造纤维短纤纱线	吨		
# 橘、橙	吨			丝绸	百米	4213	1052
鲜苹果	吨	5489	2951	坯绸	百米	2868	763
核桃仁	吨	94	295	其他丝绸	百米	1344	289
栗　子	吨	100	140	毛纺机织物	百米	201	40
松子仁	吨			棉机织物	万米	15463	86360
食用油籽	吨	1944	1507	# 棉坯布	万米	13749	70650
# 大　豆	吨	57	23	棉与化纤混纺坯布	万米	529	3604
花生、花生仁	吨	18	9	其他棉机织物	万米	1185	12106
食用植物油	吨	109	60	亚麻及苎麻机织物	百米	1048	92
天然蜂蜜	吨	3577	3331	合成短纤与棉混纺机织物	万米	9967	44287
辣椒干	吨	1354	1032	# 聚酯短纤与棉混纺坯布上	万米	8152	32729
猪肉罐头	吨	35	51	其他合成短纤与棉混纺机织物	万米	1814	11558
蘑菇罐头	公斤	17040	11	人造纤维短纤机织物	万米	38	103
猪　鬃	吨	55	383	地　毯	平方米	361319	6705
填充用羽毛、羽绒	吨	79	564	毛　毯	百条	10	19
药　材	吨	751	1978	棉浴巾	百条	23515	2378
烤　烟	吨	4358	4310	针织或钩编台布、盘垫	百件	1648	194
锯　材	立方米	849	675	塑料编织袋（不包括周转袋）	百条	109	4
生　丝	吨	43	924	平板玻璃	平方米	40028	125
山羊绒	吨	121	7717	玻璃制品	-		
黏土及其他耐火矿物	吨	6058	474	家用陶瓷器皿	吨	1784	1014
# 天然石墨	吨	6058	474	装饰用陶瓷制品	吨	418	453
重晶石	吨	28837	1682	珍珠、宝石及半宝石	千克	1409	71
焦炭、半焦炭	吨	147731	10965	硅　铁	吨	4914	2040
成品油	吨	40	20	钢　材	吨	20661	17827
氧化锌及过氧化锌	吨	3651	1921	# 钢铁棒材	吨	8	52
糠　醛	吨	2958	1965	角钢及型钢	吨	336	223
合成有机染料	吨	167	394	钢铁板材	吨	1194	1048
锌钡白(立德粉)	吨	44	14	钢铁线材	吨	5945	3097
医药品	吨	1546	28961	钢铁管配件	吨	12939	13118
# 抗菌素(制剂除外)	吨	356	6173	废　铜	吨		
中式成药	吨	12	256	未锻造的铜及铜材	吨	1346	5465
医用敷料	吨	12	256	# 铜　材	吨	1345	5461
美容化妆及护肤品	公斤	360					

17-9 续表 (2001年)

商品名称	单位	数量	金额（千美元）	商品名称	单位	数量	金额（千美元）
未锻造的铝及铝材	吨	112	271	船舶	艘		
# 未锻造的铝(包括铝合金)	吨		1	医疗仪器及器械	-		152
铝材	吨	112	270	手表	只	74650	91
未锻造的锌及锌合金	吨	20715	19448	# 机械手表	万只		
未锻造的锰	吨	3939	4296	电动手表	只	74650	91
钢铁或铜制标准紧固件	吨	784	658	日用钟	只	81454	68
餐桌、厨房及其他家用搪瓷	吨	5110	5769	家具	-		3129
手用或机用工具	吨	12712	26415	床垫、寝具及类似品	-		1232
锁	吨	691	1458	灯具、照明装置及类似品	吨	9174	16737
电扇	台	5033	141	旅行用品及箱包	-		900
纺织机械	-			服装及衣着附件	-		56048
普通缝纫机	台	3968	107	# 织物制服装	-		46979
工业用缝纫机	台	102966	22695	皮革服装	件	17577	505
金属加工机床	台	15706	3882	皮革手套	万双	101	442
# 车床	台	265	1478	织物制手套	万双	554	1163
铣床	台	86	134	织物制袜子	万双	9	9
电子计算器	万台	66	670	手帕	万条	563	1195
轴承	万套	5956	20270	帽类	万个	426	1255
电动机及发动机	万台	58	6642	鞋类	-		2793
静止式变流器	万个	11	186	# 鞋	万双	241	2735
原电池	万个	866	309	# 外底及鞋面均以橡胶或塑料制的鞋	万双	106	1824
蓄电池	万个	19	501				
手电筒	万个	161	384	皮面鞋	万双	26	569
有线电话机	万台	2	54	橡胶或塑料底纺织为面的鞋	万双	10	153
扬声器	万个	2212	4991	鞋靴零件;护腿及类似品	吨	78	58
录音机及收录（放）音组合机	百台	75	222	塑料制品	吨	2365	4145
收音机	百台	1030	96	玩具	-		2393
电视机(包括整套散件)	台	121728	8244	足球、篮球、排球	个	62560	66
# 彩色电视机(包括整套散件)	台	109318	7968	铅笔	吨	176	389
黑白电视机	台	12410	276	艺术珍品及古董	-		1
电视、收音机及无线电讯设备的零附件	吨	439	1627	伞	万把	16	120
				竹编结品	公斤	1378	4
电容器	吨	14	427	藤编结品	公斤	30	
通断及保护电路装置	万个	1886	11627	草编结品	公斤	28700	70
二极管、晶体管及类似器件	万个	8375	7450	柳编结品	公斤	216346	414
电线和电缆	吨	963	2348	鬃刷	万把	545	444
汽车和汽车底盘	辆	32	430	人造花	吨	36	139
汽车零件	-			热水瓶	个	28901	20
自行车	辆	7539	139	机电产品(包括以上目录已列名的产品)	-		455826
摩托车及自行车的零件	-		505				

17-10 主要进口商品数量、金额

(2001年)

商品名称	单位	数量	金额(千美元)	商品名称	单位	数量	金额(千美元)
谷物及谷物粉	吨	37	11	钢铁及铝制结构体及其部件	吨	175	1011
食用植物油（包括棕榈油）	吨	825	289	钢铁或铝制绞股线、缆及类似品	吨	1	41
其他植物油	吨			蒸气锅炉及过热水锅炉	台	12	210
饲料用鱼粉	吨	2900	1285	活塞式内燃机的零件	公斤	85897	1969
天然橡胶(包括胶乳)	吨	214	132	液泵及液体提升机	台	18635	2312
合成橡胶(包括胶乳)	吨	50	52	制冷设备用压缩机	台	34612	1156
原　木	立方米	1293	292	空气调节器	台	2	14
锯　材	立方米	53567	18739	冷冻机和制冷设备	-		1120
纸　浆	吨	20154	29	# 家用型冰箱及冷冻箱	台	1	1
羊毛(包括羊毛条)	吨	199	638	机械提升搬运装卸设备零件	-		5320
原　棉	吨	99	109	建筑及采矿用机械	-		7191
纺织用合成纤维	吨	11096	8690	食用加工机械	-		5582
# 聚酯纤维	吨	10005	7376	制造纸及纸制品用机械	-		7943
聚丙烯晴纤维	吨	1090	1310	印刷、装订机械	-		20410
锰矿砂	吨	2363	209	纺织机械	-		1180
铜矿砂	吨	38441	13571	工业用缝纫机	台	48	47
废　铜	吨	21131	6080	金属加工机床	台	152	23639
铬矿砂	吨			金属冶炼铸造设备及零件	-		568
氧化铝	吨	92289	16326	金属轧机及零件	-		198
废　铝	吨	1646	518	玻璃热加工机械	-		12229
成品油	吨	632	1239	橡胶或塑料加工机械	-		5855
纯　碱	吨		7	型模及金属铸造用型箱	吨	1815	18468
己内酰胺	吨	470	470	阀　门	套	15772	6014
医药品	公斤	149888	15808	自动数据处理设备及其部件	台	21071	10792
合成有机染料	公斤	96005	401	自动数据处理设备的零件	吨	117	5602
初级形状的塑料	吨	15205	25509	电动机及发电机	台	4745	2580
# 初级形状的聚乙烯	吨	3535	2303	发电机组及旋转式变流器	台	353	2171
初级形状的聚丙烯	吨	1377	1653	旋转式电力设备的零件	吨	15	347
初级形状的苯乙烯聚合物	吨	53	88	焊接机器及零件	-		1391
初级形状的聚酯	吨	47	141	有线电话或电报交换机	台	9	18
农　药	公斤	803136	2983	有线电话电报设备的零件	公斤	11	1663
纸及纸板(未切成型的)	吨	2515	2848	未录的磁带及类似品	-		10
# 牛皮纸	吨	580	384	无线电导航雷达及遥控设备	台	26	294
多层纸及纸板	吨	1	1	电视机	台	731	70
毛纱线	吨			电视、收音机及无线电讯设备的零附件	吨	56	13739
合成纤维纱线	吨	135	492				
棉机织物	百米	3561	945	通断及保护电路装置	吨	1115	15604
合成纤维长丝机织物	百米	5853	631	电视显像管	只	34	2
合成短纤与棉混纺机织物	百米	12	2	# 彩色显像管	只	34	2
化学纤维起绒、线绒及毛圈机织物	百米			二极管、晶体管及类似半导体器件	万个	750	1070
涂覆浸渍塑料的织物	公斤	15000	513	集成电路及微电子组件	万个	670	13739
针织或钩编织物	公斤	21835	57	电线和电缆	吨	186	2180
制电灯泡及类似品玻璃外壳	吨	16351	29295	汽车和汽车底盘	辆	9	655
其他宝石及半宝石	千克			# 专用汽车	辆	2	443
钢坯及粗锻件	吨	20204	3776	汽车零件	-		18187
钢　材	吨	43550	26604	飞　机	架		
# 钢铁棒材	吨	130	476	航空器零件	公斤	59777	30835
角钢及型钢	吨	355	989	船　舶	艘	2	90
钢铁板材	吨	42816	23902	医疗仪器及器械	-		19193
钢铁管材及空心异型材	吨	107	284	计量检测分析自控仪器器具	-		46780
铜	吨	25587	42683	钟表表芯及钟表零件	-		14
# 未锻造的铜及铜合金	吨	25288	40556	印刷品	公斤	18096	236
铜　材	吨	299	2127	塑料制品	公斤	311290	1522
铝	吨	5610	21060	机电产品(包括以上目录已列名的产品)	-		612277
# 未锻造的铝及铝合金	吨	2	13				
铝　材	吨	5608	21048				

17-11 外国和港澳台地区在陕直接投资情况

(2001年) 单位：万美元

指　　标	新签项目数	客方协议投资额	客方实际投资额
总　计	222	73009	35174
一、按投资方式分			
1. 外资企业	81	8540	6312
2. 中外合资经营企业	91	14282	13231
3. 中外合作经营企业	50	50187	15631
4. 其他			
二、按国民经济行业分			
1. 农、林、牧、渔业	14	1703	198
2. 采掘业	5	3082	1631
3. 制造业	122	38295	18274
4. 电力、煤气及水生产和供应业	5	5886	1867
5. 建筑业	3	277	45
6. 地质勘查业、水利管理业	1	181	181
7. 交通运输、仓储及邮电通信业	1	17	65
8. 批发和零售贸易、餐饮业	14	462	319
9. 房地产业	12	8917	2194
10. 社会服务业	40	11620	3798
11. 卫生、体育和社会福利业	2	190	181
12. 科学研究和综合技术服务业			10
13. 其他行业	3	2379	6411
三、按国别(地区)分			
# 香　港	72	38332	16930
美　国	34	12451	2161
台　湾	34	1742	831
日　本	16	2468	4052
澳大利亚	6	1102	729
韩　国	7	220	100
加拿大	13	5296	537
泰　国	6	403	652
印　尼	1	81	81
维而京岛	6	2353	2323
澳　门	3	3373	192
英　国	3	393	197
菲律宾	1	84	20
马来西亚	2	324	
比利时	1	385	15
凯曼群岛	3	1619	3580
巴勒斯坦	1	10	10
德　国	5	1100	759
新西兰	3	1247	1202

17-12 旅游事业发展情况

指　　标	1990年	1995年	1999年	2000年	2001年
国际旅游人数(万人)	25.88	44.23	63.03	71.28	75.92
1.华　侨	0.41	0.17	0.96		
2.港澳同胞	0.96	2.01	4.85	5.80	6.29
3.台湾同胞	9.11	2.32	7.06	7.00	5.88
4.外国人	15.40	39.73	50	58.48	63.75
国际旅游收入(万美元)	4134	14090	27189	28025	30871
1.商品性收汇	944	5726	8714	10092	10620
商品销售收入	367	2281	6096	7405	7409
饮食销售收入	577	3445	2618	2687	3211
2.劳务性收汇	3190	8364	18475	17933	20251
旅行社旅游业务费收入	370	564	1370	1462	1358
宿　费	850	2578	4145	3045	3890
长途交通费	1536	3455	8438	7015	8613
市内交通费	100	416	1114	1387	957
邮政电讯费	173	396	1363	1377	988
文化娱乐费	53	325	998	1489	1142
其　它	108	630	1047	2158	3303
国际旅游者在陕人均消费(美元)	159.8	318.6	431.4	393.2	406.6
国内旅游人数（万人）			2600	3060	3363.7
国内旅游收入（亿元）			88.0	127.0	142.2
国际旅行社数（个）			31	31	31
涉外饭店数（个）			104	110	198

注：从2000年起，旅游部门不单独统计华侨旅游人数。下表同。

17-13 国际旅游宾客构成

单位：人

国别和地区	1990年	1995年	1999年	2000年	2001年
总　计	**258786**	**442264**	**630254**	**712800**	**759197**
美　国	17241	45590	77754	89064	106120
日　本	36453	13548	182046	194909	184482
法　国	7344	28710	27836	32760	36509
德　国	8392	28794	29801	42599	48461
澳大利亚	2106	7001	10697	12019	13812
英　国	6803	21087	30706	36002	42454
意大利	6302	15692	16912	15810	14240
瑞　士	1019	3845	4484	3231	2890
加拿大	2298	5999	8837	11736	12603
新加坡	550	6171	6213	6800	7131
瑞　典	3301	5448	5159	6211	6006
西班牙	206	7465	7907	10917	9713
印度尼西亚			3898	3989	5389
泰　国	1498	3058	2881	2265	3569
马来西亚		11202	2743	3423	5079
韩　国		27521	25959	51911	72816
荷　兰	702	6606	8495	9818	9902
华　侨	4116	3167	9542		
港澳同胞	9600	18575	48471	58014	62861
台湾同胞	91106	23219	70634	69979	58780

17-14 全省主要星级旅游涉外饭店基本情况

(2001年)

饭店名称	地址	星级	客房总数(间)	床位总数(张)
凯悦(阿房宫)饭店	西安市东大街158号	五	404	694
西安喜来登大酒店	西安市西郊沣镐路17号	五	450	751
长安城堡酒店	西安市环城南路西段12号	五	360	690
香格里拉金花饭店	西安市长乐西路8号	五	450	980
西安宾馆	西安市长安路北段26号	四	515	1010
古都新世界大酒店	西安市莲湖路48号	四	501	901
建国饭店	西安市金花南路8号	四	888	1400
西安皇城宾馆	西安市东大街334号	四	133	300
延安宾馆	延安凤凰山路中心大街105号	四	187	329
西安骊苑酒店	西安市劳动南路8号	四	296	560
唐华宾馆	西安市大雁塔东侧雁引路4号	四	301	602
西安好世界大酒店	西安市莲湖路28号	四	135	231
人民大厦	西安市东新街319号	三	600	1200
秦都酒店	西安市环城西路北段55号	三	177	345
万年饭店	西安市长乐中路副11号	三	166	315
钟楼饭店	西安市钟楼西南角	三	321	542
城市酒店	西安市南大街5号	三	138	250
神州明珠酒店	西安市环城东路南段8号	三	355	600
唐城宾馆	西安市含光路南段3号	三	377	737
西安东方大酒店	西安市小寨西路26号	三	286	570
陇海大酒店	西安市解放路278号	三	304	600
新纪元宾馆	西安市高新路	三	177	347
民生大酒店	西安市南大街70号	三	147	226
西安皇后大酒店	西安市兴庆路45号	三	229	509
秦宝宾馆	咸阳市渭阳西路604号	三	241	450
彩虹宾馆	咸阳市彩虹路1号	三	143	300
航空大酒店	西安咸阳国际机场	三	287	536
华懋白宫酒店	咸阳市渭阳西路60号B	三	58	106
汉中田园大厦	汉中市劳动东路1号	三	64	140
金江大酒店	汉中市人民路北端	三	172	318
宝鸡公爵饭店	宝鸡市东风路1号	三	66	120
西凤大酒店	宝鸡市体育路中段	三	46	88
太白度假村	宝鸡市眉县汤峪口	三	117	295
陕西省止园饭店	西安市青年路111号	三	337	758

17-14 续表

(2001年)

饭店名称	地址	星级	客房总数(间)	床位总数(张)
西安中伟外商会所	西安市雁塔路8号	三	88	152
西安鸿业大酒店	西安市含光路137号	三	217	495
西安尚德大厦	西安市尚德路155号	三	154	298
西安钟鼓楼大酒店	西安市社会路甲字9号	三	115	225
宝鸡大酒店	宝鸡市中山东路210号	三	245	510
天外天大酒店	宝鸡县虢镇	三	166	460
渭河宾馆	陕西渭南经济开发区	三	100	200
华山金融宾馆	华阴市华山玉泉路	三	97	242
机场宾馆	西安咸阳机场候机楼东侧	三	110	280
祥龙宾馆	渭南市朝阳西路	三	101	227
汉园宾馆	汉中市汉中路15号	三	100	189
银河大酒店	渭南韩城市龙门大街南段	三	133	259
解放饭店	西安市解放路321号	二	367	740
西北饭店	西安市长安县韦曲镇友谊街	二	350	800
体育宾馆	西安市长安路甲字11号	二	66	132
宴友思宾馆	三原县池阳路中段	二	60	200
秦苑宾馆	咸阳市渭城区毕塬东路	二	57	141
咸阳秦都饭店	咸阳市安定路胜利街5号	二	107	210
昭陵饭店	陕西礼泉县药王洞	二	108	260
汉中宾馆	汉中市建国路34号	二	80	89
南湖宾馆	南郑县南湖风景区	二	45	80
商洛宾馆	商洛市迎宾路	二	220	527
铜川宾馆	铜川市红旗街	二	74	170
安康电力宾馆	安康市七桥路19号	二	118	297
潼关电力宾馆	潼关县和平路南路52号	二	231	500
渭南凤凰宾馆	渭南市解放路中段	二	233	500
韩城宾馆	韩城市新城太史路中段	二	98	200
榆林宾馆	榆林市湖滨南路4号	二	189	474
府谷宾馆	府谷县人民路45号	二	126	399
神木宾馆	神木县城南郊	二	134	323
定边宾馆	定边县城邮电北巷6号	二	36	72
绥德宾馆	绥德县龙湾开发区	二	80	180
宝鸡西府宾馆	宝鸡市中山西路56号	二	200	500

主 要 统 计 指 标 解 释

进出口总额 海关进出口总额指实际进出我国国境的货物总金额。包括对外贸易实际进出口货物,来料加工装配进出口货物,国家间、联合国及国际组织无偿援助物资和赠送品,华侨、港澳台同胞和外籍华人捐赠品,租赁期满归承租人所有的租赁货物,进料加工进出口货物,边境地方贸易及边境地区小额贸易进出口货物(边民互市贸易除外),中外合资企业、中外合作经营企业、外商独资经营企业进出口货物和公用物品,到、离岸价格在规定限额以上的进出口货样和广告品(无商业价值、无使用价值和免费提供出口的除外),从保税仓库提取在中国境内销售的进口货物,以及其他进出口货物。进出口总额用以观察一个国家在对外贸易方面的总规模。我国规定出口货物按离岸价格统计,进口货物按到岸价格统计。

商品经营单位所在地进、出口额 指所在地海关注册登记的有进出口经营权的企业实际进、出口额。

商品目的地进口额和商品货源地出口额 目的地进口额指进口货物的消费、使用或最终抵运地的实际进口额,货源地出口额是指出口货物的产地或原始发货地的实际出口额。

利用外资 指我国各级政府、部门、企业和其他经济组织通过对外借款、吸收外商直接投资以及用其他方式筹措的境外现汇、设备、技术等。

外商直接投资 指外国企业和经济组织或个人(包括华侨、港澳台胞以及我国在境外注册的企业)按我国有关政策、法规,用现汇、实物、技术等在我国境内开办外商独资企业、与我国境内的企业或经济组织共同举办中外合资经营企业、合作经营企业或合作开发资源的投资(包括外商投资收益的再投资),以及经政府有关部门批准的项目投资总额内企业从境外借入的资金。

旅游人数

⑴国际旅游人数: 指来中国参观、访问、旅行、探亲、访友、休养、考察、参加会议和从事经济、科技、文化、教育、宗教等活动的外国人、华侨、港澳同胞和台湾同胞的人数。不包括外国在我国的常驻机构,如使领馆、通讯社、企业办事处的工作人员; 来我国常住的外国专家、留学生以及在岸逗留不过夜人员。

⑵国内旅游人数: 指我国大陆居民和在我国常住 1 年以上的外国人、华侨、港澳台同胞离开常住地在境内其他地方的旅游设施内至少停留一夜,最长不超过 6 个月的人数。

国际旅游(外汇)收入 指入境旅游的外国人、华侨、港澳同胞和台湾同胞在中国大陆旅游过程中发生的一切旅游支出,对于国家来说就是国际旅游(外汇)收入。

涉外饭店 指经有关部门批准,允许接待外国人、华侨、港澳同胞和台湾同胞的饭店。

18 金融和保险

JINRONGHEBAOXIAN

资料整理　　何晓虹

****

18.金融和保险

****

2001 年末全省

金融机构存款额	3204.89	亿元
金融机构贷款额	2537.55	亿元
金融机构现金收入	6514.66	亿元
金融机构现金支出	6454.08	亿元
货币投放(+)或回笼(-)	-60.58	亿元
保险金额	2921.13	亿元

****

城乡居民储蓄存款

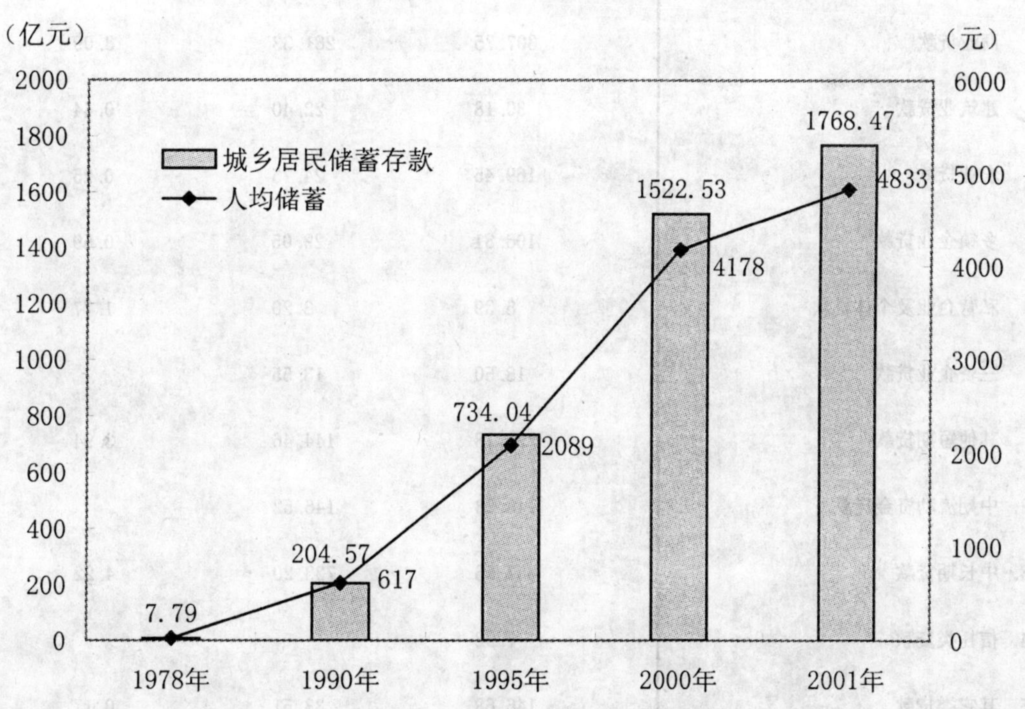

18-1 金融机构资金来源和运用

（2001年）　　单位：亿元

指　　标	合　计	#国家银行	#城市信用社	#农村信用社
资金来源总计	**2743.42**	**1918.03**	**27.75**	**438.82**
#各项存款	3204.89	2225.17	24.33	401.39
企业存款	1049.15	705.18	11.33	8.60
财政存款	66.16	65.15		
机关团体存款	67.63	57.04	0.10	1.82
城乡储蓄存款	1768.47	1313.99	12.50	331.97
农业存款	65.94	9.18	0.35	55.90
信托类存款	4.00			
其他类存款	183.54	74.63	0.05	3.10
资金运用总计	**2743.42**	**1918.03**	**27.75**	**438.82**
#各项贷款	2537.55	1830.46	17.87	308.48
1. 短期贷款	1377.16	917.23	13.48	267.08
工业贷款	444.30	398.49	3.40	
商业贷款	307.75	281.33	3.09	
建筑业贷款	30.18	22.40	0.44	
农业贷款	169.45	24.75	0.25	144.45
乡镇企业贷款	106.81	29.05	0.59	77.15
私营企业及个体贷款	6.39	3.20	1.77	
三资企业贷款	18.50	13.55		
其他短期贷款	293.78	144.46	3.94	45.48
2. 中期流动资金贷款	148.53	146.52		
3. 中长期贷款	857.26	733.20	4.22	34.35
4. 信托类贷款	7.92			
5. 其它类贷款	146.68	33.51	0.17	7.05

18-2 市场货币流通量

单位：亿元

指 标	1990年	1995年	1999年	2000年	2001年
年末货币流通量	43.10	130.00	260.17	309.58	351.36
集团单位库存现金	8.20	29.33	66.47	82.49	94.95
城 镇	4.72	14.58	37.65	46.82	53.98
农 村	3.48	14.75	28.82	35.67	40.97
城镇居民手持现金	7.55	32.79	68.32	81.85	96.42
农民手持现金	25.60	56.62	94.90	104.56	111.07
其 它	1.75	11.25	30.48	40.68	48.92

18-3 金融机构现金收入和支出

单位：亿元

指 标	1990年	1995年	1999年	2000年	2001年
现金收入合计	**371.06**	**1756.87**	**4727.02**	**5550.53**	**6514.66**
商品销售收入	125.41	321.90	591.33	728.94	849.67
服务事业收入	19.96	92.14	228.71	280.18	315.64
储蓄存款收入	167.76	995.27	3028.84	3499.89	4144.73
信用收入	21.38	121.45	192.49	216.00	232.65
税款收入	3.01	14.61	34.76	38.00	46.21
汇兑收入	9.07	32.44	84.30	113.89	127.99
其他收入	24.47	178.77	566.59	673.63	797.77
现金支出合计	**372.38**	**1710.82**	**4721.92**	**5550.16**	**6454.08**
工资和对个人支出	101.61	248.56	395.10	419.59	476.67
行政、企事业管理费支出	29.38	123.20	322.15	380.01	435.76
产品采购支出	37.46	62.42	171.82	236.31	275.48
信用支出	31.00	112.53	187.66	210.14	242.35
储蓄存款支出	136.56	935.33	2984.94	3497.75	4047.91
汇兑支出	6.14	36.71	71.38	89.01	109.98
其他支出	30.23	192.07	588.87	717.35	865.93
货币投放(+)或回笼(—)	**1.32**	**-46.05**	**-5.10**	**-0.37**	**-60.58**

18-4 保险业务主要指标

单位：亿元

指　　标	1990年	1995年	1999年	2000年	2001年
一、保险金额	**999.15**	**1976.56**	**3787.22**	**3451.30**	**2921.13**
1.财产保险业务	584.42	1142.15	2253.08	2137.18	2613.43
企事业财产险	335.66	720.32	1287.31	1186.03	1189.36
家庭财产险	42.53	36.78	61.31	69.68	171.00
运输工具及责任险	48.09	177.37	485.05	329.21	423.74
货物运输险	138.23	168.99	201.66	204.52	243.48
农业险	4.13	12.13	15.26	10.26	159.75
其他险	15.78	26.56	202.49	337.48	426.10
2.人身保险业务	116.63	522.96	1481.82	1314.12	307.70
3.涉外业务	298.10	311.45	52.32	…	
二、保险业务收入	**4.15**	**13.21**	**27.70**	**31.17**	**43.13**
1.财产保险业务	2.33	7.59	11.42	10.75	13.42
企事业财产险	0.65	1.32	2.17	2.02	2.37
家庭财产险	0.07	1.11	0.97	0.18	0.24
运输工具及责任险	1.06	4.20	7.00	7.14	8.84
货物运输险	0.28	0.51	0.61	0.57	0.63
农业险	0.05	0.18	0.14	0.06	
其他险	0.22	0.27	0.53	0.78	1.34
2.人身保险业务	1.33	4.75	16.19	17.77	29.71
3.涉外业务	0.49	0.87	0.09	2.65	
三、保险业务支出	**1.47**	**6.48**	**9.71**	**13.20**	**13.36**
1.财产保险业务	0.88	4.17	5.55	5.38	6.52
企事业财产险	0.24	0.54	0.82	0.89	1.00
家庭财产险	0.03	0.69	0.58	0.03	0.07
运输工具及责任险	0.52	2.54	3.80	4.02	4.43
货物运输险	0.04	0.14	0.15	0.16	0.20
农业险	0.02	0.12	0.06	0.04	
其他险	0.03	0.14	0.14	0.24	0.82
2.人身保险业务	0.50	2.11	4.11	7.82	6.84
3.涉外业务	0.09	0.20	0.05		

主要统计指标解释

信贷资金 指金融机构以信用方式积聚和分配的货币资金。金融机构信贷资金的来源有各项存款、对国际金融机构负债、流通中货币、银行自有资金及当年结益等；信贷资金的运用有各项贷款、黄金占款、外汇占款、财政借款及在国际金融机构中的资产等。

存款 指企业、机关、团体或居民根据资金必须收回的原则，把货币资金存入银行或其他信用机构保管并取得一定利息的一种信用活动形式。根据存款对象的不同可划分为企业存款、财政存款、机关团体存款、基本建设存款、城镇储蓄存款、农村存款等科目。它是银行信贷资金的主要来源。

贷款 指银行或其他信用机构根据资金必须归还的原则，按一定利率，为企业、个人等提供资金的一种信用活动形式。我国银行贷款分为流动资金贷款、固定资产贷款、城乡个体工商户贷款以及农业贷款等科目。

保险公司 在中国境内的、经过保险监督部门批准设立，并依法登记注册的各类商业保险公司。

保险金额 指保险人承担赔偿或者给付保险金责任的最高限额。

保费 指投保人为取得保险人在约定范围内所承担赔偿责任而支付给保险人的费用。

赔款 指保险人根据保险合同的规定，向被保险人支付的赔偿保险责任损失的金额。

给付 包括死伤医疗给付和满期给付。死伤医疗给付是指保险人根据人寿保险及长期健康保险合同的规定，因被保险人在保险期内发生保险责任范围内的保险事故支付给被保险人(或受益人)的金额。满期给付是指被保险人生存期满，保险人按人寿保险合同规定支付给被保险人的满期保险金额。

19 教育、科技和文化

JIAOYUKEJIHEWENHUA

资料整理　王　东　徐健琳

****

19. 教育、科技和文化

****

2001 年全省

普通高等学校在校学生	31.74	万人
中等学校在校学生	289.18	万人
从事科技活动人员数	14.11	万人
# 科学家和工程师	8.53	万人
地方国有企事业单位各类专业人员数	64.48	万人
图书出版量	14601	万册
杂志出版量	5245	万册
报纸出版量	66896	万份

****

高等学校在校学生数

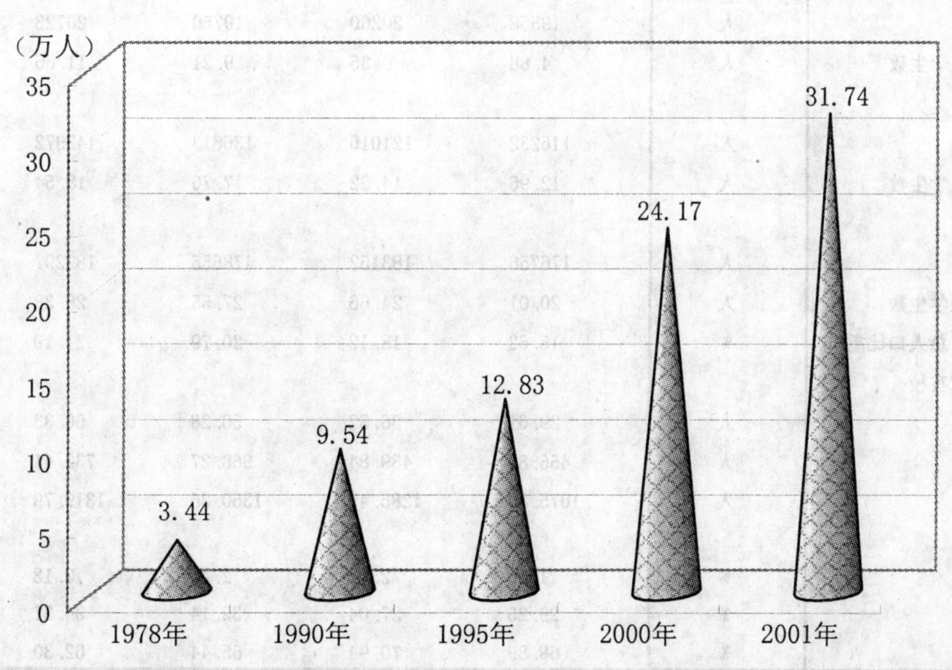

19-1 各级各类学校基本情况

(2001年)

指标	学校数（所）	招生数（万人）	在校学生数（万人）	毕业生数（万人）	教职工数（人）	#专任教师
一、普通高等学校	47	11.12	31.74	4.35	58846	23613
二、中等学校	3215	110	289	75	198159	151929
1.中等专业学校	112	3.93	13.68	4.52	14482	7260
#中等师范	22	1.09	3.26	1.17	2987	1837
2.普通中学	2680	97.02	254.75	63.42	160109	131183
#高中	550	21.56	53.10	11.10		28261
3.技工学校	129	1.51	4.18	1.32	8751	3830
4.职业中学	294	7.63	16.57	5.65	14817	9656
三、小　学	29359	66.87	461.57	81.32	200185	183464
四、幼儿园、学前班	2219		53.28		16833	9861
五、盲聋哑学校	30	0.08	0.25	0.06	605	437
六、工读学校	1		0.01		38	22

19-2 各级学校教师负担学生数及平均每万人口在校学生数

指标	单位	1990年	1995年	1999年	2000年	2001年
高等学校						
教师数	人	19558	20200	19750	20723	23613
每个教师负担学生数	人	4.88	6.35	9.21	11.66	13.44
中等学校						
教师数	人	116232	121010	136613	143972	151929
每个教师负担学生数	人	12.96	14.22	17.70	18.54	19.02
小　学						
教师数	人	176756	183152	178655	182297	183464
每个教师负担学生数	人	20.01	24.66	27.55	26.38	25.16
在校学生占全省总人口比重	%	15.62	18.12	20.79	21.19	21.38
平均每万人口中在校						
大学生	人	29.01	36.52	50.28	66.33	86.75
中学生	人	456.84	489.84	668.27	732.41	789.92
小学生	人	1075.80	1285.45	1360.36	1319.79	1261.60
在校学生构成						
大学生	%	1.86	2.02	2.42	3.13	4.06
中学生	%	29.25	27.04	32.14	34.57	36.94
小学生	%	68.89	70.94	65.44	62.30	59.00

19-3 普通高等学校基本情况

年 份	学校数（所）	招生数（万人）	在校学生数（万人）	毕业生数（万人）	教职工数（人）	# 专任教师
1978	30	1.37	3.44	0.82	27210	10699
1980	34	1.44	5.39	0.38	31694	12066
1985	45	2.86	8.21	1.47	43210	16516
1990	47	2.62	9.54	2.81	51130	19558
1991	47	2.72	9.43	2.69	51284	19434
1992	45	3.29	10.07	2.61	50948	19384
1993	45	4.16	11.73	2.49	51084	19373
1994	47	3.87	12.69	2.82	52218	20148
1995	46	4.07	12.83	3.75	52440	20200
1996	43	4.28	13.56	3.71	50981	19730
1997	43	4.30	14.10	3.52	50400	19302
1998	42	4.53	15.09	3.44	49279	19250
1999	43	6.90	18.19	3.68	50819	19750
2000	39	9.52	24.17	3.51	52220	20723
2001	47	11.55	31.74	4.35	58846	23613

19-4 中等专业学校基本情况

年 份	学校数（所）	招生数（万人）	在校学生数（万人）	毕业生数（万人）	教职工数（人）	# 专任教师
1978	89	1.77	2.93	0.45	10401	3297
1980	162	2.54	6.55	0.92	15246	5699
1985	382	5.54	11.92	3.14	29279	11893
1990	499	7.48	17.99	5.89	39880	17960
1991	520	8.28	19.49	6.53	40804	18524
1992	524	9.18	21.20	6.43	40731	18500
1993	519	9.16	21.91	6.46	41620	18883
1994	521	9.22	23.08	7.11	41111	19067
1995	569	11.64	27.01	8.39	41736	20926
1996	591	13.08	29.56	8.76	43031	21689
1997	588	13.96	32.54	9.02	40318	21095
1998	652	14.23	34.70	10.24	42719	22628
1999	658	14.90	37.37	10.72	41037	21606
2000	648	13.66	36.37	11.38	40692	21693
2001	535	13.07	34.43	11.49	38050	20746

注：本表包括中专、技校、职业中学。

19-5 普通中学基本情况

年 份	学校数（所）	招生数（万人）	在校学生数（万人）	毕业生数（万人）	教职工数（人）	#专任教师
1978	7558	90.52	193.47	73.47	116097	91701
1980	5838	52.56	180.85	31.21	127056	97643
1985	3103	56.24	170.33	41.32	122187	93102
1990	3041	47.18	132.64	45.95	127861	98272
1991	2974	48.79	135.07	41.64	128134	98641
1992	2900	47.66	137.33	36.31	130290	99841
1993	2843	47.02	129.62	39.64	128103	98672
1994	2829	51.23	134.24	37.75	128118	99166
1995	2788	55.71	145.07	37.48	129046	100084
1996	2697	56.16	157.21	39.74	131298	102723
1997	2645	65.12	169.01	44.03	134072	105457
1998	2614	70.11	183.60	47.78	137332	109569
1999	2586	78.84	204.41	51.28	142131	115007
2000	2599	88.94	230.52	56.25	149267	122279
2001	2680	97.02	254.75	63.42	160109	131183

19-6 普通小学基本情况

年 份	学校数（所）	招生数（万人）	在校学生数（万人）	毕业生数（万人）	教职工数（人）	#专任教师
1978	39747	117.01	450.51	67.91	180682	173003
1980	40800	87.10	452.14	58.76	198082	187394
1985	38815	59.93	367.87	61.41	186208	169225
1990	37155	58.42	353.75	42.74	193292	176756
1991	36963	66.03	363.99	44.84	194719	177956
1992	36693	71.85	379.08	45.04	195881	178648
1993	36578	76.15	397.78	44.82	198194	180592
1994	36456	82.89	425.00	46.64	201217	184164
1995	36471	86.30	451.58	50.12	200359	183152
1996	36201	85.97	474.27	53.79	198460	181326
1997	36025	83.05	489.93	59.33	199093	180704
1998	34634	77.31	496.58	66.00	193177	175173
1999	34336	71.57	492.18	71.73	196011	178655
2000	33336	68.22	480.93	77.00	199395	182297
2001	29359	66.87	461.57	81.32	200185	183464

19-7 普通高等学校一览表

（2001年）

单位:人

校　　名	校址	毕业生数	招生数	在校学生数	专任教师
综合大学		**4852**	**8712**	**25855**	**1856**
西北大学	西安市	2893	4347	13249	1008
延安大学	延安市	1358	3405	8397	602
西安联合大学	西安市	601	960	4209	246
理工院校		**22648**	**51286**	**159675**	**13464**
西安交通大学	西安市	4187	5714	22361	3229
西北工业大学	西安市	1970	5383	16496	1217
西安理工大学	西安市	1588	4328	13560	871
西安电子科技大学	西安市	2240	4145	13350	992
西安工业学院	西安市	1051	3585	9472	526
西安建筑科技大学	西安市	1457	3828	11819	810
西安科技学院	西安市	982	2888	8957	701
西安石油学院	西安市	905	2992	8248	1181
西北轻工业学院	咸阳市	1248	2960	9517	779
西安工程科技学院	西安市	1042	3720	9047	496
长安大学	西安市	2834	5049	18377	1305
陕西理工学院	汉中市	1511	3448	10062	727
西安邮电学院	西安市	592	1926	5250	348
西安航空技术高等专科学校	西安市	796	1200	2919	170
西安电力高等专科学校	西安市	245	120	240	112
农业院校		**1962**	**4713**	**14728**	**1085**
西北农林科技大学	杨　凌	1962	4713	14728	1085
医药院校		**675**	**2322**	**6742**	**433**
陕西中医学院	咸阳市	282	1120	3394	276
陕西医学高等专科学校	西安市	393	1202	3348	157
师范院校		**5910**	**14689**	**37930**	**2625**
陕西师范大学	西安市	1881	3306	9764	926
宝鸡文理学院	宝鸡市	978	3390	9211	457
咸阳师范学院	咸阳市	812	2000	4424	325
渭南师范学院	渭南市	836	2256	5340	383
榆林高等专科学校	榆林市	607	1560	3426	238
商洛师范专科学校	商州市	407	993	2792	159
安康师范专科学校	安康市	389	1184	2973	137
语文院校		**607**	**1916**	**5526**	**474**
西安外国语学院	西安市	607	1916	5526	474
财经院校		**1933**	**5204**	**12483**	**170**
西安财经学院	西安市	1933	5204	12483	621
政法院校		**1094**	**2846**	**7596**	**433**
西北政法学院	西安市	1094	2846	7596	433
体育院校		**419**	**1370**	**4112**	**289**
西安体育学院	西安市	419	1370	4112	289
艺术院校		**376**	**1922**	**4483**	**464**
西安音乐学院	西安市	144	880	2159	223
西安美术学院	西安市	232	1042	2324	241
其　他		**674**	**14466**	**25389**	**2429**
陕西工业职业技术学院	咸阳市		2098	5334	196
杨凌职业技术学院	杨　凌		2494	4162	343
西安培华女子大学	西安市	674	1114	2512	282
陕西能源职业技术学院	咸阳市		380	870	283
西安欧亚职业学院	西安市		2300	3742	119
西安外事职业学院	西安市		2389	3761	115
西安翻译职业学院	西安市		1841	2308	239
西京职业学院	西安市		1850	2700	87
陕西国防工业职业技术学院	西安市				186
西安航空职业技术学院	西安市				158
陕西财经职业技术学院	咸阳市				100
陕西省交通职业技术学院	西安市				107
陕西职业技术学院	西安市				214

19-8 研究生概况

(2001年)

单位:人

指 标	培养研究生单位数	毕业生 攻读博士学位	毕业生 攻读硕士学位	毕业生 研究生班	招生数 攻读博士学位	招生数 攻读硕士学位	招生数 研究生班	在学研究生 攻读博士学位	在学研究生 攻读硕士学位	在学研究生 研究生班
总 计	**48**	**600**	**3516**	**61**	**1890**	**8139**	**87**	**5274**	**18650**	**534**
高等学校	21	579	3422	61	1832	7872	87	5119	18054	534
一、中央部委属	6	502	2318		1614	5429		4537	12280	
1. 国家教委所属	5	323	1834		1190	4194		3567	9583	
国家任务		249	1258		711	2039		2320	5505	
委托培养		30	372		234	582		634	1390	
学校自筹		44	204		245	1573		613	2688	
2. 其它部委所属	1	179	484		424	1235		970	2697	
国家任务		195	361		175	544		423	1383	
委托培养		3	81		63	168		75	420	
学校自筹		63	11		146	427		370	677	
二、地方所属	15	77	1104	61	218	2443	87	582	5774	534
1. 地方教育部门	15	77	1104	61	218	2443	87	582	5774	534
国家任务		51	749	20	129	1257		364	2947	253
委托培养		23	240	41	77	364	87	196	1396	281
学校自筹		3	115		12	822		22	1431	
2. 地方其它部门										
国家任务										
委托培养										
科研机构	27	21	94		58	267		155	596	
一、中央部委属	26	21	86		58	247		155	547	
1. 国家教委所属										
国家任务										
委托培养										
2. 其它部委所属	26	21	86		58	247		155	547	
国家任务		21	86		58	247		155	547	
委托培养										
二、地方所属	1		8			20			49	
1. 地方教育部门										
国家任务										
委托培养										
2. 地方其它部门	1		8			20			49	
国家任务			8			20			49	
委托培养										

19-9 高等学校分科学生数及专任教师数

(2001年)

单位:人

学科	毕业生数	招生数	在校学生数	专任教师	#正高级	#副高级	#中级	#初级
合计	43471	115462	317441	23613	2611	6930	8178	4420
哲学	16	74	170	618	75	200	236	26
经济学	2136	4825	12561	1599	138	443	682	78
法学	3048	6990	17139	598	61	146	228	23
教育学	1509	5438	13787	2584	114	606	974	250
文学	5284	17340	40822	3452	262	768	1262	309
历史学	466	846	2703	345	53	102	145	15
理学	4611	10501	31333	3467	403	1076	1210	178
工学	18359	44352	135211	8084	1135	2727	2423	440
农学	981	2749	7944	624	89	183	182	54
医学	1795	6026	16790	1637	223	514	620	58
管理学	5266	16321	38981	605	58	165	216	43

19-10 中等专业学校分类别情况

(2001年)

单位:人

学校类别	学校数	毕业生数	招生数	在校学生数	专任教师	#副高级	#中级	#初级
合计	112	45151	39326	136784	7260	1574	3119	2271
一、中等技术学校	90	33454	28392	104148	5423	1198	2345	1689
工业学校	28	11670	12641	44517	1998	507	852	594
农业学校	12	6568	2065	13505	824	163	353	283
林业学校	2	553	449	1729	127	14	49	64
医药学校	14	5315	5575	17625	957	254	397	269
财经学校	16	5705	4698	16428	784	175	380	203
政法学校	4	1506	136	2145	170	23	75	67
体育学校	9	1106	1337	4118	312	42	160	110
艺术学校	4	840	1281	3636	206	20	79	99
其它学校	1	191	210	445	45			
二、中等师范学校	22	11697	10934	32636	1837	376	774	582
幼儿师范学校	1	266	240	849	69	9	35	20

19-11 普通中学按城乡、部门分类

(2001年)

指　　标	学校数(所)	#高中	毕业生数(人)	#高中	招生数(人)	#高中	在校学生数(人)	#高中	专任教师(人)
合　计	**2680**	**550**	**634233**	**111029**	**970234**	**215644**	**2547486**	**531010**	**131183**
一、城　市	425	196	115515	37486	164819	63972	446473	162976	24308
教育部门和集体办	176	90	69714	23406	97619	40282	265492	102961	14120
社会力量办	78	28	7586	1761	14513	4789	35220	9810	2354
其他部门办	171	78	38215	12319	52687	18901	145761	50205	7834
二、县　镇	731	234	216008	53387	334989	109074	884493	265520	43882
教育部门和集体办	612	180	203444	49619	307264	97215	817144	240452	40388
社会力量办	50	15	2526	344	11684	5324	24712	8846	1076
其他部门办	69	39	10038	3424	16041	6535	42637	16222	2418
三、农　村	1524	120	302710	20156	470426	42598	1216520	102514	62993
教育部门和集体办	1430	95	294652	18114	456255	38360	1180505	93165	60479
社会力量办	28	6	1333	51	4567	1192	10210	1718	611
其他部门办	66	19	6725	1991	9604	3046	25805	7631	1903

19-12 小学按城乡、部门分类

(2001年)

指　　标	学校数(所)	毕业生数(人)	招生数(人)	在校学生数(人)	教职工数(人)	#专任教师
合　计	**29359**	**813240**	**668712**	**4615707**	**200185**	**183464**
一、城　市	617	86984	73806	459266	26310	22573
教育部门和集体办	419	53152	44219	279071	16233	14264
社会力量办	45	3041	3474	21203	2016	1263
其他部门办	153	30791	26113	158992	8061	7046
二、县　镇	1447	116579	86200	604780	31379	28008
教育部门和集体办	1350	108034	77554	550710	28240	25473
社会力量办	49	2403	2936	19665	1162	777
其他部门办	48	6142	5710	34405	1977	1758
三、农　村	27295	609677	508706	3551661	142496	132883
教育部门和集体办	27091	599387	497288	3481090	138581	129655
社会力量办	153	3503	5929	35648	1640	1216
其他部门办	51	6787	5489	34923	2275	2012

19-13 幼儿园及特殊教育学校基本情况

指　　标	单 位	1990年	1995年	1999年	2000年	2001年
幼儿园						
园　数	所	1283	1380	1662	2803	2219
班　数	个	21303	25481	26003	25156	24968
在园幼儿数	万人	59.38	78.91	65.61	60.36	53.28
教职工人数	人	21895	23198	21349	22132	16833
# 保健员	人	792	1432	1397	1154	1064
特殊教育学校						
学校数	所	11	28	29	35	30
招生数	人	230	1594	1041	898	775
在校学生数	人	1194	6988	10634	6869	5456
毕业生数	人	101	342	1030	666	585
教职工数	人	325	553	596	683	605
# 专任教师	人	216	383	433	485	437

19-14 小学、初中升学率及小学学龄儿童入学率

指　　标	单 位	1990年	1995年	1999年	2000年	2001年
小　　学						
小学毕业生数	万人	42.47	50.12	71.73	77.00	81.32
初中招生数	万人	36.92	45.18	64.73	70.78	75.46
升学率	%	86.38	90.14	90.24	91.92	92.79
初　　中						
毕业生数	万人	36.71	30.62	42.35	46.44	52.32
高中招生数	万人	10.26	10.53	14.11	18.17	21.56
升学率	%	27.95	34.39	33.32	39.13	41.21
小学学龄儿童入学率						
学龄儿童总数	万人	266.61	430.88	476.65	467.54	433.06
# 农 村	万人	198.32	286.78	264.93	254.37	332.59
入学儿童总数	万人	261.42	426.46	473.71	464.62	426.28
# 农 村	万人	193.52	283.01	263.23	252.69	327.48
入学率	%	98.05	98.97	99.38	99.38	98.43
# 农 村	%	97.58	98.68	99.36	99.34	98.64

19-15 各市中等专业学校基本情况

(2001年)

地区	学校数(所)	毕业生数(人)	招生数(人)	在校学生数(人)	教职工数(人)	#专任教师
全省	112	45151	39326	136784	14482	7260
西安市	47	17047	15836	56313	5252	2467
铜川市	1	318	418	877	83	52
宝鸡市	11	3346	4235	12405	1272	761
咸阳市	13	5997	4155	15044	2066	923
渭南市	6	4118	3059	11870	1128	611
延安市	9	2710	3093	9894	1227	651
汉中市	7	2476	2253	7590	846	490
榆林市	8	3212	2715	8962	1077	561
安康市	5	2482	2521	7215	926	492
商洛市	4	1465	1041	3752	605	252
杨凌示范区	1	1980		2862		

19-16 各市普通中学基本情况

(2001年)

地区	学校数(所)	#高中	毕业生数(人)	#高中	招生数(人)	#高中	在校学生数(人)	#高中	教职工数(人)	#专任教师
全省	2680	550	634233	111029	970234	215644	2305168	531010	160109	131181
西安市	470	162	138463	30852	189766	52985	483058	133144	35442	27190
铜川市	77	16	14993	2958	21737	4400	52912	11687	4028	3147
宝鸡市	277	64	76009	12976	105243	22867	261422	56614	17626	15296
咸阳市	327	68	93617	16861	142629	35128	336303	86299	23432	18792
渭南市	406	65	102356	17862	152957	35057	362335	86288	25235	20387
延安市	191	28	33497	4781	57532	10657	127533	24860	9270	7560
汉中市	255	53	48927	8029	77725	15506	185054	38432	12941	11115
榆林市	269	32	54400	7354	97905	18907	224066	45036	13093	11210
安康市	215	35	35168	4440	63279	9462	139554	22821	9460	8207
商洛市	186	25	33581	4325	57523	9606	122387	23081	8852	7664
杨凌示范区	7	2	3222	591	3938	1069	10544	2748	730	613

19-17 各市职业中学基本情况

（2001年）

地区	学校数（所）	毕业生数（人）	招生数（人）	在校学生数（人）	教职工数（人）	# 专任教师
全省	**294**	**56482**	**76338**	**165699**	**14817**	**9656**
西安市	113	15003	23243	54349	4735	2779
铜川市	5	1557	2459	3225	445	212
宝鸡市	29	7345	8689	18306	1414	985
咸阳市	23	5638	8210	17059	1874	1181
渭南市	39	9428	12375	23151	1835	1315
延安市	16	3590	3494	8286	746	507
汉中市	24	4416	4948	12515	1111	758
榆林市	16	3415	4771	10886	1310	903
安康市	15	1794	2890	6926	465	355
商洛市	13	3910	4989	10528	824	613
杨凌示范区	1	386	270	468	58	48

19-18 各市小学基本情况

（2001年）

地区	学校数（所）	毕业生数（人）	招生数（人）	在校学生数（人）	教职工数（人）	# 专任教师
全省	**29359**	**813240**	**668712**	**4615707**	**200185**	**183464**
西安市	2277	141956	110684	745124	34257	29281
铜川市	852	17821	14977	102308	5412	5067
宝鸡市	1944	88451	63725	450749	18453	16808
咸阳市	2758	118040	101303	660671	28954	26558
渭南市	3292	123027	91565	678367	27508	25346
延安市	4091	51795	46683	338967	15362	14531
汉中市	3369	67511	57263	366552	18759	17485
榆林市	4827	86108	75092	530677	19677	18627
安康市	2272	59285	55938	372176	17638	16482
商洛市	3632	56495	49488	355599	13312	12517
杨凌示范区	45	2751	1994	14517	853	762

19-19 各级学校女学生和女教师数

单位：万人

指 标	1990年	1995年	1999年	2000年	2001年
一、女学生数	**232.82**	**295.69**	**352.67**	**362.29**	**365.64**
高等学校	2.93	4.18	6.55	9.07	11.82
中等专业学校	2.63	4.44	7.84	8.29	7.96
普通中学	58.61	66.48	94.55	106.79	119.19
农、职业中学	3.44	6.48	9.24	9.15	9.12
小 学	165.21	214.11	234.49	228.99	217.55
二、女教师数	**11.15**	**12.44**	**14.24**	**15.26**	**16.55**
高等学校	0.51	0.61	0.68	0.73	0.88
中等专业学校	0.51	0.25	0.30	0.32	0.23
普通中学	2.76	3.28	4.47	4.96	5.60
农、职业中学	0.14	0.22	0.36	0.37	0.41
小 学	7.23	8.08	8.43	8.88	9.43

19-20 成 人 教 育

（2001年）

指 标	学校数（所）	招生数（人）	在校学生数（人）	毕业生数（人）	教职工数（人）	# 专任教师
一、成人高等学校	**27**	**77809**	**182377**	**35273**	**6808**	**3260**
广播电视大学	2	11033	24546	5467	2316	1172
职工高等学校	16	4525	11161	2623	2406	1123
管理干部学院	5	2451	3996	977	971	392
教育学院	4	8868	17628	2856	1115	573
高校办夜大、函大、成人脱产班		50932	125046	23350		
二、成人中等学校	**25013**	**2307978**	**1970231**	**2488771**	**18304**	**7516**
成人中等专业学校	123	15567	50744	20871	4447	2248
# 教师进修学校	72	1157	3869	3796	1817	991
成人中学	87	5887	8558	5240	551	264
职工中学	12	2411	5032	1760	423	195
农民中学	75	3476	3526	3480	128	69
成人技术培训学校	24803	2286524	1910929	2462660	13306	5004
职工学校	236	55138	68166	58078	976	503
农民学校	24567	2231386	1842763	2404582	12330	4501
三、成人初等学校	**10166**	**220229**	**192151**	**166471**	**7630**	**2147**
职工初等学校	22	2507	2738	2861	97	47
农民初等学校	10144	217722	189413	163610	7533	2100

注：高校办夜大函大不计校数。

19-21 全省科技活动情况

指　　标	单　位	1995年	1999年	2000年	2001年
一、全省从事科技活动人员总计	人	164892	175899	155051	141140
#科学家和工程师	人	88188	90425	85843	85260
按隶属关系分					
中　央	人	120891	122680	102993	93752
地　方	人	42451	53219	52058	47388
二、机构数					
1.科研院所	个	295	262	193	166
2.高等院校	个	46	243	275	118
3.大中型工业企业	个	473	293	245	236
4.其　他	个			409	409
三、科技活动经费筹集与使用情况					
1.当年科技活动经费筹集额	万元	422377	591921	869024	978205
政府资金	万元	143963	364621	417623	496334
企业资金	万元	138388	150782	277067	315883
金融机构贷款	万元	70185	21404	55988	59999
其他资金	万元	69841	55114	118346	105989
2.当年科技活动经费内部使用额	万元	398618	543865	851823	983389
人员劳务费	万元	96121	121624	162982	185199
固定资产购建	万元	97845	111457	178071	267665
其　他	万元	204652	310784	510770	530525
四、科技成果与著作情况					
1.科技论文	篇	21130	26304	25389	27877
2.出版科技著作	种	1625	1263	1212	1678

19-22 地方国有企事业单位各类专业技术人员

(2001年)

单位:人

类别	合计	农林牧渔业	采掘业	制造业	电力煤气及水生产供应业	建筑业	地质勘查业、水利管理业	金融保险业
总计	**644752**	**32988**	**15618**	**76274**	**4205**	**18339**	**16507**	**330**
工程技术人员	100312	9337	4975	34194	2630	10069	12541	17
农业技术人员	19350	18205	8	31	1		162	
科学研究人员	2400	61		1			24	1
卫生技术人员	78838	342	2364	4966	48	932	246	
教学人员	331156	877	3185	6290	31	725	353	1
经济人员	35841	1212	1367	14478	449	2281	547	71
会计人员	34553	1925	1328	7702	568	2263	1519	238
统计人员	5034	203	312	1814	66	223	104	1
翻译人员	819	15		186	2	14	8	
图书档案、文博人员	8629	164	111	648	47	64	148	
新闻出版人员	3981	10	16	32		6	8	
律师、公证人员	878	2	6	11		4	4	
播音人员	394			3				
工艺美术人员	388		8	142	2	8		
体育人员	777		4	2				
艺术人员	3948	3		5				
政工人员	17454	632	1934	5769	361	1750	843	1

类别	房地产业	社会服务业	交通运输仓储及邮电通讯业	批发零售和贸易餐饮业	卫生体育和社会福利事业	教育文化艺术和广播电影电视业	科学研究和综合技术服务业	其他
总计	**617**	**16339**	**12629**	**13994**	**72071**	**346943**	**11213**	**6685**
工程技术人员	306	5080	4486	1633	479	5095	7423	2047
农业技术人员		232	29	64	13	137	392	76
科学研究人员		3		6	156	1511	629	8
卫生技术人员	1	436	210	685	65987	2291	99	231
教学人员		182	89	84	737	318381	69	152
经济人员	117	2822	3022	5484	643	1392	640	1316
会计人员	138	4185	2649	3892	2333	3063	1068	1682
统计人员	13	602	425	524	219	164	165	199
翻译人员		370	5	86	18	38	45	32
图书档案、文博人员	14	587	164	81	315	5687	324	275
新闻出版人员		95	12	5	56	3450	85	206
律师、公证人员		725	9	3	8	9	38	59
播音人员			2		10	379		
工艺美术人员		25	8	51	26	102	8	8
体育人员			2	1	705	53		10
艺术人员		13		3	17	3905	1	1
政工人员	28	982	1517	1392	349	1286	227	383

19-23 大中型工业企业科技活动经费筹集情况

(2001年)

单位：千元

指标	科技活动经费筹集总额	企业自筹资金	银行贷款	政府部门事业单位	其他
总计	**2658355**	**1639312**	**241125**	**444968**	**332950**
一、按登记注册类型分					
国有	1365540	725011	95025	381549	163955
集体					
股份合作	2100	2050		50	
国有独资公司	297972	68677	10000	51529	167766
其他有限责任公司	205411	170942	22100	11140	1229
股份有限公司	328832	314232	14000	600	
港澳台商投资	82	82			
外商投资	456918	356818	100000	100	
二、按隶属关系分					
中央	1097183	536851	62900	261063	236369
省属	836087	732799	55125	46863	1300
地区	613818	262025	120100	136632	95061
县	110767	107137	3000	410	220
其他	500	500			
三、按企业规模分					
大型	2278653	1288839	222025	435558	332231
中型	379702	350473	19100	9410	719

19-24 大中型工业企业科技活动经费支出情况

(2001年)

单位：千元

指标	科技活动经费支出总额	内部经费支出合计	#研究与发展支出	#新产品开发支出	外部经费支出
总计	**2580089**	**2226105**	**1368781**	**1158356**	**353984**
一、按登记注册类型分					
国有	1549567	1428271	800644	655696	121296
集体					
股份合作	1733	1503	1000	801	230
国有独资公司	444358	360871	313074	219398	83487
其他有限责任公司	204827	164535	94131	108503	40292
股份有限公司	263849	157414	66022	90715	106435
港澳台商投资	88	88	50	38	
外商投资	114207	113263	93780	83125	944
二、按隶属关系分					
中央	1279966	1015886	718028	568995	264080
省属	532102	481173	277464	282980	50929
地区	662816	628994	358994	302131	33822
县	105005	99852	14095	4050	5153
其他	200	200		200	
三、按企业规模分					
大型	2273886	1982103	1296830	1053193	291783
中型	306203	244002	71951	105163	62201

19-25 大中型工业企业科技活动人员情况

（2001年）

单位：人

指标	从事科技活动人员合计	#高中级职称人员	#研究与实验发展人员	工程技术人员
总计	**62197**	**24134**	**27563**	**86682**
一、按登记注册类型分				
国有	33887	13164	12534	53468
集体				282
股份合作	145	45	45	228
国有独资公司	19400	7101	11686	15403
其他有限责任公司	3978	1874	1493	8640
股份有限公司	3091	1390	654	5664
港澳台商投资	10	4	2	643
外商投资	1674	553	1137	2044
二、按隶属关系分				
中央	38358	14870	19811	40737
省属	14330	5846	4594	27459
地区	8684	3196	2729	15139
县	809	206	413	3154
其他	16	16	16	193
三、按企业规模分				
大型	57496	21903	26089	68480
中型	4701	2231	1474	18202

19-26 大中型工业企业科技机构人员情况

（2001年）

指标	企业数（个）	企业办科技机构数（个）	机构科技活动人员数（人）	#研究与实验发展人员
总计	**428**	**236**	**12752**	**7015**
一、按登记注册类型分				
国有	266	157	7377	3773
集体	7			
股份合作	9	2	12	3
国有独资公司	26	28	2848	1998
其他有限责任公司	53	20	1335	593
股份有限公司	39	21	945	466
港澳台商投资	12			
外商投资	12	7	223	170
二、按企业规模分				
大型	192	180	11117	6516
中型	236	56	1635	499

19-27 大中型工业企业办科技机构经费情况

(2001年)

指标	科技经费内部支出（万元）	#研究与实验发展经费	年末固定资产原价（万元）	#仪器设备
总计	87243.2	64727.3	400450.8	125521.2
一、按登记注册类型分				
国有	49962.9	36148.7	217764.3	88214.5
集体				
国有独资公司	20655.3	17088.1	111219.4	17555.3
其他有限责任公司	6054.1	4152.4	25284.9	7690.7
股份有限公司	8943.9	6529.5	24322.3	9006.5
港澳台商投资				
外商投资	1539.0	765.0	21248.5	2934.6
二、按学科分				
自然科学	1096.4	246.2	7303.5	385.9
农业科学				
医药科学	798.5	458.6	3110.5	1502.9
工程与技术科学	83906.3	63041.5	388966.0	122671.3
人文与社会科学	1442.0	981.0	1070.8	961.1
三、按企业规模分				
大型	78224.7	60462.9	347629.1	114720.6
中型	9018.5	4264.4	52821.7	10800.6

19-28 大中型工业企业技术改造、新产品情况

(2001年) 单位：千元

指标	技术改造经费支出	新产品产值	新产品销售收入	新产品销售利润
总计	2060967	9699591	8192262	1104374
一、按登记注册类型分				
国有	1127514	5113474	4386858	759218
集体				
股份合作	3885	2674	2684	233
国有独资公司	542952	2554750	1969325	217360
其他有限责任公司	182748	294241	238216	36228
股份有限公司	189016	1643931	1516168	81584
港澳台商投资				
外商投资	14852	90521	79011	9751
二、按隶属关系分				
中央	1232750	5239382	4368814	610150
省属	498797	2410853	1983592	275740
地区	222096	1908490	1817412	216156
县	107074	140806	22374	2318
其他	250	60	70	10
三、按企业规模分				
大型	1853974	8791043	7448937	1038730
中型	206993	908548	743325	65644

19-29 大中型工业企业科研项目情况

（2001年）

指　　标	项目数（个）	研究与发展项目数	新产品开发项目数	项目人员合计（人）	项目经费支出合计（千元）
总　计	3037	1357	1679	37618	1944620
一、按登记注册类型分					
国　有	2071	862	980	20490	1202031
集　体					
股份合作	7	5	6	44	1503
国有独资公司	531	261	407	11678	359042
其他有限责任公司	192	113	141	2497	155177
股份有限公司	166	76	114	1598	127434
港澳台商投资	2	1	1	10	82
外商投资	67	38	29	1289	99271
二、按隶属关系分					
中　央	1318	738	744	23100	901387
省　属	861	277	543	8503	455950
地　区	785	305	358	5489	489039
县	70	34	31	510	98044
其　他	3	3	3	16	200
三、按企业规模分					
大　型	2598	1210	1421	34505	1719036
中　型	439	147	258	3113	225584

19-30 全省高新技术产业开发区情况

指　　标	单　位	2001年	指　　标	单　位	2001年
一、开发区企业数	个	4758	六、总收入	万元	4625931.2
# 高新技术企业数	个	863	# 技术收入	万元	320364.3
二、年末从业人员	人	184884	# 产品销售收入	万元	4329316.6
# 大专以上学历人数	人	74162	# 高新产品	万元	2948745.5
# 从事技术开发人数	人	22181	# 商品销售收入	万元	2065908.4
三、技术开发经费筹集额	万元	202909.2	七、增加值	万元	1388583.1
# 自　筹	万元	86038.6	八、利润总额	万元	253719.1
四、技术开发经费支出总额	万元	161605.6	九、上缴税费总额	万元	217604.7
# 研究与发展支出	万元	75886.3	十、出口创汇总额	千美元	259978.3
五、工业总产值	万元	4611195.3			

19-31 西安市高新技术产业开发区情况

指　　标	单位	2001年	指　　标	单位	2001年
一、开发区企业数	个	4000	六、总收入	万元	2582000.0
# 高新技术企业数	个	717	# 技术收入	万元	305900.0
二、年末从业人员	人	130963	# 产品销售收入	万元	2280000.0
# 大专以上学历人数	人	61010	# 高新产品	万元	2029200.0
# 从事技术开发人数	人	17979	# 商品销售收入	万元	690100.0
三、技术开发经费筹集额	万元	143900.0	七、增加值	万元	1045700.0
# 自　筹	万元	56739.8	八、利润总额	万元	162500.0
四、技术开发经费支出总额	万元	105000.0	九、上缴税费总额	万元	149800.0
# 研究与发展支出	万元	36914.0	十、出口创汇总额	千美元	175000.0
五、工业总产值	万元	2526000.0			

19-32 宝鸡市高新技术产业开发区情况

指　　标	单位	2001年	指　　标	单位	2001年
一、开发区企业数	个	128	六、总收入	万元	506550
# 高新技术企业数	个	63	# 技术收入	万元	2100
二、年末从业人员	人	34898	# 产品销售收入	万元	492907
# 大专以上学历人数	人	10116	# 高新产品	万元	112607
# 从事技术开发人数	人	2018	# 商品销售收入	万元	5502
三、技术开发经费筹集额	万元	25696	七、增加值	万元	131749
# 自　筹	万元		八、利润总额	万元	-8038
四、技术开发经费支出总额	万元	23622	九、上缴税费总额	万元	28207
# 研究与发展支出	万元	9051	十、出口创汇总额	千美元	27334
五、工业总产值	万元	529598			

19-33 咸阳市高新技术产业开发区情况

指　　标	单 位	2001年	指　　标	单 位	2001年
一、开发区企业数	个	210	六、总收入	万元	1350000.0
# 高新技术企业数	个	33	# 技术收入	万元	6313.7
二、年末从业人员	人	9856	# 产品销售收入	万元	1401000.0
# 大专以上学历人数	人	2369	# 高新产品	万元	735000.0
# 从事技术开发人数	人	1375	# 商品销售收入	万元	1360000.0
三、技术开发经费筹集额	万元	30000.0	七、增加值	万元	147399.0
# 自　筹	万元	26500.0	八、利润总额	万元	76000.0
四、技术开发经费支出总额	万元	30000.0	九、上缴税费总额	万元	36000.0
# 研究与发展支出	万元	28745.0	十、出口创汇总额	千美元	57070.0
五、工业总产值	万元	1430000.0			

19-34 渭南市高新技术产业开发区情况

指　　标	单 位	2001年	指　　标	单 位	2001年
一、开发区企业数	个	58	六、总收入	万元	91560
# 高新技术企业数	个	18	# 技术收入	万元	1620
二、年末从业人员	人	4885	# 产品销售收入	万元	66903
# 大专以上学历人数	人	667	# 高新产品	万元	
# 从事技术开发人数	人	415	# 商品销售收入	万元	9054
三、技术开发经费筹集额	万元	1310	七、增加值	万元	41084
# 自　筹	万元	1185	八、利润总额	万元	9670
四、技术开发经费支出总额	万元	1070	九、上缴税费总额	万元	1560
# 研究与发展支出	万元	412	十、出口创汇总额	千美元	
五、工业总产值	万元	70245			

19-35 杨凌农业高新技术产业示范区情况

指标	单位	2001年	指标	单位	2001年
一、开发区企业数	个	362	六、总收入	万元	95821.2
# 高新技术企业数	个	32	# 技术收入	万元	4430.6
二、年末从业人员	人	4282	# 产品销售收入	万元	88506.6
# 大专以上学历人数	人	1809	# 高新产品	万元	71938.5
# 从事技术开发人数	人	394	# 商品销售收入	万元	1252.4
三、技术开发经费筹集额	万元	2003.2	七、增加值	万元	22651.1
# 自　筹	万元	1613.8	八、利润总额	万元	13587.1
四、技术开发经费支出总额	万元	1913.6	九、上缴税费总额	万元	2037.9
# 研究与发展支出	万元	764.3	十、出口创汇总额	千美元	574.3
五、工业总产值	万元	55352.3			

19-36 各类技术合同签定情况

指标	合同数（个）		成交金额（万元）	
	2000年	2001年	2000年	2001年
合　计	4023	6011	77460.2	83318.9
技术开发合同	1234	2980	17852.4	49636.4
技术转让合同	1038	1236	28364.3	14122.6
技术咨询合同	394	694	2663.1	4489.2
技术服务合同	1357	1101	28580.4	15070.6

19-37 专利项目

单位:项

指标	1990年	1995年	1999年	2000年	2001年
一、申请量总计	**994**	**1721**	**1685**	**2080**	**2326**
发明专利	154	318	369	435	476
实用新型专利	798	1227	1067	1307	1449
外观设计专利	42	176	249	338	401
二、授权量总计	**631**	**1085**	**1569**	**1462**	**1354**
发明专利	48	52	99	188	132
实用新型专利	554	934	1162	1022	959
外观设计专利	29	99	308	252	263

19-38 文化事业发展情况

指　　标	单　位	1990年	1995年	1999年	2000年	2001年
艺术表演团体演出场数	万场	2.5	2.3	2.3	2.2	2.4
观众人数	万人次	4348	2900	3004	3046	5553
图书馆藏书数	万册	658	733	791	836	825
图书借阅人数	万人次	207	3025	269	475	
图书借阅册数	万册次	311	238	272	605	

19-39 文化事业机构和人员

指　　标	1990年		1996年		1999年		2000年		2001年	
	机构数（个）	人 数（人）	机构数（个）	人 数（人）	机构数（个）	人 数（人）	机构数（个）	人 数（人）	机构数（个）	人 数（人）
总　　计	**7992**	**33075**	**5611**	**29371**	**5222**	**27452**	**2375**	**19100**	**2362**	**17295**
一、电影事业	4811	14145	2923	10850	2850	9809	1	1335		
制片厂	1	1524	1	1346	1	1378	1	1335		
发行放映管理机构	113	2137	108	2005	111	2200				
电影放映单位	4697	10484	2814	7499	2738	6231				
二、艺术事业	231	10851	221	10086	230	9615	230	9687	224	8982
表演团体	119	9585	117	8568	118	8036	118	8005	116	7510
表演场所	112	1266	104	1518	112	1579	112	1682	108	1472
三、图书馆事业	113	1036	114	1397	113	1510	114	1572	110	1555
四、群众文化事业	2786	5679	2290	5375	1972	5088	1974	5123	1977	5140
五、教育事业	11	528	10	526	10	495	10	526	11	517
六、其他文化产业	40	836	53	1137	47	935	46	857	7	750

19-40 群众艺术馆、文化馆（站）活动情况

指　标	单 位	1990年	1995年	1999年	2000年	2001年
机构数	个	135	133	1934	1974	1977
举办展览次数	次	629	634	4166	3743	4328
组织文艺活动次数	次	1277	1205	9305	8468	10401
举办训练班班次	次	674	595	4589	5983	6204
举办训练班结业人数	万人次	1.70	2.07	23.50	24.40	29.40
藏　书	万册	14.00	14.78	111.10	138.90	160.90
藏文物	件	21942	23584	14768	26150	
总收入	万元	103	263.9	2482.5	3769.9	4097.5
总支出	万元	928	1569.1	2493.1	3623.9	4061.2

注：1.1997年起统计数据包含了乡镇文化站的活动情况。

2.因文物普查结果未出，2001年藏文物暂空。

19-41 文　物　事　业

指　标	单 位	1990年	1995年	1999年	2000年	2001年
一、文物机构						
机构数	个	149	179	168	176	181
人员数	人	1874	2513	3055	3233	2745
藏品件数	万件	10.89	17.38	27.67	19.92	20.50
# 一级品	万件	0.01	0.01	0.03	0.03	0.04
参观人数	万人次	422.3	255.5	464.0	470.0	301.1
二、博物馆						
机构数	个	53	59	67	67	75
人员数	人	1751	2297	3175	3159	3142
藏品件数	万件	24.42	32.81	33.62	33.40	35.24
# 一级品	万件	0.23	0.19	0.34	0.34	0.40
参观人数	万人次	935.2	556.8	807.6	894.1	690.4
三、文物商店						
机构数	个	2	3	4	2	2
人员数	人	113	119	70	69	56
商品销售件数	万件	1.80	1.01	0.18	0.24	0.11
全年销售金额	万元	220	145.5	115.3	142.8	156.4

注：2001年藏品件数、商品销售件数均按国际计量标准以件数为计量单位。

19-42 国家级文物古迹一览表

名 称	时 代	地 址	说 明
一、古建筑(30处)			
昭仁寺大殿	唐	长武县	系唐贞观年间(627—649)玄宗李世民为纪念在高摭(今长武县)与薛仁杲作战阵亡的将士而建立的寺院。
兴教寺塔	唐	长安县杜曲	唐代寺院。内有唐代名僧玄奘及弟子窥基、园测(新罗人)的墓塔。
大雁塔	唐	西安市	在唐慈恩寺内。系唐代名僧玄奘译经处，为唐建砖塔。
小雁塔	唐	西安市	在荐福寺内，唐建砖塔，通高43米，型体秀丽，美观。
西安清真寺	明	西安市	又名化觉寺，是我国现存规模最大，保存最完整的清真寺。
西安城墙	明	西安市	全国现存最大型的保存最完整的明代城墙。
西岳庙	明	华阴县老城	始建于汉代，历代重修，现存建筑均为明清遗物。
西安钟楼、鼓楼	明	西安市	钟楼建于公元1384年，是西安古城的标志。鼓楼建于公元1380年，是我国现存最大的鼓楼。
水陆庵	明	蓝田县普化乡	始建于唐，其大殿内有彩雕3700多尊，为国内现存最完整、数量最多的彩塑泥像群。
府州城	五代至清	府谷县城	位于黄河北岸石山梁上，面积约2.3万平方米，城墙周长2320米，高7.2米。
仙游寺法王塔	隋	周至县马召乡黑水峪口	我国现存唯一的隋代砖塔，建于公元601年，为舍利塔。
韩城大禹庙	元	韩城市	全称大夏禹王庙，建于1301年.
三原城隍庙	明	三原县	是陕西现存最完整的明代整体建筑群，内有岳飞手书的诸葛亮前、后《出师表》碑刻
鸠摩罗什舍利塔	唐	户县	为八角形亭阁式石塔，塔体通高2.33米，塔身用汉白玉等8种颜色和玉石雕刻而成，俗称八宝玉石塔。是一件极为精美的石刻建筑。
公输堂	明	户县	又名“源远堂”，为木式建筑，雕刻极精巧，属古建中之精制。
仓颉庙与墓	明、清	白水县	为祀词建筑，始建年代已不可考。
泰塔	北宋	旬邑县	塔共七层，八棱形仿木楼阁式结构，高层56米。
香积寺善导塔	唐	长安县	706年怀恽（圆寂后谥号为隆阐大禅师）为祭祀其师善导和尚而建，塔基平面呈正方形，仿木结构、密檐式砖塔。
西安城隍庙	明、清	西安市	明洪武二十年创建，清代多次修建，现存二门、戏楼、二道牌坊、大殿和东西厢房等。
白云山庙	明、清	佳县	依山而上，因地势高低修庙建祠，共600余阶台阶，是陕北最为壮丽的一组古建筑群。
八云塔	唐	户县	为密檐式砖塔，平面呈方形，十一层，单壁中空，通高36.7米，因其底层四面各有两块明显的阴湿痕迹，虽大旱亦不干，行如浮云，故俗称“八云塔”
泾阳崇文塔	北宋	泾阳县	为八角形十三层仿木楼阁式结构，80年在塔顶发现鎏金卧佛、弥勒佛、天王力士铜佛像三尊。
彬县开元寺塔	北宋	彬县	位于唐开元寺遗址内，是一座平面呈八角形七层仿木结构的楼阁式砖塔。
韩城市普照寺	元	韩城市	元代建筑，现存大殿、东西厢房和大殿前两座砖作碑楼。
韩城文庙	明	韩城市	明洪武四年在元代旧址上重建，整个建筑群自南而北由四进院落组成。
韩城城隍庙	明	韩城市	庙坐北向南，庙中所有建筑均为彻上明造。
党家村民居	明、清	韩城市	明、清时期民居群，村落现存四合院137座，街巷有序、堂、碑、楼、塔，错落有致，富有地方特色，是少有的一处民居群体建筑。
耀县文庙	明	耀县	明代建筑，现存有棂星门和大成殿。
澄城城隍庙	明	澄城县	亦名乐楼，共三座，是一组保持完好的明代古建筑。
长城一镇北台	明	榆林市	明长城防御体系的一个组成部分，是陕北地区现存长城遗址中最为宏大、最有气势的建筑工程。

19-42 续表1

名　　称	时代	地　址	说　明
二、古遗址(29处)			
蓝田猿人遗址	旧石器时代	兰田县公王岭	1963年、1964年分别在陈家窝和公王岭各发现一具早期猿人化石，两地化石统一命名为蓝田中国猿人。现在公王岭建立蓝田猿人遗址保管所。
半坡遗址	新石器时代	西安市	是新石器时代母系氏族社会典型的村落遗址。
周原遗址	周	扶风县和岐山县交界处	是一座埋藏极其丰富的地下文物宝库，出土了大量青铜窑藏。
丰镐遗址	西周	长安县斗门镇	是西周文王所建丰邑和武王所建镐京的合称，总面积逾10平方公里。
秦雍城遗址	秦秋至战国	凤翔县	先秦建都之地。经初步发掘，发现有秦宫殿遗址3处。
秦咸阳城遗址	战国至秦	咸阳市	秦始皇统一全国的过程中，在咸阳塬上仿建了六国宫室，扩建了皇宫，咸阳成为最繁华的城市。目前，考古发掘工作仍在继续进行。
阿房宫遗址	秦	西安市三桥镇	是秦代著名宫殿遗址。
汉长安城遗址	汉	西安市西北郊	汉长安城，是西汉国都。
唐大明宫遗址	唐	西安市北郊	是唐长安城的宫城。
耀州瓷窑遗址	唐至元代	铜川市黄堡镇	古有“十里窑场”之称。有重要的历史、文化和艺术价值。
隋大兴唐长安城遗址(包括青龙寺遗址)	隋、唐时代	西安市铁炉庙村	隋代名大兴城，唐称长安城，为当时世界上特大城市之一。
华清宫遗址	唐	临潼县骊山镇	唐贞观十八年(664年)建"汤泉宫",天宝六年(747年)扩建后改名"华池宫",为研究唐代宫廷建筑和古代沐浴史等方面提供了实据。
姜寨遗址	新石器时代	临潼县骊山镇姜寨村	
隋仁寿宫唐九成宫遗址	隋唐时代	麟游县城	隋唐著名离宫,建于隋开皇十三年(593年)。
甘泉宫遗址	秦-汉	淳化县铁王乡凉武帝村	建于秦代，存有大型汉代圆雕石熊和宋代石鼓,石鼓上有北宋政和年题记。
郑国渠首遗址	战国	泾阳县王桥乡上然村北	建于公元前246年,是世界上最早的大坝之一，被誉为中国水利史的"天然博物馆"。
统万城遗址	十六国	靖边县红土冬界乡	大夏凤翔元年(413年)始筑，为十六国夏都城。
魏长城遗址	战国	华阴市、大荔县、韩城市	战国时期魏国防御秦国所筑，起自秦岭，至黄河止，全长约200余公里。
灞桥遗址	隋至元	西安市	
延一井旧址	清	延长县	1903年9月10日出油，为中国大陆第一口油井。
甜水沟遗址	旧石器时代	大荔县	
花石浪遗址	旧石器时代	洛南县	我国近年来发现的仅次于北京人遗址的一处极具价值的旧石器时代遗址。
元君庙遗址	新石器时代	华　县	
唐家遗址	新石器时代	西安市	目前陕西境内面积最大、保存较好的龙山文化遗址。
老牛坡遗址	新石器时代	西安市	在此发现的大面积夯土建筑遗址为陕西商代考古中的重大发现。
栎阳城遗址	战国至汉	西安市	秦国都城，后汉高祖刘邦也一度以此为都城。
京师仓遗址	西汉	华阴市	汉武帝时建造，是专供储粮的“京师仓”，有储备、转运、中运等多种功能，是研究秦汉仓储制度及技术的重要资料。
良周遗址	秦汉	澄城县	是一处秦汉大型宫殿建筑群遗址。
东渭桥遗址	唐	高陵县	
玉华宫遗址	唐	铜川市	唐武德七年建“仁智宫”(624年)，贞观二十年(647年)扩建并改名“玉华宫”，主要从事佛事活动。
三、古墓葬(16处)			
黄帝陵	新石器时代	黄陵县桥山	轩辕黄帝陵。
秦始皇陵	秦	临潼县东	秦始皇瀛政墓，东侧有从葬兵马俑坑，规模宏大，已辟为博物馆。
长　陵	汉	咸阳市渭城区窑店乡	是汉高祖刘邦和皇后吕雉的合葬茔地。
茂　陵	汉	兴平县	汉武帝刘彻之墓。附近有卫青、霍光、霍去病、金日禅等陪葬墓。现已在茂陵建立博物馆，展出陵区出土文物数百件。

19-42 续表2

名　　称	时 代	地　　址	说　　明
霍去病墓	汉	兴平县	霍去病为西汉名将。在基墓前共发现石刻16件，有石人、石马、马踏匈奴、怪兽食羊、卧牛、人与熊等，是我国迄今已发现时代最早保存最完整的大型石雕工艺品，现存茂陵博物馆内。
司马迁墓和祠	西汉至宋	韩城市芝川镇	司马迁是汉代著名的史学家、文学家，所著《史记》一书，开创我国第一部通史体例。
杜　陵	汉	西安市雁塔区三兆村	汉宣帝刘询之墓。
昭　陵	唐	礼泉县九峻山	唐太宗李世民墓。陵园内分布有二百多个陪葬墓和著名的石碑，现已建立昭陵博物馆。
顺　陵	唐	咸阳渭城区底张乡	唐女皇武则天之母杨氏墓，墓前有高大的石狮、独角兽等著名石刻。
乾　陵	唐	乾县梁山	唐高宗李治和武则天合葬墓。墓前有石人、石马、石狮等很多名贵石刻。现已建立乾陵博物馆。
桥　陵	唐	蒲城县丰山	唐睿宗李旦的陵墓。
武侯墓	三国	勉县定军山西北	三国蜀汉丞相诸葛亮的墓园与宇。
泰　陵	隋	咸阳市杨陵区五泉乡王上村	隋文帝扬坚与文献皇后独孤是氏合葬之陵。
永　陵	西魏	富平县留古乡何家村	西魏文帝元宝炬与皇后乙弗氏，郁久氏的合葬陵。
西汉帝陵	西汉	咸阳、西安	包括惠帝安陵、文帝霸陵、景帝阳陵、昭帝平陵、元帝渭陵、成帝延陵、平帝康陵、哀帝义陵等8处帝陵。
唐代帝陵	唐	富平、蒲城、三原、泾阳、礼泉、乾县	包括高祖献陵、中宗定陵、宣宗泰陵、肃宗建陵、代宗元陵、平帝崇陵。、穆宗光陵、顺宗丰陵、宪宗景陵、敬宗庄陵、德宗崇陵、文宗章陵、武宗端陵、懿宗简陵、宣宗贞陵、僖宗靖陵等16处帝陵。
四、石窟寺(5处)			
大佛寺石窟	唐	彬　县	主要由大佛窟、罗汉洞、千佛洞组成，内有许多精美的石佛、菩萨造像和浮雕。
药王山石刻	隋唐至明清	耀　县	后人为纪念唐代杰出医学家孙思邈，在五台山上修建药王庙，此山遂更名为药王山。药王山上遍布石刻，主要有碑刻和石窟两部分。山上还有一座保存完好的药王庙。
钟山石窟	宋	子长县安定镇	石窟开凿于北宋年间(1067年)，以后历代屡经修葺。
重阳宫祖庵碑林	元至清	户　县	现收集陈列金元时道教全真派石刻文物80余通（件），为陕西著名碑林之一。
慈善寺石窟	隋唐	麟游县	属唐代初期作品，窟内所雕佛像，刀法简练有力，神态完美。
五、石刻及其他(2处)			
褒斜道石门及其摩崖石刻	东汉至宋	汉中市	褒斜道石门为汉代开凿，北魏永平二年(509年)重修。门上凿刻有东汉至宋代摩崖石刻多处，石刻中有《石门颂》，《大开通》，《杨淮表》等有名的隶书摩崖。
西安碑林	汉至清	西安市	自汉以来历代名碑一千多座，是全国规模最大，年代最早的碑林，是全国碑石文物精华荟萃之处。
六、革命旧址(6处)			
西安事变旧址	1936年	西安市	包括杨虎成、张学良公馆，新城黄楼等旧址。
瓦窑堡革命旧址	1935年12月—1936年7月	子长县	包括中共中央瓦窑堡会议旧址、毛泽东旧居、中央军委驻地旧址。居、中央军委驻地旧址。
延安革命旧址	1935年—1948年	延安市	包括凤凰山、枣园、杨家岭、王家坪等中共中央、八路军总部及陕甘宁边区政府曾使用过的旧址及其建筑物。
八路军西安办事处旧址	1937年—1946年	西安市七贤庄	中国共产党领导的八路军1936—1946年在国民党统治区设立的公开.合法机构。
洛川会议旧址	1937年	洛川县	1937年8月中国共产党在此召开政治局扩大会议，将红军改变为国民革命军第八路军。
杨家沟革命旧址	1947—1948年	米脂县	包括11孔窑洞，是中共中央转战陕北的最后一个居住地。

19-43 图书出版

（2001年）

类别	图书种数（种）	总印数（万册）	类别	图书种数（种）	总印数（万册）
图书总计	**3135**	**14600.77**			
(一)使用《中国标准书号》部分合计	3054	14486.26	P.天文学、地球科学	5	0.60
			Q.生物科学	3	1.10
A.马列主义、毛泽东思想	9	4.50	R.医药、卫生	35	8.43
B.哲学	28	19.65	S.农业科学	18	3.95
C.社会科学总论	48	21.52	T.工业技术	558	317.57
D.政治、法律	76	68.79	U.交通运输	3	1.60
E.军事	4	2.60	Y.航空、航天	3	0.35
F.经济	95	29.19	X.环境科学	1	0.10
G.文化、科学、教育、体育	1410	12368.54	Z.综合性图书	35	12.20
H.语言、文字	198	318.39	(二)不使用中国标准书号部分——图片合计	81	114.51
I.文学	120	93.87			
J.艺术	131	1041.82	(三)附录(不使用《中国标准书号》)合计		
K.历史、地理	173	106.22			
N.自然科学总论			活页文选、活页歌篇		
O.数理科学、化学	101	65.27	小件印品等		

19-44 杂志、报纸出版

类别	种数（种）		总印数（万份）		总印张（千印张）	
	2000年	2001年	2000年	2001年	2000年	2001年
一、杂志	**263**	**269**	**4944.16**	**5244.59**	**199538.71**	**232279.07**
1.综合	1	28	0.50	1949.99	168.15	90081.10
2.哲学、社会科学	53	45	2532.91	1294.17	118048.05	48679.00
3.自然科学技术	156	154	721.57	953.81	32226.66	54906.17
4.文化教育	35	28	1006.10	689.39	32046.80	27348.10
5.文学、艺术	13	11	206.79	214.88	7597.15	7339.95
6.少年儿童	3	3	425.04	142.35	7413.90	3924.75
7.画刊	2		51.25		2038.00	
二、报纸	**95**	**102**	**70388.99**	**66896.38**	**2173056.38**	**2586933.75**
1.省级	73	63	46870.28	53672.40	1622550.60	2454430.15
2.地(市)级	17	32	22764.54	12022.64	545973.85	121933.90
3.县级	5	7	754.17	1201.34	4531.93	10569.70

19-45 广播电视基本情况

项　　目	单　位	1990年	1995年	1999年	2000年	2001年
一、无线广播宣传基本情况						
广播电台	座	9	61	8	9	9
发射台及转播台	座	12	12	13	12	12
发射机功率	部／千瓦	20/403	24/443	23/442	19/411	22/456
节目套数	套	11	66	76	82	82
平均每日播出时间	时：分	102:22:00	416:49:00	597:35:00	632:05:00	638:35:00
广播人口覆盖率	%	66.2	74.8	85.5	90.3	90.6
全年制作广播节目	时	9457	53433	99654	106134	99580
新闻节目	时	1432	11616	15291	14757	16500
专题节目	时	1694	12679	18924	23070	19486
教育节目	时	2648	1690	2105	2888	2939
文艺节目	时	1997	16426	39623	29396	32962
广告、服务信息节目	时	1686	11022	23711	24716	27693
二、电视宣传基本情况						
电视台	座	10	11	11	11	11
发射台及转播台	座	1390	2265	2693	7878	7401
发射机功率	部／千瓦	1528/	2531/	2880/	13868/	13518/
		125.738	228.072	251.931	226.585	223.156
节目套数	套	11	15	18	15	36
平均每周播出时间	时：分	519:23:00	838:01:00	1068:38:00	1105:16:00	5926:50:00
电视人口覆盖率	%	74.5	79.1	86.99	91.41	92.49
卫星收转系统	座	727	4337	17513	38140	56189
制作电视节目	时	1151	8152	10004	11444	64946
新闻节目	时	399	1433	2099	2986	11650
专题节目	时	126	970	1260	2554	10826
文艺节目	时	225	2976	1437	3456	17134
教育节目	时	2	284	422	1519	4839
广告、服务信息节目	时	399	2489	4786	5659	20497
三、县级广播电视基本情况						
县广播电视台	个			69	67	67
广播喇叭数	万只	262.02	330.66	269.41	218.94	182.99
专线杆路	杆公里			61252	55649	46266

注：1999年、2000年统计口径有变，广播电台只包括地市级；县广播电视台1998年以前资料空缺、电视发射台及转播台1999年为新口径，以50瓦为界，2001年全省地市以上无线电视台和有线电视台进行了合并。

19-46 有线电视基本情况

项目	单位	1993年	1995年	1999年	2000年	2001年
一、有线电视台	座	22	47	5	5	5
终端	万个	5.6	66.37	118.57	406.6	406.6
二、系统内有线						
电视台节目套数	套	1	25	69	107	107
平均每周播出时间	时:分	105:00	1395:30	2845:40	5043:01	5043:01
自办节目	时:分	9:20	1289:30	1977:38	3116:55	3116:55
新闻	时:分	2:20	37:30	130:58	247:43	247:43
其他	时:分	7:00	1252:00	1847:00	2869:20	2869:20

注：有线电视台1998年起统计口径只包括地市以上。

19-47 各市图书馆个数及藏书量、广播电视人口覆盖率

(2001年)

地区	公共图书馆(个)	公共图书馆藏书量(千册)	广播人口覆盖率(%)	电视人口覆盖率(%)
全省	110	8245	90.61	92.49
西安市	13	746	98.75	96.36
铜川市	5	343	91.30	96.74
宝鸡市	12	955	98.94	98.30
咸阳市	13	650	96.26	96.73
渭南市	10	593	79.55	87.00
延安市	13	430	89.53	91.55
汉中市	11	474	83.35	87.23
榆林市	12	593	86.88	87.65
安康市	11	425	86.75	89.76
商洛市	8	481	88.95	93.24
杨凌示范区	1	2	100.00	100.00
省直单位	1	2553		

主要统计指标解释

普通高等学校 指按照国家规定的设置标准和审批程序批准举办，通过国家统一招生考试，招收高中毕业生为主要培养对象，实施高等教育的全日制大学、独立设置的学院和高等专科学校、短期职业大学。

成人高等学校 指按照国家有关规定审批，招收通过全国成人高教统一招生考试的具有高中毕业或同等学历的在职从业人员，利用脱产、半脱产、业余或函授等多种形式对其实施高等学历教育，培养高等教育专科或本科毕业水平的专门人才，修业年限、课程设置和总学时数均按高等学历教育要求付诸实施的学校。包括广播电视大学、职工高等学校、农民高等学校、管理干部学院、教育学院、独立设置的函授学院等。

小学学龄儿童入学率 指调查范围内已入小学学习的学龄儿童占校内外学龄儿童总数(包括弱智儿童，不包括盲聋哑儿童)的比重。计算公式为:

小学学龄儿童入学率=(已入学的小学学龄儿童数/校内外小学学龄儿童总数)×100%

科学家和工程师 指具有大学本科及以上学历和不具备上述学历但有高、中级职称的人员。

专业技术人员 指已取得科学技术职称，或大学、中专的理、工、农、医科系毕业，以及国民经济各部门从工作实践中提拔，从事理、工、农、医等自然科学技术的研究、教学、生产的专业人员和在机关、企业、事业中从事科学技术业务管理工作的专业人员。

工程技术人员 指在国民经济各行业中从事工程技术工作的自然科学技术专业人员，包括高级工程师、工程师、助理工程师、技术员和未评定职称的技术人员。

农业技术人员 指在国民经济各行业中从事农业技术工作的自然科学技术专业人员，包括高级农艺师、农艺师、助理农艺师、技术员和未评定职称的技术人员。

卫生技术人员 指在国民经济各行业中从事卫生医务工作的自然科学技术专业人员，包括正副主任医师、主治医师、医师、医(护)士和未评定职称的技术人员。

科学研究人员 指在国民经济各行业中从事科学技术活动的自然科学技术专业人员，包括正副研究员、助理研究员、研究实习员、技术员和未评定职称的技术人员。

自然科学教学人员 指在国民经济各行业中从事自然科学技术教学活动的专业人员，包括正副教授、讲师、助教、教师和在中学从事自然科学技术教学活动的人员。

发明 是专利法及其实施细则所称的发明，指对有关产品、方法或其改进所提出的新的技术方案。

实用新型 是专利法及其实施细则所称的实用新型，指对产品的形状、构造或者其结合所提出的适于实用的新的技术方案。

外观设计 是专利法及其实施细则所称的外观设计，指对产品的形状、图案、色彩或者其结合所作出的富有美感并适于工业上应用的新设计。

文化事业机构 指从事专业文化工作和为专业文化工作服务的独立建制的单位。不包括这些单位另外举办独立核算的其他机构和各部门的业余文化组织。

艺术表演团体 指从事戏曲、音乐、舞蹈、杂技等专业艺术表演，有独立帐户的单位，不包括半工半艺、半农半艺和民间职业剧团。

电影放映单位 指具有放映机器设备、固定或不固定的放映场所与专职或兼职的放映技术人员，经有关部门登记批准，经常为一定的观众对象放映电影的机构。包括经批准对外开放进行营业，并与电影发行放映管理机构分帐的专用放映单位和军委系统租片单位。

艺术表演观众人数(人次) 指售票、包场演出或民族地区免费演出的艺术表演观众人次数，不包括彩排审查和内部观摩演出的观看人次数。

20 体育、卫生、社会福利和其他

TIYUWEISHENGSHEHUIFULIHEQITA

资料整理　　王　东

****

20. 体育、卫生、社会福利和其他

****

2001 年全省		
等级运动员发展人数	3339	人
等级裁判员发展人数	1804	人
卫生机构数	5563	个
# 医院	2780	个
卫生技术人员	13.53	万人
# 医生	6.60	万人
社会福利事业单位	801	个
社会福利事业单位年末收养人数	11531	人

****

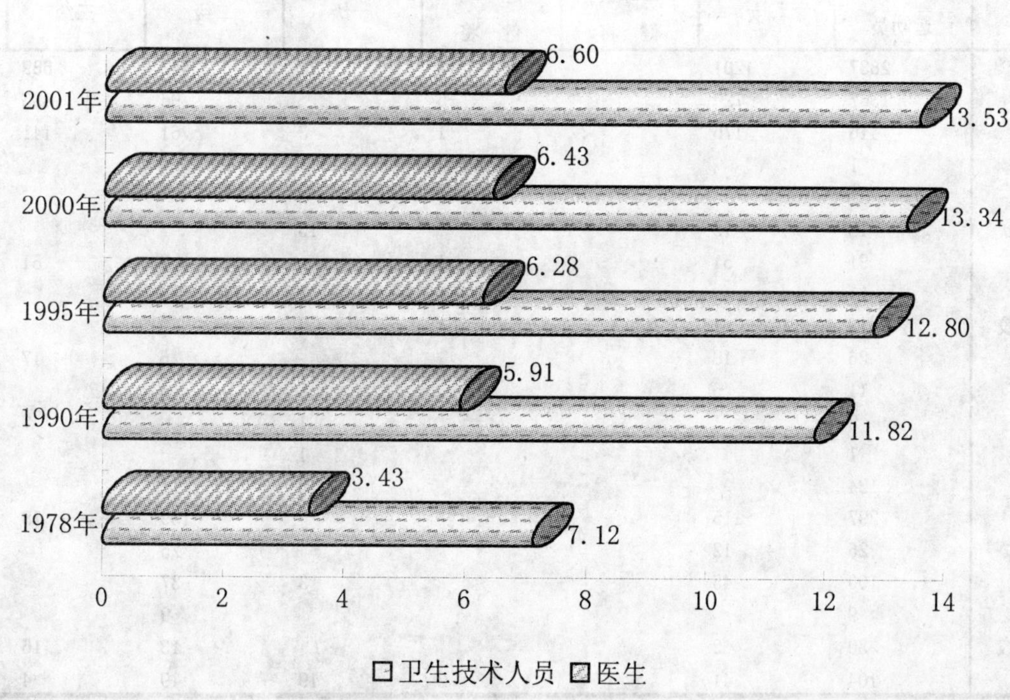

20-1 体 育 事 业

指 标	单 位	1990年	1995年	1999年	2000年	2001年
一、体育系统职工人数	人	3448	4006	4140	4387	4420
二、等级运动员发展人数	人	1518	693	2117	2837	3339
# 女运动员	人	552	247	781	1195	1369
# 国际健将	人	1	6	3		1
运动健将	人	10	11	6	12	14
三、等级裁判员发展人数	人	1101	429	1531	1533	1804
# 女裁判员	人	155	109	304	413	507
# 国际级	人					
国家级	人	5	12	17	28	10
四、少年儿童业余体校	所	123	94	104	101	101
# 重点体校	所	13	13	45	5	5
在校学生	人	8407	7210	9742	10141	11226
五、各级各系统举办县级以上运动会次数	次	2457	1300	2409	1347	1219
参加运动会人数	人	725763	408202	1073443	305936	276532
六、《国家体育锻炼标准》达标人数	人	1456918	1234663	3070142	3341049	3277777

注：体育系统职工人数包括省体委系统、地县体委、优秀运动队、体育运动学校、少年儿童业余体校职工。

20-2 等级运动员分项目发展人数

（2001年）

单位：人

运动项目	等级运动员	# 女	国际级健将	运动健将	一级	二级	三级	少年级
总 计	**2837**	**1201**		**12**	**71**	**443**	**689**	**1622**
田 径	1567	720		5		96	435	1031
游 泳	416	176		1	3	61	141	210
跳 水	1			1				
体 操	1			1				
艺术体操	13	13			13			
举 重	91	51		1		2	51	37
拳 击	1				1			
国际式摔跤	12	1		1	9	2		
柔 道	26	18				6	17	3
射 击	11	6			8	3		
射 箭	8	1			1		7	
赛 艇	1				1			
足 球	124				13	11		100
篮 球	297	115				159	18	120
排 球	25	12				25		
乒乓球	100	45			3	37		60
棒 球	9					9		
中国式摔跤	30	2				13	16	1
武 术	104	41		2	19	19	4	60

20-3 等级裁判员分项目发展人数

（2001年）

单位：人

运动项目	等级裁判员	#女	国家级裁判	一级	二级	三级
总计	1804	507	10	88	1005	701
田径	641	167		2	383	256
游泳	37	16	3		17	17
体操	14	12			14	
举重	7				6	1
拳击	1		1			
国际式摔跤	2				2	
足球	103	30	2		57	44
篮球	434	75		59	245	130
排球	120	45			92	28
乒乓球	61	17			46	15
羽毛球	11				9	2
网球	31	14			6	25
垒球	2					2
中国式摔跤	6				6	
武术	117	52		2	24	91
航空模型	19	3			4	15
中国象棋	18	2			18	
门球	106	45		21	30	55
轮滑	2	1	2			
健美	44	26	2	4	18	20
台球	26	2			26	
跆拳道	2				2	

20-4 国际体育活动情况

（2001年）

洲别	来华和出访国家或地区（个）	来华和出访 起数（起）	来华和出访 人数（人）	来华 起数（起）	来华 人数（人）	出访 起数（起）	出访 人数（人）
总计	21	37	138	2	27	35	111
亚洲	12	23	91	2	27	21	64
非洲							
欧洲	6	10	20			10	20
大洋洲							
拉丁美洲	3	4	27			4	27

20-5 卫生机构、床位及人员数

年 份	机构合计(个)	#医院	床位合计(万张)	#医院	卫生技术人员(万人)	#医生	#护师(士)
1952	715	135	0.50	0.34	0.95	0.40	0.12
1957	3170	148	1.32	0.85	2.99	1.65	0.37
1962	5105	231	2.28	1.66	3.71	1.93	0.53
1965	5146	266	2.52	1.86	3.87	2.05	0.64
1970	4007	2268	3.16	2.89	4.25	2.26	0.89
1975	5122	3008	4.74	4.36	6.27	2.96	1.15
1978	5598	3064	5.39	4.99	7.12	3.43	1.11
1979	5780	3078	5.78	5.32	7.58	3.60	1.17
1980	5845	3095	6.08	5.52	8.05	3.72	1.19
1981	6158	3109	6.37	5.72	8.84	4.07	1.40
1982	6369	3113	6.51	5.92	9.23	4.20	1.57
1983	6280	3106	6.66	6.06	9.57	4.38	1.73
1984	6251	3119	6.87	6.23	10.01	4.63	1.81
1985	6346	2218	7.20	6.46	10.61	4.97	1.88
1986	6309	2439	7.45	6.70	10.89	5.12	1.93
1987	6293	2559	7.68	6.95	11.22	5.29	2.04
1988	6248	2502	8.03	7.22	11.48	5.70	2.41
1989	6312	2515	8.29	7.47	11.63	5.84	2.64
1990	6416	2521	8.55	7.80	11.82	5.91	2.72
1991	6433	2577	9.02	8.22	11.99	5.87	2.81
1992	6404	2604	9.29	8.51	12.33	5.97	2.87
1993	6215	2389	9.56	8.81	12.28	5.89	2.91
1994	6227	3040	9.84	9.07	12.60	6.20	3.03
1995	6215	3313	9.88	9.05	12.80	6.28	3.10
1996	6033	3315	9.59	9.05	12.82	6.30	3.10
1997	5947	3217	9.48	9.04	12.99	6.23	3.25
1998	5639	2779	9.48	9.09	13.03	6.17	3.37
1999	5493	2753	9.68	9.22	13.28	6.37	3.48
2000	5572	2779	9.69	9.26	13.34	6.43	3.56
2001	5563	2780	9.91	9.43	13.53	6.60	3.62

20-6 各类卫生机构、床位及人员数

（2001年）

指　　标	机构数（个）	床位数（张）	人员合计（人）	卫生技术人员	其他技术人员	管理人员	工勤人员
总　　计	5563	99068	165344	135320	2667	13997	13352
一、医院合计	2780	94316	127386	103769	1496	11298	10815
1.县及县以上医院	664	72081	95148	75039	1493	9276	9332
综合医院	465	52673	69679	55031	1045	6850	6753
中医医院	116	8394	12538	10378	174	1014	972
医学院校附属医院	4	2579	4321	3199	135	429	558
传染病院	2	492	522	346	7	79	90
精神病院	11	1120	1014	749	5	144	116
结核病院	2	705	616	386	20	92	118
妇幼保健院	35	1987	3683	2999	63	293	328
妇产医院	1	10	11	8		2	1
儿童医院	3	436	807	592	10	107	90
麻风病院	2	1900	166	96	6	24	40
肿瘤医院	1	400	478	323	14	91	50
康复医院	6	618	430	239	4	63	124
口腔医院	3	45	202	161		24	17
眼科医院	2	44	29	23		3	3
骨科医院	7	248	351	274	7	31	39
中西医结合医院	1	80	135	112		3	20
其他专科医院	3	350	166	123	3	27	13
2.卫生院	2037	18940	29483	26539		1722	1222
3.其他医院	79	3295	2755	2191	3	300	261
二、疗养院、所	12	2454	1141	575	51	257	258
三、门诊部、所	150	444	2395	2063	1	236	95
四、专科防治所、站	21	100	323	215	7	50	51
结核病防治所、站	3		55	36		12	7
职业病防治所、站	1	100	23	13		4	6
地方病防治所、站	11		227	151	7	31	38
其　他	6		18	15		3	
五、卫生防疫机构	138	155	6941	5205	278	659	799
六、妇幼保健所、站	82	831	2472	2057	20	205	190
七、药品检验机构	89		1337	989	60	176	112
八、医学科学研究机构	4	30	456	267	13	97	79
九、高等医学教育机构	2		923	485	124	132	182
十、中等医药教育机构	83	138	3356	1622	522	682	530
十一、其他卫生事业机构	37	600	1328	787	95	205	241
十二、其　他	2165		7350	7350			
十三、个体办诊所			9936	9936			

20-7 传染病发病率和死亡率

(2001年)

病名	发病率(1/10万)	死亡率(1/10万)	病死率(%)	病名	发病率(1/10万)	死亡率(1/10万)	病死率(%)
合计	**233.79**	**0.29**	**0.12**	流脑	0.22		1.25
鼠疫				猩红热	1.23		
霍乱				出血热	10.39	0.11	1.05
肝炎	93.87	0.05	0.05	狂犬病	0.01		
痢疾	61.60	0.01	0.01	钩体病	0.01	0.01	66.67
伤寒	0.43		0.65	布病	0.37		
艾滋病	0.02	0.01	33.33	炭疽	0.02		
淋病	5.17			斑疹伤寒	0.20		
梅毒	0.65		0.43	乙型脑炎	1.27	0.04	3.08
脊灰				黑热病			
麻疹	19.29	0.01	0.03	疟疾	0.13		
百日咳	2.15			新破	0.13	0.01	10.42
白喉				肺结核	36.63	0.04	0.12

20-8 出院病人前十种疾病比重

(2001年)

顺位	城市		农村	
	疾病分类	占出院人数%	疾病分类	占出院人数%
1	损伤和中毒	14.08	损伤和中毒	21.64
2	呼吸系统疾病	13.91	呼吸系统疾病	17.39
3	消化系统疾病	13.65	消化系统疾病	14.45
4	循环系统疾病	11.69	循环系统疾病	10.68
5	肿瘤	7.82	妊娠分娩及产褥期并发症	7.92
6	妊娠分娩及产褥期并发症	7.12	传染病和寄生虫病计	7.72
7	传染病和寄生虫病计	7.06	泌尿生殖系统疾病	4.45
8	神经系统和感觉器官疾病计	5.53	肿瘤	3.53
9	泌尿生殖系统疾病	5.44	神经系统和感觉器官疾病计	2.98
10	肌肉、骨胳系统和结缔组织疾病计	3.17	起源于围产期情况	2.12
	十种疾病合计	89.47	十种疾病合计	92.88

20-9 各市卫生机构、床位及人员数

(2001年)

地区	机构合计(个)	#医院	床位合计(张)	#医院	人员合计(人)	卫生技术人员(人)	#医生	#护师(士)
全省	**5563**	**2780**	**99068**	**94316**	**165344**	**135320**	**65999**	**36224**
西安市	1420	430	31727	28664	52607	41686	18578	13613
铜川市	155	73	3420	3305	5605	4611	2049	1422
宝鸡市	569	306	10340	10225	17510	14703	6842	3788
咸阳市	510	266	11334	11046	20590	16955	7722	4280
渭南市	431	317	9508	9432	16601	13356	6284	3442
延安市	376	228	5242	5079	9476	7577	3755	1889
汉中市	587	356	11644	11399	16275	13952	7351	3184
榆林市	681	296	6595	6380	10323	8476	5097	1695
安康市	469	288	4982	4822	9322	8021	4528	1775
商洛市	365	220	4276	3964	7035	5983	3793	1136

20-10 各市农村村级卫生组织情况

(2001年)

地区	行政村数(个)	#实行合作医疗或医疗保险的	#无医疗点的村数	村设置的医疗点数(个)	#集体办医疗点	乡村医生和卫生员(人)	乡村医生	卫生员	农村接生员(人)
全省	**31016**	**8698**	**3664**	**28530**	**17553**	**52543**	**37178**	**15365**	**12379**
西安市	3163	2240	123	3057	2484	5870	4741	1129	802
铜川市	543	236	15	693	520	1013	869	144	283
宝鸡市	2113	1116	140	2035	1798	4637	3821	816	689
咸阳市	3848	1033	127	3964	2595	6227	4545	1682	1184
渭南市	2992	894	122	3588	2073	8120	6210	1910	833
延安市	3297	485	646	2568	815	4009	2567	1442	1982
汉中市	3469	1014	86	3423	2820	6007	4270	1737	1457
榆林市	5762	169	1391	3952	524	5519	3667	1852	1379
安康市	3047	604	817	2542	1451	5347	2709	2638	2050
商洛市	2782	907	197	2708	2473	5794	3779	2015	1720

20-11 社会福利事业、企业单位机构和人员

指标	机构（个）		工作人员（人）	
	2000年	2001年	2000年	2001年
总计	**2002**	**1949**	**32060**	**32813**
一、社会福利事业单位	855	801	3505	3513
二、社会福利企业单位	909	909	25755	26430
民政部门办	96	93	3255	3047
安置农场	2	2	44	43
社会办	811	814	22456	23340
三、烈士纪念建筑物管理单位	30	30	244	255
四、收容遣送站	91	84	786	727
五、殡葬事业单位	55	60	1078	1144
六、其他非收养性单位	62	65	692	744

20-12 社会福利事业单位基本情况

(2001年)

指标	院数（个）	工作人员（人）	床位（张）	年末在院人数（人）
总计	**798**	**3499**	**16204**	**11531**
一、民政部门办社会福利事业单位	72	2100	6648	5183
优抚休、疗养院	22	768	1602	864
城市福利院	50	1332	5046	4319
二、老年收养性机构	726	1399	9556	6348

注：1. 优抚休、疗养院包括荣誉军人康复医院、复退军人慢性疗养院、复退军人精神病院和国家办光荣院。

2. 城市福利院包括社会福利院、社会儿童福利院、社会精神病人福利院。

3. 老年收养性机构包括城镇、农村的敬老院、养老院、老年性公寓。

20-13 社会福利企业基本情况

（2001年）

地 区	单 位 数（个）	年末职工人数（人）	#残疾职工	#女 性
全 省	**907**	**26387**	**11162**	**3613**
西安市	265	8685	3823	1258
铜川市	18	664	296	165
宝鸡市	215	5696	2438	923
咸阳市	100	2430	1126	312
渭南市	112	2969	1267	250
延安市	21	520	191	68
汉中市	77	2291	943	239
榆林市	19	777	347	87
安康市	29	447	154	75
商洛市	25	559	205	37
杨凌示范区	2	80	31	7
厅级小计	24	1269	341	192

20-14 各市城镇服务设施及农村社会保障情况

（2001年）

地 区	城镇社区服务设施数（个）	从业人员（人）	#安置下岗人员数	便民利民服务网点（个）	农村社会保障网络数（个）
全 省	**7561**	**27912**	**10338**	**22903**	**552**
西安市	1356	3561	1290	11872	26
铜川市	416	3243	680	1048	2
宝鸡市	71	3042	228	1339	150
咸阳市	714	4033	3316	720	27
渭南市	4227	8803	3311	5402	82
延安市	250	402	222	5	
汉中市	215	3643	933	716	80
榆林市	123	395	132	858	171
安康市	174	540	113	580	14
商洛市	11	250	113	363	
杨凌示范区	4				

20-15 各市社会捐赠情况

（2001年）

地 区	捐赠款数额（万元）	#国外捐赠	#港澳台捐赠	捐赠物资衣被价值（万元）	接收捐赠衣被件数（万件）
全 省	**471.10**	**1.50**	**1.30**	**1026.10**	**609.40**
西安市	25.30			40.20	17.00
铜川市	8.20		1.30	16.10	2.40
宝鸡市	8.80			17.40	28.80
咸阳市	29.40			99.60	28.30
渭南市	63.80			33.30	12.00
延安市	4.30			43.80	9.70
汉中市	18.30			48.70	13.20
榆林市	262.60			108.70	50.80
安康市	28.90			170.60	114.20
商洛市	11.00	1.50		115.30	25.60
杨凌示范区	0.50			1.20	0.40
厅级小计	10.00			331.20	307.00

20-16 各市收养登记情况

（2001年） 单位：人

地 区	收养登记合计	中国公民收养登记	港澳居民	台湾居民	华侨	外国人收养登记
全 省	**590**	**354**			**1**	**235**
西安市	54	54			1	
铜川市	19	19				
宝鸡市	29	29				
咸阳市	36	36				
渭南市	11	11				
延安市	72	72				
汉中市	41	41				
榆林市	3	3				
安康市	52	52				
商洛市	37	37				
杨凌示范区	1	1				
厅级小计	235	235				235

20-17 律师、公证及人民调解工作

(2001年)

项 目	单 位	实有数	项 目	单 位	实有数
一、律师工作			二、公证工作		
律师人员	人	3074	公证处	个	117
#专 职	人	1860	#涉外公证处	个	21
兼 职	人	302	公证人员	人	811
刑事诉讼辩护及代理	件	7826	办理公证文书	件	211989
民事诉讼代理	件	18959	三、人民调解工作		
经济诉讼代理	件	8950	专职司法助理员	人	2394
行政诉讼代理	件	1823	人民调解委员会	个	35010
担任法律顾问	家	5151	调解委员	万人	12.42
代写法律文书	件	56644	调解民间纠纷	万件	20.89
律师事务所	个	261			

20-18 国内公证文书分类

(2001年)

分 类	办证件数 (件)	比 重 (%)	分 类	办证件数 (件)	比 重 (%)
一、民事公证事项			二、经济公证事项		
合 计	61858	100.00	合 计	103230	100.00
收 养	277	0.45	购销合同	437	0.42
解除收养	197	0.32	联营合同	329	0.32
继承权	2244	3.63	拍 卖	702	0.68
遗 嘱	1445	2.34	贷款合同	43736	42.37
产 权	675	1.09	担保书	1020	0.99
亲属关系	1096	1.77	招标、投标	648	0.63
死 亡	35	0.06	科技协作	34	0.03
房屋买卖	10657	17.23	供用电合同	504	0.49
房屋租赁	2698	4.36	劳务合同	4831	4.68
留学协议	157	0.25	建筑工程承包	670	0.65
遗赠扶养协议	414	0.67	工商服务业承包	167	0.16
委托书	2759	4.46	农林牧渔业承包	3565	3.45
赠与书	2109	3.41	乡镇企业承包	143	0.14
声明书	2669	4.31	财产租赁	355	0.34
现场监督	2046	3.31	企业租赁	159	0.15
签名印鉴属实	578	0.93	资产经营责任制	8	0.01
文本相符	1060	1.71	还款协议	1355	1.31
宅基地使用权	481	0.78	土地使用权出让转让	1032	1.00
证据保全	2088	3.38	其他经济合同	5680	5.50
拆迁协议	2901	4.69	法人资格	154	0.15
计划生育			法人委托书	850	0.82
赡养协议	287	0.46	公司章程	78	0.08
合伙协议	587	0.95	执行许可证明	871	0.84
夫妻财产协议	7331	11.85	提 存	109	0.11
其他民事协议	3454	5.58	抵押登记	2805	2.72
更改姓名	512	0.83	公司会议记录	222	0.22
其 他	13101	21.18	其 他	32766	31.74

20-19 婚姻登记情况

指 标	单 位	1990年	1995年	1999年	2000年	2001年
一、登记结婚数						
1. 内地居民登记结婚数	对	262919	241605	224543	203173	203358
初婚数	人	504453	461431	423733	382458	368940
再婚数	人	21385	21779	24477	23888	37776
# 恢复结婚数	人	1868	1074	1916	1473	1944
2. 涉外婚姻数	对	89	289	438	425	480
二、登记离婚数						
1. 内地居民登记离婚数	对	7858	10598	15147	12568	13891
2. 涉外婚姻数	对	4	4	7	8	13

20-20 各市婚姻登记情况

(2001年)

地 区	准予登记结婚数(对)	初婚数(人)	再婚数(人)	# 恢复结婚数	登记离婚数(对)	港澳台华侨离婚数(对)
全 省	**201973**	**380658**	**23288**	**1473**	**12498**	**8**
西安市	46415	85442	7388	235	5161	1
铜川市	4695	9213	177	36	191	
宝鸡市	21330	38961	3699	300	1221	
咸阳市	25252	49170	1334	73	1283	
渭南市	27429	50770	4088	167	1542	
延安市	8963	17601	325	46	301	
汉中市	22228	42091	2365	276	1333	
榆林市	17331	32712	1950	178	652	
安康市	13637	26278	996	57	556	
商洛市	14693	28420	966	105	258	
杨凌示范区	1200	1800	600		70	
厅级小计						7

20-21 工 会 工 作

（2001年）

项 目	单 位	实有数	项 目	单 位	实有数
一、全省工会组织概况			10. 榆林市基层工会委员会	个	3300
1. 基层工会委员会	个	33626	职工人数	万人	16
2. 会员人数	万人	330	会员人数	万人	15
# 女会员	万人	120	11. 杨凌示范区基层工会委员会	个	44
3. 建会单位职工人数	万人	353	职工人数	万人	0.30
# 女职工人数	万人	129	会员人数	万人	0.30
二、市、省产业基层工会组织状况			12. 省产业系统基层工会委员会	个	1754
1. 西安市基层工会委员会	个	7645	职工人数	万人	125.00
职工人数	万人	68.50	会员人数	万人	120.40
会员人数	万人	64.20	三、工会民主管理工作		
2. 铜川市基层工会委员会	个	1068	1. 建立职代会制度的企业	个	7244
职工人数	万人	8.50	# 非公有制的企业	个	704
会员人数	万人	8.00	2. 实行业务招待费使用情况向职代会报告的公有制企业	个	4134
3. 宝鸡市基层工会委员会	个	4122			
职工人数	万人	25.20	3. 职代会开展民主评议企业领导干部的公有制企业	个	4243
会员人数	万人	23.00			
4. 咸阳市基层工会委员会	个	3459	4. 实行厂务公开的企业	个	6931
职工人数	万人	26.60	5. 建立平等协商、集体合同制度的企业	个	6328
会员人数	万人	24.70	6. 签订集体合同的企业	个	6237
5. 渭南市基层工会委员会	个	3402	集体合同覆盖的职工人数	万人	146
职工人数	万人	21.60	7. 建立职工董事制度的公有制企业	个	380
会员人数	万人	19.20	# 国有独资及国有控股公司	个	107
6. 汉中市基层工会委员会	个	2559	8. 建立职工监事制度的公有制企业	个	373
职工人数	万人	17.60	# 国有独资及国有控股公司	个	107
会员人数	万人	15.30	四、“交友帮扶”活动情况		
7. 安康市基层工会委员会	个	2077	1. 参加交友帮扶活动的各类干部人数	人	66043
职工人数	万人	13.00	# 省级领导干部	人	38
会员人数	万人	12.30	地厅级领导干部	人	1314
8. 商洛市基层工会委员会	个	1868	县处级领导干部	人	14259
职工人数	万人	9.40	企业领导干部	人	23253
会员人数	万人	8.60	科级及工会干部	人	27179
9. 延安市基层工会委员会	个	2314	2. 结对帮扶的困难职工人数	人	71072
职工人数	万人	19.50	3. 被救助的职工人数	人	81202
会员人数	万人	17.50	救助款	万元	1174.40

20-22 妇 女 工 作

(2001年)

项　　目	单 位	合 计	省 级	地、市级	县、区级	乡、镇级
一、组织状况						
妇女联合会	个	1937	1	11	107	1818
基层妇代会	个	31979				
妇委会	个	3085	66	412	2526	81
二、妇联干部	人	2567	50	138	500	1879
三、妇联杂志						
公开发行	份	1	1			
期发行量	万份	77.00	77.00			
内部发行	份	1	1			
期发行量	万份	0.30	0.30			
四、维护妇女合法权益工作						
律师事务所	个	31		3	28	
妇联维权干部中取得						
律师资格人数	人	5	1	3	1	
来信件数	件	4568	452	476	3640	
来访人次	人	12295	1800	2281	8214	
五、实施春蕾计划						
资助女童入学或返校	人	24079	2585	2045	19449	
社会捐资总数	万元	315	56	68	191	
六、其他工作情况						
妇女、儿童活动中心	个	16	1	5	10	
三八红旗手	人	1923	107	34	1782	
三八红旗集体	个	349	20	13	316	
五好文明家庭	户	285678	100	806	284772	

注：省级三八红旗手中包括2名国家级个人；三八红旗集体包括1个国家级三八红旗集体。

20-23 各市交通事故情况

地 区	事故次数（件）		死亡人数（人）		受伤人数（人）		损失折款（万元）	
	2000年	2001年	2000年	2001年	2000年	2001年	2000年	2001年
全 省	**11846**	**13729**	**2377**	**2329**	**8853**	**10842**	**3978**	**4065**
西安市	4061	4192	587	566	2851	3087	1109	1154
铜川市	772	698	64	58	508	538	332	240
宝鸡市	1371	1452	185	233	708	735	333	355
咸阳市	938	1296	154	197	733	1092	243	317
渭南市	1557	2500	303	279	1266	2239	422	605
延安市	609	746	234	259	524	712	311	428
汉中市	1025	1092	243	203	690	825	395	309
榆林市	625	534	305	223	579	592	377	318
安康市	435	446	135	149	569	521	178	157
商洛市	444	397	166	156	416	336	275	156
杨凌示范区	9	376	1	6	9	165	3	26

20-24 各市火灾事故情况

地 区	事故次数（件）		死亡人数（人）		受伤人数（人）		损失折款（万元）	
	2000年	2001年	2000年	2001年	2000年	2001年	2000年	2001年
全 省	**3818**	**3413**	**77**	**23**	**60**	**63**	**2613**	**1268**
西安市	1045	1142	17	5	12	18	473	298
铜川市	36	46	3				35	22
宝鸡市	674	456	7	1	6	6	151	47
咸阳市	448	464	1	3	3		234	87
渭南市	918	699	10	2	11	2	946	79
延安市	19	126	1	2	1	12	22	158
汉中市	191	172	9	3	7	4	156	102
榆林市	136	141	4	4	5	17	249	220
安康市	265	96	1	2	6	2	176	37
商洛市	86	71	24	1	9	2	171	217

20-25 各市工业固体废物排放及处理情况

(2001年)

地区	工业固体废物产生量(万吨)	工业固体废物排放量(万吨)	#危险废物排放量(吨)	工业固体废物贮存量(万吨)	#危险废物贮存量(吨)
全省	2408.28	76.95	108.00	1686.23	62108.37
西安市	105.08	1.16	23.00	37.85	2.00
铜川市	74.53	0.54		51.59	
宝鸡市	179.01	1.61		113.24	30001.00
咸阳市	120.56	3.23		46.95	3.00
渭南市	1439.66	13.25		1176.67	
延安市	15.43	0.13	81.00	7.17	600.00
汉中市	216.74	45.83		113.17	2.37
榆林市	94.15	3.68		6.95	
安康市	49.88	7.08	4.00	22.52	
商洛市	113.24	0.44		110.12	31500.00

地区	#处置往年贮存量(万吨)	工业固体废物处置量(万吨)	#危险废物处置量(吨)	工业固体废物综合利用量(万吨)	"三废"综合利用产品产值(万元)
全省	46.83	216.00	7327.68	493.31	67206.10
西安市	1.83	6.38	121.03	69.06	24625.8
铜川市		6.82		22.58	1306.4
宝鸡市		5.50	56.65	58.66	3749.7
咸阳市		3.06		67.33	1568.7
渭南市	30.00	97.83		184.25	30607.1
延安市		0.74	6922.00	7.39	106.1
汉中市	15.00	27.26	228.00	45.96	3726.6
榆林市		62.99		20.54	56.2
安康市		4.79		15.49	686.5
商洛市		0.63		2.05	773.0

20-26　各市工业污染治理情况

(2001年)

地　区	汇总工业企业(个)	本年施工项目总数(个)	治理废水	治理废气	治理固体废物	治理噪声	其他
全　省	**342**	**422**	**176**	**167**	**24**	**6**	**49**
西安市	86	118	52	38	4	5	19
铜川市	24	37	4	28	4		1
宝鸡市	49	55	27	15	7	1	5
咸阳市	20	21	10	9			2
渭南市	79	93	35	49	2		7
延安市	20	23	6	5	1		11
汉中市	39	44	24	11	5		4
榆林市	2	3	1	2			
安康市	19	23	16	6	1		
商洛市	4	5	1	4			

地　区	污染治理项目本年完成投资(万元)	治理废水	治理废气	治理固体废物	治理噪声	其他
全　省	**26651.7**	**9752.1**	**12356.4**	**595.9**	**19.8**	**3927.5**
西安市	2995.6	1766.7	962.7	33.6	16.0	216.6
铜川市	2510.7	63.9	2340.2	35.0		71.6
宝鸡市	3681.3	3185.0	296.9	110.7	3.8	84.9
咸阳市	1127.2	908.7	118.5			100.0
渭南市	8884.0	1153.2	7584.0	3.0		143.8
延安市	2159.2	1317.8	263.8	8.0		569.6
汉中市	4295.8	697.1	463.3	394.4		2741.0
榆林市	71.0	58.0	13.0			
安康市	807.9	595.7	201.0	11.2		
商洛市	119.0	6.0	113.0			

20-27 各市工业废水排放及处理量

(2001年)

地 区	工业用水总量（万吨）	工业废水排放总量（万吨）	工业废水排放达标量（万吨）	废水治理设施运行费用（万元）
全 省	**472257.79**	**28634.15**	**22891.63**	**94838.8**
西安市	65324.73	9282.99	7200.20	4011.6
铜川市	1286.67	299.90	257.66	163.4
宝鸡市	58772.35	5855.08	4340.25	2286.8
咸阳市	100149.69	4652.93	3965.58	63641.3
渭南市	163452.70	3828.26	3420.99	16968.6
延安市	25449.27	393.58	180.91	972.5
汉中市	41245.99	2483.79	2138.90	4440.4
榆林市	14250.19	791.55	727.03	1693.1
安康市	994.77	486.57	347.03	251.0
商洛市	1331.43	559.50	313.08	410.1

20-28 各市废水处理设施运行情况

(2001年)

地 区	废水治理设施数（套）	废水治理设施处理能力（万吨/日）	工业用水重复利用率（%）	排入污水处理厂的（万吨）	工业废水排放达标率（%）
全 省	**1556**	**190.20**	**89.84**	**1583.56**	**79.95**
西安市	437	29.05	79.13	1198.44	77.56
铜川市	42	1.70	62.80		85.92
宝鸡市	248	39.08	86.19		74.13
咸阳市	158	21.07	92.59	87.64	85.23
渭南市	183	49.81	94.15		89.36
延安市	46	2.47	94.22	185.98	45.96
汉中市	265	32.29	89.38	30.98	86.11
榆林市	50	9.26	89.39		91.85
安康市	44	1.81	32.77	60.52	71.32
商洛市	83	3.66	45.39	20.00	55.96

20-29 各市工业废气排放及处理情况

(2001年)

地　区	工业废气排放总量(万标立方米)	燃料燃烧过程中废气排放量(万标立方米)	生产工艺过程中废气排放量(万标立方米)	废气治理设施数(套)	废气治理设施处理能力(万标立方米/时)
全　省	**28580556**	**18278174**	**10302382**	**3534**	**12858.98**
西安市	2758456	1994067	764389	823	527.52
铜川市	3956585	178211	3778374	549	496.76
宝鸡市	3569633	2845537	724096	534	938.45
咸阳市	3966551	3253427	713124	313	1657.33
渭南市	8872398	6682062	2190336	546	8583.76
延安市	470333	430513	39820	71	47.72
汉中市	2041148	1063865	977283	457	283.58
榆林市	2328222	1725953	602269	72	195.34
安康市	269050	57981	211069	127	97.25
商洛市	348180	46558	301622	42	31.27

地　区	工业二氧化硫排放量(吨)	烟尘排放量(吨)	烟尘去除量(吨)	工业粉尘去除量(吨)	废气治理设施运行费用(万元)
全　省	**542241.17**	**294633.61**	**3234886.30**	**483633.80**	**17435.40**
西安市	78604.53	30295.51	334853.18	72053.95	2012.20
铜川市	8369.16	3785.23	3552.04	214149.82	4430.40
宝鸡市	43292.42	28298.47	349452.20	38012.79	2050.40
咸阳市	128454.66	29287.65	697856.76	21554.80	1308.00
渭南市	204367.65	110039.55	1486056.00	49499.76	4145.70
延安市	5238.02	8422.97	44388.16	46.46	230.90
汉中市	48970.35	45799.86	215019.29	9131.54	1724.20
榆林市	13475.00	17163.91	98003.23	30543.73	733.70
安康市	3868.55	3538.44	4960.58	7886.25	327.00
商洛市	7600.83	18002.02	744.86	40754.70	472.90

主要统计指标解释

等级运动员人数 指经考核正式批准授予等级运动员称号的人数。运动员等级分为国际级运动健将、运动健将、一级运动员、二级运动员、三级运动员、少年级运动员。

等级裁判员人数 指经考核正式批准授予等级裁判员称号的人数。裁判员等级分为国际裁判、国家级裁判、一级裁判、二级裁判、三级裁判。

医院 指设有固定床位,能收容病人住院并能为病人提供医疗、护理服务的医疗机构,包括县及县以上医院、农村乡卫生院和其他医院三部分。医院按所属性质不同分为卫生部门、工业及其他部门和集体经济单位三类。县及县以上医院按业务性质不同分为综合医院和专科医院。

卫生技术人员 指卫生事业机构支付工资的全部职工中现任职务为卫生技术工作的专业人员,包括中医师、西医师、中西医结合高级医师、护师、中药师、西药师、检验师、其他技师、中医士、西医士、护士、助产士、中药剂士、西药剂士、检验士、其他技士、其他中医、护理员、中药剂员、西药剂员、检验员和其他初级卫生技术人员。

医生 指经卫生部门审查合格,从事医疗工作的专业人员。分为中医医生和西医医生。包括卫生技术人员中的中医师、西医师、中西医结合高级医师、中医士、西医士和其他中医。

社会福利事业单位 指集中收养社会孤老、残、幼的机构,包括由民政部门管理的社会福利院、儿童福利院、精神病人福利院和城镇集体举办的福利院及农村集体举办的敬老院。

社会福利事业单位收养人数 包括民政部门管理和城镇、农村集体举办的社会福利事业单位中收养的老人、少年儿童、缺乏生活自理能力的残疾人员和精神病人。

社会福利企业单位 指以安置城镇有一定劳动能力的盲、聋、哑和肢体残疾人员就业为目的,享受国家减免税待遇的国有或集体企业。包括福利工厂、福利商业和服务业、假肢厂和安置农场等单位。

律师 指受聘参加法律顾问处工作,担任法律顾问、刑(民)事代理人、刑事辩护人,办理非诉讼事件、解答法律询问,代写法律事务文书等主要从事律师业务的专职法律工作者和兼职律师。

公证人员 指在国家公证机关依法办理公证事务的司法人员,包括公证员、助理公证员和在公证处工作的其他人员。

办理公证文书 指公证处在一定时期内办结的公证文书件数。公证文书按司法部规定或批准的格式制作,包括国内公证和涉外公证两部分。国内公证分为经济合同公证和民事法律关系公证两大类。

调解人员 指在人民调解委员会担负调解民间一般民事纠纷和轻微违法行为引起纠纷的工作人员,包括调解委员会的委员和调解小组的调解员。

调解民间纠纷 指调解委员会依照法律规定,根据自愿原则,用说服教育的方法调解民间发生的有关民事权利和义务的争执,促成当事双方达到协议和谅解,解决纠纷。包括婚姻家庭纠纷,财产权益纠纷等,不包括法院受理调解的民事案件数。

受理劳动争议案件数 指劳动争议仲裁委员会根据国家有关规定,对劳动争议当事人的申请予以审查,符合受理条件而正式立案、准备处理的劳动争议案件数。

工业废水排放量 指经过企业厂区所有排放口排到企业外部的工业废水量。包括生产废水、外排的直接冷却水、超标排放的矿井地下水和与工业废水混排的厂区生活污水,不包括外排的间接冷却水(清污不分流的间接冷却水应计算在内)。

工业废水排放达标量 指各项指标都达到国家或地方排放标准的外排工业废水量,包括未经处理外排达标和经过处理后外排达标两部分。

工业废水处理量 指报告期内各种水治理设施实际处理的工业废水量,包括处理后外排和处理后回用的工业废水量和虽经处理但未达到国家或地方排放标准的废水量。如车间和厂排放口均有治理设施,并对同一废水分级处理时,不应重复计算工业废水处理量。

工业废气排放量 指企业厂区内燃料燃烧和生产工艺过程中产生的各种排入空气的含有污染物的气体总量,按标准状态〔273K,101325Pa〕计算。

工业二氧化硫排放量 指企业在燃料燃烧和生产工艺过程中排入大气的二氧化硫数量。

烟尘排放量 指企业厂区内燃料燃烧产生的烟气中夹带的颗粒物数量。

工业粉尘排放量 指企业在生产工艺过程中排放的颗粒物重量,如钢铁企业的耐火材料粉尘、焦化企业的筛焦系统粉尘、烧结机的粉尘、石灰窑的粉尘、建材企业的水泥粉尘等。不包括电厂排入大气的烟尘。

工业固体废物产生量 指企业在生产过程中产生的固体状、半固体状和高浓度液体状废弃物的总量,包括危险废物、冶炼废渣、粉煤灰、炉渣、煤矸石、尾矿、放射性废物和其他废物等;不包括矿山开采的剥离废石和掘进废石(煤矸石和呈酸性或碱性的废石除外)。酸性或碱性废石指采掘的废石其流经水、雨淋水的pH值小于4或pH值大于10.5者。

危险废物 指列入国家危险废物名录或根据国家规定的危险废物鉴别标准和鉴别方法认定的,具有爆炸性、易燃性、易氧化性、毒性、腐蚀性、易传染疾病等危险特性之一的废物。

工业固体废物综合利用量　指通过回收、加工、循环、交换等方式，从固体废物中提取或者使其转化为可以利用的资源、能源和其他原材料的固体废物量(包括当年利用往年的工业固体废物累计贮存量)，如用作农业肥料、生产建筑材料、筑路等。综合利用量由原产生固体废物的单位统计。

工业固体废物贮存量　指以综合利用或处置为目的，将固体废物暂时贮存或堆存在专设的贮存设施或专设的集中堆存场所内的数量。专设的固体废物贮存场所或贮存设施必须有防扩散、防流失、防渗漏、防止污染大气、水体的措施。

工业固体废物处置量　指将固体废物焚烧或者最终置于符合环境保护规定要求的场所，并不再回取的工业固体废物量(包括当年处置往年的工业固体废物累计贮存量)。处置方法有填埋(其中危险废物应安全填埋)、焚烧、专业贮存场(库)封场处理、深层灌注、回填矿井等。

工业固体废物排放量　指将所产生的固体废物排到固体废物污染防治设施、场所以外的数量，不包括矿山开采的剥离废石和掘进废石(煤矸石和呈酸性或碱性的废石除外)。

"三废"综合利用产品产值　指利用"三废"(废液、废气、废渣)作为主要原料生产的产品价值(现行价)；已经销售或准备销售的应计算产品价值，留作生产自用的不应计算产品价值。

"三废"综合利用产品利润　指利用"三废"(废液、废气、废渣)生产的产品，销售后所得到的利润。

环境污染与破坏事故　指由于违反环境保护法规的经济、社会活动与行为，以及意外因素的影响或不可抗拒的自然灾害等原因，致使环境受到污染，国家重点保护的野生动植物、自然保护区受到破坏，人体健康受到危害，社会经济和人民财产受到损失，造成不良社会影响的突发性事件。

21 企业调查资料

QIYEDIAOCHAZILIAO

资料整理　　朱雅丽　谭静池

21-1 企业集团基本概况

(2001年)

企业集团名称	所属成员企业数	母公司主营行业类别	母公司登记注册类型	母公司控股情况
西安飞机工业集团	19	工业	其他有限责任公司	国有绝对控股
彩虹集团公司	13	工业	国有企业	国有绝对控股
陕西省延长石油工业集团公司	7	工业	国有独资公司	国有绝对控股
陕西建工集团总公司	22	建筑业	国有企业	国有绝对控股
金花企业集团	8	房地产业	其他有限责任公司	其他
陕西有色金属集团	18	工业	国有独资公司	国有绝对控股
中国西电集团	20	工业	国有企业	国有绝对控股
西安高科集团	12	房地产业	国有企业	国有绝对控股
西安航空发动机集团	10	工业	其他有限责任公司	国有绝对控股
长岭黄河企业集团	6	工业	国有独资公司	国有绝对控股
陕西渭河煤化工集团	5	工业	其他有限责任公司	国有绝对控股
西安翠宝首饰集团公司	3	工业	股份有限公司	集体绝对控股
咸阳偏转集团公司	33	工业	国有企业	国有绝对控股
西安海星科技实业集团	8	批发和零售贸易、餐饮业	其他有限责任公司	其他
陕西旅游集团	16	旅游业	国有独资公司	国有绝对控股
庆安集团	10	工业	其他有限责任公司	国有绝对控股
西安化工（集团）有限公司	6	工业	国有独资公司	国有绝对控股
陕西汽车集团	1	工业	其他有限公司	国有绝对控股
陕西飞机工业（集团）有限公司	1	工业	国有独资公司	国有绝对控股
陕西唐华纺织印染集团	6	工业	国有独资公司	国有绝对控股
西安东盛集团	3	工业	其他有限责任公司	其他
标准企业集团	8	工业	国有独资公司	国有绝对控股
陕西华山华工集团	2	工业	国有独资公司	国有绝对控股
陕西精密金属集团	7	工业	其他有限责任公司	国有绝对控股
陕西黄河工程机械集团	1	工业	国有独资公司	国有绝对控股
秦川机床集团有限公司	5	工业	国有独资公司	国有绝对控股
陕西东隆企业集团	6	工业	其他有限责任公司	其他
陕西煤航数码测绘（集团）	21	批发和零售贸易、餐饮业	股份有限公司	国有绝对控股
宝鸡东岭集团	3	工业	股份有限公司	集体绝对控股
西安丹尼尔企业集团	4	房地产业	港澳台合资企业	其他
陕西鼓风机集团	4	工业	国有独资公司	国有绝对控股
利君企业集团	15	工业	国有独资公司	国有绝对控股
西安民生集团	1	批发和零售贸易、餐饮业	股份有限公司	国有相对控股
宝鸡商场(集团)股份有限公司	1	批发和零售贸易、餐饮业	其他	国有相对控股
陕西华圣企业（集团）	7	批发和零售贸易、餐饮业	股份有限公司	国有相对控股
西仪集团	10	工业	国有独资公司	国有绝对控股
长安信息产业集团	14	工业	股份有限公司	其他
陕西伟达企业集团	6	工业	其他有限责任公司	其他
西安解放集团	1	批发和零售贸易、餐饮业	股份有限公司	国有相对控股
西安旅游集团	9	旅游业	国有独资公司	国有相对控股
西安立丰企业集团	7	批发和零售贸易、餐饮业	其他有限责任公司	其他
陕西省物资产业集团总公司	26	批发和零售贸易、餐饮业	国有企业	国有绝对控股
陕西西方啤酒工业集团	2	工业	国有企业	国有绝对控股
陕西电力银河集团	11	工业	其他有限责任公司	集体相对控股
陕西宝光企业集团	7	工业	国有独资公司	国有绝对控股
汉中百事特白板纸集团有限公司	2	工业	股份有限公司	国有绝对控股
陕西金叶科教集团	5	工业	股份有限公司	国有相对控股
陕西华远医药商业集团	16	批发和零售贸易、餐饮业	其他有限责任公司	国有绝对控股
煤航集团	6	工业	其他有限责任公司	国有绝对控股
西安华洋雁塔水泥（集团）	6	工业	国有独资公司	国有绝对控股
陕西金山电气集团有限公司	4	工业	国有独资公司	国有绝对控股
陕西建设企业集团	10	工业	国有独资公司	国有绝对控股
陕西西安新大陆集团有限公司	9	房地产业	其他有限责任公司	其他
陕西天王兴业集团	6	工业	国有独资公司	国有绝对控股

21-1 续表

(2001年)

企业集团名称	所属成员企业数	母公司主营行业类别	母公司登记注册类型	母公司控股情况
五环集团	3	工业	国有独资公司	国有绝对控股
陕西兴化企业集团	5	工业	国有独资公司	国有绝对控股
西安交通大学开元集团	10	工业	股份有限公司	国有相对控股
西安秦骊置业集团	3	房地产业	其他有限责任公司	其他
西安饮食服务（集团）	1	餐饮业	股份有限公司	国有相对控股
庆阳长庆实业集团	20	批发和零售贸易、餐饮业	其他有限责任公司	集体绝对控股
陕西烽火通信集团有限公司	4	工业	其他有限责任公司	国有绝对控股
陕西汉江建材集团有限公司	8	工业	股份有限公司	国有绝对控股
西安万鼎企业集团	4	房地产业	其他有限责任公司	其他
宝鸡忠诚机床集团	6	工业	国有企业	国有绝对控股
陕西宴友思集团公司	5	工业	股份有限公司	国有绝对控股
陕西毅武集团	2	工业	股份有限公司	其他
西安鼎天科技实业集团	8	工业	其他有限责任公司	其他
岐山岐星企业集团公司	17	工业	其他	其他
西安市西无二电子信息集团有限公司	3	工业	国有独资公司	国有绝对控股
陕西汉江纺织集团	4	工业	国有独资公司	国有绝对控股
陕西省双菱化工企业集团	2	工业	国有独资公司	国有绝对控股
西安新科集团	5	房地产业	国有独资公司	国有绝对控股
陕西省农工贸（集团）	9	批发和零售贸易、餐饮业	国有企业	国有绝对控股
西安中药集团	25	批发和零售贸易、餐饮业	国有企业	国有绝对控股
陕西城化股份有限公司	2	工业	股份有限公司	国有绝对控股
山海丹企业集团	5	工业	国有企业	国有绝对控股
西安友谊集团	7	批发和零售贸易、餐饮业	国有企业	国有绝对控股
西安中富实业（集团）有限公司	7	林业	其他有限责任公司	其他
陕西康德集团	11	工业	其他有限责任公司	其他
陕西众兴企业集团	4	工业	其他有限责任公司	集体绝对控股
西安荣华企业集团	5	房地产业	其他有限责任公司	其他
宝鸡北方照明电器企业集团	3	工业	股份有限公司	国有绝对控股
西安唐城百货服装企业集团	1	批发和零售贸易、餐饮业	股份有限公司	国有绝对控股
陕西伟志集团股份有限公司	4	工业	股份有限公司	其他
西安银桥企业集团	4	工业	股份有限公司	集体相对控股
西安福乐集团	4	工业	港澳台合资企业	集体绝对控股
西安航天恒星科技集团	7	工业	国有独资公司	国有绝对控股
西安太阳食品集团	1	工业	国有企业	国有绝对控股
宝鸡双力叉车集团	3	工业	国有独资公司	国有绝对控股
西安永德信企业集团	6	批发和零售贸易、餐饮业	其他有限责任公司	其他
陕西老三届企业集团	5	工业	其他有限责任公司	其他
陕西秦宝（集团）	1	工业	其他有限责任公司	国有绝对控股
陕西怡兰企业集团	4	服务业	其他有限责任公司	其他
西安启明集团	10	工业	其他有限责任公司	其他
西安金龟寿药业集团	4	工业	其他	其他
西安三宝双喜集团公司	1	工业	其他	集体绝对控股
陕西惠东企业集团	6	服务业	其他有限责任公司	其他
陕西煤炭运销企业集团	2	批发和零售贸易、餐饮业	国有独资公司	国有绝对控股
陕西雪花企业集团	3	餐饮业	其他有限责任公司	其他
西安糖酒副食企业集团	6	批发和零售贸易、餐饮业	国有企业	国有绝对控股
陕西方圆化工集团有限责任公司	4	工业	其他有限责任公司	国有绝对控股
西安航通新技术产业集团	1	批发和零售贸易、餐饮业	其他有限责任公司	其他
陕西兴包企业集团有限责任公司	1	工业	其他有限责任公司	集体绝对控股
西安前进企业集团	4	服务业	其他有限责任公司	其他
白杨科工贸（集团）有限公司	4	工业	股份有限公司	其他
陕西咸阳505集团公司	1	工业	其他	其他
陕西咸阳五鑫集团有限公司	11	批发和零售贸易、餐饮业	国有独资公司	国有绝对控股
西安华通集团	2	批发和零售贸易、餐饮业	其他有限责任公司	其他
西安骊山乳业集团	3	工业	国有企业	国有绝对控股
西安石油学院中石科技集团	1	工业	国有企业	国有绝对控股

21-2 企业集团主要经济指标

(2001年) 单位：万元

指 标	集团数(个)	年末资产总计	固定资产原值	累计折旧	本年折旧
总 计	110	13374634	6122845	1961185	313978
按集团审批部门分					
国务院	2	1538419	776634	391179	44863
国务院主管部门	4	872929	397589	156402	21335
省级人民政府	29	4778496	2600016	790873	158329
省级政府主管部门	38	3060954	1530005	382192	55630
其 他	37	3123836	818601	240539	33821
按母公司控股情况分					
国有及国有控股	70	10693443	5293706	1885454	290994
国有绝对控股	62	10112454	5050489	1843903	281269
国有相对控股	8	580989	243217	41551	9725
集体绝对控股	7	556485	91903	16092	5626
集体相对控股	2	89823	24668	4723	1377
其 他	31	2034883	712568	54916	15981
按企业集团主营行业分					
农、林、牧、渔业	1	22984	6262	760	295
工 业	65	7680208	3487284	1264226	154279
采掘业					
制造业	65	7680208	3487284	1264226	154279
电气水的生产和供应业					
建筑业	3	835537	234764	55797	6197
运输邮电业					
批发零售贸易餐饮业	25	1359254	440365	72642	15983
金融保险业					
房地产业	5	774736	88785	10840	2824
其 他	11	2701915	1865385	556920	134400
按母公司登记注册类型分					
国有企业	16	3490042	1335127	521357	64733
公司制企业	89	9739888	4743044	1430368	245928
国有独资企业	30	4048338	2618422	1011944	168054
其他有限责任公司	37	4186530	1676667	336696	57519
股份有限公司	20	1383835	441124	79638	20048
中外合资企业					
港澳台合资企业	2	121185	6831	2090	307
其 他	5	144704	44674	9460	3317

21-2 续表1

(2001年)

单位：万元

指　　标	存　货	流动资产年平均余额	年末负债合　计	流动负债	年末股东（所有者）权益总计
总　计	**2088562**	**6634878**	**8611709**	**6331707**	**4762925**
按集团审批部门分					
国务院	200508	825955	802929	720147	735490
国务院主管部门	174149	415459	492454	358813	380475
省级人民政府	643148	2233689	3118832	2374724	1659664
省级政府主管部门	423098	1370979	2215610	1335743	845344
其　他	647659	1788796	1981884	1542280	1141952
按母公司控股情况分					
国有及国有控股	1733782	5460050	7341395	5321769	3352048
国有绝对控股	1694181	5190785	7013385	5083093	3099069
国有相对控股	39601	269265	328010	238676	252979
集体绝对控股	78452	260685	265117	250091	291368
集体相对控股	12243	42918	51351	31177	38472
其　他	264085	871225	953846	728670	1081037
按企业集团主营行业分					
农、林、牧、渔业	7654	19943	16478	14471	6506
工　业	1242794	3921973	4961456	3524994	2718752
采掘业					
制造业	1242794	3921973	4961456	3524994	2718752
电气水的生产和供应业					
建筑业	129406	586329	662583	609870	172954
运输邮电业					
批发零售贸易餐饮业	182936	671926	823463	735255	535791
金融保险业					
房地产业	264754	520490	600240	453885	174496
其　他	261018	914217	1547489	993232	1154426
按母公司登记注册类型分					
国有企业	592834	2144891	2385225	2035161	1104817
公司制企业	1453248	4419584	6161595	4243643	3578293
国有独资企业	559748	1756642	2756217	1871243	1292121
其他有限责任公司	680104	1883119	2558908	1730460	1627622
股份有限公司	173466	679303	766208	588718	617627
中外合资企业					
港澳台合资企业	39930	100520	80262	53222	40923
其　他	42480	70403	64889	52903	79815

21-2 续表2　　(2001年)　　单位：万元

指　　标	股　本（实收资本）	主营业务收　入	其他业务收　入	主营业务成　本	主营业务税金及附加
总　计	2774085	6439450	137067	5083174	120575
按集团审批部门分					
国务院	374289	919388		774076	3249
国务院主管部门	333275	308825		252280	1229
省级人民政府	827422	2649358	72151	2085948	88031
省级政府主管部门	673333	1448645	42578	1116847	13529
其　他	565766	1113234	22338	854023	14537
按母公司控股情况分					
国有及国有控股	2216830	5233339	62944	4155932	109550
国有绝对控股	2101419	4891497	43121	3908528	103786
国有相对控股	115411	341842	19823	247404	5764
集体绝对控股	86306	287240	4185	214665	1904
集体相对控股	24700	62042	5643	50448	177
其　他	446249	856829	64295	662129	8944
按企业集团主营行业分					
农、林、牧、渔业	13191	4637		3325	40
工　业	1833648	3249303	100855	2596498	20150
采掘业					
制造业	1833648	3249303	100855	2596498	20150
电气水的生产和供应业					
建筑业	127526	356974	11454	224874	9635
运输邮电业					
批发零售贸易餐饮业	252148	1161624	13851	969658	8565
金融保险业					
房地产业	45660	240121	2039	186668	7883
其　他	501912	1426791	8868	1102151	74302
按母公司登记注册类型分					
国有企业	644198	1767349	16723	1401803	23250
公司制企业	2103488	4588322	119903	3612321	96914
国有独资企业	873717	2085924	17336	1650488	77900
其他有限责任公司	958000	1736771	37857	1367639	10725
股份有限公司	257368	757781	64179	589282	8278
中外合资企业					
港澳台合资企业	14403	7846	531	4912	11
其　他	26399	83779	441	69050	411

21-2 续表3 (2001年) 单位：万元

指 标	营业外收入	利润总额	税金	应交所得税	应缴增殖税	存货、跌价损失和营业、管理、财务费用合计
总 计	**24933**	**191921**	**20618**	**59423**	**179250**	**982174**
按集团审批部门分						
国务院	2329	38955	2312	8529	36136	110495
国务院主管部门	437	4730	632	517	5026	54118
省级人民政府	4692	72875	6858	23554	69384	346720
省级政府主管部门	6840	13607	5850	13481	45954	254378
其 他	10635	61754	4966	13342	22750	216463
按母公司控股情况分						
国有及国有控股	14020	105464	17132	45735	159709	794297
国有绝对控股	11429	82272	15433	41017	153073	738057
国有相对控股	2591	23192	1699	4718	6636	56240
集体绝对控股	472	24030	356	2575	7023	20554
集体相对控股	155	3182	430	134	3464	9235
其 他	10286	59245	2700	10979	9054	158088
按企业集团主营行业分						
农、林、牧、渔业		-882	5			1447
工 业	20059	90417	11744	32010	115545	567606
采掘业						
制造业	20059	90417	11744	32010	115545	567606
电气水的生产和供应业						
建筑业	1034	1127	740	930	2890	38934
运输邮电业						
批发零售贸易餐饮业	2214	43386	3186	8966	11785	122935
金融保险业						
房地产业	122	15533	687	4687	609	30272
其 他	1504	42340	4256	12830	48421	220980
按母公司登记注册类型分						
国有企业	4249	49239	4596	14005	47617	215161
公司制企业	20528	137047	15849	44802	130723	757085
国有独资企业	5781	10284	6700	22926	85278	351769
其他有限责任公司	11539	74357	6383	13216	27743	304094
股份有限公司	3147	52170	2755	8601	17498	98494
中外合资企业						
港澳台合资企业	61	236	11	59	204	2728
其 他	156	5635	173	616	910	9928

21-2 续表4 (2001年) 单位：万元

指　标	固定资产投资完成额	累计对外投资	投资收益	研究开发费用	从业人员年末人数(人)
总　计	509008	623917	25331	109013	359369
按集团审批部门分					
国务院	78664	44177	1864	13451	35067
国务院主管部门	31955	28584	3633	31842	32782
省级人民政府	134792	293626	15115	17152	143379
省级政府主管部门	89527	108759	-3302	27715	87218
其　他	174070	148771	8021	18853	60923
按母公司控股情况分					
国有及国有控股	415831	348388	10753	98376	325359
国有绝对控股	391261	310307	8344	95856	313868
国有相对控股	24570	38081	2409	2520	11491
集体绝对控股	19580	8576	816	163	5724
集体相对控股	3880	9886	416	328	1736
其　他	69717	257067	13346	10146	26550
按企业集团主营行业分					
农、林、牧、渔业			13		156
工　业	280827	254598	7300	98038	231411
采掘业					
制造业	280827	254598	7300	98038	231411
电气水的生产和供应业					
建筑业	85	31264	2113		29367
运输邮电业					
批发零售贸易餐饮业	49805	73026	6368	1017	30561
金融保险业					
房地产业	78149	44918	2692	255	5085
其　他	100142	220111	6845	9703	62789
按母公司登记注册类型分					
国有企业	169059	95178	3525	21614	83264
公司制企业	330053	516259	21670	87228	269733
国有独资企业	129262	112358	-984	33308	159146
其他有限责任公司	138055	346115	19046	48838	81887
股份有限公司	62736	52948	3608	5082	28100
中外合资企业					
港澳台合资企业		4838			600
其　他	9896	12480	136	171	6372

21-3 企业集团主要经济效益指标

（2001年）

单位：%

指标	总资产报酬率	总资产使用率	资产负债率	营业收入利润率	成本费用利润率	资产利税率
总计	**2.82**	**48.15**	**64.39**	**2.92**	**3.16**	**3.68**
按集团审批部门分						
国务院	3.61	59.76	52.19	4.24	4.40	5.09
国务院主管部门	2.15	35.38	56.41	1.53	1.54	1.26
省级人民政府	2.86	55.44	65.27	2.68	3.00	4.82
省级政府主管部门	1.93	47.33	72.38	0.91	0.99	2.39
其他	3.42	35.64	63.44	5.44	5.77	3.17
按母公司控股情况分						
国有及国有控股	2.41	48.94	68.65	1.99	2.13	3.50
国有绝对控股	2.24	48.37	69.35	1.67	1.77	3.35
国有相对控股	5.41	58.84	56.46	6.41	7.64	6.13
集体绝对控股	5.07	51.62	47.64	8.25	10.22	5.92
集体相对控股	4.32	69.07	57.17	4.70	5.33	7.60
其他	4.25	42.11	46.87	6.43	7.22	3.80
按企业集团主营行业分						
农、林、牧、渔业	-3.84	20.17	71.69	-19.02	-18.48	-3.66
工业	2.63	42.31	64.60	2.70	2.86	2.94
采掘业						
制造业	2.63	42.31	64.60	2.70	2.86	2.94
电气水的生产和供应业						
建筑业	0.96	42.72	79.30	0.31	0.43	1.63
运输邮电业						
批发零售贸易餐饮业	4.51	85.46	60.58	3.69	3.97	4.69
金融保险业						
房地产业	3.05	30.99	77.48	6.41	7.16	3.10
其他	3.05	52.81	57.27	2.95	3.20	6.11
按母公司登记注册类型分						
国有企业	2.53	50.64	68.34	2.76	3.05	3.44
公司制企业	2.87	47.11	63.26	2.91	3.14	3.74
国有独资企业	1.63	51.53	68.08	0.49	0.51	4.28
其他有限责任公司	3.40	41.48	61.12	4.19	4.45	2.69
股份有限公司	5.06	54.76	55.37	6.35	7.59	5.63
中外合资企业						
港澳台合资企业	0.86	6.47	66.23	2.82	3.09	0.37
其他	5.93	57.90	44.84	6.69	7.13	4.81

21-3 续表 （2001年） 单位：%

指 标	资 金 利润率	流动资产 比 率	净资产 收益率	研究开发费用与 主营收入比率	劳动生产率 (万元/人)
总 计	1.78	49.61	3.18	1.69	18.30
按集团审批部门分					
国务院	3.22	53.69	4.67	1.46	26.22
国务院主管部门	0.72	47.59	1.19	10.31	9.42
省级人民政府	1.80	46.74	3.22	0.65	18.98
省级政府主管部门	0.54	44.79	0.02	1.91	17.10
其 他	2.61	57.26	5.07	1.69	18.64
按母公司控股情况分					
国有及国有控股	1.19	51.06	2.09	1.88	16.28
国有绝对控股	0.98	51.33	1.58	1.96	15.72
国有相对控股	4.92	46.35	7.53	0.74	31.47
集体绝对控股	7.14	46.84	7.40	0.06	50.91
集体相对控股	5.06	47.78	11.69	0.53	38.99
其 他	3.88	42.81	4.86	1.18	34.69
按企业集团主营行业分					
农、林、牧、渔业	-3.47	86.77	-13.56		29.72
工 业	1.47	51.07	2.61	3.02	14.48
采掘业					
制造业	1.47	51.07	2.61	3.02	14.48
电气水的生产和供应业					
建筑业	0.15	70.17	0.11		12.55
运输邮电业					
批发零售贸易餐饮业	4.17	49.43	7.24	0.09	38.46
金融保险业					
房地产业	2.60	67.18	7.74	0.11	47.62
其 他	1.90	33.84	2.60	0.68	22.86
按母公司登记注册类型分					
国有企业	1.66	61.46	3.56	1.22	21.43
公司制企业	1.77	45.38	2.98	1.90	17.46
国有独资企业	0.31	43.39	-1.12	1.60	13.22
其他有限责任公司	2.31	44.98	4.63	2.81	21.67
股份有限公司	5.01	49.09	7.22	0.67	29.25
中外合资企业					
港澳台合资企业	0.22	82.95	0.43		13.96
其 他	5.34	48.65	6.29	0.20	13.22

21-4 重点企业建立现代企业制度跟踪监测主要经济指标

单位:万元

指 标	1996年	1997年	1998年	1999年	2000年	2001年
调查企业单位数(个)	61	95	103	104	107	138
工业总产值	1925479	3678328	3711973	4101541	5639653	7466241
建筑业总产值		215185	263637	296352	293010	124258
商品销售总额	202871	398773	723071	760008	377005	288922
进出口总额(万美元)	18057	10409	7041	5137	4548	1769
年末资产总计	4782772	10250854	13026530	14865079	15580297	20968231
# 固定资产净值	1987833	4176679	4685404	6176153	7151829	13364439
累计对外投资	109851	488235	528117	295632	388155	779012
存 货			1350635	1386876	1583066	2282486
流动资产年平均余额	1882094	4035956	4296781	4653367	5744007	8091845
年末负债合计	3042607	6783418	8873180	8873180	10421956	12680186
# 流动负债	2119388	4359289	4883628	5606070	6350374	7868783
年末股东(所有者)权益合计	1740165	3467437	5247246	5991898	5158332	8288045
# 股本(实收资本)	1057747	1903657	3577754	3798816	2258944	4351987
主营业务收入	1850706	4296834	4606580	5055269	7133358	9139287
# 主营业务成本	1381591	3540199	3850193	4134387	5516405	6970965
主营业务税金及附加	29834	65859	76844	116509	174941	236863
# 出口额	282569	392013	356540	444816	238549	358977
其它业务收入	13990	167784	111945	126509	121357	275615
新产品销售收入						805556
营业、管理、财务等费用合计	315291	723492	679325	700514	837269	1390365
# 利息支出			251911	256499	259035	295371
利润总额	2227	80635	-39530	50383	520905	648427
应交所得税			21773	39886	63678	141838
应缴增值税	101526	170981	182719	248697	395263	426834
投资收益	17043	34131	29189	18436	35832	38099
研究开发费用	27057	60757	75645	85994	75295	139641

21-5 重点企业建立现代企业制度跟踪监测劳动工资指标

指 标	单 位	1996年	1997年	1998年	1999年	2000年	2001年
调查企业单位数	个	61	98	103	104	107	138
从业人员年末人数	人	290879	518900	509222	491357	464555	503166
# 在岗职工	人	59887	512958	503956	485735	460454	493507
# 研究开发人员	人						26275
从业人员劳动报酬	万元	209715	430339	452876	466493	501943	646627
# 在岗职工劳动报酬	万元	32623	428675	450278	463624	499771	638933
# 研究开发人员劳动报酬	万元						40947

21-6 重点企业建立现代企业制度跟踪监测主要经济效益指标

(2001年)

指标	单位	合计	国有企业	国有独资公司	其他有限责任公司	股份有限公司	中外合资企业	港澳台合资企业
总资产贡献率	%	8.04	7.87	5.24	4.74	14.46	39.40	14.46
资产负债率	%	60.47	67.73	63.33	61.49	49.35	67.76	43.95
资产保值增值率	%	117.63	114.15	112.20	134.69	113.58	55.48	103.74
流动资产周转率	%	124.77	100.10	133.68	114.66	162.12	152.11	204.89
成本费用利润率	%	7.76	2.80	-4.47	0.10	1.44	23.86	26.78
劳动生产率	万元/人	18.71	14.77	15.42	18.27	30.41	112.82	66.79
每百元固定资产实现利税	元	14.26	20.71	8.47	6.88	20.96	337.67	18.04
每百元销售收入实现利税	元	13.94	12.73	8.27	7.80	26.08	29.13	25.23
资产利税率	%	6.26	6.16	3.81	2.93	12.11	38.86	12.79
销售利润率	%	6.89	2.05	1.48	2.67	20.36	19.39	21.04
资金利润率	%	3.75	1.21	0.84	1.28	10.65	25.19	11.19
投资收益率	%	20.43	52.26	-26.20	14.72	48.46		
净资产收益率	%	6.11	1.83	0.90	2.17	14.65	67.82	19.16
总资产报酬率	%	4.50	2.35	2.03	2.42	11.00	24.87	12.89
总资产使用率	%	43.59	46.34	45.89	36.65	43.72	133.40	50.68
流动资产比率	%	38.59	52.29	35.86	35.71	31.01	91.15	24.42
长期负债与总资产比率	%	22.95	13.25	26.24	27.07	24.39	0.74	19.15
新产品销售收入与营业收入比率	%	8.56	9.06	8.83	10.11	3.91	31.51	
研究费用与主营业务比率	%	1.53	1.09	1.79	2.17	1.10	1.17	0.07

21-7 重点企业建立现代企业制度组织机构组建情况

(2001年)

单位:个

指标	成立股东会	成立董事会	成立监事会	董事长兼任总经理	设立独立董事
总计	57	93	81	16	26
国有绝对控股	30	61	54	10	13
国有相对控股	17	17	17	3	9
集体绝对控股	1	1	1	1	
集体相对控股					
其他	9	14	9	2	4
特大型	2	3	2	1	1
大型	32	65	55	9	17
中型	18	20	19	3	6
小型	3	3	3	2	1
其他	2	2	2	1	1
国有企业					
国有独资公司		23	20	7	4
其他有限责任公司	25	32	29	6	8
股份有限公司	32	32	32	3	13
中外合资企业		2			1
港澳台合资企业		3			
其他		1			

21-8 重点企业建立现代企业制度基本情况一览表

(2001年)

企业名称	企业规模	主营行业或主要产品	登记注册类型	注册资本(万元)	企业控股情况
中机国际工程咨询设计总院	中型	工程设计业 专用设备制造 工程总承包	国有企业	8346	国有绝对控股
西安电力机械制造公司	特大型	全封闭组合电器 高压电瓷 变压器	国有企业	67194	国有绝对控股
韩城矿务局	大型	煤炭开采业 煤炭洗选业 炼焦业	国有企业	41763	国有绝对控股
长岭黄河集团有限公司	大型	电冰箱制造业 纺织电子仪器制造业	国有独资公司	46400	国有绝对控股
陕西黄河工程机械集团有限责任公司	大型	推土机 装载机 挖掘机	有限责任公司	6224	国有绝对控股
西安飞机工业(集团)有限责任公司	特大型	飞机制造业 客车制造业 铝型材	有限责任公司	201683	国有绝对控股
金堆城钼业公司	大型	钼精矿 焙烧钼精矿(氧化钼) 钼酸铵	国有企业	6400	国有绝对控股
庆安集团有限公司	大型	飞机制造业 日用电器制造业	股份有限公司	81517	国有绝对控股
长庆石油勘探局	特大型	天然原油开采业(钻井) 井下作业	国有企业	262264	国有绝对控股
秦川机床集团有限公司	大型	金属切削机床 液压元件及电脑主板	有限责任公司	53291	国有绝对控股
陕西天王兴业集团有限公司	大型	纱 布 线	国有独资公司	15017	国有绝对控股
西安标准工业股份有限公司	大型	缝纫机制造业	股份有限公司	31900	国有绝对控股
陕西鼓风机（集团）有限公司	大型	风机制造业 工矿配件	国有独资公司	13633	国有绝对控股
西安化工(集团)有限公司	大型	烧碱 聚氯乙烯 焦碳	国有独资公司	31980	国有绝对控股
西无二电子信息集团有限公司	大型	行输出变压器 压敏电阻器 节能灯	国有独资公司	8631	国有绝对控股
西安中国国际旅行社集团有限责任公司	其他	旅游业	有限责任公司	1650	国有绝对控股
西安华山机械工业有限公司	大型	武器弹药制造业 电焊机制造 冶金制品	国有独资公司	15334	国有绝对控股
陕西精密合金股份有限公司	中型	钢带	股份有限公司	26120	其他控股
陕西省糖酒副食总公司	中型	糖酒销售	国有企业	382	国有绝对控股
陕西建设机械（集团）有限责任公司	大型	建筑机械制造业	国有独资公司	11800	国有绝对控股
陕西煤航数码测绘(集团)股份有限公司	其他	商品批发	股份有限公司	29090	国有相对控股
陕西省纺织品进出口公司	大型	纺织品进出口贸易	国有企业	9393	国有绝对控股
西安利君制药股份有限公司	大型	红霉素 片剂	股份有限公司	21090	国有相对控股
五环（集团）实业有限责任公司	大型	纱 线 布	有限责任公司	11275	国有绝对控股
陕西省农工贸（集团）总公司	大型	农业生产资料批发业 果汁	国有企业	5405	国有绝对控股
西仪集团有限责任公司	大型	工业自动化仪表制造业	国有独资公司	17499	国有绝对控股
陕西远丰纺织有限公司	中型	纺织品批发零售业 服装批发零售	有限责任公司	1000	国有相对控股
陕西省物资产业集团总公司	大型	物资购销 房地产 信息咨询	国有企业	15021	国有绝对控股
西安秦川汽车有限责任公司	中型	秦川-福莱尔轿车 西安奥拓轿车	有限责任公司	50000	国有绝对控股
西安航空发动机（集团）有限公司	特大型	航空发动机 纺织机械 高线轧机	有限责任公司	121298	国有绝对控股
陕西唐华纺织印染集团有限责任公司	大型	棉纱 棉布	国有独资公司	26416	国有绝对控股
陕西省路桥工程总公司	大型	公路桥梁隧道工程	国有企业	6743	国有绝对控股
西安航天发动机厂	大型	航空航天制造 压力容器 印刷包装机械	国有企业	5803	国有绝对控股
陕西汽车集团有限责任公司	大型	载重汽车制造业	有限责任公司	28887	国有绝对控股
西安民生集团股份有限公司	大型	零售业	股份有限公司	20201	国有相对控股
长安信息产业(集团)股份有限公司	中型	微型计算机 心脏起搏器 网络信息产品	股份有限公司	8733	其他控股
西安解放集团股份有限公司	大型	国内贸易业 房地产开发 停车场	股份有限公司	13038	国有相对控股
陕西省天然气有限责任公司	大型	管道运输	国有独资公司	22000	国有绝对控股
西安华联制皮工业有限公司	大型	牛面皮 牛剖皮	港澳台合资企业	5547	其他控股
陕西省电力公司	特大型	电力产品发供销 电站辅机 热力发供销	有限责任公司	100000	国有绝对控股
中国石油天然气股份有限公司长庆油田分公司	特大型	原油开采 天然气开采 原油加工	股份有限公司		国有绝对控股
陕西省延长石油工业集团公司	大型	汽油 柴油 液化石油气	国有独资公司	42165	国有绝对控股
西安达尔曼实业股份有限公司	大型	镶嵌首饰 钻石 冰洲石	股份有限公司	28664	其他控股
青岛啤酒西安有限责任公司	大型	啤酒制造	有限责任公司	22220	国有绝对控股
西安石油勘探仪器总厂	大型	地质勘探仪器 石油专用改装车 钻采设备	国有企业	43507	国有绝对控股
西安北方庆华电器(集团)有限责任公司	大型	火工品	国有独资公司	12862	国有绝对控股
西安惠安化学工业有限公司	大型	精致棉 硝化棉 纤维素	国有独资公司	14531	国有绝对控股
陕西旅游集团公司	其他	旅游服务 文物销售	国有独资公司	30000	国有绝对控股
西安印钞厂	大型	货币、证券、债券印刷	国有独资企业	34806	国有绝对控股
西安车辆厂	大型	新造货车 修理客车 修理货车	国有企业	27195	国有绝对控股

21-8 续表1 (2001年)

企 业 名 称	企业规模	主营行业或主要产品	登记注册类型	注册资本(万元)	企业控股情况
陕西八大电力股份有限公司	小 型	生产销售热电力、热电联	股份有限公司	7000	国有绝对控股
西安东盛集团有限公司	大 型	白加黑片剂 盖天力片剂 维奥欣片剂	有限责任公司	15000	其他控股
西安高科(集团)公司	大 型	医药电子制造 房地产开发 商品贸易	国有企业	15000	国有绝对控股
西安筑路机械有限公司	大 型	沥青混合料搅拌设备 摊铺机 养护机械	有限责任公司	15988	国有绝对控股
西安南风日化有限责任公司	大 型	合成洗衣粉 洗衣皂 液体洗涤剂	有限责任公司	10000	国有绝对控股
西安石油化工总厂	中 型	汽油 柴油 道路沥青	国有企业	9171	国有绝对控股
西安东方机电(集团)有限公司	大 型	机电品研制 摩托车 压缩机 混凝土砌块机	国有独资企业	28568	国有绝对控股
陕西金叶科教集团股份有限公司	大 型	印刷 高新技术产业 教育产业	股份有限公司	15840	国有相对控股
西安海星科技实业集团有限公司	大 型	软件开发 饮料 超市	有限责任公司	10000	其他控股
西安交通大学开元集团	大 型	可视系列产品 阳光教育 房地产开发与管理	股份有限公司	8000	国有相对控股
金花企业集团	大 型	制药 百货 房地产	有限责任公司	150000	其他控股
西安杨森制药有限公司	大 型	吗丁啉片 达克宁乳膏 西比灵胶囊	中外合资企业	20932	其他控股
陕西华圣企业(集团)股份有限公司	大 型	果品收购储存分选销售 报纸传媒 塑料建材	股份有限公司	10000	国有相对控股
西安大唐电信有限公司	大 型	SP30交换机系列 移动交换系列 数据通讯品	有限责任公司	39239	国有绝对控股
陕西省高速公路建设集团公司	大 型	高速公路建设、收费 经营开发	国有独资企业	100000	国有绝对控股
陕西唐华四棉有限责任公司	大 型	纱 布 丝织品	国有独资企业	4500	国有绝对控股
宝鸡机床厂	大 型	金属切削机床制造业	国有企业	5200	国有绝对控股
宝鸡啤酒股份有限公司	中 型	啤酒	股份有限公司	8000	国有绝对控股
陕西西凤酒股份有限公司	大 型	白酒	股份有限公司	10282	国有绝对控股
陕西秦明电子(集团)有限公司	中 型	心脏起搏器 压力传感器及变送器	有限责任公司	3000	国有相对控股
陕西宝光真空电器股份有限公司	大 型	真空开关管 真空断路器 真空开关柜	股份有限公司	15800	国有绝对控股
宝鸡商场(集团)股份有限公司	大 型	烟酒副食 家电百货 路桥收费	股份有限公司	13362	国有相对控股
宝鸡有色金属加工厂	大 型	钛材 钨材 钼材	国有企业	43286	国有绝对控股
陕西开关厂	大 型	开关 高压开关柜 低压开关柜	国有企业	883	国有绝对控股
陕西双菱化工集团有限责任公司	中 型	过磷酸钙 硫酸钾三元复合肥 工业硫酸	国有独资公司	5871	国有绝对控股
宝鸡北方照明电器(集团)股份有限公司	大 型	电光源	股份有限公司	3760	国有绝对控股
陕西炭素制品有限责任公司	大 型	石墨电极 炭块 非标碳素	有限责任公司	1000	国有绝对控股
西北机器厂	大 型	电子专用设备	国有企业	3985	国有绝对控股
陕西凯迪空调器有限公司	大 型	高速并条机 空调器	有限责任公司	6000	国有绝对控股
中铁宝桥股份有限公司	大 型	钢梁钢结构 铁路道岔 高锰钢整铸撤叉	股份有限公司	20000	国有绝对控股
陕西凌云电器总公司	大 型	无线电导航设备 蓄电池 电子调谐器	国有企业	2904	国有绝对控股
宝鸡卷烟厂	大 型	卷烟	国有企业	17831	国有绝对控股
宝鸡石油机械厂	大 型	石油钻采设备	国有企业	17379	国有绝对控股
陕西烽火通讯集团有限公司	大 型	通信电台 电子元件	有限责任公司	25998	国有绝对控股
宝鸡石油钢管厂	大 型	钢压延加工业	国有企业	51082	国有绝对控股
陕西九棉实业有限责任公司	大 型	棉纱棉布 锦纶工业丝 锦纶浸胶帘子布	有限责任公司	72224	国有绝对控股
陕西华电材料总公司	大 型	覆铜板 绝缘板 封装材料	国有企业	4954	国有绝对控股
西北正大人造板机器有限公司	中 型	机器加工制造 木材工业专用设备	国有独资公司	4450	国有绝对控股
陕西金山电气集团有限公司	大 型	彩偏磁芯 电子远器件 印刷线路板	国有独资企业	12345	国有绝对控股
西北二棉有限责任公司	大 型	棉纺 纺织	国有独资企业	11566	国有绝对控股
咸阳偏转集团公司	大 型	偏转线圈 显示器 漆包线	国有独资企业	73765	国有绝对控股
陕西风轮纺织股份有限公司(西北一棉)	大 型	纱 布	股份有限公司	13000	国有绝对控股

21-8续表2 (2001年)

企业名称	企业规模	主营行业或主要产品	登记注册类型	注册资本(万元)	企业控股情况
彩虹集团公司	特大型	电子器件制造	国有独资公司	100000	国有绝对控股
陕西第一毛纺织厂	大型	呢绒 服装 绒线	国有企业	7334	国有绝对控股
陕西兴化化学股份有限公司	中型	合成氨 硝酸铵	股份有限公司	12000	国有绝对控股
陕西咸阳505医药保健总公司	中型	505神功元气袋	其他公司制企业	500	其他控股
陕西宴友思股份有限公司	大型	肉制品 豆立方 纸箱	股份有限公司	8100	国有绝对控股
陕西渭河发电有限公司	特大型	火力发电	港澳台合资企业	180000	其他控股
陕西华昌印染服装有限公司	大型	纯棉印染布 棉混纺印染布 纯化纤印染布	中外合资企业	13774	国有绝对控股
陕西康佳电子有限公司	大型	彩色电视机	港澳台合资企业	6950	其他控股
陕西陕化化肥股份有限公司	大型	合成氨 尿素 磷酸二铵	股份有限公司	12000	国有绝对控股
陕西省化工总厂	大型	烧碱 二甲铵 一甲铵	国有企业	2799	国有绝对控股
陕西渭通农科股份有限公司	中型	制粉机械 建筑机械 电动机	股份有限公司	6108	国有相对控股
陕西恒源实业股份有限公司	小型	发电	股份有限公司	4000	其他控股
陕西渭河煤化工集团有限责任公司	大型	尿素	有限责任公司	30213	国有绝对控股
陕西方菱冷弯型钢股份有限公司	中型	型钢	股份有限公司	5000	国有绝对控股
陕西电梯工业公司	大型	电梯 导火索	国有企业	2550	国有绝对控股
陕西压延设备厂	大型	金属轧制设备 锻压设备 工矿配件	国有企业	20000	国有绝对控股
陕西省焦化厂	大型	焦碳 焦油 洗精煤	国有企业	2358	国有绝对控股
陕西韩焦股份有限公司	中型	炼焦业	股份有限公司	1805	其他控股
陕西龙门钢铁总厂	中型	热轧小型材 连铸坯 焦碳	国有企业	6517	国有绝对控股
陕西城化股份有限公司	中型	尿素 碳酸氢铵 甲醇	股份有限公司	7800	国有相对控股
汉中万目仪电有限责任公司	中型	仪器仪表 高低压配电设备 牙科车针	有限责任公司	633	国有绝对控股
汉川机床有限责任公司	大型	数控铛床系列 数控电加工系列 加工中心	有限责任公司	9377	国有绝对控股
陕西汉江药业股份有限公司	大型	苯硫咪唑 左旋咪唑 甲苯咪唑	股份有限公司	10200	国有相对控股
陕西汉江机床有限公司	大型	机床 滚动功能部件	国有独资公司	6214	国有绝对控股
陕西汉江纺织有限责任公司	大型	丝织业 印染业 缫丝业	国有独资公司	6263	国有绝对控股
略阳钢铁厂	中型	生铁 钢锭 钢材	国有企业	17322	国有绝对控股
汉江工具有限责任公司	大型	金属切削刀具	有限责任公司	6961	国有绝对控股
陕西汉中变压器有限责任公司	中型	变压器 真空净油机制造	有限责任公司	1800	国有绝对控股
陕西汉江建材集团有限公司	中型	水泥 彩板门窗	有限责任公司	9234	国有相对控股
汉中八一锌业有限责任公司	中型	电解铅 电解锌	有限责任公司	2500	国有相对控股
陕西飞机工业(集团)有限公司	大型	运八飞机系列 汉江牌微型汽车系列	国有独资公司	74037	国有绝对控股
延安卷烟厂	中型	卷烟	国有企业	8376	国有绝对控股
铜川鑫光铝业有限公司	大型	电解铝 电工圆铝杆 裸铝线	有限责任公司	14865	国有绝对控股
陕西秦岭水泥股份有限公司	大型	水泥制造业	股份有限公司	41300	国有相对控股
陕西秦川水泥有限责任公司	中型	水泥制造业	有限责任公司	1105	国有相对控股
陕西铜变实业股份有限公司	中型	变压器	股份有限公司	3000	国有绝对控股
陕西东风昌河车桥股份有限公司	大型	汽车零部件及配件制造	股份有限公司	7000	国有绝对控股
陕西安康天宝实业有限公司	中型	生物化工 书刊印刷 建材市场	有限责任公司	1508	其他控股
陕西省安康市恒远丝绸有限责任公司	大型	桑蚕丝 纯合纤丝织品	国有独资公司	7000	国有绝对控股
陕西省安康市丝绸二厂	大型	桑蚕丝	国有企业	1726	国有绝对控股
陕西榆林天然气化工有限责任公司	大型	甲醇	国有独资公司	2681	国有绝对控股
陕西省榆林市羊绒分梳厂	中型	无毛绒	国有企业	248	国有绝对控股
陕西省榆林第二毛纺织厂	大型	呢绒 服装 毛条	国有企业	300	国有绝对控股
商洛秦威化工有限责任公司	小型	炸药及火工产品制造业	有限责任公司	743	集体绝对控股
陕西锌业有限公司商洛炼锌厂	中型	电锌 电镉 硫酸	有限责任公司	1000	国有绝对控股

主要统计指标解释

企业集团 是指以一个实力雄厚(资本、资金、产品、技术、管理、人才、市场网络等实力)的大型企业为核心,以产权联结为主要纽带,并以产品、技术、经济、成套契约等多种纽带,把多个企业、事业单位联结在一起,具有多层次结构的以母子公司为主体的多法人经济联合体,是经济上统一控制,法律上各自独立的一体化联合体。

企业集团母公司(核心企业) 企业集团必须有一个能起主导作用的核心企业,也称为集团公司或母公司,或控股公司。不同称谓应用于不同场合,但指同一企业主体。这个集团公司可以是一个既从事生产经营又从事资本经营的混合经营型公司,也可以是一个专门从事资本经营的单纯管理公司。集团公司规模必须达到国家大型企业标准,或注册资本达到一亿元以上,在企业集团内,集团公司依据产权关系,统一行使出资者所有权(产权)职能,统一投资决策,统一配置能源、统一调整结构、统一负责资产保值增值。

现代企业制度 现代企业制度是指适应社会化大生产和社会主义市场经济要求的产权清晰、权责明确、政企分开、管理科学的企业制度。它的基本特征是:第一,产权关系明晰,企业中的国有资产所有权属于国家,企业拥有包括国家在内的出资者投资形成的全部法人财产权,成为享有民事权利,承担民事责任的法人实体;第二,企业以其全部法人财产依法自主经营,自负盈亏,照章纳税,对出资者承担资产保值增值的责任;第三,出资者按投入企业的资本额享有所有者的权益,即资产受益、重大决策和选择管理者等权利。企业破产时,出资者只以投入企业的资本额对企业债务负有限责任;第四,企业按照市场需求组织生产经营,以提高劳动生产率和经济效益为目的,政府不直接干预企业的生产经营活动,企业在市场竞争中优胜劣汰,长期亏损、资不抵债的应依法破产;第五,建立科学的企业领导体制和组织管理制度,调节所有者、经营者和职工之间的关系,形成激励和约束相结合经营机制。

登记注册类型 是指在工商行政管理机关登记注册的具有法人资格的各类企业。其中:(1)国有企业:是指企业全部资产归国家所有,并按《中华人民共和国企业法人登记管理条例》规定登记注册的非公司制的经济组织。不包括有限责任公司中的国有独资公司;(2)国有独资公司:是指国家授权的投资机构或者国家授权的部门单独投资设立的有限责任公司;(3)其他有限责任公司:是指根据《中华人民共和国公司登记管理条例》规定登记注册,由两个以上,五十个以下的股东共同出资,每个股东以其所认缴的出资额对公司承担有限责任,公司以其全部资产对其债务承担责任的经济组织。其他有限责任公司不包括国有独资公司;(4)股份有限公司:是指根据《中华人民共和国公司登记管理条例》规定登记注册,其全部注册资本由等额股份构成并通过发行股票筹集资本,股东以其认购的股份对公司承担有限责任,公司以其全部资产对其债务承担责任的经济组织。

注册资本合计 指企业集团母公司在工商行政管理部门登记注册的资金。包括国家资本、集体资本、法人资本、个人资本以及外商资本等。

控股情况 指按所有制性质和控股状况划分的企业情况,包括:(1)国有绝对控股:指在企业的全部资本中,国家资本(股本)所占比例大于50%的企业;(2)国有相对控股:指在企业的全部资本中,国家资本(股本)所占的比例虽未大于50%,但相对大于企业中的其他经济成份所占比例的企业;或者虽不大于其他经济成份,但根据协议规定,由国家拥有实际控制权的企业(协议控制);(3)集体绝对控股:指在企业的全部资本中,集体资本(股本)所占的比例大于50%的企业;(4)集体相对控股:指在企业的全部资本中,集体资本(股本)所占的比例虽未大于50%,但相对大于企业的其他经济成份所占比例的企业;或者虽不大于其他经济成份,但根据协议规定,由集体拥有实际控制权的企业(协议控制)。

22 全国各省、市、自治区主要指标

QUANGUOGESHENGSHIZIZHIQUZHUYAOZHIBIAO

资料整理 孙士梅

22-1 总人口及自然增长率

（2001年）

地区	年底总人口（万人）	出生率（‰）	死亡率（‰）	自然增长率（‰）
全国	127627	13.38	6.43	6.95
北京	1383	6.10	5.30	0.80
天津	1004	7.58	5.94	1.64
河北	6699	11.16	6.18	4.98
山西	3272	13.06	5.90	7.16
内蒙古	2377	10.77	5.79	4.98
辽宁	4194	7.74	6.10	1.64
吉林	2691	8.76	5.38	3.38
黑龙江	3811	8.48	5.49	2.99
上海	1614	5.02	5.97	-0.95
江苏	7355	9.03	6.62	2.41
浙江	4613	10.02	6.25	3.77
安徽	6328	12.46	5.85	6.61
福建	3440	11.56	5.52	6.04
江西	4186	15.44	6.06	9.38
山东	9041	11.12	6.24	4.88
河南	9555	13.20	6.26	6.94
湖北	5975	8.51	6.07	2.44
湖南	6596	11.80	6.72	5.08
广东	7783	13.95	5.12	8.83
广西	4788	13.80	6.07	7.73
海南	796	15.23	5.76	9.47
重庆	3097	9.70	6.90	2.80
四川	8640	11.16	6.79	4.37
贵州	3799	18.56	7.23	11.33
云南	4287	18.51	7.57	10.94
西藏	263	18.60	6.50	12.10
陕西	3659	10.50	6.34	4.16
甘肃	2575	13.58	6.43	7.15
青海	523	19.06	6.44	12.62
宁夏	563	16.55	4.84	11.71
新疆	1876	16.82	5.69	11.13

注：1.全国数据根据抽样误差和调查误差进行了修正。

2.全国数据为31个省、自治区、直辖市和中国人民解放军现役军人数据，不含台湾省、香港和澳门特别行政区的数据。分省数据中未含中国人民解放军现役军人的数据。

22-2 国内生产总值

（2001年）

地区	国内生产总值（亿元）	第一产业	第二产业	#工业	第三产业	国内生产总值比上年增长%	人均国内生产总值（元）
全国	**95933.3**	**14609.9**	**49069.1**	**42607.1**	**32254.3**	**7.3**	**7543**
北京	2817.6	93.0	1063.7	845.7	1660.9	11.0	25300
天津	1826.7	78.6	891.5	807.3	856.6	12.0	19986
河北	5577.7	914.1	2744.3	2415.4	1919.3	8.7	8337
山西	1774.6	160.4	917.2	779.0	697.0	8.3	5444
内蒙古	1545.5	361.3	624.4	507.0	559.7	9.6	6458
辽宁	5033.1	545.0	2444.2	2188.9	2043.8	9.0	12070
吉林	2032.5	409.6	880.8	711.8	742.0	9.3	7640
黑龙江	3561.0	408.9	1998.7	1767.8	1153.4	9.3	9349
上海	4950.8	85.5	2355.5	2128.3	2509.8	10.2	37382
江苏	9514.6	1088.4	4913.7	4269.1	3512.6	10.2	12925
浙江	6700.0	690.0	3440.0	3105.0	2570.0	10.5	14550
安徽	3290.1	754.2	1415.2	1191.6	1120.7	8.6	5221
福建	4258.4	652.4	1904.2	1645.3	1701.8	9.0	12375
江西	2173.8	506.0	784.8	595.0	883.0	8.8	5217
山东	9438.3	1359.5	4654.5	4094.9	3424.3	10.1	10465
河南	5645.0	1234.0	2662.3	2287.6	1748.7	9.1	5929
湖北	4662.3	692.2	2313.7	2066.5	1656.5	9.1	7813
湖南	3983.0	826.0	1570.0	1309.5	1587.0	9.0	6054
广东	10556.5	1008.5	5301.9	4716.9	4246.1	9.5	13612
广西	2231.2	556.2	816.9	671.2	858.1	8.2	4697
海南	545.3	200.3	110.4	70.3	234.6	8.9	7110
重庆	1749.8	293.0	726.6	576.6	730.1	9.0	5655
四川	4421.8	981.7	1756.9	1407.8	1683.2	9.2	5250
贵州	1082.2	274.3	421.6	335.0	386.3	8.8	2865
云南	2077.5	450.5	880.5	722.1	746.4	6.5	4872
西藏							
陕西	**1844.3**	**287.2**	**816.3**	**606.1**	**740.7**	**9.1**	**5024**
甘肃	1074.9	207.0	482.5	356.3	385.3	9.4	4173
青海	300.8	41.1	132.6	89.2	127.1	12.0	5732
宁夏	298.1	49.5	134.8	102.0	113.8	10.1	5338
新疆	1483.5	287.4	638.8	450.0	557.4	8.0	7898

注：本表绝对数按当年价格计算，增长速度按可比价格计算。

22-3 国内生产总值构成

（2001年，国内生产总值=100）

地区	国内生产总值	第一产业	第二产业	#工业	第三产业
全国	100.0	15.2	51.1	44.4	33.6
北京	100.0	3.3	37.8	30.0	58.9
天津	100.0	4.3	48.8	44.2	46.9
河北	100.0	16.4	49.2	43.3	34.4
山西	100.0	9.0	51.7	43.9	39.3
内蒙古	100.0	23.4	40.4	32.8	36.2
辽宁	100.0	10.8	48.6	43.5	40.6
吉林	100.0	20.2	43.3	35.0	36.5
黑龙江	100.0	11.5	56.1	49.6	32.4
上海	100.0	1.7	47.6	43.0	50.7
江苏	100.0	11.4	51.6	44.9	36.9
浙江	100.0	10.3	51.3	46.3	38.4
安徽	100.0	22.9	43.0	36.2	34.1
福建	100.0	15.3	44.7	38.6	40.0
江西	100.0	23.3	36.1	27.4	40.6
山东	100.0	14.4	49.3	43.4	36.3
河南	100.0	21.9	47.2	40.5	31.0
湖北	100.0	14.8	49.6	44.3	35.5
湖南	100.0	20.7	39.4	32.9	39.8
广东	100.0	9.6	50.2	44.7	40.2
广西	100.0	24.9	36.6	30.1	38.5
海南	100.0	36.7	20.2	12.9	43.0
重庆	100.0	16.7	41.5	33.0	41.7
四川	100.0	22.2	39.7	31.8	38.1
贵州	100.0	25.3	39.0	31.0	35.7
云南	100.0	21.7	42.4	34.8	35.9
西藏					
陕西	100.0	15.6	44.3	32.9	40.1
甘肃	100.0	19.3	44.9	33.2	35.8
青海	100.0	13.7	44.1	29.7	42.3
宁夏	100.0	16.6	45.2	34.2	38.2
新疆	100.0	19.4	43.1	30.3	37.6

注：本表按当年价格计算。

22-4 固定资产投资

（2001年） 单位：亿元

地区	基本建设投资	更新改造投资	房地产开发投资	# 地方企业
全国	14567.0	5889.2	6245.5	6083.5
北京	387.3	186.5	783.8	747.5
天津	309.4	141.9	161.3	159.1
河北	591.8	339.6	141.0	140.5
山西	325.9	145.2	45.2	44.6
内蒙古	268.8	69.6	65.8	65.5
辽宁	490.8	329.9	321.6	319.6
吉林	317.8	127.4	93.0	91.1
黑龙江	481.7	201.9	147.0	132.6
上海	710.5	432.0	620.3	606.8
江苏	838.0	402.2	411.8	411.8
浙江	979.4	319.1	536.3	535.1
安徽	347.8	185.3	111.0	109.2
福建	341.7	201.7	214.5	213.5
江西	235.0	103.1	54.9	52.3
山东	848.9	517.7	291.6	289.7
河南	633.4	198.5	102.0	100.9
湖北	657.2	282.7	151.2	145.4
湖南	440.4	198.3	106.3	93.0
广东	1201.4	480.8	943.0	901.6
广西	307.6	86.6	55.6	55.1
海南	137.0	14.0	17.0	16.9
重庆	258.5	105.6	196.7	193.9
四川	696.1	196.4	266.2	263.3
贵州	230.9	102.7	60.9	56.5
云南	321.0	97.0	80.6	80.6
西藏	75.3	5.5	1.6	
陕西	444.6	139.0	99.8	99.4
甘肃	232.1	112.1	31.4	31.4
青海	133.8	20.7	15.2	15.2
宁夏	102.1	25.3	22.2	22.2
新疆	389.0	108.6	97.3	89.8

注：由于有不分地区项目，因此各地区相加不等于总计。

22-5 地方财政收支

单位：亿元

地　　区	财政收入		财政支出	
	2000年	2001年	2000年	2001年
全国地方总计	6406.1	7803.3	10436.6	13134.6
北　京	345.0	454.2	443.0	559.1
天　津	133.6	163.6	187.0	234.7
河　北	248.8	283.5	414.3	514.6
山　西	114.5	132.8	224.9	289.5
内蒙古	95.0	99.4	247.1	319.3
辽　宁	295.6	370.4	516.9	634.4
吉　林	103.8	121.1	260.7	326.4
黑龙江	185.3	213.6	381.9	478.3
上　海	485.4	609.5	608.6	708.1
江　苏	448.3	572.1	591.3	729.6
浙　江	342.8	500.7	431.3	597.3
安　徽	178.7	192.2	322.5	403.8
福　建	234.1	274.3	324.1	374.3
江　西	111.6	132.0	223.2	283.7
山　东	463.7	573.2	613.0	753.8
河　南	246.5	267.7	444.0	508.6
湖　北	214.3	231.9	369.8	484.4
湖　南	177.0	205.4	347.8	431.7
广　东	910.6	1160.1	1070.3	1321.3
广　西	147.1	178.7	258.5	351.6
海　南	39.2	43.8	64.0	78.0
重　庆	87.2	106.1	187.6	237.5
四　川	233.9	271.1	451.9	594.1
贵　州	85.2	99.7	200.1	275.2
云　南	180.7	191.3	414.0	496.4
西　藏	5.4	6.1	60.0	104.6
陕　西	115.0	135.8	271.8	350.1
甘　肃	61.3	69.9	187.3	235.9
青　海	16.6	19.8	68.3	101.3
宁　夏	20.8	27.6	60.8	93.6
新　疆	79.1	95.1	191.0	263.3

22-6 职工人数和平均工资

（2001年）

单位：万人

地区	年末人数	#国有单位	#城镇集体单位	#港澳台商投资	#外商投资	平均工资	#国有单位	#城镇集体单位	#港澳台商投资	#外商投资
全 国	**10791.8**	**7409.0**	**1240.8**	**315.3**	**328.2**	**10870**	**11178**	**6867**	**12544**	**16101**
北 京	400.3	235.9	40.0	12.9	22.4	19155	19776	11063	21210	34481
天 津	184.0	103.3	18.0	11.2	25.9	14308	15110	8345	13042	15564
河 北	519.2	402.8	52.4	5.4	7.3	8730	9139	5746	10283	9166
山 西	363.0	267.2	45.8	1.7	1.2	8122	8618	4927	7796	8072
内蒙古	251.0	186.3	20.2	1.6	1.7	8250	8737	5525	5936	6882
辽 宁	545.3	372.8	73.7	8.1	20.7	10145	10609	6354	12505	12766
吉 林	313.3	230.2	38.4	2.4	6.1	8771	9043	5765	9625	13550
黑龙江	510.9	369.0	68.0	3.6	3.6	8910	8924	4917	10135	8628
上 海	290.0	163.7	21.5	17.6	33.2	21781	21961	13693	19625	28787
江 苏	625.8	377.4	90.3	20.8	32.4	11842	12917	7543	11460	14483
浙 江	353.2	177.5	37.3	16.8	14.0	16385	19514	12208	14099	14105
安 徽	372.0	252.8	58.1	1.8	4.1	7908	8501	5106	7369	10130
福 建	314.3	158.3	28.9	61.3	35.0	12013	13313	9098	10334	11015
江 西	279.3	222.2	27.9	3.5	1.4	8026	8346	5149	6721	8331
山 东	770.5	519.5	92.0	12.6	41.7	10008	11067	6235	7914	9526
河 南	704.4	447.7	134.4	7.6	5.4	7916	8573	5726	9558	8924
湖 北	501.6	379.5	52.4	4.2	5.6	8619	9133	5677	8592	10959
湖 南	397.9	316.4	39.1	2.8	2.3	9623	9991	6877	9489	9769
广 东	724.6	391.8	90.0	104.9	46.0	15682	16779	9040	13601	18192
广 西	274.3	218.7	23.7	2.8	3.7	9075	9209	6388	6637	10309
海 南	74.7	62.0	4.3	1.5	1.7	8321	8102	6207	10088	11296
重 庆	201.2	134.8	23.8	2.1	2.6	9523	10035	6614	10694	12903
四 川	486.7	350.5	58.4	2.3	3.0	9934	10783	6575	10167	10408
贵 州	189.2	148.9	15.7	0.7	1.0	8991	9308	6218	9695	8871
云 南	261.6	207.3	20.0	1.6	1.3	10537	10880	7203	10965	13611
西 藏	16.0	14.5	0.9		0.02	19144	20112	6236		17877
陕 西	323.8	257.9	26.5	1.5	2.2	9120	9440	5293	9788	13524
甘 肃	193.0	158.8	19.8	0.6	1.4	9949	10442	6728	9822	11911
青 海	43.5	36.2	3.7	0.03		12906	14028	6101	5727	
宁 夏	60.4	47.9	3.9	0.3	0.8	10442	11112	7166	6469	10797
新 疆	247.0	197.5	11.7	0.9	0.5	10278	10145	8197	10873	10153

22-7 居民消费价格分类指数

(2001年，上年=100)

地 区	居民消费价格指数	食 品	烟酒及用 品	衣 着	家庭设备用品及服务	医疗保健和个人用品	交通和通 信	娱乐教育文 化	居 住
全 国	100.7	100.0	99.7	98.1	97.7	100.0	99.0	106.6	101.2
北 京	103.1	101.5	101.5	100.4	97.0	98.7	100.8	114.2	104.2
天 津	101.2	100.8	99.2	93.5	95.9	100.7	106.7	104.3	106.4
河 北	100.5	100.8	99.1	97.4	98.2	98.2	99.5	103.6	102.4
山 西	99.8	99.4	98.1	96.0	98.2	97.8	99.1	98.3	104.3
内蒙古	100.6	101.8	99.2	97.7	99.0	98.1	98.4	102.0	103.7
辽 宁	100.0	101.8	98.0	96.8	96.4	92.7	99.6	101.3	103.4
吉 林	101.3	101.3	98.4	98.2	99.4	103.7	98.7	101.4	105.3
黑龙江	100.8	101.9	99.9	100.0	98.4	96.9	102.7	100.3	102.3
上 海	100.0	100.3	98.9	98.9	97.2	97.4	98.1	102.1	102.3
江 苏	100.8	99.3	99.3	97.7	97.6	101.1	96.8	110.1	100.4
浙 江	99.8	98.7	99.4	98.4	97.0	99.6	95.6	107.2	99.8
安 徽	100.5	99.7	101.2	97.7	98.0	99.3	97.3	104.1	102.7
福 建	98.7	97.6	100.5	96.5	97.6	102.5	97.2	100.6	99.9
江 西	99.5	98.0	99.0	98.4	97.1	100.5	101.4	103.0	99.9
山 东	101.8	101.1	101.5	98.6	98.7	102.4	96.9	108.2	101.7
河 南	100.7	100.4	99.5	98.6	98.0	100.7	99.4	102.4	103.3
湖 北	100.3	99.3	99.5	96.9	94.0	98.1	99.7	109.0	99.2
湖 南	99.1	98.6	99.3	97.4	96.4	99.8	97.4	102.1	100.0
广 东	99.3	98.2	100.0	98.2	99.4	99.3	99.7	101.5	99.9
广 西	100.6	98.5	99.2	96.3	97.0	97.7	98.7	112.6	100.4
海 南	98.5	98.4	100.7	99.2	98.1	100.2	98.0	98.2	97.8
重 庆	101.7	99.2	96.8	97.4	95.7	98.9	102.4	114.8	102.6
四 川	102.1	101.3	99.3	97.9	99.2	98.8	105.4	111.9	99.9
贵 州	101.8	98.5	100.2	97.8	94.6	102.4	107.0	115.0	99.5
云 南	99.1	98.3	98.9	96.3	98.5	106.2	92.5	98.6	101.6
西 藏	100.1	99.3	99.6	101.1	99.4	100.1	103.6	98.7	101.3
陕 西	101.0	99.2	100.0	97.3	96.2	99.7	98.2	112.6	100.5
甘 肃	104.0	100.0	100.0	99.9	98.2	98.3	103.6	123.2	102.8
青 海	102.6	102.2	98.6	99.4	96.2	98.6	102.4	115.3	101.2
宁 夏	101.6	100.1	97.9	99.4	97.4	99.8	100.6	112.4	102.5
新 疆	104.0	104.3	98.8	98.7	100.2	116.1	105.2	101.6	102.6

22-8 城乡居民收入

单位：元

地区	城镇居民人均可支配收入		农村居民人均纯收入	
	2000年	2001年	2000年	2001年
全国	**6280**	**6860**	**2253**	**2366**
北京	10350	11578	4605	5026
天津	8141	8959	3622	3948
河北	5661	5985	2479	2604
山西	4724	5391	1906	1956
内蒙古	5129	5536	2038	1973
辽宁	5358	5797	2356	2558
吉林	4810	5340	2023	2182
黑龙江	4913	5426	2148	2280
上海	11718	12883	5596	5871
江苏	6800	7375	3595	3785
浙江	9279	10465	4254	4582
安徽	5294	5669	1935	2020
福建	7432	8313	3230	3381
江西	5104	5506	2135	2232
山东	6490	7101	2659	2805
河南	4766	5267	1986	2098
湖北	5525	5856	2269	2352
湖南	6219	6781	2197	2299
广东	9762	10415	3654	3770
广西	5834	6666	1865	1944
海南	5358	5839	2182	2226
重庆	6276	6721	1892	1971
四川	5894	6360	1904	1987
贵州	5122	5452	1374	1412
云南	6325	6798	1479	1534
西藏	7426	7869	1331	1404
陕西	5124	5484	1470	1520
甘肃	4916	5383	1429	1509
青海	5170	5854	1490	1557
宁夏	4912	5544	1724	1823
新疆	5645	6395	1618	1710

22-9 农林牧渔业总产值

(2001年)

地区	农林牧渔业总产值（亿元）	农业	林业	牧业	渔业	农林牧渔业总产值指数（上年=100）
全国	26179.6	14462.8	938.8	7963.1	2815.0	104.2
北京	214.1	89.7	9.5	105.2	9.6	107.5
天津	169.5	86.7	1.5	60.8	20.6	108.0
河北	1680.5	899.4	34.0	685.9	61.2	105.3
山西	301.5	191.3	12.3	96.3	1.7	93.0
内蒙古	555.9	307.6	26.1	216.2	6.0	102.0
辽宁	1045.7	503.1	21.8	332.3	188.5	106.6
吉林	659.3	405.9	11.3	236.4	5.8	106.9
黑龙江	711.0	450.6	15.7	224.6	20.1	106.4
上海	227.6	95.5	3.5	88.4	40.1	107.5
江苏	1956.1	1142.7	30.8	448.5	334.2	104.5
浙江	1108.0	529.5	73.7	195.9	308.8	103.2
安徽	1258.1	688.0	66.2	371.6	132.3	102.8
福建	1061.6	433.2	82.3	215.5	330.5	103.9
江西	790.3	405.9	54.0	226.1	104.3	103.0
山东	2454.0	1401.3	47.2	654.7	350.7	104.0
河南	2102.8	1331.6	57.0	693.8	20.4	105.6
湖北	1172.8	658.3	27.1	352.6	134.8	103.0
湖南	1283.1	665.7	51.9	480.3	85.2	104.0
广东	1688.0	817.9	56.8	423.2	390.1	104.3
广西	872.9	439.9	39.4	292.3	101.2	104.9
海南	325.1	141.3	43.3	58.2	82.3	113.5
重庆	431.2	250.4	11.2	154.4	15.2	102.1
四川	1466.8	769.9	50.9	605.0	41.0	102.6
贵州	418.6	279.9	15.1	118.5	5.1	101.2
云南	703.5	431.3	47.2	210.6	14.4	103.6
西藏	52.8	27.6	1.3	23.9	0.0	105.4
陕西	478.8	337.4	23.6	114.1	3.8	102.5
甘肃	344.6	254.0	8.6	80.9	1.1	107.8
青海	63.3	28.9	1.8	32.5	0.1	105.2
宁夏	85.3	49.4	3.5	30.3	2.1	108.0
新疆	496.8	348.8	10.1	134.0	3.9	104.5

22-10 主要农产品产量

(2001年)

单位:万吨

地　区	粮　食	油　料	棉　花	糖　料	水　果	猪牛羊肉	奶 类	水产品
全　国	**45263.7**	**2864.8**	**532.4**	**8655.1**	**6658.0**	**5026.0**	**1122.9**	**4381.3**
北　京	104.9	4.3	0.3		61.8	38.2	42.9	7.4
天　津	143.3	3.9	6.4		29.3	27.9	24.1	26.5
河　北	2491.8	153.8	41.9	9.9	669.8	354.3	119.3	84.9
山　西	692.1	18.1	8.4	9.0	196.6	57.7	40.4	2.8
内 蒙 古	1239.1	80.6	0.3	133.1	19.5	134.8	109.0	7.6
辽　宁	1394.4	46.3	0.8	35.7	241.7	154.8	26.6	350.8
吉　林	1953.4	34.3		69.4	34.7	107.3	16.4	11.0
黑 龙 江	2651.7	36.3		329.8	21.3	100.7	192.4	40.2
上　海	151.4	12.8	0.1	8.5	26.7	27.3	26.0	29.8
江　苏	2942.1	232.5	46.1	32.0	195.3	238.0	36.0	320.9
浙　江	1072.7	58.2	3.2	106.0	250.6	111.3	17.6	472.9
安　徽	2500.3	298.8	35.7	29.3	147.1	239.5	5.5	159.9
福　建	817.3	26.1		95.5	401.2	110.8	11.4	542.5
江　西	1600.0	90.5	8.1	123.7	57.7	157.9	5.9	132.3
山　东	3720.6	377.3	78.1	0.1	971.4	399.3	90.4	686.1
河　南	4119.9	362.5	82.8	26.2	399.1	467.5	30.0	31.5
湖　北	2138.5	279.4	37.4	78.4	233.6	222.1	8.8	242.2
湖　南	2700.3	137.4	19.0	166.4	185.1	409.6	1.8	141.0
广　东	1600.1	80.9		1213.0	686.2	219.3	10.4	609.7
广　西	1511.4	57.2	0.1	3653.3	406.3	221.1	2.1	247.8
海　南	195.8	10.3		320.8	143.6	26.4	0.0	95.6
重　庆	1023.5	30.0		10.1	82.6	129.4	6.8	19.7
四　川	2926.5	181.0	3.0	155.8	272.9	479.8	33.3	57.1
贵　州	1100.3	71.3	0.1	65.1	36.4	122.8	2.0	6.9
云　南	1486.3	27.7		1481.5	98.4	203.8	17.1	18.0
西　藏	98.3	4.4			0.7	16.0	23.1	0.0
陕　西	976.6	37.5	5.0	1.9	493.7	86.6	69.5	6.3
甘　肃	753.2	38.4	9.9	45.1	121.7	60.5	15.6	1.5
青　海	103.2	23.0			1.7	21.6	22.8	0.2
宁　夏	274.8	7.3		0.3	16.9	13.8	27.6	4.1
新　疆	780.0	42.6	145.8	455.1	154.2	76.7	87.8	6.1

22-11 全部国有及规模以上非国有工业企业主要经济指标

(2001年)

单位：亿元

地区	工业增加值	产品销售收入	税金总额	利润总额	亏损企业亏损总额	资产合计	负债合计	全部从业人员平均人数(万人)
全国	26950.0	92278.0	5429.0	4657.2	1112.4	134183.9	79647.7	5431.1
北京	817.2	2762.9	120.6	127.0	44.9	4291.7	2371.1	104.1
天津	689.6	2826.2	134.4	184.1	50.1	4004.9	2356.0	118.3
河北	1215.9	3709.3	211.9	194.3	43.0	5598.1	3480.7	264.5
山西	490.2	1275.2	105.8	39.1	22.0	3347.5	2247.4	175.5
内蒙古	307.2	797.5	58.8	20.4	15.1	1946.5	1139.7	81.7
辽宁	1236.7	4425.6	247.4	133.2	69.5	8286.0	4857.5	262.9
吉林	557.3	1790.1	132.2	85.6	38.5	3302.6	2068.3	124.5
黑龙江	1253.5	2406.3	258.2	493.5	34.5	4217.2	2519.6	180.4
上海	1924.3	7191.5	380.7	447.3	96.1	10374.1	4826.2	204.7
江苏	2920.7	11269.5	523.2	420.8	82.1	12107.7	7342.5	517.0
浙江	1781.2	7472.2	364.0	451.8	27.8	7222.5	4000.0	373.2
安徽	550.1	1798.5	141.0	52.6	22.3	3150.5	1953.9	153.4
福建	813.6	2730.0	138.4	113.7	36.4	3683.2	1997.9	155.8
江西	286.0	958.1	76.0	14.2	17.6	1898.4	1275.2	99.7
山东	2908.4	9146.0	487.9	571.5	46.1	10602.2	6452.9	522.6
河南	1270.0	3620.6	217.9	138.5	41.4	5639.2	3632.5	335.6
湖北	1096.8	3198.9	214.0	119.3	40.5	5061.0	3112.3	223.4
湖南	617.9	1778.8	182.4	51.7	30.1	3075.2	1958.4	154.4
广东	3553.8	13462.0	493.6	583.5	152.0	14927.2	8571.8	572.3
广西	339.1	1016.7	84.5	37.3	21.5	1994.9	1317.9	89.6
海南	55.1	164.8	12.2	6.4	4.4	364.5	219.0	9.7
重庆	333.0	1057.9	75.3	21.8	22.4	1976.4	1269.1	84.9
四川	776.1	2274.0	166.7	84.6	36.5	4864.4	3045.8	202.2
贵州	235.9	630.4	72.9	16.9	13.5	1670.0	1076.1	67.5
云南	553.3	1123.2	263.0	81.1	20.6	2553.1	1369.9	69.0
西藏	9.5	11.7	1.3	0.9	0.6	69.1	16.2	1.9
陕西	459.7	1292.7	99.1	63.0	36.1	3071.1	2027.1	115.5
甘肃	296.5	818.8	64.4	7.1	17.1	1887.4	1232.4	86.0
青海	71.6	189.8	15.6	4.8	7.9	707.3	502.4	13.4
宁夏	82.6	266.8	15.5	3.8	6.3	564.3	335.3	22.1
新疆	358.3	848.8	70.9	90.3	21.2	1839.3	1166.5	42.4

22-12 全部国有及规模以上非国有工业企业主要经济效益指标

(2001年)

地区	总资产贡献率(%)	资本保值增值率(%)	资产负债率(%)	流动资产周转次数(次)	成本费用利润率(%)	产品销售率(%)
全国	9.28	112.96	59.36	1.63	5.38	97.72
北京	6.81	112.44	55.25	1.42	4.68	100.10
天津	9.34	125.36	58.83	1.64	6.95	98.45
河北	9.12	106.44	62.18	1.74	5.58	98.10
山西	6.00	113.74	67.14	1.06	3.22	96.94
内蒙古	5.95	113.57	58.55	1.28	2.63	97.87
辽宁	6.04	113.08	58.62	1.44	3.13	97.35
吉林	8.01	114.12	62.63	1.38	4.96	96.94
黑龙江	19.30	104.03	59.75	1.49	26.77	97.67
上海	9.61	120.31	46.52	1.56	6.59	98.83
江苏	9.55	110.57	60.64	1.92	3.89	97.14
浙江	13.65	118.51	55.38	2.10	6.45	97.07
安徽	7.78	109.48	62.02	1.38	3.06	98.00
福建	8.99	112.13	54.24	1.79	4.43	97.29
江西	6.64	108.15	67.17	1.27	1.53	97.26
山东	11.95	115.45	60.86	2.13	6.71	97.77
河南	8.50	110.53	64.41	1.51	4.03	97.89
湖北	8.20	112.70	61.50	1.54	3.98	97.73
湖南	9.62	110.82	63.68	1.51	3.11	99.33
广东	8.84	108.05	57.42	1.89	4.63	97.33
广西	7.87	111.38	66.06	1.43	3.87	96.93
海南	6.54	105.19	60.09	1.14	3.96	95.03
重庆	6.66	115.13	64.22	1.18	2.12	99.16
四川	7.17	111.92	62.61	1.17	3.90	98.04
贵州	7.08	131.93	64.43	0.89	2.91	95.10
云南	16.24	115.40	53.66	1.22	9.16	99.65
西藏	6.74	162.95	23.46	0.67	8.20	88.32
陕西	7.58	122.42	66.01	1.15	5.19	97.17
甘肃	5.32	110.71	65.30	1.13	0.91	96.99
青海	4.88	106.97	71.03	0.81	2.72	96.09
宁夏	5.16	110.28	59.41	1.20	1.45	96.98
新疆	10.44	105.74	63.42	1.36	12.44	99.01

22-13 主要工业产品产量

(2001年)

地区	原煤（万吨）	原油（万吨）	发电量（亿千瓦小时）	钢（万吨）	生铁（万吨）	成品钢材（万吨）	水泥（万吨）
全国	110700.0	16500.0	14780.0	15266.1	14541.0	15745.4	64000.0
北京	690.2		132.7	824.9	782.0	727.3	809.0
天津		970.3	217.4	395.3	228.7	445.0	339.0
河北	5865.7	513.2	901.6	1759.5	2064.3	1914.4	4878.0
山西	21897.6		707.4	603.8	1322.0	494.0	1309.3
内蒙古	7422.2		463.7	453.6	474.6	381.7	636.2
辽宁	4468.2	1385.0	662.1	1660.7	1593.7	1655.2	2100.5
吉林	1632.1	388.8	329.0	200.6	201.7	193.8	895.5
黑龙江	5120.7	5161.1	438.1	92.1	80.4	76.2	910.0
上海		58.9	572.9	1874.7	1468.9	1641.1	334.8
江苏	2451.1	157.0	986.6	836.1	446.1	1754.1	5135.7
浙江	72.0		713.5	182.5	125.1	307.6	4762.8
安徽	5347.5		387.5	553.6	594.5	548.6	2133.3
福建	512.3		446.3	155.3	172.2	333.5	1525.5
江西	1517.5		216.2	399.4	338.1	382.9	1606.7
山东	10687.8	2668.0	1069.1	722.6	793.6	834.4	6924.8
河南	8448.4	566.6	791.1	531.0	540.2	475.4	4200.8
湖北	333.9	77.2	587.3	1003.9	839.1	911.7	2603.7
湖南	1546.1		384.4	441.9	417.3	389.0	2496.0
广东	123.6	1238.1	1351.7	352.5	253.3	567.1	5804.7
广西	613.5	3.3	292.3	128.5	152.1	140.4	2140.5
海南	2.0	3.0	42.6	0.2	0.2	7.9	312.6
重庆	1154.7		170.4	185.0	174.7	161.4	1511.2
四川	2159.8	14.7	583.6	690.8	601.0	629.0	2816.6
贵州	3731.4		480.3	147.0	149.5	138.6	920.0
云南	1111.8		340.4	219.6	318.6	181.0	1534.0
西藏	2.5		7.0				49.6
陕西	4531.9	915.9	303.5	69.4	71.6	64.2	1110.2
甘肃	1795.4	53.7	285.7	236.6	220.7	225.6	885.1
青海	169.0	206.0	137.8	44.3		36.3	166.0
宁夏	1551.1	162.5	150.3		5.4	0.4	311.2
新疆	1458.2	1946.8	180.4	127.5	111.4	127.8	930.6

22-13 续表

(2001年)

地　　区	布 (亿米)	家用 电冰箱 (万台)	农用 化肥 (万吨)	汽车 (万辆)	程控 交换机 (万线)	移动通信 设备 (万部)	微型电子 计算机 (万部)
全　　国	**290.6**	**1349.1**	**3396.5**	**233.4**	**7223.5**	**2473.9**	**758.0**
北　　京	1.1	5.9	3.8	14.3	1359.0	2359.6	339.7
天　　津	2.6	1.7	14.9	5.9	154.3	0.6	0.6
河　　北	16.7		183.1	1.9	60.2		
山　　西	3.2		159.9	0.1			
内 蒙 古	0.4		35.0	0.1			2.1
辽　　宁	4.3	14.7	159.6	7.9	41.5	0.02	55.8
吉　　林	1.1		3.1	39.1	11.6		0.3
黑 龙 江	1.2	8.3	44.8	15.5	0.1		4.4
上　　海	2.4	43.4	13.1	29.0	1752.9	39.5	47.1
江　　苏	32.9	157.4	187.6	9.8	208.7	52.0	42.7
浙　　江	23.4	21.1	62.5	3.6	57.6	0.01	4.3
安　　徽	6.1	187.8	167.1	15.3			11.0
福　　建	7.3		57.4	3.3	0.3	2.0	88.8
江　　西	2.1	33.8	48.1	16.0	0.8		1.6
山　　东	32.4	357.5	423.9	7.0	354.6		39.0
河　　南	11.2	104.4	280.1	0.9	27.4	0.2	0.6
湖　　北	17.1		283.4	22.2		0.04	
湖　　南	3.1	47.8	146.1	2.1	0.4	0.03	
广　　东	13.3	282.6	21.3	5.7	3019.1	19.6	228.7
广　　西	0.9		73.8	14.2	0.01		0.7
海　　南	0.2		24.9	1.0			
重　　庆	2.2		77.6	24.4	3.2	0.2	0.3
四　　川	6.2	14.2	282.8	2.7			4.3
贵　　州	0.5	37.2	86.8	0.1	3.2		0.3
云　　南	0.4		194.8	2.7			
西　　藏							
陕　　西	6.9	29.8	97.3	1.9	168.8		5.6
甘　　肃	0.3	1.6	45.0			0.2	
青　　海			79.4				
宁　　夏			69.2				
新　　疆	2.2		70.2	0.3			

22-14 社会消费品零售总额

(2001年，按销售单位所在地分)

单位：亿元

地区	社会消费品零售总额	市	县	县以下
全国	37595.2	23543.4	4583.2	9468.6
北京	1593.5	1251.9	102.0	239.6
天津	832.7	651.2	62.4	119.1
河北	1778.3	837.3	346.3	594.7
山西	679.9	408.3	135.7	135.9
内蒙古	537.3	324.3	128.9	84.1
辽宁	2034.9	1683.6	114.2	237.1
吉林	909.1	678.0	63.9	167.2
黑龙江	1198.9	867.4	171.8	159.7
上海	1861.3	1531.9	73.5	255.9
江苏	2869.0	1898.9	198.6	771.5
浙江	2555.5	1434.8	247.6	873.1
安徽	1142.8	546.7	254.0	342.1
福建	1499.5	844.9	198.6	456.0
江西	763.3	368.9	171.2	223.2
山东	2834.9	1758.4	273.7	802.8
河南	1979.8	976.7	416.6	586.5
湖北	1975.2	1267.1	194.2	513.9
湖南	1511.1	800.1	278.0	433.0
广东	4515.3	2974.4	239.5	1301.4
广西	935.9	463.1	194.6	278.2
海南	187.5	124.1	16.0	47.4
重庆	699.3	397.4	96.1	205.8
四川	1680.4	790.7	292.0	597.7
贵州	378.0	220.0	72.3	85.7
云南	655.4	351.2	153.7	150.5
西藏	49.0	21.7	21.6	5.7
陕西	665.1	443.5	110.5	111.1
甘肃	395.4	255.9	62.8	76.7
青海	90.4	56.5	21.5	12.4
宁夏	98.9	64.8	18.1	16.0
新疆	406.3	256.6	69.7	80.0

22-14 续表　　（2001年，按行业分）　　单位：亿元

地区	社会消费品零售总额	批发零售贸易业	餐饮业	其他行业	# 制造业	# 农业生产者
全　国	37595.2	25510.8	4368.9	7715.5	2304.7	4191.7
北　京	1593.5	1128.3	96.6	368.6	96.5	8.1
天　津	832.7	441.8	91.0	299.9	34.0	65.9
河　北	1778.3	1240.0	189.2	349.1	151.7	153.1
山　西	679.9	458.7	65.7	155.5	38.7	94.5
内蒙古	537.3	349.1	56.5	131.7	37.9	71.5
辽　宁	2034.9	1500.3	259.3	275.3	57.5	176.1
吉　林	909.1	759.3	120.5	29.3	11.3	11.8
黑龙江	1198.9	929.0	115.9	154.0	46.0	85.3
上　海	1861.3	1482.8	141.6	236.9	46.9	175.6
江　苏	2869.0	2117.5	289.9	461.6	187.9	219.8
浙　江	2555.5	1792.5	250.2	512.8	165.5	272.1
安　徽	1142.8	735.4	131.2	276.2	85.9	166.3
福　建	1499.5	1086.9	171.1	241.5	74.5	93.5
江　西	763.3	471.9	66.9	224.5	50.6	147.7
山　东	2834.9	1825.0	312.8	697.1	283.7	277.7
河　南	1979.8	1235.9	246.3	497.6	251.9	178.5
湖　北	1975.2	1221.6	225.7	527.9	99.5	317.5
湖　南	1511.1	985.1	161.1	364.9	77.9	257.6
广　东	4515.3	3234.3	739.5	541.5	183.9	287.4
广　西	935.9	628.8	112.7	194.4	47.0	125.2
海　南	187.5	113.2	26.1	48.2	4.9	36.3
重　庆	699.3	427.3	60.5	211.5	41.2	161.3
四　川	1680.4	976.4	262.0	442.0	97.2	296.2
贵　州	378.0	253.5	52.4	72.1	18.9	45.4
云　南	655.4	416.0	92.8	146.6	29.7	100.1
西　藏	49.0	38.1	5.6	5.3	2.2	2.4
陕　西	665.1	418.2	72.2	174.7	56.0	104.1
甘　肃	395.4	259.0	51.9	84.5	17.6	48.8
青　海	90.4	63.0	12.8	14.6	3.8	8.5
宁　夏	98.9	59.8	13.8	25.3	3.7	19.3
新　疆	406.3	266.4	44.5	95.4	22.0	52.3

22-15 海关进出口总额和外商投资额

(2001年，按经营单位所在地分)

地区	海关进出口总额（亿美元）	出口额	进口额	外商实际直接投资额（万美元）
全国	5097.7	2661.6	2436.1	4687759
北京	515.4	117.9	397.5	176818
天津	181.7	94.9	86.8	213348
河北	57.4	39.6	17.8	66989
山西	19.4	14.7	4.7	23393
内蒙古	20.4	6.3	14.1	10703
辽宁	198.1	110.1	88.0	251612
吉林	32.1	14.6	17.5	33766
黑龙江	33.8	16.1	17.7	34114
上海	608.9	276.2	332.7	429159
江苏	513.5	288.7	224.8	691482
浙江	328.0	229.8	98.2	221162
安徽	36.2	22.8	13.4	33672
福建	226.3	139.3	87.0	391804
江西	15.3	10.4	4.9	39575
山东	289.5	181.2	108.3	352093
河南	27.8	17.0	10.8	45729
湖北	35.8	18.0	17.8	118860
湖南	27.5	17.5	10.0	81011
广东	1765.0	954.3	810.7	1193203
广西	18.0	12.4	5.6	38416
海南	17.5	8.0	9.5	46691
重庆	18.3	11.0	7.3	25649
四川	31.0	15.8	15.2	58188
贵州	6.5	4.2	2.3	2829
云南	19.9	12.4	7.5	6457
西藏	0.9	0.8	0.1	
陕西	20.6	11.1	9.5	35174
甘肃	7.8	4.8	3.0	7439
青海	2.0	1.5	0.5	3649
宁夏	5.3	3.5	1.8	1680
新疆	17.7	6.7	11.0	2035

22-16 国 际 旅 游

地区	2000年			2001年		
	旅游人数（万人次）	#外国人	旅游创汇总额（亿美元）	旅游人数（万人次）	#外国人	旅游创汇总额（亿美元）
全国	**8344.4**	**1016.0**	**162.2**	**8901.0**	**1122.4**	**177.9**
北京	282.1	238.0	27.7	285.8	239.9	29.5
天津	35.6	32.1	2.3	42.1	37.5	2.8
河北	41.4	35.9	1.4	44.5	39.1	1.6
山西	16.5	11.7	0.5	19.8	12.9	0.6
内蒙古	39.2	38.7	1.3	40.0	39.6	1.4
辽宁	61.2	50.1	3.8	72.4	60.7	4.6
吉林	22.3	19.2	0.6	27.2	23.7	0.8
黑龙江	55.2	50.5	1.9	61.2	56.5	2.5
上海	181.4	143.9	16.1	204.3	151.6	18.1
江苏	161.0	98.2	7.2	183.7	108.6	8.2
浙江	112.6	64.8	5.1	147.0	82.0	7.0
安徽	31.8	16.8	0.9	38.1	18.6	1.1
福建	161.3	49.7	8.9	163.5	46.5	9.4
江西	16.3	5.5	0.6	19.6	5.5	0.7
山东	72.3	48.0	3.2	82.9	59.2	3.8
河南	32.5	18.2	1.2	36.6	24.9	1.3
湖北	45.1	35.7	1.5	66.8	54.3	2.0
湖南	45.4	15.8	2.2	50.5	18.8	2.7
广东	1198.9	212.9	41.1	1292.4	240.4	44.8
广西	122.9	50.8	3.1	126.7	55.0	3.0
海南	48.7	9.4	1.1	45.7	13.0	1.0
重庆	26.6	19.3	1.4	31.3	21.9	1.6
四川	46.2	20.0	1.2	57.5	28.1	1.7
贵州	18.4	7.1	0.6	20.5	7.9	0.7
云南	100.1	66.6	3.4	113.1	69.6	3.7
西藏	15.0	13.6	0.5	12.7	11.6	0.5
陕西	**71.3**	**58.5**	**2.8**	**75.9**	**63.8**	**3.1**
甘肃	21.3	14.3	0.5	22.3	14.6	0.4
青海	3.3	1.5	0.1	4.0	1.8	0.1
宁夏	0.8	0.6	0.03	0.9	0.6	0.03
新疆	25.6	20.8	0.9	27.3	21.9	1.0

2001年陕西省统计大事记

1月21日，省统计局举行2001年迎新春职工越野赛和新春联谊会。

2月23日至24日，全省地市统计局长暨“双先”表彰会议在陕西统计大厦召开，省统计局局长胡守贤作题为《强化服务，提高质量，加强法制，稳定机构，进一步提高统计工作整体水平》的工作报告，传达全国统计局长会议精神，总结2000年统计工作，安排部署2001年全省统计工作的主要任务。表彰了四年来全省统计系统涌现的先进集体和先进工作者。省委副书记、常务副省长贾治邦到会祝贺并作重要讲话。

会议确定2001年全省统计工作的指导思想是：以邓小平理论和“三个代表”的重要思想为指导，认真贯彻落实党的十五届五中全会、中央经济工作会议精神和省委九届六次全会、省委经济工作会议精神。以确保完成各项统计工作任务为重点，以提高统计工作质量为中心，以改善统计部门条件为基础，以增强统计队伍团结为前提，努力开创新世纪统计工作的新局面。

会议提出了2001年全省统计工作的主要任务：一是以提高统计数据质量为中心，进一步搞准搞实统计数据；二是认真做好统计分析监测工作，积极反映“十五”建设成就和实施西部大开发战略的成果；三是加强基层和基础建设，不断改善统计部门的条件；四是强化统计信息工程建设，加快开发应用步伐；五是切实做好第五次全国人口普查工作；六是加强统计法制建设，维护统计工作秩序；七是以统计登记工作为重点，进一步推进统计制度方法改革；八是增强团结，努力加强统计队伍建设。

3月21日至24日，国家统计局局长朱之鑫一行来陕西进行调研。省委副书记、常务副省长贾治邦在省政府黄楼大会议室主持召开统计工作汇报会，省政府副秘书长贾湘和省计委、省经贸委、省农业厅的有关领导及省统计局局长胡守贤、副局长刘春明、王俊民、王莉霞、纪检组长杨志成、助理巡视员魏国昌、孙彦云等就我省一季度的经济形势、全年的经济走势和统计改革与发展等问题进行了汇报。

4月2日，省统计局向省机构改革领导小组呈报《陕西省统计局机关机构改革总结暨自查报告》，标志着省统计局机构改革工作基本完成。

4月2日，省统计局发布《2000年陕西省国民经济和社会发展统计公报》。初步统计：2000年全省实现国内生产总值1661亿元，全社会固定资产投资总额730亿元，全省工业增加值549.58亿元，建筑业增加值182.3亿元，社会消费品零售总额607.6亿元，交通运输、邮电通信及仓储业增加值156.9亿元，房地产业增加值31.77亿元。

4月20日至23日，省统计局局长胡守贤接待加拿大统计局代表团，就数据库开发及使用前景同相关人员进行了探讨。

4月23日，省统计局发布《2000年第五次全国人口普查陕西省主要数据公报》。2000年11月1日0时全省常住人口为3605万人，其中男性1875万人，女性1730万人；汉族人口3587万人，各少数民族人口18万人；居住在城镇的人口1163万人，居住在乡村的人口2442万人。

4月30日至5月31日，省统计局、省人事厅联合对境外来中国大陆工作经济专家进行一次性统计调查。

6月4日，省统计局、监察厅、司法厅联合召开全省《统计法》和“两办通知”执行情况大检查电视电话会议。省大检查领导小组组长、省统计局局长胡守贤，省大检查领导小组副组长、省监察厅副厅长岳崇，省司法厅副厅长陈忠槐就贯彻全国电视电话会议精神，搞好我省的大检查工作分别讲话。

7月1日至20日，省统计局、监察厅、司法厅联合成立的全省《统计法》和“两办通知”执行情况大检查领导小组组织3个重点抽查小组，对铜川、宝鸡、咸阳、汉中、安康、延安、榆林开展《统计法》和“两办通知”执行情况进行了抽查。据统计，这次大检查全省各地共查处统计违法行为851件，立案475件，结案376件，其中虚报瞒报223件，拒报65件，伪造篡改7件，擅自制发报表1件，屡次迟报99件，通报批评74件，警告29件，其他45件。

7月5日，省统计局、省机构编制委员会办公室、省民政厅、省财政厅、省国家税务局、省地方税务局、省工商行政管理局、省质量技术监督局联合转发国家统计局等七部委《关于开展第二次全国基本单位普查的通知》。

8月2日至8月4日，德国统计专家来陕访问，就交通统计增加值核算方面的情况与有关人员进行了交流。

8月16日至18日，第十一届西北五省区统计局长联席会议在延安市召开，陕西省统计局局长胡守贤和纪检组长杨志成、甘肃省统计局局长朱文兴、宁夏自治区统计局局长白振文、青海省统计局副局长智华、新疆自治区统计局副局长王忠山、新疆生产建设兵团统计局副局长孙法臣和应邀的天水市统计局局长韩伍子以及五省区办公室、综合处的负责同志参加会议。8月22日，省机构编制委员会批复(陕编办发[2001]119号)，同意成立陕西省统计登记调查中心，该中心为省统计局下属处级事业单位，人员编制9名。经费形式为财政全额拨款，实行收支两条线管理。

9月30日，中共陕西省委、陕西省人民政府印发《陕西省市级机构改革方案》，明确规定统计局为市政府必设机构之一。

9月至10月间，省统计局开展领导班子建设和领导干部思想作风建设总结检查活动，针对“三讲”之后机构改革一年来局领导班子建设和领导干部个人的思想作风建设情况进行总结检查。

10月1日，省政府办公厅发出《关于成立省第二次基本单位普查工作领导小组的通知》。常务副省长贾治邦任组长，省政府副秘书长贾湘、省统计局局长胡守贤为副组长，省统计局副局长王莉霞以及有关部门负责人为领导小组成员。领导小组办公室设在省统计局，王莉霞兼任办公室主任。

10月11日，省统计局举行学习“三个代表”及江总书记“七一”讲话演讲比赛。之后，胡守贤局长作关于改进机关工作作风，提高工作水平的讲话。

10月17日，省政府办公厅发出《关于认真做好全省第二次基本单位普查工作的通知》(陕政办发[2001]113号)，要求各级政府要充分认识基本单位普查的重要性、必要性与艰巨性，通力协作，密切配合，大力推进全省基本单位名录库系统建设。同时加强对基本单位普查工作的领导，宣传动员和组织工作。

10月23日，省统计局印发《陕西省统计“四五”普法实施办法》。

11月19日，省统计局分别印发《陕西省统计检查员管理办法》和《陕西省统计违法案件查处程序》。

11月23日，省统计局做出《关于对地市国内生产总值数据质量实行指令性评估的决定》，从2001年第四季度开始，省统计局对各地市国内生产总值和主要专业统计指标数据质量实行指令性评估。要求各地市把省局评估后的GDP数据结果作为向当地党政领导、有关部门以及社会提供的唯一数据。

11月30日，省统计局编纂的《陕西省志·统计志》一书由三秦出版社出版发行，该书比较系统地记述了从民国时期陕西近现代统计开始建立到中华人民共和国成立以后几十年来全省统计工作的发展历程和沿革变迁，客观地反映了本省统计事业发展的历史进程。

12月2日至6日，哈萨克斯坦国家统计局代表团来陕考察，就农业普查组织实施情况同省统计局有关人员进行座谈。

12月13日至15日，省统计局局长胡守贤在北京参加全国统计局长会议，会议的议题是贯彻落实党的十五届六中全会和中央经济工作会议精神，总结2001年全国统计工作，部署安排2002年统计工作任务。

会议确定2002年全国统计工作的指导思想和总体要求是：以邓小平理论和江泽民同志“三个代表”的重要思想为指导，认真贯彻落实党的十五届五中全会和中央经济工作会议的精神，反映发展，促进发展，宣传发展，按照朱镕基同志“快、精、准”的要求，以提高统计数据质量为中心，进一步加快统计改革和建设，全面提高统计工作水平，努力实现新世纪统计工作的良好开局。

12月中旬，省统计局编纂的《陕西省首次非公有制经济调查与分析》一书由三秦出版社出版发行，省委书记李建国为该书题写了书名，省长程安东为该书作序。

西安市市政管理委员会

西安市市政管理委员会的主要职责是:管理城市道路、桥涵、广场、路灯;负责城市供热、供气、供水、排水;主管城市环境卫生、城市生活垃圾的收集与处理以及城市污水处理等;协同市级有关主管部门,开展城市防汛排涝和城市相关地质灾害的防治等工作;其主要任务是:负责所辖城市基础设施的建设、维护与管理工作;负责城市管理执法监察和户外广告设置管理等工作。

西安市市政管理委员会机关内设14个职能处(室),其中党务和行政处室有办公室、政治工作处、纪委(监察室)、人事处等4个;业务处室有10个,分别是计划财务处、政策法规处、科技处、工程建设管理处、道桥管理处、管网管理处、运行保障处、市容环卫管理处、户外广告和照明灯饰管理处以及安全生产监督管理处。机关现有编制78名,其中处级以上领导职数33名。另外,根据有关规定,市政委机关还内设机关离退休人员管理所,处级建制,事业编制5名,为参照公务员管理的全额拨款事业处室。

目前,西安市市政管理委员会下属有23个全民所有制企事业单位,其中1个为副局级建制、参照公务员管理的事业单位,县处级单位有18个,科级单位有4个;按单位性质分,共有8个企业,8个全额拨款的事业单位,3个差额拨款的事业单位,4个自收自支的事业单位。全系统现有职工总人数1.2万余人。

党的十一届三中全会以来,在市委、市政府的支持和关怀下,西安市市政管理委员会及其所属各单位在建设体制、融资渠道、运营和管理机制等方面,努力创新开拓,市政基础设施建设规模不断扩大,城市供热、供气、供水以及排水能力不断增强,城市市容市貌和环境卫生状况不断改善,城市管理水平不断提高。近二十年来,先后通过政府投资、集资、贷款、收取有关城市建设配套费用、发行建设债券以及项目招商引资、利用国外政府贷款、积极争取中央和省的专项补贴等途径,逐步建立多元化的建设投融资体制,筹集建设资金近80亿元,近二十年来,建成的主要城市市政基础设施有:

——打通了城市一环路,拓宽改造了南北中轴线,城市二环路建设已进入尾声;包括南大街、劳动南路、柿园路、韩森路、西华门、沣惠路、昆明路、大兴路、三兆路、文艺路、红光西路、星火路、陵园南路、万寿北路、太白路南北段、朱雀南路、朱雀北路、大保吉巷、粉巷、丰庆路、西斜七路、纬二街、兴庆南路、纬二十六街、经十七路、高新路、海红路、幸福路、西铜和西临公路城市段以及朱宏路、三桥路、建章路等一大批城市主次干道和多个城市出入口道路得到拓宽改造;建设改造了新城广场、南门广场、张家堡广场、土门广场等十余座现代化城市广场;建成了星火路立交、长安路立交、雁塔路立交、未央路立交、朱宏路立交等十余座城市立交以及解放路、北大街、劳动路、理工大学、长安大学和南大街、钟楼、火车站等二十余座人行过街天桥和地下通道。使我市人均拥有道路面积达到6.3平方米。其中未央路、北关正街荣获建设部九大“市政样板工程”,南二环全段、东二环南段荣获全国市政工程质量最高奖——“金杯奖”。近年来按照市委、市政府的统一部署,先后完成了对占道市场、机动车停车场、违章占道和占道群房的摸底调查,多次组织城市市容环境综合整治活动,依法对非法占道、违法搭建、违法设立户外广告等进行了清理,为西安的改革、开放和发展创造一个良好的外部环境。

随着我国西部大开发战略的逐步实施,他们还将谱写西安市政基础设施建设和城市管理谱写新的篇章,还将为西安在新世纪的腾飞和可持续发展做出更大的贡献。

西安高科集团公司

——西安高新区建设和产业发展的主力军

西安市委常委、高新区管委会主任张龙虎（中）与高科（集团）公司总经理章东凡（左二）、副总经理王步威（右二）、副总经理段先念（右一）、副总会计师姜波（左一）共商集团发展大计

西安高科（集团）公司是西安高新区的龙头企业，是高新区建设和产业发展的主力军。

高科集团成立伊始，就承担着高新区土地开发，基础设施配套建设等重任，同时，又投资高科技产业，经过十年的发展，已经成为集土地开发、基础设施建设、房地产开发、高科技产业（生物医药、电子信息、新型建材、机电一体化）、内外贸易、宾馆服务等产业的大型企业集团。

经过多年来不懈地努力，高科集团为开发区提供了良好的基础设施配套，营造了一流的投资环境。集中新建区高楼林立，商家云集，人气旺盛，正在建设的高新国际商务中心，将成为高新区的新亮点。集团公司开发建设的二期新区，是高新区产业发展的新的区域，截止2001年底，已有95家企业入区。这里，企业汇聚，道路宽阔，绿草成茵。电子园、长安园加快建设步伐，现已成为高新区发展的一道新景观。

高科集团还精心打造出了“枫叶”、“高科”、“紫薇”等房地产品牌，在西安乃至全国房地产业界享有很高的市场知名度和美誉度。高科集团致力于发展高科技产业，投资建成了西北地区规模最大设备最先进的UPVC生产企业，西部地区最大的高效、节能无氟压缩机生产线，西部地区最大的环保节能型壁挂式燃气锅炉生产线，研发、生产生物医药产品，是国内最大的原料提取物出口生产企业之一。

在西安创建“中国西安，西部最佳”和西安高新区二次创业的新形势下，高科集团将再接再厉，创造新的辉煌。

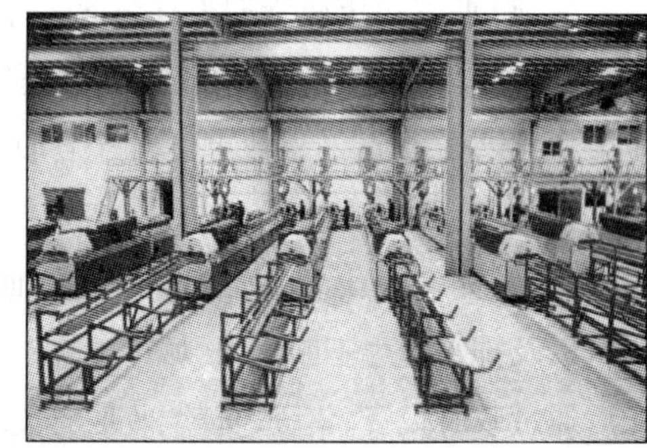

国际一流的UPVC生产线

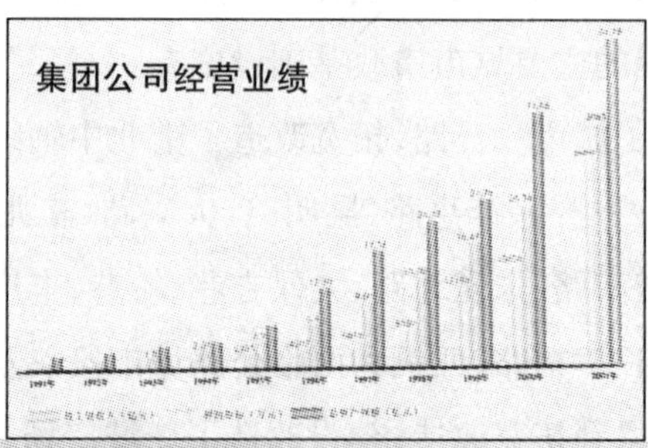

集团公司开发的西安高新区二期配套工程

正在建设的高新国际商务中心

陕西省残疾人联合会

2001年是新世纪的第一年,也是实施“十五”计划的开局之年。

陕西省残疾人联合会在省委、省政府的领导和中国残联指导下,按照“十五”计划纲要和第二次中、省残疾人事业工作会议的要求,坚持以发展为主题,与时俱进,各项工作取得了显著成绩。

一是制定颁布了《陕西省残疾人事业“十五”计划纲要》及18个配套实施方案;召开了第二次全省残疾人工作会议,使“十五”残疾人事业的开篇呈现出良好局面。

二是全力配合做好第二届全国特奥运动会的筹备工作。第三届全国特奥运动会将于2002年9月在西安举行,省残联积极参与宣传、策划、募捐等有关工作,特别是在募捐方面,经过艰苦努力,取得了募集资金1190万元的好成绩。

三是残疾人事业法制建设工作力度加大。制定了残疾人事业法制建设“十五”实施方案;经省编委批准成立了陕西省残疾人法律服务中心。

四是基础设施建设实现突破。认真落实2000年第8次省长办公会议精神,组织人员深入到59个贫困县,对残疾人教育培训中心建设前期准备工作进行检查,与58个符合条件的县政府签订了建设协议;向中残联申报了我省11个县级残联综合服务设施建设,争取经费165万元;为洛川、合阳、山阳等3个县争取《长江新里程计划》项目基础设备购置费30万元;积极协调、配合省统建办做好省残疾人康复教育研究中心二期工程的前期准备工作,并于11月动工兴建;利用社会资源建立了省级残疾人康复医院,为残疾人事业的发展奠定了坚实的基础。

五是康复工作成效显著。制定了全省“十五”残疾人康复8个配套实施方案,召开和举办了全省残疾人康复工作会议、康复工作培训班。全年共完成肢体残疾人康复训练623名,智残儿童康复训练403名,脑瘫儿童康复训练110名,白内障复明手术11349例,做视力患者配戴助视器603名,新训聋儿613名,培训聋儿家长613名,完成肢体残疾人矫治手术589例,供应残疾人用品用具61种2.2万件。

六是残疾人教育取得了新进展。认真贯彻第三次全国特教工作会议精神,不断完善特教体系,加大经费投入,使全省特教学校发展到35所,在校生增加到3560人;普校附设特教班增加到144个,入班残疾儿童1500名,随班就读残疾儿童达30800名;帮助170名因贫困失学盲童进入校园。认真做好高校招收残疾考生工作,使87名残疾考生被高校录取,录取率达98.9%。

七是残疾人就业工作取得新成果。加大依法全面推行残疾人按比例就业工作力度,2001年安排残疾人就业5896名,收取就业保障金3000多万元;培训各类残疾人3万多名;召开了全省盲人保健按摩工作现场会,并举办了九期有300名盲人参加的保健人员培训班,从业人员110余名。

八是扶贫解困工作更加扎实有效。通过社会大扶贫,解决了12.7万残疾人的温饱问题。认真组织实施“残疾人实现温饱”工程,使农村有劳动能力的1.3万残疾人实现温饱;开展残疾人康复扶贫,完成了国家下达我省4000万元康复扶贫贷款的评估、申报和发放工作;残疾人社保工作逐步推进;农村继续对贫困残疾人实行救济、扶助,保障了其基本生活。

九是残疾人宣传、文体工作生动活泼。举办了第六届全省残疾人事业好新闻评选活动,评出一等奖20名,二等奖16名,三等奖40名,其中两名获全国二、三等奖,5名优秀奖;举办了第三届全省残疾人艺术汇演,参加全国兰州赛区汇演比赛,获一等奖2个,二等奖4个,三等奖8个,承办了2001年全国残疾人射击、射箭、柔道锦标赛暨“远南”选拔赛,获1项第一、2项第二、三名和团体部分第一名的好成绩。

十是社区残疾人工作进一步加强。为残疾人提供康复训练、就业培训、文化娱乐等方面的服务。

十一是组织建设工作得到加强。认真学习贯彻江总书记“三个代表”重要思想和十五届六中全会精神,2001年组织了12名处以上领导和18名机关干部,组成10个慰问组到10个地市的25个县(市、区)、25个乡镇慰问了369户贫困残疾人,密切了和残疾人血肉关系。同时,按照中组部关于残联干部双重管理的精神,加强各级残联领导班子建设。

陕西建工集团总公司

陕西建工集团总公司(第二名称:陕西省建筑工程总公司,涉外名称:华山国际工程公司),房屋建筑工程总承包特级资质,享有对外经营权,并通过 ISO9002 质量体系认证。

总公司经历了由原西北建筑公司、建工部西北工程管理总局、建工部五局、国家建委五局、陕西省建筑工程局的机构演变而于 1983 年 10 月改为省政府直属企业。1995 年 12 月,被省政府授权经营陕西建工集团国有资产。

总公司现有职工 4.8 万人,各类专业技术人员 1.2 万人,具有高级专业技术职称的 850 人,具有资质等级的项目经理 830 人;企业总资产 68.3 亿元,主要大中型机械设备 1 万余台(件),总功率 20 万千瓦。具有承担国内外各类建设工程勘察、设计、施工与安装、商品砼配送和路桥、环保、钢结构及空间网架结构、深基础工程施工,建筑装饰、建筑防水、建筑抗震、建设监理、房地产开发,建设机械制造、金属门窗、燃油燃气锅炉生产及科研、教育、医疗服务等综合能力。

五十多年来,总公司先后承担了陕西省和国家 200 多项工业、民用及公用设施等重点工程建设任务,先后完成竣工面积 5000 多万平方米。特别是近十几年来,总公司以陕西经济建设为主战场,先后承担了国内 10 多个省市一批公用设施、学校、科研、住宅及工业项目建设工程,省内如西安全国四城会场馆及配套项目、省医院、宝鸡二电厂、中央直属储备粮库、杨凌高新农业示范区、省政府西郊广厦和省政府北郊住宅小区、陕北天燃气输气管道工程、陕西信息大厦等。与此同时,总公司还承担了珠海、南京、兰州、厦门、乌鲁木齐等大型国际机场部分施工任务及省内外一批公路建设项目。先后有 4 项工程获建筑工程“鲁班奖”,5 项工程获省“长安杯”奖。工业产品“建设牌”翻斗车、“永立牌”砼成套机械、“金牛牌”燃油燃气锅炉是陕西省名牌产品,新引进开发的系列路面机械在国内占有一定市场,享有较高声誉。

总公司从 70 年代承担经援项目开始走出国门,先后在亚非 10 多个国家(地区)承包工程或提供劳务,每年完成营业额在 2500 万美元左右。承建的喀麦隆议会大厦、也门总统府、巴新的柏马公路等工程均受到所在国的好评。曾被列为“中国的脊梁”国有企业 500 强和外经企业 50 强之一。

陕西建工集团总公司将坚持“以人为本,敬业守信,建造精品,争创一流”的企业精神,与海内外朋友携手,共图发展。

西安市万寿八仙宫

黄粱梦觉处　盛世再生辉　提起八仙宫(亦名八仙庵),古城西安的老百姓人人皆知。这座位于古城东门外的千年古观,不仅历来为道教栖真养性的道场,并且以其美丽动人的“八仙”传说而成为海内外道教徒向往的胜地,是全国重点宫观之一。

据《列仙传》载:钟离权祖师于长安酒肆,感悟吕洞宾,“黄粱梦觉”度其成仙,后人为纪念吕祖遂立祠祀之。宋时有人见八异人夜间游宴于此,认为是“八仙”显化,建八仙庙奉祀,称“八仙庵”。由于历史原因,八仙宫自宋朝建立以来,屡经世变,兴兴废废。清光绪二十六年(1900),八国联军入京,慈禧太后、光绪皇帝西逃西安,曾驻跸八仙宫,赏银千两修复殿堂并敕封“敕建万寿八仙宫”宫名,自此八仙庵便更名为“万寿八仙宫”。

解放后,八仙宫虽然在文革期间遭受破坏,但十一届三中全会后,经过拨乱反正,党的宗教信仰自由政策重新得到了恢复落实。八仙宫此时亦在各级党政部门的大力支持下,在社会各界和广大道教信众的鼎力资助下,排除重重困难,修复了殿堂和房屋,宗教活动得到了正常进行。今天的八仙宫总建筑面积达1万多平方米,住宫道士50余人。每逢农历初一、十五庙会,道观中香烟缭绕,人头攒动,一派繁荣景象;晨夕间这里的出家人一身藏蓝色道袍或抚琴舞剑,怀抱太极;或弄彩泼墨,研习黄老,铺垫出一幅动静相托,寓意玄妙的道家画图。置身这雅洁清幽,古朴庄严的建筑群中,仿佛步入天上宫阙,俨然琼琳阆苑。

“自力更生,以庙养庙”的方针是国家对宗教界生活自养方面提出的一项总要求。为贯彻落实国家这一精神,近年来八仙宫在各方面的共同关心和支持下,充分发挥各种优势,不仅集资修建了上百万元的固定资产——八仙宫古玩商业街,形成西安市目前最具规模的古玩市场,而且还不断开发宗教旅游产业,兴办了道教法物流通处等。既满足了信众、游客的需求,同时也为道观创造了经济效益,逐步实现了宫观自养,减轻了政府的负担。我们常说宗教事业的发展一靠政策、二靠政府、三靠自身的管理。八仙宫自开放以来,一直很重视对宫观的管理工作。首先从组织管理上,由起初的“管理小组”到“管理委员会”体制的建立,完善和推进了道教宫观事务管理工作逐渐走向规范化、法制化轨道。

近年来,在积极支持国家的建设,关心社会的发展,资助灾区及希望工程,已成为道教界回报社会,奉献爱心的一种最好形式。八仙宫为西北地区最大的一座道教十方丛林,不仅逐步实现了自养,而且在有限的资金中还拿出了相当一部分来支持社会福利事业。其中仅1995年至1998年间资助蓝田县玉川中学等希望工程、南方水灾,以及慰问西安护城河清淤官兵、西安西郊3·5事故等就达30多万元。此外,八仙宫监院闵智亭道长还籍凭个人德望积极牵线搭桥,几年来先后引进海外资金6360多万元,于临潼、户县修建了医疗大楼、明圣宫、重阳宫大殿和两所希望小学等。

八仙宫先后于1992年、1995年在全国率先成功地举办了“西安国际道教文化研讨会”和“陈抟学术研讨会”。来自美国、日本、法国、新加坡、马来西亚和中国香港、台湾及内地等8个国家和地区的道教学者、教内人士共100多人参加了研讨会。为能使人们更好地了解八仙宫,他们先后还组织编印和出版了《西安八仙宫》、《八仙宫画册》等书籍;录制了《玄门日诵早晚坛功课经》、《乐诵道德经》等录音带及CD唱盘。成立了“八仙宫书画院”。进一步丰富了道教的文化内涵,促进了道教文化事业的发展。

随着改革开放的不断深入,宗教界的对外友好往来活动亦日益频繁。积极开展对外友好交往活动。几年来先后接待了美国、日本、法国、英国、德国、韩国、新加坡、马来西亚、澳大利亚及香港、台湾等十一个国家和地区的道教参访团400余起,5万多人次。1998年元月,以八仙宫为主组成的“陕西省道教科仪文化交流团”成功的前往新加坡进行了为期11天的道教科仪文化交流活动,受到新加坡道教界和当地政府的重视与欢迎。新加坡《联合早报》、《联合晚报》、《新明日报》等新闻媒体对整个交流活动作了详尽报导,予以高度评价。此外,八仙宫监院闵智亭道长、管委会现任主任胡诚林道长等还先后代表八仙宫联同中国道协、陕西道协等参访交流团前往美国、澳大利亚、加拿大和香港、台湾等国家和地区进行友好交流活动。新世纪里的八仙宫将进一步在党和政府领导下,高举爱国爱教的旗帜,继续发扬道教优良的文化传统,加强自身建设与宫观管理,更好地服务社会,利益众生,为引导道教与社会主义社会相适应而不懈努力。

主任、道长——胡诚林

西安煤航现代测绘工程公司

西安煤航现代测绘工程公司，是国家首批认定的甲级测绘单位，拥有建设部甲级勘测设计证书，通过ISO—9001质量体系认证，是一个集数字摄影测量、工程测量和地理信息系统开发为一体的具有国内国际影响的实力雄厚的综合性现代专业测绘高科技企业。先后荣获国际奖两项，省、部级以上奖励三十九项，1993年荣获全国煤炭工业地质勘察“功勋单位”称号，1996—2000年度连续荣获全国测绘质量优秀单位。1999年被西安市科学技术委员会认定为“高新技术企业”。

公司现有专业技术人员219名，占职工总数的83%，其中高级工程师42人，工程师78人。专业职能部门主要是由工程摄影测量队、数字摄影测量中心、数字制图中心、技术研发中心、技术质量监理中心等组成，是国内一流的产、学、研一体化的数码测绘基地。

三十多年来，煤航测绘人以自己的聪明才智和辛勤劳动率先研究开发并大规模生产大比例尺航空测绘地形图产品，长期服务于煤炭、石油等矿产资源勘察开发和公路、铁路、水库、电站等大型工程建设，完成了全国煤矿区百分之九十五以上的地形测绘和航测制图项目，而且为天津、上海、重庆、广州、南京、武汉、郑州、杭州、长沙、西安、兰州、昆明、洛阳等十多个大中城市的城建规划、国土地籍、房产管理等部门提供各种大比例尺工程图件5万多幅，并提供4D产品和GIS基础库数据约25万平方公里。

公司拥有当今世界上最先进的数字地图生产设备如全数字影像扫描系统、全数字摄影测量系统、全球定位系统、各类精密水准仪、全站仪，拥有50多台套DMS、ISSK、JX—4A，P33、APS高精度空间数据采集设备和上百台套PⅢ、Ⅳ型图形图像工作站及多种GIS软件，以及计算机局域网络系统等高技术装备，在地理信息系统建设、数字国土、数字城市技术等方面居国内领先水平。

公司遵循“以高新技术为依托，以市场需求为导向，以产品质量为生命”的宗旨，按照ISO9001系列标准建立质量管理与保证体系，实施与国际标准接轨，为国内外资源开发、勘察设计、城建规划、国土整治、房产地籍、市政管理、文物考古、交通旅游等提供数字摄影测量、工程测量、非地形摄影测量、三维景观模型、地理信息系统以及地理可视化等全方位、多品种专业技术服务。建成具有全国一流水平，在国际上有良好信誉的现代地理信息服务企业。

西安市城市规划管理局

西安，位于黄河流域关中平原中部，南依秦岭，北濒渭河，总面积9983平方公里，陕西省省会。

西安是中华民族发祥地之一，又是国内外著名的历史文化古都，中国有12个王朝在此建都，历时1200年。西安曾是中外经济、文化交流的国际大都会，以汉长安城为起点的“丝绸之路”，不但是中国与欧亚大陆的商贸通道，也是东西方文明和科学文化交流的桥梁和纽带。

唐以后，西安虽失去京城地位，但仍作为西北重镇历经苍桑。

新中国成立后，西安发生了翻天覆地的变化。1950年—1953年进行的第一次总体规划使西安用地扩展到100余平方公里，成为我国八大城市之一。

1979—1982年的第二次总体规划，突出了西安作为我国重要历史文化名城的地位。

为了适应国家对西部地区发展新的需要，1992年—1995年初完成了第三次总体规划，提出了把西安建设成为外向型城市，进而实现建设现代化国际城市的宏伟目标。

西安思安科技信息股份有限公司

西安思安科技信息股份有限公司是西安市的首批高新技术企业，公司经过十多年艰苦创业，已发展成为中国西部地区的一个较为知名的高科技企业。六年来，公司年年被评为“西安百强企业”。去年，公司被开发区政府授予“开发区百强企业”及“科技创新企业”。公司已通过陕西省信息产业厅的“双软”认定，成为拥有较强实力的软件开发及生产企业。

公司成立于 1988 年，即从事自动化工程和相关软件开发、技术服务，90 年代初，公司技术实力及工作精神在西安自动化领域内获得很高的评价。1995 年，公司开发研制出自主品牌的多媒体声卡，注册“SOUNDWAVE”商标，并大规模生产，产品销售覆盖全国，成为国内多媒体行业开创者之一，在 1996 年全国多媒体会议上，公司做为仅有的两家国内品牌之一，得到中央电视台等有关媒体的高度重视。

2000 年公司股份制改造，引入上市公司上海飞乐股份、省政府的高新技术投资公司陕西高新技术投资公司，为公司法人治理结构、规范运作、科学管理体系的运转搭建了一个良好的运作氛围，公司注册资本增加到 4200 万人民币，大大提升了公司资本实力，为公司进一步发展奠定了坚实的基础。

目前，公司主要业务包括 Intel 通讯产品代理及增值服务、电力、制药行业自动化应用软件的研发与应用、IBM 产品的系统集成与网络服务、自动化系统及工程的设计开发与应用等。公司与西安交通大学合作成立的研发中心，已研究开发出多种软件核心技术及系统产品。公司产品广泛应用于电力、制药、电信、电子等行业，在国内赢得了良好的信誉。

西安航泰信息与控制技术发展有限公司

西安航泰信息与控制技术发展有限公司是在西安高新技术产业开发区注册的有限责任制企业，是经西安市科学技术委员会批准认定的高新技术企业。

该公司在现代信息与自动化技术领域，主要从事航空电子设备，机载特种设备，通讯与导航设备，光机电一体化设备，计算机软/硬件，以及传感器与仪表的技术开发，转让，咨询，服务业务。

公司自一九九三年十月十八日成立以来，一直从事民用航空电子设备和其它机载设备的校验、维护、翻修和改装等技术服务业务，同时积极开展地面自动或半自动专用测试设备的技术开发、技术转让、技术咨询和相关技术服务业务。

该公司为航空公司服务的宗旨是，“确保维修质量，缩短维修周期，一切为了飞行安全”。为此，公司建立了一整套科学严密的管理体制和质量保证体系；形成了一支以造诣深厚、经验丰富的中老年专家为核心，以专业配套、学有专长的青年科技人才为主力的老中青相结合的技术队伍；装备了一批功能齐全、性能精良的测试与校准设备。并且通过不懈的努力，力求在人员素质上，管理水准上，和技术状态上尽快接近或达到国际上同类行业的先进水平。

公司目前直接用于民航机载设备业务的生产场地约 476 平方米，其中包括标准的防静电试验室，系统试验室，电子线路试验室，通用试验室，和加工间等专用生产场地。

公司经过近九年的筹备和开发，到目前为止已经形成了四十余种机载设备的维修能力。这些机载设备大部分装在波音系列飞机上，其余的装在 BAel46 飞机上。并为用户成功地维修了五百余台三十多种较大型的机载设备。实践证明，该公司的维修质量、维修周期和服务态度均属上乘，受到用户单位的肯定和好评。

公司还为用户成功地研制了多套航材维修所必需的大型试验设备。经过实际使用，设备的适用性，精确性，及可靠性均满足技术指标要求，深受中德专家的好评。

公司愿借此机会结识来自全国各地航材界的朋友们，并通过新老朋友建立起与兄弟公司真诚合作的友谊桥梁。

西北电力设计院设计所

西北电力设计院设计所成立于 1984 年 12 月，本所是西北电力设计院下属的集体所有制企业，从事发电、变电、送电、工民建等设计的丙级设计单位。18 年来共实现设计合同近 200 个，年产值由十多万元上升至 300 多万元，全所机务、电气、土建、供水、运煤、除灰、化水、热控、技经、总交、暖通、印刷出版等，专业齐全，全所在册 54 人，具有初、中、高级技术职称的技术人员 38 人，其中教授级高工 6 人，高工 3 人，工程师 16 人，助理工程师 13 人。有 2 人取得国家一级注册结构师资格。设计人员中既有经验丰富的老专家，又有一批经过 10 余年设计锻炼的年轻新秀，是一个具有老中青相结合的精干设计队伍。全所设计人员人手一台微机，CAD 出图率 100%，在 1998 年就甩掉了图板，实现了设计计算、设计绘图、质量管理、工程管理、生产管理等微机办公自动化，所内已实现区域联网，1998 年陕西省建设厅颁发“计算机应用合格单位”证书。技术管理和质量管理均按西北电力设计院企业标准，符合 GB/T19001—ISO/DIS9000:2000，设计质量接受西北电力设计院质量技术处监督。多年来他们树立顾客就是上帝的思想，由初步可行性、可行性研究阶段，初步设计到施工图设计直至配合现场施工安装，从运行回访到工程总结的全过程，无不坚持急顾客之所急想顾客之所想的服务宗旨，从而也获得了广大顾客的赞誉。1999 年省劳动厅命名为“明星企业”，并获西安市建委的建筑专业单项奖。

本所设计投产的 12MW 及以下机组的发电厂共 12 个，装机容量为 141MW；已投产的 110KV 变电所 14 个，设计容量为 802MVA；已投产的 110KV 线路 11 条共 286.5km。其中陕西咸阳 110KV 中心变电所和安康张滩 110KV 变电所均被陕西省电力公司评为“达标投产”和“优秀”工程。

法人代表：潘银贵

地址：陕西省西安市金花北路 20 号

联系电话：(029)2548171

网址：(E－Mail)shejisuo@ sina. com

总工程师：赵道揆

传真：(029)2525812—5628

邮编：710032

西安华亚电子公司

西安华亚电子公司创建于 1991 年，系列产品华亚牌闪烁增视仪由解放军第 451 医院眼科主任医师胡秀文发明，经全国近 2000 家医院眼科临床使用，科研论文近百篇，获专利 29 项，现已发展为 10 大类 50 多个品种的专利产品，总有效率达 92% 以上。

陕西省人大副主任(原西安市市委书记)崔林涛将捐赠的 120 台闪烁增视仪分给百名复明盲童

特邀全国弱视斜视防治中心主任

博士生导师郭静秋教授

担任华亚公司眼科技术高级顾问。

慈善为怀奉献社会

为西安华亚电子公司题

辛巳岁冬 安启元

陕西省政协主席安启元为华亚十周年题词

华亚专利产品荣获中国消费者信得过产品。美国中华医学会优秀产品金奖，中国保护消费者基金会“中华科技精品”等 15 项大奖。

联系人：兰华

地　址：西安北郊未央路方家村 150 号

电　话：(029)6250747　6223647

邮　编：710016

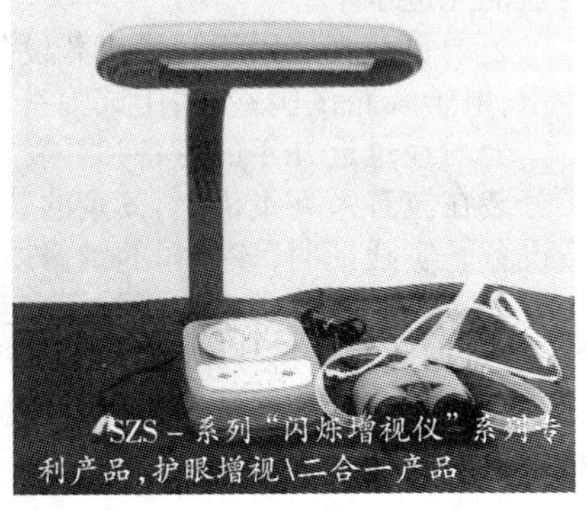

SZS－系列“闪烁增视仪”系列专利产品，护眼增视\二合一产品

西安市交通运输管理处

西安市交通运输管理处是西安市交通局领导下的交通运政管理职能机构,全面负责全市交通运输管理工作。

运管处编制155人,现有正式职工138人。设客运、货运、搬运装卸、快捷货运、汽车租赁、运输服务、市场管理(含水运管理)7个业务科室;城东、城西、城南、城北四个直属管理站;办公室、政治处、财务科、综合科4个综合科室及物业公司、劳动服务公司、亚欧货运市场、旅游联营公司共19个科站和部门。

运管处受交通局委托,对全市13个县区交通运输管理实施业务领导。

西安交通在全省乃至西部地区据有重要的经济和战略地位。在建设"西安公路大通道"的同时,规划建设好"西安运输大通道",实现两轮驱动,充分发挥西安交通主枢纽作用,势在必行。建设与高速公路相配套的客运、货运站场,大力发展中长途运输,运用高科技手段,构筑以西安为中心,八方幅射的现代化交通运输体系,形成联接包头、太原、石家庄、郑州、武汉、重庆、成都、兰州、西宁、银川等中心城市的"交通运输一日圈",是交通运输发展的目标与任务。

目前,全市营运共有营运业户9533户,其中客运1425户,货运7516户,搬运装卸213户,运输服务260户,汽车租赁60户,从业人员85000人。营运车辆总数已达37000辆,其中客车4439辆(含县境内出租车),货车近3万辆,汽车租赁1800辆,快捷货运1230辆。现有一级客运站4个,二级站9个,客运服务站7个。开通客运班线572条,其中跨省131条,跨地市105条,总里程11.2万公里。日发班次近7000个,日发送旅客13多万人次。上半年共完成客运量2738万人次,客运周转量16.3亿人次;货运量3047万吨,货运周转量21.7亿吨公里。在市内建成亚欧、贝斯特、华清路三个大型货运市场。道路运输行业功能逐步强化,市场机制不断完善,组织化程度日益提高。

近年来,该管理处连续被评为交通部先进单位、省级文明单位和省创佳评差最佳单位。

陕西省质量技术监督局

陕西省质量技术监督局担负着如下职能:一、受理和发放生产许可证;二、认证认可与评审;三、质量监督;四、质量宣传;五、打假;六、标准化示范区;七、计量管理;八、锅容管特安全监察。

2001年,全省质量技术监督系统共出动工作人员1200余人次,接待群众咨询近5万人次,接受举报,投诉案件960多件,现场处理742件,现场为群众免费检测商品质量642件;共抽检生产企业2948个,经销企业7694个,抽取样品16783个,对520个生产企业进行了整改;全省共查处各类假冒伪劣违法案件13580起,其中5万元以上的大案要案584起,移交司法机关案件7起,查处产(商)品标值8460万元;受理投诉420起,已处理386起,挽回经济损失274万元。以抓源头,查大案为重点,省质量技术监督局成功地组织了3次有较大影响的联合打假行动,收到了很好的效果,取得了一定的成绩。

长安信息产业(集团)股份有限公司

长安信息产业(集团)股份有限公司(简称:长安信息)创立于1984年4月,1988年进行股份制试点,1992年4月经陕西省体改委批准列为省级大企业机构改革超前试点单位,改组为股份制有限公司。1996年5月在上海证券交易所挂牌上市。

长安信息产业(集团)股份有限公司地处西安市高新技术开发区,是一个集网络信息、计算机、通讯产品的科研与开发、销售、服务;医疗服务、医疗设备及房地产开发为一体,投资与开发并举的综合性企业,下属十余个分公司与子公司。

长安信息产业(集团)股份有限公司曾连续四年进入中国电子百强企业,多次被西安高新技术产业开发区评为优秀企业。多年来,长安信息产业(集团)股份有限公司立足于高新技术产业,创造了不凡的业绩,产品销售与服务领域不断地向全国拓展。在长期的实践中积累了丰富的经验,其产品优势及企业形象在同行业内颇具影响。

在资产重组和开拓新的经营领域方面,公司以增资扩股的形式兼并了国内第一家生产心脏起搏器和传感器的陕西秦明电子(集团)有限公司;投资数亿元组建了集医疗、科研、康复为一体的西安长信医院;并逐步向医疗信息、健康及放疗、辐照应用技术等新兴产业方向延伸。计划总投资为3.6亿元人民币的浐河都市花园。充分利用国家赋予企业的自营进出口经营权,以进出口贸易为主,兼营技术进出口业务,坚持工贸结合、技贸结合、贸贸结合,积极拓展业务渠道,已与世界上80多个国家和地区建立了良好的贸易关系。

在新世纪的进军号角声中,长安信息正在沿着良性发展的轨道奋进急驶。

地址:友谊东路41号

电话:(029)2210475

邮编:710054

中国光大银行西安分行

光大银行西安分行不断加快自身发展、大力支持地方经济,得到了陕西省委省政府的充分肯定。图为贾治邦代省长会见光大总行行长王川(中),并听取光大银行西安分行行长徐伦忠(左)的工作汇报。

中国光大银行西安分行在1999年3月18日接收原投行西安分行所属营业网点的基础上,于2000年12月28日正式挂牌成立。截止目前,西安分行所辖营业网点从接收初期的5个发展为9个;员工总数从80多人增长到182人;存贷款余额分别翻了两番半和两番;不良资产率大幅下降;经营效益逐年递增;国际业务收入稳步增长。该行在不断发展壮大自身经营实力的同时,特别重视支持地方经济建设的发展,尤其是在扶持重点工程和中小企业方面发挥了积极作用,从而得到了地方政府、人民银行及众多企业的认可,为自身可持续发展奠定了坚实基础,树立了诚信、高效、务实、谨慎的现代商业银行形象,在西部地区创出了光大银行的精良品牌。

地址:西安市南新街29号　　**电话及传真:**(029)7254770　　**邮编:**710004

陕西省中医药研究院
陕 西 省 中 医 医 院

该院创建于1956年9月,为正厅级科研事业单位。2001年9月经陕西省政府批准,陕西省中医医院挂牌成立,与陕西省中医药研究院两个机构,实行统一管理。该院是国家中医药科研基地和药品临床研究基地之一,是国家中医药管理局确定的中医药文献检索中心和中医药行业科技查新单位,也是陕西省乃至西北地区中医药科研的指导中心。

现设中药新药研究开发中心、实验中心、实验动物中心、制药厂、中药研究所、中医药文献信息研究所、针炎研究所、老年病研究所和中国西安国际针炎培训班等业务部门。拥有核磁共振波谱仪、气相质谱联用议、高效液相色谱议等大中型医疗仪器100余台(件)。全院在职职工636人,其中中高级中医药专业人才323名,有突出贡献专家7人,享受政府特殊津贴专家14人。

建院以来,共完成科研课题274项,获得科技成果奖111项,省部级以上科研成果奖26项。2001年,"米伯让研究员临床经验整理研究","藿丹片"的研究获得陕西省人民政府颁发的陕西省科技进步奖。公开发表学术论文2000多篇,出版中医药专业著作148部,获得技术专利1项。

省中医医院是一所以临床、科研、教学为基础,以医疗为中心,中医专科专病特色突出的综合性中医医院。年门诊量20余万人次,住院患者3000余人次。开设病床380张,其中肝胆科和针灸科为国家中医管理局重点建设学科和陕西省中医重点建设学科。设在医院的国家药品临床研究基地。面瘫治疗中心、银屑病治疗中心,针灸按摩减肥中心、血液病诊疗中心肛肠病诊疗中心等8个特色诊疗中心。在长期医疗实践中,研制出疗效显著的中药丸、散、膏、丹等自产制剂126种,如新平消片、滋骨片、白癜康、银屑片、新生发丸、复方人参注射液等,都在临床为患者治疗中发挥重要作用,为中医药事业的发展做出突出贡献!

院址:西安市西华门2号 **电话:**(029)7288507 (029)7267928
传真:(029)7213096 **邮编:**710003

陕西建设机械股份有限公司

位于中国西安的陕西建设机械股份有限公司是由陕西建设机械(集团)有限责任公司以其全部经营性资产出资。联合中国华融资产管理公司、中国信达资产管理公司为主要发起人共同发起设立的。公司以其专业化优势,致力于筑路机械、建筑机械、桥梁机械和各类金属结构产品的研究、开发、生产、销售和维修服务。

公司总资产62814万元,现有职工1450人,其中具有大专及以上学历人员306人。2001年完成总产值6.43亿元。

走过近半个世纪历程的陕西建设机械股份有限公司,以其高功能、高精度、高自动化的精良设备和训练有素的企业员工,成为高效率、高质量的根本保证,引进德国技术,中德联合生产的SCMC-ABG423沥青混凝土摊铺机被评为"全国用户满意产品",并以其在全国的首位市场占有率而载入中国企业新纪录;"三捷"牌稳定土拌和设备和"建设"牌翻斗车均被中质协用户委员会评为"全国用户满意产品"。金属结构产品以高、大、精、难的特点蜚声海内外。

公司获得了ISO9002质量体系认证,被评为"全国用户满意企业"、"全国质量管理先进企业"和"全国先进基层党组织",获"中国企业管理杰出贡献奖"、"全国技术改造先进企业"、"全国职工教育先进企业"等荣誉称号。

作为中国建设机械制造业的先驱者,正在拓展更新更广阔的发展空间。

董事长:高峰
地址:中国西安金花北路48号 **电话:**(029)2528628 2511860
传真:(029)2522830 **邮编:**710032
http://www.scmc-xa.com
E-mail: scmc0225@public.xa.sn.cn

西安市临潼区骊山街道办事处

骊山街道办事处位于风景秀丽的骊山脚下，是临潼区委区政府所在地。距西安二十五公里，面积 12.24 平方公里，辖六个村委会，六个居委，二十四个村民小组。总人口 72000 人，其中非农业人口 58000 人。

该街道办辖区内交通方便，通讯发达、水电条件优越，水质良好。欧亚大陆桥——陇海铁路，310 国道和西临高速公路横贯东西、西北地区最大的铁路新丰编组站与该街道办紧密相连。电力供给充足、供电设备门类齐全，文化、教育、卫生、娱乐各种设施配备完善。辖区内有驰名中外的 AAAA 级华清池旅游胜地，骊山森林公园，及姜案遗址，有长安八景之一的"骊山晚照"奇景，震惊中外的西安事变就发生在这里，有石榴观光园等，每年吸引大量国内外宾客前来观光旅游，同时也拉动和促进了该地区经济的发展。

二〇〇〇一年，该街道办各项主要经济指标已全面完成，社会各项事业得到进一步发展，工农业总产值达到 80129 万元，农民人均纯收入 3910 元，上缴税金 2445 万元，超额 53%，农业产业结构调整日趋合理，形成了一村一品的新格局。城市化管理水平进一步提高。完成了西安科技学院，开发区工商贸一条街，开发区加油加气站等项目的拆迁扩建和扫尾工作；组织开展了南北大街、书院东西街等道路整治改造工程，使以上四条街的面貌发生了根本的变化。

各项社会事业取得了优异成绩，精神文明建设和廉政建设得到加强；素质教育和应试教育，普法教育，治安工作收到实效；改善办学条件，先后投资 85 万元改建危漏校舍 87 间，计生、民政、武装、人事、统计、文化、档案管理等工作受到上级表彰和奖励。街道办先后被评为计生工作先进单位，市低保工作先进单位、荣获市委、市政府表彰的"双拥"工作先进单位；和民政工作先进单位称号。

抓住机遇，谋求更大的发展，骊山街道办占有得天独厚的发展优势，改革开放二十多年来，以经济建设为中心，组织干部群众认真实施重点兴临工程，实现农、林、牧、副综合经营，工商、建、运、服、全面发展，以旅游为龙头的第三产业全面带动了电子、机械、建筑、运输和房地产业的蓬勃发展。一九九四年，被省委省政府命名为"小康乡(镇)先进党委，同年被省政府命名为"三秦乡镇之星"。

近几年招商引资取得了显著成绩。目前，街道办正在研究规划新的发展蓝图，热忱欢迎各界朋友、仁人志士前来观光览胜，投资开发。骊山街道办将以优惠的条件，良好的环境给您提供优质的服务，让我们一道创造骊山美好的明天。

西安市洪庆镇街道办事处

洪庆街道办事处位于西安市东北方向 11 公里处，西临灞水，东依骊山西麓，总面积 57.05 平方公里，其中耕地 3 万亩，山塬面积占 38.62 平方公里，总人口 6.8 万人(城镇人口 3.5 万人，农业人口 3.3 万人)，全街办辖 29 个行政村，98 个村民小组，洪庆地形地貌特独，东西狭长约 20 公里，西部为川河平原，东部呈山地台塬，是西安城市规划中的“卫星城市”。

洪庆镇交通、通讯便捷发达，312、210、320 国道，西临高速公路贯通全境；陇海铁路、庆华厂铁路专线直通洪庆腹地；西康铁路洪庆客货两用站已建成投入使用；35 万伏至 55 万伏高压线路安全运行；万门程控电话已形成网状分布。

洪庆地区经济发达，截止 2001 年洪庆财政收入 923.8 万元；乡镇企业总收入完成 189200 万元；总产值完成 174700 万元，增加值完成 48900 万元；乡镇工业产值完成 68000 万元；增加值完成 18850 万元，利润总额完成 9680 万元；农民人均可支配收入 2800.8 元。洪庆地区军工科技力量雄厚，有北方庆华集团有限责任公司、航天四院、第二炮兵工程学院、朝阳光学仪器厂、西北核技术研究所等十余家大中型军工企业。乡镇企业发展迅猛，招商引资前景广阔，仅 2001 年共引进项目 11 个，其中工业项目 6 个，协企业项目 2 个，商贸项目 2 个，房地产项目 1 个，合同利用内资 24297.5 万元，合同利用外资 50 万美元，到位资金 20 万美元，乡镇企业总数已达 60 个。

洪庆地区文化底蕴深厚，历史悠久，古称“塬儒谷”，又称“红坑”黄巢堡森林公园、坑儒谷、骊山晚照及秀丽的山村庭院构成洪庆独特的自然人文景观，是西安近郊避暑、休闲、度假的胜地。

陕西省药品监督管理局

2001 年是陕西省药品监督管理工作开局、起步发展的关键一年。在陕西省委、省政府的正确领导下，在国家药品监督管理局的关心指导下，全省各级药品监督管理机构认真贯彻“以监督为中心，监、帮、促相结合”的工作方针，坚持一手抓机构改革，一手抓业务开展，以改革统揽全局，垂直体系初步建立，市场整顿初见成效，药品监管各项工作迈出了新的步伐，多项工作都取得了较好的成绩。一年多来，全省共出动检查人员 41324 人次，取缔违规经营 439 户，查处游医药贩 256 个，责令停业整顿 219 家，捣毁制假售假非法窝点 27 个，查获清理假劣变质失效过期药品 26300 余件，4810 种次，标值 4000 余万元；全省共查处假劣药械案件 710 起，其中大案要案 15 起，移交司法机关 8 起，收审 12 人。为保证全省人民用药安全有效、促进医药事业健康发展作出了积极的贡献。

中国进出口银行西安代表处

中国进出口银行西安代表处 1996 年 11 月经人民银行总行批准正式成立，属中国进出口银行非营业性办事机构，其主要职能：一是调研陕西区域内机电产品、高新技术产品和成套设备的生产、出口及发展趋势等方面的情况；二是筛选、论证、推荐、上报陕西区域内的机电产品、高新技术产品和成套设备出口及对外承包工程、境外投资等有关的各项贷款和担保项目。三是进行贷后管理，督促贷款企业按时还本付息，防范信贷风险，提高信贷资产质量；四是管理、监督陕西区域内委托代理业务的执行情况，督促代理行做好代理工作。

自进出口银行西安代表处 1996 年成立止 2001 年末，总计向总行推荐项目 100 个，64.52 亿元；总行批准 82 个，53.75 亿元。这些贷款项目的发放，有力的支持了陕西省机电产品出口事业的发展，为陕西经济做出了应有的贡献。

2001 年西安代表处被总行考核评定为全行先进集体，受到进出口银行总行的表彰奖励。

陕西华瑞有限责任会计师事务所

本所始建于1989年，原称陕西省建筑审计事务所，1993年经陕西省审计厅批准，更名为陕西省华瑞审计事务所，并在陕西省工商行政管理局登记注册。1999年体制改革中，经陕西省财政厅批准注销原所，组建新所为陕西华瑞有限责任会计师事务所，与原主管单位脱钩，依法独立承办国有企业审计查证、鉴证、验资、资产评估、基建施工预决算审计验证等各项审计、会计咨询服务业务的社会中介机构。

本所拥有一批年富力强、忠诚敬业，具有较高业务水平和丰富实践经验的审计队伍。具有承担各类大中型企业(集团)的财务审计及其他各项审计业务资质，尤其是对基建工程预决算及工程造价咨询等具有较强的优势。现有执业人员45名，其中：建筑安装预算专业技术人员18人(高级工程师6人，高级经济师2人，工程师及经济师10人)；在专业技术人员中，工民建专业大学本科7人，大专8人，中专3人，同时具有造价工程师资格的4人。上述专业技术人员均有陕西省建设厅颁发的中级预算资格证书，对建筑、安装、装饰等工程预算的编审、编制招投标标底具有丰富的实践经验和较高的业务水平，有独立承担大中型工程项目的审计能力。

该所现有执业注册会计师14人，其中高级会计师6人，高级审计师3人，会计师5人，均具有独立审计大中型企业财务决算、基建竣工财务决算和经济责任审计的能力。在14个注册会计师中大学本科5人，大专6人，中专3人。

除上述专业人员外，另有土地估价师2人，资产评估师3人，造价工程师4人，注册税务师2人。

本所已实现了办公自动化。其宗旨是：服务第一，质量第一，信誉第一，坚持客观、公正和实事求是的原则，随时为客户提供优质、高效、快捷的服务。经陕西省建设厅批准，工程造价咨询机构为乙级。

本所实行主任会计师负责制。下设基建预决算审计部、财务审计部、资产评估部、注册资本验资部、市场开发部和办公室。十多年来，本所本着独立、客观、公正的原则，受托完成审计查证项目600余项，注册资本验资1400余项，资产评估40余项，基建预决算编审50余项，审计资金23亿元。为改革开放和建设社会主义市场经济体制的需要，充分发挥了注册会计师在社会经济活动中的中介服务作用。

陕西省略阳水泥厂

陕西省略阳水泥厂地处陕、甘、川三省交界，位于略阳县横现河工业区，川甘公路依厂而过，宝成铁路与厂相邻，交通运输便利，矿产资源丰富，具有广阔的发展前景。

该企业始建于1970年，现有总资产6000万元，年产水泥30万吨。主要产品：象山牌425#低热微膨胀水泥；425R、525#普通硅酸盐水泥。企业下辖包装纸袋厂，综合服务公司、水泥预制构件厂。

30年来，企业坚持走科学管理，技术创新的发展道路，不断扩大规模。现拥有先进的旋窑生产工艺、强大的生产技术团体和外协科研机构，建有高效运作的质量保证体系。产品自1981年以来，一直保持出厂水泥合格率和28天抗压强度富裕标号合格率100%。从1989年起，持续获得国家级ISO9002产品质量认证证书，先后荣获“部优产品”、“省优产品”的荣誉称号。低热微膨胀水泥被国家计委、税务总局等六部委列入国家级重点新产品星火计划，在应用中，荣获水电部《水工补偿收缩混凝土快速筑坝》科技进步二等奖，并于1997年荣获国家级科技成果奖。

企业先后被授予省、市、县级“先进企业”和省、市“重合同守信用企业”。

陕西省股权托管服务中心

陕西省股权托管服务中心是从资本证券市场发展的需要和股份有限公司股权管理的实际出发，在多方考察，并借鉴外省市成功经验的基础上，经省体改办同意，由省工商局注册登记，依法经营，照章纳税，具有法人资格的综合性、多功能、规范化股权托管服务机构。

该中心是由陕西股份制企业联合会、陕西德威投资咨询有限公司、西安中成企业策划有限公司共同出资组建。目前，省股权托管中心的股权登记、托管业务已与西安证券登记公司合并运营，业务范围不断扩大，综合实力和市场竞争能力进一步增强，发展前景看好。

中心凭借高素质的员工队伍和先进硬件设施的优势，以优质高效的服务取得了良好的业绩，赢得了企业的广泛支持和认同，已成为政府、企业、投资者的桥梁和纽带，必将为我省股份经济健康发展做出应有的贡献。

该中心由省体改办进行业务指导，内设营业部、电脑部、财务部、行政部等部门，建立了科学、完备的管理体制与运行机制，竭诚为全省股份公司服务，共谋振兴陕西大业。

地址：西安市高新区高新二路协同大厦 1F

电话：(029)8386400　　(029)8386500　　**传真：**(029)8386400　　**邮编：**710075

陕西省地方电力(集团)公司

2001 年是新世纪和“十五”计划的开局之年，也是我省地方电力工业改革与发展具有特殊意义的一年。省委、省政府决定将陕西省农电管理局整体改组为陕西省地方电力(集团)公司，并获得了省级供电营业许可证，为地电系统在社会主义市场经济条件下依法运营奠定了基础。全年售电量完成 54.77 亿千瓦时，同比增长 13.8%；售电收入 19.12 亿元，同比增长 12.7%。

近两年随着网改工程的实施，全省地方电网有大量新的输变电设施投入运行。尤其是新建变电站采用了许多新技术、新设备，客观上对电网运行管理提出了更高要求。电网运行水平不断提高。

2001 年完成农网改造投资 4.53 亿元，又有一批输变电、调度通信工程及 10 千伏、0.4 千伏电网改造项目相继竣工，周至、高陵、千阳、扶风、城固等县基本完成了第一期改造任务。第二期农网改造工程争取到国家下达投资计划 5 亿元。总投资 0.92 亿元的榆林城网改造工程已开始实施。在总结前两年经验基础上，对城乡电网改造工程组织与管理的各个环节做了进一步调整和规范，使组织管理工作更加严密、科学和合理，为今后网改工程快速实施奠定了基础。

陕西咸阳中学

陕西咸阳中学是陕西省重点高级中学。地处陕西省咸阳市东风路 34 号，从 1952 年建校至今，已有近五十年的历史。

该校是陕西省体育人才培养学校、中国人民解放军空军飞行学员早期培训基地、陕西省基础教育科研项目学校、陕西省心理健康教育与实验学校。学校占地面积 137.5 亩，建筑面积 36000 平方米，其中教学用房 22000 平方米。现有教学班 44 个，在校学生 3008 人，在聘教职工 170 余人，其中专职教师 130 余人，学历达标率 95% 以上。学校图书馆现存书籍 10 万余册，理、化、生物实验设备达到省级 I类标准。

该校教育教学成绩显著，从 1985 年至今，该校先后向北京大学、清华大学、复旦大学、西安交通大学等二十所高等院校，推荐保送生 190 余名。仅 1994 年至 2000 年六年推荐保送到全国重点高校的学生就有 175 名。其中本——硕——博连读生 13 名，本——硕连读生 60 余名，1997 年向北京大学保送三名品学兼优学生。该校先后有 260 余名人在全国奥林匹克竞赛中获奖。其中，四人次获陕西赛区第一名，省教委、省竞赛委员会先后四次在该校举办颁奖会。该校高考升学率始终名列全市前列。该校体育队、艺术团多次在世界、全国、全省获奖。近四年来，学校向解放军艺术学院、北京大学、北京体院、中央工艺美术学院等学校输送艺术体育人才 50 余名。1993 年、1998 年两次获全国体育工作先进单位，1995 年获陕西省优秀考点，1999 年获陕西省名校论坛一等奖，获市级文明校园、园林单位、绿色单位称号，连续多年被评为市级教育、教学质量先进单位。

西安市灞桥区农林局

2001年,灞桥区农林局在区委区政府的领导下,坚持以邓小平理论和江泽民同志“三个代表”重要思想为指导,紧抓西部大开发及我国加入WTO的发展机遇,按照“扩菜、优果、增杂、兴牧、稳粮”的农业发展总体思路,大刀阔斧地进行农业结构调整,初步形成了沿产、灞、渭河流域为主的7万余亩水果基地;以洪庆、灞陵塬坡为主的1.5万亩小杂果基地;以狄寨、新合等为主的18万亩商品粮生产基地;以红旗、席王等为主的3万亩蔬菜基地和以新合镇为主的0.6万亩高效节能日光温室基地的产业格局。粮经比由90年代的7:3调整到目前的4.8:5.2,农村经济结构逐渐趋于合理,农业综合生产能力进一步提高。2001年实现了蔬菜产量23.4万吨,水果产量4.2万吨,肉类总量0.32万吨,禽蛋产量0.42万吨,奶类产量1.1万吨,粮食总产7.5万吨,农民人均纯收入2800元左右。

其措施如下:一是加强技术指导工作。举办各种形式的培训班26场次,培训6000余人次。二是实施优果工程。以“红地球”、“海沃德”等新品种更新葡萄、猕猴桃5000亩。引进优良品种5个。三是通过实施“百万牛羊工程”,积极发展养殖业。建成各类养殖场14个,特种养殖场3个。四是稳定粮食生产,确保7万吨的粮食生产任务的完成。

2002年,他们将进一步解放思想,开拓创新,通过“增量、提质、挖潜、示范”,提高该区农业发展水平。具体做法:一是继续引进、扩大精细菜品种,发展日光温室大棚蔬菜,2002年新建2000亩。二是完善石榴和樱桃基地建设,力争达到2个万亩。三是以鲜菜、果品、饲料加工为主体,推行订单农业,培育龙头企业。四是树立调整未动,科技先行的战略思想,制定切实可行措施,加强市场、技术知识宣传教育和培训力度。五是以科技示范园为龙头,加大狄寨农业综合开发,使农业结构调整上档次、上规模。

洛川县人民检察院

党组书记检查长:白延平

洛川县人民检察院在县委和上级检察机关的正确领导下,坚持“公正执法、加强监督、依法办案、从严治检、服务大局”的检察工作方针,1998年本届班子组建以来,在党组书记、检察长白延平的领导下,围绕“抓基础建设,以激发干警工作热情;抓队伍建设,以树立良好社会形象;抓业务建设,以赢得人民群众满意”的工作思路,经过努力工作,各项工作都有了长足发展。

1998年至2000年,在查办职务犯罪案件中,统一执法思想,落实办案责任,加大工作力度,不断提高侦查水平和办案质量。受理各类职务犯罪案件线索66件,立案侦查25件27人,在查办的这些案件中涉及科级干部6人。为国家挽回直接经济损失百万余元。在查办职务犯罪的同时,预防职务犯罪也取得较好的成绩,受到了省、市检察院的表扬。在“严打”斗争中,坚持从重从快的方针,适时介入重大刑事案件的侦查;加强对批捕、起诉工作的调查研究,增强了打击的针对性和效果,保证了刑事案件都在法定时限内批捕、起诉。受理提请批准逮捕的各类刑事案件148件237人,经审查批准逮捕125件193人;受理移送起诉的各类刑事案件163件214人,经审查向县人民法院提起公诉137件188人,报送市人民检察院审查起诉14件17人。在审查批捕、起诉案件中,坚持以事实为根据,以法律为准绳,以证据为中心,坚决做到不枉不纵,不错不漏。对公安机关提请批捕的24人未批准逮捕,8人不捕退查,3人改变定性,同时依法追捕7人。对移送起诉的10人作出不起诉决定。与此诉讼监督得到了不断加强。监所检察工作实现规范化建设达标;受理民事行政案件16件,立案审查8件,经审查建议提请市检察院抗诉4件,中止审查1件,发检察建议3件;控告申诉工作坚持以文明窗口建设为主线,被省人民检察院、高检院授予文明接待室。机关建设、办公条件均得到了彻底改变。先后被省检察院授予“五好”检察院,被市政法委授予“人民群众满意的政法单位”,被命名为市级文明单位和卫生先进单位,档案管理实现省一级。为洛川经济发展、社会进步起到了保驾护航的作用。

西部大开发战略的实施,为洛川发展带来了新的机遇,也为洛川检察事业提出了新的、更高的要求,洛川县人民检察院的全体干警决心紧紧围绕洛川工作大局,努力实践“三个代表”重要思想,振奋精神,坚定信心,团结拼搏,真抓实干,以新的姿态,新的业绩,为西部大开发、洛川大发展作出新的、更大的贡献。

宜川县黄河壶口瀑布风景名胜区管理局

宜川县黄河壶口瀑布风景名胜区管理局成立于1996年3月，现有局长一人、副局长二人，职工24名，主管壶口景区的资源保护、规划、开发、建设、旅游管理等工作，属事业单位。

壶口是国家级风景名胜区，“全国旅游胜地四十佳”之一，随着旅游业的发展，壶口的知名度愈来愈高，为海内外游人所瞩目。管理局成立五年来，壶口景区的开发、建设得到了长足的发展，取得了显著的成绩。建成了西安至延安、黄陵、宜川、韩城等旅游城市的四条环形旅游交通公路线，景区完成了供电、供水、通讯等工程。建成了“观瀑舫大酒店”“电信大楼”“圪针滩民俗文化村”等综合旅游服务设施；“圪针滩古渡口”、“旱地行船”“孟门山”等景点正在建设之中，客流量由95年的五万多人次增加到十多万人次，门票收入2000年近200万元，全县旅游综合收入达1200万元。壶口旅游业已经成为宜川县的龙头主导产业和宜川地域经济发展新的增长点。

地址：宜川县壶口乡黄河大桥西侧

电话：0357—7986228　　　　邮编：716200

延长县水利水保局

延长县水利水保局在市、县两级政府的正确领导下，以“三个代表”重要思想为动力，以项目重点工程建设为中心，紧紧抓住西部大开发历史机遇，加强领导夯实责任，强化措施、狠抓落实，较好地完成了各个时期各项目标任务。

二〇〇一年，他们重点做了如下方面的工作：1. 水利工程建设；2. 王家河供水工程建设；3. 水保综合治理；4. 水费征收和水产工作；5. 防风抗旱；6. 水利综合经营。其中，计生工作、安全生产方面也取得了好成绩。

该局新的一年有新的打算：除继续搞好供水工程建设外，要认真做好防汛抗洪工作，要综合治理、以法治水。重点抓好《水法》、《防洪法》、《水土保持法》的宣传和实施工作。

甘泉县城乡建设局

该局下辖城建监察大队、房地产管理所、建设工程质量安全监督站、环境卫生管理处、水泥厂、建筑工程公司、建材厂等7个事企业单位，全系统共有生产及管理人员650余人。经过十多年的努力，城乡建设得到长足发展，尤其是县城基础设施建设趋于完善：主街道总长1.73公里，均为混凝土路面；楼房林立，错落有致，日供水能力2000吨，年排污能力10.5万吨；地下供线管道12孔，5000门程控电话已开通运行；城市居民近2万人，人均居住面积超过7.64平方米；投资5910余万元的北关小区开发工程已开工建设，其它市政设施一应俱全。

“西延”铁路、“西包”公路穿境而过，“甘志”、“甘府”两条县道总长83.5公里，1996年6月实现了村村通车。1993年已实现村村通电，提前7年达到国家标准。

1998年，在局长惠建平同志的主持下，修编了《甘泉县城总体规划》，于1998年12月21日经市政府批准实施，并获得优秀设计奖；1998年甘泉县城市规划管理工作受到市政府表彰奖励，被命名为市级文明单位。连续三年被县文明委命名为“五星级”文明单位，两个文明建设取得了丰硕成果。

延安希望小学

校长：戴成东

延安希望小学是中共中央直属机关33个部委的干部职工捐款70万元、地方各级政府筹资42万元，于1992年8月奠基，1993年7月1日竣工剪彩的延安第一所希望小学。原国家主席杨尚昆题写校名并担任名誉校长，原国务院总理李鹏为学校的“谢子长英雄中队”题写了队名。

学校位于延安市北郊的延河西岸，占地面积9亩，建筑面积2100平方米。有教师42名，其中大专及以上学历18人，党员14人，高级教师13人，一级教师19人，二级教师9人。有教学班15个，学生878名。

建校以来，在各级领导的关怀下，在全国有识志士的支持下，学校在教育教学和两个文明建设等方面均取得了优异的成绩。先后自筹资金70多万元，解决供热供水问题，装修一流的计算机房，购置了多媒体、打印机等现代化办公设施和体育、卫生设施，平整操场、校园等。彻底改善了办学条件，使校园成为学园、花园和乐园。在连续三年的小学毕业会考中成绩名列城区片总评第二名，学生李延生、任勇在奥林匹克数学竞赛中获国家级一等奖。1997年引进“韵语识字”和“三算结合”两个国家级实验课题，已经成功地举办了两次成果展示会，深受领导、专家、家长和社会的好评，经中央教科所的专家测评、分析、论证，批准该校为西北地区唯一的“中央教育科学研究所科研教改实验基地”和“中央教育科学研究所科研教改实验学校”。连续三年获区教育局和桥沟镇教委的“教育工作先进集体”、“教改实验先进集体”。先后获区“十星级单位”、“十星级标兵单位”、“卫生先进单位”、“文明单位”、“文明校园”；市“校园综合治理先进单位”、“体育传统项目学校”；省“红领巾示范学校”、“三秦特色学校”、“三秦楷模单位”；“全国模范希望小学”、“中央教科所先进实验示范学校”。校长戴成东获“全国希望工程园丁奖”，德育主任景延梅获“全国优秀辅导员”称号。先后为489名学生解决了入学难的问题，发挥了良好的社会效益。

通过全校师生的共同努力，已形成校风正、作风硬、教风严、学风浓的格局和拼搏进取、团结向上的良好氛围。坚信在三年内该校将成为宝塔区乃至延安市的名牌学校，让中直领导放心，让延安人民满意。

汉中市第九中学

校长：张炳轩

汉中第九中学位于汉台区前进西路，占地面积约18000平方米，设有30个教学班。师资力量雄厚，现有教职工110余人。专任教师学历达标率为100%。设有电脑室、语音室、理化实验室、图书阅览室。校内环植青松翠柏，绿地花草，四季飘香，被誉为“汉台区窗口学校”。

以严谨的态度教学，以优异的成绩立校，以优美的环境育人，以科学的管理取胜，是汉九中迅速发展壮大的根本原因。

以情感动人，以制度管人，以“两全”育人。学校围绕教育教学这个中心，创新教育理念，强化素质教育，狠抓过程管理，教育教学成绩跃居汉台城区初级中学前列。近年来，先后获得“文明单位标兵”，“规范化管理学校”，“德育优级学校”，“教学质量目标考核先进单位”，“实施素质教育，提高教学质量先进单位”，“校园文化建设先进单位”，市级“创佳评差”先进单位，省级“文明校园”，省级“优秀考点”等殊荣。

校领导班子全体成员

目前，汉九中在校长张炳轩的带领下，求实创新，团结奋进，信心百倍地迎接新的挑战。

汉九中全体教师对社会的承诺是：没有最好，只求更好。

地址：汉中市前进西路　　电话：(0916)2215433

延安石油机械厂

延安石油机械厂始建于1970年，是在敬爱的周总理的亲切关怀下，由北京内燃机总厂援建而成。厂址位于延安市宝塔区杜甫川，原名为延安柴油机厂，1988年经原延安地区行政公署批准，更名为延安石油机械厂，成为石油机械专业生产厂家。

延安石油机械厂占地面积150多亩，现有固定资产净值1234万元；各类机器设备228台(套)，其中油压机、龙门刨、大立车、C650车床等是该市机械加工行业的主要骨干设备。全厂现有职工644人，在职246人，其中各类专业技术人员64名。

延安石油机械厂具有铸造、下料、锻压、铆焊、热处理、机械加工、装配等生产能力，并在与其配套齐全的金相室、化验室、计量室、材料试验室、抛丸室。该厂生产设备配套、检测手段齐全，是陕北地区综合加工能力较强的企业之一。该厂目前的主要产品有：CYJy5—2. 5—18HB、CYJy3—1. 5—6. 5HB、CYJ3—1. 2—6. 5F、CYJy2. 5—1. 0—4. 5HB、BJ2—615，5种型号抽油机和真筒泵、组合泵、杆式泵等系列抽油泵产品、并承揽抽油机维修、来料加工等业务。目前，该厂已达到年产抽油机500台，抽油泵5000台，减速器1000台的生产能力，年可获产值3000多万元。

1997年8月以后，该厂在新的领导班子带领下，全心全意依靠职工，内抓管理，外塑形象，使经济效益一年跃上一个新台阶。2000年，该厂共生产抽油机432台，完成工业总产值1200万元，实现销售收入1200万元。上交税金首次突破100万元大关。为振兴延安经济做出了贡献。该厂决心实践江总书记“三个代表”的重要讲话，认真落实全市经贸工作会议精神，紧紧抓住西部大开发的历史机遇，瞄准市场动态，以科学的政策，发展的眼光，务实的态度，严谨的作风，为开创延安石油机械工业的新局面努力奋斗。

汉中市中山房地产开发公司

该公司成立于一九九七年八月，是一个实行独立核算、自主经营、自负盈亏，具有独产法人资格的二级房地产开发企业，公司注册资金2118万元。

公司机构健全、管理完善，内部下设办公室，策划部、工程部、财统部、拆迁办五个主要职能部门。中高级职称人员占员工总数的46%以上。公司还拥有一定规模的工程检测设备、仪器等，经济实力强，技术力量雄厚。

公司自成立以来以商品房开发为主，逐步发展加工制做。建筑装饰材料、拆迁，代建和配套设施服务等为一体的多元化经营实体。不断强化企业内部管理，提高工作人员素质和业务水平。

先后建成了南环路怡景园小区一期工程、怡馨园小区、怡蕊园小区，总计建筑面积50000余平方米，创产值达3200余万元。

为了不断扩大业务范围，拓宽市场，2000年积极扩大投资力度，实施北苑小区、怡景园二期、怡花园小区及铺镇联丰路改造工程建设总投资达5000余万元，建筑开发面积达80000余平方米。

几年来该公司本着“奋发求实”的企业精神，以一流质量和一流的管理，取得了良好的社会信誉，赢得了各届人士的好评。连续被评为“经济工作先进单位”、“先进企业”等称号。

进入二十一世纪，公司将乘西部大开发的强劲东风，以求真务实，开拓进取的经营理念。面对激烈的市场竞争和挑战，决心坚持在质量上以优质工程取胜，档次上以适应现代设计要求取胜，在市场竞争中以价格优惠取胜，在经营中以忠实守信取胜。在以诚相待，互利互惠的原则下与社会各界人士，各界朋友合作，争创辉煌，为汉中明星城市建设多做贡献。

陕西衮雪制粉机器制造股份有限公司

陕西衮雪制粉机器制造股份有限公司是原汉中粮油机械厂企业改制后设立的股份制企业。是国内粮机生产行业重点骨干企业。公司主要生产以“衮雪”牌系列制粉设备为主、兼营制粉设备配套安装和相关产品的开发与研制。产品行销全国三十余省、区，并远销南亚、中亚及中东地区。产品多次获国家级、省级科技进步奖，省、部级优质产品奖，荣获埃及、墨西哥国际贸易博览会金、银质奖，并取得了十项国家专利。公司成立后以“科技领先，技术创新”为企业理念，投入600多万元在短短的一年多时间里开发出了具有国内领先，国际先进水平的FMFDQ8—10×2电控气动和FMFDD8—10×2电控电动(机电一体化全自动)大型磨粉机。公司目标：以西部大开发为楔机，努力将公司建成中国西部乃至全国粮油机械科研、生产、出口基地。

公司地址：陕西省汉中市劳动西路1号　　传真：(0916)2235843　　邮编：723000

销售专线：(0916)2212087　　2250526

FMFDQ8—10×2电控电动磨粉机

该机型为陕西衮雪制粉机器制造股份公司最新研制的具有当今世界领先技术水平全电控、全自动、机电一体化大型电控电动磨粉机。该机型具备FMFDQ8—10×2电控气动磨粉机的全部功能和优点外，其突出特点是：磨辊离合闸完全由步进电机推动，其轧距控制和调节无需任何气动元件和机械调节装置，完全由微电脑控制调节，并能自动监控、调节和补偿，所有参数均由屏幕显示，轧距最小调节显示量为0. 01mm，也可中央控制，该机型是现代化制粉厂的最佳选择。

FMFDQ8～10×2

海红汉中轴承厂

海红汉中轴承厂是“七五”期间由海红轴承厂数条精密生产线及相应工艺装备、技术力量、检测手段整体迁移汉中建成的具有独立法人资格的轴承制造专业企业。励精图治十几年经过“七五”、“八五”和“九五”三次技术改造，企业有了长足的发展，现已具有一定规模和较强的综合实力，年产工业轴承400万套。

目前，企业拥有职工八百余人，资产总额近亿元，建厂以来累计上缴税费一千万元。

工厂拥有国内一流的轴承专业设备。二○○○年通过了ISO9002质量保证体系认证，采用现代先进的加工工艺，生产汽车水泵轴连轴承、汽车轮毂轴承、纺织机械专用轴承、低噪音电机轴承及精密角接触轴承和专用异型非标准轴承、产品达150多种，拥有独立开发和生产各类轴承的能力。产品多次荣获部、省优质产品及优秀新产品等称号，行销西安、北京、上海、重庆、深圳等三十多个省、市、自治区和美国、加拿大、巴西、阿根廷、南非、新加坡、巴基斯坦、泰国、印度、香港等国家和地区，深受国内外用户信赖。

展望未来，海红汉中轴承厂将继续以质量为本，迎接挑战，用我们百倍的努力和真诚，向广大用户提供更优质的产品和更优良的服务。

海红汉中轴承厂外貌

陕西汉中汉江制药化工公司

公司创建于80年代中期，前身是陕西汉江药业股份公司的劳服企业，90年代高速发展，从一个以商业，服务业为主的企业发展为一个以生产医药中间体为主的生产经营性企业。从1995年至今，年产值达1000万元。10年累计上交利税近1000万元，公司下设3个车间。目前生产新产品有：甲酸、间硝基苯甲酸、4－氯－3－硝基苯甲酸、4－氯－3－硝基二苯甲酮、4－氨基－3－3硝基二苯甲酮，(4氯－3－硝基苯基)，(4－氟苯基)甲酮，(4－氨基－3－硝基苯基)(4－氟苯基)甲酮，1－乙酰基－4(4－羟基苯基)哌嗪，产品畅销国内外。企业1993年获汉中地区行署“科技先导型企业”称号：1994年获省劳动厅“陕西省劳动就业服务百强企业”称号：1996年获国家劳动部和全国劳动就业服务企业协会“全国劳动就业服务企业先进集体”；1999年荣获省劳动厅“陕西省劳动就业服务明星企业”；2000年获中国劳动就业服务协会“先进集团”荣誉称号。

总经理：王体亮　　公司地址：汉中市北郊李家桥

电话：(0916)2210814　(0916)2212964 **转** 3241

传真：(0916)2210286

汉中市精密铸造厂

汉中市精密铸造厂，创建于一九七四年，主要从事机械零件的精密铸造和加工。现有固定资产二百二十万元，具备车、铣、刨、磨、滚插齿、描晒图、炼钢等设备。工厂总面积7285平方米，年完成产值180余万元。

目前全厂共有职工50余人，高级工程师2人，有专业工程师8人，经济师3人，助理工程师3人。有一支过硬的技术队伍，有规范化的工艺流程和严格的管理制度。现除定型产品外还能生产纯钢、碳钢、合金钢、不锈钢等精密铸件及钢、铝有色金属铸件等200余种。该厂重视质量保证体系的建设，有严格的理化检验报告制度，由于产品质量信得过，当前生产的锅炉链轮及主动炉排行销全国20多个省市60余个厂家，常年给国家重点开发的新型纺机配套生产部分零配件已装机使用，并给国家二汽汽车集团和新大洲摩托车生产配件，给粮油机械系统配套生产的新型产品已投入市场。部分产品与012单位配套出口到美国，南韩、日本等国家。打入国际市场，被用户誉为"称心的伙伴"。

该厂的宗旨：质量第一，信誉第一，用户至上。

秦峰幼儿园

秦峰幼儿园是陕西汉航集团下属企业秦峰液压件公司办的一所全日制幼儿园，在市场经济大潮中，企业办幼儿园，成功地走出了一条从福利向经营转型的改革之路。

园长：郑志红

该园地处汉中东塔南路，前身是企业福利单位的托儿所，经过多年来的艰苦奋斗，从仅有几间窝棚式十分简陋的房舍，发展成现有一座教学楼，占地面积1463平方米，保教设施齐全、环境优美、教职工25名，其中大专学历8名，中专学历6名，6个托幼班、250名幼儿的市级"二类幼儿园"。多年来，积极实施科学管理，坚持保育与教育相结合的原则，对幼儿实施"体、智、德、美"诸方面全面发展的教育，促进了幼儿身心健康和谐的发展。在面向全体幼儿的同时，注重个体差异，开设了双语教学，舞蹈、绘画兴趣班。该园拥有一支思想作风好、业务素质过硬的保教队伍，在教育局组织的多项赛教活动中取得了优异的成绩。实践证明，该园的发展，除了企业自身的支持外，最主要靠的是幼儿园与企业共命运，用自强不息的奋斗精神赢得了企业的认可，社会的关注和家长的信任。

幼儿园全体教职工将继续保持"团结、求实、奉献、创新的"的精神，本着"一切为了孩子，为了孩子的一切"的办园宗旨、勤奋敬业，开拓向上，努力提高保教质量和办园水平，严格按上级规定依法办园，不断地加强管理，使我们的幼教工作更规范化、科学化，全面提高保教质量，全面提高幼儿素质，力争把我园办的更好，向更高层次迈进!

汉台区饮马池小学

汉台区饮马池小学，位于饮马池旁，占地约9亩，始建于20年代。现有教职工39人，学生400余人。学校师资力量过硬。有本、专科学历23人，中师学历15人，省、市级教学骨干3人，省、市、区级教学能手6人，教师岗位合格率100%。教学设施比较齐备。有"三室一部"、电脑室、各科教学设备基本配套，藏书9600余册。校园环境优美，教育质量稳步提高。先后被区上评为"文明单位"，"德育优级学校"。

学校的办学目标是：把学校办成质量上乘、管理规范、设施齐全、环境优美的示范学校，把学生培养成为品德高尚、成绩优秀、体魄健壮，一专多长的现代人才。目前全校师生团结奋进，正在为实现学校新的目标而努力奋斗。

陕南电子城

陕南电子城隶属北关街道办事处直属企业。位于汉中市石马路中段，地处汽车站与火车站之间，是通往秦巴地区交通枢纽的必经之地。

电子城占地面积3200平方米，总建筑面积6500平方米，总投资350万元，设计新颖，环境优美，交通便利，水电设施齐全，现已入租客商260余户。

电子城汇集了国内外知名品牌，高科技电脑等以及各地客商，厂家总代理和下岗职工都纷纷进入市场。

电子市场建成后，年交易额将由以前的1000万元增长到5000万元，利税由以前的32万元增长到200万元。

一九八九年以来，经理张玉萍连年被北关办事处评为先进工作者和优秀共产党员。一九九五年被汉中市妇联评为"巾帼建功"先进个人。一九九九年又被汉中市妇联授于"双学双比竞赛活动"乡镇企业优秀女经理荣誉称号。

汉中市青年路小学

汉中市青年路小学，始建于1930年，学校占地九亩，有教学大楼，并装配有微机网络教室，图书阅览室，配备有各种科学教学设备和仪器，有教学班23个，在校学生1700多人，教师65人(其中高级职称20人)。学校先后被省教委评为精神文明建设创佳评差先进单位，体育、卫生、艺术和国防教育先进单位，卫生先进学校；被市政府命名为文明校园，被市教委确定为现代教育技术实验学校；被区教育局评为管理规范化学校、实施素质教育先进学校，确定为交通安全示范学校；被区政法委评为社会治安综合治理先进单位；学校少先队被评为全国红旗雏鹰大队；在汉中市创名校论坛竞赛中获第二名。

校长高志刚，中学高级教师，曾在中央团校和省小学校长高层次研修班学习培训，荣获全国优秀辅导员，陕西省"关心支持少先队工作好校长"称号。

白杨集团有限责任公司

白杨集团有限责任公司地处商州区南环路67号，该公司创办主要是充分发挥本地丰富矿产资源优势，从开采、冶炼、加工、安装等系列化开发配套型经营，深入科研项目，以资源求开发，以开发求发展，使企业走出一条具有现代化、科技化的市场之路。

该公司创办于1986年，现设两厂，两处二公司，即"白杨保温材料厂、白杨新型科技建材厂、白杨保温防腐工程处、白杨支铁工程处、白杨石料精选公司和白杨集团板桥分公司。公司目前拥有固定资产860万元，职工461人(其中各类专业技术人员50多名)，大中型工程机械150多台(辆)。矿山资源两处，拍卖丹江自然开发段3.7公里，板桥自然资源开发段3公里。近年来，累计产值1200余万元，实现利税316万元，引进项目3个，引进外资280余万元。

白杨产品曾获中国科技博览会双项金奖，中国第二届经济技术银奖。

联系电话：(0914)2318788

洛南县栋林中学

栋林中学位于洛南县城中街西段，校园占地面积9100平方米。设有微机室、语音室、图书室、理化实验室、音乐室、体育器材室。教室内配备彩电，师生食宿、防暑、御寒等设施齐全，并备有客货两用车一辆，专为教学和师生生活服务。校园环境幽静，并聘用了一批长期从事教育工作，具有丰富教学经验的中学特级教师和中、高级职称的教师担任教学工作。本校的办学宗旨是：全面贯彻党的教育方针，加强领导，严格管理，实施素质教育，教书育人，对学生全面负责，讲求信誉，保证质量，为高一级学校输送优秀人才。

汉中市幼儿园

园长:蔡春兰

汉中市幼儿园创建于1954年,属省级示范幼儿园。占地面积为8368平方米,建筑面积为4500平方米,室外活动场地5993平方米,建有供幼儿活动的嬉水池、沙地、大、中型活动器械,具备了良好的育人环境,是幼儿学习和活动的好场所。园内分有学前班、大、中、小班、托班,共有十三个班级,600多名幼儿,招收2岁半至6岁的幼儿。教职员工54人,具有学前教育的大专学历22人,中专8人;有幼教高级职称的11人,一级职称的26人,二级职称3人。保育员经系统培训,通过技术等级考试,其中高级工9人、中级工5人,经上岗考核,全部取得合格证,形成了一支素质较为全面的优良保教队伍。

汉中市幼儿园各项生活设施齐全。坚持以预防为主的原则,每班配有电子消毒柜,做到餐具消毒。中、小班级的活动室、宿舍安装了空调设备。还根据季节变化及传染病流行趋势,集体投服预防药、打疫苗。保健室配有常用药,每年对幼儿进行三次小体检,年度一次大体检,并作出体检分析,调整伙食食物搭配,补充所缺乏的营养素,使幼儿的生长发育达到最完善的地步。

近年来,为教育教学适应时代发展的需要。园内增设有电教室,购置了部分新型设备,从2000年开始,汉中市幼儿园增设了"科学汉字教育"课,让幼儿在玩中学、学中玩,有效地促进了幼儿智力和非智力因素的发展;同年,在学前班大、中班开设了"快乐启蒙英语",聘请了专职教师,根据幼儿特点,让幼儿在听、说、玩中自然而然的学说英语,能够听懂、说出简单地日常用语;幼儿园还遵循"面向全体幼儿,注意个别差异"的原则,开办了"美术"、"舞蹈"兴趣班,取得了一定的效果。在每年汉台区举行的幼儿教师各类基本功大赛和幼教论文评比中,都有多名教师荣获一等奖,得到了有关部门和家长的好评,得到了社会各界同仁的认可。

汉中市第一职业中等专业学校

汉中市第一职业中专始建于1982年,位于汉中市区莲湖路东段,校园面积37456.5平方米,建筑面积25155.6平方米,现有教职工123人,班级34个,学历教育在校学生1500余人。开设有服装、烹饪等12个专业。办学层次有联办大专、本科函授、普通中专、职业中专和短训班。学生遍布全市十一个县区。1988年学校被评为陕西省一类职业学校,1990年被陕西省教委评为示范性职业高中,1991年被陕西省人民政府认定为省级重点职业高中,1995年经综合评估被国家教委审定为首批国家级重点职业高中。1996年汉中职业技术教育中心在该校挂牌成立。1997年经陕西省教委批准更名为汉中市第一职业中等专业学校。1999年再次通过了教育部国家级重点职业学校的评估验收。

陕西鑫元科工贸股份有限公司

陕西鑫元科工贸股份有限公司创建于1999年12月,是由原洛南陈耳金矿有限责任公司作为主发起人联合陕西黄金公司、商洛地区黄金公司等五家发起设立组建的。公司设置股本总额7388万股,其中主发起人5505万股,占股本总额的74.5%。

公司现有员工676人,其中管理干部34人,专业技术人员82人,内设综合部、财务部、下辖洛南陈耳金矿、陕西洛南兴陈黄金冶炼有限责任公司、华阳大酒店、洛南县望子岭金矿、十冶矿山配件厂、洛南县泰元生物科技有限公司、洛南县金龙汽车修配厂、洛南县盛元预制构件有限责任公司、商洛地区饰品加工厂9个子企业。

为迅速发展,公司坚持"以金积累,科技领先,多业并举、滚动发展"的思路,逐步形成了采、选、冶、首饰加工一条龙,工、商、贸、酒店服务一体化的格局。

陕西汉中汉园宾馆

陕西汉中汉园宾馆位于历史文化名城汉中市中心繁华地段。

这里二千多年前是汉王刘邦的驿站，接待过三公大臣；

这里一百多年前辟为“静园”，接待过蒋纬国、李宗仁、于佑仁和陈纳德等达官贵人；

这里解放后成为政府招待所，接待过党政要员；在改革的大潮中，这里发展为宾馆，成为对外开放的明亮窗口。

汉园宾馆是一家隶属汉中市政府的三星级涉外宾馆。距火车站3公里、汽车站和机场2公里，交通便捷，环境幽雅，汉文化氛围浓郁、吃、住、购物、桑拿、棋牌、美容美发和歌舞等服务项目齐全，是旅游、休闲、娱乐和会议的最佳选择。

宾馆拥有客房210间(套)，床位426张，单间、标准间、豪华间各具特色，舒适温馨；中餐厅、西餐厅和宴会厅30个，一次可容纳千人以上就餐，也可接待高档宴请；有装饰新颖典雅的会议室13个，最大容纳250人，最小容纳30人。

汉园宾馆郑重承诺：在汉园吃、住、购、玩，一定让您放心、舒心、开心。客房标准间门市价每天180元，可享受8折优惠；饮食集川、粤、湘、鲁四大菜系及地方名菜，名师主厨，价格中下，物有所值。到汉园宾馆，让您感受至尊的服务；让您承受起满意的价格。

“上帝”的满意，是我们最高的追求。汉三驿站，一品汉园。问君下榻何处去，汉园宾馆最满意。

宾馆地址：陕西汉中市汉中路20号

总经理：张　华

订房电话：(0916)2114562　　**订餐电话：**(0916)2114565　2114568

汉中市歌舞剧团

汉中市歌舞剧团前身是中共陕南党委宣传队(后更名为红星文工团)，于1949年9月在湖北郧阳创建，同年随中国人民解放军西进，解放陕南，12月到达汉中。从此，这支由陕南公学、华北大学和革命大学毕业生为主组成的革命文艺工作队伍，扎根秦巴大地。在近五十年的光辉历程中，以陕南民间音乐为基础，创作广大人民喜闻乐见新歌舞为宗旨，先后创作、改编、移值上演了《刘胡兰》、《小二黑结婚》、《江姐》、《雷雨》、《蔡文姬》、《武则天》、《八一风暴》、《西安事变》、《列宁与第二代》、《白毛女》、《长征组歌》等各类歌剧、话剧、儿童剧和音乐舞蹈二百三十多个。本团创作演出的《韩太公劳军》参加赴朝鲜慰问演出，《打麦场》、《掐菜台》、《吴幺姑》、《吹鼓手抬亲》等陕南地方歌剧曾多次获奖；大型陕南歌剧《红梅岭》曾演红大江南北，走进中南海，受到中央领导亲切接见。六十年代被中央文化部誉为全国文艺界十面红旗之一。

改革开放以来，随着汉中经济的迅速发展，这支具有光荣历史的文艺队伍，认真贯彻市委、市政府“振兴汉歌”的指示精神，通过文艺体制改革，由汉歌创作排演的陕南歌舞剧《唢呐声声》参加了陕西省庆祝建国50周年优秀剧目展演，荣获12项大奖；校园话剧《托起明天的太阳》演出超百场。这支活跃在汉水之滨的艺术表演队伍，又重新焕发出勃勃生机

该团现属全民所有制事业单位，有演职人员116人，其中国家一、二级编剧、作曲、导演、演员、舞美等高级艺术人才22名，中级职称38人。团址座落在历史文化名城——汉中市中心地段，占地近20亩，下属本团自管的“红星剧院”一座，剧场设备完善，规格合理，拥有目前国内先进的音响控制台和舞美调光台等，经常接待各种大型演出活动；团内建有正规的练功厅、排练场，有装备齐全的管弦乐队和演奏室等。汉中市歌舞剧团是一个既有光荣历史传统，又追求现代意识的文艺团体。

汉中市汉水建设工程有限公司

汉水建设工程有限公司下设三个职能事业部和二十一个项目经理部，年平均职工人员 720 人，有各类职称人员 150 人，其中高级工程师 3 人，各类持证上岗人员 128 人，取得项目经理资格证书的 31 人，其中二级资格项目经理 12 人、三级项目经理 19 人。具备了《工业与民用建筑施工企业资质等级标准》规定的技术力量。2001 年获得 ISO9002 质量体系认证。2002 年重新组建为汉中市汉水建设工程有限公司。

公司三年来所交付使用的工程合格率、合同履约率均达到 100%，优良率均在 65% 以上。创省级文明工地 3 个、市级文明工地 14 个，文明工地占施工工程 90% 以上，为文明城市建设做出了一定的贡献，公司 1998、1999 年分别被陕西省授予“科技先导型企业”；“百强企业”；陕西省政府授予“重合同、守信用企业”；汉中市建委、汉台区建设局授予“工程质量、安全生产先进企业”。

地址：汉台区风景路中段

法人代表：黄继祥

电话：(0916)2512118

洛南县城关镇东街小学

洛南县城关镇东街小学位于县城东段农贸区，校园占地面积 7100 平方米，现有 21 个教学班，附设 3 个学前班。在校学生 1100 余名，教职工 52 名，其中高级教师 13 人。学校建于 1988 年，校园布局合理，环境整洁、优美，教育教学设施齐全，拥有现代化的多功能教室，是一所充满活力的学校。

学校在各级政府的领导、关怀和支持下，加强了硬件设施的建设，新建了教学实验楼，美化了校园环境，新增了多媒体电教室、微机室、音乐、美术、劳技等专用教室。同时，学校在采取多种措施造就一支富有事业心。献身精神和创新意识的教师队伍建设的基础上，以应用现代化教学手段和开展教育科研，进行教育教学改革，全面实施素质教育，狠抓教育教学质量，取得了显著成绩。学校被评为省“红领巾示范学校”、“优秀家长学校”；市“先进教育集体”、“师德形象工程先进集体”、“奥林匹克数学竞赛先进单位”；县“文明单位”、“素质教育优等学校”。

目前，全校师生为把学校建成一所高质量，现代化的省、市一流名校，实现“以严格的管理赢得社会的良好口碑，以鲜明的特色实现学校的不断发展进步而努力奋斗。

丹凤县公安局

丹凤县公安局下设交警大队、刑警大队、10 个派出所、4 个责任区刑警中队、2 个巡警中队、13 个股室，现有公安民警 192 人，其中党员 126 人，大专以上文化程度 86 人，分别占全局民警的 65% 和 45% 。近年来，该局一手抓队伍建设，一手抓严打整治斗争，确保了全县政治稳定，社会治安秩序良好，经济快速发展，百姓安居乐业的良好局面。

城关派出所连续六年被评为省级“人民满意单位”、商镇派出所老民警巩安政勇擒抢劫歹徒被授予“全国优秀民警”称号，田晓红被评为全省人民满意民警，陈敏、刘育华被评为全区优秀户籍民警，先后有 6 名民警荣获个人二、三等功。另外还有一大批民警被地、县公安机关表彰。治安联队 2001 年荣获地级青年文明号，看守所连续 13 年无事故，荣立集体三等功，又荣获省三级达标监所称号；交警大队连续三年被评为省级青年文明号，2000 年度荣获全省十强大队。

西部大开发工程已全面启动，局党委要求全体民警，戒骄戒躁，百尺竿头，更进一步，要以“热爱一方土地、温暖一方人心、保证一方平安、促进一方发展”为已任，奋发图强，勤政务实，开拓进取，为西部大开发创造更加良好的治安环境而不懈努力。

商洛市对外贸易经济合作局

商洛市外经贸局,位于商洛市北新街东段51号,有干部职工21人。

二〇〇一年,全市对外经贸工作,在市委、市政府、省对外经贸厅的正确领导下,在有关部门的大力支持下,局领导班子团结进取,全系统职工积极努力,各项工作都取得了较好成绩。全市出口创汇310万美元,占年出口计划100万美元的310%,比上年增长1.6%;出口供货7326万元,占市政府考核目标6000万元的122.1%,比上年增长7.3%;落实招商引资项目90个,实际到位资金4.44亿元,占年考核目标4亿元的111%,与上年同期基本持平。在参与全区投资环境治理、联系包村扶贫,稳定系统,加强机关党的建设和干部队伍建设等方面做了大量工作,取得了一定成绩。

商洛一鼎实业有限公司

成立于一九九九年七月的商洛一鼎实业公司,是一家集工贸于一体的综合性民营企业。先期投资五十余万元、全套引进日产20吨的水处理设备及每小时100桶的全自动灌装设备,创办了商洛地区首家经省市卫生防疫部门、技术监督部门一次验收合格的五加仑桶装纯净水厂——天河纯净水厂。如今,天河纯净水已是商洛市家喻户晓的知名品牌。

2000年5月,公司在市中心繁华地段——工农路城信大厦一楼,开办了一个饮水机专卖店,2001年,开创商洛纯净水行业"星级服务"规范作业,为公司进一步开拓和发展奠定了基础。

新的一年里,公司全体员工将以饱满的热情、崭新的风貌,为商洛市的经济腾飞而努力!

欢迎新老朋友光临惠顾,洽谈合作,共同发展。

厂址:商洛市自来水公司二水厂　　　　电话:(0914)2322400

洛南县扶贫开发办公室

洛南县扶贫开发办在县委、县政府的正确领导下,认真学习、实践"三个代表"重要思想、紧紧围绕产业结构调整这一中心,一方面配合有关职能部门搞好贫困村的基础设施建设,一方面抓小额信贷对象的落实,资金的投放以及移民搬迁、科技扶贫、社会扶贫等工作,努力实现"农业增效、农民增收"目标。从而使全县扶贫开发工作取得了较好的成绩。

新的一年里,他们决心在县委、县政府的正确领导下,发扬成绩,纠正不足,再鼓干劲,努力把全县扶贫开发工作推向一个新的阶段。

商洛扶贫职业技能培训学校

商洛扶贫职业技能培训学校,是经商洛市劳动局批准成立的一所正规化综合技能培训学校。依托渭南扶贫培训集团,该是西北地区唯一的一所由全国八部委联合评选的全国先进职业培训集体,省市科技扶贫示范单位。

学校环境幽雅,师资力量雄厚,聘请经验丰富的高级厨师、技师、教授任教。学校配备现代化电教设备,实验餐厅、美发厅,各种车辆供学员实习使用,结业后,颁发国家承认的毕业证书及技术资格等级证书,全部安置工作。

商洛扶贫职工技能培训学校在校长王金民同志的带领下,本着"科技兴国,讲求实效,实践为主,包教包会"为宗旨,以"信誉求生存,以质量求发展"为动力,热忱欢迎城乡有志青年前来报名学习。

地址:北新街西段(卫校向西100米路北)　　　　电话:(0914)2330611

陕西省略阳县石棉瓦厂

陕西省略阳县石棉瓦厂，为国有小型企业，隶属县经贸局。一九七零年建厂，主要产品有石棉水泥瓦、小波瓦、脊瓦和工业硫酸铝。企业占地面积3684平方米，其中建筑面积7310平方米，现有职工258人。其中，中初级职称的技术骨干21人。资产总额1079万元，固定资产净值807万元，主要产品石棉水泥中、小波瓦均获优质产品及消费者信得过称号，工业硫酸铝经省化工产品质量监督检验达部标要求，产品主要销往本省大部分地市及周边省县。拥有设备70台，其中具有国内八十年代水平的石棉水泥小波瓦生产线一条，国际八十年代水平的石棉水泥中波瓦生产线一条，国内九十年代水平的工业硫酸铝生产线一条。石棉水泥波瓦年设计生产能力九十万标张，工业硫酸铝年设计生产能力五千吨。

建厂三十年来企业坚持依靠工艺技术进步挖潜革新，不断调整适应市场的内部管理机制，努力拓展生存空间，巩固提高产品质量，实现了产量、产值、利税逐年增长，是略阳县骨干企业之一。二〇〇〇年企业实现工业总产值785万元，销售收入693万元，全员劳动生产率42896.17元，完成税金64.85万元，实现利润121万元。近年来企业通过不断努力连续几年获省产品质量统检优秀奖，被省政府评为省级先进企业，获地区“消费者信得过”产品等荣誉。

针对企业发展需要，拟采取的措施为：重塑石棉瓦省优产品“品牌”优势，努力开发建材、硫酸盐和杜仲生物系列新产品，走多种经营的发展道路。

企业法人代表：李建材

厂址：陕西省略阳县城西五公里处

电话：(0916)4822551

传真：(0916)4822667

邮编：724300

陕西商洛石油销售分公司

公司经理兼党委书记：阮仕启

中油股份陕西商洛销售分公司位于商洛市北新街151号，现有注册资金3000万元，该公司从事石油制品的购销业务，下辖6个县级分公司，7座油库，50座加油站，固定资产5000万元。

该公司成立于1970年，1986年与地方商业部门分离成为陕西省石油总公司的直属企业。1998年体制改革，加入中国石油天然气集团公司，成为中央级企业。1999年中油集团内部重组改制，变为股份制企业，正式更名为中国石油天然气股份有限公司陕西商洛销售分公司。

近年来，面对市场经济的竞争大潮，该公司始终以质量第一，用户至上为宗旨，为广大消费者提供24小时全天候的加油服务。同时，该公司注重精神文明建设的发展，特别是员工素质的提高和“双文明”加油站及“青年文明号”加油站的培育，30年来累计上交利税2亿多元，是国家投资的10倍多。

在公司经理兼党委书记阮仕启同志的带领下，商洛公司将以崭新的面貌，科学的管理方法，内重挖潜，外争市场，力争“两个文明”建设同步发展。

免费咨询热线：16808038

联系电话：(0914)2313106　　2313131

商洛蓝盾驾校

校长:刘文华

商洛蓝盾机动车驾驶员培训学校是在改革开放的新形势下,于1992年8月建立的,是经省、市交警部门同意,市教育局、省道路运管局审批,商洛市公安局行政主管的一所正规化社会力量办学单位。

学校有教职工17人。分教学区和生活区两大部分,占地面积3500平方米,十年来驾校共举办驾驶培训班24期,培训学员4709名;举办军照换地方照短训班38期,学员1252名,各期培训合格率均在89%以上。

在组织机构的建设上,根据学校特点设有教务处、理科教研室、术科教研室、办公室、财务室、修理厂等,教学设施齐全,有符合《机动车安全运行技术条件》的EQ140型东风车8台、大桥车1台、北京212型小车4台。有供教学使用的实物模型、挂图、图书、录放机、录相带、电视机、电教板、大型道路交通模型沙盘、透明汽车模教具车等。其师资力量、规模、设施、设备在商洛市驾培行业中名列前茅。学校聘用师德高尚、教学业务娴熟的教员任教,学校长年招生,随到随训。

住宿实行公寓化管理,收费较低,学员就餐经济实惠。为减少学员花费,除商州区校部培训外,在丹凤、洛南、山阳、镇安等县就地报名、就地培训,满足各层次人的需求。

该校始终坚持"教育为本,以德为先,质量第一,服务西部开发,振兴商洛经济"的宗旨,以"严格要求,刻苦训练,遵守交规,安全行车"为校训。一流的教学服务,合理的一次性收费,深受社会称赞。已成为汽车驾驶学员的首选之地。

地址:商洛市商州区北新街东段友谊巷3号

电话:(0914)2323988　　2313281

商州区种子公司

公司经理:朱菊盈

商州区种子公司是陕西省农业厅审核批准,工商部门注册登记的国有企业。多年来,立足种业、开拓拼搏,坚持以质取信,以信求存,微利经营求积累的发展原则,以重承诺,守信誉的企业经营宗旨,得到广大客户和行内人士的信赖和支持。

经过艰苦努力,公司已由过去财政负担发展到目前拥有资产550万元的自给企业。年稳定基地3000余亩,调引高科技种子50多个,销售各类种子150多万公斤。且技术力量雄厚,检验加工等仪器设备齐全,营销网络完善,综合条件优越。为实现繁育推广,产销一体化,公司与省内外、多家科研院所建立了长期业务协作关系。

面对"入世"国门的敞开和体制的调整,冲击与挑战同在,机遇与发展共存。为了振兴民族种业,使农业经济腾飞,公司经理朱菊盈携全体员工愿与企业内同仁和农民朋友携手并进,共创种业美好未来。

地址:北新街东段建司路2号

电话:(0914)2312240

商洛秦威化工有限责任公司

商洛秦威化工有限责任公司是由原商洛地区化工厂整体改制而成的股份制企业。企业始建于1965年，是国家在陕西定点生产工业炸药的最大厂家，是国家民爆行业协会理事单位，陕西庆华民爆实业(集团)公司常务理事单位。产品有铵梯系列炸药和弹性高分子胶状乳化炸药。企业占地10万多平方米，现有职工500余人，企业资产总额2600万元，具有年产1万吨粉状铵梯炸药、5000吨弹性高分子胶状(粉状)乳化炸药及200万套纸箱的生产能力。

董事长兼总经理：巩小鹏

企业的主导产品2号煤矿使用铵梯炸药和2号岩石铵梯炸药曾分别获省地优质产品称号，新开发的弹性高分子胶状乳化炸药填补了陕西空白，同时企业将不断进行技术改造，开发生产弹性高分子粉状乳化炸药，使乳化炸药产品系列化，应用范围更广。企业连续三年被评为“陕西经济明星”企业，被省政府授予“重合同，守信用”企业、“技术进步先进企业”等称号。

地址：陕西省商州市南郊赵湾
电话：(0914)2313429　　2313903
邮编：726000

商洛收费管理处

商洛收费管理处负责人一起研究工作

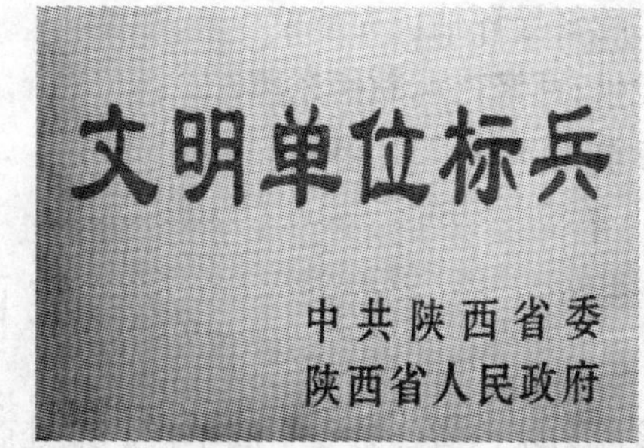

商洛收费管理处成立于1994年11月，承担着商州至小商塬24.63公里二级公路的收费还贷任务，隶属于陕西交通资产经营有限公司管理。下设两部一室和一个收费站，现有员工59人。

几年来，共征收车辆通行费8934.5万元，纳税503.99万元，还贷付息2413.35万元。先后被授予省、市、区三级文明单位，市级文明窗口单位，被省交通厅连续四年授予“创佳评差”最佳单位和首批“文明公路收费站”称号；被团省委授予“青年文明号”、“先进团支部”及“新长征突击手”称号；被商洛市委、市政府授予“312国道建设暨文明样板路建设先进单位”；被商州区授予创建文明社区“先进单位”；被商洛市直工委授予“优秀基层党支部”；计划生育达标、社会治安综合治理“红旗单位”和纳税先进单位，2001年又被省委、省政府授予“文明单位标兵”和团省委授予“青年文明号标兵”荣誉称号。

商南县邮政局

局长:林方华

商南邮政局位于县城长新路中段，现有职工 80 余人，副科级以上 3 人，班组管理人员 15 人，党员 10 人，设有四部一室、二班二所，即:经营部、储汇部、财务部、物业部办公室、邮政班、营业班、南街储蓄所、长新路储蓄所。

自 98 年邮电分营以来，商南邮政局以发展为本，开拓市场，搞活营销，向管理要效益，以优质服务树形象，取得了一定的成绩，邮储余额由分营前的 2700 万发展到现在的 1.2 亿多元。与此同时，开发开办了特快汇款、送款、电子汇兑业务。

商南局决心在今后发展中，外树形象，内强素质，调整业务结构，拓宽经营领域，以优质的服务，全新的面貌展现于社会。

商洛市商州区城关中学

商州区城关中学是商洛八所重点中学之一，现有教学班 54 个，学生 3200 余名，教职工 202 名。多年来，坚持以“三个面向”为指针，在着力构建适合学生素质教育方面取得了一系列成绩。

国家实施《中学体育工作条例》先进单位、国家推行《体育锻炼标准施行办法》先进单位、全国青少年生物和环境科学实践活动第五届优秀活动奖、陕西省体育传统项目学校、陕西省德育工作先进单位、陕西省学校体育、卫生、艺术和国防教育先进单位、陕西省国防教育先进单位、陕西省青少年科技活动先进单位、陕西省中学生物课外兴趣小组活动先进单位、陕西省青少年科技活动示范基地、陕西省勤工俭学先进单位、陕西省“思源学院杯”中学生法律知识竞赛组织工作先进单位、商洛地区提高中学教育质量先进单位（自九三年以来，连续八年荣获此奖）、商洛地区文明校园、陕西省艺术教育特色学校、商洛地区艺术教育特色学校、商洛地区重点中学第二轮督导评估优秀单位

地址:商洛市北新街东段

电话:(0914)2312419

陕西省商洛氮肥厂

该厂为陕西省经贸委下属单位。地处商洛市商州区东郊王巷村，北靠西南铁路，南临 312 国道二级公路，交通十分便利。该厂建于 1968 年。占地面积 100 亩，固定资产 2800 万元，职工 500 名，工程技术人员 28 名。主要生产碳酸氢铵，是商洛地区唯一一家化肥生产企业。目前年产合成氨二万五千吨，碳酸氢铵 10 万吨，年产多元高效稀土复合肥 3 万吨。产品合格率 100%，一级品率 100%，各项指标符合国标要求，产品主要销往商洛地区各县区以及湖北、河南部分地区，深受用户欢迎。

为拓宽市场，增强企业自我发展能力，1998 年，新建了压力容器制造分厂，经省劳动厅批准，具有制造一、二类压力容器的资格，并承担各种高、中、低压阀门和各种工艺、设备、管道的安装，填补了商洛地区制造工业的一项空白。

地址:陕西省商洛市商州区东郊王巷

电话:(0914)2312503

邮编:726000

商州区城关第二小学

商州区城关第二小学创建于 1998 年 8 月，系六年制完全小学，校园占地 15.8 亩，校舍建筑面积 3000 平方米，可容纳 24 个教学班，办公室 28 间，现有义务教育阶段教学班 15 个，在校学生 742 名，学前班 2 个，学生 110 名。

该校师资力量雄厚，现有教职工 40 人。具有大专以上学历 16 人，中师学历 24 人。有高级教师 1 人，小学高级教师 7 人；一级教师 29 人；二级教师 3 人。学校领导成员是从基层选拔的富有教学管理经验，长期从事小学管理工作的同志。校长唐志英，中学高级教师，大专学历，先后荣获共青团陕西省委、陕西省教委、陕西省少工委、陕西省关心支持少先队工作的好校长等称号。同时还是“中国教育学会，中学语文教学专业委员会，课堂教学研究中心，陕西省小学管理研究会”会员。该校创办的校报《小荷》在全国教育学会上获得一等奖，校报校刊奖。

校领导、部分教师与省、市、区级有关领导合影。

三年来，该校战胜了种种困难，学校管理工作已步入科学化、规范化轨道。教学质量稳步提高，校园环境有很大改观。该校师生团结一心，坚信城关二小这轮初升的太阳一定能放射出灿烂夺目的光芒。

校长：唐志英

电话：(0914)2386849

地址：商洛市经济开发区金泉路西段

商南县茶叶联营公司

商南县位于秦岭山脉的莽岭、新开岭和郧西大梁山交汇处，属北亚热带季风型半湿润气候类型。是我国北部新兴的优质茶叶产区。这里山势峻峭、翠峰叠嶂、雨热同季，具有独特的山地小气候特征。茶叶生长时间长，内含物质丰富，而且，该地区远离大气、酸雨等工业污染，土壤富含硒、锌、铁等人体必需的微量元素，为“商南茶”优异品质的形成奠定了良好的基础。

商南本无茶。七十年代初引种栽培，八十年代开展一体化经营，九十年代取得了“公司＋农户”的产业化发展经验，茶园面积扩大到 5 万亩，茶叶产量提高到 40 万公斤，产值达 1200 万元。形成了“商南泉茗”、“珍眉”、“富硒”、“炒青”四大类二十多个品种的系列产品。“商南泉茗”及“特炒”八八年获省优质产品称号并保持至今，九二年“商南泉茗”又荣获中国西部名茶促进会“陆羽杯”大奖。“商南茶”以其“香高、味浓、回甜、耐泡”为特点，赢得了广大消费者的普遍欢迎，成为市场上的畅销产品。

全国“十大”扶贫状元，国家级茶业专家，高级农艺师张淑珍，携公司全体员工，向三秦父老祝福。真诚地为广大消费者提供最信赖、最优质的产品，愿我们的产品给您带来永久的健康和幸福。

商南县茶业站

商南县茶叶联营公司

法定代表人：张淑珍

地址：商南县城东岗路 64 号

联系电话：(0914)6322218

中国统计出版社最新资料书简目

中国统计年鉴－2002
中国统计摘要－2002
2002 中国发展报告
中国城市统计年鉴－2001
中国农村统计年鉴－2002
中国劳动统计年鉴－2002
中国人口统计年鉴－2002
中国社会统计年鉴－2001
中国工业经济统计年鉴－2001
中国市场统计年鉴－2002
2001 中国城市发展报告
中国建筑业统计年鉴－2001
中国固定资产投资统计年鉴－2002
中国价格及城镇居民家庭收支调查统计年鉴－2002
国际统计年鉴－2002
中国西部统计年鉴－2001
中国对外经济贸易统计年鉴－2001
中国商品交易市场统计年鉴－2001
中国基本单位统计年鉴－2001
中国食品工业年鉴－2001
中国民政统计年鉴－2002
如何使用统计年鉴
中国市民的经济观
北京统计年鉴－2002
天津统计年鉴－2002
河北经济年鉴－2002
山西统计年鉴－2002
内蒙古统计年鉴－2002
辽宁统计年鉴－2002
吉林统计年鉴－2002
黑龙江统计年鉴－2002
上海统计年鉴－2002
江苏统计年鉴－2002
浙江统计年鉴－2002
安徽统计年鉴－2002
福建统计年鉴－2002
江西统计年鉴－2002
山东统计年鉴－2002
河南统计年鉴－2002
湖北统计年鉴－2002
湖南统计年鉴－2002
广东统计年鉴－2002
广西统计年鉴－2002
贵州统计年鉴－2002
云南统计年鉴－2002
海南统计年鉴－2002
四川统计年鉴－2002
重庆统计年鉴－2002
西藏统计年鉴－2002
陕西统计年鉴－2002
甘肃年鉴－2002
青海统计年鉴－2002
宁夏统计年鉴－2002
新疆统计年鉴－2002
新疆生产建设兵团统计年鉴－2002
石家庄统计年鉴－2002
唐山统计年鉴－2002
保定统计年鉴－2002
邯郸统计年鉴－2002
张家口统计年鉴－2002
伊克昭盟统计年鉴－2002
太原统计年鉴－2002
临汾年鉴－2002
呼和浩特经济统计年鉴－2002
沈阳年鉴－2002
大连统计年鉴－2002
吉林市社会经济统计年鉴－2002
四平统计年鉴－2002
延吉统计年鉴－2002
哈尔滨统计年鉴－2002
齐齐哈尔经济统计年鉴－2002
黑龙江垦区统计年鉴－2002
牡丹江统计年鉴－2002
上海浦东新区统计年鉴－2002
连云港统计年鉴－2002
南京统计年鉴－2002
苏州统计年鉴－2002
无锡统计年鉴－2002
常州统计年鉴－2002
徐州统计年鉴－2002
南通统计年鉴－2002
盐城统计年鉴－2002
杭州统计年鉴－2002
宁波统计年鉴－2002
绍兴统计年鉴－2002
台州统计年鉴－2002
舟山统计年鉴－2002
温州统计年鉴－2002
福州年鉴－2002
厦门经济特区年鉴－2002
福州经济技术开发区年鉴－2002
南昌统计年鉴－2002
九江统计年鉴－2002
河池地区年鉴－2002
青岛统计年鉴－2002
天水统计年鉴－2002
泰安统计年鉴－2002
昆明统计年鉴－2002
济南统计年鉴－2002
郑州统计年鉴－2002
洛阳统计年鉴－2002
十堰统计年鉴－2002
三门峡统计年鉴－2002
平顶山统计年鉴－2002
南阳经济统计年鉴－2002
武汉统计年鉴－2002
宜昌统计年鉴－2002
广州统计年鉴－2002
深圳统计信息年鉴－2002
惠州统计年鉴－2002
珠海统计年鉴－2002
东莞统计年鉴－2002
南宁统计年鉴－2002
南宁地区统计年鉴－2002
桂林经济社会统计年鉴－2002
柳州经济统计年鉴－2002
柳州地区统计年鉴－2002
贵阳统计年鉴－2002
海口统计年鉴－2002
成都统计年鉴－2002
广安统计年鉴－2002
攀枝花统计年鉴－2002
西安统计年鉴－2002
兰州年鉴－2001
西宁统计年鉴－2002
乌鲁木齐统计年鉴－2002
巴音郭楞统计年鉴－2002
吐鲁番统计年鉴－2002
石河子统计年鉴－2002
庆阳年鉴－2002
银川统计年鉴－2002

中国太平洋财产保险股份有限公司西安分公司

中国太平洋保险公司成立于1991年4月，是总公司设在上海的国有股份制商业保险公司，具有一级法人地位，实行董事会领导下的总经理负责制。为进一步增强太平洋保险公司的实力，2000年9月，按照国务院的批复，依据《中华人民共和国保险法》的规定，实施产、寿险分业经营机构体制改革，注入资本金50亿元，改制和新设了中国太平洋保险（集团）股份有限公司，全资控股中国太平洋财产保险股份有限公司和中国太平洋人寿保险股份有限公司，并对太平洋安泰人寿保险股份有限公司及香港、纽约、伦敦等境外机构实行监督与管理以确保太平洋保险整体优势的发挥，保证各项业务的持续、健康、稳定的发展。经过几年来不断的发展和完善，公司已在国内主要城市设有900多家分支机构，拥有完善的保险服务网络。1999年、2000年连续被标准普尔公司评为世界大型保险公司200强。2000年和2001年，公司被商业创新方向国际机构分别授予“国际质量金星奖”和“国际质量白金奖”。

分公司党委书记、总经理：罗卫

中国太平洋财产保险股份有限公司西安分公司是太平洋产险总公司设在陕西地区的经营管理机构。公司自1993年2月成立以来，始终遵循“一流的服务质量、一流的工作效率、一流的公司信誉”的公司宗旨，坚持“以效益为中心，以市场为向导、以客户为基础”的经营指导思想，弘扬“诚信、敬业、创新、奋进”的企业精神，业务规模不断扩大，经营效益明显提高。目前，公司已在全省设立了17家分支机构，榆林机构也将于近期开业。公司承保人民币和外币的各种财产保险业务，包括财产损失保险、责任保险、信用保险等保险业务和各种法定财产保险业务，共计300多个险种。公司坚持不断提高服务水平，创新服务手段，以服务促发展，承保了咸阳国际机场、陕西电信、西南铁路、西康铁路、西安绕城高速、西飞公司、黄河上游水电开发等一系列重大项目，支付了唐城百货大厦、“六·六”空难、陕西精密合金公司、“6·9”特大暴雨灾害等一系列重大赔案。截止2001年底，公司已经累计承保各类风险5000亿人民币，支付各种保险赔款6亿人民币，有力的支持了陕西经济的发展，为陕西经济的稳定与繁荣做出了积极的贡献。

地址：西安市长安北路54号太平洋大厦
Add:Pacific Building 54Changan North Road Xi'an Shaanxi
电话 Tel:029-5211707
传真 Fax:029-5258967
网址 http://www.xacpic.com.cn

分公司向希望小学捐赠电脑、书籍等学习用具

长庆实业集团有限公司

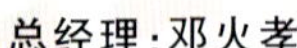

总经理：邓火孝

理性务实的公司领导班子

长庆实业集团有限公司位于古城西安国家级经济技术开发区，是长庆油田所属的综合性石油多种经营企业集团。

长庆实业集团有限公司自1997年成立以来，秉承"创新就是生命"的理念，逐步培育了"理性务实，敬业创新"的企业精神，确立了能源开发、建筑建材、机电制造、油田化工、商饮服务等五大支柱产业，形成了自己的骨干企业和主导产品，并在西安迎宾大道旁建起了自己的标志性建筑——长庆实业集团大厦。

长庆实业集团有限公司现有员工1068名，所属的15个全资子公司和7个控股、参股公司，主要分布在矿产丰富、劳动力资源充足且均为西部开发重点的陕西、甘肃两省，有着得天独厚的资源优势和极为广阔的发展前景。在长庆油田的大力支持和帮助下，借助改革开放和西部开发的强劲东风，长庆实业集团通过企业制度和管理的不断创新，使产品产业结构日趋合理，市场空间越来越大，经济效益连年攀升，竞争实力不断增强，实现了物质文明和精神文明的协调发展。

在新的世纪里，长庆实业集团将进一步弘扬企业精神，直面市场经济的挑战，去创造更大的辉煌。

长庆实业集团有限公司愿与海内外有识之士共谋发展。

地址：西安市未央路140号
电话：029-6593551
传真：029-6594143　邮编：710021

油田晨曦

中铁二十局集团有限公司

董事长:余文忠

党委书记:周玉成

总经理:郝趁义

中铁二十局集团有限公司是中央企业工委所属的综合工程施工大型一级企业,具有铁路、公路、市政、水利、工业与民用建筑工程施工资质。其前身为中国人民解放军铁道兵第十师,始建于1949年春,1984年1月执行国务院和中央军委命令并入铁道部,称铁道部第二十工程局,1999年8月更名为中铁第二十工程局。所属7个综合工程有限公司、电务工程有限公司、海外工程公司、房地产开发公司和计量测试中心等。在北京、上海、广州、南通、青岛、西安、昆明、重庆、兰州、乌鲁木齐、珠海、乐山等地设有办事处等机构。

中铁二十局集团有限公司现有职工近两万人,拥有国内外先进机械、车辆等设备3600余台(套),总功率达27万千瓦。形成了多种专业机械化作业生产线及其配套的检测能力。年施工产值可达40亿元以上。

中铁二十局集团有限公司具有光荣的历史和优良的传统,自1949年组建以来,先后参加了黎湛、宝成、成昆、襄渝、青藏、龟八等50多条铁路的建设。在抗美援朝战场上,创造了"打不烂、炸不断"的钢铁运输线,受到了金日成元帅和彭德怀司令员的贺电嘉奖。

中铁二十局集团有限公司始终坚持以"四高"(高速铁路、高速公路、高层建筑、高科技含量工程)为主攻方向。兵改工后,先后参加了大秦、宝中、兰新、西康、南昆、内昆等20多条铁路的建设,验交项目全部达到部优。先后参与了100多条高等级公路的建设,累计施工里程近千公里;承建高层建筑20座;参与建设城市轻轨、地铁、国际机场、码头、电厂、深水基础、水利、电力等大中型工程150多项;探索总结出了一系列建设高、大、难、险、尖工程的管理经验和科学施工方法,拥有强大的科技、人才和现代化设备实力。

中铁二十局集团承建的纬一路立交桥,被誉为南京市的形象工程

中铁二十局集团承建的世界海拔最高的铁路隧道——青藏铁路风火山隧道

中铁二十局集团承建的绍兴交通枢纽——昌安立交桥

1992年以来,中铁二十局集团有限公司一直跻身于全国百家大型建筑企业创利大户之列,1994年被评为陕西省明星企业,名列中国500家建筑最大经营规模第31名,中国500家最佳经济效益建筑一级企业第39名,公路、隧道、桥梁建筑行业100家最大经营规模和最佳经济效益第16名。先后获国家和省部级科技成果奖41项,国家和省部级优质工程奖65项。

1998年,中铁二十局集团通过了ISO9002质量体系认证,2000年3月经国家对外贸易经济合作部批准,享有境外工程承包和劳务经营权。

中国罐车城

西安车辆厂

西安车辆厂是中国北方机车车辆工业集团公司直属企业，是国内唯一拥有设计、制造主导权的铁路罐车基地，也是我国西南、西北最大的铁路客车、货车修理厂家。年新造罐车3500辆、修理客车500辆、修理货车5000辆。产品覆盖全国，并出口欧亚非一些国家和地区。

厂长：孙锴

工厂位于西安市三桥镇，始建于1938年。现占地面积120万平方米，职工8000人，固定资产原值4.68亿元，2001年销售收入超过8亿元。

近年来，工厂设计制造的轻油、粘油、酸碱、液化石油气、沥青、液氢、水泥等10个系列40余种铁路罐车，满足了石化、建材、航天、军工等行业各种介质的运输需求，国产罐车的85%产自这里。1986年以来，先后开发出三代火箭燃料铁路运输罐车，使我国成为世界上少数能制造特种铁路罐车的国家之一。新产品G17B型内加热粘油罐车、G70型轻油罐车以其载重大、自重小、无底架新结构等优势替代了老产品G17、G60。J24B型液体罐式集装箱通过中国船级社认证，两次批量出口坦桑尼亚、赞比亚。研制开发的国内最大的半挂式公路运输车受到用户的欢迎。

工厂先后取得劳动部“三类压力容器制造许可证”，ISO10012-1国际计量标准认证，ISO9001国际质量体系和产品质量双认证。产品获得了10余项国家和铁道部科技进步奖，6项省、部优质产品称号。工厂位居全国500家最大工业企业之列，为中国行业100强。荣获全国思想政治工作优秀企业、模范职工之家，陕西省文明示范单位、质量效益型先进企业等称号。

西安车辆厂“十五”发展战略目标是：巩固中国铁路罐车龙头地位，建成铁路罐车为主导国内一流的大型现代化企业。

G70型轻油罐车

G17B型内加热粘油罐车

GY80型液化石油气罐车

YW25G型空调客车

已出口坦赞的罐式集装箱
Containers Exported To TAN-ZAM

西安市建筑机械厂

企业法人代表、厂长
陈 震(硕士)

西安市建筑机械厂成立于1972年,原隶属于西安市建筑工程总公司的国有中型企业。1995年取得钢结构钢网架二级施工企业资质,1999年4月经西安市体改委批准改制为股份合作制企业,2002年5月正式实施,现企业注册资本金1020万元,净资产1109万元。

企业现下设四个分厂和一个车队,拥有员工420余人,其中高、中级工程技术人员21人,专业质检人员4人。企业除生产砼搅拌机、筛式除石机、机械振动筛、螺旋输送机等中、小型建筑机械外;还具有较强的钢结构制造、安装的能力。技术部门配有计算机和专业软件,具有较强的钢结构设计能力;生产部门拥有100T液压折弯机、Q20X2000的卷板机、Q13X2500的剪板机、焊缝坡口加工机、乙炔自动切割机、等离子切割机、自动埋弧焊机、焊接滚轮架、汽车吊、龙门吊等加工钢结构的通用设备外还拥有加工H型钢的自动生产线,生产线由数控直条切割机、型钢组立机、龙门式自动埋弧焊机、翼缘矫正机、抛丸除锈机组成,可自动加工高1.5米、翼缘厚度40毫米以下的各种规格的H型钢,是西安地区最大的H型钢自动生产线之一。特别是钢构经抛丸除锈机除锈后可提高钢构涂层的防腐能力,可大大提高钢构的使用寿命;检验部门除拥有常规检测手段外还拥有无损检测钢结构的检测仪器和手段;企业具有年完成3000T钢结构的生产能力。

自1985年起,企业和西安交通大学、长安大学、西安建筑科技大学和西北建筑设计院等多家科研院所组成了产研联合体,具有各类钢桥、钢结构、钢网架的设计和施工能力。企业先后制造安装36米跨度的工业厂房钢屋架、36米跨度的俱乐部钢屋架和44米X44米H型钢承重钢网架工程;先后制造安装了承载80T五联跨160米的钢拱桥、跨度42米的过街人行天桥、跨度170米的无塔悬索人行吊桥工程;先后制造安装了直径26米的H型钢锥顶网架、跨度27米建筑面积5050平方米的轻钢架式工业厂房、跨度30米建筑面积1500平方米的钢网架工程;先后为水利及市政工程制造5000余吨各类口径的压力钢管和管件、为高速公路及铁路工程设计和加工了2000吨非标桥梁钢模板;先后为西安黑河水利枢纽工程设计制造了15米X15米的门式液压顶升钢筋台车、500立方/小时的大型振动筛分设备。

目前该厂正在进行ISO9002的认证工作,将进一步完善质量保证体系,进一步完善钢结构加工的工艺措施。该厂将以“守约、重义、优质、薄利”的服务,为西部开发做出更大的贡献。

该厂承建的承载80吨五联跨160米的钢拱桥正在施工中

厂区外景

陕西西凤酒股份有限公司

董事长:李大信

省委书记李建国一行参观西凤酒厂

陕西西凤酒股份有限公司是以陕西省西凤酒厂为核心,联合陕西中宝印务有限公司、山东烟台玻璃厂、西安第一印刷厂三个企业法人和职工持股会,于1999年10月8日发起设立的。股份公司和西凤酒厂占地面积50.2万平方米,总资产6.6亿元(股份公司注册资本10282 万元,总资产38954万元),拥有各类生产设备4290多台(套),设备状况良好。拥有职工2543人,其中各类专业技术人员463人,年生产能力为10000吨。二000年股份公司被国家人事部、国家轻工业局授予"全国轻工系统先进集体"荣誉称号。领导班子被市委命名为"国有企业好班子"。二00一年又先后荣获陕西省"企业管理示范单位"、"城市先进基层党组织"、"2000年度创经济效益先进企业 "等称号。

陕西省西凤酒厂成立于1956年。建厂初期生产能力不足1000吨,先后经过两次扩建改造,生产规模不断扩大,生产能力达万吨以上,增加了发展后劲,经济效益大幅度提高,各项事业有了长足发展。一九八八年晋升为国家二级企业,一九九一年和一九九二年两次列入"中国500 家最大工业企业",一九九八年以来,曾先后评为轻工业部的"优秀质量管理企业"、"全国出口创汇先进单位"、"模范纳税企业"、"优秀思想政治工作企业"和"环境保护先进企业"、被国家国内贸易部授予"中华老字号"企业。

公司主导产品西凤牌西凤酒,1910年获南洋劝业赛会银质奖,1915年获巴拿马万国博览会金质奖,1928年获中华国货展览会银质奖。1992年荣获第十五届巴黎国际食品博览会金奖和首届巴黎国际名优酒展评会特别金奖。在全国第一、二、三、四、五届评酒会上均被评为国家名酒和优质酒。1994年,西凤酒产品和质量体系在西北地区首家通过国家方圆委认证,2000年又通过了复审确认。近年来,西凤人奋发图强、勇于创新,将精湛的传统技术与现代科学技术相结合,积极调整产品结构,走以凤型为主,多香型发展的路子,瞄准市场开发新品,抓住机遇拓展市场,不断完善和创新营销手段,实行品牌经营。产品质量稳步提高,包装装璜不断改进,新的产品层出不穷,现已形成凤香型、凤兼浓香型、凤浓酱香型和浓香型四大系列,70多个品种。

(西凤酒系列产品)

西安惠安化学工业有限公司

董事长:黄振久

总经理:刘建民

西安惠安化学工业有限公司(原名西安惠安化工厂),是"一五"期间国家投资建设的156项重点工程之一,占地面积775万多平方米,固定资产近7亿元,员工近九千人,其中各类专业技术人员2000多人,四十多年来为国防建设作出了巨大的贡献。改革开放以后,经过二十余年的努力,形成了纤维素及其衍生物、有机溶剂和涂料三大系列支柱民品。

公司现有两个专业研究所、十六个全资子公司,以及中日合资惠大公司、中澳合资惠邦公司以及北方国际、深圳赛亚等三家控股子公司和四家参股公司。1987年获国家二级企业称号,1997年一次通过了中国新时代质量体系认证中心GJB/Z9001-96质量体系认证。

面对中国加入WTO以及西部大开发的挑战和机遇,公司将弘扬"团结、精干、务实、高效"的企业精神,奉行"员工满意、顾客满意"的经营理念,深化改革,扩大开放,调整结构,转换机制,创建具有惠安特色的企业文化,为国防和经济建设作出更大贡献,创造惠安更加美好的明天。

中心理化室

食品级羧甲基纤维素钠

药用辅料

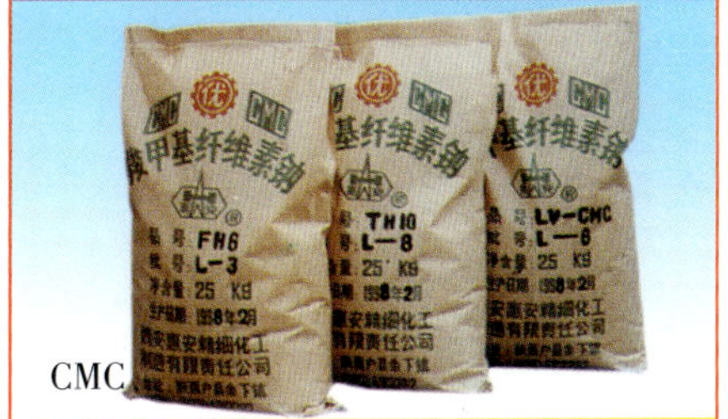

CMC

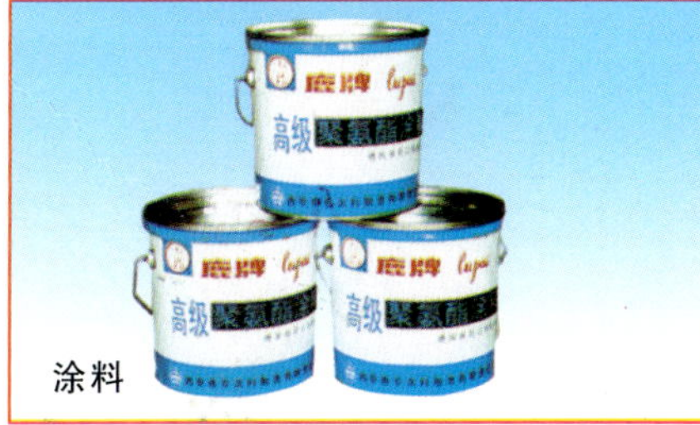

涂料

硝化棉

溶剂

精制棉

西安鑫龙企业集团

西安鑫龙企业集团是以西安市鑫龙建筑装饰工程（集团）有限公司为核心，以资产为纽带组成综合性、多功能、多层次的企业联合体。控股陕西金丝路置业有限公司、西安曲江旅游建设开发公司，西安鑫汇石材有限责任公司，参股鑫龙设计公司、鑫龙预算公司、鑫龙家装公司、鑫龙不锈钢公司等，集建筑装饰装修、房地产开发、建筑材料生产与销售、进出口贸易、金融投资等为一体，业务范围多元化。集团现有专业技术人员100余人，拥有15000平方米智能化写字楼及配套的厂房、仓库、矿山，总资产6亿余元，净资产1.8亿元。

核心企业西安市鑫龙建筑装饰工程（集团）有限公司，1998年被国家评为建筑装饰一级资质企业、建筑装饰设计甲级企业，年营业额过亿元。2000年通过ISO9001质量体系认证，建筑装饰实力与水平在陕西乃至西北地区名列前茅，业务范围遍及全国10余省市，先后完成了翔宇航空大厦、伟业大厦、张家口中保大厦、广东雪花新世界、杨凌国际会展中心、咸阳证券大厦、陕西省裕源宾馆等工程，其中多项工程获设计金奖、施工金奖，并被农业银行评为“AAA”信用企业，连续多年被西安市工商局评为重合同、守信用单位。

陕西金丝路置业有限公司、西安曲江旅游建设开发公司系集团下属的两家房地产开发公司，聚集了大量高素质的专业人才，包括注册建筑师、结构师、造价师等30多人，注册资金2000多万元，建立了从市场调查、土地储备、项目策划、项目实施、销售、物业管理等一套完整、科学的开发体系。西安曲江旅游建设开发公司投资近2亿元开发的32层高级智能化商住楼——凯丽大厦，位于西安高新技术开发区科技路上，为西北商住第一高楼。陕西金丝路置业有限公司，利用集团的资本、智力、管理优势，凭借对产业的理性思考，以专业精神，携先进理念整合各种资源和生产要素，为古城人民创造优质生活环境，推进城市现代化、园林化建设，公司将在近期连续推出高品质楼盘，投资6千万元在西安西高新区西斜七路开发建设高层商务写字楼“鑫龙大厦”，投资10多亿在西安东高新区等驾坡开发智能化生态小区“鑫龙城市广场”。

建筑业企业

资质证书

经审查 西安市鑫龙建筑装饰工程公司 核定

为 建筑装饰装修工程施工 壹 级企业，特发此证书。

发证机关

凯丽大厦

鑫龙城市广场

集团控股企业西安鑫汇石材公司依托集团房地产与装饰工程业务的发展，从事建筑材料生产和销售及国际贸易，经过多年经营，建立了较完善的市场网络。

“为社会服务，求共同发展”是鑫龙理念，“诚实信用，开拓创新”是鑫龙精神，鑫龙集团将一如即往，与各界朋友携手共创美好未来。

西安华美纸业集团

秦岭牌

集团总裁：张育言

西安华美纸业集团是以原陕西省户县造纸厂为核心组建的大型二档企业，辖户县造纸厂、西安精美纸业有限公司、中外合资西安泰德造纸新技术开发公司，西安秦虹化工有限公司、西安秦虹机械厂，现有员工1500人，固定资产1.62亿元，占地13万平方米，年生产能力5万吨。

本集团技术力量雄厚。中专以上文化程度的各类专业技术人员321人，中级以上职称32人，企业主要产品有：49g/m² 高级彩印新闻纸、80—150g/m²A级单、双面高级美术铜版纸、250—350g/m²A级高档涂料白板纸、60—150g/m² 单面胶版纸、精印胶版纸、35g/m² 有光纸。本集团还生产记录纸、铜版原纸、瓦楞原纸、纸浆模塑蛋托等20多个品种，产品注册商标为“秦岭牌”。企业经济效益曾连续9年列陕西省同行业之首位，先后荣获省级先进企业、市级文明单位、全国智力引进工作先进单位、省轻工优秀企业等称号。

本企业始建于1958年，40多年来，产品市场不断拓展，已形成以西安为中心，辐射甘肃、宁夏、青海、浙江、四川、云南、新疆等20多个省市和地区的销售网络，发展并巩固了象华商报社、南京日报社、新疆日报社、河南日报社、青海日报社、宁夏日报社、甘肃日报社、内蒙古日报社、陕西省印刷物资公司等一大批实力雄厚，信誉可靠的用纸大户。

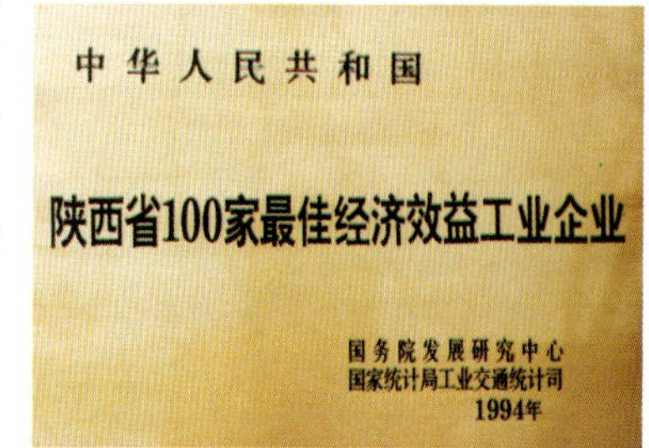

重点产品简介：

（1）高级彩印新闻纸　是本企业1994年4月适应市场需求，调整产品结构，利用再生资源，促进环境保护而开发的新产品，被陕西省技术监督局评为合格产品，经中国质量检验协会认定为“国家权威检测合格产品”。陕西广播电视报印刷厂、咸阳丽彩印刷厂、陕西省新华印刷厂、陕报二印、咸阳日报印刷厂大批量使用，受到用户普遍赞誉，在兰州、南京等地引进的国外最先进的高速印刷机上印刷报纸，每小时7万张以上无断头，套印准确，字迹、图案清晰、适印性好，各项指标达到或超过国家同类纸张先进水平，新闻纸投产以来，以质优价廉和周到的销售服务迅速赢得市场，远销四川、河南、甘肃、宁夏、青海、内蒙等地，是本集团的拳头产品之一。2001年产量达2万吨，预计2002年新闻纸产量将达3万吨。

（2）A级高级有美术铜版纸　该生产线设备和技术达到国际先进水平，生产出的A级美术铜版纸超过国家标准，纸面平滑度很高，涂层均匀、细腻、印刷适印性好，图像逼真、立体感强，填补了省内空白，在国内属先进水平，可替代进口产品。

（3）精印胶版纸　本集团西安精美纸业有限公司研制生产的精印胶版纸，各项指标达到和超过国家标准，能够满足八色胶轮印刷机的高速和一次多色印刷，德国进口的八色胶轮机印刷上以每小时3万张的速度印刷无断头、适印性好，填补了省内空白，在国内属领先水平。

（4）A级单面涂料白板纸　A级涂料白板纸生产线投资1.1亿元，1999年5月建成投资，是国家“八五”专项工程。该生产线关键设备从美国、日本、法国、瑞士等六个国家和地区引进，产品质量全部超过GB-1011-91标准，达到国内先进水平，纸张白度高，平滑度好，定量稳定，纸面平整细腻，适印性好，色泽鲜艳，套印准确，可替代同类进口产品。

地址：陕西省户县北环中路1号　电话：(029)4812049（销售部）　4810750（技术部）
传真：(029)4813844　邮编：710300

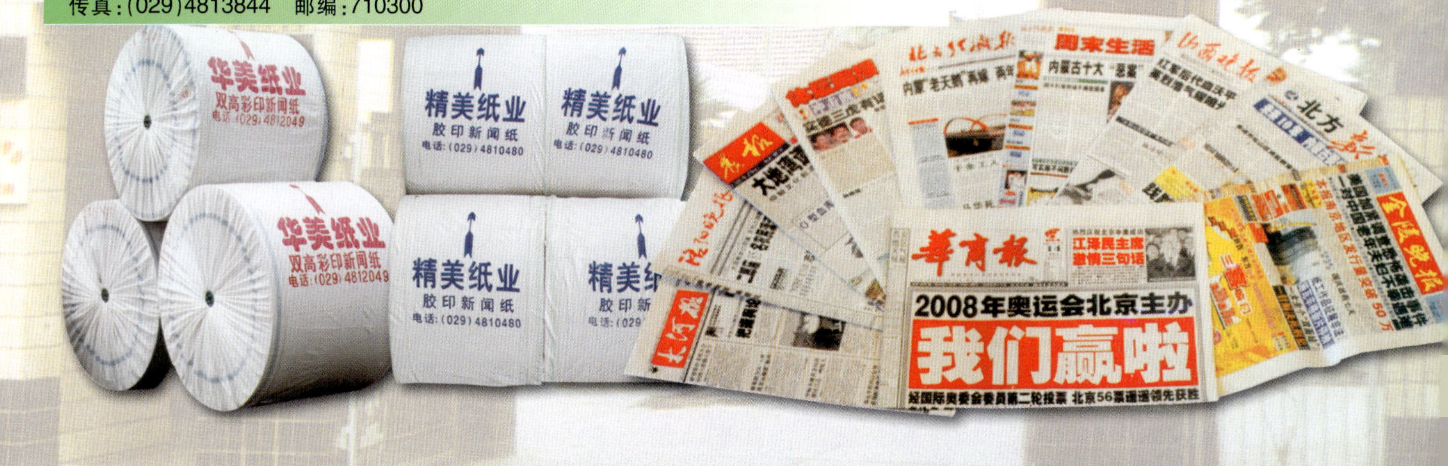

陕西红旗民爆有限责任公司
陕西省军工（集团）鸿翔工贸有限责任公司

陕西红旗民爆有限责任公司是按照省政府对国有大中型企业进行改革重组的要求，由陕西省红旗化工厂作为投资主体于1999年改制组建的。公司注册资本2000万元，现有职工630人，其中各类专业技术人员140余人。

陕西红旗民爆公司是我省唯一的省属民用炸药生产企业，已有近四十年的生产历史，生产技术及装备在国内处于领先地位。近几年来经过三次大的技术改造，使炸药年生产能力达到了15000吨以上。主要产品有：铵梯炸药、乳化炸药、膨化硝铵炸药和铵油炸药，产品种类齐全，质量性能指标均优于国家标准。

公司于2001年5月通过了ISO9002国际质量体系认证。产品质量稳定，在西合线、宝天线等国家重点工程中大量使用并获用户好评，现公司的炸药产品覆盖全省及周边省份，并销往青藏铁路，为国家的重点工程建设做出了突出贡献。企业先后荣获“陕西省经济指标完成先进单位”、“陕西国防科技工业系统先进党委”、“陕西省科学技术进步工作奖”、“思想政治工作先进单位”、“党风廉政建设先进单位”、“宝鸡市2000年度重合同、守信用”企业等荣誉。

红旗民爆公司
鸿翔工贸公司 董事长 闫录芳

中为公司董事长闫录芳；左为党委书记孔繁荣；右为公司总经理高帆

陕西省军工（集团）鸿翔工贸有限责任公司是陕西省红旗化工厂在省委省政府两个《决定》精神指导下，对凤翔县蔬菜公司实施有偿兼并的基础上组建而成的食品加工、商业贸易企业，公司现有员工100余人，占地面积20亩，公司近邻凤翔县城著名的东湖公园风景区。公司的主导产品为食用醋、五香酱油、酱菜等。近两年来，公司投资300万元通过技术改造，建成了一条保持传统风味的现代化流水生产线，卫生条件堪称一流，并与西北农林科技大学等科研单位密切合作，应用了DF系列连续自动制醋设备，可生产果醋系列饮料，公司开发的醋酸饮料、礼品醋，其浓度适宜、口感好，具有独特的营养和保健性能，为国人的生活增添了新的特色。

公司董事长闫录芳同志先后获国防科技工业系统“模范带头人”、省国防工委“党风廉政建设先进个人”、省经贸委、共青团陕西省委、省企业家协会“第七届陕西省优秀青年企业家”、“陕西省优秀共产党员”等荣誉称号。2002年又被评为陕西省劳动模范。

西安华鼎项目管理咨询有限责任公司

总经理：白思俊

西安华鼎项目管理咨询有限责任公司是由中国项目管理研究委员会（PNRC）等单位发起成立的专业性项目管理咨询公司，是国际项目管理专业资质认证（IPMP）中国总授权运作机构。主要承担国际项目管理专业资质认证（IPMP）在中国的组织运作、项目管理咨询与培训、项目管理出版物的发行、项目管理软件开发等工作。西安华鼎作为一家从事项目管理的专业性公司其主要目的是致力于中国项目管理的专业化与国际化发展，促使中国项目管理走向科学化与规范化。西安华鼎具有强大的专家阵容，专家委员会成员均是全国各地、各行业多年来一直从事项目管理的知名专家、教授及高级项目经理，目前在中国的网点布局遍布中国二十多年省、市、自治区及十几个行业。考点、代理点及培训点已经达到四十多个，其中包括西北工业大学、清华大学、浙江大学、北京航空航天大学、国防科技大学、上海财经大学、山东大学、山东科技大学、西南交通大学、大连理工大学等近二十所全国著名高校，以及二十几家政府机构、科研事业单位、社会团体和实力雄厚的驰名公司。

西安华鼎将助您在项目管理的事业道路上取得辉煌的成就，同时也将为您的企业提供全面的项目管理解决方案！我们的信仰是西安华鼎=卓越的项目管理！我们的目标是倾力打造中国项目管理第一品牌！

公司地址：西安市西北工业大学南院航天北楼506室

电话：029-8494294　　8494295

传真：029-8494869

网站：www.xahuanding.com

通信地址：（710072）西安市西北工业大学803信箱

IPMP

国际项目管理专业资质认证（International Project Management Professional,简称IPMP）是国际项目管理协会（International Project Mansagement Association, 简称IPMA）在全球推行的四级项目管理专业资质认证体系的总称。IPMP是对项目管理人员知识、经验和能力水平的综合评估让明，根据IPMP认证等级划分获得IPMP各级项目管理认证的人员，将分别具有负责大型国际项目、大型复杂项目、一般复杂项目或具有从事项目管理专业工作的能力。

中国项目管理研究委员会（PMRC）是IPMA的成员国组织，是我国唯一的跨行业的项目管理专业组织，PMRC代表中国加入IPMA成为IPMA的会员国组织，IPMA已授权PMRC在中国进行IPMP的认证工作。PMRC已经根据IPMA的要求建立了“中国项目管理知识体系（C-PMBOK）”及“国际项目管理专业资质认证中国标准（C-NCB）”，这些均得到IPMA的支持和认可。PMRC作为IPMA在中国的授权机构于2001年7月开始全面在中国推行国际项目管理专业资质认证工作。IPMP在中国总的授权是西安华鼎项目管理咨询有限责任公司。

陕西神泉实业有限公司

公司董事长、总经理 张俊霞

陕西神泉实业有限公司是于1998年成立的现代化大型民营饮用水生产企业公司，注册资金1000万元，拥有国际先进水平的水处理及罐装设备。生产销售“大荔神泉”牌桶装、瓶装矿泉水和桶装纯净水。目前，公司根据市场需求，独家开发了“大荔神泉”三加仑桶装矿泉水。该产品上市后，倍受酒店、宾馆、企事业单位等团体客户的青睐。本公司生产的矿泉水和纯净水以其天然、纯美、甘甜闻名古城长安，播誉三秦大地。公司服务力量雄厚，50余个送水站（点）的服务网络遍布西安市区及周围部分市、县。

“大荔神泉”矿泉水、纯净水水质清澈，纯美甘甜，富含锂、锶、钙等多种微量元素，纯天然，无任何添加剂。经国家质检部门鉴定，“大荔神泉”矿泉水、纯净水各项指标均符合国家轻工部颁布的水质标准。

自公司创立以来，神泉人以自己超前的战略目光和非凡的创业精神，紧紧抓住市场机遇，在短短的时间内使企业在激烈市场竞争中得到快速发展，并取得了令人瞩目的成绩。

- 1999年被中华人民共和国第四届城市运动会指定为唯一饮用水。
- 1999年获得中国食品工业协会颁发的饮用水优质产品证书。
- 2000年元月获得国土资源颁发的“中华人民共和国天然矿泉水”鉴定证书。
- 2000年10月被西安市教委指定为中小学校园饮用水工程唯一指定饮用水。
- 2001年5月获第十一届全国厨师节大会唯一指定用水。
- 2001年7月获西安市碑林区社区推荐用水证书。
- 2002年经陕西省技术监督局监督检查，被评为2000年—2002年连续三年饮用水质量监督抽查质量合格证。

西安市中小学优质饮水
定点供水企业
西安市教育委员会校办产业办公室
二000年十月

2001年饮用水质量监督抽查
质量合格
陕西省质量技术监督局

二000年度
食品卫生先进单位
陕西省卫生厅
二00一年三月

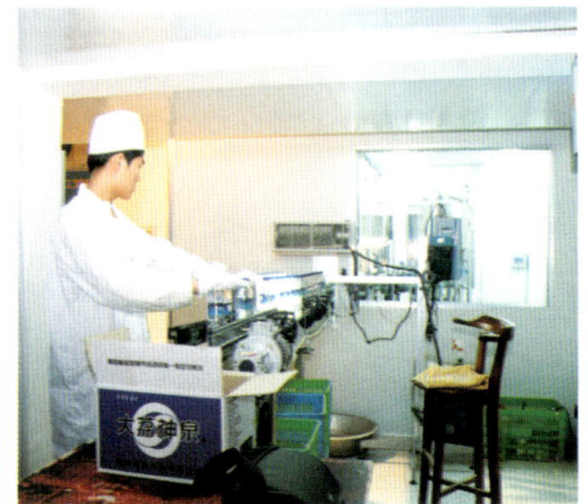

西安精诚职业服装有限公司

精益求精　诚实守信

西安精诚职业服装有限公司

西安精诚职业服装有限公司是专门从事职业服装研究设计、生产销售和计算机软件开发的科技企业，属于西安高新技术产业开发区重点骨干企业之一。现有职工320人，注册资金200万元，各种服装生产设备280台，具有现代化的生产流水线16条，日产各类职业服装2000套，年生产能力为60万套。

目前，公司的产品有两大类（即职业服装类和计算机软件类），五个系列（即厂矿工作服装系列、制服系列、特种防护服装系列、学生服系列和计算机软件系列）现已开发了涤棉、全棉、水洗、免烫等时装化工作服500多个品种。

"精益求精·诚实守信"是公司的指导思想和行为准则。公司以高新技术为起点，抛弃了传统的工业作坊和家族式的管理模式和思维方法。是以陕西省服装研究所科技人员为主组建的股份有限公司，产权清晰，责任明确，机制灵活，观念超前，手段先进。在质量管理方面实施了ISO9001（2000版）质量管理体系；在生产管理方面，引进了日本重机公司缝制研究所的世界先进的生产管理方法；在产品研制开发方面使用了美国公司的电脑服装设计系统，建立了恒温恒湿检测室，实验手段合格齐全；全面建立了CIS企业形象识别系统。公司已为彩虹集团公司、新飞电器公司、长庆油田公司、（天津）大港油田公司，山西南风日化公司、四川五粮液集团公司、铁道部西安车辆厂、内蒙古伊利集团公司、内蒙古鄂尔多斯集团公司等单位制作了各类工作服，并取得了好评。

该公司坚信：以过硬的质量取胜，是争取世界市场，走向发达的必由之路。

西安华奥房地产开发有限公司

西安华奥房地产开发有限公司成立于 1993 年 7 月，是由陕西慧东集团与香港隆和置业有限公司共同投资组建的中外合资企业，注册资金 3000 万元人民币，经营范围包括房地产开发及其配套服务，公司在建设开发过程中始终以“信誉第一、质量第一、服务至上”为宗旨。

该公司在发展过程中始终坚持以“团结、创新、求实、发展、追求完美”为企业精神，在广纳贤才的同时，注重员工素质培养，拥有一批技术精、懂管理的高素质人才。经过多年来的努力，公司取得了良好的社会效益和经济效益，1996、1997、1999 年被西安市涉外地方税务局评为“纳税大户”，1997 年公司开发的太白花园小区以优质的服务、幽雅的环境、完善的配套设施被陕西省消费者协会授予房地产业唯一的一家“消费者信得过商品楼”称号；2000 年公司被授予“雁塔区重点企业”，同年被西安市房地产及西安市社会经济科技发展评价中心联合评为“西安市房地产开发综合效益十强企业”；2001 年公司被消费者协会推荐为“消费者首选知名单位和商品。”2000 年华奥地产公司作为陕西省房地产企业的六家代表之一，参加了由建设部、中国消费者协会等单位举办的承诺销售放心房中介联合宣言大会，为西安房地产行业增添了光彩。

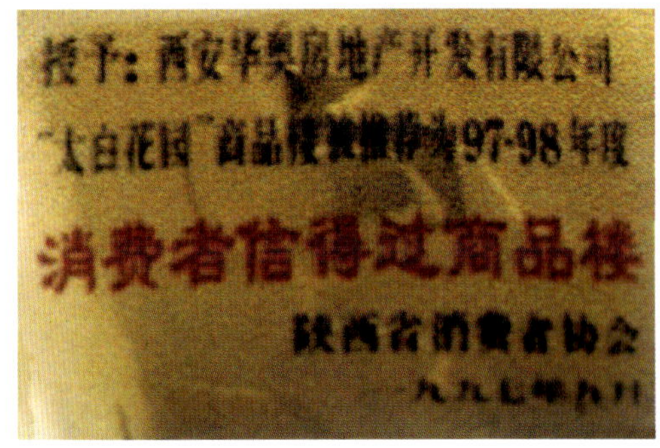

华奥地产公司投资 1.5 亿元人民币开发建设的太白花园位于西安高新技术开发雁塔科技产业园内，占地 90 亩，规划建筑面积 18 万平方米，是一个以高标准兴建的住宅小区，现已建成 11 幢多层商品住宅楼，销售率达 100%。

华奥地产公司目前正在开发建设的太白花园二期工程“华奥大厦”是在太白花园整体规划建设中的一栋高层商住楼，楼高 80 米，地上 24 层，地下一层，总建筑面积近 40000 平方米，项目户型合理，设计超前，配备有智能家庭安防系统，并且为业主设立可高速上网的小区局域网。为创造一个高品质的社区环境，该公司不惜花重金修建地下停车场，实现小区内人车分流，不仅彻底杜绝小区内的空气污染、噪音污染和安全隐患，而且给小区内留下更大的绿地和生活空间。为了方便小区住户子女的入学，公司的投资方——陕西慧东集团对近在咫尺的海伦·斯诺学校设立慧东奖学金，每年投入奖学金 20 万元，以保证太白花园住户的子女在该学校就读并享受到学费、赞助费以及入学分数的一定优惠。

华奥地产公司真诚希望与社会各界同仁关肩合作，实现“构筑舒适环境，美化今日地球”的良好愿望！

陕西八方科技投资有限公司

总经理:王庆生

陕西八方科技投资有限公司是陕西省体制改革研究会创办的科技投资公司。陕西省体制改革研究会是在陕西省体改办、中国经济体制改革研究会的指导下,从事改革开放学术研究及咨询服务的社会团体,是中国经济体改研究会和陕西省社会科学联合会团体会员。本会是由十个地市体改研究会和一些企事业单位及社会各界积极改革、勇于开拓的优秀代表自愿组成。

该公司具有广泛的社会基础及投资管理经验,并具备相当投资实力,2001 年在创业板投资 5 个项目。同时具有信息广、信息快、信息通的优势,旨在科技投资领域有所作为。本公司的业务经营范围是:高新技术企业的投资咨询与管理、兴办实体、商业咨询。公司的宗旨是为了推动陕西省高新技术企业的发展,加快科技成果的商品转化率,为我国的经济建设做出贡献。

公司地址:西安市环城南路 140 号含光大厦 706 室
电话:(029)8426396　8427099
　　(029)8425297
传真:(029)8413345
邮编:710068
E-mail:bafangkeji@263.net

延长油矿管理局下寺湾钻采公司

公司经理:曹凤武

延长油矿管理局下寺湾钻采公司于一九八七年七月十八日由长庆石油勘探局移交成立，基地位于距甘泉县城37公里的下寺湾镇。成立初只有3口生产井和几名工作人员，当年生产原油仅1090吨,油井生产所需要设备几乎空白。经过十余年的艰苦创业,现已发展成为拥有油井600余口,年产原油10万余吨,年税利积累达6668万元的市级中型企业。

公司现有职工848人,其中有各类专业技术人员76人。公司党总支和管理委员会下设总支办公室、经理办公室、人事劳资科、经营管理科、财务审计科、生产计划科、安全保卫科、技术服务公司、采购供应科、采油一厂、采油二厂、生活服务公司、技术开发科、环保绿化公司、销售公司、1280钻井队、机修厂、劳动服务公司、石油招待所等单位。

公司目前拥有资产总额3.6亿元,其中固定资产净值1.8亿元,各种运输设备56辆,石油专用设备526台(件)。

公司所属的下寺湾油田,也叫洛河油田,位于甘泉县洛河流域,即延安、甘泉以西,志丹县永宁以东,延安高桥以南,甘泉府村以北，主要开采三叠系延长组和侏罗系延安组两套油层,面积约2400平方公里,储量比较丰富。经过两次勘探论证使油层储层面积由84平方公里增至272.1平方公里，地质储量从2127万吨增至7478万吨。目前动用储存面积51.5平方公里,动用储量约1442万吨,占可采储量约19.3%,油田开发前景十分广阔。

公司自创建以来,遵照“旧井垫底,贷款起步,以油养油,滚动发展”的思路,不断加强管理,加大科技投入,企业发展势头强劲,原油产量年年迈大步,经济效益逐年上台阶,先后被地委、行署授予“发展石油工业、振兴甘泉经济”、“地区级文明单位”等光荣称号,多次被甘泉县委、县政府评为“先进集体”。九四年全面质量管理通过省级达标验收,一举跨入了地区级经济明星企业行列,九九年被陕西省财政厅授予“会计基础工作规范化合格单位”称号,二000年被市委、市政府评为“文明单位标兵”。

面向新世纪，公司有着更加宏伟的蓝图。他们将进一步扩大生产规模,加大投入力度,勘探新区求发展,加强管理增效益,不断深化企业改革。拓宽后续产业领域,寻求新的经济增长点,一个宏伟的设想正在全新的构建,去迎接更加辉煌的明天。

延安市市长张社年(右一)、甘泉县县委书记杨军发(中)来公司调研

原省纪检委书记马铁山(右一),甘泉县县委书记杨军发(右二),甘泉县县长雷增高(左一)来公司检查安全工作

省委副书记袁纯清(右二)、延安市委书记王侠(左一),甘泉县县委书记杨军发(左二)来公司调研

中共甘泉县县委书记杨军发(右),县长雷增高到井场了解生产情况

21世纪风靡全球的绿色健康时尚饮品

陕西省午子绿茶有限责任公司

SHAANXI WUZI GREEN TEA CO., LTD

陕西省午子绿茶有限责任公司是陕西省财政按照“开发式扶贫”方针，同“中国名茶之乡”——西乡县联合创建的股份制企业，是西乡县茶叶产业化发展的重点龙头企业和中国绿茶专业生产企业，是通过ISO9001国际质量体系认证的企业。

该公司多年来专业致力于中国绿茶科技、文化、加工、贸易等相关业务的开发与拓展。现以10万亩无污染科技示范茶园为基地，拥有现代先进生产工艺的茶叶加工包装机械化生产线，严格按照国际质量体系标准组织生产。公司充分发挥人才和资源优势，应用现代茶叶科技，保护、利用和发展名牌，提高茶叶整体质量和效益，年精制加工午子绿茶系列产品100吨。主要包括午子仙毫、午子绿茶两大类三十多个品种、规格和等级，包装类别有条盒装、铁听装、铝箔袋装、礼品组合装四大类。公司生产的午子绿茶具有“纯绿色、全天然、无污染、富锌硒”的品质特点，并采用获得国家专利的包装，是我国北方茶区设备先进、规模最大的现代化绿茶精制企业。

省委常委、副书记袁纯清、汉中市委书记胡悦、市长田杰、西乡县委书记吕阳平、县长熊明到午子绿茶公司视察时与公司董事长兼总经理闫战利亲切合影

陕西省省委副书记、省长贾治邦视察午子绿茶公司加工车间

陕西省午子绿茶有限责任公司本着“创造绿色，保护环境、珍爱生命”的经营理念和“以茶会友，以质取胜，以人为本，以诚待客”的经营方针，愿与社会各界精诚合作，共求发展，通过市场导向，文化传播，整合营销，连锁经营，实现午子绿茶的“工业化、精细化、绿色化、国际化”的发展战略和“振兴国茶经济、弘扬国茶文化”的经营宗旨，逐步把午子绿茶发展成为“金”字招牌，成为中国绿茶品牌和世界品牌，为促进中国茶业的发展和人类的健康做出积极的贡献。

午子绿茶被中国绿色食品认证中心认定为绿色食品，获得“中国国际茶博会金奖”、“中国名茶”、“中国公认名牌产品”等国内外十多项大奖。

总公司地址：西乡县汉白路西段
电话：0916-6222206
传真：0916-6213456 邮编：723500
分公司地址：西安市高新区新汇大厦B座1603室
电话：029-8322208 8324289
传真：029-8329829 邮编：710075

西安市国家税务局灞桥分局

党组书记、局长：杨文尚

西安市国家税务局灞桥分局担负着市局党组赋予的在西安市灞桥区的税收征管任务。多年来分局党组认真贯彻党的十五大精神，带领全局高举邓小平理论伟大旗帜，全面落实“法治、公平、文明、效率”的治税思想，按照“加强征管、堵塞漏洞、惩治腐败、清缴欠税”的方针，努力为西部大开发、西安大发展创造良好的税收服务环境，干部职工通过文明服务，努力拼搏，较好的完成了税收任务。组织税收3亿余元，税收任务是98年的4500万元的3倍，去年实现税收1.4亿元，今年有望达到1.52亿元，为地区经济发展社会稳定做出了积极贡献。该局1999年被西安市委市政府命名为“文明单位”，连续三年被市局评为“创佳评差”先进单位。目前该局有市级以上“青年文明号”、“文明单位”11个。

新的形势伴随着新的机遇。国税灞桥分局全体干部职工希望得到社会各界的支持。他们将在市局党组、区委、区政府的正确领导下，依法征收，依法行政，文明服务，勤奋工作，坚决完成上级下达的税收计划，以实际行动迎接党的十六大胜利召开。

庆祝建党81周年演出的机关全体同志

陕西省艺术馆

馆长：李志军

陕西省艺术馆组建于1956年2月18日，馆址设在西安市西七路169号

陕西省艺术馆担负着全省文化馆、站、群众文化活动的组织、宣传、辅导、培训以及民间艺术的搜集、整理、创作、研究、开发等项工作。

该馆现设有9个部室，其中有美术摄影部、音乐舞蹈部、文学戏剧电视制作部、少儿艺术活动部、群众文化部、《百花》编辑部、《社会文化》编辑部、人事科、办公室等。馆内有较完备的群众文化活动设施，其中多功能演出厅、民间美术展览厅、排练厅、活动大厅、培训教室等共计3000平方米。全馆现有在职职工85名，拥有一批有影响的群众文化工作的专家和业务骨干，其中高级职称9名，中级职称26名。

多年来，陕西省艺术馆坚持面向农村、面向基层、面向群众，在创作、辅导、组织方面做了大量工作，取得了可喜的成绩。1982年曾被陕西省人民政府授予“先进单位”，并多次被评为省直文明单位、先进党支部、先进集体，在历次大型群众文化活动中被文化部、省文化厅授予“组织奖”。业务干部创作和辅导了不少优秀作品，仅获省和国家级奖的作品就有百余件。重点扶持培养的农民画之乡、故事之乡、小戏之乡、民歌之乡，在全国均产生了重大影响。先后举办全省性的群众文艺调演、展览60余次；组织参加全国及赴京演出、展出10余次。组织辅导的作品在省级以上获奖160余次，其中安塞腰鼓、洛川蹩鼓、户县农民画、安塞农民画、戏剧小品、故事等在全国获奖50余次。多次参加文化部、省政府、省文化厅组织的全国民间美术工作会议、全国庙会文化理论研讨会、陕甘宁故事联讲、亚运会开幕式、黄帝陵祭祖、西安古文化艺术节、庆香港回归、城运会、农运会、千面锣鼓迎千年、郭秀明事迹展、中央、省、市电视台调演、建国50周年调演及广场文化周等。

陕西省艺术馆先后编印了数百种文化辅导书籍材料；出版了数十本群众文化学术论文集和优秀群众文化作品选集；发表了1万余件群众创作的文艺作品；提供了400多万份宣传演唱材料；搜集整理并收藏了2万余件民间美术作品以及大量的民间文学、曲艺、音乐、舞蹈资料。

经过40余年的努力，陕西省艺术馆已初步成为全省群众文化的组织、辅导、指导及收藏研究中心，在促进和引导各地群众文艺活动方面，发挥着重要的职能和积极作用。

西安科力药业有限公司

董事长:党庭学

西安科力药业有限公司是集科研、生产为一体的药品生产企业。该厂位于陕西户县城区，占地面积13937m²，厂房宽阔整齐，厂内绿草悠悠，环境优美，整体布局规范合理，辅助设施齐全。地理位置毗临西安、咸阳等大中城市，铁路、公路直通全国各地，交通便利，正在施工中的西汉高速公路穿越其中，即将建成通车，亦将进一步增强了运输的便利条件。该厂现有职工354人，建筑面积3500m²，拥有主要生产设备96套(台)，其中具有90年代国内先进水平的设备28套(台)，资产总值1470万元。年产片剂8亿片，冲剂260吨，胶囊5000万粒，年工业总产值超5000万元大关，年上交国家税金150万元，经济效益名列行业前茅。多次受到县、市级嘉奖，是户县“双文明单位”，县委、县政府的八户重点监控企业之一，户县经济效益最佳单位，厂长党廷学也因此获得西安市劳动模范，西安市优秀共产党员，陕西医药界十大新闻人物等一系列荣誉称号。

董事长党庭学先生携全体员工愿与社会各界朋友精诚合作，共创二十一世纪的辉煌。

厂址:陕西省·西安市·户县·东街114号
电话:(029)4817057
(029)4812580
传真:(029)4817057
邮编:710300

陕西天士力医药有限公司

养血清脑颗粒

陕西天士力医药有限公司是天津天士力医药有限公司在陕西投资成立的具有独立法人资格的医药流通企业，是工商企业和教育单位共同合作的结晶。公司注册资本为三百万元人民币，下设新药公司、药品公司、财务部、质量管理部、办公室和零售部，并拥有符合GSP标准的库房。公司目前以经销天士力集团的复方丹参滴丸、养血清脑颗粒和柴胡滴丸等产品为主体，并代理一些国产新特药。公司拥有一支专业性强，训练有素的销售、推广队伍和完善的销售服务体系，员工中80%为医、药专业大专以上学历的高素质人才。

该公司秉承天士力集团“追求天人合一、提高生命质量”的企业理念，以勤劳、仁乐、实信为精神动力，立足西北，放眼全国，将与陕西的医药批发、零售企业和医疗机构精诚合作，以优质的产品和高效的服务全方位满足人民的健康需求。

地址:西安市雁塔区翠华南路省药检局大楼四楼
电话(传真)029-5368126-8000
邮编:710061

柴胡滴丸

柴胡滴丸

西安大唐制药有限公司

西安大唐制药有限公司是国家级西安高新技术产业开发区内的现代化高科技股份制制药企业，自一九九四年成立以来，以充满活力的机制，领先的技术储备，科学严谨的管理，以人为本的理念，汇聚一大批德才兼备、勇于创新的各方面人才，在医药生产、销售的道路上，积极进取不断创新，产品营销网络遍及全国二十几年省、市、自治区，设有 100 多个销售服务机构。

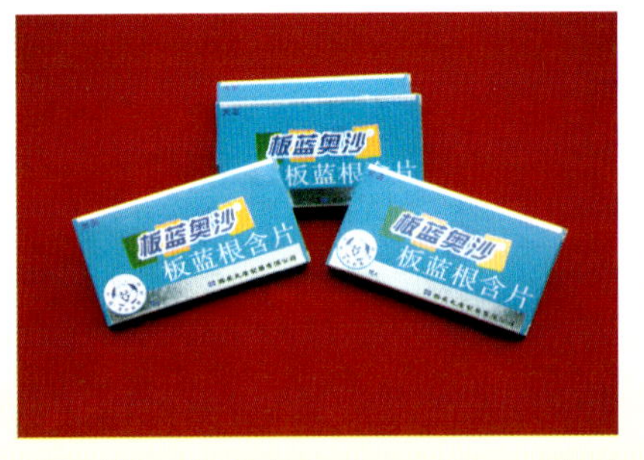

公司先从完善质量控制体系（QA）质量检测体系（QC）着手，并按世界卫生组织（WHO）的要求和药品生产质量管理规范（GMP）标准进行生产的组织和管理。具有生产胶囊剂、冲剂、片剂、液剂四大剂型的生产条件，还拥有药物研究中心，药材基地、药品检验中心等。

公司以产品“大唐奥通”为主导，它以独特的疗效，让广大心脑血管病患者所接受；还有“大唐肝泰”“大唐益肾灵”和“板蓝奥沙”等一系产品，为众多的患者解除病苦、恢复健康。

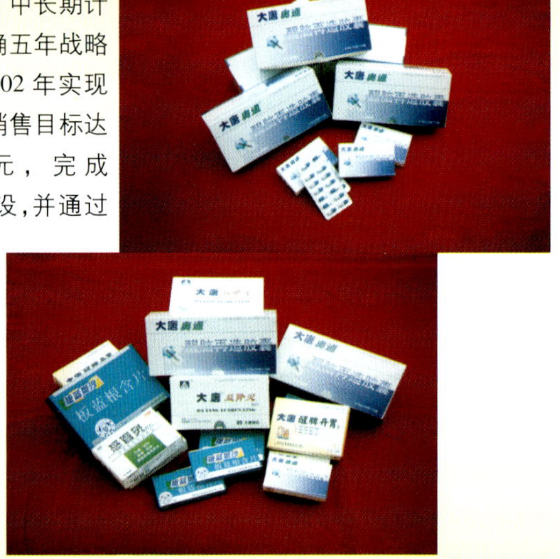

同时，大唐从实际出发，制定了中长期计划，并且明确五年战略规划目标：2002 年实现基础管理，销售目标达到 8000 万元，完成 GMP 基础建设，并通过国家的认证；2003 年实现部分科学管理，销售目标达 1 亿元，增添粉针剂和水针剂两条生产线；2004 年管理目标实现科学管理，销售目标 2 亿元，完成大唐大厦的基础建设；2005 年管理目标实现部分现代化管理，销售目标达 6 亿元，实现大唐家园的梦想。把“对内经营理念，对外经营品牌”作为大唐长期的发展战略。

西安市莲湖区李家庄村委会

李家庄村委会所在地

繁华的李家村集贸市场

西安市莲湖区李家庄村委会位于西安市南二环和西二环交汇处，地理位置优越，交通便利。现住人口 300 余人，土地面积 60 余亩（包括住宅面积），国有土地 16.3 亩，目前，该村委会，即无外债，也无内债。居民的生活水平不断提高，各项社会事业正在以更好的态势迅猛发展，全体村民在村委会一班人的带领下，正在极积营造一个良好的投资环境，李家庄村委会，热忱欢迎开发商和社会各界同仁到本村考察投资共同致富，同时真诚欢迎各级领导为本村出谋划策，为建设新世纪都市化村庄，携手前进。

党支部书记：周政胜

村长：周山广

村委办公电话：（029）4242104

陕西省建筑科学研究设计院

陕西省建筑科学研究设计院成立于 1954 年，座落在古城西安市，占地面积三十余亩，建筑面积 24300 平方米。是一个以应用研究和开发研究为主的综合性建筑科学研究机构。现有在职职工 190 人，其中高级职称 40 人，中级职称 68 人，享受政府特殊津贴专家 7 人。

该院设有地基与基础研究所、建筑材料与制品研究所、结构与施工与研究所、建筑机械施工研究所、信息所、设计所等六个专业研究所和建设工程监理公司、地基基础公司、高新技术公司、预应力公司、建筑仪器经销公司等。拥有三十多个专业试验室，学科齐全，设备先进，是陕西省建筑科学研究的中心和基地。受上级主管部门授权在院内建立了陕西省建设工程质量监督检验测试中心、陕西省混凝土及水泥制品质量监督检验站、陕西省建筑技术情报中心站，因此该院也是陕西省质量检测和建筑情报中心。

四十多年来，该院共完成科研成果 265 项，先后获得 1978 年全国科学大会和陕西省科学大会奖 11 项，获国家、省、部市级科技进步奖 72 项，主编或参编了《湿陷性黄土地区建筑规范》、《砌体工程施工及验收规范》、《钢筋焊接及验收规程》、《回弹法检测砼抗压强度技术规程》等国家、行业、地方标准 60 项。

该院始终注重科学性、适用性、时代性的结合，对湿陷性黄土地基、钢筋焊接技术、砼非破损测强等方面的研究，在西北地区乃至全国享有较高声誉。

陕西联合中西部煤气化工程技术中心

理事长：贺永德

陕西联合中西部煤气化工程技术中心是经陕西省政府批准成立的、以企业为主体"产、学、研"一体化的科技类民办非企业单位。是促进洁净煤技术产业化及石油天然气化工项目开发和技术进步的工程技术咨询机构。

"中心"组织其成员单位，共同推进煤气化工程和煤化工技术的开发与发展，充分发挥"产、学、研"一体化的优势及成员单位在煤气化工程技术上丰富的实践经验和先进的技术装备，为陕西和国内外煤气化、煤化工、化肥及石油化工项目，提供"全方位"的技术咨询和工程服务。"中心"还不断加强与国内外相关企业的交流与合作，为国家煤气化工程、煤化工事业和西部大开发做出贡献。

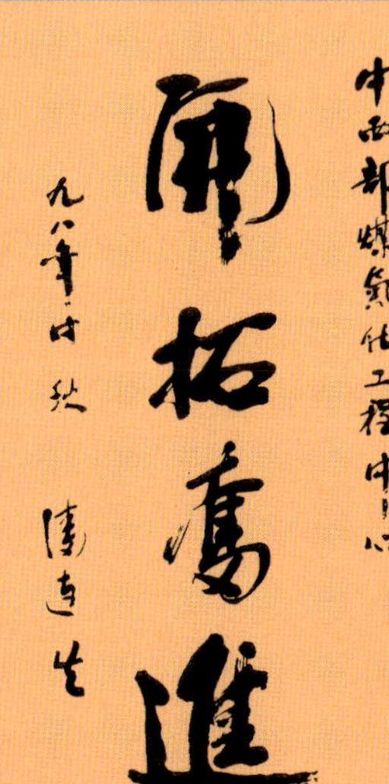

办公地址：西安市太乙路 3 号华陆园宾馆 105 室　电话：(029)2237102
传真：(029)2234725　邮编：710054　联系人：贺祖蔚　张玉才

延安市人民政府驻西安办事处

该处属延安市人民政府在西安设立的唯一办事机构，于一九七九年三月正式挂牌成立，位于西安市长乐西路98号，占地5.5亩，有2栋5层楼和2栋3层楼，作为接待上级领导，各方来客和办公用房。客房装饰优雅，交通便利。

办事处属事业单位，负责联系和完成上级领导交派的各处工作，收集对延安经济发展有利的信息，推销延安地方产品，并管理好饭店，接待好各方来宾。

所属延安饭店按企业化管理，共有甲级房5间、标准房82间、普通房102间，床位共计376张，室内安静舒适，配备空调、闭路电视、电话、卫生间、沐浴等设施。附设会议室、舞厅、卡拉OK厅，并提供美容、美发、代购车票、机票等服务。

饭店以中、高档的硬件设施，规范的经营方式，完善的服务，为广大宾馆提供一条龙全方位高品质的生活享受，遵循“信誉为本、服务至上”的宗旨，以真挚、热情的服务，合理的价格，欢迎各方宾客。

办事处主任：付好惠

西安市张宏发法律服务所

主任：张宏发

西安市张宏发法律服务所是在市场经济法制化的大潮中，社会发展与文明进步的时期，由全国优秀检察官、全国模范检察官、全国十杰检察官（提名）陕西省杰出检察官，省、市劳动模范、副局级高级检察官、中外名人张宏发任主任，由省、市公检法系统离退休有专业法律知识的专职人员，律师、法律工作者等创建。名誉主任由原陕西省人民检察院检察长冀玉锁（毛体书法家）担任，顾问由中国咸阳505集团总裁（世界发明家）来辉武和原西安市人大副主任何家成、高醒民、康兴中、陕西省文化研究会会长、陕西省食品工业协会副会长秦应元等担任。本所宗旨；为政府分忧，为群众解困，秉公执法、不徇私情，尽职尽责、正义廉洁、高效诚信地为民排忧，为单位解难，依法维护您和单位的合法权益。

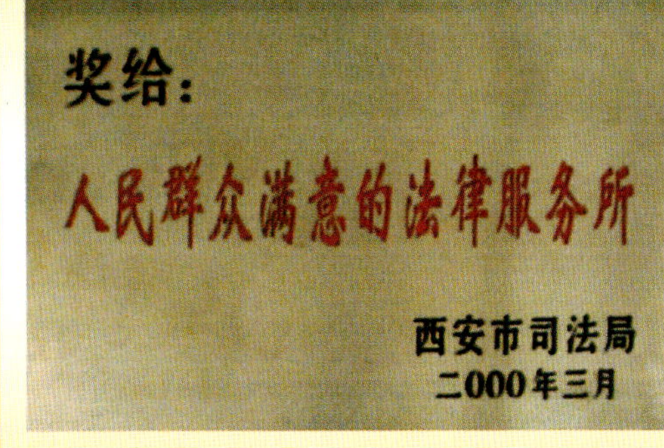

陕西省信用合作联合会

联合会领导经常深入基层，指导做好支农工作

1996年11月，根据《国务院关于农村金融体制改革的决定》精神，陕西省农村信用社与农业银行脱离行政隶属关系。1999年8月，按照国务院领导批示精神，中国人民银行决定在陕西、黑龙江、四川、福建、浙江五省试点组建农村信用社省级行业自律管理组织。在中国人民银行和省人民政府的领导、支持下，由人民银行西安分行筹建，陕西省信用合作联合会于1999年10月28日成立，2000年元月1日全面开展工作，承担起对全省农村信用社的行业管理职能。省信用合作联合会目前设五部一室，即办公室、员工部、财务部、计划信贷部、信息电脑部、监审保卫部，有员工19183名。下属一个中心——陕西省农村信用社通汇清算中心。省信用合作联合会成立以来，按照“管理、指导、协调、服务”的八字职责，认真贯彻国家的金融方针、政策、法律法规、加强了对农村信用社的行业管理，切实改进了对农村信用社的服务，促进了全省农村信用社的稳健发展。截止2001年末，全省农村信用社各项存款403.7亿元，占全省全融机构存款总额的12.59%，高于全国0.57个百分点，位居全省金融机构第四位。各项贷款余额311.3亿元，其中农业贷款163,.8亿元，各项贷款占全省金融机构贷款余额为12.27%，高于全国1.61个百分点。2001年全省金融机构短期农业贷款增加19.9亿元，其中农村信用社增加21.3亿元，农村信用社已成为朱 基同志所指出的“党和政府联系农民最好的金融纽带和支持农村经济发展的金融主力军。”

进入新世纪，西部大开发正步入实质性阶段，省信用合作联合会将积极开拓、与时俱进，不断开创信用合作事业的新局面，为陕西省农村经济发展和实现西部经济强省的战略目标贡献力量。

支持农民搞种植业结构调整

西安市户县大王镇人民政府

镇长：赵章祥

陕西省西安市户县镇位于西安、宝鸡、咸阳金三角地带，是户县的北大门。境内有古龙台观遗址、汉钟官城遗址、眉坞岭遗址等人文古迹。目前，镇辖27个行政村，32000人，镇域面积50多平方公里。这里人杰地灵，物华天宝，是陕西历史悠久的文化古镇。

大王镇地处关中腹地轴心，渭河南岸，是重要的交通枢纽，陇海铁路西余支线沿镇而过，西宝国道和西户咸余两省道公路在此交汇。镇距咸阳国际机场20公里，距西安20公里，距咸阳15公里。镇内交通便利。通讯发达。镇域基础设施齐全，距大中城市较近，信息传递快，农、工、商、贸发展迅速，人文历史令人神往。

该镇土地面积广阔，地势平缓，土壤肥沃，物产丰富，是合作开发的好地方。镇区现有中外合资、镇办、村办、私营企业320多家。大王镇的招商政策宽松，可开发的项目较多。区内建立“三区一带”经济发展战略。目前，大王地区在保护文物的基础上，以园林风光为主体而开发的渭河旅游度假区已全面展开。

正在蓬勃发展的大王镇热忱欢迎海内外有识之士前来参与本地区的开发。

联系人：党委书记：杨育洲
镇　　长：赵章祥
电话：(029)4938351
(029)4938381
邮编：710301

陕西恒达不动产评估咨询有限公司

陕西恒达不动产评估咨询有限公司是在原咸阳市土地估价所的基础上脱钩改制，经陕西省工商行政管理局依法注册登记，国土资源部认证的A级土地评估机构（拥有证券资格）.现有员工25人，其中土地估价师范5人，注册房地产估价师3人，注册资产评估师2人，房地产经纪人5人，高喙职称占80%以上，集聚着一支团结协作、勤奋敬业、诚实守信、富有实干和创新精神的专业人才团队。

公司业务范围：地产评估（1、基准地价评估；2、出让、转让、出租、抵押、作价入股土地的评估；3、上市及非上市股份有限公司或有限责任公司涉及的土地评估；4、企业兼并、破产、清产核资涉及的土地评估；5、司法仲裁中涉及的土地评估；6、征收土地税费涉及的土地评估；7、其他依照法律、法规需要进行的土地评估）、咨询、代理、土地测量、中介服务等。

公司为陕西省最具实力的土地评估咨询机构，评估经验丰富，综合协调能力强。服务范围遍及全省十市和杨凌示范区，并发展到甘肃省，公司曾为数百家企业提供了土地评估和咨询服务，评估资产总值上百亿元。

公司严格遵循国家法律、法规和政策，坚持公正、公平、公开的执业准则，秉承“诚为本、信至上、用心服务”的经营理念，充分发挥其在土耳其行业的资源优势，积极为企业出谋划策，解决企业存在的各类土地问题，打造“质量一流，服务一流，信誉一流”的恒达品牌。

地　址：陕西省咸阳市玉泉路西段
联系人：朱领辉　张峰
电　话：(0910)3549430　3549125
传　真：(0910)3549430

陕西户县渭河水泥有限责任公司

陕西户县渭河水泥有限责任公司，位于西安市南郊5公里处的驰名中外的画乡户县，交通便利，通讯发达，其生产的渭河牌水泥享誉三秦大地。该公司始终不渝地追求“一流的员工素质、一流的产品质量、一流的服务质量、一流的企业效益”的兴企之路。公司始建于1969年10月，30多年来，经多次技改和扩建，使企业生产能力由最初年产2000吨达到20万吨，跨入国有中型企业行业。

公司现有预加水成球机械化立窑和五级旋风预热器回转窑生产线各一条，拥有资产总值1.07亿元，固定资产6500万元，渭河牌水泥先后荣获市优、省优、部优称号，2000年获得国家产品质量认证证书和陕西省、西安市人民政府颁发的“名牌产品”称号；2001年3月通过国际ISO9002质量体系认证。渭河牌32、5R普通硅酸盐水泥具有良好的粘结性、可塑性、抗酸碱性和抗钢筋锈蚀性。和易性好、凝结硬化快、早强高。被广泛用于工业、民用、道路、桥梁、水利、地下、国防等工程。

公司恪守“质量第一、用户至上”的宗旨，全心全意为用户服务和负责，是我们始终不渝的承诺。现任董事长杨学东及广大员工热情欢迎各级领导、各界同仁来公司莅临指导工作，欢迎新老用户光临惠顾。

渭河牌水泥质量承诺：出厂水泥质量达到四个100%；水泥质量投保，为用户负责。

服务承诺：24小时供货，用户反馈意见跟踪服务。

地址：西安、户县、余下镇43#　电话：(029)4975014
传真：(029)4975588　邮编：710302

董事长：杨学东

五级旋风预热器

法人代表简历

杨学东，男，汉族，陕西户县人，一九五六年六月生，大专文化，中共党员，1974年12月参加工作，历任中国人民解放军第513医院现役班长，陕西省户县水泥厂车间主任、党委专干、党政办副主任、保卫科长、销售科长、常务副厂长。2001年9月至今任陕西户县渭河水泥有限责任公司董事长兼总经理。

延安市宝塔区建设局

延安市宝塔区建设局是延安市宝塔区人民政府直属的建设行政主管部门，担负着宝塔区建设工程管理，村镇规划、建设与管理、城市公共协调服务等重要职责。九九年以来，他们紧紧抓住西部大开发的历史机遇，以发展特色经济战略为指针，坚持以质量为中心，强化建设工程管理；以规划为龙头，加快小城镇建设；积极配合，搞好城市公共服务；以建立现代企业制度为目标，深化建筑建材企业改革，解放思想，大胆实践，团结进取，开拓创新，全面推动了宝塔区建设事业的跨世纪发展。该局也因此受到省、市、区的多次表彰奖励。先后荣获了省级文明单位、省级卫生先进单位、全省社会治安综合治理先进单位，省建设厅创建文明工地先进单位、创建文明工地最佳组织奖、延安市环境综合治理先进单位，宝塔区先进部门、创佳评差最佳单位、市建委城乡建设先进单位、党风廉政建设先进单位等荣誉称号。

局长：马珍富

子长县电信局

局长：高飞

该局现有职工 43 人，中专学历以上的有 17 人，大专学历以上的有 7 人，平均年龄为 31 岁。是一个年青化、知识化、专业化的通信企业，承担着全县 22.3 万人口的通信任务。九五年该局开通了县城 5400 门程控电话和子长至延安 960 路光缆线路，实现了传输数字化、交换程控化；九六年积极响应省政府“三通”建设的号召，该局利用两个多月时间开通了 8 个乡镇的程控电话，至九九年全县 15 个乡镇的程控电话全部开通；为了缓减供需矛盾，2000 年在城区内建设了 8 个市话有线接入网点，建成了 6.2 公里光环网，实现了光缆到路边，为宽带接入奠定了基础。截止目前该局农市话交换总容量 19144 门，市话 9809 部，农话 4873 部，市话普及率达到 16%，农话普及率达到 2.96%。近年来该局在搞通信建设的同时，狠抓“双创”活动与精神文明建设工作，九六年该局被评为市级文明标兵单位，九七年评为省级文明单位和省级卫生先进单位，被延安评为安全保卫先进单位。九三年至九七年连续五年被县政府评为“创佳评差”活动最佳系统。

宜川大禹宾馆

大禹宾馆外景

宜川大禹宾馆位于宜川县城旅游一条街东段，距黄河壶口瀑布 51 公里，紧靠 309 国道，东临渭清公路，交通便利、环境幽雅。有国际标准客房 78 间套，床位 170 个，均设有空调、闭路电视、国际、国内直拨电话系统，可提供电子邮件、网络浏览等服务。风格各异的餐厅 11 间，可同时容纳 200 人就餐，川、粤、陕等菜肴及各类地方小吃各具特色。两个不同规格的会议室，设施配备齐全，可为 200 人以内的会议提供周到满意的服务。装饰考究的卡拉 OK 厅、桑拿按摩中心、美容美发厅、商务中心可为您旅游、商住、休闲、提供更加理想的环境和条件。宾馆将以科学的管理、优质的服务、合理的价格，欢迎中外宾朋光临。

地址：陕西·宜川·党湾街 5 号
电话：0911-4626451　4626452
传真：0911-4626994
邮编：716200
E-mail:YCHYZ@263.net

延安市农业机械化学校

书记、校长、高思龙

延安市农业机械化学校，地处革命圣地延安与“人文初祖”黄帝陵之间的“苹果之乡”洛川县，学校创建于1974年，目前是陕西省仅有的两所农业机械化中等学校之一，也是陕北地区唯一的一所机电工程类中专学校。学校占地70余亩，建筑面积2.5万平方米。校园分为教学区和生活区，环境幽雅，绿树常青，是教育工作者理想的用武之地，是莘莘学子求学的美好场所。

学校现有教职工150名，其中高级讲师10名，讲师30名；在校学生820名。现开设计算机应用、工业与民用建筑、建筑装饰、农业机械化、汽车拖拉机运用与维修、机电设备维修、工业企业营销与管理、乡镇企业管理、农村能源开发与利用、土地规划与管理、文秘与档案管理等十一个专业。

学校教学设备齐全，教室全部装配了闭路电视，学生在校学习和生活实行封闭式管理和公寓化管理。资料室藏书5万余册，阅览室征订报刊杂志200余种。

在不断改革办学形式的同时，学校十分重视毕业生就业推荐和指导工作，积极为毕业生寻求就业门路，联系就业单位，开拓就业市场。目前已与深圳、广州、北京、西安等地及TCL集团、联想集团、长江公司、禾田机械制造公司等单位建立了良好的就业和用工联系，同时引导毕业生积极进入人才市场，指导和推荐历届毕业生多渠道充分就业。

在新的世纪，该校广大师生齐心协力、众志成诚，为西部大开发和经济建设培养更多的高素质专业人才而努力奋斗。

书记、校长：高思龙
地址：洛川县城东
电话：0911-3622695
传真：0911-3622538
邮编：727400

延长油矿管理局王家川钻采公司

延长油矿管理局王家川钻采公司位于大陆第一井的发祥地——陕西省延长县，始建于“六五”末，至今已走过了十余个风雨历程。

截至2001年五月底累计钻井790口，累计28.12万米，目前生产井632口，累计采油22.98万吨，实现工业总产值6205万元，实现原油销售收入19140.63万元，实现税利积累5247.11万元，上缴财政3700.95万元。为地方财政做出了贡献。

公司下设一室七科，十二个生产单位，在册干部及正式工631名，临时工227人，党团员168名，有初级以上专业技术人员50名，有万元以上设备800余台（件），形成固定资产原值14754万元，资产总额21023万元，公司主开发区为王家川区，郑庄区、范头塬区，面积150KM^2，藏量6000万吨，平均井深400米左右。

为了加快石油开发步伐，为了寻找新的财源增长点，该公司于2001年初成立了“延长油矿管理局王家川钻采公司东区采油大队”，主要负责公司的新区开发工作。

东区已探明含油面四平方公里，藏量160万吨，共可布井100口。

总经理：闫习臣

东区开发运行良好，大有可为。该公司按照原石油部副部长焦力人同志一九八五年六月为公司的提词：“发展石油、振兴经济、联合经营、多方受益”的指示，决心发扬自力更生、艰苦奋斗的延安精神，不断进取，再创辉煌。

延安市拓兆有限责任公司

总经理：拓振元

延安拓兆实业有限责任公司成立于一九九五年三月，注册资金668万元。是一个自主经营自负盈亏的股份制企业。公司下设施工队三个，神木煤矿一个，延安制氧厂及延安市防火防爆设备检测安装队。形成了以建筑为主，兼营煤矿、制氧为辅的综合性经济实体。公司现有职工268名（其中有专业技术职称人员38名），资产总额达1288万元人民制，净资产800余万元，基建设备和车辆八十四台，基本实现了施工的机械化作业。